CRIMES CONTRA O SISTEMA FINANCEIRO NACIONAL E CONTRA O MERCADO DE CAPITAIS

www.saraivaeducacao.com.br
Visite nossa página

Cezar Roberto Bitencourt

CRIMES CONTRA O SISTEMA FINANCEIRO NACIONAL E CONTRA O MERCADO DE CAPITAIS

4ª edição

Revista e atualizada

2023

Av. Paulista, 901, Edifício CYK, 4º andar
Bela Vista – São Paulo – SP – CEP 01310-100

 sac.sets@saraivaeducacao.com.br

Diretoria executiva	Flávia Alves Bravin
Diretoria editorial	Ana Paula Santos Matos
Gerência de produção e projetos	Fernando Penteado
Gerência editorial	Thais Cassoli Reato Cézar
Novos projetos	Aline Darcy Flôr de Souza
	Dalila Costa de Oliveira
Edição	Jeferson Costa da Silva (coord.)
	Deborah Caetano de Freitas Viadana
Design e produção	Daniele Debora de Souza (coord.)
	Daniela Nogueira Secondo
	Camilla Felix Cianelli Chaves
	Claudirene de Moura Santos Silva
	Deborah Mattos
	Lais Soriano
	Tiago Dela Rosa
Planejamento e projetos	Cintia Aparecida dos Santos
	Daniela Maria Chaves Carvalho
	Emily Larissa Ferreira da Silva
	Kelli Priscila Pinto
Diagramação	Rafael Cancio Padovan
Revisão	Willians Calazans
Capa	Lais Soriano
Produção gráfica	Marli Rampim
	Sergio Luiz Pereira Lopes
Impressão e acabamento	Bartira

DADOS INTERNACIONAIS DE CATALOGAÇÃO NA PUBLICAÇÃO (CIP)
VAGNER RODOLFO DA SILVA – CRB-8/9410

B624l   Bitencourt, Cezar Roberto

Crimes contra o sistema financeiro nacional e contra o mercado de capitais / Cezar Roberto Bitencourt. – 4. ed. – São Paulo: SaraivaJur, 2023.

512 p.

ISBN: 978-65-5362-129-9 (impresso)

1. Direito. 2. Direito penal. 3. Direito penal econômico. 4. Crimes contra o sistema financeiro nacional. 5. Crimes contra o mercado de capitais. I. Título.

2022-2404
                CDD 341.554
                CDU 343.33

Índices para catálogo sistemático:

1. Direito penal econômico   341.554
2. Direito penal econômico   343.33

Data de fechamento da edição: 10-2-2023

Dúvidas? Acesse www.saraivaeducacao.com.br

Nenhuma parte desta publicação poderá ser reproduzida por qualquer meio ou forma sem a prévia autorização da Saraiva Educação. A violação dos direitos autorais é crime estabelecido na Lei n. 9.610/98 e punido pelo art. 184 do Código Penal.

CÓD. OBRA 15271   CL 607659   CAE 791655

PREFÁCIO

Todas as vezes que somos honrados com o convite para prefaciar um livro nos deparamos com o dilema de começar pelo autor (ou autores) ou pela obra. Pela admiração que tenho e pela longa amizade que me une a Cezar Roberto Bitencourt e, agora, mais recentemente, a Juliano Breda, claro que a escolha ficou fácil. Vamos iniciar pelos autores.

Cezar Bitencourt é um ícone do Direito Penal brasileiro. Um dos mais consagrados autores nessa área, com inúmeros livros publicados (isoladamente ou em coautoria) e muitas dezenas de artigos. Sua produção científica, no entanto, não pode ser medida exclusivamente pela quantidade (exorbitante), senão, sobretudo, pela qualidade (impecável, lúcida).

Na atualidade, além de penalista dos mais lidos e mais influentes no nosso país, exerce com brilho singular o magistério, assim como a nobre profissão da advocacia. É doutor em Direito Penal pela Universidade de Sevilha (onde conquistou a nota máxima, *cum laude*). Da sua tese de doutoramento nasceu o fantástico livro *Falência da pena de prisão*, que já nasceu clássico. Nosso vínculo maior de amizade, aliás, vem precisamente desse nosso período acadêmico na terra de Cervantes.

Sua frequência a incontáveis cursos de longa duração (de especialização, de extensão, de mestrado e de doutorado) explica, ainda que apenas em parte, quem hoje é o renomado Cezar Bitencourt, que se distingue (dentre seus pares) pela clareza expositiva das suas ideias, assim como pela sinceridade das suas colocações. Foi coordenador do curso de pós-graduação em ciências penais da PUCRS, tendo aproveitado essa oportunidade (de forma profícua e exemplar) para formar uma legião de outros penalistas de renome (que lhe prestaram recentemente uma belíssima e merecida homenagem). É professor convidado de vários cursos de pós-graduação, tanto no Brasil quanto exterior, e ainda foi diretor da Escola Superior do Ministério Público no Rio Grande do Sul (o que demonstra sua aptidão para o exercício de liderança). Foi Conselheiro Federal da OAB, na gestão 2004-2006.

Juliano Breda é doutor em Direito das Relações Sociais pela Universidade Federal do Paraná, desde 2004. No ano 2000 conquistou, na mesma Universidade, o título de mestre. É advogado criminal e membro da Direção do Grupo Brasileiro da Associação Internacional de Direito Penal, além de secretário-geral da Ordem dos Advogados do Brasil – Seção do Paraná. Palestrante e professor nas áreas de Direito Penal e Direito Processual Penal em cursos de pós-Graduação. É autor do livro *Gestão fraudulenta de instituição financeira e dispositivos processuais da Lei 7.492/86* (Rio de Janeiro: Editora Renovar, 2002, 208 p.) e de diversos artigos sobre Direito e Processo Penal.

Superando todos os obstáculos imagináveis (sobretudo na atualidade), gerados pelo fatigante exercício da advocacia e do magistério, os eminentes autores, depois de anos de reflexão, encontraram motivação (e tempo) para nos brindar com este fantástico livro, *Crimes contra o sistema financeiro nacional e contra o mercado de capitais*.

Procuraram nas suas doutas e maduras elucubrações conciliar a lei com a jurisprudência (aliás, bastante escassa nos dois temas), tendo como destacado pano de fundo a experiência de ambos como advogados militantes. Nenhum delito (nas duas áreas escolhidas) ficou fora das considerações refletidas dos dois autores, que devem ser, desde logo, aplaudidos por essa iniciativa. Não são temas do nosso dia a dia, ao contrário, são árduos, desgastantes e de difícil compreensão (normalmente). Cuida-se de obra de grande valia para todos os operadores jurídicos, especialmente juízes, promotores e procuradores, delegados e advogados.

Tudo que se publica, claro, busca um público. O livro que estou tendo a honra de prefaciar vai alcançar um público muito especializado. Suas lições, além disso, vão desaguar, naturalmente, na jurisprudência dos tribunais superiores. Escrever é uma maneira de conversar, de dialogar. Porém, pela profundidade dos comentários, mais que dialogar (visando à construção de uma profícua doutrina), os autores (com este livro) estão credenciados a querer produzir mudanças na vivência jurisprudencial do país.

Os autores, para além de recordar conceitos essenciais, esboçam vários caminhos interpretativos para textos legais pouco claros, obscuros. É nesse contexto que se abrem ao diálogo, uma prática que, no campo da ciência (tal como sublinhou Marcus Vinicius da Cunha, em *Diálogos de Anísio Teixeira*, Rio de Janeiro: UFRJ, 2006), "sempre transcorre em clima hostil-amistoso, como bem assinala Karl Popper, pois o trabalho científico não é fruto de esforços individuais, mas decorre, isto sim, da crítica recíproca entre pessoas desejosas de compartilhar conhecimentos".

Considerando-se os avanços informáticos e tecnológicos, tornou-se perfeitamente plausível supor que as guerras, as ditaduras, a opressão e a criminalidade (sobretudo a econômico-financeira) não vão cessar, porque são (desgraçadamente) inerentes à condição humana. Se, de um lado, não se nos antolha possível imaginar uma sociedade sem conflitos, especialmente penais, de outro, parece também bastante razoável afirmar que a civilização crescente nos leve a reduzir tais desvios ao mínimo possível. Todos temos o dever moral de contribuir para isso, desencadeando (na medida das possibilidades de cada um) processos e diligências permanentes, estudos, opiniões, debates etc.

Foi o que fizeram Cezar Bitencourt e Juliano Breda, uma vez mais, neste precioso livro que escreveram com denodo ímpar. Explicar de forma clara e objetiva aquilo que é difícil de entender constitui uma das atividades mais nobres de quem se preocupa com a democratização da informação. De outro lado, louvável a postura de ambos em procurar construir uma doutrina que evite o arbítrio, o abuso, o fascismo. Ronda nosso ambiente latino-americano o denominado *direito penal do inimigo*, especialmente no âmbito dos delitos econômicos (ou econômico-financeiros). É uma verdadeira caça às bruxas (da Idade Média). A sólida doutrina estampada neste livro também tem o propósito de evitar repetições dos recentes abusos cometidos (nesta área) por alguns delegados, juízes e promotores/procuradores.

Com a inação nada se conquista. Tampouco devemos ficar esperando pela iniciativa alheia. Todos que escrevem, escrevem na esperança de poder mudar alguma coisa. Já que não podemos mudar o mundo, qualquer mudança, ainda que em pequena dose, já justifica o sacrifício (e o prazer) de dialogar por meio das palavras. Parabenizo os autores por não terem se deixado levar pela rotina medíocre que consome grande parte da beleza (assim como da insustentável leveza) dos nossos relacionamentos e do nosso poder de criação.

Que o livro tenha o merecido reconhecimento de todos.

São Paulo, 7 de dezembro de 2009.

LUIZ FLÁVIO GOMES
Diretor-Presidente da Rede de Ensino LFG.

NOTA À 4ª EDIÇÃO

Prazerosamente levamos a público a 4ª edição do nosso *Crimes contra o Sistema Financeiro Nacional e contra o Mercado de Capitais*, revista e ampliada, graças a grande receptividade que as edições anteriores receberam de nossos leitores altamente qualificados. Quando o texto da primeira edição deste livro, somente sobre os crimes contra o sistema financeiro, já se encontrava na editora, recebemos um pedido de nosso prezadíssimo amigo Juliano Breda, se não poderíamos incluir em nosso livro seus comentários sobre os *crimes contra o mercado de capitais*. Após titubearmos por alguns segundos, demos-lhe 30 dias para concluir seu texto, e o resultado gerou as três primeiras edições desta publicação. No entanto, o Dr. Juliano decidiu enfrentar "carreira solo" em outra editora com seu texto sobre *crimes contra o mercado de capitais*, abrindo-nos a possibilidade de fazermos nossos próprios comentários sobre essa matéria, os quais apresentamos, em primeira mão, nesta edição, aliás, texto atualizado com comentários críticos sobre a Lei n. 13.506, de 2017, além de atualizado e ampliado todo o texto da edição anterior.

Enfim, esta nova edição foi objeto de pontuais correções e profunda atualização de todos os capítulos, além do acréscimo de nossa visão crítica e atualizada sobre os *crimes contra o mercado de capitais*. Agora, esperamos continuar sendo prestigiados pelos estudantes, bem como estudiosos e especialistas dessa matéria.

As críticas e sugestões, como sempre, além de bem-vindas, serão recebidas como estímulo e gozarão de reflexão adequada de nossa parte.

Brasília, verão de 2023.

NOTA À 3ª EDIÇÃO

É com satisfação incontida que levamos a público a 3ª edição (a 1ª pela Editora Saraiva) do *Crimes contra o Sistema Financeiro Nacional e contra o Mercado de Capitais*, agradecendo a grande receptividade que mais este trabalho mereceu de nossos leitores.

Desejamos, ademais, externar aqui todo nosso agradecimento à prestigiosa Editora Lumen Juris, responsável pelas duas primeiras edições desta obra, com um trabalho primoroso, dedicado, qualificado e com magnífica produção editorial, além da atenção especial que sempre nos dedicou. Não fora a necessidade de concentrar nossa produção científico-acadêmica em nossa tradicional Editora Saraiva, não haveria razão para não continuarmos usufruindo das benesses editoriais de nossos antigos parceiros.

Esta nova edição foi objeto de pequenas e pontuais correções e atualizações em alguns capítulos, sem qualquer alteração no conteúdo dos demais. Agora, sob nova "bandeira", esperamos continuar sendo prestigiados pelos estudiosos e especialistas dessa matéria.

As críticas e sugestões, como sempre, além de bem-vindas, serão recebidas como estímulo e gozarão de reflexão adequada.

Brasília, primavera de 2013.

O Autor.

SUMÁRIO

Prefácio V

Nota à 4ª edição IX

Nota à 3ª edição XI

Primeira Parte

CRIMES CONTRA O SISTEMA FINANCEIRO NACIONAL

Lei n. 7.492, de 16-6-1986

CAPÍTULO I
DEFINIÇÃO E CONSTITUIÇÃO DO SISTEMA FINANCEIRO NACIONAL

1. As Leis n. 4.595/64 e n. 7.492/86 e a estruturação e organização dos sistemas bancário e financeiro 3
2. Conceito de instituição financeira 6
3. Instituição financeira por equiparação 12

Capítulo II
FABRICAÇÃO OU REPRODUÇÃO DE TÍTULOS IRREGULARES

1. Considerações preliminares 17
2. Bem jurídico tutelado 18
3. Sujeitos ativo e passivo do crime 19
4. Tipo objetivo: adequação típica 19
5. Tipo subjetivo: adequação típica 22
6. Consumação e tentativa 23

7. Classificação doutrinária 23
8. Pena e ação penal 24

Capítulo III
DIVULGAÇÃO DE INFORMAÇÃO FALSA OU PREJUDICIAL

1. Considerações preliminares... 25
2. O bem jurídico tutelado.. 27
3. Sujeitos ativo e passivo do crime.. 28
4. Tipo objetivo: informação falsa ou prejudicialmente incompleta 29
   4.1. Divulgação falsa de informação sobre instituição financeira protegida pelo sigilo financeiro: conflito aparente de normas 32
5. Tipo subjetivo: adequação típica... 34
6. Publicação de balanço falsificado: inadequação típica 35
7. Consumação e tentativa.. 37
8. Classificação doutrinária 38
9. Pena e ação penal... 38

Capítulo IV
GESTÃO FRAUDULENTA DE INSTITUIÇÃO FINANCEIRA

1. Considerações preliminares... 39
2. Bem jurídico tutelado... 40
3. Sujeitos ativo e passivo do crime.. 41
4. Fraude civil e fraude penal: ontologicamente semelhantes....................... 43
5. Tipo objetivo: adequação típica 45
   5.1. Elemento normativo: fraudulentamente 49
   5.2. Gestão fraudulenta na modalidade omissiva..................................... 50
6. Tipo subjetivo: adequação típica... 52
7. Consumação e tentativa de gestão fraudulenta 53
8. Classificação doutrinária 54
9. Pena e ação penal... 55

Capítulo IV-A
GESTÃO TEMERÁRIA DE INSTITUIÇÃO FINANCEIRA

1. Considerações preliminares... 57
2. Bem jurídico tutelado... 59
3. Sujeitos ativo e passivo do crime.. 59
   3.1. A questionável atribuição de responsabilidade penal a gerente pela prática de gestão temerária 60
4. Inconstitucionalidade da (in)definição do crime de gestão temerária........ 62
5. Tipo objetivo: adequação típica 67
   5.1. A inadequada tipificação do crime de gestão temerária................... 67
   5.2. Gestão temerária: contornos típicos (ou a falta de)....................... 70
   5.3. Crime habitual: impossibilidade de considerar-se isoladamente uma conduta humana como gestão temerária...................................... 72

XIV • Crimes contra o sistema financeiro nacional e contra o mercado de capitais

6. Tipo subjetivo: adequação típica 74
    6.1. Ausência de previsão de modalidade culposa 75
7. A (i)legalidade de caução com ações ou debêntures emitidas pelo próprio devedor 77
    7.1. Revogação do art. 12, III, da Resolução n. 1.748/90 do Banco Central pela Resolução/CMN n. 2.682/99 79
    7.2. Normas penais em branco e retroatividade das ditas normas complementadoras 79
8. Consumação e tentativa de gestão temerária 81
9. Classificação doutrinária 82
10. Pena e ação penal 82

CAPÍTULO V
APROPRIAÇÃO INDÉBITA FINANCEIRA

1. Considerações preliminares 83
2. Bem jurídico tutelado 85
3. Sujeitos ativo e passivo do crime 86
    3.1. Sujeito ativo 86
    3.2. Sujeito passivo 88
4. Pressuposto de qualquer apropriação indébita 90
5. Tipo objetivo: adequação típica 92
6. Tipo subjetivo: adequação típica 96
    6.1. Elemento subjetivo especial do injusto: em proveito próprio ou alheio 97
7. Apropriação indébita financeira e relação mandante-mandatário 98
8. Consumação e tentativa 99
9. Classificação doutrinária 100
10. Algumas questões especiais sobre atipicidade 101
11. Pena e ação penal 101

CAPÍTULO VI
FALSA INFORMAÇÃO SOBRE OPERAÇÃO OU SITUAÇÃO FINANCEIRA

1. Considerações preliminares 102
2. Bem jurídico tutelado 103
3. Sujeitos ativo e passivo do crime 103
4. Tipo objetivo: adequação típica 104
    4.1. Semelhanças e dessemelhanças entre o crime do art. 6º da Lei n. 7.492/86 e o crime de estelionato 109
    4.2. A obtenção de vantagem indevida: elemento normativo implícito ... 111
    4.3. Dever de informar o Banco Central: atribuição de instituição financeira 112
5. Tipo subjetivo: adequação típica 114

Sumário • XV

6. Classificação doutrinária 115
7. Consumação e tentativa 116
8. Pena e ação penal 116

CAPÍTULO VII
TÍTULOS OU VALORES MOBILIÁRIOS FRAUDULENTOS

1. Considerações preliminares 117
2. Bem jurídico tutelado 119
3. Sujeitos ativo e passivo do crime 119
4. Tipo objetivo: adequação típica 120
5. Tipo subjetivo: adequação típica 123
6. Classificação doutrinária 123
7. Consumação e tentativa 125
8. Pena e ação penal 125

CAPÍTULO VIII
EXTORSÃO FINANCEIRA

1. Considerações preliminares 126
2. Bem jurídico tutelado 127
3. Sujeitos ativo e passivo do crime 128
4. Tipo objetivo: adequação típica 128
   4.1. Exigência em desacordo com a legislação: vantagem indevida 130
   4.2. Elemento normativo especial: em desacordo com a legislação 132
5. Tipo subjetivo: adequação típica 133
6. Classificação doutrinária 134
7. Consumação e tentativa 134
8. Pena e ação penal 135

CAPÍTULO IX
FALSIDADE IDEOLÓGICA FINANCEIRA

1. Considerações preliminares 136
2. Bem jurídico tutelado 137
3. Sujeitos ativo e passivo do crime 137
4. Tipo objetivo: adequação típica 138
   4.1. Distinção entre falsidade material e falsidade ideológica 141
5. Tipo subjetivo: adequação típica 142
6. Classificação doutrinária 143
7. Consumação e tentativa 143
8. Pena e ação penal 144

CAPÍTULO X
FALSIDADE EM DEMONSTRATIVOS CONTÁBEIS

1. Considerações preliminares 145
2. Bem jurídico tutelado 146
3. Sujeitos ativo e passivo do crime 146
4. Tipo objetivo: adequação típica 147
    4.1. Impossibilidade de pretensa interpretação extensiva da descrição típica 148
5. Tipo subjetivo: adequação típica 150
6. Classificação doutrinária 151
7. Consumação e tentativa 151
8. Pena e ação penal 152

CAPÍTULO XI
CONTABILIDADE PARALELA

1. Considerações preliminares 153
2. Bem jurídico tutelado 154
3. Sujeitos ativo e passivo do crime 155
4. Tipo objetivo: adequação típica 156
5. Tipo subjetivo: adequação típica 158
6. Consumação e tentativa 158
7. Classificação doutrinária 158
8. Pena e ação penal 159

CAPÍTULO XII
SONEGAÇÃO DE INFORMAÇÕES ÀS AUTORIDADES COMPETENTES

1. Considerações preliminares 160
2. Bem jurídico tutelado 161
3. Sujeitos ativo e passivo do crime 161
    3.1. Sujeito ativo 161
    3.2. Sujeito passivo 163
4. Tipo objetivo: adequação típica 163
5. Tipo subjetivo: adequação típica 165
6. Consumação e tentativa 165
7. Classificação doutrinária 166
8. Pena e ação penal 166

CAPÍTULO XIII
DESVIO DE BENS INDISPONÍVEIS

1. Considerações preliminares 167
2. Bem jurídico tutelado 168

Sumário • XVII

3. Sujeitos do crime... 169
    3.1. Sujeito ativo... 169
    3.2. Sujeito passivo.. 170
4. Tipo objetivo: adequação típica... 171
5. Apropriar-se ou desviar em proveito próprio ou alheio.................... 172
6. Tipo subjetivo: adequação típica.. 173
7. Classificação doutrinária... 175
8. Consumação e tentativa.. 175
9. Pena e ação penal.. 176

CAPÍTULO XIV
DECLARAÇÃO FALSA DE CRÉDITO

1. Considerações preliminares... 177
2. Bem jurídico tutelado... 177
3. Sujeitos ativo e passivo do crime... 178
    3.1. Sujeito ativo... 178
    3.2. Sujeito passivo.. 179
4. Tipo objetivo: adequação típica... 180
5. Tipo subjetivo: adequação típica.. 181
6. Consumação e tentativa.. 182
7. Classificação doutrinária... 182
8. Pena e ação penal.. 183

CAPÍTULO XV
MANIFESTAÇÃO FALSA DE INTERVENTOR, LIQUIDANTE OU SÍNDICO

1. Considerações preliminares... 184
2. Bem jurídico tutelado... 185
3. Sujeitos ativo e passivo do crime... 185
4. Tipo objetivo: adequação típica... 186
5. Tipo subjetivo: adequação típica.. 188
6. Consumação e tentativa.. 188
7. Classificação doutrinária... 188
8. Pena e ação penal.. 189

CAPÍTULO XVI
"FAZER OPERAR INSTITUIÇÃO FINANCEIRA ILEGAL"

1. Considerações preliminares... 190
    1.1. Definição de instituição financeira para fins penais: análise comparativa entre a Lei n. 7.492/86 e a Lei n. 4.595/64.......................... 191
2. Bem jurídico tutelado... 193
    2.1. Objeto material do crime de "fazer operar instituição financeira ilegal"... 193

XVIII • Crimes contra o sistema financeiro nacional e contra o mercado de capitais

3. Sujeitos ativo e passivo do crime 196
4. Tipo objetivo: adequação típica 197
    4.1. Sem a devida autorização ou com autorização obtida mediante declaração falsa 201
5. Tipo subjetivo: adequação típica 202
6. A revogação, ainda que parcial, do art. 16 da Lei n. 7.492/86 pelo art. 27-E da Lei n. 10.303/2001 202
    6.1. A desproporcional cominação de penas entre os crimes do art. 16 da Lei n. 7.492/86 e do art. 27-E da Lei n. 10.303/2001 206
7. Classificação doutrinária 209
8. Consumação e tentativa 210
9. Pena e ação penal 210

CAPÍTULO XVII
DISTRIBUIÇÃO DE LUCROS E EMPRÉSTIMOS VEDADOS

1. Acréscimo inconstitucional do conteúdo do art. 34 da Lei n. 4.595/64 no art. 17 212
2. Leis penais em branco e seus limites funcionais 213
3. Princípio da legalidade e princípio da reserva legal 216
    3.1. Princípio da legalidade e as leis vagas, indeterminadas ou imprecisas 217
4. Considerações preliminares sobre o art. 17 da Lei n. 7.492/76 220
5. Bem jurídico tutelado 221
6. Sujeitos ativo e passivo do crime 222
7. Tipo objetivo: tomar, receber crédito ou deferir operações vedadas 223
    7.1. Ou deferir operações de crédito vedadas, observado o disposto no art. 34 da Lei n. 4.595, de 31 de dezembro de 1964 226
    7.2. Atipicidade do uso de bens ou coisas de instituição financeira 229
    7.3. A interpretação adequada do excessivo uso de elementos normativos.... 230
8. Conceder ou receber adiantamento de remuneração ou qualquer outro pagamento (parágrafo único, inciso I) 233
9. De forma disfarçada, promover a distribuição ou receber lucros (parágrafo único, inciso II) 234
10. Tipo subjetivo: adequação típica 239
11. Consumação e tentativa 240
12. Classificação doutrinária 240
13. Pena e ação penal 241

CAPÍTULO XVIII
VIOLAÇÃO DE SIGILO DE OPERAÇÃO FINANCEIRA

1. Considerações preliminares 242
2. Bem jurídico tutelado 243
3. Sujeitos ativo e passivo do crime 244

4. Tipo objetivo: adequação típica 245
    4.1. Que teve conhecimento em razão de ofício: relação de causalidade 247
5. Tipo subjetivo: adequação típica 249
6. Consumação e tentativa 249
7. Classificação doutrinária 250
8. Pena e ação penal 250

CAPÍTULO XIX
FINANCIAMENTO MEDIANTE FRAUDE

1. Considerações preliminares 251
2. Bem jurídico tutelado 252
3. Sujeitos ativo e passivo do crime 253
4. Tipo objetivo: adequação típica 254
    4.1. Obtenção de vantagem ilícita: financiamento mediante fraude 255
5. Tipo subjetivo: adequação típica 256
6. Classificação doutrinária 257
7. Consumação e tentativa 257
8. Pena e ação penal 258

CAPÍTULO XX
APLICAR FINANCIAMENTO EM FINALIDADE DIVERSA

1. Considerações preliminares 259
2. Bem jurídico tutelado 259
3. Sujeitos ativo e passivo do crime 261
4. Tipo objetivo: adequação típica 261
    4.1. Finalidade diversa da prevista em lei ou contrato 264
5. Tipo subjetivo: adequação típica 265
6. Classificação doutrinária 265
7. Consumação e tentativa 265
8. Pena e ação penal 266

CAPÍTULO XXI
FALSA IDENTIDADE NA REALIZAÇÃO DE OPERAÇÃO DE CÂMBIO

1. Considerações preliminares 267
2. Bem jurídico tutelado 268
3. Sujeitos do crime 268
4. Tipo objetivo: adequação típica 269
5. Tipo subjetivo: adequação típica 272
6. "Sonega informação que deva prestar ou presta informação falsa" 272
7. Atipicidade do ingresso irregular de divisas e equivocada capitulação no art. 21, parágrafo único 274

7.1. Dever de informar o Banco Central: atribuição da instituição financeira.. 279
8. Consumação e tentativa.. 281
9. Classificação doutrinária 282
10. Pena e ação penal.. 282

CAPÍTULO XXII
EVASÃO DE DIVISAS

1. Considerações preliminares.. 284
2. Bem jurídico tutelado... 286
3. Sujeitos ativo e passivo do crime... 288
4. Espécies de evasão de divisas 288
5. Efetuar operação de câmbio não autorizada 290
    5.1. Elementar normativa: operação de câmbio 293
    5.2. Elementar normativa "não autorizada": sentido e alcance.............. 294
    5.3. Elementar normativa "divisas" 297
6. Tipo subjetivo (*caput*): dolo e elemento subjetivo especial do tipo 298
    6.1. Elemento subjetivo especial do tipo: com o fim de promover evasão de divisas do País.. 299
7. Consumação e tentativa de operação de câmbio não autorizada............... 302
    7.1. Consumação.. 302
    7.2. Tentativa 303
8. Classificação doutrinária 303
9. Promover, a qualquer título, sem autorização legal, a saída de moeda ou divisa para o exterior 304
    9.1. Bem jurídico tutelado 305
    9.2. Tipo objetivo: adequação típica 306
        9.2.1. Elementar normativa: "a qualquer título"............................. 310
        9.2.2. Elementar normativa: "saída de moeda ou divisa para o exterior" 311
            9.2.2.1. Saída de divisas para o exterior 313
            9.2.2.2. O significado de moeda: tratamento jurídico......... 321
    9.3. Elementos normativos especiais da ilicitude: "não autorizada" (*caput*) e "sem autorização legal" (parágrafo único)...................... 323
    9.4. Atipicidade da evasão de divisas: norma penal em branco dependente de lei complementar para integrar-se 324
        9.4.1. Inconstitucionalidade da norma integradora: exigência de lei complementar. Inidoneidade de atos administrativos para satisfazer essa função.. 328
    9.5. Tratamento do erro sobre elementos normativos especiais da ilicitude 333
    9.6. Tipo subjetivo: adequação típica.. 334
    9.7. Consumação e tentativa de promover, sem autorização legal, a saída de moeda ou divisa 335

Sumário • XXI

10. Manter no exterior depósitos não declarados 335
    10.1. Bem jurídico tutelado 336
    10.2. Tipo objetivo: adequação típica 337
        10.2.1. Elementar normativa: repartição federal competente 339
    10.3. Tipo subjetivo: adequação típica 343
    10.4. Consumação ou tentativa do crime de manutenção de depósito no exterior não declarado 344
11. Exportação clandestina ou sem cobertura cambial 345
12. Aspectos relevantes quanto à competência de foro 349
13. Pena e natureza da ação penal 351

CAPÍTULO XXIII
PREVARICAÇÃO FINANCEIRA

1. Considerações preliminares 352
2. Bem jurídico tutelado 353
3. Sujeitos do crime 354
4. Tipo objetivo: adequação típica 355
5. Tipo subjetivo: adequação típica 358
6. Consumação e tentativa 358
7. Classificação doutrinária 358
8. Pena e ação penal 359

CAPÍTULO XXIV
RESPONSABILIDADE PENAL E DELAÇÃO PREMIADA NOS CRIMES CONTRA O SISTEMA FINANCEIRO NACIONAL

1. Responsabilidade penal nos crimes contra o sistema financeiro 360
2. Síntese de alguns aspectos fundamentais da culpabilidade 362
    2.1. Considerações introdutórias 362
    2.2. Culpabilidade como predicado do crime 364
3. Elementos da culpabilidade normativa pura 367
    3.1. Imputabilidade 367
    3.2. Possibilidade de conhecimento da ilicitude do fato 368
    3.3. Exigibilidade de obediência ao Direito 369
4. Delação premiada: favor legal, mas antiético 370

CAPÍTULO XXV
APLICAÇÃO DA PENA DE MULTA NOS CRIMES FINANCEIROS

1. O sistema trifásico da aplicação da pena de multa 376
2. As três fases do cálculo da pena de multa 378
3. Elevação até o décuplo da multa nos crimes financeiros 380

XXII • Crimes contra o sistema financeiro nacional e contra o mercado de capitais

Segunda Parte

CRIMES CONTRA O MERCADO DE CAPITAIS

Lei n. 6.385, de 7-12-1976

CAPÍTULO I
MANIPULAÇÃO DO MERCADO DE CAPITAIS

1. Considerações preliminares sobre os crimes contra o mercado de capitais 386
2. Alterações e atualizações da Lei n. 13.506/2017 388
3. O bem jurídico tutelado 391
4. Sujeitos ativo e passivo deste crime 392
5. Fraude civil e fraude penal: ontologicamente sem distinção 393
6. Tipo objetivo: adequação típica 395
   6.1. Com o fim de obter vantagem indevida ou lucro para si ou para outrem, ou causar dano a terceiros 398
   6.2. Semelhança do fim especial dos crimes de estelionato e de manipulação do mercado de capitais 400
   6.3. Obtenção de vantagem ilícita em prejuízo alheio: elemento normativo do tipo 402
7. Vantagem ilícita: irrelevância da natureza econômica 403
8. Concurso formal e material de manipulações do mercado 406
   8.1. Considerações preliminares 406
   8.2. Sistemas de aplicação da pena 406
   8.3. Espécies de concurso de crimes 407
      8.3.1. Concurso material 407
      8.3.2. Concurso formal 407
      8.3.3. Crime continuado 408
      8.3.4. Teorias do crime continuado 409
   8.4. Requisitos do crime continuado 410
   8.5. Crime continuado específico 412
   8.6. A (ir)retroatividade no crime continuado 413
   8.7. Dosimetria da pena no concurso de crimes 414
   8.8. Concurso de crimes de manipulações do mercado de capitais 414
9. Tipo subjetivo: adequação típica 418
   9.1. Elementos subjetivos especiais do tipo: com o fim de obter vantagem indevida ou lucro, para si ou para outrem, ou causar dano a terceiros ... 418
10. Consumação e tentativa 419
11. Classificação doutrinária 420
12. Penas e ação penal 421

CAPÍTULO II
USO INDEVIDO DE INFORMAÇÃO PRIVILEGIADA

1. Considerações preliminares 423
2. Bem jurídico tutelado 425
3. Sujeitos ativo e passivo do crime 426
4. As alterações da Lei n. 13.506/2017: supressão do dever de sigilo 433
5. Tipo objetivo: adequação típica 437
   5.1. Significado e extensão da elementar normativa "informação relevante" 443
   5.2. O verdadeiro sentido e a real dimensão da locução "informação relevante" 445
   5.3. Limite temporal da publicação de fato relevante 447
   5.4. A natureza econômica da vantagem indevida 448
6. Suposta omissão na tipificação desse tipo penal 449
7. Erro de tipo e erro de proibição nos crimes contra o mercado de capitais 453
8. Tipo subjetivo: adequação típica 457
9. Consumação e tentativa 458
10. Classificação doutrinária 460
11. Penas e ação penal 460

CAPÍTULO III
EXERCÍCIO IRREGULAR DE CARGO, PROFISSÃO, ATIVIDADE OU FUNÇÃO

1. Considerações preliminares 462
2. Bem jurídico tutelado 464
3. Sujeitos ativo e passivo 465
4. Tipo objetivo: adequação típica 465
   4.1. Sem estar, para esse fim, autorizado ou registrado na autoridade administrativa competente, quando exigido por lei ou regulamento 467
5. Tipo subjetivo: adequação típica 469
6. A revogação, ainda que parcial, do art. 16 da Lei n. 7.492/86 pelo art. 27-E da Lei n. 6.385/76 com redação determinada pela Lei n. 10.303/2001 469
   6.1. A desproporcional cominação de penas entre os crimes do art. 16 da Lei n. 7.492/86 e do art. 27-E da Lei n. 10.303/2001 473
7. Classificaçao doutrinária 476
8. Consumação e tentativa 477
9. Pena e ação penal 478

Bibliografia 479

Primeira Parte

CRIMES CONTRA O SISTEMA FINANCEIRO NACIONAL

Lei n. 7.492, de 16-6-1986

CAPÍTULO I

Definição e constituição do Sistema Financeiro Nacional

Sumário: 1. As Leis n. 4.595/64 e n. 7.492/86 e a estruturação e organização dos sistemas bancário e financeiro. 2. Conceito de instituição financeira. 3. Instituição financeira por equiparação.

1. AS LEIS N. 4.595/64 E N. 7.492/86 E A ESTRUTURAÇÃO E ORGANIZAÇÃO DOS SISTEMAS BANCÁRIO E FINANCEIRO

Desejamos, inicialmente, dar uma definição do que é *instituição financeira*, ainda que sucintamente, segundo dois diplomas legais, quais sejam, a Lei n. 4.595/64, conhecida como *Lei da Reforma Bancária*, e a Lei n. 7.492/86, que, por sua vez, é a *Lei dos Crimes contra o Sistema Financeiro Nacional*, que define *instituição financeira para fins penais*. A partir da identificação e definição desses dois diplomas legais, especialmente deste último, que é específico, examinaremos a definição, a abrangência e a conceituação das condutas selecionadas e tipificadas como crimes contra o sistema financeiro nacional. A Lei n. 4.595/64 definiu *instituição financeira* nos seguintes termos:

> **Art. 17.** Consideram-se instituições financeiras, para os efeitos da legislação em vigor, as pessoas jurídicas públicas ou privadas, que tenham como atividade principal ou acessória a coleta, a intermediação ou aplicação de recursos financeiros próprios ou de terceiros, em moeda nacional ou estrangeira, e a custódia de valor de propriedade de terceiros.
>
> **Parágrafo único.** Para os efeitos desta lei e da legislação em vigor, equiparam-se às instituições financeiras as pessoas físicas que exerçam quaisquer das atividades referidas neste artigo, de forma permanente ou habitual.

O mesmo diploma legal definiu instituições financeiras equiparadas no art. 18, § 1º, da mesma Lei:

> **Art. 18, § 1º** Além dos estabelecimentos bancários oficiais ou privados, das sociedades de crédito, financiamento e investimentos, das caixas econômicas e das cooperativas de crédito ou a seção de crédito das cooperativas que a tenham, também se subordinam às disposições desta lei, no que for aplicável, as bolsas de valores, companhias de seguros e de capitalização, as sociedades que efetuam distribuição de prêmios em imóveis, mercadorias ou dinheiro, mediante sorteio de títulos de sua emissão ou por qualquer forma, e as pessoas físicas ou jurídicas que exerçam, por conta própria ou de terceiros, atividade relacionada com a compra e venda de ações e outros quaisquer títulos, realizando nos mercados financeiros e de capitais operações ou serviços de natureza dos executados pelas instituições financeiras.

Referidos conceitos são aplicáveis fora da seara penal, disciplinando as atividades dessas instituições nos mercados bancário e financeiro. A rigor, esse diploma legal, como sugere o nome pelo qual ficou conhecido – *Lei da Reforma Bancária*, destina-se mais especificamente às entidades bancárias. Foi, contudo, ampliado, pelo legislador, para o mercado de capitais, por interpretação equiparada. Por sua vez, o art. 1º da Lei n. 7.492/86, que tem a finalidade de tipificar os crimes contra o Sistema Financeiro Nacional, também definiu o conceito de instituição financeira nos seguintes termos:

> **Art. 1º** Considera-se instituição financeira, para efeito desta Lei, a pessoa jurídica de direito público ou privado, que tenha como atividade principal ou acessória, cumulativamente ou não, a captação, intermediação ou aplicação de recursos financeiros de terceiros, em moeda nacional ou estrangeira, ou a custódia, emissão, distribuição, negociação, intermediação ou administração de valores mobiliários.
>
> **Parágrafo único.** Equipara-se à instituição financeira:
>
> I – a pessoa jurídica que capte ou administre seguros, câmbio, consórcio, capitalização ou qualquer tipo de poupança, ou recursos de terceiros;
>
> II – a pessoa natural que exerça quaisquer das atividades referidas neste artigo, ainda que de forma eventual.

Por essa definição legal, a essência das atividades de instituição financeira, integrante do mercado de crédito, são a *captação*, a *intermediação* e a *aplicação* de recursos financeiros de terceiros: (i) a *captação* objetiva a atração de recursos junto aos agentes econômicos superavitários, mediante alguma forma de remuneração oferecida a eles; (ii) a *intermediação*, por sua vez, consiste na transferência de tais recursos para os agentes econômicos deficitários, mediante remuneração superior que a oferecida aos agentes superavitários, identificando, nesse aspecto, o lucro da instituição financeira; (iii) a *aplicação*, por fim, ocorre com o investimento dos recursos captados nas diversas formas disponíveis no mercado, proporcionando remuneração tanto para a instituição quanto para quem disponibiliza os seu recursos.

Em sentido similar, na previsão do art. 17 da Lei n. 4.595/64, que é a lei da *Reforma Bancária*, constam também as atividades de coleta, intermediação e

4 • Crimes contra o sistema financeiro nacional

aplicação de recursos próprios. Essas atividades não são específicas de instituição financeira e, como não estão previstas no art. 1º da Lei n. 7.492/86, não são relevantes para efeitos de criminalização. Embora constasse da redação aprovada, *as atividades com recursos próprios*, acabou sendo, no entanto, objeto de *veto presidencial*, a nosso juízo corretamente, com o que também concordam Cândido Albuquerque e Sérgio Rebouças[1]. Rodolfo Tigre Maia, no entanto, critica esse veto, argumentando que afastaria da tutela penal o investidor de recursos próprios, sendo um provável causador de danos ao sistema financeiro[2]. Na nossa ótica, mesmo que por equiparação, as normativas constantes da Lei n. 7.492/86 não autorizam tamanha ampliação, sob pena de desvirtuar as finalidades pretendidas por esse diploma legal, que é disciplinar os crimes contra o sistema financeiro nacional.

Nesse sentido, é impecável o magistério de José Carlos Tórtima, quando afirma que "a cogitada equiparação do aplicador de recursos próprios à instituição financeira não nos parece ser, *data venia*, o melhor caminho para estender o alcance da lei a outras condutas danosas ao SFN"[3]. No entanto, como também reconhece Tórtima, certas condutas do investidor individual podem ser enquadradas nos tipos penais da Lei n. 6.385/76.

Integram, por fim, o conceito legal de *instituição financeira*, para fins penais, as entidades destinadas a *custódia, emissão, distribuição, negociação, intermediação* ou *administração de valores mobiliários*, abrangendo, nessa hipótese, as instituições integrantes do *mercado de capitais*. De qualquer sorte, sob o ponto de vista prático, não há diferença relevante entre instituição financeira própria e instituição financeira por equiparação. Ambas são penalmente tuteladas.

O conceito de instituição financeira *própria*, para efeitos penais, é mais específico relativamente às entidades integrantes do sistema financeiro nacional, e abrange:

1. As instituições supervisionadas pelo Banco Central do Brasil – BACEN nos mercados monetário e de crédito, vale dizer, as instituições financeiras bancárias e as não bancárias (art. 1º, *caput*, 1ª parte: *pessoa jurídica de direito público ou privado, que tenha como atividade principal ou acessória, cumulativamente ou não, a captação, intermediação ou aplicação de recursos financeiros de terceiros, em moeda nacional ou estrangeira*);

2. As instituições supervisionadas pela Comissão de Valores Mobiliários – CVM no mercado de capitais, isto é, as bolsas de mercadorias e futuros, as

---

[1] Cândido Albuquerque e Sérgio Rebouças, *Crimes contra o sistema financeiro nacional*, São Paulo: Tirant Lo Blanch Brasil, no prelo.

[2] Rodolfo Tigre Maia, *Dos crimes contra o sistema financeiro nacional*, São Paulo: Malheiros, 1996, p. 31.

[3] José Carlos Tórtima, *Crimes contra o sistema financeiro nacional (uma contribuição ao estudo da Lei n. 7.492/86)*, 3. ed., Rio de Janeiro: Lumen Juris, 2011, p. 16.

bolsas de valores e as sociedades corretoras e distribuidoras de títulos e valores mobiliários (art. 1º, *caput*, 2ª parte: *pessoa jurídica de direito público ou privado, que tenha como atividade principal ou acessória, cumulativamente ou não, a custódia, emissão, distribuição, negociação, intermediação ou administração de valores mobiliários*).

Relativamente às *formas equiparadas*, por sua vez, também são abrangidas:

1. As demais instituições supervisionadas pelo Banco Central nos mercados de crédito e de câmbio, ou seja, intermediários financeiros e administradores de recursos de terceiros, aí compreendidas as sociedades administradoras de consórcios, as sociedades de arrendamento mercantil e as sociedades corretoras de câmbio: *pessoa jurídica que capte ou administre câmbio, consórcio ou recursos de terceiros*);

2. As instituições supervisionadas pela Superintendência de Seguros Privados – SUSEP, quais sejam, *pessoas jurídicas que captem ou administrem seguros e capitalização*;

3. As instituições supervisionadas pela Superintendência Nacional de Seguro Complementar – PREVIC, abrangidas pela rubrica seguros, "pessoa jurídica que administre recursos de terceiros" (art. 1º, parágrafo único, I). Essas entidades operadoras do sistema financeiro nacional inserem-se no conceito do art. 1º, *caput*, ou na sua forma equiparada (art. 1º, parágrafo único, da Lei n. 7.492/86).

2. CONCEITO DE INSTITUIÇÃO FINANCEIRA

A própria Lei dos Crimes contra o Sistema Financeiro Nacional (Lei n. 7.492, de 16-6-1986) definiu o conceito de instituição financeira em seu art. 1º, nos seguintes termos:

Art. 1º Considera-se instituição financeira, para efeito desta lei, a pessoa jurídica de direito público ou privado, que tenha como atividade principal ou acessória, cumulativamente ou não, a captação, intermediação ou aplicação de recursos financeiros de terceiros, em moeda nacional ou estrangeira, ou a custódia, emissão, distribuição, negociação, intermediação ou administração de valores mobiliários.

Parágrafo único. Equiparam-se à instituição financeira:

I – a pessoa jurídica que capte ou administre seguros, câmbio, consórcio, capitalização ou qualquer tipo de poupança, ou recursos de terceiros;

II – a pessoa natural que exerça qualquer das atividades referidas neste artigo, ainda que de forma eventual.

A complexidade do sistema financeiro brasileiro, integrado por diversas instituições com múltiplas atividades, demanda, a rigor, uma certa abertura ou, digamos, maior abrangência na definição de instituição financeira, contudo, não significa indeterminação, longe disso. Ressalvamos, no entanto, a equivocada *equiparação da pessoa física*, como demonstramos ao longo destes comentários. Com efeito, não é razoável tratar o particular que pratica uma ou outra operação de captação e intermediação de recursos de terceiros como se constituísse uma instituição financeira. Se isso fosse possível, bastaria que um indivíduo captasse recursos de dois ou três amigos, com a promessa de aplicá-los no sistema financeiro, para que a lei pudesse considerá-lo, para fins penais, equiparado a uma instituição financeira.

Ora, se a *operação clandestina*, inclusive por pessoa física, de instituição financeira já configura o tipo penal do art. 16 da Lei n. 7.492/86, não há razão alguma ou qualquer fundamento na *equiparação* estabelecida no art. 1º, parágrafo único, II, na medida em que o dispositivo supracitado resolve por inteiro hipótese semelhante, com a segurança da taxatividade da tipicidade estrita.

Essas instituições, que passaremos a relacionar, desempenham a indispensável função de interligação entre os diferentes polos de negociação existentes no mercado. O artigo contempla inúmeras instituições, com natureza e objeto diversos. São essas, basicamente, as instituições financeiras existentes no Sistema Financeiro Nacional, segundo definição do próprio Banco Central do Brasil[4]:

A – Bancos comerciais: os bancos comerciais são instituições financeiras privadas ou públicas que têm como objetivo principal proporcionar suprimento de recursos necessários para financiar, a curto e a médio prazos, o comércio, a indústria, as empresas prestadoras de serviços, as pessoas físicas e terceiros em geral. A captação de depósitos à vista, livremente movimentáveis, é atividade típica do banco comercial, o qual pode também captar depósitos a prazo. Deve ser constituído sob a forma de sociedade anônima e na sua denominação social deve constar a expressão "Banco" (Resolução CMN n. 2.099, de 1994).

B – Bancos múltiplos: os bancos múltiplos são instituições financeiras privadas ou públicas que realizam as operações ativas, passivas e acessórias das diversas instituições financeiras, por intermédio das seguintes carteiras: comercial, de investimento e/ou de desenvolvimento, de crédito imobiliário, de arrendamento mercantil e de crédito, financiamento e investimento. Essas operações estão sujeitas às mesmas normas legais e regulamentares aplicáveis às instituições singulares correspondentes às suas carteiras. A carteira de desenvolvimento somente poderá ser operada por banco público. O banco múltiplo deve ser constituído com, no mínimo, duas carteiras, sendo uma delas, obrigatoriamente, comercial ou de investimento, e ser organizado sob a forma de sociedade anônima. As instituições com carteira comercial podem captar depósitos à vista. Na sua denominação social, deve constar a expressão "Banco" (Resolução CMN n. 2.099, de 1994).

---

[4] Todos os conceitos e definições sobre as instituições financeiras típicas e por equiparação foram retirados do *site* do BCB (http://www.bcb.gov.br/?SFNCOMP).

C – Bancos de investimento: os bancos de investimento são instituições financeiras privadas especializadas em operações de participação societária de caráter temporário, de financiamento da atividade produtiva para suprimento de capital fixo e de giro e de administração de recursos de terceiros. Devem ser constituídos sob a forma de sociedade anônima e adotar, obrigatoriamente, em sua denominação social, a expressão "Banco de Investimento". Não possuem contas correntes e captam recursos via depósitos a prazo, repasses de recursos externos, internos e venda de cotas de fundos de investimento por eles administrados. As principais operações ativas são financiamento de capital de giro e capital fixo, subscrição ou aquisição de títulos e valores mobiliários, depósitos interfinanceiros e repasses de empréstimos externos (Resolução CMN n. 2.624, de 1999).

D – Bancos de desenvolvimento: os bancos de desenvolvimento são instituições financeiras controladas pelos governos estaduais e têm por objetivo precípuo proporcionar o suprimento oportuno e adequado dos recursos necessários ao financiamento, a médio e a longo prazos, de programas e projetos que visem a promover o desenvolvimento econômico e social do respectivo Estado. As operações passivas são depósitos a prazo, empréstimos externos, emissão ou endosso de cédulas hipotecárias, emissão de cédulas pignoratícias de debêntures e de Títulos de Desenvolvimento Econômico. As operações ativas são empréstimos e financiamentos dirigidos prioritariamente ao setor privado. Devem ser constituídos sob a forma de sociedade anônima, com sede na capital do Estado que detiver seu controle acionário, devendo adotar, obrigatória e privativamente, em sua denominação social, a expressão "Banco de Desenvolvimento", seguida do nome do Estado em que tenha sede (Resolução CMN n. 394, de 1976). O Banco Nacional de Desenvolvimento Econômico e Social (BNDES), criado em 1952 como autarquia federal, foi enquadrado como uma empresa pública federal, com personalidade jurídica de direito privado e patrimônio próprio, pela Lei n. 5.662, de 21-6-1971. O BNDES é um órgão vinculado ao Ministério do Desenvolvimento, Indústria e Comércio Exterior e tem como objetivo apoiar empreendimentos que contribuam para o desenvolvimento do país. Suas linhas de apoio contemplam financiamentos de longo prazo e custos competitivos, para o desenvolvimento de projetos de investimentos e para a comercialização de máquinas e equipamentos novos, fabricados no país, bem como para o incremento das exportações brasileiras. Contribui, também, para o fortalecimento da estrutura de capital das empresas privadas e o desenvolvimento do mercado de capitais. A BNDESPAR, subsidiária integral, investe em empresas nacionais por meio da subscrição de ações e debêntures conversíveis. O BNDES considera ser de fundamental importância, na execução de sua política de apoio, a observância de princípios ético-ambientais e assume o compromisso com os princípios do desenvolvimento sustentável. As linhas de apoio financeiro e os

8 • Crimes contra o sistema financeiro nacional

programas do BNDES atendem às necessidades de investimentos das empresas de qualquer porte e setor estabelecidas no país. A parceria com instituições financeiras, com agências estabelecidas em todo o país, permite a disseminação do crédito, possibilitando um maior acesso aos recursos do BNDES.

E – Caixas Econômicas: a Caixa Econômica Federal, criada em 1861, está regulada pelo Decreto-Lei n. 759, de 12-8-1969, como empresa pública vinculada ao Ministério da Fazenda. Trata-se de instituição assemelhada aos bancos comerciais, podendo captar depósitos à vista, realizar operações ativas e efetuar prestação de serviços. Uma característica distintiva da Caixa é que ela prioriza a concessão de empréstimos e financiamentos a programas e projetos nas áreas de assistência social, saúde, educação, trabalho, transportes urbanos e esporte. Pode operar com crédito direto ao consumidor, financiando bens de consumo duráveis, empréstimo sob garantia de penhor industrial e caução de títulos, bem como tem o monopólio do empréstimo sob penhor de bens pessoais e sob consignação, além do monopólio da venda de bilhetes de loteria federal. Além de centralizar o recolhimento e a posterior aplicação de todos os recursos oriundos do Fundo de Garantia do Tempo de Serviço (FGTS), integra o Sistema Brasileiro de Poupança e Empréstimo (SBPE) e o Sistema Financeiro da Habitação (SFH).

F – Sociedades de crédito, financiamento e investimento, também conhecidas por financeiras. Foram instituídas pela Portaria do Ministério da Fazenda n. 309, de 30-11-1959. São instituições financeiras privadas que têm como objetivo básico a realização de financiamento para a aquisição de bens, serviços e capital de giro. Devem ser constituídas sob a forma de sociedade anônima e na sua denominação social deve constar a expressão "Crédito, Financiamento e Investimento". Tais entidades captam recursos por meio de aceite e colocação de Letras de Câmbio (Resolução CMN n. 45, de 1966) e Recibos de Depósitos Bancários (Resolução CMN n. 3.454, de 2007). As sociedades de crédito ao microempreendedor, criadas pela Lei n. 10.194, de 14-2-2001, são entidades que têm por objeto social exclusivo a concessão de financiamentos e a prestação de garantias a pessoas físicas, bem como a pessoas jurídicas classificadas como microempresas, com vistas a viabilizar empreendimentos de natureza profissional, comercial ou industrial de pequeno porte. São impedidas de captar, sob qualquer forma, recursos junto ao público, bem como emitir títulos e valores mobiliários destinados à colocação e à oferta públicas. Devem ser constituídas sob a forma de companhia fechada ou de sociedade por quotas de responsabilidade limitada, adotando obrigatoriamente em sua denominação social a expressão "Sociedade de Crédito ao Microempreendedor", vedada a utilização da palavra "Banco" (Resolução CMN n. 2.874, de 2001).

G – Sociedades de crédito imobiliário. São instituições financeiras criadas pela Lei n. 4.380, de 21 de agosto de 1964, para atuar no financiamento habitacional. Constituem operações passivas dessas instituições os depósitos de poupança, a emissão de letras e cédulas hipotecárias e os depósitos interfinanceiros. Suas operações ativas são: financiamento para construção de habitações, abertura de crédito para compra ou construção de casa própria, financiamento de capital de giro a empresas incorporadoras, produtoras e distribuidoras de material de construção. Devem ser constituídas sob a forma de sociedade anônima, adotando obrigatoriamente em sua denominação social a expressão "Crédito Imobiliário" (Resolução CMN n. 2.735, de 2000).

H – Sociedades corretoras de títulos e valores mobiliários. São constituídas sob a forma de sociedade anônima ou por quotas de responsabilidade limitada. Dentre seus objetivos estão: operar em bolsas de valores; subscrever emissões de títulos e valores mobiliários no mercado; comprar e vender títulos e valores mobiliários por conta própria e de terceiros; encarregar-se da administração de carteiras e da custódia de títulos e valores mobiliários; exercer funções de agente fiduciário; instituir, organizar e administrar fundos e clubes de investimento; emitir certificados de depósito de ações e cédulas pignoratícias de debêntures; intermediar operações de câmbio; praticar operações no mercado de câmbio de taxas flutuantes; praticar operações de conta margem; realizar operações compromissadas; praticar operações de compra e venda de metais preciosos, no mercado físico, por conta própria e de terceiros; operar em bolsas de mercadorias e de futuros por conta própria e de terceiros. São supervisionadas pelo Banco Central do Brasil (Resolução CMN n. 1.655, de 1989).

I – Sociedades distribuidoras de títulos e valores mobiliários. São constituídas sob a forma de sociedade anônima ou por quotas de responsabilidade limitada, devendo constar na sua denominação social a expressão "Distribuidora de Títulos e Valores Mobiliários". Algumas de suas atividades: intermedeiam a oferta pública e a distribuição de títulos e valores mobiliários no mercado; administram e custodiam as carteiras de títulos e valores mobiliários; instituem, organizam e administram fundos e clubes de investimento; operam no mercado acionário, comprando, vendendo e distribuindo títulos e valores mobiliários, inclusive ouro financeiro, por conta de terceiros; fazem a intermediação com as bolsas de valores e de mercadorias; efetuam lançamentos públicos de ações; operam no mercado aberto e intermedeiam operações de câmbio. São supervisionadas pelo Banco Central do Brasil (Resolução CMN n. 1.120, de 1986).

J – Sociedades de arrendamento mercantil. São constituídas sob a forma de sociedade anônima, devendo constar obrigatoriamente na sua denominação social a expressão "Arrendamento Mercantil". As operações passivas dessas sociedades são emissão de debêntures, dívida externa, empréstimos e financiamentos de instituições financeiras. Suas operações ativas são constituídas por títulos da dívida pública, cessão de direitos creditórios e, principalmente, por operações de arrendamento mercantil de bens móveis, de produção nacional ou estrangeira, e bens imóveis adquiridos pela entidade arrendadora para fins de uso próprio do arrendatário. São supervisionadas pelo Banco Central do Brasil (Resolução CMN n. 2.309, de 1996).

K – Cooperativas de crédito: as cooperativas de crédito observam, além da legislação e das normas do sistema financeiro, a Lei n. 5.764, de 16-12-1971, que define a política nacional de cooperativismo e institui o regime jurídico das sociedades cooperativas. Atuando tanto no setor rural quanto no urbano, as cooperativas de crédito podem se originar da associação de funcionários de uma mesma empresa ou grupo de empresas, de profissionais de determinado segmento, de empresários ou mesmo adotar a livre admissão de associados em uma área determinada de atuação, sob certas condições. Os eventuais lucros auferidos com suas operações – prestação de serviços e oferecimento de crédito aos cooperados – são repartidos entre os associados. As cooperativas de crédito devem adotar, obrigatoriamente, em sua denominação social, a expressão "Cooperativa", vedada a utilização da palavra "Banco". Devem possuir o número mínimo de vinte cooperados e adequar sua área de ação às possibilidades de reunião, controle, operações e prestações de serviços. Estão autorizadas a realizar operações de captação por meio de depósitos à vista e a prazo somente de associados, de empréstimos, repasses e refinanciamentos de outras entidades financeiras e de doações. Podem conceder crédito, somente a associados, por meio de desconto de títulos, empréstimos, financiamentos e realizar aplicação de recursos no mercado financeiro (Resolução CMN n. 3.106, de 2003). As cooperativas centrais de crédito, formadas por cooperativas singulares, organizam em maior escala as estruturas de administração e suporte de interesse comum das cooperativas singulares filiadas, exercendo sobre elas, entre outras funções, supervisão de funcionamento, capacitação de administradores, gerentes e associados e auditoria de demonstrações financeiras (Resolução CMN n. 3.106, de 2003).

L – Agências de fomento: têm elas como objeto social a concessão de financiamento de capital fixo e de giro associado a projetos na Unidade da Federação onde tenham sede. Devem ser constituídas sob a forma de sociedade anônima de capital fechado e estar sob o controle de Unidade da Federação, sendo que cada Unidade só pode constituir uma agência. Tais entidades têm *status* de instituição financeira, mas não podem captar recursos junto ao público, recorrer ao redesconto, ter conta de reserva no Banco Central, contratar depósitos interfinanceiros na qualidade de depositante ou de depositária nem ter participação societária em outras instituições financeiras. Na sua denominação social deve constar a expressão "Agência de Fomento" acrescida da indicação da Unidade da Federação Controladora. É vedada a sua transformação em qualquer outro tipo de instituição integrante do Sistema Financeiro Nacional. As agências de fomento devem constituir e manter, permanentemente, fundo de liquidez equivalente, no mínimo, a 10% do valor de suas obrigações, a ser integralmente aplicado em títulos públicos federais (Resolução CMN n. 2.828, de 2001).

M – Associações de poupança e empréstimo: as associações de poupança e empréstimo são constituídas sob a forma de sociedade civil, sendo de propriedade comum de seus associados. Suas operações ativas são, basicamente, direcionadas ao mercado imobiliário e ao Sistema Financeiro da Habitação (SFH). As operações passivas são constituídas de emissão de letras e cédulas hipotecárias, depósitos de cadernetas de poupança, depósitos interfinanceiros e empréstimos externos. Os depositantes dessas entidades são considerados acionistas da associação e, por isso, não recebem rendimentos, mas dividendos. Os recursos dos depositantes são, assim, classificados no patrimônio líquido da associação e não no passivo exigível (Resolução CMN n. 52, de 1967).

N – Bancos de câmbio: os bancos de câmbio são instituições financeiras autorizadas a realizar, sem restrições, operações de câmbio e operações de crédito vinculadas às de câmbio, como financiamentos à exportação e importação e adiantamentos sobre contratos de câmbio e, ainda, a receber depósitos em contas sem remuneração, não movimentáveis por cheque ou por meio eletrônico pelo titular, cujos recursos sejam destinados à realização das operações acima citadas. Na denominação dessas instituições deve constar a expressão "Banco de Câmbio" (Res. CMN n. 3.426, de 2006).

3. INSTITUIÇÃO FINANCEIRA POR EQUIPARAÇÃO

As formas equiparadas de instituições financeiras reúnem as entidades que administram *seguros, câmbio, consórcio, capitalização ou qualquer tipo de poupança*, adotando-se uma fórmula residual para alcançar as *pessoas jurídicas* que, de um modo geral, administram recursos de terceiros. Embora no plano econômico-financeiro a equiparação não ofereça dificuldades, para fins penais, é altamente censurável a equiparação legal, como demonstraremos adiante.

O art. 1º, em seu parágrafo único, dispõe a respeito de determinadas pessoas físicas e jurídicas consideradas instituições financeiras por equiparação. Vale transcrever: "Equiparam-se à instituição financeira: I – a pessoa jurídica que capte ou administre seguros, câmbio, consórcio, capitalização ou qualquer tipo de poupança, ou recursos de terceiros; II – a pessoa natural que exerça qualquer das atividades referidas neste artigo, ainda que de forma eventual".

No inciso I, figuram as entidades que, por sua natureza de captação e intermediação de recursos da poupança popular, são legalmente equiparadas às instituições próprias do sistema financeiro, representadas pelas seguradoras, as administradoras de consórcios, as instituições de câmbio e as sociedades de capitalização, possuindo autorização legal para o exercício dessas atividades. Não há, em relação a essas entidades, grandes debates ou divergências doutrinárias e jurisprudenciais.

São elas:

– As administradoras de consórcio, que são pessoas jurídicas prestadoras de serviços relativos à formação, à organização e à administração de grupos de consórcio, cujas operações estão estabelecidas na Lei n. 5.768, de 20-12-1971. Ao Banco Central do Brasil (BACEN), por força do disposto no art. 33 da Lei n. 8.177, de 1º-3-1991, cabe autorizar a constituição de grupos de consórcio, a pedido de administradoras previamente constituídas sem interferência expressa da referida autarquia, mas que atendam a requisitos estabelecidos, particularmente quanto à capacidade financeira, econômica e gerencial da empresa. Também cumpre ao BACEN fiscalizar as operações da espécie e aplicar as penalidades cabíveis. Ademais, com base no art. 10 da Lei n. 5.768, o BACEN pode intervir nas empresas de consórcio e decretar sua liquidação extrajudicial. O grupo é uma sociedade de fato, constituída na data da realização da primeira assembleia geral ordinária por consorciados reunidos pela administradora, que coletam poupança com vistas à aquisição de bens, conjunto de bens ou serviço turístico, por meio de autofinanciamento (Circular BCB n. 2.766, de 1997).

A – As sociedades corretoras de câmbio, que são constituídas sob a forma de sociedade anônima ou por quotas de responsabilidade limitada, devendo constar na sua denominação social a expressão "Corretora de Câmbio". Têm por objeto social exclusivo a intermediação em operações de câmbio e a prática de operações no mercado de câmbio de taxas flutuantes. São supervisionadas pelo Banco Central do Brasil (Resolução CMN n. 1.770, de 1990).

B – Sociedades seguradoras, que são entidades constituídas sob a forma de sociedades anônimas especializadas em pactuar contrato por meio do qual assumem a obrigação de pagar ao contratante (segurado), ou a quem este designar, uma indenização, no caso em que advenha o risco indicado e temido, recebendo, para isso, o prêmio estabelecido.

C – Sociedades de capitalização, que são entidades constituídas sob a forma de sociedades anônimas que negociam contratos (títulos de capitalização) que têm por objeto o depósito periódico de prestações pecuniárias pelo contratante, o qual terá, depois de cumprido o prazo contratado, o direito de resgatar parte dos valores depositados corrigidos por uma taxa de juros estabelecida contratualmente, conferindo, ainda, quando previsto, o direito de concorrer a sorteios de prêmios em dinheiro.

D – Entidades abertas de previdência complementar, que são entidades constituídas unicamente sob a forma de sociedades anônimas e têm por objetivo instituir e operar planos de benefícios de caráter previdenciário concedidos em forma de renda continuada ou pagamento único, acessíveis a quaisquer pessoas físicas. São regidas pelo Decreto-Lei n. 73, de 21-11-1966, e pela Lei Complementar n. 109, de 29-5-2001. As funções do órgão regulador e do órgão fiscalizador são exercidas pelo Ministério da Fazenda, por intermédio do Conselho Nacional de Seguros Privados (CNSP) e da Superintendência de Seguros Privados (SUSEP). As entidades fechadas de previdência complementar (fundos de pensão) são organizadas sob a forma de fundação ou sociedade civil, sem fins lucrativos, e são acessíveis, exclusivamente, aos empregados de uma empresa ou grupo de empresas ou aos servidores da União, dos Estados, do Distrito Federal e dos Municípios, entes denominados patrocinadores, ou aos associados ou membros de pessoas jurídicas de caráter profissional, classista ou setorial, denominadas instituidores. As entidades de previdência fechada devem seguir as diretrizes estabelecidas pelo Conselho Monetário Nacional, por meio da Resolução n. 3.121, de 25-9-2003, no que tange à aplicação dos recursos dos planos de benefícios. Também são regidas pela Lei Complementar n. 109, de 29-5-2001.

Já tivemos a oportunidade de discorrer[5] sobre o inciso II do art. 1º da Lei n. 7.492/86 (*Parágrafo único*. Equiparam-se à instituição financeira: (...) II – a pessoa natural que exerça quaisquer das atividades referidas neste artigo, ainda que de forma eventual): "Para que seja possível caracterizar atividade privativa de instituição financeira é necessária a presença dos elementos próprios das instituições financeiras na conduta do agente: *captação, intermediação* e *aplicação* de recursos financeiros. Nesse sentido, ensina Quiroga Mosquera: 'Nesse sentido, portanto, o Poder Judiciário entendeu que a Lei n. 4.595/64 aprovou como indicador de atividade típica de instituição financeira a coleta acoplada com a intermediação, ou a coleta seguida da aplicação; tendo-se em mente que coleta significa recolher de terceiros. Concluindo, a presença de uma das atividades previstas no art. 17, isoladamente, em uma operação realizada por uma determinada pessoa (física ou jurídica), não pode caracterizá-la como instituição financeira'. A grande discussão gira em torno da expressão 'ainda que de forma eventual', mencionada no final do inciso II, isso porque acaba estendendo de maneira extrema a incidência penal da Lei n. 7.492/86. Se compreendida de maneira literal, a interpretação da lei pode beirar o absurdo, como diversos autores já denunciaram[6]. Paulo José da Costa Jr. tem a mesma opinião: '[...] em matéria penal, a abrangência do conceito não pode dar margem à incerteza e à insegurança jurídica, violando-se o basilar princípio do Direito Penal, que é o postulado da legalidade. Foi exatamente o que sucedeu na redação do art. 1º em tela: a amplitude do conceito deu lugar à indeterminação. Basta indicar, a

---

[5]   *Gestão fraudulenta de instituição financeira e dispositivos processuais da Lei 7.492/82*, p. 40 e s.

[6]   A título de exemplo, Nilo Batista e Juarez Tavarez na apresentação e prefácio do livro de José Carlos Tórtima, *Crimes contra o sistema financeiro nacional*. Rio de Janeiro: Lumen Juris, 2000.

título exemplificativo, a dificuldade de interpretação do inciso II do parágrafo único, que cuida da equiparação da pessoa natural que exerça quaisquer das atividades declinadas no *caput* e no inciso I do mesmo parágrafo, ainda que de forma eventual"[7]. Essa equiparação não foi novidade da Lei n. 7.492/86, pois já existia na norma do parágrafo único da Lei de Reforma Bancária"[8].

Obviamente, não é razoável tratar o particular que pratica uma operação de captação e intermediação de recursos de terceiros como se constituísse uma instituição financeira. Se assim fosse possível, bastava que um indivíduo captasse recursos de dois ou três amigos, com a promessa de aplicá-los no sistema financeiro, para que a lei o considerasse para fins penais equiparado ao presidente de um banco múltiplo. De outro lado, parece contraditória a previsão do art. 2º, em face do crime descrito no art. 16 da Lei n. 7.492/86: "Art. 16. Fazer operar, sem a devida autorização, ou com autorização obtida mediante declaração (*vetado*) falsa, instituição financeira, inclusive de distribuição de valores mobiliários ou de câmbio: Pena – Reclusão, de 1 (um) a 4 (quatro) anos, e multa". Ora, qual o sentido da equiparação se a atividade clandestina destinada à prática das operações privativas das instituições financeiras já é punida de modo específico?

Ocorre que, assim considerada, a incriminação seria excessiva, alcançando *pequenas condutas de pessoas naturais*, sem aptidão para lesar o bem jurídico tutelado (sistema financeiro nacional), razão pela qual, em atenção aos próprios princípios da intervenção mínima e da lesividade, acreditamos que deva ser desconsiderada qualquer prática *eventual* de atividades financeiras por pessoas naturais, posto que a prática *habitual* das mesmas atividades está, repetindo, abrangida pelo tipo penal do art. 16 da Lei n. 7.492/86, que define o crime de operação desautorizada de instituição financeira.

Esse conceito legal delimita o alcance da tutela penal, bem como o espaço ou o ambiente no qual ou contra o qual são realizadas as condutas criminosas, mas não estabelece o limite da responsabilidade penal, que é objeto do art. 25. Não há fundamento razoável para equiparar pessoas físicas a instituições financeiras. Se o objetivo for, como parece ser mesmo, atribuir responsabilidade penal a pessoas físicas que pratiquem atividades de instituição financeira, esse aspecto já tem sede própria, ou seja, já está cumprido pela descrição típica do

---

[7]   *Crimes do colarinho branco*, São Paulo: Saraiva, 2000, p. 65.

[8]   Lei n. 4.595/64: "Art. 17. Consideram-se instituições financeiras, para os efeitos da legislação em vigor, as pessoas jurídicas públicas ou privadas, que tenham como atividade principal ou acessória a coleta, intermediação ou aplicação de recursos financeiros próprios ou de terceiros, em moeda nacional ou estrangeira, e a custódia de valor de propriedade de terceiros.

Parágrafo único. Para os efeitos desta Lei e da legislação em vigor, equiparam-se às instituições financeiras as pessoas físicas que exerçam qualquer das atividades referidas neste artigo, de forma permanente ou eventual".

art. 16. Fora dessa previsão não há possibilidade e tampouco necessidade para a responsabilização de pessoas físicas que exerçam quaisquer das atividades elencadas no art. 1º. Confunde-se, a rigor, a conceituação ou definição de *instituição financeira* com a identificação ou previsão de eventual possível sujeito ativo, equivocadamente previsto no inciso II do parágrafo único do art. 1º. Na realidade, a previsão só ganhará significado na medida em que a pessoa natural exerça as atividades referidas no art. 1º, ainda que de forma eventual, atingindo de modo inequívoco os interesses tutelados pela lei. Dessa forma, conclui-se que o inciso II, isoladamente considerado, não é capaz de estabelecer a equiparação que pretendeu criar, sob pena de instituir uma violação evidente e injustificável aos critérios de razoabilidade e proporcionalidade que informam à interpretação e à aplicação dos textos legais.

CAPÍTULO II
Fabricação ou reprodução de títulos irregulares

Sumário: 1. Considerações preliminares. 2. Bem jurídico tutelado. 3. Sujeitos ativo e passivo do crime. 4. Tipo objetivo: adequação típica. 5. Tipo subjetivo: adequação típica. 6. Consumação e tentativa. 7. Classificação doutrinária. 8. Pena e ação penal.

Art. 2º Imprimir, reproduzir ou, de qualquer modo, fabricar ou pôr em circulação, sem autorização escrita da sociedade emissora, certificado, cautela ou outro documento representativo de título ou valor mobiliário:

Pena – reclusão, de 2 (dois) a 8 (oito) anos, e multa.

Parágrafo único. Incorre na mesma pena quem imprime, fabrica, divulga, distribui ou faz distribuir prospecto ou material de propaganda relativo aos papéis referidos neste artigo.

---

1. CONSIDERAÇÕES PRELIMINARES

Os antecedentes mais remotos deste artigo, que ora comentamos, encontram-se na Lei do Mercado de Capitais (Lei n. 4.728/65). Com efeito, o art. 73 desse diploma legal dispunha o seguinte: "Ninguém poderá fazer, imprimir ou fabricar ações de sociedades anônimas, ou cautelas que as representem, sem autorização escrita e assinada pela respectiva representação legal da sociedade, com firmas reconhecidas".

O § 1º desse mesmo dispositivo prescrevia que: "ninguém poderá fazer, imprimir ou fabricar prospectos ou qualquer material de propaganda para venda de ações de sociedade anônima, sem autorização dada pela respectiva representação legal da sociedade".

Embora mantenha algumas incongruências, o atual diploma legal apresenta certo avanço. Nesse sentido, era a conclusão de Pimentel: "[...] não obstante o aprimoramento da redação, em relação à lei revogada, o texto atualmente em vigor se ressente de defeitos. Assim é que, na medida em que a análise se desenvolver, apontaremos o que não parece tecnicamente correto"[1]. Contudo, passados trinta anos, e com a extraordinária evolução tecnológica, a manutenção intocável desse dispositivo legal constitui uma erronia intolerável por se tratar de uma previsão legal obsoleta, considerando-se o elevado nível de informatização atingido pelos setores público e privado.

2. BEM JURÍDICO TUTELADO

O bem jurídico tutelado, específica e diretamente, *é a regularidade formal do processo de emissão e negociação dos valores mobiliários* e, por extensão, a credibilidade e a estabilidade do sistema financeiro nacional. Discordamos, no particular, do entendimento de Manoel Pedro Pimentel, segundo o qual "o objeto jurídico dos crimes previstos neste art. 2º e seu parágrafo único, *é a boa execução da política econômica do governo*"[2] (grifamos), a medida que condicionaria a proteção penal à valoração positiva da política governamental, que a história dos últimos mais de trinta anos demonstra que nem sempre o governo tem adotado a melhor política econômica. Na realidade, a proteção penal impõe-se, independentemente de ser boa ou equivocada a política econômica do governo; portanto, não é e não podem ser políticas governamentais, puras e simples, objeto de proteção penal, como se fossem bens jurídicos dignos de tal proteção.

Aliás, nesse sentido, é incensurável o magistério de Ali Mazloum, que pedimos *vênia* para e transcrever, *in verbis*:

> Com efeito, o Sistema Financeiro Nacional deve servir aos *interesses da coletividade*, conforme consigna o art. 192, e não aos interesses do governante, responsável pela implementação de políticas de caráter econômico. O Sistema Financeiro Nacional deve ser visto como um poderoso instrumento de realização da almejada justiça social (art. 170 da CF), tanto que *estruturado de forma a promover o desenvolvimento equilibrado do país e a servir aos interesses da coletividade*. Assim sendo, pode-se afirmar que o Sistema Financeiro Nacional, patrimônio pertencente a toda coletividade, é o bem jurídico a ser tutelado pela mencionada lei penal"[3]. (grifos do original).

No plano reflexo, é decerto possível acenar para a tutela do patrimônio de terceiros eventualmente prejudicados pela aquisição dos títulos irregulares. Para essa esfera, contudo, já existe a tutela penal relativa aos crimes de dano ao patrimônio individual, o que transcende ao campo de proteção reservado ao sistema financeiro.

---

[1]   Manoel Pedro Pimentel, *Crimes contra o sistema financeiro nacional*, p. 33.
[2]   Idem, p. 34.
[3]   Ali Mazloum, *Crimes do colarinho branco. Objeto jurídico, provas ilícitas*, p. 39.

Bem jurídico genericamente protegido, inegavelmente, é o *sistema financeiro nacional*, e, especificamente, o bem jurídico é a *respeitabilidade, regularidade* e *credibilidade* dos títulos mobiliários e do próprio sistema financeiro nacional. Em sentido semelhante, destacam, acertadamente, Cândido Albuquerque e Sérgio Rebouças[4] que "o objeto jurídico de proteção é a credibilidade e a regularidade das negociações havidas na esfera do mercado de capitais, o que resulta particularmente vulnerado pela prática da fabricação ou da distribuição desautorizada de valores mobiliários (art. 2º, *caput*) ou de material de propaganda a eles relativo (art. 2º, parágrafo único)".

3. SUJEITOS ATIVO E PASSIVO DO CRIME

Sujeito ativo pode ser qualquer pessoa, tratando-se, portanto, de crime comum, que não exige qualquer qualidade ou condição especial. Na realidade, além do rol especial constante do art. 25, qualquer pessoa pode ser sujeito ativo dessa infração penal e, ainda, com a possibilidade normal *de* coautoria e participação. Com interessante posicionamento divergente, no entanto, manifesta-se Tórtima, afirmando: "[...] em se tratando da modalidade de *impressão* irregular dos títulos, contemplada no *caput*, *não sendo os mesmos falsos*, somente funcionário da sociedade emissora, destituído de poder para autorizar a emissão dos papéis, poderia determinar a confecção dos referidos papéis irregulares, respondendo, assim, pelo crime, na condição de mandante"[5] (grifos do original).

Sujeito passivo, igualmente, pode ser qualquer pessoa que porventura venha a ser lesada pelos autores dessa infração penal; pode, inclusive, ser a própria instituição financeira e, secundariamente, o Estado, que é o responsável pelo sistema financeiro nacional. Como demonstramos em outros capítulos, não seguimos aquela linha majoritária encabeçada por Pimentel, para a qual sujeito passivo principal "é o Estado, ofendido na boa execução da política econômica do Governo. Sempre o Estado será sujeito passivo, podendo concorrer com ele outros ofendidos"[6].

4. TIPO OBJETIVO: ADEQUAÇÃO TÍPICA

As condutas incriminadas são imprimir, reproduzir, fabricar e pôr em circulação títulos de valores mobiliários. De certo modo, essas condutas encon-

---

[4]   Cândido Albuquerque e Sérgio Rebouças, *Crimes contra o sistema financeiro nacional*, São Paulo: Tirant Lo Blanch Brasil, no prelo.
[5]   José Carlos Tórtima, *Crimes contra o sistema financeiro nacional*, p. 21.
[6]   Manoel Pedro Pimentel, *Crimes contra o sistema financeiro nacional*, p. 35.

tram-se superpostas, na medida em que umas absorvem as outras, pelo menos as três primeiras, pois quem *fabrica* imprime e reproduz. Pioneiramente, Manoel Pedro Pimentel destacou esse aspecto como o primeiro doutrinador a comentar o presente diploma legal, *in verbis*: "Estes modos de agir estão de alguma forma, superpostos. Quem *imprime*, fabrica ou reproduz, e vice-versa. A menos que se pretenda incluir como sujeito ativo do crime o fabricante do papel em que se imprimiu o documento, o que é impensável. *Fabricar*, portanto, é também *imprimir* o documento, e *reproduzir* o documento, pela impressão, é também *imprimir*"[7]. Tórtima também reconhece a redundância verborrágica que estamos registrando nos seguintes termos: "As duas primeiras expressões, *imprimir* e *reproduzir*, estão, na prática, compreendidas no conceito mais abrangente da terceira, *fabricar*, que deve ser entendida como ato de *criar* o documento representativo de título ou valor mobiliário. Aliás, a fórmula redundante do *legislador*, adotada na redação do dispositivo em análise, recebeu da doutrina as merecidas críticas"[8].

Nucci, referindo-se aos elementos nucleares do tipo, acriticamente, manifesta-se nos seguintes termos: "imprimir (fazer a impressão de algo), fabricar (construir, produzir), divulgar (tornar público, difundir), distribuir (entregar a terceiros, espalhar), faz distribuir (promover a distribuição por intermédio de outrem), tendo por objetos prospecto (impresso com ilustrações e informações) e material de propaganda (qualquer instrumento de propagação de ideias), desde que relacionados a certificado, cautela ou documento representativo de título ou valor mobiliário"[9]. Não merece qualquer reparo essa manifestação de Nucci, devendo-se registrar, por óbvio, seu esforço em dar sentido específico a vocábulos que em muito se assemelham, como destacou Pimentel.

Pôr em circulação, isto é, fazer circular, introduzir ou colocar no mercado, ao contrário das condutas anteriores, pode aparecer numa *progressão criminosa*, mas, para o mesmo agente, representaria *post factum* impunível, ou, na melhor das hipóteses, absorveria as demais condutas. Trata-se, na realidade, da hipótese de crime de ação múltipla ou de conteúdo variado, para ficarmos com a linguagem tradicional. Na realidade, não é exagero afirmar que há duas formas de violar a norma proibitiva do *caput*, ou seja, *criando* o documento (certificado, cautela etc.) sem autorização escrita da sociedade emissora e, nessas condições, *colocá-lo em circulação*. Destaque-se, por oportuno, que os serviços de *lançamento e distribuição* de títulos mobiliários no mercado têm suas próprias formalidades, embora, regra geral, sejam delegados pela sociedade emissora a uma instituição financeira (coordenadora). Na realidade, *nenhuma emissão*

---

[7] Idem, p. 36.

[8] José Carlos Tórtima, *Crimes contra o sistema financeiro nacional*, p. 17-18.

[9] Guilherme de Souza Nucci, *Leis penais e processuais penais comentadas*, p. 1046.

pública de valores mobiliários será distribuída no mercado sem prévio registro na Comissão de Valores Mobiliários (art. 19 da Lei n. 6.385/76). Essas exigências formais, praticamente, inviabilizam a colocação em circulação no mercado de um título sem autorização da *sociedade emissora*, como destaca Tórtima, com a proficiência de sempre: "Entretanto, cumpre assinalar ser de difícil concretização a hipótese de conseguir alguém que um título circule no mercado sem autorização da sociedade emissora, não sendo o mesmo falso"[10].

Em sentido semelhante, destacam Cândido Albuquerque e Sérgio Rebouças[11], que subscrevemos integralmente:

> Na modalidade de *pôr em circulação*, por outro lado, entendemos que o crime só pode ser executado por agente integrante de sociedade apta a operar no sistema de distribuição de valores mobiliários. Isso porque apenas essas entidades estão *aptas* a *colocar* o título em circulação e, se o fizerem sem a autorização da companhia emissora – seja porque o título foi irregularmente fabricado, seja porque, quando regularmente fabricado, a sociedade emissora não autorizou a colocação –, estará configurado o tipo penal. Esse ponto parece irrecusável, também com base na disciplina normativa estabelecida pela Lei n. 6.385/1976 (lei do mercado de capitais).
>
> Deve-se observar, nesse ponto, que o termo *circulação* é um elemento *normativo*, cujo sentido e alcance está delimitado na lei de mercado de capitais, e não um elemento material do tipo.

A realização de qualquer das condutas incriminadas demanda a presença do *elemento normativo* "sem autorização escrita da sociedade emissora". Em sentido semelhante, manifesta-se a família Delmanto, *in verbis*: "Para haver o crime, há a necessidade da presença do elemento normativo: *sem autorização escrita da sociedade emissora*. Não basta, portanto, eventual autorização oral"[12]. Trata-se, na realidade, de uma *característica negativa do tipo*, pois é a sua *ausência* que permite a adequação típica, a despeito de sua função caracterizadora da antijuridicidade da ação (função híbrida de elementos normativos especiais da ilicitude)[13].

De se notar, ademais, que as condutas tipificadas não demandam *falsificação documental*, material ou formal, residindo sua nulidade na *ausência de autorização da sociedade emissora*, sendo suficiente que sua fabricação ou colocação

---

[10] Tórtima, *Crimes contra o sistema financeiro nacional*, p. 18.

[11] Albuquerque e Rebouças, *Crimes contra o sistema financeiro nacional*, São Paulo: Tirant Lo Blanch Brasil, no prelo.

[12] Roberto Delmanto, Roberto Delmanto Junior e Fabio M. de Almeida Delmanto, *Leis penais especiais comentadas*, p. 132.

[13] Examinamos o *erro* que incide sobre esses "elementos normativos especiais da ilicitude" no capítulo que tratamos do *crime de evasão de divisas*, para onde remetemos o leitor, para não sermos repetitivos. Ver, igualmente, nosso *Tratado de direito penal*: parte geral, v. 1, p. 414.

Fabricação ou reprodução de títulos irregulares • 21

em circulação ocorra à revelia da sociedade emissora. É, digamos, uma espécie *sui generis* de fraude, distinguindo-se dos crimes do gênero *falsum*.

Incorre na mesma pena, segundo o parágrafo único, quem *imprime, fabrica, divulga, distribui* ou *faz distribuir* prospecto ou material de propaganda relativo aos papéis mencionados no *caput*. Embora não esteja claro no texto contido no referido parágrafo, pode-se depreender que se pune a realização de "publicidade de títulos irregulares". Na realidade, o texto legal não o diz, mas deveria tê-lo dito, como, por exemplo, "nas mesmas condições" ou "nas condições descritas no *caput*" etc. Pela interpretação literal do parágrafo único, toda e qualquer publicidade sobre títulos ou valores mobiliários amoldar-se-ia às condutas descritas nesse parágrafo, que constituiria um verdadeiro despautério. Assim, a única forma de restringir o alcance dessa disposição, situando-a num plano razoável, é exigir a presença da mesma elementar normativa do *caput*, que, repita-se, nem implicitamente consta.

5. TIPO SUBJETIVO: ADEQUAÇÃO TÍPICA

O tipo subjetivo é constituído tão somente pelo elemento subjetivo geral, que é o *dolo*, representado pela vontade consciente de qualquer das condutas descritas no *caput*, ou seja, *fabricar* (que abrange imprimir e reproduzir), de qualquer modo, certificado, cautela ou outro documento representativo de título ou valor mobiliário. O mesmo elemento subjetivo geral, o *dolo*, constituído pela vontade consciente de imprimir, fabricar, divulgar, distribuir ou fazer distribuir prospecto ou material de propaganda relativo aos mesmos papéis referidos no *caput*.

Deve-se destacar, ademais, que é indispensável que o sujeito ativo saiba que pratica qualquer das ações elencadas no *caput* "sem autorização escrita da sociedade emissora". Essa consciência nada mais é que o elemento intelectual do dolo que deve abranger todos os elementos da descrição típica. A falta desse conhecimento gera *erro de tipo*, pelas razões que expusemos ao comentarmos o art. 8º dessa mesma lei de regência (item 4.2), para onde remetemos o leitor.

Não vemos configurado, no dispositivo *sub examine*, qualquer *elemento subjetivo especial do injusto*, ao contrário do entendimento de Tórtima[14], que reconhece a existência de uma *especial intencionalidade do agente*, que seria representada pela elementar "sem autorização escrita da sociedade emissora". Na realidade, para nós, estamos diante de um *elemento normativo especial do injusto* (ver comentários ao art. 8º), cuja presença afasta a própria ilicitude da conduta, além de acarretar, evidentemente, sua atipicidade, conforme demonstramos em outros dispositivos dessa mesma lei de regência.

---

[14] Tórtima, *Crimes contra o sistema financeiro nacional*, p. 21.

Nessa infração penal não há, por fim, previsão de modalidade culposa, razão pela qual eventual conduta imprudente, negligente ou imperita estará fora do alcance do sistema punitivo penal.

6. CONSUMAÇÃO E TENTATIVA

Respeitando entendimento divergente, consideramos que as condutas descritas no *caput*, com exceção de "pôr em circulação", são crimes materiais, isto é, aqueles que exigem um *resultado natural*, destacado da conduta. Não se pode negar que as ações de imprimir, reproduzir ou fabricar causam transformação no mundo exterior e esse aspecto é suficiente para caracterizá-las como crimes materiais. A eventual ocorrência de prejuízo, se ocorrer, representará somente exaurimento do crime. Como destaca, lucidamente, Tórtima, "o crime consuma-se quando o agente logra concluir o processo de impressão ou fabricação do documento"[15].

A tentativa, considerando-se crimes materiais, é perfeitamente admitida nessas três modalidades, que configuram crimes plurissubsistentes, que admitem fracionamento da conduta. Na modalidade, contudo, de "pôr em circulação", o crime é formal, consumando-se independentemente da superveniência de eventual resultado, e, nessas condições, a tentativa resulta de difícil configuração.

No disposto no parágrafo único deste dispositivo destaca-se a preocupação do legislador em coibir a divulgação e a comercialização dos mesmos papéis referidos no *caput*. O excesso repetitivo das condutas incriminadas é repetido nesse parágrafo, sem ampliar significativamente sua abrangência. Nas modalidades de *divulgar* ou *distribuir*, que representam novos núcleos comportamentais, por constituírem *crimes formais*, não se admite, em tese, a figura tentada.

7. CLASSIFICAÇÃO DOUTRINÁRIA

Trata-se de *crimes comuns* (podem ser praticados por qualquer pessoa, não sendo exigida nenhuma qualidade ou condição especial); *materiais*, nas modalidades de imprimir, reproduzir e fabricar (consumam-se somente com a efetiva concretização dessas ações); *formais*, nas demais modalidades (aperfeiçoam-se independentemente da produção de qualquer prejuízo efetivo a alguém); de *forma livre* (o legislador não previu nenhuma forma ou modo especial para execução dessas infrações penais, podendo ser realizados do modo ou pelo meio escolhido pelo sujeito ativo); *comissivos* (os comportamentos descritos no tipo

---

[15] Idem, p. 19.

implicam a realização de condutas ativas, pois a norma penal tipificadora é proibitiva, e não mandamental); *instantâneos* (a consumação ocorre em momento determinado, não havendo distanciamento temporal entre a ação e o resultado); *unissubjetivos* (podem ser praticados por alguém, individualmente, admitindo, contudo, coautoria e participação); *unissubsistentes*, nas modalidades de "pôr em circulação", "divulgar" e "distribuir" (praticadas com ato único); *plurissubsistente*, nas modalidades "imprimir, reproduzir e fabricar" (as condutas podem desdobrar-se em mais de um ato, admitindo, por conseguinte, a forma tentada).

8. PENA E AÇÃO PENAL

As penas cominadas, cumulativamente, são reclusão de dois a oito anos e multa. A ação penal, como todos os crimes deste diploma legal, é pública incondicionada, devendo a autoridade competente agir *ex officio*, independentemente da manifestação de quem quer que seja.

CAPÍTULO III
Divulgação de informação falsa ou prejudicial

Sumário: 1. Considerações preliminares. 2. O bem jurídico tutelado. 3. Sujeitos ativo e passivo do crime. 4. Tipo objetivo: informação falsa ou prejudicialmente incompleta. 4.1. Divulgação falsa de informação sobre instituição financeira protegida pelo sigilo financeiro: conflito aparente de normas. 5. Tipo subjetivo: adequação típica. 6. Publicação de balanço falsificado: inadequação típica. 7. Consumação e tentativa. 8. Classificação doutrinária. 9. Pena e ação penal.

Art. 3º Divulgar informação falsa ou prejudicialmente incompleta sobre instituição financeira:

Pena – reclusão de 2 (dois) a 6 (seis) anos, e multa.

---

1. CONSIDERAÇÕES PRELIMINARES

Manoel Pedro Pimentel afirmava que "este artigo repete, de forma sucinta, o disposto no art. 177, § 1º, I, do CP"[1], destacando, no entanto, que na hipótese desse dispositivo foram indicados, expressamente, os agentes do delito e os meios que podem ser utilizados para a afirmação falsa, ao contrário do que fez o dispositivo da norma especial, tipificando um crime comum, contra o patrimônio, o qual poderia atingir pessoas indeterminadas, em geral, ou os acionistas em particular. Destaca ainda que o legislador da norma especial, optando por uma definição reduzida da conduta proibida, paradoxalmente, ampliou o alcance da norma. Não definindo os agentes que podem praticar o crime, deixou em aberto a qualificação daqueles que podem ser seu sujeito ativo, não lhes exigindo qualquer qualidade ou condição especial.

A Lei n. 1.521/51 (Lei de Economia Popular) criminaliza, em seu art. 3º, VII a X, fatos que também vêm a se adequar a diversas figuras típicas elencadas

---

[1] Manoel Pedro Pimentel, *Crimes contra o sistema financeiro nacional*, p. 42.

no art. 177 do CP. Com efeito, as infrações praticadas contra sociedades por ações constituem, em princípio, crimes contra a *economia* da sociedade; se não significam a mesma coisa, andam pelo menos muito próximos, demandando extrema cautela na busca da distinção. A *subsidiariedade* da figura descrita no *caput* do art. 177 do CP é expressa; assim, somente se tipificará esse crime "se o fato não constitui crime contra a economia popular" (preceito secundário do art. 177, *caput*, do CP). A questão fundamental, afinal, passa a ser como encontrar a melhor solução para esse *aparente conflito de normas*.

Para Magalhães Noronha, a solução seria a seguinte: "Em se tratando de sociedade por ações, parece-nos necessário o exame de que o fato tenha lesado ou posto em perigo *as pequenas economias de um grande, extenso e indefinido número de pessoas*. Assim, se o fato é enquadrável no art. 177 do Código e em dispositivos da Lei n. 1.521, de 1951, que substituiu o Decreto-lei n. 869, de 1938, mas se a lesão real ou potencial atinge apenas a uma ou duas dezenas de pessoas ricas ou de magnatas que subscreveram *todo* o capital social, cremos que muito mal o delito poderia ser considerado contra a *economia do povo*. Ao contrário, se a subscrição fosse feita por avultado e extenso número de pessoas que, com seus minguados recursos, subscreveram uma ou outra ação, a ofensa patrimonial seria dirigida contra a economia popular. Numa hipótese, temos pequeno grupo de pessoas prejudicado, noutra é, a bem dizer, o povo, tal o número de lesados que sofre o dano"[2]. Essa orientação também era destacada por Heleno Cláudio Fragoso, nos seguintes termos: "O critério em geral aceito pela doutrina e que se extrai da própria lei de economia popular é o de aplicar esta sempre que a sociedade por ações for organizada por subscrição pública, apresentando cunho nitidamente popular"[3].

Na atualidade, a partir da Lei n. 6.404/76, a abertura de capitais, subscrição de ações, é sempre pública, chegando ao conhecimento de, em tese, milhões de pessoas. Não nos agradam as sugestões de Magalhães Noronha e Heleno Fragoso, pois ambas pecam pela falta de cientificidade. Não se pode inventar critérios casuísticos todas as vezes que surgir o *conflito aparente de normas*, criando divergências doutrinário-jurisprudenciais e gerando insegurança jurídica. Na verdade, a solução deverá ser, necessariamente, a tradicional, isto é, aquela oferecida pelos princípios orientadores do *conflito aparente de normas*.

Nesse caso, contudo, deve-se trabalhar com dois princípios, ao contrário do que normalmente ocorre quando a solução é encontrada com a utilização de apenas um deles. Com efeito, são aplicáveis os princípios da subsidiariedade e

---

[2] Magalhães Noronha. *Direito Penal*, v. 2, p. 482-483.
[3] Heleno Cláudio Fragoso, *Lições de Direito Penal*, Parte Especial, 10. ed. (revista e atualizada por Fernando Fragoso), Rio de Janeiro, Forense, 1988, vol. 1, p. 514.

da especialidade. A *subsidiariedade* vem expressa no preceito secundário do art. 177. No entanto, para aplicar o *princípio da subsidiariedade*, é fundamental definir a espécie de crime que determinado fato constitui. Essa definição somente poderá ser encontrada, com segurança, por meio do *princípio da especialidade*. Considera-se *especial* uma norma penal, em relação à outra *geral*, quando reúne todos os elementos desta, acrescidos de mais alguns, denominados *especializantes*. Isto é, a norma *especial* acrescenta elemento próprio à descrição típica prevista na norma geral. Assim, como afirma Jescheck: "Toda a ação que realiza o tipo do delito especial realiza também necessariamente, ao mesmo tempo, o tipo do geral, enquanto o inverso não é verdadeiro"[4]. Somente os fatos, *in concreto*, podem permitir o confronto analítico perante os dois diplomas legais para atribuir-lhes a qualificação correta.

Comparando-se, finalmente, a disposição constante do Código Penal e a contida na *lei especial*, chega-se a uma conclusão paradoxal: o Código Penal, que é diploma geral, pode-se afirmar, tipifica um *crime próprio ou especial* (art. 177 e seu § 1º), enquanto o art. 3º da Lei n. 7.492/86, que é um diploma especial, tipifica um *crime comum*. Na verdade, é apenas uma curiosidade, pois o crime que estamos examinando, *comum*, é o contido na *norma especial*, e não aquele que é próprio ou especial, mas contido na lei geral, que é o Código Penal.

2. O BEM JURÍDICO TUTELADO

Os bens jurídicos protegidos por esse tipo penal são *plúrimos*, ou seja, protege-se, em um primeiro momento, a instituição financeira contra a qual é *divulgada* a informação inverídica (*falsa* ou *prejudicialmente* incompleta), que é atingida negativamente; tutela-se, igualmente, os interesses dos investidores em geral que, privados das informações corretas ou premiados com informações falsas ou prejudicialmente incompletas, podem sofrer sérios e graves danos ou reais prejuízos financeiros, morais e materiais. A tutela penal estende-se, evidentemente, ao sistema financeiro nacional, como um todo, que é o destinatário geral da proteção de todo o presente diploma legal e, secundariamente, ao Estado como guardião e detentor do monopólio do sistema financeiro nacional[5].

Manoel Pedro Pimentel afirmava que "este artigo repete, de forma sucinta, o disposto no art. 177, § 1º, I, do CP, relativamente à administração de sociedade por ações"[6]. Examinando o bem jurídico desse dispositivo do Código

---

[4] Jescheck, *Tratado de derecho penal*, p. 1035.

[5] De um modo geral, Tórtima também concorda com esse nosso entendimento, embora inverta a ordem de prioridade, colocando em primeiro plano a estabilidade do sistema financeiro nacional. (*Crimes contra o sistema financeiro nacional*, p. 23).

[6] Manoel Pedro Pimentel, *Crimes contra o sistema financeiro nacional*, p. 42.

Penal, tivemos oportunidade de afirmar: "O bem jurídico protegido pela previsão do inciso I é exatamente o mesmo do *caput* do dispositivo, ou seja, patrimônio alheio, particularmente daqueles que investem em sociedades abertas; em outros termos, tutela-se o patrimônio dos acionistas contra a organização e a administração fraudulenta e abusiva das sociedades por ações"[7]. Quanto ao bem jurídico, no entanto, Pimentel[8] reconhecia que "o objeto jurídico desta figura típica é duplo. Em primeiro lugar, a proteção é conferida à boa execução da política econômica do Governo, que pode ser prejudicada pela divulgação falsa ou prejudicialmente incompleta sobre instituição financeira. Em segundo lugar, a proteção é dada, também, ao investidor e ao mercado de títulos e valores mobiliários, incluindo-se aí a proteção ao patrimônio de pessoa jurídica ou de pessoa natural, qualificada como instituição financeira".

3. SUJEITOS ATIVO E PASSIVO DO CRIME

Sujeito ativo pode ser qualquer pessoa, tratando-se, portanto, de crime comum, que não exige qualquer qualidade ou condição especial. Na realidade, além do rol especial constante do art. 25, qualquer pessoa pode ser sujeito ativo dessa infração penal, além de admitir naturalmente as figuras da coautoria e da participação.

Gostamos da classificação criada por Manoel Pedro Pimentel, numa bela figura de linguagem, quando afirma que esse crime pode ser cometido "de dentro da instituição financeira para fora", como também "de fora para dentro da instituição financeira", ou seja, em suas próprias palavras[9]:

De dentro da instituição financeira para fora, podem cometer o crime o diretor, o gerente ou um sócio da instituição financeira, divulgando o balanço (embora, como veremos adiante, a *divulgação de balanço falso,* por si só, não tipifica este crime), sobre a situação econômica da sociedade, ou elaborando relatório incorreto, divulgando-o.

De fora para dentro da instituição financeira, será *sujeito ativo* qualquer pessoa imputável que se comporte conforme a descrição do tipo penal. Nesse caso, o sujeito agirá em prejuízo da instituição financeira, divulgando informação falsa ou prejudicialmente incompleta, em detrimento da entidade, desacreditando-a.

Contudo, embora se trate de *crime comum,* há um mínimo necessário de exigência, qual seja, a de que o sujeito ativo exerça ou se encontre numa situa-

---

[7] Cezar Roberto Bitencourt, *Tratado de direito penal:* parte especial, 18. ed., v. 3, p. 379.

[8] Pimentel, *Crimes contra o sistema financeiro nacional,* p. 44.

[9] Manoel Pedro Pimentel, *Crimes contra o sistema financeiro nacional,* São Paulo, Revista dos Tribunais, 1987, p. 44.

ção ou posição que lhe dê *alguma credibilidade* para "divulgar informação sobre instituição financeira", falsa ou verdadeira. Caso contrário, se não representar a instituição financeira, não pertencer a nenhum órgão, entidade ou instituição fiscalizadora, oficial ou extraoficial, ou não gozar de determinado *status* no mercado financeiro, de capitais, mercadológico ou similar, que relevância a declaração de um anônimo poderia ter nesse mundo especializado? Nenhuma, aliás, seria absolutamente irrelevante para a credibilidade, a estabilidade, a segurança, a saúde ou a segurança do sistema financeiro, da respectiva instituição ou para o próprio mercado de capitais. Estaremos, consequentemente, diante de uma conduta atípica, indiferente ao sistema penal, sem qualquer potencialidade lesiva.

Por essas razões, a nosso juízo, um simples anônimo, poderíamos acrescentar, sem credibilidade, não pode ser autor desse tipo de crime especial. Em síntese, em casos similares, demanda-se redobrada cautela no exame da idoneidade da divulgação falsa ou incompleta para atingir qualquer dos bens jurídicos tutelados, especialmente quando puder dirigir-se diretamente à instituição financeira.

Sujeitos passivos podem ser a instituição financeira sobre a qual seja divulgada a informação falsa ou truncada, os investidores de um modo geral que possam ser potencialmente prejudicados e, igualmente, o sistema financeiro nacional. Secundariamente, a nosso juízo, o Estado, como responsável e monopolizador do sistema financeiro nacional, responsável, em última instância, pela moralidade e credibilidade do sistema financeiro nacional.

Na linguagem de Pimentel, são sujeitos passivos, *de dentro para fora*, os investidores de um modo geral, o mercado de títulos e valores mobiliários e a própria instituição financeira. De fora para dentro, são sujeitos passivos a instituição financeira, diretamente, e o sistema financeiro, indiretamente.

4. TIPO OBJETIVO: INFORMAÇÃO FALSA OU PREJUDICIALMENTE INCOMPLETA

Divulgar é propalar, veicular, dar publicidade, tornar público falsa informação ou prejudicialmente incompleta, ou seja, levar ao conhecimento de número indeterminado de pessoas. A adequação típica pode decorrer de divulgação integral ou parcialmente *falsa*, bem como de *divulgação prejudicialmente incompleta* ou truncada. Deve referir-se, a nosso juízo, ao objeto-fim da instituição financeira, isto é, deve versar sobre aspectos relacionados com a situação econômico-financeira da instituição, referindo-se, evidentemente, a dados que possam abalar de alguma forma a credibilidade, a estabilidade e a segurança necessárias ao bom funcionamento do sistema financeiro nacional, que é, como destacamos, o *bem jurídico* fundamentalmente protegido nessa figura penal.

Divulgação de informação falsa ou prejudicial • 29

Mais ou menos nessa linha, exemplifica Tigre Maia[10]: "Em nosso entender, a *informação* de que se cogita no texto legal tanto pode ser a revelação de um fato ou conjunto determinado de fatos, como pode ser a análise ou relato de dados concernentes ao perfil econômico, empresarial ou mercadológico de determinada instituição financeira".

Divulgar informação prejudicialmente incompleta significa – segundo Tórtima[11] – "veicular notícia parcial, truncada ou deturpada, omitindo fatos ou aspectos relevantes do contexto onde estão inseridos, levando os destinatários da notícia a um errado julgamento sobre o que na verdade se passa com a instituição financeira. Seria o caso, por exemplo, em que o agente divulgasse a notícia de que certa autoridade de órgão fiscalizador do sistema financeiro teria se pronunciado acerca da iminente intervenção do Banco Central em determinada instituição (notícia verdadeira), deixando, todavia, de esclarecer que, algumas horas depois, o próprio Presidente do BACEN desmentiria a existência das supostas irregularidades que poderiam justificar a medida interventiva (art. 2º, II, da Lei n. 6.024/74)", complementando, corretamente, Tórtima, desde que o divulgador tivesse ciência do desmentido pelo próprio órgão fiscalizador. Com essa omissão, que caracteriza informação prejudicialmente incompleta, o informante incorrerá na proibição contida no tipo penal ora em exame. Nessa segunda modalidade – *divulgar informação prejudicialmente incompleta* –, não é necessário que a divulgação seja *falsa*, na medida em que a *prejudicialidade* deve decorrer da incompletude ou da insuficiência da informação, capaz, isto é, idônea a causar prejuízo, dano ou, de qualquer forma, apresentar potencial lesivo ao sistema financeiro, à instituição financeira ou a potencial investidor. Exigir-se que a *informação incompleta* seja igualmente *falsa* pecaria pela redundância, pois esse aspecto já está abrangido pela modalidade anterior, divulgar informação falsa, caracterizando, portanto, um indesejável *bis in idem*, intolerável em sede de criminalização de condutas. Sintetizando: informação prejudicialmente incompleta não deixa de ser uma modalidade *sui generis* de informação *falsa*, pois informação incompleta, truncada, parcial, quando tendenciosa ou especialmente dirigida a confundir, enganar ou criar um juízo equivocado sobre a instituição financeira, não deixa de ser *falsa*.

A *divulgação* falsa ou incompleta (prejudicial) pode produzir-se através de qualquer meio (inclusive através da fala): imprensa, rádio, televisão, internet, exposição ao público, obras literárias etc. Enfim, sempre que haja comunicação a um número indeterminado de pessoas, estará configurada a ação de *divulgar*. Não é necessário que a informação tenha caráter sigiloso para tipificar o crime,

---

[10]   Rodolfo Tigre Maia, *Dos crimes contra o sistema financeiro nacional*, p. 49-50.
[11]   José Carlos Tórtima, *Crimes contra o sistema financeiro nacional*, p. 24.

sendo suficiente que sua falsidade refira-se à situação, dado ou fato relevante e tenha potencial para produzir dano, efetivo ou potencial, para a instituição, para o sistema financeiro ou para a própria coletividade.

Não se desconhece que esse tipo de *informação inverídica* pode ser divulgada no interesse da própria instituição financeira, causando prejuízos aos investidores, correntistas etc. Pode ocorrer, por exemplo, com divulgação de relatório de auditoria externa, alterando dados importantes sobre a real situação financeira da instituição, maquiando resultados negativos de seu passivo, dificultando ou iludindo a coletividade interessada (investidores, correntistas, acionistas etc.) no direcionamento das medidas necessárias ou cabíveis etc.[12].

Informação falsa é aquela que não corresponde à realidade, aquela que é inverídica, fictícia, isto é, representada pela criação de fatos artificiais, inexistentes, distorcidos ou inidôneos sobre instituição financeira. Mas essa *falsidade informativa* deve, necessariamente, referir-se a fatos ou aspectos relevantes da instituição financeira, tais como a mentira sobre o objeto em que recairá atividade da companhia, a afirmação distorcida sobre os recursos financeiros que ela possui para realizar sua finalidade, a assertiva mentirosa sobre o endividamento temerário da instituição, em desconformidade com as reais possibilidades da companhia, a desonestidade de propósito etc.

A *divulgação* de informação sobre instituição financeira, para constituir crime, tem de ser *falsa* ou *prejudicialmente incompleta*. A *falsidade* da informação pode ser total ou parcial. Pode ocorrer a falsidade porque o fato não existiu ou porque, embora existindo, tem conteúdo, dados, dimensões ou quaisquer outras características relevantes distintas das divulgadas. Logo, a falsidade da informação pode recair sobre o todo ou parte da informação, desde que seja potencialmente lesiva aos bens jurídicos tutelados.

É necessário, repetindo, que a *informação falsa* ou *prejudicialmente incompleta* sobre instituição financeira seja *relevante*, devendo possuir potencialidade lesiva. Assim, não tipifica esse crime informação de conteúdo irrelevante, incapaz de produzir ou causar uma situação danosa para a coletividade, a instituição ou para o próprio sistema financeiro. A informação, tanto a falsa quanto a prejudicialmente incompleta, segundo o conteúdo típico, pode ser praticada por qualquer modo ou meio, tratando-se, portanto, de crime de forma livre. É desnecessário, contudo, que haja um grande número de pessoas a quem se divulgue a *informação falsa*, sendo suficiente apenas um ouvinte ou confidente. Essa forma de conduta pode, afinal, acabar criando uma cadeia por meio da qual se *amplia a divulgação falsa*, com profunda repercussão negativa sobre a instituição financeira. Em outros termos, transmitida a uma pessoa que seja, a falsa

---

[12] José Carlos Tórtima, *Crime contra o sistema financeiro nacional*, p. 25.

informação torna-se acessível ao conhecimento de muitas outras, bastando isso para que se reconheça ter o agente *divulgado* informação inverídica ou prejudicialmente incompleta.

A infração desse tipo penal, especialmente complexo, a despeito de sucinto, exige, mais do que em qualquer outro, que a denúncia observe rigorosamente o disposto no art. 41 do CPP, descrevendo e individualizando com clareza e precisão a espécie e a natureza da informação (falsa ou prejudicialmente incompleta), confrontando-a com a que deveria constar e, fundamentalmente, demonstrando a existência não apenas da vontade, mas também da consciência de praticar a ação e obter o resultado jurídico pretendido. Caso contrário, incorre na censura aventada por Tigre Maia, *in verbis*: "[...] de qualquer modo deverá a denúncia observar os requisitos do art. 41 do CPP, sendo, na hipótese deste crime, de rejeitar-se a vestibular que 'não contém a indicação, clara e precisa, da informação divulgada e a qual falte a descrição dos elementos essenciais de lugar, data e autoridade destinatária da informação incriminada'"[13].

4.1. Divulgação falsa de informação sobre instituição financeira protegida pelo sigilo financeiro: conflito aparente de normas

E se a *divulgação falsa* referir-se a informação sobre operação ou serviço prestado por instituição financeira protegido por sigilo, haverá *concurso de crimes* (formal ou material), com o previsto no art. 18 deste mesmo diploma legal, ou estaremos diante do *conflito aparente de normas*? Tigre Maia, optando pela primeira alternativa, afirma: "Se as informações divulgadas forem protegidas pelo sigilo financeiro poderá haver concurso formal com o do tipo do art. 18 da Lei de Regência"[14].

Não nos parece, contudo, que a questão seja assim tão simples ante algumas dificuldades dogmáticas, a começar pelo fato de a infração penal definida neste art. 3º ser classificada como *crime comum* e aquela do art. 18 ser *crime próprio*, exigindo, consequentemente, qualidade ou condição especial do sujeito ativo. Há, por outro lado, a exigência de que o sujeito ativo tenha *conhecimento da operação sigilosa em razão de ofício*. E ainda, as condutas incriminadas são absolutamente distintas: a do art. 3º, ora *sub examen*, é a de "divulgar" operação, nas circunstâncias descritas, enquanto a conduta descrita no art. 18 é "violar sigilo de operação ou serviço", que, a nosso juízo, nem precisa ser *divulgado* para tipificar esse crime. Por outro lado, *divulgar informação falsa* não viola sigilo de ninguém, pelo contrário, preserva-o, mantendo seu conteúdo intacto, desconhecido e sigiloso; o *sigilo* somente poderá ser violado se exposto

---

[13] Tigre Maia, *Dos crimes contra o sistema financeiro nacional*, p. 51-52.
[14] Idem, p. 53.

a público, *em razão de ofício*, tornando conhecido o seu conteúdo, algo inocorrente na informação falsa incompleta.

Na nossa ótica, não há *concurso de crimes*, seja material ou formal, por absoluta incompatibilidade de adequação típica. Consideramos desnecessária a invocação do *conflito aparente de normas*, para definir-se a adequação típica de determinado comportamento, entre as previsões contidas nos arts. 3º e 18 da lei de regência, ante o conteúdo específico de cada dispositivo. Em outros termos, qualquer que seja a solução, certamente, não haverá concurso de dois crimes.

Mas afora essas questões específicas de tipicidade estrita, há ainda outro aspecto fundamental por meio do qual sempre se afasta a dupla incidência de violação de uma pluralidade de normas penais incriminadoras com uma única conduta. Em outros termos, para aqueles, no entanto, que enfrentarem dificuldade em identificar qual das infrações teria ocorrido, encontrarão resposta dentro do próprio sistema. Com efeito, a solução é facilmente encontrada com um instituto democrático, científico, técnico e dogmático, que desempenha extraordinária função, no próprio Código Penal de 1940, impedindo inclusive equívocos grosseiros de cumulação de imputações inadequadas. Referimo-nos ao *conflito aparente de normas*, cuja importância mostra-se ainda mais relevante na presente lei de regência, considerando-se que seus diversos tipos penais e respectivos bens jurídicos tutelados assemelham-se em grande parte. O fundamento básico do conflito aparente de normas é exatamente impedir o *bis in idem,* determinando, no caso concreto, qual a norma que deve ter aplicabilidade, comparativamente a outras que possam apresentar semelhança mais ou menos clara, como a norma eleita.

Deve-se partir do pressuposto, científico e metodológico, de que o Direito Penal constitui um *sistema* ordenado e harmônico e, por isso, suas normas apresentam entre si (ou, pelo menos, devem apresentar) uma relação de interdependência e hierarquia, permitindo a aplicação de uma só lei ao caso concreto, excluindo ou absorvendo as demais. No entanto, ao contrário do que faz com o concurso de crimes, o Código Penal não regula as situações de *conflito aparente de normas,* devendo a solução ser encontrada por meio da *interpretação*, pressupondo, porém, a *unidade de conduta* ou de fato, a pluralidade de normas coexistentes e a relação de hierarquia ou de dependência entre essas normas.

Nesse caso, no entanto, resolve-se a adequação típica pelo princípio da especialidade, confrontando-se os dois tipos penais. Considera-se *especial* uma norma penal em relação à outra *geral* quando reúne todos os elementos desta, acrescidos de mais alguns, denominados *especializantes*. Isto é, a norma especial acrescenta elemento próprio, específico, à descrição típica prevista na norma geral. A regulamentação especial tem a finalidade, precisamente, de excluir a lei geral e, por isso, deve precedê-la. O princípio da especialidade evita o *bis in idem*, determinando a prevalência da norma especial em comparação com a geral, e pode ser estabelecido *in abstracto*, enquanto os outros princípios exigem o confronto *in concreto* das leis que definem o mesmo fato.

A disparidade das elementares típicas, além da natureza de crime comum (art. 3º) e crime próprio (art. 18), apontam como norma específica a contida nesse último dispositivo, resultando como norma geral a previsão do art. 3º. Em outros termos, sempre que a divulgação falsa ou incompleta for praticada, "com conhecimento em razão de ofício", e "violando sigilo de operação ou serviço prestado por instituição financeira", não restará qualquer dúvida sobre a adequação típica: violação de sigilo de operação financeira. É irrelevante a semelhança ou a divergência dos bens jurídicos tutelados, bem como a maior ou menor cominação penal de um ou de outro tipo penal.

5. TIPO SUBJETIVO: ADEQUAÇÃO TÍPICA

O tipo subjetivo é representado pelo dolo, que é constituído pela consciência e a *vontade* de realizar a conduta descrita no tipo penal ou, mais especificamente, constituído pela vontade consciente de *divulgar* informação falsa ou prejudicialmente incompleta. O dolo, puramente natural, constitui o elemento central do *injusto pessoal* da ação, representado pela *vontade consciente* de ação dirigida imediatamente contra o mandamento normativo.

A *consciência, elemento intelectual do dolo,* deve abranger todos os elementos constitutivos do tipo, independentemente de serem objetivos, normativos ou subjetivos, ou seja, é indispensável que o sujeito passivo tenha plena consciência de que a informação que divulga é *falsa* ou *prejudicialmente* incompleta. Deve-se ter presente, ademais, que a consciência, elementar do dolo, deve ser *atual*, efetiva, ao contrário da *consciência da ilicitude*, que pode ser *potencial*. Mas a *consciência do dolo* abrange somente a representação *dos elementos integradores do tipo penal,* ficando fora dela a *consciência da ilicitude*, que hoje, como elemento normativo, está deslocada para o interior da culpabilidade. Sintetizando, em termos bem esquemáticos, *dolo é a vontade de realizar o tipo objetivo, orientada pelo conhecimento de suas elementares no caso concreto*, isto é, sabendo que a informação que divulga é *falsa* ou *prejudicialmente* incompleta.

O autor, como afirma Claus Roxin[15], somente poderá ser punido pela prática de um fato doloso quando conhecer as circunstâncias fáticas que o constituem. O eventual desconhecimento de um ou outro elemento constitutivo do tipo constitui *erro de tipo*, excludente do dolo. Por isso, embora a *consciência da*

---

[15] Claus Roxin, *Teoría del tipo penal*, p. 171.

falsidade, como elemento do dolo, deva ser *atual*, quem, na dúvida, não se abstém de divulgá-la, *assume o risco* de ofender o bem jurídico protegido e, nessas circunstâncias, responde dolosamente pelo crime, ainda que na forma eventual. Usar de estratégias como, por exemplo, indicar a fonte da informação falsa, reportar-se a indeterminações, tais como "ouvi dizer", "comentam", "falam por aí" etc., ou mesmo pedir segredo, não tem o condão de afastar o crime. Configura-se o crime mesmo quando se divulga a quem já tem conhecimento da falsidade da informação, pois ela servirá de reforço na convicção do terceiro.

Presume-se a veracidade da informação até que se prove o contrário. Se o agente estiver convencido de que *a informação é verdadeira*, não responde pelo crime, pois incorre em *erro de tipo* por ignorar uma elementar típica – *falsamente* –, ou seja, não sabe o que faz. A certeza do agente, embora errônea, de que a informação é verdadeira impede a configuração do dolo. Se tiver dúvida, no entanto, sobre a *falsidade* ou a *prejudicialidade* da informação, deverá abster-se de divulgá-la, caso contrário responderá pelo crime, por dolo eventual.

Por fim, não há previsão de modalidade culposa, assim sendo, eventual divulgação de informação, nas circunstâncias mencionadas no tipo penal, decorrente de desatenção, imprudência ou negligência, constitui comportamento atípico.

6. PUBLICAÇÃO DE BALANÇO FALSIFICADO: INADEQUAÇÃO TÍPICA

Examinando a clássica monografia de Manoel Pedro Pimentel, deparamo-nos com a seguinte afirmação: "o concurso de crimes é possível, *v. g.*, quando o *balanço divulgado tenha sido falsificado*, hipótese em que haverá concurso entre o crime de *divulgação*, previsto nesta lei, e o crime de falsidade material ou ideológica, previstos nos arts. 297, 298 ou 299 do CP"[16] (grifamos).

A despeito da incontestável autoridade de Pimentel, não podemos concordar com dois grandes equívocos que referida afirmação encerra. Deixaremos de lado o equivocado entendimento de que haveria concurso de crimes entre o de *divulgação* e os *de falsidade*. Não é necessário maior esforço para concluir-se que esse aspecto se resolve pela confrontação de *crime-meio* e *crime-fim*, eliminando-se naturalmente as *falsidades*, que foram os meios pelos quais se produziu um *balanço falsificado*. Não haveria, consequentemente, concurso de crimes.

Desperta maior interesse a assertiva de que a *publicação de balanço falsificado* tipificaria o crime descrito neste art. 3º, que ora examinamos; para o objetivo que nos propusemos, qual seja, o de realizar algumas anotações aos crimes definidos na Lei n. 7.492/86 e, consequentemente, enfrentar alguns aspectos polêmi-

---

[16] Manoel Pedro Pimentel, *Crimes contra o sistema financeiro nacional*, São Paulo, Revista dos Tribunais, 1987, p. 46.

Divulgação de informação falsa ou prejudicial • 35

cos que o quotidiano pode nos oferecer, não deixa de ser uma *vexata quaestio*. Nesse momento, deparamo-nos com a necessidade de um acurado exame da tipicidade e, por extensão, uma passagem pelo conflito aparente de normas.

De plano, deve-se destacar que a conduta incriminada é "*divulgar* informação falsa" e não "*falsificar* informação a divulgar", que é exatamente o que ocorreria com a "falsificação de balanço", sugerida por Pimentel. Significa, no entanto, que o agente do crime – *divulgar informação falsa* – não precisa ser o autor da *falsificação* ou da falsidade, aliás, o autor da falsificação pode, inclusive, ser desconhecido ou, ainda, a falsificação pode ser involuntária ou decorrer de erro de terceiro.

Enfatizando, a conduta incriminada é "divulgar" e não "falsificar", afora o fato de que todos os elementos constitutivos do tipo penal devem ser abrangidos pelo dolo. O tipo penal – concebido como conjunto dos elementos do fato punível descrito na lei penal – exerce uma função *limitadora* e uma função *individualizadora* da conduta humana penalmente relevante. *Tipicidade* é a conformidade do fato praticado pelo agente com a moldura abstratamente descrita na lei penal. Para encontrá-la, faz-se um *juízo de tipicidade*, isto é, uma *operação intelectual* de conexão entre a infinita variedade de fatos possíveis da vida real e o modelo típico descrito na lei. Nessa operação, analisa-se se a conduta em questão apresenta *todos os requisitos* que a lei exige para qualificá-la como infração penal. A falta de qualquer dos elementos ou requisitos legais componentes da figura legal abstrata, na conduta concretizada pelo agente, afasta a sua tipicidade. Dessa forma, o tipo cumpre, repetindo, além da função *fundamentadora do injusto*, também uma *função limitadora* do âmbito do penalmente relevante. É a garantia do cidadão de responder criminalmente somente por aquilo que efetivamente constitua crime, nos exatos termos previstos em lei (princípio da reserva legal).

Com a *falsificação do balanço* de uma empresa, ocorre uma situação completamente diferente, ou seja, a única coisa que o autor da falsificação do balanço de uma instituição financeira não quer é que percebam ou descubram que se trata de um balanço falsificado, aliás, se pudesse impediria que tal balanço fosse publicado. O dolo de quem *falsifica um balanço* é dar *aparência de regularidade* da contabilidade da empresa e jamais divulgar informação ou situação falsa ou prejudicial, mas apenas cumprir uma formalidade contábil, se possível, esperando que não seja descoberta por ninguém. Não há o dolo de *divulgá-lo* ou de dar-lhe publicidade, pelo contrário, só de falsificá-lo e, se fosse possível, gostaria que ninguém dele tomasse conhecimento. As condutas, portanto, são completamente diferentes, como também o são os elementos subjetivos que as orientam. E *falsificar balanço* não se confunde com *divulgar informação falsa*, sendo impossível interpretar uma coisa por outra, sem violar o princípio da taxatividade da reserva legal.

Além desse aspecto objetivo da tipicidade, o tipo somente se completa com o acréscimo do aspecto subjetivo, que orienta, delimita e fundamenta o tipo objetivo. Somente conhecendo a subjetividade da ação pode-se definir a real intenção do agente, mormente quando não há previsão de modalidade culposa, como ocorre nessa infração penal. Os *elementos subjetivos* que compõem a estrutura do tipo penal assumem transcendental importância na definição da conduta típica, pois é por meio do *animus agendi* que se consegue identificar e qualificar a *atividade comportamental* do agente. Somente conhecendo e identificando a intenção – vontade e consciência – do sujeito ativo poder-se-á classificar um comportamento como típico, especialmente quando a figura típica exige também um *especial fim de agir*, que constitui o conhecido *elemento subjetivo especial do tipo*, que, para a corrente tradicional, denominava-se *dolo específico* (terminologia completamente superada).

Resumindo, a *publicação de balanço falsificado* de uma instituição financeira não se adequa à conduta descrita no art. 3º, ora *sub examen*, ante a falta do dolo de *divulgar* informação falsa, e a publicação imposta por lei não se confunde com a intenção dolosa de *divulgar* exigida pelo tipo penal *sub examen*.

7. CONSUMAÇÃO E TENTATIVA

Consuma-se o crime com a ação de *divulgar* do sujeito ativo, ou seja, no momento em que alguém toma conhecimento da divulgação, não sendo exigível efetivo prejuízo financeiro da instituição ou de investidor. Na nossa concepção, não é necessário que chegue ao conhecimento de um número indeterminado de pessoas. Comentando o crime de divulgação de segredo no Código Penal, Celso Delmanto, com a autoridade que o caracterizou, afirmava: "Em nossa opinião, todavia, basta que se narre a uma só, porquanto o que se tem em vista é o comportamento *divulgar* e não o resultado divulgação"[17]. *Mutatis mutandis*, aplica-se o mesmo entendimento nessa infração penal.

Na modalidade de divulgar *informação falsa*, trata-se de crime de *perigo abstrato*, bastando a prática efetiva da divulgação para consumar-se a ação. Na modalidade de *prejudicialmente incompleta*, trata-se de *perigo concreto*, devendo-se demonstrar a potencialidade lesiva da prejudicialidade da informação incompleta, sob pena de não se configurar a figura típica.

Dogmaticamente, a *tentativa* é admissível, pois se trata de crime plurissubsistente, isto é, de mais de um ato, admitindo fracionamento. Tratando-se de divulgação oral, é praticamente impossível o *conatus*; contudo, sendo a divul-

---

[17] Celso Delmanto, *Código Penal comentado*, p. 262.

gação feita por escrito, mídia impressa etc., sempre que, por alguma razão estranha ao querer do agente, for impedida de consumar-se, estará caracterizada a tentativa.

8. CLASSIFICAÇÃO DOUTRINÁRIA

Trata-se de *crime comum* (que pode ser praticado por qualquer pessoa, independentemente de ostentar determinada qualidade ou condição especial); *formal* (consuma-se independentemente da produção efetiva de determinado resultado; Pimentel[18] considera-o *crime de mera conduta*); *doloso* (não há previsão legal para a figura culposa); *de perigo abstrato*, na modalidade de *informação falsa* (é presumida a probabilidade de dano); *de perigo concreto*, na modalidade *prejudicialmente incompleta* (deve ser comprovada sua potencialidade lesiva); de *forma livre* (o legislador não previu nenhuma forma ou modo especial para execução dessa infração penal, podendo ser realizado do modo ou pelo meio escolhido pelo sujeito ativo); *comissivo* (o comportamento descrito no tipo implica a realização de uma conduta ativa, pois a norma penal tipificadora é proibitiva, e não mandamental); *instantâneo* (a consumação ocorre em momento determinado, a princípio, não havendo um distanciamento temporal entre a ação e o resultado); *unissubjetivo* (pode ser praticado por alguém, individualmente, admitindo, contudo, coautoria e participação); *plurissubsistente* (pode ser desdobrado em vários atos, que, no entanto, integram a mesma conduta); dependendo das circunstâncias, pode ser *unissubsistente*.

9. PENA E AÇÃO PENAL

As penas cominadas são a de reclusão, de dois a seis anos, e a pecuniária, qual seja, a pena de multa. Trata-se, como se constata, de penas cumulativas, e não alternativas, sendo, portanto, de imposição obrigatória.

A ação penal é de natureza *pública incondicionada*, devendo a autoridade competente agir *ex officio*, isto é, independentemente de qualquer manifestação de quem quer que seja.

---

[18] Manoel Pedro Pimentel, *Crimes contra o sistema financeiro nacional*, p. 46.

CAPÍTULO IV
Gestão fraudulenta de instituição financeira

Sumário: 1. Considerações preliminares. 2. Bem jurídico tutelado. 3. Sujeitos ativo e passivo do crime. 4. Fraude civil e fraude penal: ontologicamente semelhantes. 5. Tipo objetivo: adequação típica. 5.1. Elemento normativo: fraudulentamente. 5.2. Gestão fraudulenta na modalidade omissiva. 6. Tipo subjetivo: adequação típica. 7. Consumação e tentativa de gestão fraudulenta. 8. Classificação doutrinária. 9. Pena e ação penal.

Art. 4º Gerir fraudulentamente instituição financeira:

Pena – reclusão, de 3 (três) a 12 (doze) anos, e multa.

(...)

---

1. CONSIDERAÇÕES PRELIMINARES

A Lei de Economia Popular (Lei n. 1.521, de 26-11-1951), ainda vigente, é o antecedente mais genuíno dos crimes de *gestão fraudulenta ou temerária*, embora sem distinguir as duas modalidades, cominando-lhes a mesma sanção penal (detenção de dois a dez anos e multa). O art. 3º dispõe o seguinte: "IX – gerir fraudulenta ou temerariamente bancos ou estabelecimentos bancários, ou de capitalização, sociedade de seguros, pecúlios ou pensões vitalícia; sociedades para empréstimos ou financiamento de construções e vendas de imóveis a prestações, com ou sem sorteio ou preferência por meio de pontos ou quotas; caixas econômicas; caixas Raiffeisen; caixas de mútuos, de beneficência, socorros ou empréstimos; caixa de pecúlio, pensão e aposentadoria: caixas construtoras; cooperativas; sociedade de economia coletiva, levando-as à falência ou à insolvência, ou não cumprindo qualquer das cláusulas contratuais com prejuízo dos interessados".

O vetusto diploma legal apresenta duas extraordinárias vantagens em sua estrutura típica, representadas pela exigência da satisfação de duas *elementares típicas*, que são verdadeiras condicionantes: "levando-as à falência ou à insolvência, ou não cumprindo qualquer das cláusulas contratuais com prejuízo dos interessados". No entanto, esse diploma legal perdeu atualidade, com o surgimento de novas instituições que, consequentemente, não se encontravam no seu rol taxativo, ficando fora, portanto, do seu alcance em razão do princípio da reserva legal.

O texto legal, que ora comentamos, ignorou o Anteprojeto da Comissão de Reforma da Parte Especial do Código Penal, e respectivas emendas, preferindo, equivocadamente, uma redação concisa e sem elementares, consideravelmente pior do que o projeto referido que lhe antecedeu[1].

2. BEM JURÍDICO TUTELADO

Tratando-se de crime pluriofensivo, esse dispositivo legal tem a pretensão de tutelar mais de um bem jurídico, destacando-se, fundamentalmente, o *sistema financeiro brasileiro* contra gestões fraudulentas ou arriscadas levadas a efeito por seus controladores, administradores, diretores e gerentes. As instituições financeiras, enquanto entidades individualmente relevantes no sistema financeiro, também são objetos da tutela penal, inclusive aquelas pertencentes à iniciativa privada. Nesse sentido, protege-se a lisura, correção e honestidade das operações atribuídas e realizadas pelas instituições financeiras e assemelhadas. O bom e regular funcionamento do sistema financeiro repousa na confiança que a coletividade lhe credita. A credibilidade é um atributo que assegura o regular e exitoso funcionamento do sistema financeiro como um todo.

Protegem-se, igualmente, os bens e valores, enfim, o patrimônio da coletividade, representada pelos investidores diretos que destinam suas economias, ou ao menos parte delas, às operações realizadas pelas instituições financeiras exatamente por acreditarem na lisura, correção e oficialidade do sistema. No entanto, não se trata da proteção de patrimônio individual, como destaca, corretamente, Marina Pinhão[2], "quanto à existência de proteção de investidores individuais, entende-se que não é o escopo da norma, pois para tais fraudes há outros dispositivos civis e penais e proteger o particular", acrescentando que "a norma, ao desprezar o prejuízo – seja do sistema, seja do particular – apontou para a *ratio* proteção global, não estando nela contida a perspectiva do particular".

Por fim, apenas para realçar, a incriminação tanto da *gestão fraudulenta* quanto da *gestão temerária* destina-se a proteger os mesmos bens jurídicos, mudando apenas os *modus operandi* do infrator, bem como as elevadas penas cominadas.

---

[1] Manoel Pedro Pimentel, *Crimes contra o sistema financeiro nacional*, p. 47-48.

[2] Marina Pinhão Coelho Araújo, Crimes contra o sistema financeiro nacional, *in*: Luciano Anderson de Souza; Marina Pinhão Coelho Araújo (Coord.), *Direito penal econômico*: leis penais especiais, v. 1, p. 108-175.

3. SUJEITOS ATIVO E PASSIVO DO CRIME

Por definição legal, podem ser sujeitos ativos dos crimes contra o sistema financeiro, mas especialmente destes tipificados como *gestão fraudulenta* e *gestão temerária*, entre outros, os controladores e administradores das instituições financeiras, sendo considerados, como tais, os diretores e gerentes (art. 25 e § 1º). São equiparados aos administradores, também por previsão legal expressa, o *interventor*, *o liquidante e o síndico* (art. 25, § 2º), usando a terminologia que era adotada pela antiga Lei de Falências. Trata-se, na realidade, de crime próprio (*embora o STF tenha entendido como "crime de mão própria" no HC 93.553/MG*), exigindo uma particular condição do sujeito ativo, qual seja, exercer uma das funções referidas no art. 25 e seus parágrafos. Nada impede a participação de terceiros, estranhos à administração de instituições financeiras, ancorados pela previsão legal do art. 29 do CP.

Linha geral, pode-se, inclusive, considerar esse tipo penal como uma espécie *sui generis* de *crime próprio*, na medida em que limita, expressamente, quem pode ser responsabilizado penalmente por esse tipo de crime, nos temos do art. 25. Em sentido semelhante, manifestam-se Albuquerque e Rebouças[3], quando destacam que: "Antes de tudo, observe-se que a conduta típica reclama uma condição especial do *sujeito ativo*, sendo hipótese de *crime próprio*. Com efeito, só quem pode *gerir* é o *gestor*, de onde se conclui que, embora a lei não o diga expressamente (como faz, por exemplo, quanto ao crime do art. 5º), apenas podem executar a conduta as pessoas contempladas no art. 25, *caput* e § 1º".

Por outro lado, a imputação da prática de *gestão fraudulenta* ou *temerária* de instituição financeira a um simples *gerente* de agência beira a autêntica *responsabilidade penal objetiva*. Não se pode olvidar, em primeiro lugar, que agência, casa ou unidade, regra geral, representam uma minúscula célula, quase insignificante, nesse complexo mercado financeiro, cujo "centro nervoso" fica concentrado em suas matrizes, que elaboram as diretrizes que determinam o funcionamento de toda uma rede de agências. O setor gerencial, especialmente de agências ou de contas, fica com limitada ou quase nenhuma margem para decidir estratégias ou operações, e que são sempre as menos significativas, no emaranhado de negócios que são objetos da atividade-fim das instituições financeiras.

Quando, no entanto, se puder demonstrar que o *gerente* realmente detém poder decisório, independentemente das diretrizes determinadas pelo controle central da instituição financeira, e o fizer contrariando a boa práxis bancária, ou o uso corriqueiro dessas instituições, e, principalmente, desobedecendo orientação superior, autodeterminando-se, nessas hipóteses, criteriosamente

---

[3]   Albuquerque e Rebouças, *Crimes contra o sistema financeiro nacional*, São Paulo: Tirant Lo Blanch Brasil, no prelo.

examinadas, poder-se-á imputar-lhe a prática de *gestão fraudulenta*, atribuindo-se-lhe a responsabilidade por *gerir* inadequadamente, pelo menos parte, de instituição financeira, desde que calcada em sérias e robustas provas.

No entanto, como se trata de *crime próprio* e não de *crime de mão própria*, ressalvado o entendimento do STF, nada impede a possibilidade da participação de terceiros nessa infração penal abrangidos pelo concurso de pessoas com agentes relacionados no art. 25. Não é outro o entendimento de Albuquerque e Rebouças[4], *verbis*:

> Nada obsta, a nosso juízo, a que um terceiro não gestor domine intelectualmente a prática habitual da gestão fraudulenta, podendo, assim, responder pelo crime, *como coautor* ou *autor intelectual* (inclusive autor mediato, se o gestor for inimputável). A nosso juízo, a circunstância de caráter pessoal, no caso a condição de gestor (controlador ou administrador), comunica-se a terceiros que concorram para a prática dos fatos. O mesmo acontece, agora a título de participação de menor importância (art. 29, § 1º, CP), para o terceiro que preste auxílio moral ou material para a prática do crime pelo gestor.

Os tribunais superiores – STF e STJ – já andaram enfrentando essa temática, aliás, merecendo destaque o tratamento dos crimes contra o *sistema financeiro nacional*.

O Supremo Tribunal Federal adotou o entendimento de que crime de *gestão fraudulenta de instituição financeira* constitui *crime de mão própria* e, como tal, não admite a *participação de terceiros*, estranhos ao rol constante do art. 25 desta lei de regência. Com efeito, o STF, em sua constituição plenária, desde o julgamento do HC 93.553/MG, a rigor, passou a adotar o entendimento de que o crime do art. 4º da Lei n. 7.492/86 é de *mão própria* e, como tal, não admite a *participação de terceiro* que não integre o corpo de gestão de instituição financeira. Vejamos a sua ementa: "A interpretação sistemática da Lei n. 7.492/86 afasta a possibilidade de haver gestão fraudulenta por terceiro estranho à administração do estabelecimento bancário" (STF, Tribunal Pleno, HC 93.553/MG, rel. Min. Marco Aurélio, j. 7-5-2009, *DJ* 19-5-2019).

O Superior Tribunal de Justiça, por sua Sexta Turma, seguiu o entendimento do STF, no julgamento do HC 101.381/RJ, reconhecendo que: "1. O crime do art. 4º, *caput* da Lei n. 7.492/1986 (gestão fraudulenta) é de mão própria e, pois, somente pode ser cometido por quem tenha poder de direção, conforme, aliás, rol expressamente previsto no art. 25" (STJ, 6ª Turma, HC 101.381, rel. Min. Maria Thereza de Assis Moura, j. 27-9-2011, *DJ* 13-10-2011).

Sujeito passivo, finalmente, é o Estado, guardião e responsável pela estabilidade, confiabilidade e idoneidade do sistema financeiro nacional. Secunda-

---

[4]   Albuquerque e Rebouças, *Crimes contra o sistema financeiro nacional*, São Paulo: Tirant Lo Blanch Brasil, no prelo.

riamente, também podem ser considerados sujeitos passivos a própria instituição financeira e os investidores e correntistas quando, eventualmente, forem lesados[5].

4. FRAUDE CIVIL E FRAUDE PENAL: ONTOLOGICAMENTE SEMELHANTES

Nelson Hungria estabeleceu a seguinte distinção entre ilícito penal e ilícito civil: "*Ilícito penal* é a violação da ordem jurídica, contra a qual, pela sua *intensidade* ou *gravidade*, a única sanção adequada é a pena, e *ilícito civil* é a violação da ordem jurídica, para cuja debelação bastam as sanções atenuadas da indenização, da execução forçada ou *in natura*, da restituição ao *status quo ante*, da breve prisão coercitiva, da anulação do ato etc."[6] (grifos do original).

Comerciar é a *arte de negociar*, de tirar vantagem econômica do negócio ou qualquer transação que se realize; esse aspecto encerra um jogo de inteligência, de astúcia, uma espécie de brincadeira de *esconde-esconde*, donde resultou a expressão popular de que "o segredo é a alma do negócio". Em outros termos, é normal nas transações comerciais ou civis certa dose de malícia entre as partes, que, com habilidade, procuram ocultar eventuais deficiências de seu produto para, assim, realizar um negócio mais lucrativo ou vantajoso. Não era outro o entendimento de Magalhães Noronha, que reconhecia: "Se assim não fosse, raro seria o negócio ou a transação em que se não divisaria fraude punível, pois, neles, são frequentes os pequenos ardis, os ligeiros artifícios, os leves expedientes visando a resultado rendoso"[7].

A questão fundamental é, afinal, quando essa malícia ou habilidade ultrapassa os limites do moralmente legítimo para penetrar no campo do ilícito, do proibido, do engodo ou da indução ao erro? Na verdade, a *ilicitude* começa quando se extrapolam os limites da "malícia" e se utilizam o engano e o induzimento a *erro* para a obtenção de vantagem, em *prejuízo* de alguém. No entanto, nessas circunstâncias, se estiver caracterizado o engano, a burla, ainda assim pode configurar-se não mais que a *fraude civil*, que terá como consequência a anulação do "contrato", com as respectivas perdas e danos. Heleno Fragoso destacava um exemplo muito elucidativo: "Se alguém vende um automóvel, silenciando sobre defeito essencial (por exemplo: quebra da transmissão), isto será uma fraude civil, que anulará o contrato. Se alguém, todavia, vende um automóvel sem motor, iludindo o adquirente, praticará um estelionato, ou seja, uma fraude penal"[8]. Com efeito, atos maliciosos de comércio que não

---

[5] José Carlos Tórtima, *Crimes contra o sistema financeiro nacional*, p. 41.
[6] Nelson Hungria, *Comentários ao Código Penal*, 5. ed., v. 7, p. 178.
[7] Magalhães Noronha, *Direito penal*, v. 2, p. 380.
[8] Heleno Cláudio Fragoso, *Lições de direito penal*: parte especial, v. 1, p. 446.

atingem o nível de burla, embora irregulares, não constituem uma *fraude penal*, para o qual é insuficiente a habitual sagacidade do mundo dos negócios.

Como se distingue a *fraude civil* da *fraude penal*? Há diferença essencial entre uma e outra? Existem critérios seguros para apurá-la?

Doutrina e jurisprudência por longo tempo debateram-se na tentativa de encontrar critérios seguros que permitissem detectar a distinção entre as espécies ou natureza da fraude, civil ou criminal. Carmignani, retrocedendo à concepção romana, afirmou que na *fraude penal* deveria existir grande perversidade e impostura. A famosa teoria *mise-en-scène*, atribuída a um autor alemão, foi desenvolvida pelos franceses e recepcionada por Carrara (§ 2.344). Para os defensores dessa concepção, a *fraude civil* pode revestir-se de simples mentira ou silêncio, enquanto a *fraude penal* exigiria determinada artificiosidade para ludibriar a vítima. Essa teoria também perdeu atualidade e adeptos, pois a distinção da natureza da fraude não reside apenas no meio ou modo de execução[9].

Após demorada enumeração de teorias, Nelson Hungria acaba concluindo: "O critério que nos parece menos precário é o que pode ser assim fixado: há quase sempre fraude penal quando, relativamente idôneo (*sic*) o meio iludente, se descobre, na investigação retrospectiva do fato, a ideia preconcebida, o propósito *ab initio* da frustração do equivalente econômico. Tirante tal hipótese de ardil grosseiro, a que a vítima se tenha rendido por indesculpável inadvertência ou omissão de sua habitual prudência, o *inadimplemento preordenado* ou *preconcebido* é talvez o menos incerto dos sinais orientadores na fixação de uma linha divisória nesse terreno *contestado* da fraude..."[10].

Várias teorias, enfim, objetivas e subjetivas, pretenderam explicar a distinção entre as duas espécies de fraudes, civil e penal. Os argumentos, no entanto, não apresentaram suficientes e convincentes conteúdos científicos que ancorassem as conclusões que sugeriam, levando a moderna doutrina a recusá-las. Na verdade, não há diferença ontológica entre *fraude civil* e *fraude penal*, sendo insuficientes todas as teorias que – sem negar-lhes importância – procuraram estabelecer *in abstracto* um princípio que as distinguisse com segurança; não se pode, responsavelmente, firmar *a priori* um juízo definitivo sobre o tema. Fraude é fraude em qualquer espécie de ilicitude – civil (administrativo, fiscal), penal –, repousando eventual diferença entre ambas tão somente em seu *grau de intensidade*.

Na *fraude civil* objetiva-se o lucro do próprio negócio, enquanto na fraude penal se visa o "lucro" ilícito. A inexistência de *dano civil* impede que se fale em prejuízo ou dano penal[11]. Embora essa distinção, além de complexa, não seja

---

[9]   Idem, p. 447.

[10]   Nelson Hungria, *Comentários ao Código Penal*, v. 7, p. 191.

[11]   José Frederico Marques, Estelionato, ilicitude civil e ilicitude penal, *RT* 560/286, jun. 1982.

nada pacífica, não deixa de oferecer um indicativo bastante interessante para encaminhar possível distinção entre uma e outra espécie de fraude, qual seja, *a finalidade da fraude*: na fraude civil a finalidade é o lucro do próprio negócio, enquanto na fraude penal a finalidade é obter "lucro ilícito".

Mas, enfim, concluímos que não há *critério científico* que abstrata ou concretamente distinga, com segurança, uma fraude da outra! Assim, somente razões político-criminais podem justificar a separação, em termos de direito positivo, entre fraude civil e fraude penal. Essa seleção, mesmo objetivando atender ao interesse social, não pode adequar-se a um padrão abstrato de irretocável conteúdo e segurança científicos. Por isso, o máximo que se pode tolerar é a fixação de critérios elucidativos que permitam uma segura opção do aplicador da lei.

5. TIPO OBJETIVO: ADEQUAÇÃO TÍPICA

Gerir significa dirigir, administrar, gerenciar, exercer a *gestão* de, no caso, instituição financeira. O *gestor* nada mais é do que aquele que *gere*, e, se *gere* bem, gera bons resultados, bons frutos. Em outras palavras, fazendo um trocadilho, quando se *gere* bem, geram-se bons resultados, e a roda dos negócios gira positivamente. *Gerir*, enfim, deve ser interpretado à luz da própria definição de instituição financeira, insculpida no art. 1º da Lei n. 7.492/86. O caráter abstrato dessa descrição típica, destaca Juliano Breda, "faz com que sejam subsumidas uma infinidade de práticas do mercado financeiro. Melhor seria uma descrição mais pormenorizada da conduta ofensiva ao mercado, como existe, por exemplo, no crime descrito no art. 379 do Código dos Valores Mobiliários de Portugal, mais condizente com o princípio a tipicidade"[12]. *Gerir*, na realidade, significando o exercício de atos de gestão, pressupõe uma determinada duração desse exercício, sua realização por um certo tempo, impossível de circunscrever-se em atos isolados, como querem algumas decisões judiciais de primeiro grau.

A tipificação do crime de *gestão fraudulenta* (e também temerária), com efeito, exige a *prática reiterada* dos atos caracterizadores da *fraude* ou da *temeridade*. Em outros termos, *gestão fraudulenta* e gestão temerária são classificadas como *crimes habituais impróprios*. Destaca, com a percuciência de sempre, Tórtima que "com efeito, a lei não diz, simplesmente, praticar ato de *gestão fraudulento* (ou temerário), mas sim *gerir fraudulentamente*... a indicar pluralidade de atos, pautando a conduta do agente em um determinado período de tempo"[13]. Luiz Flávio Gomes, comungando do mesmo entendimento, sustenta: "Daí decorre que 'gerir' encerra a prática de uma série de atos de comando, de

---

[12] Juliano Breda, *Gestão fraudulenta de instituição financeira e dispositivos processuais da Lei 7.492/86*, p. 94-95.

[13] José Carlos Tórtima, *Crimes contra o sistema financeiro nacional*, p. 32.

administração ou direção de uma instituição financeira. Um só ato, como se vê, não configura a *gestão* exigida pelo tipo. De outro lado, não é qualquer ato que caracteriza *gestão de instituição financeira*: apenas e exclusivamente os que envolvam deliberações, decisões com certo grau de definitividade ou 'atuação de comando'"[14].

Na realidade, quando o legislador desejou punir determinado *ato fraudulento*, isoladamente, independente do exercício da atividade de gestão, o fez de forma individual e de maneira expressa, como, por exemplo, nos arts. 6º (sonegar informação ou prestá-la falsamente), 7º (emissão irregular de títulos ou valores mobiliários), 9º (falsidade ideológica financeira) e 10 (falsidade de demonstrativos contábeis). Em todas essas infrações, o crime consuma-se com a prática de *um único ato fraudulento*, ao contrário da previsão do art. 4º, que demanda *um conjunto de atos fraudulentos que constituem a gestão irregular de uma instituição financeira*, como conclui, com absoluto acerto, Ali Mazloum, afirmando que a gestão fraudulenta "não se perfaz com a prática de um único ato; exige, isso sim, certa habitualidade e deve ser extraído do conjunto de atos que compõem a gestão de uma instituição financeira, considerada necessariamente dentro de um período razoável de tempo"[15].

O que caracteriza o *crime habitual*, via de regra, é a prática reiterada de certos atos que, isoladamente, podem constituir um indiferente penal. Em outros termos, a repetição, isto é, a reiteração com *habitualidade* do mesmo ato, a pluralidade da mesma conduta é que permite a caracterização da figura típica. É particularmente incensurável, nesse sentido, o entendimento de Antônio Carlos Rodrigues da Silva, *in verbis*: "O referido núcleo, *gerir*, é predicado verbal de natureza habitual, evidenciando condutas reiterativas, repetidas no tempo e no espaço. Gerir, significando administrar, reger e governar não se consuma com apenas um ato de gestão, gerência, de administração ou governo, exige, necessariamente, uma sucessão de atos apreciáveis num determinado contexto e lapso temporal"[16].

Com efeito, para que se possa concluir que determinada *gestão* é *fraudulenta* ou *temerária* deve-se, necessariamente, analisar o conjunto de atos no contexto de uma administração ou gerência. Nem toda *fraude* perpetrada pelo "administrador" de instituição financeira caracteriza a gestão fraudulenta, pois pode, inclusive, nem integrar atos de gestão. Aliás, eventuais *fraudes*, ainda que repetidas, se não integrarem especificamente aquelas *atividades*

---

[14] Luiz Flávio Gomes, Notas distintivas do crime de gestão fraudulenta: art. 4º da Lei 7.492/86, *in* Roberto Podval (Org.), *Temas de direito penal econômico*, p. 358.

[15] Ali Mazloum, *Crimes do colarinho branco. Objeto jurídico, provas ilícitas*, p. 63.

[16] Antônio Carlos Rodrigues da Silva, *Crimes do colarinho branco*, p. 48.

gerenciais, administradoras e típicas de um gestor, não se adequam à descrição de "gestão fraudulenta", porque de gestão não se trata. Com efeito, o *conceito de gestão* é extremamente abrangente, englobando atividades irrelevantes para a produção de danos ou para lesão do bem jurídico tutelado, desvinculado, portanto, da atividade-fim de instituição financeira, tais como administração de pessoal, recursos humanos, pagamento de despesas gerais etc. Eventuais fraudes praticadas, nesse âmbito, à evidência, não tipificam a conduta de *gestão fraudulenta* tipificadas no *caput* do art. 4º. Por isso, acertadamente, destaca Juliano Breda: "Para a caracterização da gestão fraudulenta será necessário individualizar a área da instituição responsável pelas práticas ilícitas, restringindo a incidência da imputação àqueles que detinham o domínio específico de gestão e comando das operações bancárias ou financeiras antijurídicas, ou seja, os responsáveis diretos pela prática do núcleo do tipo, representado pelo verbo 'gerir'"[17].

Nada impede, por outro lado, que um ou outro desses atos, individualmente, também possa configurar crime, diverso, é verdade, daquele que se caracteriza pela *habitualidade*. Na realidade, individualmente, cada um desses atos pode ser, em si mesmo, indiferente ao Direito Penal (especialmente na hipótese de gestão temerária), ou pode constituir outro crime (na hipótese da gestão fraudulenta), distinto da figura *habitual*, como já referimos (arts. 6º, 7º, 9º e 10). Não é outra a visão sempre erudita de João Mestieri, que pontifica: "No tipo dos delitos habituais é exigida como elemento constitutivo a habitual reiteração dos atos, os quais, singularmente considerados, não constituiriam delito, ou constituiriam delito diverso... o número de ações necessárias para se evidenciar a habitualidade não pode ser precisado de maneira abstrata e genérica, mas, sim, apenas em relação a uma dada *fattispecie*"[18].

Por todas essas razões, discordamos do magistério de Guilherme Nucci, quando afirma, contraditoriamente, que: "em nosso entendimento, não se trata de crime habitual próprio. Este delito se caracteriza pela prática de vários atos que, somente em seu conjunto, tem potencial para lesar o bem jurídico tutelado. (...) O mesmo não ocorre no tipo penal da gestão fraudulenta ou temerária. Uma única ação do administrador, desde que envolta pela fraude (ou pelo elevado risco), pode ser suficiente para prejudicar seriamente a saúde financeira da instituição. Logo, o delito não é habitual"[19]. No entanto, para nós, inquestionavelmente, trata-se de *crime habitual*, embora impróprio, pois é delito que

---

[17] Juliano Breda, *Gestão fraudulenta de instituição financeira e dispositivos processuais da Lei 7.492/86*, p. 96.

[18] João Mestieri, *Manual de direito penal*, v. I, p. 245.

[19] Guilherme de Souza Nucci, *Leis penais e processuais penais comentadas*, 6. ed., São Paulo: Revista dos Tribunais, 2012, p. 640.

exige a reiteração de atos, não exatamente nos moldes do curandeirismo, que é modelo de delito habitual *próprio*. Não ignoramos, por outro lado, a simpatia que alguns julgados do STF têm demonstrado pela tese contrária[20], embora o *caráter habitual* seja muito mais forte na modalidade de *gestão temerária*, na qual atos isolados constituem um *indeferente penal*, como demonstramos ao examinarmos essa espécie de gestão.

Em sentido semelhante, manifestam-se Albuquerque e Rebouças[21] nos seguintes termos:

> Cumpre objetar, à concepção de NUCCI, que a questão deve ser apreciada pelo prisma do princípio da legalidade (tipicidade estrita), e não pela potencialidade de lesão ao bem jurídico tutelado. Ainda que a conduta isolada possa ter aptidão para "prejudicar seriamente a saúde financeira da instituição", não se conforma à ação típica habitual de "gerir", razão pela qual, na hipótese de identificação de um ato único, não se pode imputar ao agente o crime do art. 4º, sem prejuízo da incidência de outro crime.
>
> Para melhor explicitação da corrente do *crime habitual impróprio*, pode-se agregar a exigência, pelo menos, como enfatizado por alguns juristas, de que o ato isolado esteja inserido em um contexto de habitualidade. Conforme expressa MARINA PINHÃO, defendendo a tese da *habitualidade imprópria*, "pode-se considerar um ato único, desde que ele esteja no contexto de atos de gestão, e não sejam classificados como atos reiterados, e sim como atos de gestão em seu conjunto"[22]. Trata-se de um temperamento relevante à simples defesa da tese de que um ato único basta ao aperfeiçoamento do tipo.
>
> Assim mesmo, essa orientação, a nosso juízo, agride a garantia da reserva legal (artigos 5º, XXXIX, CF, e 1º, CP), na dimensão de *lex stricta*, ao desprezar de forma explícita o significado da elementar típica "gerir"[23].

A rigor, referida conduta até pode ser apta para ofender ou lesar o sistema financeiro, mas isso, por si só, não justifica insistência, sobre esse fundamento, de que tipificará o crime de gestão fraudulenta, principalmente quando se reconhece sua característica de crime habitual. Nessa hipótese, dever-se-á examinar a possibilidade de configuração de outra infração penal contra o sistema financeiro, *v.g.*, fraude financeira, falsidade ideológica financeira etc., que não exigem *habitualidade*, sob pena de ofensa ao *princípio da reserva legal*, insculpido no inciso XXXIX do art. 5º da Constituição Federal e no art. 1º do Código Penal.

---

[20] HC 89.364/PR, 2ª T., rel. Joaquim Barbosa, j. em 23-10-2007, Informativo STF n. 385.

[21] Albuquerque e Rebouças, *Crimes contra o sistema financeiro nacional*, São Paulo: Tirant Lo Blanch Brasil, no prelo.

[22] Marina Pinhão Coelho Araújo, Crimes contra o Sistema Financeiro Nacional, *in* Luciano Anderson de Souza; Marina Pinhão Coelho Araújo (Coord.), *Direito penal econômico*: Leis Penais Especiais, v. 1, p. 108-175, esp. 128-129.

[23] Albuquerque e Rebouças, *Crimes contra o sistema financeiro nacional*, São Paulo: Tirant Lo Blanch Brasil, no prelo.

Posto isso, concluímos com Tórtima[24], é possível que alguns dos meios empregados pelo agente na gestão fraudulenta possam, isoladamente considerados, caracterizar *figuras delitivas autônomas*, distintas e independentes, como *falsidade da demonstração contábil*, podendo, logicamente, um absorver o outro. Havendo *fraude* de natureza penal, por exemplo, penalmente relevante e não existindo a reiteração ou habitualidade na realização de tal fraude, ou, em outros termos, evidenciando tratar-se de ato isolado e esporádico na administração da instituição financeira, incidirá em uma infração simples, individual e isolada, contida em outro artigo deste mesmo diploma legal ou no bojo do Código Penal, e não na previsão contida no art. 4º da Lei n. 7.492/86, ante a ausência da reiteração da conduta.

5.1. Elemento normativo: fraudulentamente

Gerir fraudulentamente é utilizar-se de *fraude* na gestão empresarial. *Fraude*, por sua vez, *é todo e qualquer meio enganoso, que tem a finalidade de ludibriar, de alterar a verdade de fatos ou a natureza das coisas, e* deve ser interpretada como *gênero*, que pode apresentar-se sob várias espécies ou modalidades distintas, tais como *artifício, ardil ou qualquer outro meio fraudulento*, como distinguiu o legislador de 1940 na definição do crime de estelionato. Juliano Breda esclarece: "Assim, depreendem-se certos elementos para a perfeita compreensão do núcleo típico. Gerir pressupõe o comando decisório no desenvolvimento do objeto social da instituição. A fraude consiste nas práticas constantemente empregadas durante esse exercício, aptas a iludir, enganar o sujeito passivo, lesionando ou pondo em risco o bem jurídico protegido"[25].

Para *gerir fraudulentamente*, isto é, alterando a verdade ou a natureza de fatos, documentos, operações ou quaisquer ações diretivas, que sempre tem a finalidade de *enganar* alguém, induzindo-o ou mantendo-o em erro, pode-se, efetivamente, empregar artifício, ardil ou qualquer outro meio fraudulento. *Artifício* é toda simulação ou dissimulação idônea para induzir uma pessoa em erro, levando-a à percepção de uma *falsa aparência da realidade*; *ardil* é a trama, o estratagema, a astúcia; *qualquer outro meio fraudulento* é uma fórmula genérica para admitir qualquer espécie de fraude que possa enganar a vítima, que são meramente exemplificativos da *fraude penal*, tratando-se de crime de forma livre. No entanto, o Ministério Público deverá identificar a espécie ou modalidade de fraude perpetrada, descrevendo, inclusive, em que esta consiste. Significa admitir, em outros termos, que se o Ministério Público imputar a prática do fato delituoso mediante *artifício*, e, afinal, a prova dos autos demonstrar que

---

[24] José Carlos Tórtima, *Crimes contra o sistema financeiro nacional*, p. 34.

[25] Juliano Breda, *Gestão fraudulenta de instituição financeira e dispositivos processuais da Lei 7.492/86*, p. 101.

Gestão fraudulenta de instituição financeira • 49

se trata de *ardil*, haverá inegável prejuízo para a defesa, ficando claro que o *Parquet* não observou seu dever funcional de descrever, detalhadamente, a infração penal imputada, não podendo prosperar a denúncia.

Enfim, é fundamental que se descreva na denúncia exatamente em que consiste a *fraude*, quais são os atos *in concreto* que caracterizam aquilo que se denomina *fraude*, mas não apenas de uma ou outra operação ou de um ou outro ato, mas também deve demonstrar que a fraude, em qualquer de suas modalidades, seja reiterada com *habitualidade*, e que se tratam realmente de atos típicos de gestão, e não apenas de outras atividades meramente administrativas, secundárias ou acessórias, irrelevantes para a administração específica da instituição financeira. Em sentido semelhante, aponta Juliano Breda: "Além disso, é perfeitamente possível a existência de funções de direção ou gestão de instituição financeira sem que o departamento possua relação com os mercados financeiros ou de capitais. Um exemplo simples seria o diretor ou gerente de *marketing* de um banco comercial, pois fraudes nesse setor dificilmente violariam o bem jurídico tutelado"[26].

Não se deve esquecer, ademais, que a *interpretação* em matéria penal repressiva deve ser sempre *restritiva*, e somente nesse sentido negativo é que se pode admitir o *arbítrio judicial*, sem ser violada a taxatividade do princípio da reserva legal. A seguinte expressão de Nelson Hungria ilustra muito bem esse raciocínio: "Não pode ser temido o *arbitrium judicis* quando destinado a evitar, *pro libertate*, a excessiva amplitude prática de uma norma penal inevitavelmente genérica"[27].

5.2. Gestão fraudulenta na modalidade omissiva

Afinal, é admissível a possibilidade de configurar-se a *gestão fraudulenta* na modalidade *omissiva*, em hipóteses, por exemplo, em que o administrador de instituição financeira tenha o *dever legal* de impedir a ocorrência de determinada fraude? A eventual conivência do administrador poderia converter-se em omissão penalmente relevante, desde que tivesse conhecimento de fraude perpetrada por subordinados em benefício da instituição financeira?

De plano pode-se afirmar que a *omissão pura e simples é inidônea para caracterizar crime*, ante a falta de previsão legal, o que violaria o *princípio da legalidade*. Os *crimes omissivos próprios* são obrigatoriamente previstos em tipos penais específicos, em obediência ao princípio da reserva legal. Não há nenhuma previsão de *modalidade omissiva de gestão*, até porque *gerir* pressupõe a prática de uma atividade positiva, reiterada, incompatível com uma postura meramente omissiva. Com efeito, *gerir fraudulentamente* não é equiparável a

---

[26] Idem, p. 69.
[27] Nelson Hungria, *Comentários ao Código Penal*, v. 7, p. 179.

50 • Crimes contra o sistema financeiro nacional

omitir-se ou deixar de fiscalizar. Em se tratando, contudo, de uma conduta *omissiva imprópria*, há necessidade de maior reflexão, pois estes crimes não exigem uma tipologia própria, específica, individual, como é o caso dos omissivos próprios, inserindo-se na tipificação comum dos crimes comissivos de resultado. Mas nesses crimes *omissivos impróprios* o agente, como garantidor, tem a obrigação de agir com a finalidade de impedir a ocorrência de determinado evento, isto é, deve agir para impedir que determinado resultado ocorra.

Com efeito, na modalidade de *crime omissivo impróprio*, surge a figura do *garantidor*, para a qual nosso Código Penal estabelece três hipóteses (art. 13, § 2º) em que ela pode caracterizar-se, quais sejam: a) obrigação de cuidado, proteção ou vigilância; b) assumir, de outra forma, a responsabiidade de impedir o resultado; e, finalmente, c) com o comportamento anterior, criar o risco da ocorrência do resultado.

Não vemos, contudo, nenhuma hipótese da qual decorra a "obrigação legal de cuidado, proteção ou vigilância" dos administradores (art. 1º) sobre a conduta diária de seus subalternos, na administração de instituição financeira, de molde a elevá-los à condição de garante. Ademais, não se pode esquecer que é indispensável a existência dessa previsão, sem a qual não há que se falar, consequentemente, na figura do *garantidor*. A segunda modalidade – *assumir de outra forma a obrigação de impedir o resultado* – é de difícil ocorrência, na medida que o controlador e o administrador não têm interesse em assumir mais responsabilidade das que já têm. Dessa forma, dificilmente colocar-se-ão em situação de fato que os deixe na condição de garantidores. Por fim, igualmente de improvável ocorrência é que os administradores, com o comportamento anterior, criem o risco da ocorrência do resultado, isto é, da prática de conduta fraudulenta.

Em outros termos, sinteticamente, não vemos como possível a obrigação de o administrador, por omissão, responder por eventuais fraudes praticadas pelos diretores e administradores que efetivamente gerirem a instituição financeira, sob pena de atribuir-se-lhe verdadeira responsabilidade penal objetiva. Nesse sentido, conclui Juliano Breda: "Essa interpretação serve, principalmente, para evitar uma responsabilidade objetiva do diretor da instituição. Até porque os crimes omissivos devem ainda estar estritamente vinculados ao princípio da legalidade. Para que fosse possível essa incriminação deveria haver uma tipificação autônoma da infração do *dever de impedir práticas manipuladoras* no mercado, como ocorre em Portugal, no crime do art. 379, n. 3, do Código de Valores Mobiliários"[28]. O simples *conhecimento* da realização de uma infração penal ou mesmo a concordância psicológica caracterizam, no máximo, "coni-

---

[28] Juliano Breda, *Gestão fraudulenta de instituição financeira e dispositivos processuais da Lei 7.492/86*, p. 105.

vência", que não é punível, nem a título de participação, se não constituir, pelo menos, alguma forma de *contribuição causal*, ou, então, constituir, por si mesma, uma infração típica. Tampouco será responsabilizado como partícipe quem, tendo ciência da realização de um delito, não o denuncia às autoridades, salvo se tiver o dever jurídico de fazê-lo, o que normalmente não ocorre com o cidadão comum. Nesse sentido, a previsão do Código de Processo Penal é impecável, em seu art. 301, quando determina: "Qualquer do povo poderá e a autoridade policial e seus agentes deverão prender quem quer que seja encontrado em flagrante delito".

6. TIPO SUBJETIVO: ADEQUAÇÃO TÍPICA

O elemento subjetivo é representado pelo dolo, que é constituído pela vontade livre e consciente de gerir a instituição financeira fraudulentamente. O dolo – que se encontra no tipo – deve abranger todos os elementos configuradores da descrição típica, sejam eles fáticos, jurídicos ou culturais. Eventual desconhecimento de um ou outro elemento constitutivo do tipo pode constituir erro de tipo, excludente do dolo. Em outros termos, o agente deve ter vontade e consciência de gerir, mediante fraude, instituição financeira. Essa é a representação subjetiva que deve abranger e orientar a ação do sujeito ativo descrita no tipo penal.

No entanto, há uma certa desinteligência na doutrina quando aborda a necessidade ou não de *elemento subjetivo especial do tipo*: para um setor é indispensável; para outro, apresenta-se desnecessário. Pimentel, apesar de afirmar que *o tipo não requer nenhum elemento subjetivo especial*[29], destaca, no entanto, que *gestão fraudulenta* é aquela em que a fraude é praticada "com o fito de prejudicar alguém ou de obter indevida vantagem para o agente ou para outrem"[30]. E, afinal, o que seria esse "fito de prejudicar alguém ou de obter indevida vantagem" senão o *especial fim de agir* exigido pelo tipo penal?! Breda apreende com singular perfeição o equívoco de Pimentel, o qual afasta o *especial fim de agir*, destacando, *in verbis*: "O ilustre penalista certamente foi traído pelo conceito de fraude, que traz imanente a ideia de um ardil em benefício próprio ou alheio, pois, como se asseverou, dificilmente se pode conceber o emprego de manobra enganosa desprovido de qualquer intenção"[31].

Não há previsão da *modalidade culposa* do crime de *gestão fraudulenta*, ante a ausência de previsão legal. O *princípio da excepcionalidade do crime*

---

[29] Pimentel, *Crimes contra o sistema financeiro nacional*, p. 53.
[30] Idem, p. 51.
[31] Juliano Breda, *Gestão fraudulenta de instituição financeira e dispositivos processuais da Lei 7.492/86*, p. 111.

52 • Crimes contra o sistema financeiro nacional

culposo (CP, art. 18, parágrafo único)[32] assegura que a imputação penal de um delito *culposo* pressupõe expressa previsão legal, ou seja, no silêncio do tipo penal, o crime é sempre *doloso*. Consequentemente, uma vez inexistindo previsão legal expressa, no art. 4º, *caput*, da Lei n. 7.492/86, de forma *culposa* específica para a conduta de *gerir fraudulentamente* instituição financeira, a única conclusão possível, sucessivamente, é a de que a norma legal define somente o crime *doloso*, não prevendo a modalidade culposa.

7. CONSUMAÇÃO E TENTATIVA DE GESTÃO FRAUDULENTA

Consuma-se o crime de *gestão fraudulenta* desde que a fraude se produza na captação, aplicação, intermediação e administração de recursos financeiros, que é a *atividade-fim* de instituição financeira, ou, ainda, na custódia, emissão, distribuição ou intermediação ou administração de títulos ou valores mobiliários. No entanto, destaca Antônio Carlos Rodrigues da Silva, "o referido núcleo, gerir, é predicado verbal de natureza habitual, evidenciando condutas reiterativas, repetitivas no tempo e no espaço. *Gerir*, significando administrar, reger e governar, não se consuma com apenas um ato de gestão, de administração ou de governo, exige, necessariamente, uma sucessão de atos apreciáveis num determinado contexto e lapso temporal"[33].

Em outras palavras, consuma-se o crime de *gestão fraudulenta* com a prática continuada das fraudes no exercício dos poderes de gestão, sendo insuficiente a prática de apenas um *ato fraudulento*, especialmente em decorrência do sentido ou significado do verbo *gerir*. Tratando-se de crime formal, não exige a concretização do resultado previsto no tipo, que, se ocorrer, representará somente o exaurimento do crime. O tipo penal procura, igualmente, nas palavras de Juliano Breda, "proteger a confiança do mercado financeiro nos atos de direção da instituição financeira. A lesão decorrente é na credibilidade sistêmica, produzida pela gestão fraudulenta nos organismos vitais ao desenvolvimento seguro e equilibrado da política econômica nacional. A violação, por exemplo, pode ocorrer na fiscalização do mercado e das instituições pelas autoridades, não apenas à poupança popular"[34].

Tratando-se de crime *impropriamente habitual*, apresenta-se extremamente complexa a admissibilidade da modalidade *tentada*, reinando grande desinteli-

---

[32] "Art. 18. (...) Parágrafo único. Salvo os casos expressos em lei, ninguém pode ser punido por fato previsto como crime, senão quando o pratica dolosamente."

[33] Antônio Carlos Rodrigues da Silva, *Crimes do colarinho branco*, Brasília, Brasília Jurídica, 1999, p. 48.

[34] Juliano Breda, *Gestão fraudulenta de instituição financeira e dispositivos processuais da Lei 7.492/86*, p. 121-122.

gência na doutrina. Exemplo dessas dificuldades pode ser destacado na seguinte manifestação de Juliano Breda, *in verbis*: "Assim, em tese, quando essas fraudes em habitualidade não obtiverem o sucesso enganoso, restaria configurada a tentativa. Entretanto, como o sucesso do emprego dos meios fraudulentos, ou seja, a obtenção da vantagem indevida, não é pressuposto para a consumação, inadmite-se, portanto, a tentativa"[35]. Em se tratando de crime formal, indiscutivelmente, é, teoricamente, possível a tentativa, embora, devamos reconhecer, seja de difícil comprovação. Nesse sentido, era o magistério de Pimentel, para quem "a execução fraudulenta, que poderá inclusive ser conduta omissiva relevante, é um complexo de atos, tornando difícil a decomposição de um *iter criminis* em que fique claro o momento em que se iniciou a execução e, mais, que motivos independentes da vontade do agente impediram a consumação"[36].

8. CLASSIFICAÇÃO DOUTRINÁRIA

Trata-se de *crime próprio* (somente pode ser praticado por agente que reúna determinada qualidade ou condição especial, na hipótese, que seja controlador, administrador, diretor ou gerente de instituição financeira, bem como interventor, liquidante ou síndico); *formal* (que se consuma com a simples prática de atos fraudulentos na gestão da instituição financeira, independentemente de produção de qualquer resultado lesivo); *de perigo concreto* (deve, comprovadamente, colocar em perigo efetivo o bem jurídico protegido, decorrente da gestão fraudulenta realizada); de *forma livre* (o legislador não previu nenhuma forma ou modo para execução dessa infração penal, podendo ser realizado do modo ou pelo meio escolhido pelo sujeito ativo); *comissivo* (o comportamento descrito no tipo implica a realização de uma conduta ativa, pois a norma penal tipificadora é proibitiva, e não mandamental); *instantâneo* (a consumação ocorre em momento determinado, não havendo um distanciamento temporal entre a ação e o resultado, embora a condição de *crime habitual* possa dar um certo sentido ou certa proximidade com uma espécie de permanência); *unissubjetivo* (pode ser praticado por alguém, individualmente, admitindo, contudo, coautoria e participação. Não nos parece, contudo, que se possa defini-lo como *plurissubsistente*, pois os vários atos que caracterizam o crime *habitual* são independentes, autônomos e, basicamente, iguais, e o que caracteriza a *plurissubsistência* é a existência de uma mesma ação humana que pode ser dividida em atos do mesmo comportamento, fragmentando a ação humana).

---

[35]   Idem, p. 123.
[36]   Pimentel, *Crimes contra o sistema financeiro nacional*, p. 53.

9. PENA E AÇÃO PENAL

As sanções cominadas, cumulativamente, são a reclusão de três a doze anos, e a pena pecuniária na modalidade de multa. O absurdo que se reflete na *desproporcionalidade* da sanção cominada deixa muito clara a falta de critérios que orientam o legislador na valoração das condutas incriminadas, bem como na avaliação da importância do bem jurídico tutelado. Como fizemos adiante, em outros dispositivos, contundentes críticas, para não parecermos radicalmente contrários à ânsia punitiva do legislador brasileiro, limitar-nos-emos a transcrever as lúcidas e procedentes críticas lançadas há vinte anos por Manoel Pedro Pimentel, *in verbis*: "O critério punitivo do legislador é inteiramente aleatório. Não há qualquer justificativa para a cominação de penas mais ou menos severas. Basta verificar que a Comissão de Reforma da Parte Especial do Código Penal, no Anteprojeto que elaborou, fixava a pena para este delito, quer se tratasse de gestão fraudulenta ou de gestão temerária, entre os limites de *dois a sete anos de reclusão e multa*. A lei que examinamos, sem qualquer justificativa, distinguiu a gestão fraudulenta da temerária, cominando à primeira a pena de reclusão de *três a doze anos*, e à segunda, reclusão de *dois a oito anos*, além da multa obrigatória nas duas hipóteses. Ficamos sem saber quais as razões que inspiraram o legislador a fazer essa opção"[37].

Com uma pena de até doze anos de reclusão, e com esse comentário de Manoel Pedro Pimentel, nada mais precisa ser acrescentado por se constatar a flagrante violação do *princípio da proporcionalidade*, sem falar que, não raro, os magistrados de primeiro grau ainda exageram no momento do cálculo da pena, valorando inadequadamente os elementos dos arts. 59 e seguintes do CP.

---

[37] Idem, p. 54.

CAPÍTULO IV-A
Gestão temerária de instituição financeira

> **Sumário:** 1. Considerações preliminares. 2. Bem jurídico tutelado. 3. Sujeitos ativo e passivo do crime. 3.1. A questionável atribuição de responsabilidade penal a gerente pela prática de gestão temerária. 4. Inconstitucionalidade da (in)definição do crime de gestão temerária. 5. Tipo objetivo: adequação típica. 5.1. A inadequada tipificação do crime de gestão temerária. 5.2. Gestão temerária: contornos típicos (ou a falta de). 5.3. Crime habitual: impossibilidade de considerar-se isoladamente uma conduta humana como gestão temerária. 6. Tipo subjetivo: adequação típica. 6.1. Ausência de previsão de modalidade culposa. 7. A (i)legalidade de caução com ações ou debêntures emitidas pelo próprio devedor. 7.1. Revogação do art. 12, III, da Resolução n. 1.748/90 do Banco Central pela Resolução/CMN n. 2.682/99. 7.2. Normas penais em branco e retroatividade das ditas normas complementadoras. 8. Consumação e tentativa de gestão temerária. 9. Classificação doutrinária. 10. Pena e ação penal.

Art. 4º (...)

Parágrafo único. Se a gestão é temerária:

Pena – reclusão de 2 (dois) a 8 (oito) anos, e multa.

---

1. CONSIDERAÇÕES PRELIMINARES

O sistema financeiro brasileiro tem adotado certa maleabilidade quando se depara com alguma pessoa, física e/ou jurídica, em situação econômica instável, facilitando a renegociação de suas dívidas, adotando a conhecida premissa de que é preferível a satisfação de parte do débito a correr o risco de ver sua totalidade inadimplida. Trata-se de postura comum adotada até mesmo pelo Governo Federal que, não raro, edita leis (*v.g.*, Leis n. 9.964/2000, n. 10.684/2003, e, mais recentemente, a Lei n. 11.941/2009) autorizando *programas especiais de parcelamento* concedidos a empresas inadimplentes perante o Fisco, cujo objetivo principal é possibilitar que tais empresas voltem a recolher em dia os tributos vincendos, ficando num segundo plano o resgate de dívidas anteriores (embora também seja um dos seus objetivos). Neste último diploma legal (Lei n. 11.941/2009), por vez primeira, essas "benesses" foram estendidas também às pessoas físicas. Jamais, em qualquer dessas hipóteses, cogitou-se, nessas operações, uma possível conduta *temerária* do Governo Federal[1].

Em outros termos, desejamos demonstrar que o simples reconhecimento de dificuldades financeiras, inclusive impossibilitando de honrar seus compromissos, de parte de algum devedor, não pode obrigar uma instituição financeira a, imediatamente, deixar de adotar estratégias de rolagem de dívidas tendentes à solvabilidade total ou parcial de determinado crédito. Não se pode ignorar, por outro lado, as consequências nefastas que um decreto de falência de um grande devedor representa para todos os seus credores: de plano, todas as garantias, reais e pessoais, bem como seu acervo patrimonial acabam sendo transferidos para o *concurso universal de credores*. Não é por outra razão que mera constatação de dificuldades financeiras não recomenda atitudes drásticas contra o devedor, tais como ajuizar pedido de falência, fechar as portas para créditos, não renovações de empréstimos etc. E essa postura aparentemente complacente com o devedor em dificuldades financeiras, por si só, não pode levar ao reconhecimento da temeridade de uma operação de crédito, pois é uma estratégia por demais conhecida e frequentemente adotada nos meios financeiros e bancários, pelos melhores e mais preparados executivos deste mercado altamente especializado.

A história do comércio ao longo dos tempos demonstra que, desde os mercadores, os grandes empreendedores, dos mais diversos setores, comercial, industrial, bancário, cambial ou financeiro, a curto, médio ou longo prazo, dependendo das circunstâncias, têm condições de se recuperarem e voltar a se tornarem novamente empresas ou instituições com satisfatório grau de solvabilidade, justificando-se as renegociações que o mercado rotineiramente tem feito. De um modo muito particular nos setores bancário, financeiro e cambial, de mercado de capitais, suas atividades-fim laboram diariamente com o risco, pois financiamentos, empréstimos, investimentos, cauções, seguros trazem impregnada grande margem de risco. A espera por suas realizações, que se alongam no tempo, está sempre sujeita a intempéries (no duplo sentido), que justificam, inclusive, sobretaxas, ou seja, um certo percentual embutido nas taxas de juros que varia segundo o maior ou menor risco que a operação enfrente.

Todas essas razões demonstram a necessidade de grande cautela no exame do significado do vocábulo "temerária", que, certamente, não pode ter toda a

---

[1] Pode-se lembrar, mais recentemente, do envolvimento do próprio Poder Judiciário no conhecido caso da Varig, na tentativa de evitar a decretação de sua falência, em que determinado magistrado – como um verdadeiro gestor – usou de todo seu poder jurisdicional determinando a rolagem de dívidas, com poucas perspectivas de pagamento. Poder-se-á responsabilizar criminalmente o Juiz da 1ª Vara de Justiça Empresarial do Rio de Janeiro, Luiz Roberto Ayoub, em razão de ter aumentado consideravelmente os débitos da Varig?

abrangência regularmente permitida pelo vernáculo. Na verdade, esta elasticidade vernacular não se compatibiliza com a certeza jurídica e a taxatividade exigidas pelo Direito Penal da culpabilidade, isto é, da responsabilidade penal subjetiva e individual. Orientado por esses postulados fundamentais é que se deve analisar a figura penal denominada pelo legislador de *gestão temerária*.

2. BEM JURÍDICO TUTELADO

Tratando-se de *crime pluriofensivo*, tem a pretensão de tutelar mais de um bem jurídico, destacando-se, fundamentalmente, o sistema financeiro nacional, contra gestões arriscadas ou, na linguagem do legislador, *gestões temerárias*, levadas a efeito por seus controladores, administradores, diretores e gerentes. As instituições financeiras, enquanto entidades individualmente relevantes no sistema financeiro, também são objeto da tutela penal, inclusive aquelas pertencentes à iniciativa privada. Nesse sentido, protege-se a lisura, a correção e a honestidade das operações atribuídas e realizadas pelas instituições financeiras e assemelhadas. O bom e regular funcionamento do sistema financeiro repousa na confiança que a coletividade lhe credita. A credibilidade é um atributo que assegura o regular e exitoso funcionamento do sistema financeiro como um todo.

Protege-se, igualmente, os bens e valores, enfim, o patrimônio da coletividade, representada por investidores diretos, acionistas, depositantes, poupadores etc., que destinam suas economias, ou ao menos parte delas, às operações realizadas pelas instituições financeiras exatamente por acreditarem na lisura, na correção e na oficialidade do sistema.

3. SUJEITOS ATIVO E PASSIVO DO CRIME

Por definição legal, podem ser *sujeitos ativos* dos crimes contra o sistema financeiro, entre outros, os controladores e administradores das instituições financeiras, sendo considerados como tais os diretores e gerentes (art. 25 e § 1º). São equiparados aos administradores, também por previsão legal, o *interventor*, o *liquidante* e o *síndico* (art. 25, § 2º), usando a terminologia que era adotada pela antiga Lei de Falências. Tratando-se, no entanto, de *crime próprio*, exige uma particular condição do sujeito ativo, qual seja, exercer uma das funções referidas no art. 25 e seus parágrafos, que serão examinadas quando tratarmos desse dispositivo. Nada impede a *participação de terceiros* nessa infração penal, estranhos à administração de instituições financeiras, desde que ancoradas pela previsão legal do art. 29 e de seus parágrafos do CP.

No entanto, via de regra, tem sido reconhecido como *sujeito ativo* de crime de *gestão fraudulenta* e de *gestão temerária* (art. 4º, *caput* e parágrafo único) o *gerente* de agência bancária ou casa de câmbio, que seria efetivamente quem, segundo afirmam, com sua atividade gerencial poderia lesar a saúde da instituição financeira e, consequentemente, do sistema financeiro como um todo. Demonstraremos adiante nossa resistência quanto a esse entendimento.

Sujeito passivo, finalmente, é o Estado, guardião e responsável pela estabilidade, confiabilidade, idoneidade e credibilidade do sistema financeiro nacional. Mas não se pode ignorar que, desse tipo penal, que é *pluriofensivo*, decorre também múltipla subjetividade passiva. Assim, secundariamente, também podem ser considerados sujeitos passivos a própria instituição financeira, quando sofre prejuízo em razão da gestão temerária, e os investidores e correntistas, quando, eventualmente, forem lesados[2].

3.1. A questionável atribuição de responsabilidade penal a gerente pela prática de gestão temerária

A imputação da prática de *gestão temerária* de instituição financeira a um simples *gerente* exige redobrado cuidado na investigação e na comprovação da extensão, da importância, da liberdade de ação e do poder decisório que determinado gerente de uma agência, casa ou unidade de uma instituição financeira detém. Não se pode olvidar, em primeiro lugar, que agência, casa ou unidade, regra geral, representam uma minúscula célula, quase insignificante, nesse complexo mercado financeiro, cujo 'centro nervoso' fica concentrado em suas matrizes, que elaboram as diretrizes que determinam o funcionamento de toda uma rede de agências. O setor gerencial, especialmente de agências ou de contas, fica com limitada ou quase nenhuma margem para decidir estratégias ou operações, e que são sempre as menos significativas, no emaranhado de negócios que são objetos da atividade-fim das instituições financeiras. No particular, merece destaque o magistério de Manoel Pedro Pimentel, que, ao comentar o art. 17 deste diploma legal, referindo-se à responsabilidade penal do gerente, fez a seguinte afirmação: "Há que se distinguir o *gerente* mencionado no art. 25 do *gerente* de uma agência bancária, que recebe ou outorga um empréstimo, autorizado pela Diretoria da Matriz. Seria até mesmo dispensável essa autorização, se o empréstimo estivesse dentro dos limites da autorização concedida contratualmente ao gerente". E, com irretocável sensibilidade, prossegue Pimentel: "O gerente de uma agência bancária, que está ligado à empresa por laços empregatícios, na verdade não *dirige* a instituição financeira – no caso um banco –, mas apenas administra uma pequena parcela do todo, como preposto, executando

---

[2] José Carlos Tórtima, *Crimes contra o sistema financeiro nacional*, p. 41; Antônio Carlos Rodrigues da Silva, *Crimes do colarinho branco*, p. 47.

a política traçada pelos seus superiores e cumprindo as tarefas subalternas que lhe são confiadas e aos seus subordinados"[3].

Sempre foi assim, mas aprimorou-se sobremodo com o surgimento da era da informatização, chegando ao extremo de virem definidos da matriz todos os critérios objetivos e subjetivos, devidamente padronizados pelas diretrizes do comando central, desde a simples abertura de contas, passando pela concessão de talões de cheques, empréstimos pessoais à pessoa física, taxas de juros, taxa para a captação de recursos, celebração de contratos etc. Nesse sentido, é a conclusão daquele pensamento suprarreferido de Pimentel: "Seria excessivamente rigorosa a interpretação contrária, pois acarretaria a responsabilidade de representação da instituição bancária a um simples gerente de agência, que tem poderes limitados e cuja participação nas decisões fundamentais da empresa é nula"[4]. Enfim, qualquer operação pouco mais significativa é deslocada para apreciação e aprovação de diretorias da instituição, na qual o *gerente* de agência não tem nenhuma influência decisória; gerencia sem voz nem voto. Certamente, não é desse *gerente* que cuida o disposto do art. 25, *caput*, deste diploma legal especial.

Quando, no entanto, se puder demonstrar que o *gerente* realmente detém poder decisório, independentemente das diretrizes determinadas pelo controle central da instituição financeira, e o fizer contrariando a boa práxis bancária, ou o uso corriqueiro dessas instituições, e, principalmente, desobedecendo orientação superior, autodeterminando-se nessas hipóteses criteriosamente examinadas, poder-se-á imputar-lhe a prática de *gestão temerária*, atribuindo-se-lhe a responsabilidade por *gerir* inadequadamente, pelo menos parte, de instituição financeira, desde que calcada em sérias e robustas provas. De nada vale a invocação que comumente se tem feito, para realçar sua responsabilidade, de que detém o *domínio final do fato*, que, no mais das vezes, não passa de pura *figura retórica*, sem respaldo algum nos fatos e principalmente nas provas trazidas aos autos, sob o crivo do contraditório.

Mas, nesses casos, no mais das vezes, já não estaremos falando de gerente de agências ou unidades isoladas, mas de gerências departamentais, na escala superior da administração central da instituição financeira, na qual se tomam decisões, elaboram-se estratégias, programam-se operações etc. Nessas hipóteses, por outro lado, não será necessária qualquer participação da administração superior da entidade, que pode realmente estar distante e alheia à prática gerencial incriminada. Denunciar, nessas hipóteses, controladores ou administradores superiores representará, normalmente, autêntica *responsabilidade penal objetiva* proscrita, repetindo, pelo moderno direito penal da culpabilidade, sob o manto da responsabilidade penal individual e subjetiva.

---

[3] Pimentel, *Crimes contra o sistema financeiro nacional*, p. 132.

[4] Idem.

4. INCONSTITUCIONALIDADE DA (IN)DEFINIÇÃO DO CRIME DE GESTÃO TEMERÁRIA

A definição da conduta incriminada no parágrafo único do dispositivo ora examinado – fazendo um trocadilho – é uma grande *temeridade*, na medida em que coloca em risco todos os postulados libertários assegurados em um Estado Democrático de Direito, devidamente recepcionados pela atual Constituição Federal, dentre os quais, destacadamente, encontra-se o *princípio da reserva legal*, cunhado por Feuerbach, no início do século XIX, sob o verbete *nullun crimen, nulla poena sine lege*.

O *princípio da reserva legal* é um imperativo que não admite desvios nem exceções e representa uma conquista da consciência jurídica que obedece a exigências de justiça, que somente os regimes totalitários o têm negado. Em termos bem esquemáticos, pode-se dizer que, pelo *princípio da legalidade*, a elaboração de normas incriminadoras é função exclusiva da lei, isto é, nenhum fato pode ser considerado crime e nenhuma pena criminal pode ser aplicada sem que antes da ocorrência desse fato exista uma lei definindo-o como crime e cominando-lhe a sanção correspondente (CF, art. 5º, XXXIX). A lei deve definir com precisão e de forma cristalina a conduta proibida. São inadmissíveis, pelo *princípio de legalidade*, expressões vagas, equívocas, indeterminadas, ambíguas ou exageradamente abertas, na definição de crimes e cominação de penas. Nesse sentido profetiza Claus Roxin, afirmando que "uma lei indeterminada ou imprecisa e, por isso mesmo, pouco clara não pode proteger o cidadão da arbitrariedade, porque não implica uma autolimitação do *ius puniendi* estatal, ao qual se possa recorrer. Ademais, contraria o princípio da divisão dos poderes, porque permite ao juiz realizar a interpretação que quiser, invadindo, dessa forma, a esfera do legislativo"[5].

Não se pode ignorar que todo e qualquer tipo penal excessivamente *aberto*, como é o caso da definição do crime de *gestão fraudulenta* ou *temerária*, deve ter sua *inconstitucionalidade* reconhecida, por violar o *princípio da legalidade estrita*, pois, além de incitar a indesejada ampliação da punibilidade, inviabiliza o exercício da ampla defesa e impede que o cidadão possa ser devidamente motivado pela norma penal, por desconhecer os limites do proibido. No particular, é absolutamente equivocado o entendimento sustentado por Rodolfo Tigre Maia, quando afirma: "De qualquer modo, não se constata violação do princípio da reserva legal no dispositivo. A uma, porque sua objetividade jurídica, consubstanciada na garantia da idoneidade econômico-financeira da instituição, em particular, e do próprio SFN, em geral, bem como indiretamente o interesse público na preservação da poupança dos particulares, é compatível com o cânone constitucional. A duas, porque ao lado de outros elementos culturais utilizados pelo legislador penal (*v.g.*, 'raptar mulher honesta [...]', art. 219

---

[5] Claus Roxin, *Derecho penal*: parte geral, p. 169.

62 • Crimes contra o sistema financeiro nacional

do CP), é perfeitamente passível de delimitação conceitual concreta, ainda que de valoração mais permeável ao contexto histórico em que se dá sua leitura e reconhecimento"[6]. *Venia concessa*, há, inquestionavelmente, *inconstitucionalidade* quando o legislador, dispondo da possibilidade de uma redação legal mais precisa, mais clara e objetiva, não a adota, como fez na incriminação da denominada *gestão temerária*. Corrobora esse nosso entendimento a família Delmanto, ao contestar as afirmações supracitadas de Tigre Maia, com irrespondíveis argumentos jurídicos, que, por sua pertinência, pedimos vênia para transcrever: "Com todo respeito, nenhum dos argumentos prospera. O primeiro, relativo à objetividade jurídica do tipo incriminador, a tutela do sistema financeiro nacional, nada diz com a questão do legislador optar, ou não, pelo emprego de tipos extremamente abertos, que acabam não definindo qual é, propriamente, a conduta delituosa. O segundo, igualmente não prospera, por duas razões: a. não foi feliz a lembrança do tipo do antiquado, preconceituoso, inconstitucional e amplamente criticado art. 219 do CP, que acabou sendo alterado pela Lei n. 11.106/05, o qual não serve, *data venia*, de argumento vigoroso; b. é incontese que a conceituação do que seja *temerário* não é passível de 'delimitação conceitual concreta'; vigorará, sempre, o casuísmo e a idiossincrasia deste ou daquele membro do Ministério Público e do Poder Judiciário, abrindo-se perigoso precedente"[7].

Por essas e outras razões é inadmissível, na definição de condutas criminosas, a utilização de *tipos exageradamente abertos*, mesmo que se invoque "interesse público", "interesses de uma justa solução do caso concreto" ou "que se trate de bens jurídicos coletivos preponderantes" em relação aos *interesses da segurança jurídica* ou ao *princípio da reserva legal estrita*, pois nenhum destes dois últimos princípios admite qualquer relativização em um Estado Democrático de Direito. Os pontos de vista da justiça e da necessidade de proibição ou de punição devem ser considerados dentro dos limites da *reserva legal estrita* ou estar-se-ia renunciando ao *princípio da determinação* em favor das concepções judiciais sobre a Justiça. Enfim, todos esses critérios invocados são insuficientes para disciplinar os limites da permissão do uso de *tipos abertos*, sem violar o *princípio constitucional da legalidade*, a despeito de virem sendo, *invariavelmente*, aceitos pelos tribunais brasileiros.

Desafortunadamente, orientação como essa que ora defendemos, a despeito de sua rigorosa constitucionalidade, não tem sido encampada pela jurisprudência, pois, como denuncia a família Delmanto, "prevaleceu o prag-

---

[6] Rodolfo Tigre Maia, *Dos crimes contra o sistema financeiro nacional*: anotações à Lei federal n. 7.492/86, p. 60.

[7] Roberto Delmanto, Roberto Delmanto Junior e Fábio M. de Almeida Delmanto, *Leis penais especiais comentadas*, p. 145.

matismo em desfavor da segurança jurídica, interpretações 'salvacionistas' acabaram se impondo"[8], em sentido diametralmente contrário à doutrina amplamente majoritária.

A segurança jurídica, requerida pelo princípio da reserva legal, exige a definição precisa e objetiva das condutas proibidas, corolário de um Estado Democrático de Direito. Com efeito, um preceito penal será suficientemente preciso e determinado na medida em que do mesmo se possa deduzir um claro *fim de proteção do legislador*[9] e que, com segurança, o teor literal do conteúdo proibitivo marque os limites da extensão contida na conduta tipificada, demarcando claramente o âmbito do proibido, algo que não ocorre na definição (ou melhor, ausência de definição) do crime de *gestão temerária*. No entanto, a despeito de tudo, os textos legais continuam abusando do uso excessivo de tipos abertos, dificultando a interpretação do comando legal e, por extensão, violando o próprio *princípio da reserva legal* ante a impossibilidade de se descobrir os limites da proibição contida nesses tipos penais.

O *princípio da tipicidade* exige que a norma penal contenha a descrição hipotética de comportamento proibido com a maior precisão possível, como forma de impedir o poder indiscriminado de atribuir a alguém uma punição legal sem uma correspondente infração penal, devidamente identificável. É intolerável que o legislador ordinário possa criar um tipo penal tão vago e impreciso como *gestão temerária* sem declinar que "tipo de conduta" poderia caracterizar, dolosamente, a *temeridade no gerir determinada instituição financeira*. Nesse sentido, já afirmava Celso Delmanto, *in verbis*: "As leis que definem crimes devem ser precisas, marcando exatamente a conduta que objetivam punir. Assim, em nome do princípio da legalidade, não podem ser aceitas leis vagas ou imprecisas que não deixam perfeitamente delimitado o comportamento que pretendem incriminar. Por outro lado, ao juiz que vai aplicar leis penais é proibido o emprego da analogia ou da interpretação extensiva para incriminar algum fato ou tornar mais severa sua punição. As eventuais falhas da lei incriminadora não podem ser preenchidas pelo juiz, pois é vedado a este completar o trabalho do legislador, para punir alguém"[10].

Na realidade, a tipificação de *gestão temerária* encontra-se temporalmente isolada em nosso ordenamento jurídico, pairando sobre nós como uma erronia perambulando à procura de uma solução menos insólita que a sua criação. Afirmamos "isolada temporalmente" porque, de um lado, não faz jus a seus antecedentes, como, por exemplo, o que dispunha a conhecida Lei de Economia

---

[8]   Idem, p. 144.
[9]   Claus Roxin, *Derecho penal*: parte geral, p. 172.
[10] Celso Delmanto, *Código Penal comentado*, p. 4.

Popular, em seu art. 3º, IX, e distancia-se de projetos legislativos que tramitam no Congresso Nacional. Com efeito, o mencionado art. 3º, IX, prescreve:

> Gerir fraudulenta ou temerariamente bancos ou estabelecimentos bancários, ou de capitalização, sociedades de seguros, pecúlios ou pensões vitalícias; sociedades para empréstimos ou financiamentos de construções e vendas de imóveis a prestações, com ou sem sorteio ou preferência por meio de pontos ou quotas; caixas econômicas; caixas Raiffeisen; caixas mútuas, de beneficência, socorros ou empréstimos; caixas de pecúlio, pensão e aposentadoria; caixas construtoras; cooperativas; sociedades de economia coletiva, *levando-as à falência ou à insolvência, ou não cumprindo qualquer das cláusulas contratuais com prejuízo dos interessados* (grifamos).

De outro lado, divorcia-se do pensamento jurídico brasileiro, como se constata dos projetos de reforma do Código Penal, que adotam postura absolutamente distinta, superando a indesejável e exagerada abertura típica consagrada no dispositivo que ora analisamos. Com efeito, dois *Anteprojetos de Reforma da Parte Especial do Código Penal Brasileiro* dão outra definição à *gestão temerária*, especificando, taxativamente, as modalidades ou as espécies de condutas que podem ser abrangidas por esse tipo penal. O primeiro deles, objeto da Portaria MJ n. 790, de 27-10-1987, descreve, em seu art. 390: "Gerir, fraudulentamente, instituição financeira ou entidade integrante do sistema de distribuição de títulos e valores mobiliários, levando-as à insolvência ou à liquidação extrajudicial, ou, temerariamente, assumindo tal risco". O Anteprojeto presidido pelo então Ministro Evandro Lins e Silva, por sua vez, de forma ainda mais explícita, não apenas determina que o crime de *gestão temerária* é de *perigo concreto,* como também relaciona as condutas típicas que poderiam configurá-la, *in verbis*:

> Art. 404. Expor instituição financeira ao perigo de liquidação forçada, mediante a prática de qualquer dos seguintes atos de gestão temerária:
> I – realizar operação, ativa ou passiva, arriscada, de pura especulação ou de mero favor de que resulte perda elevada;
> II – aprovar políticas ou operações, ativas ou passivas, que violem normas legais ou regulamentares sobre diversificação de riscos, limites operacionais e de imobilização;
> III – contratar operação de crédito sem exigir as garantias prescritas em lei ou regulamento;
> IV – realizar despesas gerais ou imobilizações excessivas em relação à escala e aos resultados operacionais de entidade financeira;
> V – pagar juros notoriamente superiores aos legais ou empregar qualquer meio ruinoso, para obter recursos e retardar a decretação da liquidação forçada.

Argutamente, Antônio Carlos Rodrigues da Silva denuncia que o atual diploma legal não dá os contornos necessários da figura típica, ferindo o princípio da tipicidade taxativa. Afirma, acertadamente, referido autor que "deixou de traçar os contornos necessários ao delineamento da figura típica, ferindo flagrantemente a regra da tipicidade, verdadeira expressão do *nullum crimen sine praevia lege*"[11]. Pois bem, para observar o mandamento constitucional que consagra o *princípio da reserva legal*, bastaria que o atual diploma legal seguisse o exemplo daquele que foi emitido na década de 50 do século passado (Lei de Economia Popular), que transcrevemos anteriormente. Seria suficiente, por exemplo, que se lhe houvesse dado a seguinte redação:

> Art. 4º Gerir fraudulenta ou temerariamente instituição financeira levando-a à falência ou à insolvência, ou não cumprindo qualquer das cláusulas contratuais com grave prejuízo dos interessados.

Embora essa ainda não seja a redação ideal, pelo menos, já se teria elementos objetivos que permitiriam um mínimo de delimitação da conduta criminalizada e seus respectivos efeitos, quais sejam, levar a instituição financeira à bancarrota (dissolução judicial, insolvência, não cumprimento de cláusulas contratuais etc.), que a caracterizaria como crime de resultado. Contudo, acreditamos que se deveria adotar, *de lege ferenda*, com urgência, uma das duas definições sugeridas pelos projetos supramencionados.

Para concluir este tópico, trazemos à colação fragmento da erudita sentença prolatada na Ação Penal n. 2003.70.00.039529-0/PR, pelo culto e corajoso Juiz Federal Flávio Antônio da Cruz, em que reconhece a inconstitucionalidade da tipificação do crime de "gestão temerária", *in verbis*:

> Por sinal, mesmo que se admitisse que se trataria de tipo comissivo doloso, não haveria outra solução senão o reconhecimento da sua inconstitucionalidade; pois persistiria a lesão à segurança jurídica. A Lei não descreve minimamente o que seria o alegado crime de mera conduta: quando a gestão seria temerária.
>
> Há tipos – *reitero* – carregados de elementos normativos; de elementos de desvalor global, etc. Mas, nestes, cabe ao Judiciário aferir o conteúdo semântico que vigora junto à população; junto aos destinatários da norma, para que a aplicação – em sentença – não destoe do conteúdo apreendido socialmente. O art. 4º, parágrafo único, não permite essa obtenção.
>
> Desse modo:
>
> a) caso se entenda que o art. 4º, parágrafo único, veicula crime comissivo *doloso* de mera conduta, a sua inconstitucionalidade decorrerá da ausência de detalhamento do comportamento proibido. Viola o postulado *nullum crimen, nulla poena sine lege certa;*
>
> b) caso se entenda (*como eu, particularmente, julgo*) cuidar-se de crime imprudente – não obstante não haja expressa menção a tal qualidade (exigida pelo art. 18, CP) – o vício encontrar-se-á na ausência de exigência de um resultado lesivo. A mera

---

[11] Antônio Carlos Rodrigues da Silva, *Crimes do colarinho branco*, p. 41.

66 • Crimes contra o sistema financeiro nacional

lesão (em si considerada) a deveres gerais de cautela não pode ser tipificada penalmente em um Estado de Direito, diante da elevada carga de subjetividade (arbítrio) envolvida (grifos do original).

E, corajosa e acertadamente, conclui o culto magistrado federal, Dr. Flávio Antônio da Cruz, nos seguintes termos:

> Dado que não me cabe completar tipos penais defeituosos (art. 5º, XXXIX, CF), declaro *incidenter tantum* a inconstitucionalidade do art. 4º, parágrafo único, da Lei 7.492, não obstante reconheça a elevada dimensão dos interesses comunitários que busca tutelar e a respeitável jurisprudência em sentido oposto.

Depois dessa exemplar decisão do ilustre magistrado, nada mais precisa ser dito!

5. TIPO OBJETIVO: ADEQUAÇÃO TÍPICA

5.1. A inadequada tipificação do crime de gestão temerária

A imprevidência do legislador brasileiro, na tarefa de tipificar o crime de *gestão temerária*, obriga comentadores e doutrinadores a fazerem malabarismos hermenêuticos na tentativa de conceituarem ou definirem referida infração penal, dizendo mais quando querem menos, ou querendo mais quando dizem menos, mas pretendendo sempre – ainda que por vezes não consigam – precisar os limites entre crime doloso e crime culposo. Mas a *culpa*, certamente, não é dos que se esforçam nessa árdua tarefa, mas do legislador, que tipifica crime doloso com elementar normativa – temerária – que representa a essência do crime culposo, na medida em que *temerário*, além de arriscado e perigoso, também significa *imprudente*, que, segundo nosso Código Penal, é uma das modalidades de *culpa "stricto sensu"* (art. 18, II). Tentando amenizar essa erronia legislativa, Manoel Pedro Pimentel afirmava que "o legislador não se deu conta que *gestão temerária* pode resultar de simples *imprudência*"[12], que é uma das formas de *culpa* especificadas pelo nosso Código Penal de 1940 (imprudência, negligência e imperícia).

Trilhando nessa zona gris, beirando teratologia, vemos confundirem-se na definição desse crime aspectos dolosos e culposos, como se tivessem o mesmo significado, a mesma gravidade e merecessem a mesma reprovação penal. Pedindo vênia aos autores, destacamos, apenas para exemplificar, a dificuldade em definir a natureza – dolosa ou culposa – de *gestão temerária*, na dicção do texto legal que ora comentamos. Antônio Carlos Rodrigues da Silva faz a se-

---

[12] Manoel Pedro Pimentel, *Crimes contra o sistema financeiro nacional*, p. 52.

guinte afirmação: "Para o crime de gestão temerária, a apreensão intelectiva ressalta a ideia de que o tipo se contenta com as condutas negligentes, imprudentes e imperitas do agente, habitualmente demonstráveis por seu jeito de gerenciar, administrar ou reger. Na realidade, o grande elemento subjetivo informador da gestão temerária, diferentemente da gestão fraudulenta, é a culpa consciente e o dolo eventual"[13]. Constata-se que o autor esqueceu do princípio da *excepcionalidade do crime culposo* e que, como afirmava Manoel Pedro Pimentel[14], não foi prevista a modalidade culposa desta infração penal, aliás, nesse aspecto, não há divergência doutrinário-jurisprudencial. Com efeito, não há previsão da modalidade culposa, destacando-se, ademais, que a *culpa* não é elemento subjetivo de nenhum tipo penal, mas sim normativo, posto que se compõe exclusivamente de elementos normativos.

Elias Oliveira, nos idos de 1952, comentando a *Lei de Economia Popular*, dava a seguinte definição: "gestão temerária significa a que é feita sem a prudência ordinária ou com demasiada confiança no sucesso que a previsibilidade normal tem como improvável, assumindo riscos audaciosos em transações perigosas ou inescrupulosamente arriscando o dinheiro alheio"[15]. A *Lei de Economia Popular* tem sua interpretação favorecida, no particular, pela existência de *condições objetivas de punibilidade*, quais sejam, "levando-as à falência ou à insolvência, ou não cumprindo qualquer das cláusulas contratuais com prejuízo dos interessados" (art. 3º, IX, da Lei n. 1.521/51). A ocorrência de qualquer desses dados objetivos, que lamentavelmente não existem na Lei n. 7.492/86, facilita a adequada interpretação do tipo legal.

A jurisprudência da época assentava-se na ocorrência dessas condições ao examinar as imputações relativas a *gestão temerária* e, ante a inexistência de prova cabal de insolvência ou não ocorrendo falência, consideravam inexistente a infração penal[16]. No entanto, a lei atual não conta com esses elementos objetivos que delimitavam concretamente a abrangência do tipo, como exige o *princípio da taxatividade*. Aliás, o cotidiano forense tem nos demonstrado que bom segmento da magistratura nacional tem transformado meros *ilícitos civis* e *administrativos* em crimes, violando absurdamente o *princípio da reserva legal*, ao transformarem as normas administrativas do Banco Central e do Conselho Monetário Nacional em fontes complementares da tipicidade penal, que deve ser estrita, como se estivéssemos ante *norma penal em branco*.

---

[13] Antônio Carlos Rodrigues da Silva, *Crimes do colarinho branco*, p. 48.

[14] Manoel Pedro Pimentel, *Crimes contra o sistema financeiro nacional*, p. 52.

[15] Elias Oliveira, *Crimes contra a economia popular*, p. 154.

[16] TJSP, *RT* 444/300; TASP, *RT* 476/379.

Em outros termos, com a existência desse tipo penal – *gestão temerária* – vago, impreciso, ambíguo e absurdamente aberto, a jurisprudência atual está admitindo a incriminação de condutas não alcançadas pelo Direito Penal, violando a garantia constitucional do *nullun crimen, nulla poena sine lege*. Nesse sentido, absolutamente correta a corajosa denúncia de Antônio Carlos Rodrigues da Silva, nos seguintes termos: "O Poder Judiciário está criando tipos novos por meio da analogia, ferindo, flagrantemente, a *Lex Major* relativamente à divisão dos poderes e, especialmente, ao princípio da reserva legal"[17].

Urge que se encontre alguma forma de estancar essa sangria injusta e arbitrária que permite ao Judiciário continuar *criminalizando condutas não abrangidas pelo tipo penal* em exame. Antônio Carlos Rodrigues da Silva, acertadamente, denuncia: "Não se pode negar estar se permitindo, com esse tipo sem limites, a incriminação de condutas anteriormente não alcançadas pelo Direito Penal. Elevou-se à categoria de fraude penal simples ilícitos de natureza civil. Pode-se extrair como exemplo, dentre as condutas incriminadas no julgado do Tribunal Regional Federal em que foi relator o juiz Tourinho Neto, algumas que não passam de simples ilícitos civis"[18]. Não é muito diferente a crítica contundente de Roberto Podval, quando pontifica: "Depara-se com uma situação peculiar: para que a instituição financeira sofra a intervenção, necessário se faz (nos termos do inciso I do art. 2º da Lei n. 6.024/74) que a entidade tenha sofrido prejuízo. Dessa maneira, a intervenção somente será possível no caso em que a gestão do administrador acarrete prejuízo efetivo aos credores. Se tiver resultado algum lucro da operação, ainda que o diretor tenha agido de forma temerária, a intervenção não será concretizada. Essa mesma conduta, no entanto, no âmbito criminal, prescinde do resultado final negativo: basta sua realização para ser considerada criminosa". E, demonstrando a ilogicidade do sistema, prossegue Podval: "O raciocínio lógico leva à seguinte conclusão: um fato que a lei penal pune com sanções bastante severas pode, para a administração, ser, mais do que indiferente, absolutamente regular. Estamos diante de uma completa inversão de valores, já que a Lei Penal, considerada como *ultima ratio*, está sendo aplicada para condutas toleradas em outras esferas do direito"[19].

Para se evitar a criação de "tipos penais", por *analogia*, pelos juízes de primeiro grau, configurando a mais perigosa das ditaduras, que é a ditadura judicial, sugerimos a *combinação de dois diplomas legais*, ambos em vigor, para

---

[17] Antônio Carlos Rodrigues da Silva, *Crimes do colarinho branco*, p. 46.
[18] Idem, p. 45-46.
[19] Roberto Podval, *Intervenção e liquidação extrajudicial no sistema financeiro nacional*: aspectos penais das liquidações e intervenções extrajudiciais, in: José Carlos Tórtima, *Crimes contra o sistema financeiro nacional*, p. 38.

não prejudicar o acusado, evitando-se, assim, a responsabilidade penal objetiva, quer por analogia, quer por interpretação analógica, ou por qualquer outro fundamento. A responsabilidade penal foi banida do direito penal da culpabilidade, do direito penal do fato, no Estado Constitucional contemporâneo; a partir da Revolução Francesa, foi consagrada a responsabilidade penal subjetiva e individual, que acabou recepcionada pelas constituições de todos os Estados Democráticos de Direito do Ocidente.

Assim, far-se-ia a *combinação de dois diplomas legais*, ou seja, o art. 4º da Lei n. 7.492/86 com o inciso IX do art. 3º da Lei n. 1.521/51. Sustentando a possibilidade de conjugar-se aspectos favoráveis de uma lei anterior com os aspectos favoráveis de lei posterior, tivemos oportunidade de afirmar o seguinte[20]: parte da doutrina opõe-se a essa possibilidade, porque isso representaria a criação de uma terceira lei, travestindo o juiz de legislador. Bustos Ramirez, contrariamente, admite a combinação de leis no campo penal, pois, como afirma, nunca há uma lei estritamente completa, enquanto há leis especialmente incompletas, como é o caso da norma penal em branco; consequentemente, o juiz sempre está configurando uma terceira lei, que, a rigor, não passa de simples interpretação integrativa, admissível na atividade judicial, favorável ao réu. No mesmo sentido era o entendimento de Frederico Marques, segundo o qual, se é permitido escolher o "todo" para garantir tratamento mais favorável ao réu, nada impede que se possa selecionar parte de um todo e parte de outro, para atender a uma regra constitucional que deve estar acima de pruridos de lógica formal.

A nosso juízo, esse é o melhor entendimento, que permite a *combinação de duas leis*, aplicando-se sempre os dispositivos mais benéficos. O Supremo Tribunal Federal teve oportunidade de examinar essa matéria e decidiu pela possibilidade da *conjugação de leis* para beneficiar o acusado[21]. Adotando-se esse entendimento, enfim, somente estará tipificada a *gestão temerária* que tiver, como consequência, fundamentos para se decretar a "falência" da instituição financeira (atualmente substituída pela *liquidação judicial*) ou insolvência ou então pelo "não cumprindo de qualquer das cláusulas contratuais com prejuízo dos interessados", como preconiza o art. 3º, IX, da Lei n. 1.521/51.

5.2. Gestão temerária: contornos típicos (ou a falta de)

O que é, afinal, *gestão temerária*, qual é a sua abrangência, quais as possíveis condutas que poderão adequar-se a essa previsão legal? O que, quem, como, quando e onde se poderá reconhecer que determinada conduta é *penalmente*

---

[20] Cezar Roberto Bitencourt, *Tratado de direito penal*: parte geral, v. 1, p. 231.

[21] HC 69.033-5, rel. Min. Marco Aurélio, *DJU* de 13-3-1992, p. 2925.

temerária, com absoluta segurança, isto é, com a certeza que o Direito Penal Constitucional exige?

Gerir significa o exercício continuado de uma atividade gerencial, que pressupõe o *caráter de habitualidade*, que não pode circunscrever-se em um ou outro ato praticado isolada ou esporadicamente. Manoel Pedro Pimentel dava a seguinte definição: "Gestão temerária é caracterizada pela abusiva conduta, que ultrapassa os limites da prudência, arriscando-se o agente além do permitido mesmo a um indivíduo arrojado. É o comportamento afoito, arriscado, atrevido"[22].

Para que o crime de *gestão temerária* se configure, é indispensável que se constate, em caráter mais ou menos sequencial, isto é, em período temporal razoável, a ocorrência de um número substancial de atos arriscadamente temerários, em desacordo com a prática mercadológica. Em outras palavras, é necessário agir assumindo riscos não recomendáveis pela práxis financeiro-bancária, para que se possa *valorar* essa orientação comportamental como *gestão temerária*, capaz de corresponder à proibição penal contida no parágrafo único do art. 4º da Lei n. 7.492/86. Em temos bem esquemáticos, para que se possa aferir a *gestão* do administrador de instituição financeira, deve-se, necessariamente, proceder rigorosa análise do conjunto dos atos praticados por ele dentro de um razoável lapso temporal e, ademais, é necessário que sejam examinados dentro de todo um contexto mercadológico.

Qual o real sentido que se pode dar ao vernáculo "temerária", utilizado pelo legislador, como definidor da modalidade de *gestão temerária* de instituição financeira? Poder-se-ia, por exemplo, atribuir-lhe o significado abrangente, aberto e extremamente vago, tal como admitido em nosso vernáculo? Este, sem dúvida alguma, é o mais grave problema que a imprevidência do legislador de então nos oferece, com a falta de descrição de qualquer conduta tipificadora da infração penal que possa ter imaginado. Compete ao intérprete, nos limites permitidos pelo Estado Constitucional Democrático, demonstrar a inadequação da pretendida tipificação, restringindo, interpretativamente, seu alcance. Nesse sentido, acompanha-nos Guilherme Nucci, ao concluir: "Logo, necessita-se trabalhar com o conceito de temerário, buscando aplicar, sempre que possível, uma interpretação restritiva, concedendo-lhe limitado alcance, sob pena de se chegar ao absurdo de punir administradores de instituição financeira por atos tolos, que podem ser considerados de péssima gestão – fruto, possivelmente, da falta de vocação para o exercício da função – mas jamais de elevado risco, adrede planejado"[23].

---

[22]   Manoel Pedro Pimentel, *Crimes contra o sistema financeiro nacional*, p. 51.
[23]   Guilherme Nucci, *Leis penais e processuais penais comentadas*, p. 1050.

Pelo sentido puramente vernacular, "temerário" significa arriscado, perigoso ou imprudente, expressões que apresentam em sua essência uma antinomia dogmática, na medida em que identificam uma espécie de conduta não abrangida pelo dolo, isto é, significam exatamente um comportamento que pode produzir determinado resultado não querido e nem mesmo assumido pelo agente, podendo caracterizar, no máximo, *crime culposo*. Trata-se, na realidade, de uma verdadeira *vexata quaestio*, que nos parece uma monstruosidade mitológica, sem pé nem cabeça, e que tem causado, sob a pena inteligente, nem sempre inteligível, de alguns magistrados, intoleráveis injustiças ante a gravidade das sanções cominadas e aplicadas. Nessa linha, Pimentel destacava que o legislador estava criando um monstro ameaçador, que poderá sobressaltar qualquer administrador ou controlador de instituição financeira, cerceando sua ação, inibindo sua iniciativa, porque poderá, em qualquer momento, ser acusado de *gerir temerariamente* a empresa, sem que existam parâmetros objetivos para limitar o critério acusatório, entregando "a definição da tipicidade a um critério eminentemente subjetivo, reduzindo duramente a garantia assegurada pelo princípio constitucional da reserva legal"[24].

5.3. Crime habitual: impossibilidade de considerar-se isoladamente uma conduta humana como gestão temerária

O crime de *gestão temerária* de instituição financeira é, indiscutivelmente, *crime habitual* (impróprio), razão pela qual, repetindo, a prática de apenas um ou outro *ato de gestão*, isolada ou esporadicamente, não é jurídico-penalmente relevante a ponto de tipificar a conduta descrita no parágrafo único do art. 4º da Lei n. 7.492/86. Nesse sentido, era o magistério de Manoel Pedro Pimentel, que pontificava: "A execução da conduta, que poderá inclusive ser conduta omissiva relevante, é um complexo de atos, tornando difícil a decomposição de um *iter criminis* em que fique claro o momento em que se iniciou a execução e, mais, que motivos independentes da vontade do agente impediram a consumação"[25]. Em termos semelhantes, José Carlos Tórtima afirma que "a caracterização dos crimes em análise está a exigir a 'reiteração, pelo agente, dos atos fraudulentos ou temerários'"[26].

Na verdade, a prática de *atos arriscados* faz parte desse segmento profissional, que trabalha com a confiança e a boa-fé, com apostas financeiras e com a especulação de investimentos, alhures arriscados. O *risco*, sabem todos os *expertos*, sempre existe como um ingrediente natural dessa atividade, que é altamente especializada e exige, por isso mesmo, conhecimentos de mercado, de

---

[24] Manoel Pedro Pimentel, *Crimes contra o sistema financeiro nacional*, p. 52.
[25] Idem, p. 53.
[26] José Carlos Tórtima, *Crimes contra o sistema financeiro nacional*, p. 31.

economia, de direito financeiro, de mercado de capitais, de técnicas bancárias, de matéria cambial, dentre muitos outros. São por razões como essas que o crime de *gestão temerária* de instituição financeira não se aperfeiçoa com a simples ocorrência de atos de gerência, regência ou administração isolados ou esporádicos, mas pela utilização contínua, rotineira e *habitual* de decisões não apenas arriscadas e inseguras na administração da entidade, mas que sejam efetivamente perigosas ou ruinosas e com grande probabilidade de resultarem inexitosas, com potencial, inclusive, de levarem a instituição à bancarrota.

Mas, mais do que isso, é necessário que tais atos apresentem, como consequência, não apenas prejuízo diretamente vinculado a um ou a outro ato, mas que resultem da "política administracional", como um todo, em gravosas consequências financeiras para a instituição, para os correntistas ou para os investidores em geral. No entanto, o exame da gestão da instituição financeira não pode ser avaliado, no plano puramente jurídico, quer pelo julgador, quer por qualquer outro operador do Direito, mas dependerá, fundamentalmente, do exame técnico de especialistas dessas atividades (operadores do mercado financeiro, da bolsa de valores, (ex)executivos de grandes instituições financeiras etc.). Com efeito, a nosso juízo, podem e devem ser nomeados especialistas, pelo juiz, com a missão de elaborarem um *laudo pericial*, com a finalidade de fornecer uma prova técnica valiosa ao julgador para formar a sua convicção. Contudo, pela complexidade do conjunto de medidas, atos ou decisões que a administração de uma instituição financeira oportuniza, sugerimos que o *laudo pericial* seja elaborado por uma espécie de junta ou comissão pericial, formada por três especialistas e não somente por um perito oficial ou duas pessoas com diploma, como normalmente recomenda o Código de Processo Penal brasileiro (art. 159, com redação alterada de 2008).

Na apreciação da prática de *gestão temerária* é inadmissível, por exemplo, o exame fragmentado e individualizado de cada operação de crédito formalizado por uma instituição financeira, desprezando-se por completo a dimensão de todas as operações celebradas e da própria administração como um todo. Em outros termos, o crime de *gestão temerária* não pode ser apreciado de forma pontual em relação a cada *ato de gestão* ou a cada operação financeira celebrada, mas deve resultar de um exame global da administração, numa cadeia sequencial e abrangente de toda atividade gestora que, tendo início, meio e fim, faça persistir, em seu todo, a *temeraridade da gestão*.

A *gestão temerária* é classificada como *crime de perigo* e não de dano; no entanto, se a amplitude semântica do art. 4º da Lei n. 7.492/86 encontra resistência em setores do Judiciário para reconhecer sua *inconstitucionalidade* por malferir o princípio da taxatividade, submete-se, pelo menos, à exigência de um *perigo concreto* para a tipificação da conduta. Elucidativa, nesse sentido, a lição de Miguel Reale Junior, que pontifica:

Se ordinariamente a redação típica não pode e nem deve valer-se de cláusulas genéricas ou elementos normativos excessivamente abertos, particularmente no que diz respeito aos delitos de perigo abstrato, o grau de indeterminação será tão extremo que a tarefa valorativa do juiz restará desvinculada de qualquer margem de referência, bem assim aos membros da comunhão social não poderá haver referência do proibido e do permitido.

A tarefa urgente é a de conciliar essa forma de construção típica com o mínimo de determinação requerido pelo princípio da legalidade, isto é, compreender-se os tipos genéricos e vazios segundo a exigência da reserva legal, realizando-se uma interpretação segundo a Constituição, como ensinam Canotilho e Jorge Miranda (*Direito constitucional*, 2. ed., Coimbra, Almedina, 1980, p. 275; *Manual de direito constitucional*, t. II, Coimbra, Coimbra Ed., 1983, p. 232). [...]

Por estas razões, verifica-se a impossibilidade total de considerar o crime de gestão temerária crime de perigo abstrato ou presumido, como até mesmo forma de limitar a interpretação das normas, pois seriam inconstitucionais o art. 4º e seu parágrafo único da Lei n. 7.492/86 se compreendido o tipo como de perigo abstrato ou presumido.

Como de perigo concreto, estabelecem-se balizas, que conciliam a descrição genérica e indeterminada com os princípios constitucionais de legalidade e taxatividade. Neste sentido, a ação arriscada só é temerária perante a lei penal se cria um efetivo perigo à incolumidade da instituição financeira, à sua sanidade e higidez econômica, fazendo surgir uma situação perigosa à própria entidade e ao próprio sistema financeiro"[27].

6. TIPO SUBJETIVO: ADEQUAÇÃO TÍPICA

Na realidade fática, na conduta definida como *temerária*, regra geral, não há a *vontade consciente* do sujeito passivo de colocar em risco ou causar prejuízo à instituição financeira ou aos seus investidores. A práxis tem demonstrado que, normalmente, os administradores ou controladores dessas instituições *ousam* maior ganho, maior rentabilidade e, como o risco é inerente a suas atividades, acabam ultrapassando, por vezes, os limites toleráveis. Outras vezes, é a própria necessidade de recuperar investimentos, isto é, de salvar parte do patrimônio já investido da instituição que demanda maior risco ou maior ousadia em suas operações de "salvamento", sem que isso possa representar *vontade consciente* de expor a instituição a risco desnecessário. Por isso, tratando-se de "dolo decorrente de uma conduta *temerária*", o mais *razoável* é que se admita, no máximo, *dolo eventual*, mais próximo da *culpa consciente*, que é afastada pela ausência de previsão legal expressa (excepcionalidade do crime culposo). Há *dolo eventual* quando o agente não quer diretamente a realização do tipo, mas

---

[27] Miguel Reale Junior, *Problemas penais concretos*, p. 17 e 21.

74 • Crimes contra o sistema financeiro nacional

a aceita como possível ou até provável, *assumindo o risco* de produzi-lo (art. 18, I, *in fine*, do CP). A *consciência* e a *vontade*, que representam a essência do dolo direto, como seus elementos constitutivos, também devem estar presentes no *dolo eventual*. Para que este se configure, é insuficiente a mera *ciência da probabilidade da temeridade do ato* ou a atuação consciente da possibilidade concreta de o ato ser valorado como temerário, como sustentam os defensores da *teoria da probabilidade*. É indispensável uma determinada *relação de vontade* entre o ato arriscado ou temerário e o agente, e é exatamente esse *elemento volitivo* que distingue o *dolo eventual* da culpa consciente.

A doutrina especializada, praticamente a unanimidade, como veremos, segue essa mesma direção. Reale Junior sustenta: "[...] também, que a conduta deve ser informada pela intencionalidade manifesta do agente de colocar a integridade econômico-financeira da instituição sob grave e iminente risco [...]. O sujeito ativo, assim, *deve agir com dolo*, antecipando mentalmente e querendo a situação de alto risco, extraordinário risco para a saúde da instituição e do sistema financeiro"[28]. José Carlos Tórtima afirma que, "quanto à gestão temerária, cuida-se, como já referido linhas atrás, do dolo eventual, consistente em assumir o agente o risco do resultado danoso ou perigoso. Ao contrário do que pode sugerir a expressão temerária, a mera imprudência do agente não chega a configurar o ilícito penal em tela, por ser inadmissível a punição penal de conduta apenas culposa, salvo quando a lei expressamente o permite (art. 18, parágrafo único, do Código Penal)"[29].

6.1. Ausência de previsão de modalidade culposa

Não há previsão da *modalidade culposa* do crime de *gestão temerária*, ficando clara essa assertiva não apenas pela falta de previsão legal, mas também pela própria pena cominada, *reclusão*, tanto para a gestão fraudulenta como para a gestão temerária. O *princípio da excepcionalidade do crime culposo* (art. 18, parágrafo único, do CP)[30] assegura que a imputação penal de um delito *culposo* pressupõe expressa previsão legal, ou seja, no silêncio da norma penal, o crime é sempre *doloso*. Da mesma forma, também não pode haver dúvida dogmática no sentido de que a *imprudência* é uma modalidade de *crime culposo*, consoante dispõe o inciso II do art. 18 do CP[31]. Consequentemente, uma vez inexistindo previsão legal expressa, no art. 4º, parágrafo único, da Lei n.

---

[28] Idem, p. 24-25.

[29] José Carlos Tórtima, *Crimes contra o sistema financeiro nacional*, p. 39-40.

[30] "Art. 18. (...) Parágrafo único. *Salvo os casos expressos em lei*, ninguém pode ser punido por fato previsto como crime, senão quando o pratica dolosamente."

[31] "Art. 18. Diz-se o crime: (...) II – culposo, quando o agente deu causa ao resultado por *imprudência*, negligência ou imperícia."

7.492/86, de forma *culposa* específica para a conduta de *gerir temerariamente* instituição financeira, a única conclusão possível, sucessivamente, é a de que a norma legal define somente o crime *doloso*, não prevendo a modalidade culposa. Por fim, o próprio Tigre Maia, que tem uma visão mais reacionária dessa matéria, comunga desse entendimento, *in verbis*: "Há de existir vontade de praticar as ações gerenciais temerárias, devendo o sujeito ativo ter consciência de que tais atos são temerários, qual seja, contrários à cautela negocial do *bonus pater familias*. A prática por mera culpa *stricto sensu* é um indiferente penal, já que, ao contrário da modalidade prevista na Lei de Economia Popular, não há, aqui, lamentavelmente, previsão para condutas culposas"[32].

Embora a locução "temerária" também possa significar "imprudência", certamente não foi com esse sentido que o legislador a utilizou no parágrafo único do art. 4º, que ora examinamos, como a própria pena cominada não deixa dúvida (reclusão de dois a oito anos e multa). *Imprudência*, como uma das modalidades de crime culposo definidas pelo nosso Código Penal, é a prática de uma conduta arriscada ou perigosa e tem caráter comissivo. É a imprevisão ativa (*culpa in faciendo* ou *in committendo*). *Conduta imprudente*, que não deixa de ser *temerária*, é aquela que se caracteriza pela intempestividade, precipitação, insensatez ou imoderação. *Imprudente* é, por exemplo, o motorista que, embriagado, viaja dirigindo seu veículo automotor com visível diminuição de seus reflexos e acentuada liberação de seus freios inibitórios[33].

Na imprudência, há visível falta de atenção, o agir descuidado não observa o *dever objetivo de cautela devida* que as circunstâncias fáticas exigem. Se o agente for mais atento, poderá prever o resultado, alterando e utilizando seus freios inibitórios e assim não realizar a ação lesiva. Uma característica da *imprudência* é a concomitância da culpa e da ação. Enquanto o agente pratica a ação, vai-se desenvolvendo ao mesmo tempo a imprudência: ação e imprudência coexistem, são, digamos, simultâneas. O agente sabe que está sendo imprudente, tem consciência que está agindo arriscadamente, mas, por acreditar, convictamente, que não produzirá o resultado, avalia mal, agindo, e o resultado não querido e não aceito se concretiza.

Mas enfim, para concluir este tópico, a despeito da *imprudente* opção do legislador na criminalização de gestão de instituição financeira contida no parágrafo único do art. 4º, deixou de criminalizar a modalidade culposa, como reconhece unanimemente a doutrina nacional. Aliás, na tipificação de autêntica conduta imprudente, como sendo dolosa e, ainda, com exagerada cominação

---

[32] Rodolfo Tigre Maia, *Dos crimes contra o sistema financeiro nacional*: anotação à Lei federal n. 7.492/86, p. 102, p. 62.

[33] Cezar Roberto Bitencourt, *Tratado de direito penal*: parte geral, v. 1, p. 402.

penal, ressalta, mais uma vez, a flagrante desproporcionalidade em que incorreu o legislador de então.

7. A (I)LEGALIDADE DE CAUÇÃO COM AÇÕES OU DEBÊNTURES EMITIDAS PELO PRÓPRIO DEVEDOR

O Banco Central proibiu, por meio de *resolução*, que as instituições financeiras recebessem, em garantia de débito, ações ou debêntures emitidas pelo próprio devedor de operação financeira. Vejamos o que dispõe o art. 12 da Resolução/CMN n. 1.748, de 30-8-1990:

> Art. 12. Entendem-se como cobertas por garantias as operações amparadas por:
> (...)
> III – caução de ações negociadas em bolsas de valores e de debêntures registradas na comissão de valores mobiliários, estas de emissão de empresas não ligadas, direta ou indiretamente, ao credor/devedor, sendo que as nominativas deverão estar registradas no livro de ações nominativas e as escriturais na respectiva entidade depositante/custodiante.

O objetivo desse dispositivo, convém ressaltar, era prevenir o acolhimento, por instituições financeiras, de *garantias temerárias* oferecidas por tomadoras de créditos, circunstância esta que, conforme o caso, poderia colocar em risco a liquidez e a solvabilidade dessas instituições e, consequentemente, a própria confiança nelas depositada pelo mercado financeiro. Não é por outra razão que o Conselho Monetário Nacional, no uso de sua competência normativa, editou essa Resolução no ano de 1990: naquela época, entendeu-se que as restrições impostas eram compatíveis com as diretrizes da *política monetária* vigente, principalmente as estabelecidas no art. 3º, V e VI, da Lei n. 4.595/64[34]. Daí a incumbência que lhe foi conferida pelo art. 4º, VI, dessa mesma Lei[35].

Desnecessário enfatizar que a interpretação do art. 12, III, da Resolução/CMN n. 1.748/90 devia ocorrer não só em consonância com o disposto na Lei n. 4.595/64, mas especialmente de acordo com a própria Constituição Federal (já em vigor a atual). Nossa Carta Magna estabelece que *o sistema financeiro*

---

[34] "Art. 3º A política do Conselho Monetário Nacional objetivará: (...) V – propiciar o aperfeiçoamento das instituições e dos instrumentos financeiros, com vistas à maior eficiência do sistema de pagamentos e de mobilização de recursos; (...) VI – zelar pela liquidez e solvência das instituições financeiras; (...)."

[35] "Art. 4º Compete ao Conselho Monetário Nacional, segundo diretrizes estabelecidas pelo Presidente da República: (...) VI – disciplinar o crédito em todas as suas modalidades e as operações creditícias em todas as suas formas, inclusive aceites, avais e prestações de quaisquer garantias por parte das instituições financeiras; (...)."

nacional é estruturado de forma a promover o desenvolvimento equilibrado do País e a servir aos interesses da coletividade (art. 192). Nesse sentido, atribui ao Conselho Monetário Nacional a função reguladora das atividades desempenhadas por *instituições financeiras* e, especificamente, disciplinadora da forma como as garantias devem ser exigidas por estas em operações de crédito. Presumiu-se, no plano administrativo, que a prática de *atos de gestão* de instituição financeira, em desacordo com tais normativas, pode colocar em risco o *desenvolvimento equilibrado do País* e os *interesses da coletividade*, que podem ser atingidos pela eventual insolvência do banco que administra os seus recursos.

Esse raciocínio deveria nortear a exegese do art. 12, III, da Resolução/CMN n. 1.748/90. Com efeito, a proibição do recebimento, em garantia de operações de crédito, de debêntures emitidas pela própria empresa tomadora dos recursos deveria ser interpretada no sentido de que a proibição se refere aos casos em que a adoção dessa postura por uma instituição financeira torna vulnerável a sua possível capacidade de liquidez de recursos.

O mesmo não se pode afirmar, contudo, em relação aos casos em que tais debêntures sejam *recebidas somente como reforço às garantias anteriormente prestadas*, ou seja, o banco não está praticando uma gestão capaz de vulnerar sua saúde financeira, muito antes pelo contrário, pois apenas procura *reforçar as cautelas* que anteriormente já havia adotado. Nesse sentido, uma *interpretação conforme a Constituição* indica que, à luz do *princípio da razoabilidade*, não pode ser definido como ilegal o recebimento de debêntures emitidas em complementação das garantias pessoais e reais anteriormente prestadas. Com efeito, nessa hipótese, a *instituição financeira* estará, certamente, procurando reforçar as garantias que asseguram a probabilidade de as dívidas pendentes serem adequadamente adimplidas. Diversa seria a hipótese se as debêntures emitidas pela própria devedora representassem única e exclusivamente o débito, pois, nesse caso, a operação não estaria lastreada por garantias suficientemente aptas para o seu futuro adimplemento.

Fica ainda mais clara a *legitimidade operacional* quando, por exemplo, o reforço de garantias são concretizadas por meio de *debêntures recebidas com cláusula "pro solvendo"*, ou seja, caso não venham a ser resgatadas a contento, as condições anteriores do pacto voltam a ter inteira aplicabilidade. Aliás, não faria sentido que uma instituição financeira praticasse uma conduta com o objetivo de reforçar o resguardo do seu patrimônio, isto é, reforçando garantias existentes, e que, ao mesmo tempo, essa conduta possa caracterizar *gestão temerária*. Por essa razão, a nosso juízo, ainda que se admitisse a previsão do art. 4º ora em exame como *norma penal em branco*, a aceitação de *debêntures* com o objetivo de reforçar outras garantias existentes afasta a *imputação objetiva* do tipo penal descrito no art. 4º, parágrafo único, da Lei n. 7.492/86. Com efeito, um dos princípios da *teoria da imputação objetiva* é o de que *não há imputação objetiva da conduta ou do resultado quando o sujeito age com o fim de diminuir o risco ao bem jurídico protegido*[36]. Assim, por exemplo, não responde por *lesão corporal* aquele que veio a causá-la em alguém numa situação capaz de evitar a morte dessa pessoa. Em outros termos, não pode responder por *gestão temerária* aquele que pratica conduta com a finalidade de fortalecer as possibilidades de solver uma dívida pactuada.

7.1. Revogação do art. 12, III, da Resolução n. 1.748/90 do Banco Central pela Resolução/CMN n. 2.682/99

A vedação do art. 12, III, da Resolução/CMN n. 1.748 – enfatizando – deveria ser aplicada somente aos casos em que debêntures oferecidas pela própria tomadora dos recursos fossem a única garantia do negócio. No entanto, a Resolução/CMN n. 1.748/90, incluindo o seu art. 12, foi revogada pela Resolução/CMN n. 2.682/99, que deixou de proibir o oferecimento de uma garantia nesses termos. Consequentemente, a revogação contida na Resolução n. 2.682/99 deve ser aplicada retroativamente, isto é, inclusive a fatos ocorridos na vigência da resolução anterior.

Com efeito, por alguns anos, o art. 12, III, da Resolução/CMN n. 1.748/90 proibiu o recebimento, pela instituição financeira, de garantia consubstanciada em *debêntures* emitidas por empresas ligadas direta ou indiretamente ao credor/devedor. A *ratio* dessa vedação, no âmbito administrativo (via resolução do BACEN), era óbvia: evitar que uma *instituição financeira* concedesse crédito a uma pessoa jurídica exigindo garantia cuja liquidez estivesse diretamente relacionada à expectativa que o mercado financeiro deposita sobre essa empresa. Em outros termos, as *debêntures* emitidas por uma empresa, tomadora de um crédito, sofrem reflexos imediatos de eventual desconfiança que o mercado financeiro venha a ter sobre a "saúde financeira" dessa empresa, o que não ocorreria, por exemplo, em relação a bens imóveis ou debêntures emitidas por outra empresa que não a tomadora do empréstimo. Essa vedação, enfim, pretendia evitar ou minorar os riscos considerados, senão anormais, pelo menos manifestamente iminentes na concessão de créditos por instituições financeiras.

7.2. Normas penais em branco e retroatividade das ditas normas complementadoras

Tipo penal aberto não se confunde com *norma penal em branco*. Com efeito, o tipo penal aberto que tipifica (não descreve) gestão fraudulenta e temerária é uma norma penal completa, cuja concretização é operada pelo julgador por meio de um juízo de valoração ou de acordo com os dados circunstanciais, sem poder invocar "normas complementares" ou subsidiárias, que implicaria

---

[36] Nesse sentido, Claus Roxin, "Reflexões sobre a problemática da imputação objetiva em direito penal". In: *Problemas fundamentais de direito penal*, p. 149.

Gestão temerária de instituição financeira • 79

usar analogia *in malan partem*. Nesse sentido, sustenta Pablo Rodrigo Alflen da Silva, "as leis penais em branco também não se equiparam aos tipos penais abertos, já que estes unicamente estão abertos à concretização, sendo que a sua 'complementação' o juiz a produz por meio de um juízo de valor ou de acordo com as circunstâncias"[37]. Em outros termos, o *princípio da tipicidade estrita* não admite a invocação de outros diplomas legais para complementar ou ampliar a descrição típica de determinada conduta, mesmo sob o fundamento da insuficiência da norma proibitiva.

Por essa razão, invocar a aplicação complementar de resoluções do Banco Central ou do Conselho Monetário Nacional para delimitar os contornos típicos do crime de *gestão temerária* pressupõe, *equivocadamente*, o entendimento de que o art. 4º, *caput* e parágrafo único, da Lei n. 7.492/86, tem natureza de *norma penal em branco*, o que não corresponde à realidade normativa. Em outros termos, sustentar que o complemento do que deve ser entendido por *gestão temerária* é dado por normas administrativas que regulam determinadas operações financeiras viola os princípios mais comezinhos da dogmática penal. Essa orientação foi adotada, equivocadamente, em decisão de primeiro grau em que o julgador, no famoso "Caso Encol"[38], invocou proibição constante da Resolução/CMN n. 1.748/90, para considerar, com esse complemento, que estaria configurada *gestão temerária*, ignorando que, embora a tipificação de *gestão temerária* decorra de um *tipo penal aberto*, trata-se de *norma penal completa*, não necessitando e não admitindo complementação de nenhuma outra norma, penal ou extrapenal.

Muito embora o início da década de 1990 tenha sido marcado por uma postura mais intervencionista e fiscalizatória do Banco Central do Brasil nas instituições financeiras, não se pode esquecer que a estabilização da nossa economia, notadamente iniciada ao final daquela década, levou à adoção de uma postura diametralmente oposta, isto é, as instituições financeiras receberam maior autonomia em relação à realização de determinadas operações. Esse novo panorama levou o Banco Central a editar a Resolução/CMN n. 2.682/99, que, em seu art. 16, revogou expressamente a Resolução/CMN n. 1.748/90. O quadro normativo capaz de conferir ilicitude à dação em garantia das debêntures teria permanecido inalterado, apesar dessa revogação, caso a proibição estabelecida no anterior inciso III do art. 12 da Resolução/CMN n. 1.748/90 tivesse sido expressamente mantida na Resolução/CMN n. 2.682/99. Contudo, uma breve leitura desta Resolução indica que a postura adotada pelo Conselho Monetário Nacional, no uso de sua atribuição legal e constitucional de estabelecer os rumos da política monetária brasileira, foi a de desregulamentar os

---

[37]   Pablo Rodrigo Alflen da Silva, *Leis penais em branco e o direito penal do risco*, p. 190.
[38]   Ação Penal 2000.34.00.024315-4, que tramitou perante a 12ª Vara Federal Criminal da Seção Judiciária do Distrito Federal.

80 • Crimes contra o sistema financeiro nacional

termos legalmente estabelecidos para o recebimento de bens em garantia pelas instituições financeiras. Note-se que, ao longo de todos os dispositivos legais desta Resolução, não existe qualquer norma semelhante ao art. 12 da Resolução revogada, corroborando a tese de que, apesar de o BACEN ter regulamentado os *níveis de risco* a que se podem submeter as instituições financeiras em operações de crédito, nada restou disposto acerca dos casos específicos em que as garantias dessas operações podem ser recebidas. Significa afirmar que, a partir de então, não há vedação legal para que uma instituição financeira possa receber, em garantia de uma operação de crédito, debêntures ou ações emitidas pela própria tomadora.

A superveniência da revogação da proibição legal de recebimento em garantia de debêntures emitidas pela própria tomadora do crédito faz com que, a partir de então, essa operação seja lícita. Com efeito, nos termos do art. 2º do CP e do art. 5º, XL, da CF, *ad argumentandum*, a norma complementadora benéfica (Resolução/CMN n. 2.682/99), que deixa de considerar essa operação ilícita, deve retroagir seus efeitos a fatos ocorridos antes de sua vigência. A operação envolvendo a dação das debêntures emitidas pelo próprio devedor, a partir da Resolução/CMN n. 2.682/99, deixou de ser proibida pelas normas administrativas do BACEN e, consequentemente, tal conduta não pode ser considerada criminosa, operando-se a *abolitio criminis*.

Em termos bem esquemáticos, os denominados *tipos penais em branco* – com os quais não se confunde o *tipo aberto* que criminaliza a *gestão fraudulenta* ou *temerária* – têm alterado seu conteúdo proibitivo sempre que se alteram as respectivas normas complementadoras (*v.g.*, a restrição de dação de debêntures emitidas pela própria devedora), devendo incidir, obrigatoriamente, a regra da retroatividade da *lex mitior*, pois é abolido o crime sempre que a alteração da *norma complementar* implicar a cessação da exigência cuja inobservância caracterizava dita infração penal.

8. CONSUMAÇÃO E TENTATIVA DE GESTÃO TEMERÁRIA

Consuma-se o crime de *gestão temerária* com a prática reiterada de operações ou atividades ousadas, arriscadas que coloquem em risco a instituição financeira. A despeito de tratar-se de crime formal, não sendo exigido resultado para que o crime se configure, faz-se necessário, para caracterizar a *gestão temerária*, que os atos gestores minem ou eliminem a capacidade financeira de honrar os compromissos da referida instituição. Como demonstramos ao longo deste capítulo, é indispensável a reiteração de ações ou operações consideradas ruinosas no exercício da gestão da instituição, adotando-se procedimento inusual e não recomendável no mercado financeiro-bancário. É insuficiente a prática de uma ou outra operação, isoladamente, para configurar *gestão temerária*, especialmente em decorrência do significado do verbo *gerir*.

Gestão temerária de instituição financeira • 81

Tratando-se de crime *impropriamente habitual*, apresenta-se extremamente complexa a admissibilidade de modalidade *tentada*, reinando grande desinteligência na doutrina. No entanto, a inadmissibilidade do *crime tentado* não decorre do fato de tratar-se de crime formal, mas da sua natureza *habitual*, cujos atos, isoladamente, constituem um indiferente penal.

9. CLASSIFICAÇÃO DOUTRINÁRIA

Trata-se de *crime próprio* (somente pode ser praticado por agente que reúna determinada qualidade ou condição especial, na hipótese, que seja controlador, administrador, diretor ou gerente de instituição financeira, bem como interventor, liquidante ou síndico), *formal* (que se consuma com a simples prática de atos temerários na gestão de instituição financeira, independentemente de produção de qualquer resultado lesivo), *de perigo concreto* (deve, comprovadamente, colocar em perigo efetivo o bem jurídico protegido, decorrente da gestão temerária realizada), de *forma livre* (o legislador não previu nenhuma forma ou modo para execução dessa infração penal, podendo ser realizado do modo ou pelo meio escolhido pelo sujeito ativo), *comissivo* (o comportamento descrito no tipo implica a realização de uma conduta ativa, pois a norma penal tipificadora é proibitiva e não mandamental), *instantâneo* (a consumação ocorre em momento determinado, não havendo um distanciamento temporal entre a ação e o resultado, embora a condição de *crime habitual* possa dar um certo sentido ou certa proximidade com uma espécie de permanência), *unissubjetivo* (pode ser praticado por alguém, individualmente, admitindo, contudo, coautoria e participação. Não nos parece, contudo, que se possa defini-lo como *plurissubsistente*, pois os vários atos que caracterizam o crime *habitual* são independentes, autônomos e, basicamente, iguais, e o que caracteriza a *plurissubsistência* é a existência de uma mesma ação humana que pode ser dividida em atos do mesmo comportamento, fragmentando a ação humana).

10. PENA E AÇÃO PENAL

As sanções cominadas, cumulativamente, são a reclusão de dois a oito anos, e a pena pecuniária na modalidade de multa. O absurdo que se reflete na desproporcionalidade da sanção cominada, conforme registramos em relação ao crime de gestão fraudulenta, mostra-se presente igualmente nesta previsão do parágrafo único relativamente à gestão temerária.

A natureza da ação penal, como em todos os crimes previstos nesse diploma legal, é *pública incondicionada*, isto é, deve a autoridade competente proceder a *persecutio criminis*, independentemente de qualquer manifestação do ofendido ou de seu representante legal.

CAPÍTULO V
Apropriação indébita financeira

Sumário: 1. Considerações preliminares. 2. Bem jurídico tutelado. 3. Sujeitos ativo e passivo do crime. 3.1. Sujeito ativo. 3.2. Sujeito passivo. 4. Pressuposto de qualquer apropriação indébita. 5. Tipo objetivo: adequação típica. 6. Tipo subjetivo: adequação típica. 6.1. Elemento subjetivo especial do injusto: em proveito próprio ou alheio. 7. Apropriação indébita financeira e relação mandante-mandatário. 8. Consumação e tentativa. 9. Classificação doutrinária. 10. Algumas questões especiais sobre atipicidade. 11. Pena e ação penal.

Art. 5º Apropriar-se, quaisquer das pessoas mencionadas no art. 25 desta Lei, de dinheiro, título, valor ou qualquer outro bem móvel de que tem a posse, ou desviá-lo em proveito próprio ou alheio.

Pena – reclusão, 2 (dois) a 6 (seis) anos, e multa.

Parágrafo único. Incorre na mesma pena qualquer das pessoas mencionadas no art. 25 desta Lei, que negociar direito, título ou qualquer outro bem móvel ou imóvel de que tem a posse, sem autorização de quem de direito.

---

1. CONSIDERAÇÕES PRELIMINARES

Até fins do século XVIII, a apropriação indébita era somente uma espécie do gênero *furto*. O direito romano desconheceu até mesmo a distinção entre apropriação indébita e estelionato (*furtum proprium* e *furtum improprium*), que somente mais tarde foi elaborada pela doutrina alemã, por política criminal, ao pretender limitar o conceito do crime de furto, evitando a exacerbação de penas. Contudo, a tipificação como crime autônomo, sob a denominação de *abuso de confiança*, foi obra do direito francês, por meio do Código de 1791, sendo repetida pelo Código Napoleônico de 1810, o que acabou por influenciar outros Códigos europeus, como o português, o suíço e o sardo[1].

---

[1] Nelson Hungria, *Comentários ao Código Penal*, v. 7, p. 127.

Apropriação indébita financeira • 83

No Brasil, as Ordenações Filipinas não faziam distinção entre furto e apropriação indébita. Os Códigos de 1830 (art. 258) e 1890 (art. 331) não tiveram melhor sorte. O Projeto Sá Pereira seguiu o direito francês, adotando o *nomen juris* "abuso de confiança". Na realidade, a atual terminologia, *apropriação indébita*, foi uma opção correta, diga-se de passagem, do Projeto Alcântara Machado, sem restringir-se a um *abuso de confiança*. Exatamente essa orientação foi a adotada pelo Código Penal de 1940, com a seguinte definição: *apropriar-se de coisa alheia móvel, de que tem a posse ou detenção*.

No âmbito específico do direito penal econômico, no entanto, a apropriação indébita financeira, terminologia que preferimos para distingui-la da apropriação indébita tradicional, não possui antecedente normativo, embora destaque, acertadamente, Tórtima, "o tivesse concebido o art. 388 do Anteprojeto de Reforma de Código (cf. n. I, *supra*) com a seguinte redação: apropriar-se de título ou qualquer outro papel de valor mobiliário, recebido em custódia ou depósito"[2].

A primeira observação que deve ser feita à redação deste art. 5º da Lei n. 7.492/86 refere-se à *responsabilidade penal dos controladores e administradores* das instituições financeiras, estabelecida no art. 25 da lei em exame. Como sustentamos no capítulo em que examinamos o art. 25 dessa lei especial, não se trata nem de *responsabilidade objetiva,* nem de *responsabilidade penal de pessoa jurídica*, mas tão somente da tradicional *responsabilidade penal subjetiva e individual,* consagrada pelo direito penal da culpabilidade, aliás, é somente sob esse enfoque que deve ser examinada a responsabilidade penal disciplinada em todo este diploma legal.

O disposto nesse dispositivo assemelha-se, em muito, ao disposto no art. 168 do CP, que trata do crime de *apropriação indébita* nos seguintes termos: "Apropriar-se de coisa alheia móvel, de que tem a posse ou a detenção". Distingue-se, fundamentalmente, em dois aspectos básicos: de um lado, a *apropriação indébita* contida no Código Penal tem como objeto material "coisa alheia móvel", ao passo que a previsão do dispositivo em exame tem como objeto "título, valor ou qualquer outro bem móvel"; de outro lado, o Código Penal refere-se à coisa alheia móvel "de que tem a posse ou a detenção", enquanto o dispositivo especial refere-se somente àqueles bens "de que tem a posse", acrescentando, no entanto, a figura de "desviá-lo em proveito próprio ou alheio".

Essas pequenas diferenças, no entanto, não lhes atribuem naturezas distintas, tratando-se, enfim, de duas modalidades do mesmo tipo de crime, qual seja, de *apropriação indébita*, que, para não as confundir, denominaremos *apropriação indébita financeira*. Por se tratar de formas semelhantes de apropriação,

---

[2] José Carlos Tórtima, *Crimes do colarinho branco*, p. 43.

84 • Crimes contra o sistema financeiro nacional

faz-se necessário, igualmente, examinar-se o *pressuposto* da apropriação, também da *figura especial*, qual seja, a *posse preexistente* do objeto da apropriação.

2. BEM JURÍDICO TUTELADO

De um modo geral, a doutrina tem sustentado, invariavelmente, que os tipos penais constantes da Lei n. 7.492/86 têm por objetividade jurídica a proteção do *sistema financeiro nacional*, prioritariamente, e apenas, secundariamente, visaria à proteção de outros bens jurídicos, como o patrimônio da própria instituição financeira ou dos seus investidores. Vejamos, aleatoriamente, o entendimento de alguns doutrinadores, relativamente ao bem jurídico tutelado pela previsão constante do art. 5º (apropriação indébita financeira). Guilherme Nucci vê como objeto da proteção jurídica "a credibilidade do mercado financeiro e a proteção do investidor"[3]. Para Paulo Cezar da Silva, o objetivo desse dispositivo *"é tutelar a política econômica do Governo Federal, cuidando para que as operações atribuídas às instituições financeiras ou a entes assemelhados se realizem de forma regular e honesta, zelando pela estabilidade e credibilidade do Sistema Financeiro Nacional*, no caso deste artigo, com ênfase ao patrimônio da instituição financeira e dos investidores"[4]. Tórtima, por sua vez, sustenta que "a tutela jurídica aqui está diretamente voltada para o patrimônio da própria instituição financeira e de seus clientes, *muito embora, em primeiro plano, resguarde-se o normal e regular funcionamento do Sistema Financeiro Nacional*"[5] (grifos acrescentados).

Embora também tenhamos sustentado a existência de objetividade jurídica coletiva e supraindividual da Lei n. 7.492/86, como destacamos ao examinar o crime de gestão fraudulenta ou temerária, temos dificuldade em adotar orientação que desconhece a existência da tutela penal, prioritariamente, de outros bens jurídicos, individuais ou coletivos, em determinados tipos penais. Sustentamos que referido diploma legal tem a pretensão de tutelar, fundamentalmente, o *sistema financeiro nacional*, protegendo-o dos maus administradores, especialmente contra atos ou gestões fraudulentas, temerárias ou arriscadas, levadas a efeito por inescrupulosos controladores, administradores ou diretores. Como destacava João Marcello de Araújo Junior, referindo-se ao diploma legal em geral, "a despeito da lesão ao patrimônio individual que possam causar, a tônica da reprovação social está centrada na ameaça do dano que representam para o sistema financeiro, que se caracteriza como um interesse jurídico suprain-

---

[3] Guilherme Nucci, *Leis penais e processuais penais comentadas*, p. 1052.
[4] Paulo Cezar da Silva, *Crimes contra o sistema financeiro nacional*, p. 149.
[5] José Carlos Tórtima, *Crimes contra o sistema financeiro nacional*, p. 44.

dividual [...]"[6]. As instituições financeiras, enquanto entidades individualmente relevantes no sistema financeiro, também são objetos da tutela penal, inclusive aquelas pertencentes à iniciativa privada. Nesse sentido, protege-se a lisura, a correção e a honestidade das operações atribuídas e realizadas pelas instituições financeiras e assemelhadas. O bom e regular funcionamento do sistema financeiro repousa na confiança que a coletividade lhe credita. A credibilidade é um atributo que assegura o regular e exitoso funcionamento do sistema financeiro como um todo.

No entanto, em alguns dispositivos deste diploma legal, há outros bens jurídicos, *prioritariamente tutelados*, inclusive individuais, como ocorre, por exemplo, com a tipificação contida neste dispositivo que ora analisamos. Com efeito, o bem jurídico protegido neste art. 5º – *apropriação indébita financeira* – é a inviolabilidade patrimonial da própria instituição financeira, dos investidores, em particular, e da coletividade, em geral, especialmente em relação ao direito de propriedade, e não ao *direito possessório*. Na verdade, protege o direito de propriedade, direta e imediatamente, contra eventuais abusos do *possuidor* que possa ter a intenção de dispor de tais bens como se seus fossem.

Acreditamos, contudo, que o dispositivo em exame protege mais do que o simples direito de propriedade, ou seja, os *direitos reais de garantia*, como o usufruto e o penhor, também estão protegidos penalmente, uma vez que o usufrutuário, assim como o devedor, pode apropriar-se indevidamente da *res*, violando o direito do nu-proprietário ou do credor pignoratício.

A tipificação do crime de *apropriação indébita financeira* silenciou, no entanto, sobre o *abuso de confiança*, ao contrário de inúmeros Códigos europeus, por influência do direito francês. Pode existir, e na maioria das vezes é normal que exista, uma relação de fidúcia na prática desse tipo de crime, mas, decididamente, não é elemento indispensável à sua configuração. É necessário e suficiente que a *justa* posse exercida pelo agente (não há referência tampouco a mera detenção), *alieno domine*, sobre o objeto material protegido preexista à ilícita apropriação, a exemplo do que ocorre com a apropriação indébita tradicional, disciplinada em nosso Código Penal (art. 168).

3. SUJEITOS ATIVO E PASSIVO DO CRIME

3.1. Sujeito ativo

Por definição legal, a exemplo de inúmeros dos crimes contra o sistema financeiro, só podem ser *sujeitos ativos* os controladores e administradores das

---

[6] João Marcello de Araújo Junior, *Dos crimes contra a ordem econômica*, p. 145-146.

instituições financeiras, sendo considerados como tais os diretores e gerentes (art. 25 e § 1º). São equiparados aos administradores, também por expressa previsão legal, o *interventor*, o *liquidante* e o *síndico* (art. 25, § 2º), na terminologia que era adotada pela antiga Lei de Falências. Trata-se, na realidade, de *crime próprio*, exigindo uma *condição especial* do sujeito ativo, qual seja exercer uma das funções referidas no art. 25 e seus parágrafos.

A condição especial (controlador, administrador e equiparados), no entanto, como *elementar do crime de apropriação indébita financeira*, comunica-se ao particular que eventualmente concorra, na condição de *coautor* ou *partícipe*, para a prática do crime, nos termos da previsão do art. 30 do CP. Dessa forma, é necessário que pelo menos um dos autores reúna a *condição especial* exigida pelo tipo penal, podendo os demais não possuir tal qualidade.

É indispensável, contudo, que o particular (*extraneus*) tenha *consciência* da *qualidade especial* do controlador ou administrador de instituição financeira, sob pena de não responder por esse *crime, que é próprio*. Desconhecendo essa condição, o *dolo* do particular não abrange todos os elementos constitutivos do tipo, configurando-se o conhecido *erro de tipo*, que afasta a tipicidade da conduta. Responderá, no entanto, por outro crime, consoante o permissivo contido no art. 29, § 2º, do CP, que abriga a chamada *cooperação dolosamente distinta*, autorizando-o a responder, em princípio, por crime menos grave.

O *proprietário dos bens* (dinheiro, título, valor, direito ou qualquer outro bem móvel ou imóvel), pela redação do dispositivo – "apropriar-se [...] em proveito próprio ou alheio" –, não pode ser sujeito ativo deste crime, pois somente se pode apropriar-se daquilo de que não se é dono ou proprietário. Assim, sujeito ativo será sempre pessoa diversa do proprietário, seja possuidor ou detentor, independentemente de haver recebido a posse ou detenção de terceiro.

Por fim, os *membros de conselhos estatutários*, em princípio, não podem figurar como sujeitos ativos dos crimes contra o sistema financeiro nacional, nos moldes preconizados no art. 25 desse diploma legal. O peso do veto presidencial à locução "membros de conselhos estatutários" impede que interpretações, mais ou menos arrojadas, procurem equiparações ou justificativas variadas para fundamentar seu alcance pela pretensão punitiva, pois seriam facilmente alcançadas pela responsabilidade penal objetiva. Não vemos, por outro lado, nenhuma dificuldade em compreender os fundamentos desse veto[7], representando apenas o ônus de legislação que deseja pontuar quem deve responder por esse ou aquele crime, pois, não fosse essa opção político-criminal, poderia simplesmente ser concebido como crime comum. No entanto, a existência de provas concretas que comprovem a prática efetiva de determinada conduta que possa

---

[7] Áureo Natal de Paula, *Crimes contra o sistema financeiro nacional e o mercado de capitais*, p. 143.

Apropriação indébita financeira • 87

adequar-se a algum tipo penal, inevitavelmente, poderá, pelo *princípio da individualização da responsabilidade penal*, o conselheiro responder por suas ações, desde que não se trate, logicamente, de *crime próprio*, a menos que sejam alcançados pela previsão do art. 29 do CP.

Embora não os individualize, tanto o *caput* quanto seu parágrafo único exigem que o sujeito ativo reúna a condição especial dos agentes referidos no art. 25 da Lei n. 7.492/86. Seria desnecessário destacar que a previsão, tanto do *caput* quanto do parágrafo único, recepciona a abrangência, por equiparação, do rol contido no § 1º do referido artigo. Casuisticamente, se necessário, poder-se-á questionar seu afastamento.

O rol contido no § 1º do art. 25 da Lei n. 7.492/86 – "interventor, liquidante ou síndico" – é *numerus clausus*, não admitindo a inclusão de qualquer outra hipótese semelhante, ou seja, não abrange pessoa que desempenhe função diversa das ali relacionadas, por exemplo, o *comissário*, que administrava os bens da concordata, sob pena de violar o *princípio da reserva legal*. Há inclusão de duas figuras não recepcionadas pelo Código Penal brasileiro, *interventor* e *liquidante*, vindos de outra seara do Direito.

Interventor é o administrador temporário investido nessa função, mediante designação do Banco Central do Brasil, por força do disposto no art. 5º da Lei n. 6.024/74. O liquidante é uma figura consagrada que administra as "sociedades em liquidação", igualmente não recepcionada pelo Código Penal de 1940. *Liquidante*, estritamente, era o administrador *ad hoc* designado pelo Banco Central do Brasil, no caso de liquidação extrajudicial de *instituição financeira* (art. 16 da Lei n. 6.024/74, ou designado pela Assembleia Geral, ou quem os estatutos determinarem). *Síndico* era a denominação que se dava ao encarregado da administração da falência, mais especificamente da massa falida, sob direção e superintendência do juiz na antiga Lei de Falências (Decreto-Lei n. 7.661/45). Atualmente, porém, a Lei de Falências (Lei n. 11.101/2005) denomina *administrador judicial* a pessoa que exerce essa função.

O fundamento dessa *equiparação* entre administradores ou controladores é o de que, além de "substituí-los" na administração da instituição financeira, em tese, praticando crime, *violam também deveres inerentes ao cargo ou função que desempenham,* justificando, inclusive, maior reprovabilidade social. São funções que exigem maior abnegação do indivíduo, que geram uma expectativa de segurança e seriedade, provocando eventual conduta ilícita maior censura por caracterizar infidelidade a um múnus público.

3.2. Sujeito passivo

Sujeito passivo, finalmente, é o Estado, guardião e responsável pela estabilidade, confiabilidade e idoneidade do sistema financeiro nacional. Secundariamente, segundo a doutrina tradicional, também podem ser considerados sujeitos passivos a própria instituição financeira e os investidores e correntistas quando, eventualmente, forem lesados[8].

Na realidade, não apenas investidores ou correntistas podem ser *sujeitos passivos* desta infração penal, mas qualquer pessoa, física ou jurídica, titular do direito patrimonial atingido pela ação tipificada; em regra, é o proprietário e, excepcionalmente, o mero *possuidor*, quando a posse direta decorra de direito real (usufruto ou penhor), uma vez que se relacionam à propriedade. Assim, não apenas o dono do bem, do direito ou da coisa pode ser sujeito passivo de apropriação indébita financeira, como também o titular de direito real de garantia, como usufrutuário ou credor pignoratício, considerando que o dispositivo legal acresceu em seu parágrafo "bem imóvel".

Discordamos do entendimento tradicional da doutrina que define, nessa hipótese especial, o particular como sujeito passivo secundário, a exemplo do que prelecionava Pimentel[9], *in verbis*: "Sujeito passivo principal é o Estado, já que a lesão ou o perigo de lesão atinge primordialmente a boa execução da política econômica do governo. Serão sujeitos passivos secundários os prejudicados pelas condutas danosas ou perigosas descritas nos tipos contidos no art. 5º e no seu parágrafo único". Na verdade, não vemos nenhuma razão lógica ou jurídica para colocá-los em segundo plano, mesmo que se trate de infração penal contra a Administração Pública, que não é o caso do dispositivo ora examinado, pois, especificamente, lesa tanto bem jurídico pertencente à ordem pública quanto bem jurídico pertencente ao particular (patrimônio). Na realidade, *o Estado é sempre sujeito passivo primário* de todos os crimes, desde que avocou a si o monopólio do *ius puniendi*, daí o caráter público do Direito Penal que somente tutela interesses particulares pelos reflexos que sua violação acarreta na coletividade. Com efeito, a Lei Penal protege, em primeiro plano, o interesse da ordem jurídica geral, cujo titular é o Estado e, secundariamente, o interesse do particular. Doutrinariamente se tem considerado sujeito passivo o titular do interesse imediatamente ofendido pela ação delituosa ou do bem jurídico particularmente protegido pela norma penal, ou seja, o sujeito passivo *particular* ou *secundário*. Por isso, a nosso juízo, nessa maioria de crimes, chega a ser desnecessário mencionar o Estado como sujeito passivo, pois seria uma afirmação pleonástica. No entanto, em determinados crimes, *não há sujeito passivo particular*, como ocorre nos chamados *crimes contra a paz pública* (arts. 286 a 288). Contudo, o Estado continua, como sempre, sendo o titular do bem jurídico lesado.

---

[8] José Carlos Tórtima, *Crimes contra o sistema financeiro nacional*, p. 41.

[9] Manoel Pedro Pimentel, *Crimes contra o sistema financeiro nacional*, São Paulo: Revista dos Tribunais, 1987, p. 58.

Em outros crimes, porém, como esses capitulados nos *crimes contra a Administração Pública* praticados por seus próprios funcionários, é o Estado que aparece como sujeito passivo particular, pois é titular do bem jurídico diretamente ofendido pela ação incriminada. Quando, nessa espécie de crime, atinge-se também o patrimônio ou qualquer outro interesse penalmente tutelado do particular, este também se apresenta como sujeito passivo e, se alguém deve ser denominado sujeito secundário, acreditamos que, ainda assim, deveria ser o Estado, que é sempre ofendido, e não o particular eventualmente lesado.

Em síntese, o Estado, que é o *sujeito passivo permanente* de todos os crimes praticados contra a Administração Pública, deveria ser, contudo, considerado sujeito passivo *secundário* sempre que houver lesado ou ofendido diretamente bem jurídico pertencente a algum particular. Finalmente, somente para evitarmos dificuldades metodológicas, seguiremos a doutrina majoritária, ressalvando apenas nosso entendimento pessoal sobre essa temática.

4. PRESSUPOSTO DE QUALQUER APROPRIAÇÃO INDÉBITA

O pressuposto de qualquer crime de *apropriação indébita* é a *anterior posse lícita da coisa alheia*, da qual o agente *apropria-se* indevidamente, inclusive, no caso de *contribuição previdenciária*, ou seja, seu objeto precisa existir efetivamente para que o contribuinte possa dele *se apropriar*. A *posse*, que deve preexistir ao crime, deve ser exercida pelo agente em *nome alheio*, isto é, em nome de outrem, *in caso*, da previdência social. A *apropriação previdenciária* é irmã siamesa da apropriação indébita tradicional (art. 168) e, por isso, deve, necessariamente, respeitar os seus pressupostos básicos, tanto que o próprio legislador deu-lhe o mesmo número de artigo, acrescido da vogal "A". Talvez o legislador não devesse ter criminalizado dessa forma o não recolhimento devido das contribuições previdenciárias, mas isso já é outra questão, que não nos compete aqui neste espaço comentar.

Ninguém pode apropriar-se de *coisa própria*, isto é, daquilo que lhe pertence, cuja posse já é sua, isto é, *própria* e lícita. Aqui, neste dispositivo legal derivado do anterior, digamos assim, o legislador não menciona expressamente a "*posse* do objeto da apropriação previdenciária", qual seja, do valor descontado do pagamento do trabalhador, o qual, em tese, o legislador *presume* que tenha, ou retenha, em sua posse. Aliás, sem essa "posse anterior" dos valores *presumidamente* retidos, a conduta descrita e pretendida pelo legislador é atípica, por faltar-lhe esse *pressuposto básico* de qualquer apropriação indébita. Assim, por exemplo, o contribuinte que não dispõe de numerário suficiente para pagar os salários de seus empregados e recolher a respectiva *contribuição social* não comete esse crime, isto é, *não pratica o crime de apropriação previdenciária*, simplesmente porque não há do que se *apropriar*, apenas teve que fazer uma opção, não deixar seus trabalhadores sem receber os respectivos salários, ainda que não disponha de fundos suficientes para recolher as devidas contribuições sociais. Essa opção inevitável do contribuinte representa um *estado de necessidade* que, por sua vez, constitui, ao mesmo tempo, uma *dirimente de culpabilidade*, que é a *inexigibilidade de conduta diversa*. Ou seja, por qualquer ângulo que examine essa situação fática, ora exemplificada, *não há crime* pela impossibilidade fático-jurídica de configurar-se. Situações como essas ocorrem com muita frequência, especialmente com aqueles contribuintes que sempre honraram seus compromissos tributários, sendo só uma questão de demonstrar a grave situação financeira de sua empresa. Daí a importância de os empreendedores manterem sua contabilidade em dia, até por sua própria segurança jurídica e para evitar uma injusta criminalização pela prática de um crime impossível.

Em outros termos, o *contribuinte* deve dispor de "caixa" suficiente para poder honrar tais compromissos, ou seja, deve possuir – "possuir" no sentido de ter em sua *posse* – valores suficientes para pagar salários e as respectivas contribuições previdenciárias. Mesmo antes de o contribuinte efetuar o recolhimento dos valores correspondentes à contribuição previdenciária, o legislador os *presume* pertencerem à previdência social, mas, para que tal *presunção* possa ter força suficiente para tipificar esse crime, é indispensável que o *contribuinte* disponha de tais valores, isto é, os tenha em sua posse lícita no momento em que efetua os pagamentos a seus empregados. A ausência desse numerário, isto é, não dispondo o contribuinte de valores suficientes para honrar os dois compromissos, quais sejam, pagar os empregados e recolher a corresponde *contribuição social*, descaracteriza-se tal crime, ou seja, sua conduta é atípica, quer pela falta ou *ausência do objeto da contribuição previdenciária*, quer pela *inexigibilidade de conduta diversa* (dirimente de culpabilidade)[10].

E qual seria a razão dessa nossa conclusão, aparentemente simplista, mas tecnicamente fundamentada? Na realidade, é simples mesmo sob o ponto de vista dogmático: ora, se não há a prévia posse lícita do objeto da apropriação previdenciária, isto é, de numerário suficiente para efetuar o devido recolhimento da contribuição social e pagamento dos salários dos empregados, não se configura a *apropriação indevida* de algo que não existe, caracterizando autêntico crime impossível, pela ausência do seu objeto!

Sem esse pressuposto da apropriação *indébita previdenciária*, qual seja, a existência do *objeto material* de suposta apropriação indevida, não se pode falar em *apropriação indébita previdenciária*, por absoluta *inadequação típica*, além da existência concreta da *inexigibilidade de conduta diversa*, que afasta a culpabilidade do contribuinte, e, principalmente, pela caracterização de *crime impossível*, não apenas pela *impropriedade do objeto*, mas pela absoluta falta dele.

---

[10] Francisco de Assis Toledo, *Princípios de direito penal*, 5. ed., São Paulo: Saraiva, 1994.

5. TIPO OBJETIVO: ADEQUAÇÃO TÍPICA

A redação do art. 5º, *caput* e parágrafo, não é das mais felizes, gerando grande dificuldade na "faina" interpretativa, deixando grande dúvida sobre a origem e a natureza dos bens relacionados como possível *objeto material* de apropriação. Não indica em que condições o sujeito ativo estaria na *posse* destes, se os *recebeu em custódia ou depósito na instituição financeira*, ou se decorrem de negócio estranho a ela, nem quem seriam seus verdadeiros donos ou titulares. Permite que um desavisado intérprete possa supor que, estando satisfeita a simples condição da subjetividade ativa, exigida pelo tipo, de controlador ou administrador de instituição financeira, seja suficiente para puni-lo pelo disposto neste art. 5º, por qualquer apropriação indébita que tenha praticado, fato que já preocupava Manoel Pedro Pimentel[11]. No entanto, não foi esse, certamente, o objetivo da Lei n. 7.492/86, que se preocupou em esclarecer, de plano, que se destina a *proteger o sistema financeiro nacional*, não se propondo, logicamente, a criminalizar a *apropriação indébita tradicional*, que já encontra suficiente reprovação no Código Penal (art. 168[12]), mas criando somente uma *apropriação indébita especial*, que pode ser denominada "financeira", posto que praticada no âmbito do sistema financeiro nacional, cujo objeto material deverá ser, necessariamente, bem, valor ou título *custodiado ou depositado na instituição*, derivando, daí e a esse título, a sua posse. Nesse sentido, é incensurável a conclusão de Tórtima, quando afirma categoricamente: "O tipo penal da cabeça do artigo realiza-se, portanto, quando o administrador ou gerente da instituição financeira apropria-se de dinheiro, títulos ou quaisquer outros bens *depositados ou custodiados na instituição* ou os desvia em proveito próprio ou de outrem"[13].

Há três espécies de ações incriminadas, duas no *caput – apropriar-se* e *desviá-lo –*, diferentemente da apropriação indébita tradicional, contida no Código

---

[11]   Manoel Pedro Pimentel, *Crimes contra o sistema financeiro nacional*, p. 55.

[12]   **"Apropriação indébita**

Art. 168. Apropriar-se de coisa alheia móvel, de que tem a posse ou a detenção:

Pena – reclusão, de 1 (um) a 4 (quatro) anos, e multa.

Aumento de pena

§ 1º A pena é aumentada de um terço, quando o agente recebeu a coisa:

I – em depósito necessário;

II – na qualidade de tutor, curador, síndico, liquidatário, inventariante, testamenteiro ou depositário judicial;

III – em razão de ofício, emprego ou profissão."

Publicado como § 1º o único parágrafo deste artigo.

[13]   José Carlos Tórtima, *Crimes contra o sistema financeiro nacional*, p. 44-45.

Penal (art. 168), e uma no parágrafo único – *negociar* basicamente os mesmos objetos materiais, apenas excluindo *dinheiro*, e incluindo *direito* e qualquer bem *imóvel*. A exemplificativa relação de bens que constituem o *objeto material* da apropriação indébita especial teria sido *mais bem* sintetizada na mesma expressão utilizada pelo Código Penal: "coisa alheia móvel".

No diploma legal codificado, a ação incriminada consiste em *apropriar-se de coisa alheia móvel* de que tem a *posse ou detenção*, ao passo que, nesta lei especial, incrimina-se (a) a ação de *apropriar-se* de dinheiro, título, valor ou qualquer outro bem móvel de que tem a *posse*, não se referindo à mera *detenção*; (b) incrimina-se, igualmente, a ação de "desviá-los em proveito próprio ou alheio". Há aqui, nesta segunda figura, um *erro crasso* do legislador, posto que se refere aos vários bens elencados no dispositivo legal, mas o verbo nuclear "desviá-lo" está grafado no singular. Vejamos, a seguir, as duas condutas delitivas constantes do *caput*, ignorando-se a incorreção gramatical e, posteriormente, a terceira figura, constante do parágrafo único, qual seja, "negociar".

(a) *Apropriar-se* dos objetos de que tem a posse é tomá-los para si, isto é, *inverter a natureza da posse*, passando a agir como se dono fosse dos objetos alheios de que tem posse. Embora o texto legal não o diga expressamente, a locução "*apropriar-se ... de que tem a posse*" só pode ser objetos alheios, isto é, pertencentes a outrem. Esse aspecto fica muito claro com a segunda conduta criminalizada, que é "desviá-los em proveito próprio ou de terceiro";

(b) "*Desviá-los* em proveito próprio ou de terceiro", pois essa segunda incriminação *reforça* o entendimento de que o agente detém a *posse* em nome de terceiro, a exemplo do que prescreve o Código Penal (art. 168), embora o faça expressamente, ao contrário da lei especial que é omissa, no particular. Porque não são seus, ou seja, porque não lhe pertencem, o agente não pode *apropriar-se* nem *desviar* aqueles objetos mencionados no *caput* do artigo em exame, quais sejam, dinheiro, título, valor ou qualquer outro bem móvel de que tem a posse, e não pode desviá-los nem em proveito próprio, nem de terceiro.

Desviar é alterar a destinação dos bens alheios, dar-lhes outro destino, outra finalidade, é utilizar qualquer dos bens alheios mencionados no dispositivo em finalidade diversa da que normalmente lhes tenha sido prevista. *Desviar* o uso ou a destinação dos bens mencionados significa *desvirtuar* sua utilização, indevidamente, ou seja, tanto *sem autorização legal* como *sem autorização de quem de direito*. Com efeito, o verbo nuclear "desviar" tem o significado, nesse dispositivo legal, de dar-lhe outro encaminhamento ou, em outros termos, o sujeito ativo dá ao objeto material *aplicação diversa* da que lhe foi determinada em benefício próprio ou de outrem. Nesta figura, que não existe na apropriação indébita tradicional (somente no *peculato-desvio* – art. 312, segunda parte, do CP), não há o propósito de *apropriar-se*, que é identificado como o *animus rem sibi habendi*, podendo ser caracterizado o *desvio* proibido pelo tipo, com simples

Apropriação indébita financeira • 93

uso irregular do objeto material da apropriação indébita financeira. Em outros termos, em vez do destino *certo* e *determinado* do bem de que se tem a posse, o agente lhe dá outro, no *interesse próprio* ou *de terceiro*. O *desvio* poderá consistir no *uso irregular* do objeto material (dinheiro, título, valor ou qualquer outro bem móvel).

> (c) *Negociar*, por fim, os bens objeto material, relacionado no parágrafo único, dentre os quais estão incluídos *direito* e *qualquer bem imóvel* e excluído "dinheiro", desde que ocorra *sem autorização de quem de direito*. *Negociar*, que não é uma conduta utilizada nos tipos penais similares, como na *apropriação indébita* (art. 168) e no *peculato* (312), ambos do Código Penal, "significa concluir uma *operação mercantil ou financeira*, envolvendo, no caso, o bem do lesado, podendo tal negócio ser uma venda, um empréstimo, oferta em garantia etc. Para a configuração não se exige que o proprietário do bem sofra efetivo prejuízo"[14].

Quanto ao verbo *negociar*, no sentido empregado pelo legislador, a melhor forma de traduzi-lo é *comerciar*, seja por venda ou permuta, dação em pagamento, empréstimo ou em garantia pignoratícia. Pimentel também já questionava a inclusão de imóvel como objeto material deste crime, na modalidade de negociar, afirmando: "*Negociar imóvel* de que tem a posse, sem autorização de quem de direito, é algo bastante improvável, porque *negociar*, aqui com o sentido de *vender*, implica na necessidade de transmissão do domínio, direito que o possuidor não tem"[15].

Por fim, o texto legal permite *interpretação extensiva* ou *analógica* ante as locuções "ou qualquer outro bem móvel", constante no *caput* do artigo, e "ou qualquer bem móvel ou imóvel", referido no parágrafo único. Depara-se, no entanto, com uma dificuldade hermenêutica ante a inexistência de parâmetros comparativos, orientadores e limitadores da interpretação extensiva adequada. Com efeito, nas hipóteses permissivas da *interpretação analógica*, normalmente o legislador penal usa expressões limitadoras, como, por exemplo, "ou outras semelhantes", significando que a extensão das hipóteses exemplificadas deve guardar estrita semelhança, a exemplo do que ocorre na definição do *crime continuado*, quando relaciona as condições objetivas "de tempo, lugar, maneira de execução e *outras semelhantes*" (art. 71 do CP).

Não se trata de *analogia* em sentido estrito, como *processo integrativo* da norma lacunosa, mas de "interpretação por analogia", isto é, de um *processo interpretativo* analógico previamente determinado pela lei, ou seja, um *meio* indicado para *integrar* o preceito normativo dentro da própria norma, estendendo-o a situações análogas, como ocorre no exemplo supramencionado. Não

---

[14] José Carlos Tórtima, *Crimes contra o sistema financeiro nacional*, p. 48.
[15] Pimentel, *Crimes contra o sistema financeiro nacional*, p. 57.

é incomum a lei dispor que, além dos casos especificados, o preceito se aplique a outros análogos ou semelhantes. Completa-se o conteúdo da norma com um processo de *interpretação extensiva*, aplicando-se analogicamente aos casos semelhantes que se apresentem, por determinação da própria norma; como destacava Jiménez de Asúa, "é a própria lei que a ordena e, por isso, não se trata de *analogia*, mas de *interpretação analógica*, posto que ela se vincula à própria vontade da lei"[16] (grifos acrescentados).

Essa técnica – *interpretação analógica* –, utilizada em muitos dispositivos penais, não deixa de ser *uma espécie de interpretação extensiva*, conhecida como *interpretação analógica*, em que a própria lei determina que se amplie seu conteúdo ou alcance e forneça critério específico para isso. A "interpretação analógica", repetindo, é *processo interpretativo*, distinguindo-se, portanto, da "analogia", que é *processo integrativo* e tem por objeto a aplicação de lei. No mesmo sentido, o penalista espanhol Polaino Navarrete afirma: "Por interpretação analógica deve-se entender a interpretação de um preceito por outro que prevê caso análogo, quando no último aparece claro o sentido que no primeiro está obscuro: com este entendimento, se a considera como uma espécie de interpretação sistemática. Distinta da interpretação analógica, que é a *aplicação da lei por analogia*, que consiste em fazer aplicável a norma a um caso semelhante, mas não compreendido na letra nem no pensamento da lei"[17].

Por isso, a *interpretação analógica*, ao contrário da *analogia*, pode ser, e normalmente é, aplicada às normas penais incriminadoras. Estas, em obediência ao princípio *nullum crimen, nulla poena sine lege*, não podem ter suas lacunas integradas ou colmatadas pela *analogia em obediência exatamente* ao princípio *nullum crimen sine praevia lege*.

Concluindo com o magistério de Asúa, *interpretação analógica* e *analogia* são coisas distintas, "porque a interpretação é o descobrimento da vontade da lei em seus próprios textos, ao passo que com a analogia não se interpreta uma disposição legal, que em verdade não existe, mas, ao contrário, aplica-se ao caso concreto uma regra que disciplina um caso semelhante. Naquela falta a expressão literal, mas não a vontade da lei, e na analogia falta também a vontade desta"[18].

Poder-se-á discutir a *natureza do proveito* exigido para configurar o crime de apropriação indébita financeira, se deve ou não ter natureza econômica. Contrariamente, contudo, ao que se poderia exigir nos crimes patrimoniais,

---

[16]   Luiz Jiménez de Asúa, *Principios de derecho penal – La ley y el delito*, Buenos Aires, Abeledo-Perrot, 1990, p. 140.

[17]   Miguel Polaino Navarrete, *Derecho Penal:* fundamentos científicos del derecho penal, v. 1, p. 416.

[18]   Luís Jiménez de Asúa, *Principios de derecho penal* – la ley y el delito, p. 122.

aqui, mesmo que implique, nesta figura, valor patrimonial, o proveito pode ser de qualquer natureza, patrimonial, moral, funcional etc. Nessa modalidade, o crime consuma-se com a efetivação do *desvio*, independentemente da real obtenção de proveito para si ou para outrem, basta que referido desvio faça parte do elemento subjetivo especial do tipo.

Embora presente no tipo, a elementar "sem autorização de quem de direito" diz respeito à antijuridicidade, mas é, ao mesmo tempo, um elemento normativo do tipo, cuja presença deve ser constatada sob pena de descaracterizar-se o crime, pois, se o negócio for feito *com a devida autorização*, não haverá ilícito penal[19]. A sua ausência torna a conduta não só atípica como permitida. O tipo penal, que ora analisamos, traz em sua construção típica a locução "sem autorização de quem de direito", constituindo *elementar típica*, nesse caso, como característica negativa expressa da figura típica. A ausência de autorização de quem de direito, nesta circunstância, constitui *elementar do tipo*; aliás, a existência de *autorização de quem de direito* afasta não apenas a antijuridicidade, como normalmente ocorreria, mas também a própria *tipicidade* da conduta. Enfim, se o *sujeito passivo*, isto é, o titular, dono ou possuidor do título, direito ou qualquer outro bem móvel ou imóvel autorizar que estes podem ser "negociados", a conduta do sujeito ativo será *atípica*, ou seja, indiferente ao Direito Penal.

6. TIPO SUBJETIVO: ADEQUAÇÃO TÍPICA

O elemento subjetivo é o *dolo*, constituído pela *vontade livre e consciente* de apropriar-se, isto é, de assenhorear-se de bem móvel (dinheiro, título, valor ou qualquer outro bem) de que tem a posse em nome de outrem, com a consciência de que não lhe pertence, invertendo o título da posse, ou desviá-lo de sua finalidade em proveito próprio ou alheio. Em outros termos, é necessária a existência de vontade consciente e definitiva de não restituir a coisa alheia ou desviá-la de sua finalidade.

O *dolo* – que se encontra no tipo – deve abranger todos os elementos configuradores da descrição típica, sejam eles fáticos, jurídicos ou culturais. O autor somente poderá ser punido pela prática de um *fato doloso* quando conhecer as circunstâncias fáticas que o constituem. Eventual desconhecimento de um ou outro elemento constitutivo do tipo pode constituir *erro de tipo*, excludente do dolo. Em outros termos, o agente deve ter *vontade* e *consciência* de *apropriar-se* dos bens móveis alheios, isto é, de tomar para si coisa que não lhe pertence ou, como diz o texto legal, de desviá-los em pro-

---

[19] Manoel Pedro Pimentel, *Crimes contra o sistema financeiro nacional*, p. 59.

veito próprio ou alheio. Essa é a *representação subjetiva* que deve abranger e orientar a ação do sujeito ativo, o qual, se praticar as duas figuras típicas, apropriar-se e depois desviá-los, praticará crime único, por tratar-se de *crime de conteúdo variado*.

No crime de *apropriação indébita financeira*, a exemplo do que ocorre com a *apropriação indébita tradicional*, há uma *inversão do título da posse*, já que o agente passa a agir como se dono fosse da *coisa alheia* de que tem a *posse legítima*. É fundamental a presença do *elemento subjetivo transformador da natureza da posse, de alheia para própria*, como *elemento subjetivo especial do injusto*, sob pena de não se configurar a apropriação indevida.

Afirma-se que, nesse crime, o dolo é *subsequente*, pois a apropriação segue-se à posse lícita da coisa. O *dolo* é, na espécie, como afirma Fernando Fragoso, "a vontade de assenhorear-se de bem móvel (*animus rem sibi habendi*), com consciência de que pertence a outrem, invertendo o título da posse"[20]. Contrariando esse entendimento, Heleno Fragoso sustentava que "não existe dolo subsequente [*sic*] [...] O dolo deve necessariamente dominar a ação (ressalvada a situação excepcional de *actio libera in causa*), e no caso se revela com a apropriação, ou seja, quando o agente inverte o título da posse"[21].

Na verdade, embora pareça, não chegam a ser contraditórias as duas orientações; basta que se procure emprestar maior precisão aos termos empregados, isto é, deve-se interpretar adequadamente o sentido da locução "dolo subsequente". Explicando: não se desconhece que o dolo, necessariamente e sempre, tem de ser *atual*, isto é, contemporâneo à ação proibida. Se fosse anterior, estar-se-ia diante de um *crime premeditado*; se fosse posterior, de crime não se trataria, pois a conduta praticada não teria sido orientada pelo dolo. Com efeito, quando se fala em dolo subsequente, não se está pretendendo afirmar que o dolo é posterior à ação de apropriar-se, como pode ter interpretado Heleno Fragoso; logicamente, busca-se apenas deixar claro que é necessário o *animus apropriandi* ocorrer após a posse *alieno nomine*.

6.1. Elemento subjetivo especial do injusto: em proveito próprio ou alheio

Para que se complete, contudo, essa conduta típica, é indispensável, nas duas primeiras figuras típicas – *apropriar-se ou desviá-los* –, além do dolo, a presença do *elemento subjetivo especial do injusto*, ou seja, que se faça o *desvio em proveito próprio ou alheio*, de tal sorte que a eventual ausência desse ele-

---

[20] Fernando Fragoso, *Crimes contra o sistema financeiro nacional*, in Heleno Cláudio Fragoso, *Lições de direito Penal*: parte especial, v. 1, p. 693.

[21] Heleno Cláudio Fragoso, *Lições de Direito Penal*, cit., vol. 1, p. 423.

mento subjetivo impede a configuração dessa infração penal. Esse elemento subjetivo *está implícito* na primeira figura, "em proveito próprio", pois seria incompreensível *apropriar-se* em benefício de terceiro, e *explícito* na segunda, "desviá-los em proveito próprio ou de alheio". Com efeito, se o *desvio* operar-se em benefício da própria instituição financeira, não haverá apropriação indébita financeira, propriamente, mas o desvio do objeto material poderá configurar outro crime, e não este. Em outros termos, o desvio dos bens, objeto material desta infração penal, não encontra adequação típica no preceito primário deste art. 5º.

Por outro lado, essa especificação do dolo não se faz presente na terceira modalidade de apropriação indébita, qual seja, "negociar" *direito, título ou qualquer bem móvel ou imóvel.* Com efeito, não há a exigência da presença de qualquer *elemento subjetivo especial* do injusto relativamente à conduta de "negociar". Na realidade, essa terceira figura de "apropriação indébita financeira" constitui *crime autônomo*, independente, que apenas aproveitou-se da estrutura do tipo do art. 5º ora em exame; é, digamos, uma figura parasita, divorciada das condutas típicas que, normalmente, seguem o perfil histórico dos similares crimes-básicos *apropriação indébita* e *peculato*.

7. APROPRIAÇÃO INDÉBITA FINANCEIRA E RELAÇÃO MANDANTE-MANDATÁRIO

A relação mandante-mandatário pode apresentar uma gama variada de situações, que pode ir da simples infração ético-disciplinar, passando pelo inadimplemento contratual (ilícito civil), até a caracterização de infração penal (estelionato, apropriação indébita financeira etc.). Diante dessa multiplicidade de situações, é impossível estabelecer regras genéricas, visto que somente o casuísmo poderá indicar a natureza de eventual infração (civil, administrativa, cambial ou criminal).

A figura da *apropriação indébita financeira* pressupõe a existência de *elemento subjetivo especial do injusto*, ou seja, a tomada do bem *alheio* em proveito próprio ou alheio. A existência de relação jurídica mandante-mandatário leva à conclusão da inexistência do dolo. O simples fato de o mandatário, por exemplo, depositar em conta bancária valor por ele administrado não implica, necessariamente, a inversão do *onus probandi*, o que colocaria *nos ombros do agente a obrigação de fazer prova de fato negativo* – o de não haver praticado o crime –, mormente com a consequência de, não a implementando, vir a ser condenado. Não se pode cogitar de prova da ausência da intenção de apropriar--se, porquanto inerente à razoabilidade que norteia o procedimento padrão.

Com efeito, não se pode esquecer que a figura da *apropriação indébita financeira* exige um elemento subjetivo especial do tipo, qual seja, tomar para si o *bem de que tem posse* com a intenção de não o restituir ou *desviar* da finalidade para a qual o recebeu. Será da acusação, por certo, a obrigação de provar que o simples depósito bancário inverteu a natureza da posse. Se o Estado-acusador não consegue trazer aos autos elementos convincentes a respeito da existência de dolo na apropriação do bem, isto é, *se não há a indispensável certeza sobre a intenção final do agente* (elemento subjetivo especial do injusto), a *apropriação indébita financeira* não está configurada e a composição do litígio deve resolver-se na esfera do direito privado.

Por outro lado, quando o advogado recebe valores, a título de pagamento parcial de honorários, para ajuizar ação, mas não o faz, incorre em inadimplência contratual civil e não no crime do art. 168 do CP, pois não recebeu tais importâncias para restituí-las, pressuposto fundamental da apropriação indébita.

8. CONSUMAÇÃO E TENTATIVA

O momento consumativo do crime de apropriação indébita, convém registrar de plano, é de difícil precisão, pois depende, em última análise, de uma *atitude subjetiva*. Consuma-se, enfim, com a *inversão da natureza da posse*, caracterizada por ato demonstrativo de disposição da coisa alheia ou pela negativa em devolvê-la. É preciso, portanto, destacava Manoel Pedro Pimentel, "que haja efetiva demonstração de que houve a inversão do título da posse, através de algum ato que a revele. Em conclusão, só quando ficar revelado o intento do sujeito ativo, através de atos exteriores, de possuir a coisa em seu próprio nome, como se fosse dono, é que haverá condição de afirmar, com certeza, que o crime se consumou"[22].

A *consumação* da *apropriação indébita financeira* e, por extensão, o aperfeiçoamento do tipo coincidem com aquele momento em que o agente, por ato voluntário e consciente, *inverte o título da posse* exercida sobre a coisa, passando a dela dispor como se proprietário fosse. Contudo, a certeza da recusa em devolver a coisa somente se caracteriza por algum ato externo, típico de domínio, com o ânimo de apropriar-se dela.

O *animus rem sibi habendi*, característico do crime de apropriação indébita financeira, precisa ficar demonstrado à saciedade. Se o agente não manifesta a intenção de ficar com a *res* e a restitui à vítima tão logo possível, o dolo da apropriação indébita não se aperfeiçoa. A simples demora na devolução da *res*, quando não existe prazo previsto para tanto, não caracteriza o delito de apropriação indébita.

Como crime material, a tentativa é possível, embora de difícil configuração. Hungria criticava duramente a corrente contrária à admissibilidade da tentativa na apropriação indébita tradicional, nos termos seguintes: "Não acolhemos a

---

[22] Pimentel, *Crimes contra o sistema financeiro nacional*, p. 61.

opinião daqueles que entendem não ser possível a tentativa de apropriação indébita. É ela configurável não apenas no exemplo clássico do mensageiro infiel que é surpreendido no momento de violar o envelope que sabe conter valores, senão também toda a vez que a apropriação encerra um *iter* ou, como diz Hafter, se executa mediante um ato reconhecível *ab externo* (*einen äusserlich erkennbaren Akt*), como, por exemplo, *venda* ou *penhor*"[23].

A despeito da dificuldade de sua comprovação, a identificação da *tentativa* fica na dependência da possibilidade concreta de se constatar a exteriorização do *ato de vontade* do sujeito ativo, capaz de demonstrar a alteração da *intenção do agente* de apropriar-se do bem alheio, invertendo a natureza da posse. Não se pode negar a configuração da tentativa quando, por exemplo, o *proprietário* surpreende o *possuidor* efetuando a venda do bem que lhe pertence e somente a intervenção daquele – circunstância alheia à vontade do agente – impede a *tradição* do objeto ao comprador, desde que nenhum ato anterior tenha demonstrado essa intenção. Magalhães Noronha e Heleno Fragoso, embora assumindo a existência de controvérsia, reconheciam que, como crime de dano, a apropriação indébita, doutrinariamente, admite a tentativa. Todos os aspectos dogmáticos aplicáveis à apropriação indébita tradicional aplicam-se igualmente à apropriação indébita financeira, por todas as razões já expostas.

9. CLASSIFICAÇÃO DOUTRINÁRIA

Trata-se de *crime próprio* (somente pode ser praticado por agente que reúna determinada qualidade ou condição especial, na hipótese, que seja controlador, administrador, diretor ou gerente de instituição financeira, bem como interventor, liquidante ou síndico), *material* (exige resultado naturalístico, representado pela diminuição do patrimônio da vítima), *doloso* (não há previsão legal para a figura culposa), *de forma livre* (o legislador não previu nenhuma forma ou modo para execução dessa infração penal, podendo ser realizado do modo ou pelo meio escolhido pelo sujeito ativo), *comissivo* (o comportamento descrito no tipo implica a realização de uma conduta ativa, pois a norma penal tipificadora é proibitiva e não mandamental), *instantâneo* (a consumação ocorre em momento determinado, não havendo um distanciamento temporal entre a ação e o resultado), *unissubjetivo* (pode ser praticado por alguém, individualmente, admitindo, contudo, coautoria e participação) e *plurissubsistente* (pode ser desdobrado em vários atos que, no entanto, integram a mesma conduta).

---

[23] Nelson Hungria, *Comentários ao Código Penal*, v. 7, p. 145.

10. ALGUMAS QUESTÕES ESPECIAIS SOBRE ATIPICIDADE

A mora ou simples descaso em devolver o "bem alheio" não configura, por si só, apropriação indébita financeira por faltar-lhe o elemento subjetivo orientador da conduta, qual seja, o *animus apropriandi*, além do especial fim do injusto, "em proveito próprio ou alheio". Se o agente, na locação de coisa móvel, deixa de restituí-la no prazo convencionado, sem, contudo, revelar *animus rem sibi habendi*, o fato constitui mero ilícito civil e não apropriação indébita. Por fim, *coisa fungível (dinheiro, por exemplo)*, emprestada ou depositada, para ser restituída na mesma espécie, quantidade e qualidade, não pode ser, geralmente, objeto de *apropriação indébita*. Contudo, na hipótese específica de *apropriação indébita financeira*, por expressa previsão no *caput* do art. 5º, que ora examinamos, a *apropriação* ou o *desvio*, em proveito próprio ou alheio, pode caracterizar esta infração especial, mas somente, repetindo, nessas duas modalidades. Porém, será absolutamente impossível configurar-se a apropriação na terceira modalidade, qual seja, "*negociar* direito, título ou qualquer outro bem móvel ou imóvel". De notar-se que o legislador, ao contrário do que fez no *caput* do art. 5º, propositalmente, excluiu, no parágrafo único, o termo "dinheiro" do rol exemplificativo ali contemplado.

11. PENA E AÇÃO PENAL

A pena cominada, *cumulativamente*, é de reclusão, de dois a seis anos, e multa. A *ação penal* é pública incondicionada, não dependendo da manifestação de quem quer que seja. A autoridade competente deve agir de *ex officio*.

CAPÍTULO VI
Falsa informação sobre operação ou situação financeira

Sumário: 1. Considerações preliminares. 2. Bem jurídico tutelado. 3. Sujeitos ativo e passivo do crime. 4. Tipo objetivo: adequação típica. 4.1. Semelhanças e dessemelhanças entre o crime do art. 6º da Lei n. 7.492/86 e o crime de estelionato. 4.2. A obtenção de vantagem indevida: elemento normativo implícito. 4.3. Dever de informar o Banco Central: atribuição de instituição financeira. 5. Tipo subjetivo: adequação típica. 6. Classificação doutrinária. 7. Consumação e tentativa. 8. Pena e ação penal.

Art. 6º Induzir ou manter em erro sócio, investidor, ou repartição pública competente, relativamente à operação ou situação financeira, sonegando-lhe informação ou prestando-a falsamente:

Pena – reclusão, de 2 (dois) a 6 (seis) anos e multa.

---

1. CONSIDERAÇÕES PRELIMINARES

Este tipo penal foi, originariamente, introduzido na legislação brasileira pela Lei n. 7.492/86, não havendo precedentes nos diplomas legais nacionais, nem mesmo nos Projetos ou Anteprojetos de que tenhamos conhecimento. Destaca Pimentel[1] que, nesse dispositivo, tem-se a impressão de que o legislador pretendeu normatizar as relações internas da instituição financeira, protegendo os interesses de sócio, investidor e repartição pública relativamente ao acesso às informações verdadeiras, a respeito dos aspectos operacionais e financeiros da sociedade.

No entanto, com acuidade, Tórtima[2] destaca que a Lei das Sociedades Anônimas (n. 6.404/76), em seu art. 157, § 1º, já demonstrava a atenção do

---

[1] Manoel Pedro Pimentel, *Crimes contra o sistema financeiro nacional*, p. 62.

[2] Tórtima, *Crimes contra o sistema financeiro nacional*, p. 51.

102 • Crimes contra o sistema financeiro nacional

legislador com as informações referentes às operações e quaisquer outros fatos relevantes das companhias abertas, que, nas assembleias gerais, devem ser prestadas aos seus acionistas.

2. BEM JURÍDICO TUTELADO

O conteúdo dos arts. 6º, 9º e 10 apresenta grande semelhança não apenas quanto aos meios ou *modus operandi* e objetos materiais, mas também quanto aos bens jurídicos tutelados, tratando-se todos de crimes pluriofensivos. Certamente por essas razões, Manoel Pedro Pimentel afirmou que este dispositivo, "de uma certa forma, antecipa a tipificação de figuras que serão descritas nos arts. 9º e 10 desta lei"[3].

O *bem jurídico* tutelado, especificamente, é a inviolabilidade e a credibilidade do mercado de capitais, zelando pela regularidade das transações operadas nas e pelas instituições financeiras. Para o bom e regular funcionamento desse mercado, é indispensável assegurar-se da retidão das informações prestadas a sócio, investidor e repartição pública competente relativas à operação ou à situação financeira.

Tratando-se de *crime pluriofensivo*, tutela, igualmente, o patrimônio de sócio e investidor, proibindo que sejam induzidos ou mantidos em erro, com a omissão de informação ou mediante informação falsa, ao mesmo tempo impede que a própria repartição pública competente seja vítima da mesma infração. Tutela-se, enfim, tanto o *interesse social*, representado pela confiança recíproca que deve presidir os relacionamentos patrimoniais individuais e comerciais, quanto o *interesse público* de reprimir a fraude causadora de dano à instituição financeira. No entanto, o bem jurídico deve ser efetivamente lesado em respeito ao *princípio da ofensividade*, como afirma Reale Junior: "Na perspectiva da antijuridicidade material, é imperioso que essa ação tenha potencialidade de causar lesão ao bem jurídico protegido"[4].

3. SUJEITOS ATIVO E PASSIVO DO CRIME

Sujeito ativo, aparentemente, deveria ser somente aquele do rol contido no art. 25, pois, teoricamente, deve agir em nome da instituição financeira para sonegar informação ou prestá-la falsamente a sócio, investidor ou à repartição pública competente. Contudo, assim não o é, podendo-se, quem sabe, falar-se em *crime relativamente impróprio*?!

---

[3]   Pimentel, *Crimes contra o sistema financeiro nacional*, p. 62.
[4]   Miguel Reale Junior, *Direito penal aplicado*, p. 38.

Falsa informação sobre operação ou situação financeira • 103

No entanto, embora esta deva ser a regra, admitimos a possibilidade de um *contador, auditor* ou algo que o valha, por exemplo, no exercício de sua função ou atividade, praticar qualquer das condutas descritas no tipo, isto é, sonegar informação ou prestá-la falsamente a sócio, investidor ou à repartição pública competente, à revelia de controladores ou administradores. Evidentemente que seriam, neste caso, sujeitos ativos dessa infração penal, independentemente de fazê-lo em caráter pessoal ou não, pois o tipo penal não exige que ação seja praticada em benefício próprio ou de terceiro. E, nesta hipótese, não é necessária a corresponsabilidade de algum administrador ou controlador, que pode, inclusive, desconhecer a atividade do subalterno, sendo afastado, dessa forma, o caráter absoluto de *crime próprio*.

O concurso de pessoas, quando efetivamente ocorrer, por óbvio, deve ser admitido, o que não se admite é a sua *presunção*, pura e simples, por representar autêntica responsabilidade penal objetiva. Na realidade, além do rol especial constante do art. 25, outras pessoas também podem ser sujeitos ativos dessa infração penal, além da possibilidade normal de coautoria e participação, logicamente.

Sujeito passivo, por fim, será o sócio ou investidor, quando forem os lesados, e, secundariamente, o Estado, que é o responsável pelo sistema financeiro nacional; no entanto, quando a declaração devida omitida ou prestada falsamente destinar-se à repartição competente, o sujeito passivo é o Estado que a representa.

4. TIPO OBJETIVO: ADEQUAÇÃO TÍPICA

Incriminam-se duas condutas distintas, quais sejam, *induzir* ou *manter* em erro sócio, investidor ou repartição pública competente. As duas condutas são exatamente iguais às utilizadas no crime de estelionato. *Sonegar informação* ou *prestá-la falsamente*, ao contrário do que afirmou Manoel Pedro Pimentel[5], entre outros, não representam as condutas incriminadas, mas apenas indicam o *modo* ou a *forma* de realizar aquelas (*induzir ou manter*), como demonstraremos adiante.

Com efeito, as condutas incriminadas pelo art. 6º são: "*Induzir* ou *manter* em *erro* sócio, investidor ou repartição pública competente ...". Em outros termos, as condutas tipificadas são "induzir" e "manter". *Sonegar informação ou prestá-la falsamente* são somente os *meios* mediante os quais o agente pode *induzir* ou *manter* os sujeitos passivos em erro. O *erro* (estado ou situação a que é levado o sujeito passivo), por sua vez, é o *objeto* da ação típica pratica-

---

[5] Pimentel, *Crimes contra o sistema financeiro nacional*, p. 63: "A figura indica duas maneiras de realização do crime: *induzir ou manter em erro* e *sonegar informação ou prestar falsa informação*".

da pelo sujeito ativo. No entanto, para que haja correlação entre a *ação* (induzir ou manter) do sujeito ativo e o efeito (ou objeto) sentido pelo sujeito passivo, o *erro*, é necessária a existência de um contexto comunicacional, que permita a relação da ação do sujeito ativo com seu interlocutor, que sofre a consequência do agir típico, ou seja, é indispensável que se possa identificar a existência da conhecida "relação causa e efeito". Dito de outra forma, *alguém* somente pode ser induzido a erro por *outrem* se houver uma relação direta entre sujeito ativo e sujeito passivo, que sói acontecer se houver uma ação daquele dirigida a este, como, por exemplo, celebrando uma operação financeira com uma instituição do sistema. Em termos bem esquemáticos, essa hipótese de *indução a erro* (ou manutenção) só pode ocorrer se for realizada uma *operação* com instituição financeira, onde ocorra a *conduta fraudulenta* do agente *induzindo ou mantendo em erro sócio, investidor ou repartição pública competente*. Pois é nessa operação que o sujeito *sonega* informação ou *presta-a* falsamente. A ausência de tal operação ou a sua não realização impossibilita que o sujeito ativo pratique a ação de induzir ou manter alguém em erro, pela ausência das condições fático-jurídicas que possibilitariam a realização de tal conduta.

"Induzir" tem o significado de o agente incutir ou persuadir alguém com sua ação. Examinando o significado desse verbo, na tipificação do crime de *induzimento ao suicídio*, fizemos as seguintes considerações: "Induzir significa suscitar o surgimento de uma ideia, tomar a iniciativa intelectual, fazer surgir no pensamento de alguém uma ideia até então inexistente. Pela *indução* o indutor anula a vontade de alguém"[6]. *Mutatis mutandis*, aplicam-se os mesmos conceitos para o caso deste crime, a exemplo do que ocorre no crime de estelionato. No entanto, nesta figura, não se emprega o verbo "instigar", como faz naquele crime contra a vida, preferindo o verbo "manter", que quer dizer que a vítima já se encontra em *erro*, limitando-se o agente, com sua ação fraudulenta, a não alterar os fatos. Contudo, se a conduta do agente for meramente *omissiva*, não se poderá falar, por si só, em *sonegação de informação*, porque, mesmo nesta figura, a conduta é comissiva.

"Erro", na acepção do tipo em exame, é a falsa representação ou avaliação equivocada da realidade. A vítima supõe, por erro (no caso, induzido ou mantido por outrem), tratar-se de uma realidade, quando na verdade está diante de outra; faz, em razão do erro, um juízo equivocado da relação proposta pelo agente. A *conduta fraudulenta* do sujeito – *sonegação de informação* ou *sua prestação falsa* – leva a vítima a incorrer em *erro*. O agente coloca – ou mantém – a vítima numa situação enganosa, fazendo parecer realidade o que efetiva-

---

[6]   Cezar Roberto Bitencourt, *Tratado de direito penal – dos crimes contra a pessoa*, 22. ed., São Paulo: Saraiva, 2022, v. 2, p. 213.

mente não é, e nisso reside a *fraude*, constitui o meio fraudulento induzir ou manter sócio, investidor ou repartição pública competente em *erro*.

A *fraude* requerida na norma incriminadora contida no art. 6º limita-se somente às duas formas expressas no respectivo dispositivo legal: *sonegação de informação* ou *prestação de informação falsa*. Nesse sentido, leciona, com absoluto acerto, Reale Junior: "Essa omissão de informação ou a informação falsa devem dizer respeito à operação ou à situação financeira da instituição"[7]. Com efeito, qualquer outra informação, não verdadeira, relativa a qualquer outro aspecto que não seja especificamente *operação* financeira ou *situação* financeira de instituição do gênero, não tipificará as condutas descritas nesse dispositivo. Poderá, evidentemente, caracterizar outro crime de *falsum*, mas não este, e poderá, inclusive, não ser da competência da Justiça Federal, dependendo das circunstâncias.

As condutas delituosas, previstas neste art. 6º, podem concretizar-se de duas formas: *induzindo* a vítima a erro ou *mantendo-a* no erro. Na primeira hipótese, a vítima é levada ao erro por meio de um dos dois meios fraudulentos expressos no tipo, quais sejam, *sonegando informação* ou *prestando-a falsamente* (no caso de estelionato, a vítima é levada ao erro em razão do estratagema, do ardil ou engodo utilizado pelo agente); na segunda hipótese, a vítima (sócio, investidor ou repartição pública), que já se encontra em *erro*, voluntário ou não, limita-se à ação do sujeito ativo de manter o ofendido na situação equivocada em que se encontra, sob os mesmos meios fraudulentos previstos no tipo, anteriormente mencionados.

Enfim, é possível que o agente provoque a incursão da vítima em *erro* ou apenas se aproveite dessa situação em que a vítima já se encontra. De qualquer sorte, nas duas modalidades, comete o crime descrito neste art. 6º, por comissão, induzindo ou mantendo a vítima em erro. Parece-nos importante reforçar que, mesmo na segunda hipótese, a conduta é *comissiva*, pois para "manter" o agente em erro deve agir positivamente, razão pela qual constitui grave equívoco afirmar-se que a *sonegação de informação* representa a forma *omissiva*[8] de praticar o crime. Não se pode esquecer que as condutas incriminadas são *induzir* ou *manter* em erro, enquanto *sonegar declaração* ou *prestá-la falsamente* representam somente o modo ou forma de praticar aquelas condutas, que, necessariamente, exigem uma ação comissiva.

A contrario sensu, admitindo-se, segundo entendimento de alguns doutrinadores, como *crime omissivo*, o sujeito passivo que já se encontra em erro, se

---

[7]   Miguel Reale Junior, *Direito penal aplicado*, n. 4, p. 38.

[8]   Guilherme de Souza Nucci, *Código Penal comentado*, p. 1055; Fernando Fragoso, *Crimes contra o sistema financeiro nacional e contra o mercado de capitais*, p. 695.

for mantido, não pela omissão (*sonegação de informação*), mas pela *prestação de informação falsa*, não cometerá esse mesmo crime com a conduta positiva; e tampouco o cometer por indução (induzir), visto que a vítima já se encontra em erro. No entanto, não se pode olvidar que, pelo *princípio da reserva legal*, *crime comissivo* não pode ser cometido por *omissão*, e o inverso também é verdadeiro, ou seja, o *crime omissivo* também não pode ser cometido por *comissão*. Por isso, *venia concessa*, interpretando-se a *sonegação de informação* como *forma* de cometimento *omissivo* do crime, reduzir-se-ia em demasiado o alcance do tipo penal e, certamente, não deve ser essa a melhor interpretação. Nesse sentido, é incensurável o magistério de José Carlos Tórtima, quando afirma: "Ocorre, entretanto, que, a rigor, o alvo da incriminação da lei não é o fato de o *lesado deixar de receber a informação devida*, mas sim o que *o agente fez ou deixou de fazer* para que tal sucedesse. E o que a lei muito claramente recrimina ao agente, para submetê-lo aos seus rigores, é ter *sonegado* a informação (ou a prestado falsamente) e não meramente omitindo-a, o que é muito diferente"[9].

A nosso juízo, *sonegar informação* e *prestá-la falsamente* indicam a *forma* de realizar as duas modalidades de condutas proibidas, "induzir" e "manter" em erro, e ambas as condutas são *comissivas*, pois exigem um *facere*. Em outros termos, *sonegação de informação* e *prestar informação falsa* podem ser formas tanto de "induzir" a erro como de "manter" a vítima em erro, porque ambas são condutas comissivas, isto é, exigem a prática de uma ação. "Sonegar", segundo os léxicos, é "não mencionar, não relacionar nos casos em que a lei exige descrição ou menção"; também pode significar, numa segunda acepção, "dizer que não tem, tendo, ou ocultar com fraude"[10]. Reiterando, não se pode esquecer que as condutas proibidas no art. 6º da Lei n. 7.492/86 não são *sonegação de informação* ou a *prestação de informação falsa*, mas "induzir ou manter" as vítimas em erro, e ambas implicam, repetindo, um agir positivo, um *facere*.

Na realidade, o Direito Penal contém *normas proibitivas* e *normas imperativas* (mandamentais). A infração das normas imperativas constitui a essência do *crime omissivo*. A conduta que infringe uma *norma mandamental* consiste em não fazer a ação ordenada pela referida norma. Logo, a *omissão* em si mesma não existe, juridicamente, pois somente a omissão de uma ação determinada pela norma configurará a essência da omissão, e o tipo penal em exame não impõe que se efetue determinada informação a sócio, investidor ou à repartição pública para que, em sendo "sonegada a informação" devida, o agente responda pelo crime de tê-la omitido. Este crime não existe!

---

[9]   Tórtima, *Crimes contra o sistema financeiro nacional*, p. 55-56.
[10]   *Grande dicionário Larousse cultural da língua portuguesa*, São Paulo: Nova Cultural Ltda., 1999, p. 839.

Em outros termos, tipifica-se o *crime omissivo* quando o agente não faz o que *pode* e deve fazer, que lhe é juridicamente ordenado. Portanto, o *crime omissivo* consiste sempre na *omissão* de uma determinada ação que o sujeito tinha obrigação de realizar e que podia fazê-lo. O crime omissivo divide-se em *omissivo próprio* e *omissivo impróprio*. Os primeiros são *crimes de mera conduta*, como, por exemplo, a omissão de socorro, aos quais não se atribui resultado algum, enquanto os segundos, os *omissivos impróprios*, são *crimes de resultado*.

Os *crimes omissivos próprios* são obrigatoriamente previstos em tipos penais específicos, em obediência ao princípio da reserva legal, dos quais são exemplos característicos os previstos nos arts. 135, 244, 269 etc. Os *crimes omissivos impróprios*, por sua vez, como crimes de resultado, não têm uma *tipologia específica*, inserindo-se na tipificação comum dos crimes de resultado, como o homicídio, a lesão corporal etc. Na verdade, nesses crimes *não há uma causalidade fática*, mas *jurídica*, em que *o omitente*, devendo e podendo, não impede o resultado. Com efeito, apesar de se tratar de crime material, o agente responde pelo resultado não por tê-lo causado, mas por não ter evitado sua ocorrência, estando juridicamente obrigado a fazê-lo, pois, nesses crimes, o *não impedimento*, quando possível, equivale, para o Direito Penal, a *causar* o resultado. Convém destacar, desde logo, que o *dever de evitar o resultado* é sempre um *dever* decorrente de uma norma jurídica, não o configurando deveres puramente éticos, morais ou religiosos.

Concluindo, não há previsão de modalidade *omissiva* das condutas proibidas no artigo que ora examinamos, "*induzir* ou *manter* em erro sócio, investidor [...]". Em outros termos, a simples *omissão* de *informação*, genericamente falando, não constitui crime dos administradores, controladores, diretores, gerentes de instituição financeira, ou equiparados, até porque, repetindo, não há a determinação legal de *prestar informação*, verdadeira ou não, a sócio, investidor ou repartição pública.

Sócio é membro ou pessoa vinculada, associada ou pertencente a uma sociedade ou associação; *investidor* é quem investe capitais em uma empresa, aquele que aplica recursos em empreendimentos ou em operações que renderão juros ou lucros, normalmente, em médio ou longo prazo; *repartição pública* é seção ou departamento de órgão da administração pública. Na verdade, o cidadão não pode negar informações relevantes à autoridade fiscal, ao Banco Central, à Comissão de Valores Mobiliários, por exemplo, mas sim à repartição pública. No entanto, o legislador utiliza equivocadamente a expressão "repartição pública" como se fosse ou identificasse as instituições encarregadas da fiscalização, da normatização do sistema financeiro nacional, como o Banco Central ou o Conselho Monetário Nacional[11]. *Operação financeira* é a realização de negócios fi-

---

[11] Fernando Fragoso, *Crimes contra o sistema financeiro nacional*, p. 695.

nanceiros, é a "coleta, intermediação ou aplicação de recursos financeiros próprios ou de terceiros, em moeda nacional ou estrangeira, e a custódia de valor de propriedade de terceiros" (art. 17 da Lei n. 4.595/64). No entanto, os negócios realizados pelos bancos, no exercício de sua atividade mercantil, denominam-se, de um modo geral, *operações bancárias*. *Situação financeira* significa a posição, o estado ou a condição financeira de uma entidade, sociedade, pessoa ou de um estabelecimento; refere-se às condições de liquidez de qualquer pessoa, grupo ou entidade em determinado momento, ou seja, está diretamente relacionada à disponibilidade de saldo líquido, haveres financeiros, moedas ou bens conversíveis em moeda (facilmente) etc. Enfim, situação *financeira* indica as possibilidades ou os recursos financeiros que determinada pessoa pode dispor.

4.1. Semelhanças e dessemelhanças entre o crime do art. 6º da Lei n. 7.492/86 e o crime de estelionato

A característica fundamental do estelionato é a *fraude*, utilizada pelo agente para *induzir* ou *manter* a vítima em *erro*, com a finalidade de obter vantagem patrimonial ilícita. O estelionato[12] é um crime que apresenta grande *complexidade estrutural tipológica* pela riqueza de elementos objetivos, normativos e subjetivos que o compõem, destacando-se, por sua relevância, a duplicidade de nexo causal e de resultados. A despeito da aventada semelhança deste crime com o de estelionato, há alguns aspectos em que se distinguem, radicalmente, que merecem ser esclarecidos.

A começar pelo fato de que, no crime de estelionato, a conduta incriminada é "*obter*, para si ou para outrem, vantagem ilícita, em prejuízo alheio [...]", enquanto no crime que examinamos as condutas incriminadas são "*induzir* ou *manter* em erro sócio, investidor ou repartição pública [...]". Com efeito, "induzir" ou "manter" são os verbos nucleares indicativos das condutas incriminadas no tipo especial, enquanto no crime de estelionato "induzir" ou "manter", pelo contrário, são *meios* utilizados para *obter* vantagem em prejuízo de outrem. Constata-se, assim, que a locução "induzir ou manter" tem funções dogmáticas completamente distintas em um e outro tipos penais.

Para *enganar* sócio, investidor ou repartição pública, *induzindo-o ou mantendo-o* em erro, ao contrário do *estelionato* que admite o emprego de artifício, ardil ou qualquer outro meio fraudulento, o crime especial do art. 6º somente pode ser executado "sonegando informação ou prestando-a falsamente", que são os dois únicos *meios fraudulentos* previstos no tipo penal. É indispensável que o *meio fraudulento* seja suficientemente *idôneo* para enganar a vítima, isto é, para induzi-la a erro. A inidoneidade do meio, no entanto, pode ser relativa

---

[12] Código Penal: "Art. 171. Obter, para si ou para outrem, vantagem ilícita, em prejuízo alheio, induzindo ou mantendo alguém em erro, mediante artifício, ardil, ou qualquer outro meio fraudulento".

ou absoluta: sendo relativamente inidôneo o meio fraudulento para enganar a vítima, poderá configurar-se tentativa; contudo, se a inidoneidade for absoluta, tratar-se-á de crime impossível, por absoluta ineficácia do meio empregado (CP, art. 17). Constata-se, em outros termos, ao contrário do *estelionato* – que é crime de *forma livre* e admite qualquer meio para *indução* ou *manutenção* em erro –, que esta infração penal, que é crime de *forma vinculada*, prevê expressamente as duas formas de sua prática: *sonegando informação* ou *prestando-a falsamente*. Em qualquer das duas hipóteses, é necessária uma influência decisiva no processo de formação de vontade da vítima para *induzi-la ou mantê-la em erro*, abrangendo os aspectos volitivos e intelectivos da ação. Em outras palavras, a *sonegação de informação* ou a *informação falsa* devem ser suficientemente relevantes para induzir ou manter o ofendido em erro.

A ação tipificada no crime de estelionato é *obter* vantagem ilícita (para si ou para outrem), em prejuízo alheio, *induzindo ou mantendo alguém em erro,* mediante artifício, ardil ou qualquer outro meio fraudulento. Ao passo que as condutas incriminadas no art. 6º da Lei n. 7.492/86 são *induzir* ou *manter em erro* sócio, investidor ou repartição pública competente.

A *duplicidade de nexo causal* está representada por dupla relação de causa e efeito; num primeiro momento, funciona a fraude como *causa*, e o engano decorrente do ardil, como *efeito*; no momento subsequente, o erro consequente do engano, como causa, e a obtenção da vantagem indevida e o dano patrimonial correspondente (esses dois representando a segunda duplicidade). Trata-se, com efeito, de *crime de resultado duplo*, uma vez que, para se consumar, exige a obtenção de *vantagem ilícita*, de um lado, e a ocorrência efetiva de um *prejuízo* para a vítima, de outro. Não basta a existência do erro decorrente da fraude, sendo necessário que da ação resulte vantagem ilícita e prejuízo patrimonial. Ademais, à vantagem ilícita deve corresponder um prejuízo alheio. A ausência de qualquer desses resultados descaracteriza o estelionato consumado, restando, em princípio, a figura da tentativa.

Por outro lado, o crime de *estelionato* é, como percebemos, um crime *material* (exige duplo resultado: vantagem indevida do autor e prejuízo da vítima), enquanto o crime do art. 6º, que examinamos, é, para boa parte da doutrina, um crime *formal*, que se consuma com simples realização de qualquer das duas condutas tipificadas. Para Pimentel, é mais do que isso; classifica-o de *crime de mera conduta*, por mais paradoxal que pareça, e acrescenta: "[...] e assim é porque, basta que o agente induza o sujeito passivo a erro, ou no erro o mantenha, sonegando-lhe informação ou prestando-a falsamente, para que o crime se complete em seu elemento objetivo"[13].

---

[13] Pimentel, *Crimes contra o sistema financeiro nacional*, p. 63-64.

Ademais, o crime de *estelionato* exige, como *elemento subjetivo especial do injusto*, o *fim* de obter vantagem *patrimonial* ilícita, para si ou para outrem. A simples finalidade de produzir dano patrimonial ou prejuízo a alguém, sem visar à obtenção de proveito injusto, não caracteriza o estelionato. Na falsa informação sobre operação ou situação financeira, por sua vez, não há exigência de elemento subjetivo especial de *obter vantagem para si ou para outrem*.

Por todo o exposto, não nos convence o entendimento segundo o qual, não sendo a conduta cometida em cenário de instituição financeira, o crime caracteriza estelionato[14]. Na verdade, para desclassificar a conduta para estelionato, é indispensável que satisfaça todas essas elementares do estelionato, elementares essas não exigidas pelo tipo especial, que além de tudo devem constar da descrição da denúncia oferecida pelo *Parquet*.

4.2. A obtenção de vantagem indevida: elemento normativo implícito

Reale Junior, com base no magistério de Delitala sobre *falsidade de balanço*, sustenta que a *vantagem indevida* está implícita nas condutas de *induzir ou manter sócio, investidor ou instituição pública em erro*, a despeito de não estar expressa no texto legal. Nesse sentido, o induzimento a erro ou a manutenção nele de sócio, investidor ou repartição pública "não esgota o modelo típico, que não se completa com a mera constatação do engano"[15]. Realmente, não teria sentido algum a ação de induzir ou mantê-los em erro sem qualquer finalidade. Com raciocínio sempre atilado, conclui Reale Junior: "Seria ilógico que se produzisse no espírito de pessoas qualificadas como sócios, investidores ou 'repartições públicas', um erro sobre situação financeira sem a projeção de uma intencionalidade voltada à obtenção de uma vantagem"[16].

Por outro lado, Manoel Pedro Pimentel, preocupado com outro aspecto, abordando o *objeto material* desta infração penal, refere que "se a *vantagem* pretendida for juro, comissão ou qualquer tipo de remuneração, estará satisfeita a primeira parte da descrição típica"[17]. Em outros termos, Pimentel também reconhece que o objeto material da infração é uma "vantagem", e, acrescentamos nós, se contrariar a legislação em vigor, será "indevida", como sustenta Reale Junior.

Vantagem ilícita ou *indevida* é todo e qualquer *proveito* ou benefício contrário à ordem jurídica, isto é, não permitido por lei. A *obtenção da vantagem indevida*, ao contrário do que ocorre nos crimes de furto e de apropriação in-

---

[14] Guilherme Nucci, *Código Penal comentado*, p. 1054, *in fine*.
[15] Reale Junior, *Direito penal aplicado*, p. 38-39.
[16] Idem, p. 39.
[17] Pimentel, *Crimes contra o sistema financeiro nacional*, p. 76.

débita, é uma *elementar constitutiva implícita* do crime em exame. A simples *imoralidade* da vantagem é insuficiente para caracterizar essa *elementar normativa*. A nosso juízo, contudo, à *vantagem indevida* não é necessária a correspondência, simultânea, de um *prejuízo alheio*, ao contrário do que ocorre no crime de *estelionato*. Com efeito, a ausência dessa correspondência, isto é, se o sujeito ativo obtiver a vantagem ilícita, mas não causar prejuízo a terceiro, será irrelevante para a tipificação do crime que ora examinamos.

Os *meios* utilizados pelo agente, porém, tanto para o *induzimento* da vítima em erro quanto para sua *manutenção*, ao contrário do crime de estelionato, limitam-se a *sonegação de informação* ou *prestá-la falsamente*. Assim, se o *induzimento ou a manutenção em erro* se produzir por qualquer outro meio, não se tipificará este crime. Em qualquer das duas hipóteses possíveis, no entanto, é necessária uma influência decisiva no processo de formação de vontade da vítima, abrangendo os aspectos volitivos e intelectivos.

Por fim, a *vantagem* tem de ser *injusta*, indevida, isto é, ilegal. Se for *justa*, estará afastada a figura de qualquer crime, podendo configurar, eventualmente, exercício arbitrário das próprias razões (art. 345 do CP). Quando a lei quer limitar a espécie de vantagem, usa o elemento normativo *indevida, injusta, sem justa causa, ilegal*, como destacamos em inúmeras passagens do *Tratado de direito penal*, no volume em que examinamos os crimes contra o patrimônio. Assim, havendo a *fraude* para enganar, para induzir em erro, para obter vantagem ilícita, não importa a natureza (econômica ou não); contudo, quanto à espécie é diferente: deve ser injusta, ao passo que o *prejuízo alheio não é exigido pelo tipo penal*, em razão do *bem jurídico violado*.

4.3. Dever de informar o Banco Central: atribuição de instituição financeira

Como já afirmamos, *sonegar informação* ou *prestá-la falsamente* não são as condutas incriminadas no art. 6º ora *sub examen*, apenas indicam a *forma* de realizar as duas modalidades de condutas proibidas, que são "induzir" ou "manter" em erro o sujeito passivo indicado. Passados mais de vinte anos de vigência da Lei n. 7.492/86, o *Parquet* tenta forçar a adequação típica de eventual ingresso irregular de moeda estrangeira no País, ora denunciado como violação ao disposto no parágrafo único do art. 21, ora como incurso no presente art. 6º, quando não como incurso simultaneamente em ambos os dispositivos mencionados[18]. Ignora o *Parquet* que o "cliente" *não tem obrigação legal de prestar informações de operações de crédito ao Banco Central*. Na realidade, a obrigação de prestar informações ao Banco Central é encargo das "instituições

---

[18] *V. g.*, APn 2008.71.00.009296-7/RS.

112 • Crimes contra o sistema financeiro nacional

financeiras", autorizadas a operar no mercado de câmbio[19]. Por outro lado, quando o agente realiza alguma operação de câmbio, via instituição financeira, não tem qualquer ingerência sobre a prestação ou não de informações, por se tratar de economia interna das instituições.

Conclusão nesse sentido, isto é, reconhecendo a *atipicidade de conduta semelhante*, foi expressa em decisão em processo criminal que tramita na 1ª Vara Federal Criminal de Porto Alegre[20]. Por sua pertinência, pedimos vênia para transcrevê-la, na parte que nos interessa:

> *A conduta descrita na denúncia não caracteriza o delito previsto no art. 21, parágrafo único, da Lei 7.492/86.* O tipo penal possui a seguinte redação:
> "Art. 21. Atribuir-se, ou atribuir a terceiro, falsa identidade, para a realização de operação de câmbio:
> Pena – detenção, de 1 (um) a 4 (quatro) anos, e multa.
> Parágrafo único. Incorre na mesma pena quem, para o mesmo fim, sonega informação que devia prestar ou presta informação falsa".
> As instituições que trabalham com compra e venda de moeda estrangeira estão obrigadas, por força do art. 9º, inciso II, da Lei 9.613/98, a exigir dos seus clientes informações para atender ao disposto no art. 10, incisos I e II, da mesma lei, e às normas expedidas pelo Banco Central que os regulamentam:
> "Art. 10. As pessoas referidas no art. 9º:
> I – identificarão seus clientes e manterão cadastro atualizado, nos termos de instruções emanadas das autoridades competentes;
> II – manterão registro de toda transação em moeda nacional ou estrangeira, títulos e valores mobiliários, títulos de crédito, metais, ou qualquer ativo passível de ser convertido em dinheiro, que ultrapassar limite fixado pela autoridade competente e nos termos de instruções por esta expedidas".
> Ao sonegar ou falsear informação exigida pela instituição financeira, o cliente da operação de câmbio comete o crime previsto no art. 21, parágrafo único, *supra*.
> Entretanto, o que a denúncia narra é que a própria operação de câmbio deixou de ser informada à autoridade competente, o Banco Central. De fato, o Banco Central – Bacen exige que, além de manter o registro da operação (art. 10, inciso II, da Lei 9.613/98), a instituição responsável informe eletronicamente sua realização, na forma do Regulamento do Mercado de Câmbio e Capitais Internacionais, Título 1: Mercado de Câmbio, Capítulo 3: Contrato de Câmbio, Seção 2: Celebração e Registro no Sisbacen.
> Consultando referida norma, verifica-se que a informação sobre a operação somente é exigível após sua conclusão.

---

[19] Regulamento do Mercado de Câmbio e Capitais Internacionais, Título 1: Mercado de Câmbio, Capítulo 3: Contrato de Câmbio, Seção 2: Celebração e Registro no Sisbacen, n. 1.

[20] APn 2008.71.00.009296-7/RS.

Assim, não se pode falar que a informação ao Banco Central foi sonegada "para realizar a operação de câmbio", na medida em que a operação já estava concluída quando deveria ter sido informada.

A conduta descrita na denúncia, igualmente, não caracteriza o delito previsto no art. 6º da Lei 7.492/86. O dispositivo possui a seguinte redação:

"Art. 6º Induzir ou manter em erro sócio, investidor ou repartição pública competente, relativamente a operação ou situação financeira, sonegando-lhe informação ou prestando-a falsamente:

Pena – reclusão, de 2 (dois) a 6 (seis) anos, e multa".

A denúncia menciona a indução em erro do Banco Central quanto à operação financeira de remessa de valores para o Brasil.

Entretanto, o denunciado não estava obrigado a prestar informação nenhuma ao Banco Central. Como mencionado, deveria ele prestar corretamente à instituição financeira as informações que lhe fossem exigidas. A prestação de informações ao Banco Central é encargo das "instituições financeiras e demais instituições autorizadas a funcionar pelo Banco Central do Brasil, autorizadas a operar no mercado de câmbio" (Regulamento do Mercado de Câmbio e Capitais Internacionais, Título 1: Mercado de Câmbio, Capítulo 3: Contrato de Câmbio, Seção 2: Celebração e Registro no Sisbacen, n. 1).

Ou seja, se alguém praticou o crime em questão foram os responsáveis pela instituição financeira não autorizada. O denunciado, na qualidade de cliente, nada estava obrigado a informar.

Tampouco tinha o denunciado qualquer ingerência sobre a prestação ou não de informações, visto que não tinha acesso ao sistema empregado para tanto.

Ou seja, a conduta descrita na denúncia é atípica, devendo o réu ser absolvido sumariamente quanto ao delito do art. 6º da Lei 7.492/86 e do art. 21, parágrafo único, da Lei 7.492/86, com fulcro no art. 397, inc. III, do CPP.

Mais do que consta nessa sentença magistral, certamente, não há necessidade de dizer.

5. TIPO SUBJETIVO: ADEQUAÇÃO TÍPICA

O elemento subjetivo geral é o *dolo*, representado pela vontade livre e consciente de enganar sócio, investidor ou repartição pública competente, sonegando informação ou prestando-a falsamente (outros meios fraudulentos estão excluídos da adequação típica). Deve abranger não apenas a ação, como também o meio enganador (fraudulento) e a própria vantagem indevida (implícita), relativamente à operação ou situação financeira[21]. Em sentido semelhante, já sustentava Pimentel, a seu tempo: "[...] é o dolo, que deve abranger todos os elementos do tipo. Assim, deve o agente ter consciência de que está

---

[21] Reale Junior, *Direito penal aplicado*, p. 38.

sonegando informação que sabe existir ou prestando informação que sabe não ser verdadeira"[22].

O dolo, na primeira figura, "induzir em erro", deve anteceder o emprego do meio fraudulento (sonegando informação ou prestando-a falsamente) e a produção do resultado levando à vítima a erro efetivamente, verificando-se a relação causal entre ação e resultado. Na segunda figura, "manter em erro", o dolo é concomitante ao referido erro: constatada a existência do erro, o dolo consiste exatamente em sua manutenção.

Para Tórtima, há ainda a necessidade da presença do *"elemento subjetivo especial* do tipo, consistente no *especial fim* de induzir ou manter a vítima em erro"[23]. Temos dificuldade em aceitar esse entendimento, na medida em que a conduta incriminada – induzir ou manter em erro – não pode representar ao mesmo tempo o seu *especial fim de agir*. No entanto, como demonstramos em tópico à parte, o *especial fim de agir,* como elemento subjetivo especial do injusto, está implícito no tipo, que é a obtenção de *vantagem indevida*.

Não há previsão de modalidade culposa, a despeito da possibilidade de alguém ser induzido ou mantido em erro por imprudência ou negligência do autor.

6. CLASSIFICAÇÃO DOUTRINÁRIA

Trata-se de crime *comum* (embora aparentemente próprio, não exige qualidade ou condição especial do sujeito ativo, bastando que exerça determinada função ou atividade em uma instituição financeira, mas isso não transforma o tipo em crime próprio), *material* (embora haja séria divergência doutrinária, consideramos que se trata de crime material, que exige êxito no objetivo de enganar a vítima), *doloso* (não admite modalidade culposa), *instantâneo* (o resultado se produz de imediato; sua execução não se alonga no tempo), *de forma vinculada* (só podendo ser praticado mediante sonegação de informação ou prestando-a falsamente), *comissivo* nas modalidades de *induzir ou manter em erro* por sonegação de informações ou por prestação de informação errada ou falsa, por isso, a *indução ou a manutenção em erro* podem ser executadas por *ação* (sonegação de informações ou prestação de informação falsa), e, igualmente, pode ser *omissivo* na modalidade de *induzir ou manter em erro por sonegação de informações*, simplesmente omitindo-se de informar (sonegação de informações) sem qualquer agir do sujeito ativo, que simplesmente se omite. Em outros termos, as duas modalidades são possíveis, seja *agindo,* seja simplesmente se *omitindo,* aliás, em termos de resultado ou de consequência jurídica, não faz nenhuma diferença, *unissubjetivo* (pode ser cometido por apenas um

---

[22] Pimentel, *Crimes contra o sistema financeiro nacional*, p. 64.
[23] No mesmo sentido, Tórtima, *Crimes contra o sistema financeiro nacional*, p. 59.

Falsa informação sobre operação ou situação financeira • 115

sujeito ativo), *plurissubsistente* (pode ser seccionado em mais de um ato em uma mesma conduta).

7. CONSUMAÇÃO E TENTATIVA

Consuma-se o crime no lugar e no momento em que o agente consegue enganar a vítima, induzindo-a ou mantendo-a em erro. Na verdade, é indispensável o engano da vítima, isto é, que ela seja efetivamente induzida ou mantida em erro em decorrência do meio fraudulento utilizado pelo sujeito ativo, ou seja, que o erro decorra da sonegação de informação ou de sua prestação falsa. Em outros termos, que aquele (o erro) seja consequência desta (de informação não verdadeira). Não basta a existência do erro decorrente da fraude, sendo necessário que da ação resulte vantagem ilícita e prejuízo patrimonial de outrem.

Tratando-se de crime material, que admite seu fracionamento, é, teoricamente, admissível a tentativa, uma vez que o *iter criminis* pode ser interrompido por causas estranhas à vontade do agente. Para o *êxito* da fraude, é necessário que o *meio fraudulento* seja suficientemente *idôneo* para enganar a vítima, isto é, para induzi-la a erro. A *inidoneidade do meio*, no entanto, pode ser *relativa* ou *absoluta*: sendo relativamente inidôneo o meio fraudulento para enganar a vítima, poderá configurar-se tentativa, se estiverem presentes os demais requisitos; contudo, se a inidoneidade for *absoluta*, tratar-se-á de *crime impossível* (art. 17).

Quando o agente não consegue enganar a vítima (sócio, investidor ou a fiscalização), o simples emprego do meio fraudulento (sonegando informação ou prestando-a falsamente) não foi suficientemente idôneo para o fim pretendido, não se podendo cogitar, sequer, de tentativa punível. Com efeito, não caracteriza o crime em exame se, a despeito de comprovada a autoria, o *meio empregado pelo agente* for ineficaz para induzir ou manter a vítima em erro.

8. PENA E AÇÃO PENAL

As penas cominadas são a reclusão, de dois a seis anos, e multa. A natureza da ação penal é *pública incondicionada*, devendo, consequentemente, a autoridade competente agir *ex officio*, independentemente de qualquer manifestação do ofendido.

CAPÍTULO VII
Títulos ou valores mobiliários fraudulentos

Sumário: 1. Considerações preliminares. 2. Bem jurídico tutelado. 3. Sujeitos ativo e passivo do crime. 4. Tipo objetivo: adequação típica. 5. Tipo subjetivo: adequação típica. 6. Classificação doutrinária. 7. Consumação e tentativa. 8. Pena e ação penal.

Art. 7º Emitir, oferecer ou negociar, de qualquer modo, títulos ou valores mobiliários:

I – falsos ou falsificados;

II – sem registro prévio de emissão junto à autoridade competente, em condições divergentes das constantes do registro ou irregularmente registrados;

III – sem lastro ou garantia suficientes, nos termos da legislação;

IV – sem autorização prévia da autoridade competente, quando legalmente exigida:

Pena – reclusão, de 2 (dois) a 8 (oito) anos, e multa.

---

1. CONSIDERAÇÕES PRELIMINARES

A Lei n. 4.728/65, que disciplinou o mercado de capitais, previu em alguns dispositivos (arts. 72, 73 e 74) condutas semelhantes, cominando pena de um a quatro anos de reclusão. O Anteprojeto da Comissão de Reforma da Parte Especial do Código Penal também tratava da mesma questão (art. 387), com alguma vantagem linguística. O Projeto, que resultou na lei ora examinada, segundo Manoel Pedro Pimentel, "modificou sensivelmente a redação proposta por aquele Anteprojeto. E, a meu ver, para pior. No n. I, reuniu coisas desiguais, aludindo aos títulos ou valores mobiliários *falsos* e aos *falsificados,* não se referindo aos títulos registrados mediante declaração falsa; no n. II, acrescenta os títulos ou valores mobiliários *irregularmente registrados*, visando a alcançar os registrados mediante declaração falsa, suprindo parcialmente a falta anterior. No n. III, não fez referência aos títulos ou valores mobiliários com *lastro insu-*

ficiente, dando a entender que, para o legislador, lastro insuficiente é o mesmo que não ter lastro; finalmente, no n. IV, acrescentou a cláusula *quando legalmente exigida*, criando uma norma incompleta, que dependerá de complementação de outra, editada em outra lei"[1].

A característica básica dos *valores mobiliários* é a sua negociabilidade no *mercado de capitais*. Pode-se catalogar como espécies desses *valores* os seguintes: (a) a *ação*, que é a menor parcela do capital social de companhias fechadas ou abertas; (b) as *debêntures*, que são *valores mobiliários* que representam direito de crédito perante a sociedade anônima emissora, nas condições constantes do certificado (se houver) e da escritura de emissão; (c) os *bônus de subscrição* (ou *bonds*), entendidos como *títulos* que asseguram ao seu titular o direito de subscrever, com preferência, ações da companhia emissora, em futuro aumento de capital social; (d) as *partes beneficiárias*, isto é, valores mobiliários que asseguram ao seu titular direito de crédito eventual perante a sociedade anônima emissora, consistente em uma participação nos seus lucros; (e) os *commercial papers*, que são notas promissórias de curto prazo, emitidas por uma *sociedade tomadora* para financiar seu capital de giro, os quais têm a particularidade de serem negociáveis no mercado de capitais; (f) os *depositary receipts*, especialmente os ADRs (*American Depositary Receipts*) e os BDRs (*Brazilian Depositary Receipts*), os quais constituem recibos de depósito lastreados em ações ordinárias; (g) os ADRs, em especial, emitidos por bancos norte-americanos, como forma de captação de recursos, no mercado de capitais dos Estados Unidos, por companhias sediadas fora desse país.

Aliás, a própria *lei do mercado de capitais* relaciona algumas espécies de valores mobiliários (art. 2º da Lei n. 6.385/76, que foi alterada pela Lei n. 10.303/2001). Ademais, deve-se destacar que não se deve confundir o *valor mobiliário*, propriamente dito, com eventuais *documentos que o representam*, *v. g.*, *ação*, que é o valor mobiliário propriamente, com o *certificado de depósito de ação*, que é o documento que a representa; *debênture* que é representado pela *cédula de debênture*.

Embora alguns valores mobiliários *confiram direitos de crédito a seus titulares*, como as *debêntures* e os *commercial papers*, esse atributo não lhes é essencial, ocorrendo o mesmo com a cartularidade, a literalidade e a autonomia das obrigações. Embora possam existir no âmbito dos valores mobiliários, não lhes são essenciais. Tanto é verdade que os *valores mobiliários* podem assumir a forma *escritural*, não necessitando, nessa hipótese, de certificado como prova de sua existência e titularidade. Destaque-se, por fim, que somente os *valores mobiliários* são negociáveis no mercado de capitais, característica inexistente nos denominados "títulos de crédito".

---

[1] Manoel Pedro Pimentel, *Crimes contra o sistema financeiro nacional*, p. 67.

Aliás, a própria Lei n. 6.385/76 (§ 1º do art. 2º) *exclui* expressamente, do regime normativo específico dos *valores mobiliários*, os seguintes títulos: (a) os *títulos da dívida pública* federal, estadual ou municipal; (b) os *títulos cambiais* de responsabilidade de instituição financeira, como das debêntures, que são títulos mobiliários. Logo, referidos títulos, como cheque, nota promissória e letra de câmbio, não podem ser *objeto material* do crime tipificado neste art. 7º da Lei n. 7.492/86.

Por outro lado, a comercialização ou negociação da denominada *criptomoeda* (moedas virtuais) não incorre na tipificação do crime deste art. 7º da Lei n. 7.492/86. A *criptomoeda* não é considerada *valor mobiliário*, segundo o entendimento da própria Comissão de Valores Mobiliários. A rigor, como destacamos ao examinarmos o art. 22 desta Lei, as *criptomoedas* não são, legalmente, consideradas como *moeda* pelo próprio Banco Central do Brasil. Por outro lado, o próprio STJ, por sua Terceira Seção, reiterado, posteriormente, pela Sexta Turma, manifestou-se nesse sentido:

> A operação envolvendo compra ou venda de criptomoedas não encontra regulação no ordenamento jurídico pátrio, pois as moedas virtuais não são tidas pelo Banco Central do Brasil (BCB) como moeda, nem são consideradas como valor mobiliário pela Comissão de Valores Mobiliários (CVM), não caracterizando sua negociação, por si só, os crimes tipificados nos arts. 7º, II, e 11, ambos da Lei n. 7.492/1986, nem mesmo o delito previsto no art. 27-E da Lei n. 6.385/1976[2].

2. BEM JURÍDICO TUTELADO

Como crime pluriofensivo protege, prioritariamente, o patrimônio dos investidores, bem como a fé pública que goza o mercado mobiliário e financeiro e, secundariamente, a inviolabilidade e a credibilidade do mercado de capitais, zelando pela regularidade das transações operadas em um dos relevantes segmentos do sistema financeiro nacional. Para o bom e regular funcionamento desse mercado, é indispensável assegurar-se a retidão da emissão, da compra e da venda de títulos e valores mobiliários, reforçando, dessa forma, a tutela da fé pública dos títulos e valores imobiliários, além do patrimônio dos investidores.

3. SUJEITOS ATIVO E PASSIVO DO CRIME

Sujeito ativo pode ser qualquer pessoa das condutas de *oferecer* e *negociar*, tratando-se, portanto, de crime comum, que não exige qualquer qualidade ou

---

[2] STJ, 3ª Seção, CC 161.123/SP, rel. Min. Sebastião Reis Júnior, j. em 28-11-2018, *DJ* de 5-12-2018. No mesmo sentido: STJ, 6ª Turma, HC 530.563/RS, rel. Min. Sebastião Reis Júnior, j. em 5-3-2020, *DJ* de 12-3-2020.

condição especial. Relativamente à conduta de emitir, como crime próprio somente pode ser cometido por gestor ou administrador de instituição financeira. No entanto, nas três condutas incriminadas, é perfeitamente admissível o concurso eventual de pessoas nas modalidades de coautoria e participação.

Sujeito passivo, igualmente, pode ser qualquer pessoa que porventura venha a ser lesada pelo autor dessas infrações penais e, secundariamente, o Estado, que é o responsável pelo sistema financeiro nacional. Aliás, independentemente da existência de outras pessoas físicas ou jurídicas lesadas pela conduta, o Estado será sempre sujeito passivo de toda infração penal.

4. TIPO OBJETIVO: ADEQUAÇÃO TÍPICA

As condutas incriminadas são emitir, oferecer ou negociar. a) "Emitir" significa expedir ou colocar em circulação o objeto da ação, no caso, títulos ou valores mobiliários. A simples elaboração do título é um indiferente penal. Assim, confeccionar o título sem o colocar em circulação não constitui figura típica. Dessa forma, destaca Luiz Regis Prado, "se aquele que elabora e subscreve o título não o põe em circulação imediatamente, não terá praticado o delito. Entretanto, se o fez, e terceiro põe o título em circulação com a sua aquiescência, responderá como partícipe ou coautor desse terceiro"[3]. b) "Oferecer" significa ofertar, mostrar, expor à venda ou apresentar títulos ou valores mobiliários. d) "Negociar" é transacionar, comerciar, fazer negócio ou praticar qualquer ato de comércio com o objeto da ação típica.

A locução "de qualquer modo" significa que qualquer das condutas – *emitir, oferecer* ou *negociar* – pode ser praticada de forma livre, sem vinculação, por qualquer meio. Nesse sentido, reconhecia Pimentel[4] que a locução "de qualquer modo" significa que, qualquer que seja o modo da emissão, do oferecimento ou da negociação, tipificará o crime. Trata-se de *crime de conteúdo variado*, isto é, mesmo que o sujeito ativo pratique as três condutas, responderá por crime único.

Segundo Hugo de Brito Machado, "por *títulos ou valores mobiliários* se hão de entender os papéis representativos de bens ou direitos. Podem representar direitos de propriedade de bens, como acontece com os títulos de participação societária, que corporificam parcelas do direito de propriedade sobre o patrimônio social, ou direitos de crédito, como acontece com os papéis relativos a financiamentos"[5].

---

[3]   Luiz Regis Prado, *Direito penal econômico*, p. 252.
[4]   Pimentel, *Crimes contra o sistema financeiro nacional*, p. 69.
[5]   Hugo de Brito Machado, *Curso de direito tributário*, p. 245.

As condutas tipificadas são complementadas pelas condições em que esses títulos não podem ser produzidos e comercializados, tratando-se, por conseguinte, de crime de forma vinculada, segundo o disposto nos respectivos incisos, abaixo analisados.

I – Falsos ou falsificados

Como se constata, ambos os vocábulos têm significados distintos: a) *falso* é o título confeccionado, formado ou elaborado, inteiramente ou não, imitando o verdadeiro; b) *falsificado,* por sua vez, é o título verdadeiro que foi adulterado tanto em sua forma como em seu conteúdo, com a finalidade de passar-se por verdadeiro. "Assim, falsos, são aqueles que foram adrede fabricados, eivados de impostura total. São os concebidos já para enganar, falsos desde a origem. Por sua vez, falsificados, seriam aqueles que têm origem idônea, porém foram posteriormente alterados para mudar a verdade que neles se continha"[6]. Em outros termos, *falso* é a contrafação, que é a reprodução por imitação, fraudulenta, do título verdadeiro, enquanto título *falsificado* é a alteração ou modificação de documento existente (verdadeiro), ou, na feliz síntese de Pimentel, "*falso* é o título ou o valor mobiliário que é inteiramente formado, fabricado, imitando o verdadeiro – a *imitatio veri*; *falsificado* é o título ou o valor mobiliário verdadeiro que sofre alteração na sua forma ou na sua essência, em detalhe importante, para modificar-lhe o valor ou para outro fim que o autor da falsificação tenha em vista – a *immutatio veri*"[7]. Na realidade, falso ou falsificado não passa de um excesso linguístico do legislador, absolutamente desnecessário, pois todo título *falsificado* é igualmente *falso*, como sustenta Nucci: "O que é falsificado é igualmente falso (não verdadeiro, não autêntico), pouco interessando se a falsidade é material (documento integralmente construído ou parcialmente modificado) ou ideológica (documento verdadeiro, mas preenchido de modo irregular, por completo ou parcialmente)"[8].

É indispensável que o *falso ou falsificado* tenha idoneidade suficiente para enganar, ludibriar, isto é, para se fazer passar por verdadeiro, caso contrário não se poderá falar em crime, revestindo-se referida conduta de atipicidade. Com efeito, o *falso grosseiro* não tem potencialidade lesiva, não servindo para configurar o crime. Realmente, se o *falsum* não tiver potencialidade ofensiva, demonstrador de capacidade de enganar a vítima, o comportamento será atípico.

II – Sem registro prévio de emissão junto à autoridade competente, em condições divergentes das constantes do registro ou irregularmente registrados

Compete à Comissão de Valores Mobiliários (CVM) proceder ao registro da emissão pública de valores mobiliários (art. 19 da Lei n. 6.385/76): "[...] a oferta pública de títulos deve ser precedida de um processo, aberto na CVM,

---

[6] Áureo Natal de Paula, *Crimes contra o sistema financeiro nacional e o mercado de capitais*, p. 189.

[7] Pimentel, *Crimes contra o sistema financeiro nacional*, p. 70.

[8] Guilherme de Souza Nucci, *Leis penais e processuais penais comentadas*, p. 1056.

durante o qual os analistas da instituição farão minucioso exame dos documentos exigidos pela legislação, como, *v. g.*, o contrato entre a sociedade emissora e a instituição financeira coordenadora do lançamento dos papéis [...]"[9]. Nesse inciso II estão previstas três hipóteses ou modos pelos quais o crime se aperfeiçoa: (a) a falta do registro prévio, (b) o lançamento do título em condições diversas das que constam no registro, ou, ainda, (c) título registrado irregularmente. Com efeito, os títulos ou valores podem estar registrados perante a autoridade competente, mas podem ter sido irregularmente registrados, ou, ainda, podem ser comercializados em condições diversas das constantes do registro e, se isso ocorrer, em qualquer dessas hipóteses configurar-se-á o crime.

III – Sem lastro ou garantia suficientes, nos termos da legislação

"Lastro" e "garantia", seguramente, têm significados distintos, embora ambos signifiquem formas diversas de assegurar que a instituição financeira atua corretamente ao colocar títulos no mercado financeiro. "Lastro", sem uma definição técnica específica, tem o sentido de respaldo, de cobertura de uma operação por outra. "Garantia", por sua vez, pode ser real ou pessoal, prevista na legislação. Títulos e valores mobiliários devem ter lastro e garantia suficientes para poderem circular como se "moeda" fossem do sistema mobiliário. Caracterizará o crime fazer esses títulos circularem (emitir, oferecer ou negociar) sem lastro ou garantia. Dito de outra forma, para que títulos ou valores mobiliários possam ser emitidos, ofertados ou negociados, necessitam ter suporte financeiro para cobrir eventual resgate. A ausência de "lastro financeiro", pelo que se depreende do texto legal, pode ser suprida por outra garantia que assegure a idoneidade e o resgate dos títulos, cuja ausência, efetivamente, tipifica este crime. Não era outro o magistério de Pimentel, na sua feliz síntese: "*Sem lastro suficiente*, significa que os títulos ou valores mobiliários foram emitidos, oferecidos ou negociados sem que existisse o suporte financeiro adequado para cobrir o seu oportuno resgate. *Sem garantia suficiente* quer dizer que, além de não ter lastro suficiente, os papéis também não estão cobertos por garantia de outro tipo, deixando inteiramente a descoberto os títulos ou valores mobiliários, que não poderão oferecer qualquer segurança ao mercado de capitais ou aos investidores, no caso de serem tomados"[10].

Essa norma penal em branco encontra sua complementação em outras normas extrapenais, como nas Leis n. 4.728/65 (mercado de capitais), n. 6.385/76 (mercado de valores mobiliários) e n. 6.404/76 (sociedade por ações). O conhecimento e o manejo da previsão constante neste art. 7º implica, necessariamente, a consulta a esses três diplomas legais.

---

[9] José Carlos Tórtima, *Crimes contra o sistema financeiro nacional*, p. 63.
[10] Pimentel, *Crimes contra o sistema financeiro nacional*, p. 70.

IV – Sem autorização prévia da autoridade competente, quando legalmente exigida

A circulação regular de título e valores mobiliários necessita de prévia autorização de autoridade competente, de acordo com a natureza de cada título, *v. g.*, títulos em geral (Banco Central), valores mobiliários (Comissão de Valores Mobiliários), emissão de debêntures por instituição financeira (Banco Central) etc. A elementar "quando legalmente exigida" deve ser interpretada em sentido amplo, *v. g.*, leis, decretos, regulamentos etc. Não se pode, contudo, confundir essa autorização prévia para emissão, oferecimento ou negociação de títulos ou valores mobiliários, com autorização para funcionamento de instituição financeira, que, neste caso, infringiria o disposto no art. 16 deste diploma legal. Nesse sentido, exemplifica Tigre Maia: "A empresa poderá estar autorizada a operar no mercado, mas inexistir a autorização prévia exigível para negociar aquela específica emissão de determinados títulos mobiliários, como as instituições financeiras que não captam depósitos públicos, que apenas estão autorizadas a emitir debêntures quando previamente autorizados pelo BACEN"[11].

A ausência dessa formalidade, além da infração administrativa, configura essa infração penal pela falta de autorização prévia da autoridade competente.

5. TIPO SUBJETIVO: ADEQUAÇÃO TÍPICA

O tipo subjetivo é constituído tão somente pelo elemento subjetivo geral, que é o dolo, representado pela vontade consciente de *emitir, oferecer* ou *negociar* títulos mobiliários falsos ou falsificados, sem registro prévio perante a autoridade competente, sem lastro ou garantia exigida pela legislação, sem autorização prévia da autoridade competente, quando legalmente exigida. É indispensável que o sujeito ativo tenha consciência da irregularidade de seus títulos ou valores e, como elemento cognitivo do dolo, essa consciência deve ser atual, isto é, real, efetiva no momento da ação, não se confundindo, portanto, com a consciência da ilicitude, elemento da culpabilidade (que pode ser potencial).

Não há exigência de qualquer elemento subjetivo especial do injusto e tampouco há previsão de modalidade culposa.

6. CLASSIFICAÇÃO DOUTRINÁRIA

Trata-se de *crime comum* (pode ser praticado, em regra, por qualquer pessoa, não sendo exigida nenhuma qualidade ou condição especial), *formal*

---

[11] Tigre Maia, *Dos crimes contra o sistema financeiro nacional*: anotações à Lei federal n. 7.492/86, p. 81.

(não exigência de produção material de resultado, consumando-se com a própria ação), *de forma vinculada* (somente pode ser cometido violando as regras destacadas nos incisos do dispositivo legal, por violar formalidades necessárias para emissão, oferecimento ou negociação de títulos ou valores mobiliários), *comissivo* (o comportamento descrito no tipo implica a realização de uma conduta ativa, pois a norma penal tipificadora é proibitiva e não mandamental), *de mera conduta* (não havendo a descrição nem a exigência típica de um resultado material associado à ação de emitir, oferecer ou negociar o título no mercado), *de perigo abstrato* (à vista do bem jurídico *coletivo* tutelado (higidez do mercado de capitais), não se exigindo a individualização de um dano efetivo ou sequer de um resultado de perigo determinado, o que já decorre, no plano apriorístico, do caráter da ação), *plurissubsistente* (nas modalidades de *emitir* e *negociar*, podendo a conduta típica ser fracionada em diversos atos, de modo que a tentativa se revela admissível, quando impedida, por motivos alheios à vontade do agente, a emissão ou a negociação do título no mercado de capitais), *unissubsistente* (na modalidade *oferecer*, que não comporta fracionamento temporal), *instantâneo* (consumando-se em momento único e determinado, sem prolongamento do estado consumativo), *instantâneo* (a consumação ocorre em momento determinado, não havendo um distanciamento temporal entre a ação e o resultado), *unissubjetivo* (pode ser praticado por alguém, individualmente, admitindo, contudo, coautoria e participação), *unissubsistente*, nas modalidades *emitir* e *oferecer* (crime cometido em ato único), e *plurissubsistente*, na modalidade de *negociar* (a ação criminosa pode ser desdobrada em vários atos, admitindo, nessa forma, a tentativa).

No entanto, discordando da afirmativa de que o crime na modalidade de "emitir" seria unissubsistente, Albuquerque e Rebouças[12], com segurança, destacam, *verbis*:

> A nosso juízo, essa conduta deve ser entendida em seu significado normativo, delimitado pelo art. 19, § 3º, da Lei n. 6.385/1976. À luz desse dispositivo, a emissão (pública) assume o sentido de "utilização de listas ou boletins de venda ou subscrição, folhetos, prospectos ou anúncios destinados ao público" (I), "procura de subscritores ou adquirentes para os títulos por meio de empregados, agentes ou corretores" (II) e "a negociação feita em loja, escritório ou estabelecimento aberto ao público, ou com a utilização dos serviços públicos de comunicação" (III). Trata-se de atos caracterizadores de emissão, que devem ser compreendidos restritivamente, para que a intervenção penal não compareça já no momento preparatório. Para além disso, entretanto, parece-nos que a emissão constitui forma complexa e temporalmente fracionável.

---

[12] Albuquerque e Rebouças, *Crimes contra o sistema financeiro nacional*, São Paulo: Tirant Lo Blanch Brasil, no prelo.

7. CONSUMAÇÃO E TENTATIVA

Consuma-se o crime com a realização das condutas emitir, oferecer ou negociar, em qualquer das modalidades descritas nos quatro incisos relacionados, independentemente da produção concreta de qualquer resultado sensorialmente perceptível. Nas modalidades de emitir e oferecer, é inadmissível a figura tentada por tratar-se de crime unissubsistente, sendo impossível seu fracionamento. Contudo, a conduta de negociar, por se tratar de crime plurissubsistente, admite a tentativa, configurando-se sempre que for involuntariamente interrompida.

8. PENA E AÇÃO PENAL

As penas cominadas, cumulativamente, são reclusão, de dois a oito anos, e multa. Deparamo-nos, neste dispositivo, com sanção penal absurdamente grave, sem obedecer qualquer parâmetro objetivo, ignorando-se que não é a gravidade da pena que pode surtir efeito preventivo geral, mas a certeza de sua punição, segundo postulado de Beccaria. Inconformado com a gravidade dessas penas, Pimentel[13] destacava: "Torna-se bastante clara a circunstância de não existirem parâmetros para a fixação das penalidades. A verdade é que a decisão de fixar esta ou aquela quantidade ou qualidade de pena é, geralmente, arbitrária. Em certos casos, muito evidente, salta aos olhos a gravidade da conduta. Em outros, estabelece-se facilmente o consenso de que se trata de conduta de menor gravidade, facilitando a tarefa de cominar pena mais leve".

---

[13]   Manoel Pedro Pimentel, *Crimes contra o sistema financeiro nacional*, p. 72.

CAPÍTULO VIII
Extorsão financeira

> **Sumário:** 1. Considerações preliminares. 2. Bem jurídico tutelado. 3. Sujeitos ativo e passivo do crime. 4. Tipo objetivo: adequação típica. 4.1. Exigência em desacordo com a legislação: vantagem indevida. 4.2. Elemento normativo especial: em desacordo com a legislação. 5. Tipo subjetivo: adequação típica. 6. Classificação doutrinária. 7. Consumação e tentativa. 8. Pena e ação penal.

Art. 8º Exigir, em desacordo com a legislação (vetado), juro, comissão ou qualquer tipo de remuneração sobre operação de crédito ou de seguro, administração de fundo mútuo ou fiscal ou de consórcio, serviço de corretagem ou distribuição de títulos ou valores mobiliários.

---

1. CONSIDERAÇÕES PRELIMINARES

Trata-se de infração penal assemelhada a duas infrações constantes do Código Penal, extorsão (art. 158) e concussão (art. 316), que trazem em seu bojo o mesmo verbo nuclear: *exigir*. Assemelha-se, ainda, ao crime de usura disciplinado na Lei de Economia Popular (art. 4º, *a*, da Lei n. 1.521/51). Considerando especialmente a conduta nuclear desta infração penal, decidimos adotar a denominação "extorsão financeira", correspondente àquela relativa ao crime patrimonial do Código Penal.

Manoel Pedro Pimentel já lembrava que o Anteprojeto da Comissão de Reforma da Parte Especial do Código Penal, relativamente ao mesmo tema, sugeria, no art. 396, a seguinte redação: "Cobrar juro, comissão, ou taxa sobre operações de crédito, administração de fundo mútuo ou fiscal, serviço de corretagem ou de distribuição de títulos ou valores mobiliários, em desacordo com a legislação: Pena – detenção, de sete meses a dois anos, e multa".

Na nossa legislação anterior, no entanto, não encontramos antecedente similar ao dispositivo que passamos a considerar.

126 • Crimes contra o sistema financeiro nacional

2. BEM JURÍDICO TUTELADO

Discordamos, novamente, do entendimento tradicional da doutrina que, de um modo geral, tem sustentado, invariavelmente, que os tipos penais constantes da Lei n. 7.492/86, inclusive este, têm como objetividade jurídica a proteção da "boa execução da política econômica do Governo"[1], ou, simplesmente, do *sistema financeiro nacional*, prioritariamente, e apenas, secundariamente, visaria à proteção de outros bens jurídicos. Essa afirmativa tem cunho oficialista, ignorando que, há décadas, o Brasil tem um sistema financeiro organizado, bem estruturado, sóbrio e respeitado, que jamais se abalaria, com eventuais exigências *extorsionistas*, que, além de esporádicas, não ganham maiores publicidades. Exemplo dessa visão "oficialista", em bem elaborada tese, sustentam Albuquerque e Rebouças[2], *verbis*: "quando realizada no âmbito de instituições financeiras, é apta a afetar a estabilidade, a regularidade e a transparência do sistema financeiro nacional, que depende da adoção de determinados modelos e limites remuneratórios nas diversas operações praticadas nos mercados de crédito, de seguros e de valores mobiliários. Pela execução da conduta típica, gera-se, em princípio, o risco de algum nível de desestabilização da lógica remuneratória do sistema, em benefício ilícito individual de um agente".

Certamente, não seriam pequenas ou isoladas condutas como a acima tipificada que, *venia concessa*, "gera(raria), em princípio, o risco de algum nível de desestabilização da lógica remuneratória do sistema", como afirmam os autores supracitados. Sustentamos, ardorosamente, que, prioritariamente, neste art. 8º, o objeto jurídico é a proteção do patrimônio dos usuários do sistema financeiro nacional, que acreditam na "boa execução da política econômica do governo". Na essência, adotamos o mesmo entendimento sustentado por Tigre Maia: "A objetividade jurídica imediata da norma é resguardar o patrimônio dos usuários do sistema contra exigências ilegais na realização de operações financeiras e mediatamente assegurar a confiabilidade no SFN"[3], e por Tórtima: "Volta-se a tutela jurídica [...], de forma imediata, para a proteção do patrimônio dos usuários do sistema. Tal preocupação, todavia, representa apenas um aspecto do objetivo maior de resguardar a própria confiabilidade do SFN, cujos reflexos na boa execução da política econômica do governo já foram acentuados"[4].

Consideramos absolutamente equivocada a afirmação reiterada de que o objeto jurídico "é a boa execução da política econômica do governo", por dois aspectos fundamentais: primeiro, porque parte da presunção *iure et iure* de que a "política econômica do governo é sempre boa", o que não é, em absoluto,

---

[1]   Manoel Pedro Pimentel, *Crimes contra o sistema financeiro nacional*, p. 74.

[2]   Albuquerque e Rebouças, *Crimes contra o sistema financeiro nacional*, São Paulo: Tirant Lo Blanch Brasil, no prelo.

[3]   Tigre Maia, *Dos crimes contra o sistema financeiro nacional*: anotações à Lei federal n. 7.492/86, p. 83.

[4]   Tórtima, *Crimes contra o sistema financeiro nacional*, p. 67.

verdadeiro, aliás, a nossa história recente, ao longo da vigência desse diploma legal, comprova os grandes equívocos que os governos praticaram em suas, muitas vezes, desastrosas políticas econômico-financeiras, tendo, em determinado período, atingido 84% de inflação, em um mês; em segundo lugar, porque, mesmo que resulte comprovado que "a execução da política econômica do governo" *não é boa*, ainda assim, todos nós "súditos" continuamos com a obrigação legal de respeitá-la e se infringirmos a proibição constante deste art. 8º, responderemos criminalmente por sua infringência.

Na verdade, a nosso juízo, protege-se a lisura, a correção e a honestidade das operações atribuídas e realizadas pelas instituições financeiras e assemelhadas. O bom e regular funcionamento do sistema financeiro repousa na confiança que a coletividade lhe atribui. A credibilidade é um atributo que assegura o regular e exitoso funcionamento do sistema financeiro como um todo. Secundariamente, por certo, está o objetivo de resguardar essa confiabilidade que o sistema financeiro nacional requer, cujos reflexos na "boa execução da política econômica do governo" são uma expectativa de todos nós.

3. SUJEITOS ATIVO E PASSIVO DO CRIME

Sujeito ativo pode ser qualquer pessoa, tratando-se, portanto, de crime comum, que não exige qualquer qualidade ou condição especial. Na realidade, além do rol especial constante do art. 25, qualquer pessoa pode ser sujeito ativo dessa infração penal, além de admitir naturalmente as figuras da coautoria e da participação.

Contudo, embora se trate de *crime comum*, há um mínimo necessário de exigência, qual seja, a de que o sujeito ativo exerça ou se encontre numa situação ou posição que lhe autorize *poder exigir* ou condicionar a operação desejada ao cumprimento de sua exigência, devendo, portanto, pelo menos, ser um *operador do mercado financeiro*. A mesma *exigência* fora do mercado, isto é, fora do âmbito do sistema financeiro, não será abrangida pelas normativas desse diploma legal, constituindo, por conseguinte, crime da competência da Justiça Estadual.

Sujeito passivo, igualmente, pode ser qualquer pessoa que porventura venha a ser lesada pelos autores dessa infração penal; pode, inclusive, ser a própria instituição financeira e, secundariamente, o Estado, que é o responsável pela moralidade e pela credibilidade do sistema financeiro nacional.

4. TIPO OBJETIVO: ADEQUAÇÃO TÍPICA

Trata-se de um tipo penal fantasioso, em que a exigência decorrente do seu verbo nuclear *exigir* não é material, mas puramente *ideológica*, considerando-se o significado atribuído nos tipos penais similares do Código Penal, como *extorsão* (art. 158) e *concussão* (316), na medida em que, nesses tipos penais, a conduta deve ser idônea para impor, no sujeito passivo, *temor*, receio de, em não atendendo a exigência, sofrer consequências graves. Certamente, não se pode, a despeito da similitude referida, dar o mesmo sentido à ação de *exigir* constante neste tipo penal, ao atribuído naqueles similares antes mencionados, que sugerem violência implícita, poder de coação, enfim, a capacidade de fazer a vítima submeter-se à exigência. Assiste razão, no particular, ao lamento de Tigre Maia quando afirma: "No entanto, ao utilizar a expressão 'exigir' a norma teve reduzido seu alcance àquelas situações em que o sujeito ativo, mediante violência ficta ou grave ameaça (violência moral), compele o sujeito passivo ao pagamento indevido"[5] (bancário-financeiro). Esse aspecto, por óbvio, não está presente nesse tipo de relação, até porque, demonstra-nos a postura governamental ao longo da vigência do diploma legal, com os contornos, as manobras e as estratégias que as políticas monetária, fiscal, tributária, financeira e cambial têm adotado ao longo do tempo, especialmente em relação às taxas de juro oficiais, inviabilizam qualquer pretensão de efetividade da norma proibitiva *sub examine*. Os verbos "solicitar", "aceitar", "pedir" não fazem parte do dispositivo examinado, inviabilizando praticamente a punição da proibição pretensamente existente.

O verbo nuclear "exigir" tem o sentido de obrigar, ordenar, impor ao sujeito passivo o atendimento de sua pretensão, no caso, juro, comissão ou qualquer tipo de remuneração sobre as operações mencionadas no tipo penal. Como destaca Tórtima, "o verbo que descreve a conduta incriminada no art. 8º é *exigir*, que, no Direito Penal, tem a acepção de reclamar sob ameaça explícita ou implícita"[6]. No mesmo sentido, era a manifestação de Pimentel, que afirmava: "Tal como ocorre no crime de extorsão, o sujeito ativo constrange a vítima a lhe conceder a vantagem indevida. O temor provocado naquele que sofre o constrangimento é que o leva a ceder à exigência"[7]. Na verdade, para que se configure o delito, é necessário que a vantagem exigida seja indevida, isto é, taxas excessivas não correspondam, no todo ou em parte, à disposição legal. É equivocado e desproposital falar-se em temor, nesta infração penal, que, se tem sentido lá nos crimes contra o patrimônio ou mesmo contra a pessoa, é incompreensível e até inaceitável nos crimes contra o sistema financeiro, em que "as armas" são de outra natureza e ninguém impõe medo ou constrange ninguém. Ademais, raramente, para não dizer nunca, no mercado financeiro se poderá comprovar ocorrência de eventual *exigência*, como consta do texto legal. Seria razoável, para possibilitar a criminalização de alguma operação excessivamente onerosa, que se utilizassem verbos nucleares como "solicitar", "estipular" ou "acordar", remuneração (juro, comissão etc.) *contra legem*.

---

[5] Tigre Maia, *Dos crimes contra o sistema financeiro nacional*: anotações à Lei federal n. 7.492/86, p. 83.

[6] Tórtima, *Crimes contra o sistema financeiro nacional*, p. 68.

[7] Manoel Pedro Pimentel, *Crimes contra o sistema financeiro nacional*, p. 75.

Convém destacar que "exigir" não se confunde com o simples "solicitar" (verbo núcleo da corrupção passiva), pois naquele há uma *imposição* do sujeito passivo, que, valendo-se da função que exerce ou do posto que ocupa, "constrange" o sujeito passivo com sua "exigência". É indispensável que a *exigência*, implícita ou explícita, seja motivada pela importância da *função* que o agente exerce ou pelo posto que ocupa. Não existindo função ou não havendo relação de causalidade entre ela e o fato imputado, não se pode falar em *crime de extorsão financeira*, podendo existir, residualmente, qualquer outro crime, provavelmente fora do âmbito financeiro.

O texto legal usa elementar normativa "em desacordo com a legislação" para definir que a exigência deve constituir uma *vantagem indevida*, pois se não contrariasse a legislação não seria indevida. Essa exigência da *vantagem indevida* pode ser direta ou indireta. É *direta* quando o sujeito ativo a formula diretamente à vítima ou *de forma explícita*, deixando clara a sua pretensão; é indireta quando o sujeito se vale de interposta pessoa ou quando a formula tácita, implícita ou sub-repticiamente. No entanto, desde o advento da Emenda Constitucional n. 40/2003, não há mais um *limite normativo* de taxa de juros cobrável por *instituições financeiras*, as quais, aliás, nunca respeitaram limite algum. Antes mesmo dessa Ementa Constitucional, a Suprema Corte (julgado de 1991) decidiu pela ineficácia do limite de 12% fixado no antigo § 3º do art. 192 (revogado pela mesma EC n. 40) da Constituição Federal, ante a ausência de *lei complementar*. Assim, não há um limite legal prefixado de juros para instituições financeiras, não se aplicando, nesse âmbito, os parâmetros estabelecidos pelo Código Civil e pela Lei de Usura. Por isso, os extorsivos juros bancários são "regulados somente pelo mercado", aliás, o que não passa de um mero jogo de palavras, quando eventualmente a *instituição financeira*, através de seus administradores, controladores, diretores ou gerentes, firma *convênio* com alguma entidade, sociedade, associação ou algo assemelhado, através do qual, porventura, estabeleçam taxas de juro, comissão ou qualquer outra remuneração, mesmo que excessivas, não caracteriza a exigência contida no art. 8º que ora examinamos. Com efeito, repetindo, "exigir" significa reclamar, impor, ordenar, determinar, o que é visivelmente incompatível com a celebração de convênio. Ora, na celebração de um convênio não há exigência de qualquer das partes, ao contrário, existe uma convergência de vontades. Quando uma das partes diverge, discorda ou simplesmente não aceita os termos do acordo, não o celebram, simplesmente.

4.1. Exigência em desacordo com a legislação: vantagem indevida

A elementar normativa constante do tipo penal – *exigência em desacordo com a legislação* –, indiscutivelmente, é uma forma diferente de o legislador proibir a obtenção coercitiva de *vantagem indevida*, para não dizer ilegal. E uma exigência desta natureza busca, obviamente, uma vantagem indevida. Vantagem "indevida" é aquela que é ilícita, ilegal, injusta, *contra legem*, enfim, que não é amparada pelo ordenamento jurídico. Normalmente, a *ilegalidade da vantagem* é determinada por norma extrapenal. Ademais, a vantagem pode ser presente ou futura.

O crime de "extorsão financeira" é formal, ou seja, sua consumação não depende da ocorrência do resultado naturalístico, verificando-se com a simples exigência da "vantagem indevida", independentemente de ser atendida pelo ofendido. Por isso, é fundamental que a exigência preceda à obtenção da "indevida vantagem" (juro, comissão ou qualquer outra remuneração), isto é, a exigência não pode ser posterior a ela.

Sustentamos, de um modo geral, a necessidade de a "vantagem" ser de *natureza econômico-patrimonial*. Nesse sentido, afirma-se que a *vantagem* pode relacionar-se a qualquer ganho, lucro ou benefício de natureza patrimonial, mesmo que possa ser obtido indiretamente. No entanto, conforme destacamos ao examinarmos os crimes de *extorsão* (art. 158) e *extorsão mediante sequestro* (art. 159), quando a lei quer restringir a vantagem à natureza econômica[8], o faz expressamente, posicionamento normalmente adotado na disciplina dos crimes patrimoniais (arts. 155 a 183). Contudo, no dispositivo em exame, não só não há definição da natureza da vantagem exigida, como sequer refere-se a vantagem alguma, mas simplesmente "exigir, em desacordo com a legislação", que é, a nosso juízo, uma forma distinta de referir-se à vantagem indevida. Porém, o *objeto material* da conduta nuclear "exigir" é "juro, comissão ou qualquer outro tipo de remuneração" sobre as operações que menciona e, nessas circunstâncias, outra coisa não é que *vantagem indevida de natureza econômica*.

E se não houver *exigência*, mas simples *solicitação* de juro, comissão ou qualquer tipo de remuneração sobre operações, digamos, *in generi*, financeiras? Neste caso, à evidência, não se aperfeiçoa o crime descrito neste art. 8º da Lei n. 7.492/86. Transportando-se para o Código Penal, por outro lado, não se poderá falar em *concussão* (art. 316), mas apenas em corrupção passiva (art. 317). Com efeito, relativamente à cobrança excessiva de *encargos financeiros* (juro, comissão ou outro tipo de remuneração), não há uma espécie de *crime subsidiário* que pudesse subsumir a conduta de *solicitar*, a exemplo de corrupção e concussão. Em sentido semelhante, destaca Tigre Maia: "A simples solicitação ou o mero pedido ou cobrança, modalidade mais frequente e consentânea com a objetividade jurídica pretendida, serão indiferentes penais ou poderão, conforme as circunstâncias concretas, caracterizar crime de estelionato ou de corrupção passiva"[9], fora, portanto, do âmbito do sistema financeiro nacional.

---

[8]   Cezar Roberto Bitencourt, *Tratado de direito penal*: parte especial, v. 3, p. 196.

[9]   Rodolfo Tigre Maia, *Dos crimes contra o sistema financeiro nacional*: anotações à Lei federal n. 7.492/86, p. 84.

Na práxis, a demonstração de que se trata de *solicitação* (corrupção passiva) do funcionário corrupto e *não exigência* (concussão) enfrenta grande dificuldade probatória, assim como a comprovação de que se trata de concussão (exigência do funcionário) e não de corrupção ativa (oferta ou promessa). Pois bem, essa dificuldade também poderá surgir na hipótese da denominada "extorsão financeira" ou "cobrança de juros ou comissões extorsivos" sobre a necessidade de distinguir se houve exigência ou solicitação, se houve imposição ou simples adesão etc. A dúvida, certamente, deve favorecer o acusado, devendo-se interpretar sempre como simples solicitação ou adesão que seriam, no caso, condutas atípicas, no âmbito dos crimes contra o sistema financeiro. E mais que isso: como destaca Marina Pinhão, "só exige quem tem poder para exigir, caso contrário solicita-se"[10]. Aliás, ninguém tem dúvida da impotência da sociedade brasileira.

4.2. Elemento normativo especial: em desacordo com a legislação

A locução "em desacordo com a legislação" é *elemento normativo do tipo* de valoração jurídica com dupla valoração dogmática: é elemento *sui generis* do fato típico, na medida em que é, ao mesmo tempo, caracterizador da *ilicitude*. Cumpre destacar, desde logo, que os *elementos normativos do tipo* não se confundem com os *elementos jurídicos normativos da ilicitude*. Enquanto aqueles são elementos constitutivos do tipo penal, estes, embora integrem a descrição do crime, referem-se à *ilicitude* e, assim sendo, constituem elementos *sui generis* do fato típico, na medida em que são, ao mesmo tempo, caracterizadores da *ilicitude*. Esses *elementos normativos especiais da ilicitude* normalmente são representados por expressões como "indevidamente", "injustamente", "sem justa causa", "sem licença da autoridade", "sem permissão legal", "em desacordo com a legislação" etc.

Há grande polêmica em relação ao *erro* que incide sobre esses elementos: para alguns, constitui *erro de tipo*, porque nele se localiza, devendo ser abrangido pelo dolo; para outros, constitui *erro de proibição*, porque, afinal, aqueles elementos tratam exatamente da *antijuridicidade* da conduta. Para Claus Roxin, "nem sempre constitui um erro de tipo nem sempre um erro de proibição (como se aceita em geral), mas pode ser ora um ora outro, segundo se refira a circunstâncias determinantes do injusto ou somente à antijuridicidade da ação"[11]. Em sentido semelhante, para Jescheck, "trata-se de *elementos de valoração global*

---

[10] Marina Pinhão Coelho Araújo, Crimes contra o sistema financeiro nacional, *in*: Luciano Anderson de Souza; Marina Pinhão Coelho Araújo (Coord.), *Direito penal econômico*: leis penais especiais, v. 1, p. 108-175, esp. 145.

[11] Claus Roxin, *Teoría del tipo penal*, p. 217.

do fato"[12], que devem, pois, ser decompostos, de um lado, naquelas partes que os integram (descritivos e normativos), que afetam *as bases do juízo de valor*, e, de outro, naquelas que afetam *o próprio juízo de valor*. Os primeiros pertencem ao *tipo*; os últimos, à antijuridicidade. O procedimento para essa decomposição, sugerida por Jescheck, deve ser semelhante ao utilizado pela *teoria limitada da culpabilidade* para resolver o erro incidente sobre os pressupostos fáticos das causas de justificação.

A realização dessa distinção, no entanto, pode ser muito difícil, especialmente naqueles casos em que a constatação dos fatos já implique, simultaneamente, sua valoração jurídica. Welzel[13], a seu tempo, defendendo uma corrente minoritária, sustentava que os *elementos* em exame, embora constantes do tipo penal, são elementos do *dever jurídico* e, por conseguinte, da *ilicitude*. Por isso, qualquer erro sobre eles deve ser tratado como *erro de proibição*. Essa tese de Welzel é inaceitável, na medida em que implica aceitar a violação do caráter "fechado" da tipicidade, a qual deve abranger todos os elementos da conduta tipificada. No entanto, o melhor entendimento, a nosso juízo, em relação à *natureza do erro* sobre esses *elementos normativos* é sustentado por Muñoz Conde, que, admitindo não ser muito raro coincidirem *erro de tipo* e *erro de proibição*, afirma: "O caráter sequencial das distintas categorias obriga a comprovar primeiro o problema do erro de tipo e somente solucionado este se pode analisar o problema do erro de proibição"[14]; logo, pode-se concluir, deve ser tratado como *erro de tipo*.

Em síntese, como o *dolo* deve abranger todos os elementos que compõem a figura típica, e se as *características especiais do dever jurídico* forem um elemento determinante da *tipicidade concreta,* a nosso juízo, o *erro* sobre elas deve ser tratado como *erro de tipo*. Assim, eventual *erro* que incidir sobre a existência de *permissão legal* para a emissão de títulos ao portador caracteriza *erro de tipo*, excludente do dolo, por conseguinte.

5. TIPO SUBJETIVO: ADEQUAÇÃO TÍPICA

O *tipo subjetivo* é constituído tão somente pelo elemento subjetivo geral, que é o dolo, representado pela vontade consciente de exigir juro, comissão ou qualquer outro tipo de remuneração em desacordo com a legislação. Convém destacar, ademais, que é indispensável ficar demonstrado que o sujeito ativo tem consciência de que a cobrança que exige da remuneração do capital está

---

[12]   Jescheck, *Tratado de derecho penal*, p. 337.

[13]   Hans Welzel, *Derecho penal alemán*, p. 234.

[14]   Muñoz Conde, *El error en derecho penal*, p. 60.

acima do permitido pela legislação em vigor. Esta consciência nada mais é que o elemento intelectual do dolo, que deve abranger todos os elementos da descrição típica.

Não há exigência de qualquer *elemento subjetivo especial do injusto*, especificador do dolo e tampouco há previsão de modalidade culposa, razão pela qual eventual conduta imprudente, negligente ou imperita estará fora do alcance do sistema punitivo penal.

6. CLASSIFICAÇÃO DOUTRINÁRIA

Trata-se de *crime comum* (que pode ser praticado por qualquer pessoa, independentemente de ostentar determinada qualidade ou condição especial), *formal* (consuma-se independentemente da produção efetiva de determinado resultado), *doloso* (não há previsão legal para a figura culposa), de *forma livre* (o legislador não previu nenhuma forma ou modo para execução dessa infração penal, podendo ser realizado do modo ou pelo meio escolhido pelo sujeito ativo), *de perigo abstrato* (tratando-se de bem jurídico *coletivo* que objetiva tutelar a higidez dos mercados de crédito, de seguros e de capitais etc., não sendo exigida a individualização de um dano efetivo ao sistema financeiro ou a patrimônio individual, ou mesmo de um resultado de perigo determinado), *comissivo* (o comportamento descrito no tipo implica a realização de uma conduta ativa, pois a norma penal tipificadora é proibitiva, e não mandamental), *instantâneo* (a consumação ocorre em momento determinado, não havendo um distanciamento temporal entre a ação e o resultado), *unissubjetivo* (pode ser praticado por alguém, individualmente, admitindo, contudo, coautoria e participação), *plurissubsistente* (pode ser desdobrado em vários atos, que, no entanto, integram a mesma conduta) e, dependendo das circunstâncias, pode ser *unissubjetivo*.

7. CONSUMAÇÃO E TENTATIVA

Consuma-se o crime de extorsão financeira com a simples *exigência* do sujeito ativo, ou seja, no momento em que o sujeito passivo toma conhecimento de seu conteúdo. O crime capitulado no art. 8º da Lei n. 7.492/86 é formal e consuma-se com a mera *exigência da vantagem indevida* (em desacordo com a legislação), qual seja, juro, comissão ou qualquer outra remuneração sobre operação referida no tipo penal. Com efeito, não é necessário que se efetive o atendimento da exigência com a aceitação do ofendido; se ocorrer, representará, somente, o *exaurimento* do crime, que se encontrava perfeito e acabado com a imposição do sujeito ativo.

Dogmaticamente, a *tentativa* é inadmissível, pois se trata de crime unissubsistente, isto é, de ato único, não admitindo fracionamento. Contudo, concretamente, pode ser que a *exigência* se revista de diversos atos; por exemplo: a exigência da vantagem indevida é feita por meio de correspondência, que se extravia, sendo interceptada pela autoridade policial antes de a vítima conhecer seu conteúdo. Nesta hipótese, pode, teoricamente, dependendo da idoneidade de exigência, caracterizar-se tentativa de extorsão financeira.

8. PENA E AÇÃO PENAL

A pena cominada é reclusão de um a quatro anos e multa. A ação penal, como todos os crimes deste diploma legal, é pública incondicionada, devendo a autoridade competente agir *ex officio*.

CAPÍTULO IX
Falsidade ideológica financeira

Sumário: 1. Considerações preliminares. 2. Bem jurídico tutelado. 3. Sujeitos ativo e passivo do crime. 4. Tipo objetivo: adequação típica. 4.1 Distinção entre falsidade material e falsidade ideológica. 5. Tipo subjetivo: adequação típica. 6. Classificação doutrinária. 7. Consumação e tentativa. 8. Pena e ação penal.

Art. 9º Fraudar a fiscalização ou o investidor, inserindo ou fazendo inserir, em documento comprobatório de investimento em títulos ou valores mobiliários, declaração falsa ou diversa da que deveria constar:

Pena – reclusão de 1 (um) a 5 (cinco) anos, e multa.

---

1. CONSIDERAÇÕES PRELIMINARES

Trata-se de modalidade especial de *falsidade ideológica* prevista no Código Penal (art. 299), da qual se distingue por ser mais específica e, fundamentalmente, pelo especial fim de agir, que é distinto. Lembra Tórtima que referido dispositivo já foi objeto de preocupação da Comissão de Reforma da Parte Especial do Código Penal, *in verbis*: "Art. 390. Inserir, ou fazer inserir, em documento comprobatório de investimento em títulos ou valores mobiliários, com o intuito de induzir a erro a autoridade pública ou o investidor, declaração falsa ou diversa da que dele deveria constar"[1].

Os títulos e valores, custodiados nos estabelecimentos especializados, bancos comerciais e de investimentos, nas corretoras e distribuidoras ou em entidades assemelhadas ou equiparadas, ou ainda na bolsa de valores, de um modo geral, são representados por documentos que lhes dão um cunho oficial. Por essas razões, existem "os certificados e extratos de ações, debêntures e notas

---

[1] José Carlos Tórtima, *Crimes contra o sistema financeiro nacional*, 2. ed., Rio de Janeiro: Lumen Juris, 2002, p. 73.

136 • Crimes contra o sistema financeiro nacional

promissórias escriturais, as cautelas representativas de aquisição dessas ações, debêntures e NPs, os extratos comprobatórios de quotas de fundos etc., juridicamente tutelados pelo tipo em questão"[2].

2. BEM JURÍDICO TUTELADO

O bem jurídico tutelado, especificamente, é a inviolabilidade e a credibilidade do mercado de capitais, zelando pela regularidade das transações operadas em um dos relevantes segmentos do sistema financeiro nacional, inadmitindo, inclusive, fraude à fiscalização e aos investidores. Para o bom e regular funcionamento desse mercado, é indispensável assegurar-se a retidão das informações contidas na escrituração e na contabilização de todas as operações, tutelando-se, dessa forma, a fé pública da documentação dos títulos e valores imobiliários, além do patrimônio dos investidores e das próprias instituições financeiras.

O próprio Tigre Maia reconhece, neste dispositivo, a tutela prioritária do patrimônio privado, afirmando: "Cuida-se de resguardar o patrimônio dos investidores, mas protegendo também o interesse estatal na fiscalização do mercado, quer exercendo-a para fins de controle de seu funcionamento, quer com a finalidade tributária, mas, de qualquer modo, para proteger o SFN"[3]. No mesmo sentido, não destoando de todo, Tórtima sintetiza: "A tutela imediata da lei exerce-se aqui sobre o interesse estatal na fiscalização do mercado e sobre o patrimônio do investidor. Mediatamente, por sua vez, visa assegurar a estabilidade e a credibilidade do SFN"[4].

Objeto material é o documento comprobatório de investimento em títulos ou valores mobiliários, sendo, portanto, elemento jurídico-normativo do tipo penal.

3. SUJEITOS ATIVO E PASSIVO DO CRIME

Sujeito ativo pode ser qualquer pessoa, tratando-se, portanto, de crime comum, que não exige qualquer qualidade ou condição especial. Na realidade, além do rol especial constante do art. 25, qualquer pessoa pode ser sujeito ativo dessa infração penal e, ainda, com a possibilidade normal de coautoria e participação.

Sujeito passivo, igualmente, pode ser qualquer pessoa que porventura venha a ser lesada pelos autores dessa infração penal; pode, inclusive, ser a própria

---

[2]   Antônio Carlos Rodrigues da Silva, *Crimes do colarinho branco*, p. 87.

[3]   Rodolfo Tigre Maia, *Dos crimes contra o sistema financeiro nacional*: anotações à Lei federal n. 7.492/86, p. 86.

[4]   José Carlos Tórtima, *Crimes contra o sistema financeiro nacional*, p. 73-74.

Falsidade ideológica financeira • 137

instituição financeira e, secundariamente, o Estado, que é o responsável pelo sistema financeiro nacional. Pimentel encabeça aquela corrente que contestamos, para a qual o sujeito passivo principal "é o Estado, ofendido na boa execução da política econômica do Governo. Sempre o Estado será sujeito passivo, podendo concorrer com ele outros ofendidos. Vítimas da fraude, além da fiscalização, serão os investidores, prejudicados efetiva ou potencialmente"[5].

É absolutamente equivocada a orientação de alguns autores ao insistirem que o Estado é sempre e obrigatoriamente o sujeito passivo principal de praticamente todas as infrações contra o sistema financeiro nacional, como se constata na seguinte citação: "Sujeito passivo é o Estado, representado pelas pessoas jurídicas de direito público interno, titulares dos bens e interesses lesados pelas condutas típicas reprimíveis. *Independentemente da existência de outras pessoas físicas ou jurídicas lesadas pela conduta, o Estado será sempre sujeito passivo da relação criminosa*"[6]. (grifamos). Para não sermos repetitivos, sugerimos consultar nossa manifestação diametralmente oposta, no capítulo relativo à "apropriação indébita financeira" (art. 5º), para onde remetemos o leitor.

4. TIPO OBJETIVO: ADEQUAÇÃO TÍPICA

A conduta descrita neste art. 9º guarda estreita semelhança com aquela contida no art. 299 do CP: "Omitir, em documento público ou particular, declaração que dele deveria constar, ou nele inserir ou fazer inserir declaração falsa ou diversa da que devia ser escrita, com o fim de prejudicar direito, criar obrigação ou alterar a verdade sobre fato juridicamente relevante". A semelhança, contudo, atribuída ao crime descrito no dispositivo da lei especial, com o de *falsidade ideológica* (art. 299), descrita no Código Penal, não passa de mera aparência, na medida em que o *falso* descrito no artigo da lei especial não é o crime em si, ao contrário do que ocorre na simulação prevista no art. 299. Com efeito, o *falso* contido na falsidade ideológica financeira (art. 9º) constitui somente o *meio* de realização do crime nele previsto, que é exatamente a fraude praticada contra a fiscalização ou o investidor. Em outros termos, como destaca a família Delmanto, "o núcleo é *fraudar*, isto é, enganar, ludibriar, com *forma vinculada*, ou seja, inserindo ou fazendo inserir (condutas *comissivas*, portanto) declaração *falsa* ou diversa da que deveria constar"[7].

No entanto, a diferença mais relevante das duas figuras reside no *especial fim de agir* consagrado em cada tipo penal: no *tipo especial* (art. 9º), o fim é

---

[5]   Pimentel, *Crimes contra o sistema financeiro nacional,* p. 83.
[6]   Antônio Carlos Rodrigues da Silva, *Crimes do colarinho branco,* p. 31.
[7]   Roberto Delmanto, Roberto Delmanto Junior e Fábio M. de Almeida Delmanto, *Leis penais especiais comentadas,* p. 162.

fraudar a fiscalização ou o investidor, ao passo que na falsidade ideológica do Código Penal, o *especial fim* é "prejudicar direito, criar obrigação ou alterar a verdade sobre fato juridicamente relevante". Mas até mesmo esse elemento subjetivo especial do injusto dos dois tipos é parecido, com a diferença de que o tipo em exame é mais específico (fraudar a fiscalização ou o investidor), enquanto o fim especial do art. 299 é mais abrangente, como vimos anteriormente.

A conduta incriminada, repetindo, é "fraudar" a fiscalização ou o investidor, que tem o sentido de enganar, ludibriar, induzir em erro a vítima. "Inserindo ou fazendo inserir" são os *meios* (ou modos) pelos quais o legislador prevê a *forma de fraudar* a fiscalização e os investidores, que pode ser *direta* (pessoalmente) ou *indireta* (por interposta pessoa). Nesse sentido, destaca Tórtima, "o *falsum* destina-se aqui a *fraudar* a fiscalização ou o investidor. Fraudar tem o sentido de ludibriar, levar a erro, ou seja, ao falso ou incompleto entendimento da realidade fática. *Inserir* significa incluir ou introduzir para que fique constando. *Fazer inserir* é a modalidade indireta de agir, na qual o agente atua por interposta pessoa, eventualmente inocente ou inimputável (autoria mediata)"[8].

É indispensável que o *falso ideológico* tenha idoneidade suficiente para enganar, ludibriar a fiscalização ou o investidor, caso contrário não se poderá falar em crime, revestindo-se referida conduta de atipicidade ou, em outros termos, configurando-se *crime impossível* por absoluta inidoneidade do meio utilizado. No mesmo sentido, para Guilherme Nucci, "o falso grosseiro não tem potencialidade lesiva, não servindo para configurar o crime. Por outro lado, este delito situa-se no âmbito das instituições financeiras. Se outro for o documento falsificado, pode dar ensejo a aplicação do art. 299 do Código Penal, bem como a outras leis especiais"[9]. Realmente, se o *falsum* não tiver potencialidade ofensiva, demonstrador de capacidade de enganar a vítima, versando, por exemplo, sobre fato juridicamente irrelevante perante o bem jurídico protegido, o comportamento será atípico.

Previu o legislador *duas formas* ou modos de fraudar a fiscalização e o investidor, quais sejam, "*inserindo* ou *fazendo inserir* [...] em títulos ou valores mobiliários, declaração falsa ou diversa da que dele deveria constar": (a) *inserindo* (introduzindo diretamente) ou (b) *fazendo inserir* (forma indireta, por interposta pessoa) declaração falsa ou diversa da que deveria constar. Ambas podem ser insertas em documento público ou particular, tanto por funcionário público ou não. A fraude, nesta infração penal, é *sui generis*, diferente das conhecidas fraudes espalhadas em diversos artigos do Código Penal, na medida em que não é representada por nenhum ardil, estratagema ou artifício, tratan-

---

[8] José Carlos Tórtima, *Crimes contra o sistema financeiro nacional*, p. 74.
[9] Guilherme de Souza Nucci, *Leis penais e processuais penais comentadas*, p. 1059.

do-se, portanto, de uma fraude de conteúdo ideológico e não material, indicada pela locução *inserindo ou fazendo inserir*, que é seu meio de execução.

Por outro lado, há duas possibilidades de declarações, *falsa* ou *diversa da que deveria constar* e, como se constata, ambas têm significados distintos: a) *a falsa* – aquela que contraria o real conteúdo que deveria ter, não corresponde ao conteúdo autêntico que deveria apresentar; b) *diversa da que deveria constar* – não é falsa, mas tampouco corresponde ao real conteúdo que deveria ter, tratando-se, por conseguinte, ainda que também seja verdadeira, de declaração inoportuna, impertinente e inútil, porque fora de propósito ou fora do contexto.

Não nos parece adequado falar-se em *declaração substituta*, na hipótese de declaração diversa da que deveria constar, como afirmam alguns autores, como Sylvio do Amaral: "As duas modalidades distinguem-se fundamentalmente, porque na primeira o agente faz uma afirmação falsa, enquanto, na segunda, ocorre a substituição de uma declaração verdadeira e substancial por outra também verdadeira, mas inócua ou impertinente ao caso"[10].

Por outro lado, é igualmente equivocado afirmar-se que, quando essa denominada "declaração substituta" for igualmente verdadeira e substancial, não se deve falar em substituta, mas simplesmente em omissão da declaração verdadeira, a exemplo da primeira figura prevista no art. 299 do CP. O cerne deste equívoco reside no fato de *equiparar* as duas figuras do art. 299 do CPP "omitir [...] declaração que dele devia constar" e declaração "[...] diversa da que devia ser escrita", como se significassem a mesma coisa. Obviamente são situações diferentes com significados igualmente distintos, caso contrário, seriam redundantes. Na figura de *omitir* descumpre uma norma imperativa, deixando de incluir declaração verdadeira, enquanto na "declaração diversa da que deveria ser escrita" é a inclusão de declaração não falsa, descumprindo um comando proibitivo. Mas a figura da "omissão" da falsidade ideológica constante do Código Penal não pode ser aplicada por analogia no tipo especial que ora examinamos. Assim, a omissão de declaração que deveria constar de documento, não prevista no tipo penal especial, constitui lacuna que não pode ser suprida por analogia. No mesmo sentido da nossa orientação, Pimentel professava: "Ao contrário do tipo previsto no art. 299 do CP, esta figura não se refere à *omissão*, excluindo, portanto, a falsidade ideológica na forma omissiva, que é expressa pelo verbo *omitir*"[11]. Na verdade, a pura e simples omissão não se confunde com a inserção de declaração diversa da que deveria ser escrita, num jogo de compensação do intérprete. Sintetizando, a omissão de decla-

---

[10] Sylvio do Amaral apud Rodolfo Tigre Maia, *Dos crimes contra o sistema financeiro* nacional: anotações à Lei federal n. 7.492/86, p. 87.

[11] Pimentel, *Crimes contra o sistema financeiro nacional*, p. 82.

ração que deveria constar de documento público ou particular constitui conduta atípica.

A *declaração* falsa ou diversa da que deveria ser escrita, finalmente, deve recair sobre fato juridicamente relevante, ou seja, é necessário que a declaração "indevida" constitua elemento substancial do ato no documento. Uma simples mentira, por exemplo, mera irregularidade ou simples preterição de formalidade não constituirão o *falsum* idôneo a enganar ninguém. Mas é importante destacar que o tipo em exame refere-se à *falsidade ideológica* e não à falsidade material, diferenciando-se ambas de modo que, enquanto a falsidade material afeta a autenticidade do documento em sua forma extrínseca e conteúdo intrínseco, a *falsidade ideológica* afeta-o tão somente em sua ideação, no pensamento que suas letras encerram. A falsidade ideológica versa sobre o conteúdo do documento ou título, enquanto a falsidade material diz respeito a sua forma. No *falso ideológico*, basta a potencialidade do dano, independentemente de perícia.

Por fim, algumas questões especiais merecem destaque, pontualmente. Quanto à falsidade em folha assinada em branco entende-se que: a) é crime de *falsidade ideológica*, se a folha foi abusivamente preenchida pelo agente, que tinha sua posse legítima; b) se o papel estava sob a guarda do agente ou foi obtido por outro meio criminoso, sendo preenchido de forma abusiva, há crime de *falsidade material* (art. 297 ou 298); c) quando, na hipótese anterior, houver revogação do mandato ou "tiver cessado a obrigação ou faculdade de preencher o papel", o agente também responde por *falsidade material*[12].

4.1. Distinção entre falsidade material e falsidade ideológica

A *falsidade de um documento* pode apresentar-se sob duas formas: *material* ou *ideológica*. A falsidade material altera o aspecto formal do documento, construindo um novo ou alterando o verdadeiro; a falsidade ideológica, por sua vez, altera o conteúdo do documento, total ou parcialmente, mantendo inalterado seu aspecto formal. Na primeira, o vício incide sobre a parte exterior do documento, isto é, sobre seu aspecto físico, ainda que seu conteúdo seja verdadeiro. No *falsum* material, o sujeito modifica as características originais do objeto material por meio de rasuras, borrões, emendas, substituição de palavras ou letras, números etc. Na *falsidade ideológica*, por sua vez, segundo o magistério de Damásio de Jesus, "o vício incide sobre as declarações que o objeto material deveria possuir, sobre o conteúdo das ideias. Inexistem rasuras, emendas, omissões ou acréscimos. O documento, sob o aspecto material, é verdadeiro; falsa é a ideia que ele contém. Daí também chamar-se de falso ideal"[13].

---

[12] Heleno Cláudio Fragoso, *Lições de direito penal*: parte especial, v. 1, p. 358.
[13] Damásio de Jesus, *Direito penal*: parte especial, v. 4, p. 5.

Na verdade, na criminalização da *falsidade ideológica* protege-se a fé pública no que se refere à autenticidade do documento em seu aspecto substancial; considera-se o conteúdo intelectual (ideal do documento, não sua forma), ao contrário da *falsidade documental*, em que se leva em consideração o aspecto material. Naquela, o documento é formalmente perfeito, sem contrafação ou alteração; nesta, na falsidade documental ou material, a alteração ocorre nas características originais, exteriores ou físicas do documento. *Falsidade ideológica* e *falsidade material* apresentam substanciais diferenças, como já advertia Nelson Hungria: "Enquanto a falsidade material afeta a autenticidade ou a inalterabilidade do documento na sua forma extrínseca e conteúdo intrínseco, a falsidade ideológica afeta-o tão somente na sua ideação, no pensamento que as suas letras encerram"[14].

Resumindo, a falsidade ideológica versa sobre o conteúdo do documento, enquanto a *falsidade material* diz respeito a sua forma. No *falso ideológico*, basta a potencialidade de dano e independe de perícia.

5. TIPO SUBJETIVO: ADEQUAÇÃO TÍPICA

O tipo subjetivo é constituído tão somente pelo elemento subjetivo geral, que é o dolo, representado pela vontade consciente de fraudar a fiscalização ou o investidor, inserindo ou fazendo inserir declaração falsa ou diversa da que deveria constar em documento comprobatório de investimento em títulos ou valores mobiliários. Convém destacar, ademais, que é indispensável ficar demonstrado que o sujeito ativo conhecia a verdade relativa à declaração a ser inserida no documento, tendo *consciência*, em outros termos, da falsidade da declaração inserida. Essa consciência nada mais é que o elemento intelectual do dolo que deve abranger todos os elementos da descrição típica.

Na tipificação de fraude mediante falsidade ideológica financeira, embora não esteja expressa, a nosso juízo, há exigência, implícita, do elemento subjetivo especial do injusto, especificador do dolo, qual seja, o *especial fim de fraudar* a fiscalização ou o investidor, modificando a verdade sobre fato juridicamente relevante. Não ocorrendo essa finalidade especial, o tipo penal não se aperfeiçoa, não havendo, por conseguinte, justa causa para a ação penal.

Nessa infração penal – fraude mediante falsidade ideológica – não há previsão de modalidade culposa, razão pela qual eventual conduta imprudente, negligente ou imperita estará fora do alcance do sistema punitivo penal.

---

[14] Nelson Hungria, *Comentários ao Código Penal*, v. IX, p. 272.

6. CLASSIFICAÇÃO DOUTRINÁRIA

Trata-se de *crime comum* (pode ser praticado por qualquer pessoa, não sendo exigida nenhuma qualidade ou condição especial), *material* (ação e resultado ocorrem em momentos distintos, ou seja, a consumação somente ocorre quando a fraude produz o resultado, fraudando a fiscalização ou o investidor), de *forma livre* (o legislador não previu nenhuma forma ou modo especial para execução dessa infração penal, podendo ser realizado do modo ou pelo meio escolhido pelo sujeito ativo), *comissivo* (o comportamento descrito no tipo implica a realização de uma conduta ativa, pois a norma penal tipificadora é proibitiva e não mandamental), *instantâneo* (a consumação ocorre em momento determinado, não havendo um distanciamento temporal entre a ação e o resultado) e *unissubjetivo* (pode ser praticado por alguém, individualmente, admitindo, contudo, coautoria e participação. Não nos parece, contudo, que se possa defini-lo como *plurissubsistente*, pois os vários atos que caracterizam o crime *habitual* são independentes, autônomos e, basicamente, iguais, e o que caracteriza a *plurissubsistência* é a existência de uma mesma ação humana que pode ser dividida em atos do mesmo comportamento, fragmentando a ação humana).

7. CONSUMAÇÃO E TENTATIVA

Consuma-se o crime de *fraudar*, mediante falsidade ideológica, os documentos mencionados, com a prática das condutas, inserindo ou fazendo inserir declaração falsa ou diversa da que deveria constar. Contrariamente ao entendimento de boa parcela da doutrina, consideramos esta infração penal de natureza material, ao contrário da similar contida no art. 299 do CP, pois o resultado encontra-se temporalmente separado da conduta. Com efeito, o resultado ocorre somente quando é atingido o objetivo de fraudar a fiscalização ou o investidor[15]. Consuma-se o crime, enfim, com a efetiva realização do *falso*, o que ocorre quando a inserção se dá.

Tem-se entendido que a simulação configura o crime de *falsidade ideológica*. No entanto, cumpre notar que a simulação fraudulenta (servindo de documento de engano e locupletação ilícita), em certos casos, deixa o quadro dos *crimina falsi* para figurar entre os crimes patrimoniais, como duplicata simulada, fraude à execução etc. O falso somente apresenta relevância jurídica quando penetra na *relatio ad homines*, pois a falsidade mantida em sigilo é incapaz de produzir qualquer efeito, não encontrando adequação típica, ante a absoluta ausência de potencialidade lesiva.

---

[15] No mesmo sentido, José Carlos Tórtima, *Crimes contra o sistema financeiro nacional*, p. 75.

A tentativa, considerando-se crime material, é admitida nas modalidades *inserir* e *fazer inserir,* como exemplifica Tórtima, "podendo o agente inserir a declaração falsa no documento e ter, por qualquer motivo alheio à sua vontade, frustrado o objetivo de levar o lesado a erro"[16].

8. PENA E AÇÃO PENAL

As penas cominadas, cumulativamente, são reclusão, de um a cinco anos, e multa. A ação penal, como todos os crimes deste diploma legal, é pública incondicionada, devendo a autoridade competente agir *ex officio*, independentemente da manifestação de quem quer que seja.

---

[16] Tórtima, *Crimes contra o sistema financeiro nacional*, p. 75.

CAPÍTULO X
Falsidade em demonstrativos contábeis

Sumário: 1. Considerações preliminares. 2. Bem jurídico tutelado. 3. Sujeitos ativo e passivo do crime. 4. Tipo objetivo: adequação típica. 4.1. Impossibilidade de pretensa interpretação extensiva da descrição típica. 5. Tipo subjetivo: adequação típica. 6. Classificação doutrinária. 7. Consumação e tentativa. 8. Pena e ação penal.

Art. 10. Fazer inserir elemento falso ou omitir elemento exigido pela legislação, em demonstrativos contábeis de instituição financeira, seguradora ou instituição integrante do sistema de distribuição de títulos de valores mobiliários:

Pena – reclusão de 1 (um) a 5 (cinco) anos, e multa.

---

1. CONSIDERAÇÕES PRELIMINARES

Trata-se de modalidade especial de *falsidade ideológica* prevista no Código Penal (art. 299), da qual se distingue por ser mais específica e, fundamentalmente, pelo especial fim de agir, que é distinto. Lembra Tórtima que referido dispositivo já foi objeto de preocupação da Comissão de Reforma da Parte Especial do Código Penal, *in verbis*: "Art. 390. Inserir, ou fazer inserir, em documento comprobatório de investimento em títulos ou valores mobiliários, com o intuito de induzir a erro a autoridade pública ou o investidor, declaração falsa ou diversa da que dele deveria constar"[1].

Os títulos e valores, custodiados em estabelecimentos especializados, bancos comerciais e de investimentos, corretoras e distribuidoras ou em entidades assemelhadas ou equiparadas, ou ainda na bolsa de valores, de um modo geral, são representados por documentos que lhes dão um cunho oficial. Por essas razões, existem "os certificados e extratos de ações, debêntures e notas promis-

---

[1] Tórtima, *Crimes contra o sistema financeiro nacional*, p. 73.

sórias escriturais, as cautelas representativas de aquisição dessas ações, debêntures e NPs, os extratos comprobatórios de quotas de fundos etc., juridicamente tutelados pelo tipo em questão"[2].

2. BEM JURÍDICO TUTELADO

O bem jurídico tutelado, novamente, é a inviolabilidade e a credibilidade
do sistema financeiro, zelando pela regularidade e pela correção da contabilidade das instituições financeiras. Para o bom e regular funcionamento desse
mercado, é indispensável assegurar-se da retidão da contabilidade das respectivas instituições, tutelando-se, dessa forma, a fé pública de seus balanços, além
do patrimônio dos investidores e das próprias instituições financeiras. Indiscutivelmente, procura-se resguardar o patrimônio dos investidores e dos acionistas
das referidas instituições.

Objeto material são os demonstrativos contábeis, ou seja, balanços, balan-
cetes, demonstrativos de resultado etc.

3. SUJEITOS ATIVO E PASSIVO DO CRIME

Sujeito ativo pode ser qualquer pessoa, tratando-se, portanto, de crime
comum, que não exige qualquer qualidade ou condição especial. Na realidade,
além do rol especial constante do art. 25, qualquer pessoa pode ser sujeito ativo
dessa infração penal, além da possibilidade normal de coautoria e participação.
No entanto, nessa infração penal, o mais adequado é que o sujeito ativo seja
quem tem poder de mando para poder fazer inserir informação falsa em demonstrativos fiscais; contudo, é inadmissível mera presunção pelo simples fato
de ser controlador ou administrador, sendo indispensável que se faça a prova
da efetiva prática da ação incriminada.

Na modalidade de *omitir*, somente pode ser sujeito ativo quem tem realmente o *dever jurídico de agir*. Ausente esse dever jurídico de agir, toda e qualquer omissão constitui um indiferente penal.

Sujeito passivo, igualmente, pode ser qualquer pessoa que porventura venha
a ser lesada pelos autores dessa infração penal, especialmente o investidor; pode,
inclusive, ser a própria instituição financeira e, secundariamente, o Estado, que
é o responsável pelo sistema financeiro nacional. Vítimas da falsidade, além do
sistema financeiro, serão os investidores e acionistas.

---

[2] Antônio Carlos Rodrigues da Silva, *Crimes do colarinho branco*, p. 87.

4. TIPO OBJETIVO: ADEQUAÇÃO TÍPICA

A doutrina especializada[3] tem destacado, acertadamente, a defeituosa estrutura tipológica da descrição contida neste art. 10 da Lei n. 7.492, que, basicamente, repete o contido no art. 9º que acabamos de comentar, ampliando somente a sua impropriedade linguística. Com efeito, a conduta descrita neste dispositivo guarda estreita semelhança com aquela contida no art. 9º, *in verbis*: "Fraudar a fiscalização ou o investidor, inserindo ou fazendo inserir, em documento comprobatório de investimento em títulos ou valores mobiliários, declaração falsa ou diversa da que deveria constar".

A semelhança, contudo, atribuída aos dois dispositivos não passa de simples aparência, na medida em que o *falsum* descrito no art. 9º não é o crime em si, ao contrário do que ocorre com a *inserção de elemento falso* prevista no art. 10. Com efeito, o *falso* contido na falsidade ideológica financeira (art. 9º) constitui, como lá afirmamos, somente o *meio* ou o *modo* de realização do crime nele previsto, que é exatamente a *fraude* praticada contra a fiscalização ou o investidor; ou seja, "o núcleo é *fraudar*", cujos modos ou formas de realizá-la é *inserindo* ou *fazendo inserir* declaração *falsa* ou diversa da que deveria constar. A conduta incriminada no art. 9º, repetindo, é "fraudar" a fiscalização ou o investidor, que tem o sentido de enganar, ludibriar, induzir a erro a vítima. *Inserindo* ou *fazendo inserir* são os *meios* (ou modos) pelos quais o legislador prevê a *forma de fraudar* a fiscalização e os investidores, que pode ser *direta* (pessoalmente) ou *indireta* (por interposta pessoa).

Ao passo que as condutas incriminadas neste art. 10 são "fazer inserir" elemento falso ou "omitir" elemento exigido pela legislação, que são diferentes daquela contida no artigo anterior e também alteram, como se constata, o *objeto material* das ações, que são "demonstrativos contábeis de instituição financeira" *lato sensu*. Cabe destacar que, na hipótese de não se tratar de *instituição financeira*, não haverá adequação típica[4], podendo-se admitir a possibilidade de aplicação *subsidiária* do crime de *falsidade ideológica* constante do Código Penal (art. 299).

Paradoxalmente, na descrição do dispositivo em exame, o legislador excluiu a forma direta e imediata de realização da conduta que pretendeu criminalizar, qual seja, "inserir", adotando somente a forma mediata de realização da conduta típica, que só pode materializar-se por meio de interposta pessoa, *fazendo inserir*. Pela *esdrúxula* redação utilizada no texto legal, ficou excluída da crimi-

---

[3] Por todos, Manoel Pedro Pimentel, *Crimes contra o sistema financeiro nacional*, p. 87; José Carlos Tórtima, *Crimes contra o sistema financeiro nacional*, p. 78.

[4] José Carlos Tórtima, *Crimes contra o sistema financeiro nacional*, p. 79.

nalização a realização direta da conduta ou, em outros termos, se o agente, por si mesmo, *inserir elemento falso* em demonstrativos contábeis de instituição financeira, não praticará o crime aqui descrito ante os sagrados *princípios da reserva legal* e da *taxatividade da tipicidade estrita*. Não era outro o magistério de Pimentel, que, na década de 1980, pontificou: "A opção do legislador não incluiu o verbo *inserir* e, com isso, provocou consequências relevantes. A redação do dispositivo, excluindo a forma direta de agir, provocou, a esse título – *inserir* – a atipicidade do fato"[5]. Estamos diante de um dos paradoxos jurídicos mais absurdos: *inserir* elemento falso não é crime, mas *fazer inserir* o é, ou seja, mandar fazer constitui crime, mas fazê-lo, pessoalmente, não o é. Em outros termos, o *desvalor da ação* não está em praticar *falsidade ideológica*, mas em mandar alguém praticá-la ou, em uma linguagem mais clara, em se utilizar de interposta pessoa para falsificar demonstrativos contábeis de instituição financeira.

4.1. Impossibilidade de pretensa interpretação extensiva da descrição típica

Surpreendentemente, Guilherme Nucci, afirmando que o legislador *esqueceu de incluir* a forma verbal "inserir", sugere *interpretação extensiva* para abranger também essa forma, pois, afinal, quem pode o mais pode o menos. Melhor, vejamos o que sustenta Nucci[6], literalmente:

> Houve esquecimento do legislador quanto à forma *inserir* (introduzir), motivo pelo qual, segundo nos parece, podemos dar à expressão "fazer inserir" uma interpretação extensiva, envolvendo, também, o ato de "inserir". Afinal, se o menos grave (fazer inserir) é punido, com maior razão, a situação mais séria (inserir) também deve ser.

Criminalizar condutas a pretexto de esquecimento do legislador, *venia concessa*, é violar todos os princípios mais comezinhos do direito penal da culpabilidade. A partir deste momento, nossa perplexidade maior deixa de ser a *esdrúxula construção tipológica* do legislador, que é superada pela interpretação do ilustre penalista, que arremata com a sugestão duplamente equivocada de adotar uma "interpretação extensiva" à tipificação de crime, para *inserir* – sem querer fazer trocadilho – conduta não prevista pelo legislador. O primeiro equívoco refere-se à violação da taxatividade estrita da tipicidade que, em hipótese alguma, admite interpretação extensiva (que não se confunde com interpretação analógica, que é admitida quando expressamente prevista); o segundo equívoco está em confundir *interpretação extensiva* com *analogia*, que não é método interpretativo, mas forma de colmatar lacunas legais, igualmente inadmissível em direito penal material, especialmente *in malam partem*, como a sugerida.

---

[5]   Manoel Pedro Pimentel, *Crimes contra o sistema financeiro nacional*, p. 89.
[6]   Guilherme de Souza Nucci, *Leis penais e processuais penais comentadas*, 6. ed., São Paulo: Revista dos Tribunais, 2012, v. 2, p. 648.

Em termos bem esquemáticos, pode-se afirmar que este tipo penal pune criminalmente a *elaboração de balanços de instituição financeira* maquiados. Incontestável, nesse sentido, a exemplificação ofertada por Tórtima, *in verbis*:

Estamos diante do que vulgarmente denomina-se *maquiagem de balanços*, vale dizer, a adulteração dolosa dos demonstrativos da empresa financeira com os mais variados objetivos (não indicados no próprio tipo). Assim, pode o agente, *v. g.*, ao pretender facilitar a captação de recursos, mediante o lançamento de títulos no mercado (hipótese compreendida na previsão do art. 396 do já referido anteprojeto), adulterar os elementos de suas demonstrações financeiras para exibir um desempenho que na realidade a instituição não possui (sonegando dados de seu passivo circulante, por exemplo). Como também manipular outros elementos para simular prejuízo ou apresentar lucro menor do que o efetivamente obtido, elidindo, assim, o pagamento do imposto de renda[7].

Por outro lado, há duas possibilidades de concorrer para a elaboração de demonstrativos contábeis não correspondentes com o conteúdo que deveria conter e, como se constata, ambas com significados distintos: a) *fazendo inserir elemento falso* – elemento falso é aquele que contraria o real conteúdo que deveria ter, não correspondendo ao conteúdo autêntico que deveria apresentar; b) *omitindo elemento exigido pela legislação* – não se trata de elemento falso ou verdadeiro, mas ausência de elemento que a legislação expressamente exige que conste de demonstrativos contábeis.

Na figura de "*omitir* elemento exigido pela legislação", o agente descumpre uma norma imperativa, deixando de incluí-lo "em demonstrativos contábeis de instituição financeira". O vocábulo "legislação" utilizado neste tipo penal deve ser interpretado *lato sensu*, não se restringindo, consequentemente, à lei formal ou a decreto-lei, abrangendo os conhecidos decretos, regulamentos, resoluções, circulares, portarias etc. A omissão de *elemento exigido pela legislação* não se confunde com a *inserção de declaração diversa da que deveria constar*, num jogo de compensação do intérprete. Esta segunda alternativa, inserção de declaração diversa, não foi criminalizada pelo dispositivo em exame, constituindo-se em conduta atípica.

A *inserção de documento falso* (por interposta pessoa) ou a omissão de elemento exigido pela legislação, finalmente, deve constituir *fato juridicamente relevante*, ou seja, é necessário que a inclusão de *elemento falso*, por interposta pessoa, ou a omissão "indevida" constituam elemento essencialmente relevante dos demonstrativos contábeis de instituição financeira, capaz de alterar a sua substância. Uma mera irregularidade ou simples preterição de formalidade, por exemplo, não constituirão o *falsum* idôneo a enganar, se não tiver potenciali-

---

[7] José Carlos Tórtima, *Crimes contra o sistema financeiro nacional*, p. 79.

dade para alterar a substância de referidos documentos. Ademais, é importante destacar que o tipo em exame refere-se à *falsidade ideológica* e não à *falsidade material*, diferenciando-se ambas de modo que, enquanto esta afeta a autenticidade do documento em sua forma extrínseca e conteúdo intrínseco, a *falsidade ideológica* afeta-o tão somente em sua ideação, no pensamento que suas letras encerram. A falsidade ideológica versa sobre o conteúdo do documento, enquanto a falsidade material diz respeito a sua forma. No *falso ideológico*, basta a potencialidade do dano, independentemente de perícia.

A distinção que procuramos demonstrar entre falsidade material e falsidade ideológica, quando examinamos o art. 9º desta mesma lei, aplica-se inteiramente aqui, razão pela qual deixamos de repeti-la[8].

5. TIPO SUBJETIVO: ADEQUAÇÃO TÍPICA

O tipo subjetivo é constituído tão somente pelo elemento subjetivo geral, que é o dolo, representado pela *vontade consciente de alterar a verdade* sobre demonstrativos contábeis de instituição financeira, fazendo inserir elemento falso ou omitindo elemento exigido pela legislação. Destaca-se, ademais, que é indispensável ficar demonstrado que o sujeito ativo conhecia a verdade relativa ao documento que devia ser inserido ou a exigência de inclusão, pela legislação, do elemento omitido. Essa consciência nada mais é que o elemento intelectual do dolo que deve abranger todos os elementos da descrição típica.

Na tipificação de *falsidade de demonstrativos contábeis*, embora não esteja expressa, a nosso juízo, há exigência, implícita, do *elemento subjetivo especial do injusto*, especificador do dolo, qual seja, o *especial fim* de fazer inserir elemento falso ou omitir elemento exigido pela legislação, modificando a verdade sobre fato juridicamente relevante, que é o resultado contábil de instituição financeira. Não ocorrendo essa *finalidade especial*, o tipo penal não se aperfeiçoa, não havendo, por conseguinte, justa causa para a ação penal.

---

[8] A *falsidade de um documento* pode apresentar-se sob duas formas: *material* ou *ideológica*. A falsidade material altera o aspecto formal do documento, construindo um novo ou alterando o verdadeiro; a falsidade ideológica, por sua vez, altera o conteúdo do documento, total ou parcialmente, mantendo inalterado seu aspecto formal. Na primeira, o vício incide sobre a parte exterior do documento, isto é, sobre seu aspecto físico, ainda que seu conteúdo seja verdadeiro. No *falsum* material, o sujeito modifica as características originais do objeto material por meio de rasuras, borrões, emendas, substituição de palavra ou letras, números etc. Na *falsidade ideológica*, o vício incide sobre as declarações que o objeto material deveria possuir, sobre o conteúdo das ideias. Inexistem rasuras, emendas, omissões ou acréscimos. O documento, sob o aspecto material, é verdadeiro; falsa é a ideia que ele contém.

150 • Crimes contra o sistema financeiro nacional

Nessa infração penal – falsidade de demonstrativos contábeis – não há previsão de modalidade culposa, razão pela qual eventual conduta imprudente, negligente ou imperita estará fora do alcance do sistema punitivo penal.

6. CLASSIFICAÇÃO DOUTRINÁRIA

Trata-se de *crime comum* (pode ser praticado por qualquer pessoa, não sendo exigida nenhuma qualidade ou condição especial), *material,* na forma de "fazer inserir" (que não se consuma com a simples prática da conduta descrita na forma de "fazer inserir", mas com a inserção efetiva do *elemento falso* no *demonstrativo contábil*), *de mera conduta* (na forma de omitir elemento exigido pela legislação), de *forma livre* (o legislador não previu nenhuma forma ou modo especial para execução dessa infração penal, podendo ser realizado do modo ou pelo meio escolhido pelo sujeito ativo), *comissivo*, na forma de "fazer inserir" (o comportamento descrito no tipo implica a realização de uma conduta ativa, pois a norma penal tipificadora é proibitiva e não mandamental), *omissivo*, na outra (omitir elemento exigido pela legislação), *instantâneo* (a consumação ocorre em momento determinado, não havendo um distanciamento temporal entre a ação e o evento), *unissubjetivo* (pode ser praticado por alguém, individualmente, admitindo, contudo, coautoria e participação), *plurissubsistente*, na forma "fazer inserir" (a ação pode ser desdobrada em vários atos, admitindo a tentativa) e *unissubsistente,* na forma "omitir" (crime de mera atividade ou crime de ato único, que não admite fracionamento, não admitindo tentativa).

7. CONSUMAÇÃO E TENTATIVA

Consuma-se o crime na forma de *fazer inserir* com a conclusão da inserção do elemento falso no demonstrativo contábil de instituição financeira. Contrariamente ao entendimento de boa parcela da doutrina, consideramos esta infração penal de natureza material, pois o resultado encontra-se temporalmente separado da conduta. Com efeito, o resultado, isto é, a consumação aperfeiçoa-se somente quando é atingido o objetivo pretendido. Consuma-se o crime, enfim, com a efetiva inserção de elemento falso no demonstrativo contábil. Na modalidade de *omitir* elemento exigido pela legislação, consuma-se no lugar e no momento em que a ação omitida deveria realizar-se e não se realizou, isto é, consuma-se exatamente quando da elaboração do demonstrativo contábil.

A *tentativa* na modalidade de *fazer inserir,* como crime material, é perfeitamente possível, cuja execução pode ser interrompida por circunstâncias alheias à vontade do agente. A natureza material desta figura típica reside no fato de que a inserção de elemento falso nos demonstrativos contábeis altera fisicamente sua realidade. Na modalidade de *omitir*, como crime de mera atividade, ou melhor, *inatividade*, a conduta negativa não admite fracionamento.

8. PENA E AÇÃO PENAL

As penas cominadas, cumulativamente, são reclusão, de um a cinco anos, e multa. A ação penal, como todos os crimes deste diploma legal, é de natureza pública incondicionada, devendo a autoridade competente agir *ex officio*, independentemente da manifestação de quem quer que seja.

CAPÍTULO XI
Contabilidade paralela

> **Sumário:** 1. Considerações preliminares. 2. Bem jurídico tutelado. 3. Sujeitos ativo e passivo do crime. 4. Tipo objetivo: adequação típica. 5. Tipo subjetivo: adequação típica. 6. Consumação e tentativa. 7. Classificação doutrinária. 8. Pena e ação penal.

Art. 11. Manter ou movimentar recurso ou valor paralelamente à contabilidade exigida pela legislação:

Pena – reclusão, de 1 (um) a 5 (cinco) anos, e multa.

---

1. CONSIDERAÇÕES PRELIMINARES

Não havia, na legislação brasileira, infração semelhante à prevista neste dispositivo legal. No entanto, a manutenção ou a movimentação de contabilidade paralela, popularmente conhecida como o famoso "Caixa 2", de determinadas empresas, já havia sido objeto de preocupação do Anteprojeto da Comissão de Reforma da Parte Especial do Código Penal, que estabelecia em seu art. 395 o seguinte: "Manter ou movimentar recurso ou valor paralelamente a contabilidade exigida pela legislação, com o fim de obter vantagem indevida: Pena – Reclusão, de um a cinco anos, e multa". Contudo, esse projeto não vingou.

O Projeto originário da Câmara dos Deputados, no entanto, que redundou no presente diploma legal, dispunha no § 2º do art. 10 a seguinte previsão: "Na mesma pena incorre quem mantém contabilidade paralela à exigida pela lei", sugerindo a pena de dois a oito anos de reclusão, e multa. Consta que esse texto, com pequena alteração final, com exceção da ação penal, resultou no texto final do atual art. 11 desta Lei n. 7.492/86. Porém, diferentemente daquela previsão sugerida pelo Anteprojeto de Reforma da Parte Especial do Código Penal, foi suprimida a exigência de especial fim do tipo, que era representado pela locução "com o fim de obter vantagem indevida", ampliando exageradamente o alcance deste dispositivo legal.

A doutrina especializada, com acerto, levantou severas críticas a essa equivocada opção do legislador, conforme o magistério destacado, exemplificativamente, de dois grandes especialistas. Nesse sentido, Manoel Pedro Pimentel, o primeiro a arvorar-se contra esse dispositivo, asseverava: "Nota-se que fora suprimido o elemento subjetivo do tipo, que se nos afigura essencial à composição desta figura delituosa, pois tornava imprescindível a *finalidade de obter vantagem indevida*. Somente nessa hipótese é que se torna criminosa a manutenção ou movimentação paralelamente à contabilidade legal da empresa. Se não houver esse fim escuso, não há por que proibir sejam mantidos e movimentados recursos à margem da contabilidade legal, ou paralelamente a ela, pois o comportamento poderá ser lícito, em certos casos"[1]. Nessa mesma linha, José Carlos Tórtima ratifica: "Preferiu o legislador do presente diploma, entretanto, suprimir a referência ao especial fim do agente (*com o fim de obter vantagem indevida*) que constava no art. 395 do referido anteprojeto, alargando, assim, a nosso ver de forma excessivamente drástica e pouco equilibrada, o campo de incidência da norma punitiva"[2].

Na verdade, a lógica do raciocínio dos comentadores supracitados reside na possibilidade de o empresário manter uma escrituração contábil auxiliar, tão somente para fins de melhor acompanhar, no cotidiano, a movimentação de sua empresa, de uma maneira mais informal. Nesse tipo de conduta, não haveria qualquer ilegalidade ou imoralidade, pelo contrário, seria até uma forma de controlar a operacionalização efetiva do setor contábil da instituição. Contudo, com a abrangência dada ao dispositivo, a manutenção de escrita contábil paralela também acabaria sendo alcançada pelo conteúdo do dispositivo legal que ora examinamos. Por óbvio, fazemos coro às críticas que acabamos de destacar, por sua absoluta pertinência.

2. BEM JURÍDICO TUTELADO

Tutela-se, neste dispositivo, tanto o sistema financeiro quanto o sistema tributário, indiretamente, na medida em que a *contabilidade paralela* propicia a sonegação de tributos, não apenas devidos pela própria instituição financeira, como de sua clientela, que tem facilitado aplicações igualmente oriundas de contabilidade paralela, criando uma verdadeira corrente de aplicação de recursos à margem do sistema tributário, sem os devidos recolhimentos aos cofres públicos. No entanto, essa previsão legal aplica-se somente às *instituições financeiras*, isto é, nas infrações penais praticadas no âmbito destas, como norma especial que é, embora, ainda que indiretamente, acabe protegendo o patrimô-

---

[1]   Pimentel, *Crimes contra o sistema financeiro nacional*, p. 92.
[2]   Tórtima, *Crimes contra o sistema financeiro nacional*, p. 81.

nio de terceiros, tais como investidores, acionistas etc. Portanto, os recursos mantidos ou movimentados à *margem da contabilidade oficial* devem ser de instituição integrante do sistema financeiro nacional, para efeitos penais, nos limites, portanto, do alcance estabelecido no art. 1º desta Lei n. 7.492/86. Nesse sentido, a Corte Especial do Superior Tribunal de Justiça já pontificou: "a conduta tipificada no art. 11 da Lei n. 7.492/86, de manter ou movimentar valores sem a devida contabilização, tem âmbito restrito a instituição financeira"[3].

Com efeito, protege-se, igualmente, o direito de acionistas, investidores e aplicadores que podem ser lesados com a administração irregular da instituição financeira, principalmente pelo uso de contabilidade paralela à oficial. Áureo Natal de Paula acrescenta que "por reflexo será atingido o patrimônio público que não poderá contar com os impostos que decorrem das operações, que serão reduzidos à parte contabilizada, sendo os referentes à outra parte sonegados, sendo então também protegida a boa execução da política de arrecadação tributária"[4]. Tutela-se, também, a lisura, a correção e a honestidade das operações atribuídas e realizadas pelas instituições financeiras e, como tal, devem ser devidamente contabilizadas.

3. SUJEITOS ATIVO E PASSIVO DO CRIME

Sujeito ativo, embora o tipo não o diga expressamente, ao contrário do que faz em vários dos crimes tipificados neste diploma legal, podem ser os controladores e os administradores das instituições financeiras, sendo considerados como tais os diretores e os gerentes (art. 25, *caput* e § 1º). Igualmente podem sê-lo os equiparados aos administradores, o *interventor,* o *liquidante* e o *síndico* (art. 25, § 2º), quando for o caso. Não chegamos a afirmar, como fazia Manoel Pedro Pimentel, que se trate de *crime próprio*[5], até porque o tipo penal não faz exigência de qualquer qualidade ou condição do sujeito ativo. Somente as peculiares é que levam a presumir quem sejam os autores mais prováveis das ações tipificadas, mas esse aspecto, a nosso juízo, não autoriza definir como crime próprio. De certa forma, Cândido Albuquerque e Sérgio Rebouças[6] acompanham-nos, ao menos parcialmente, nos seguintes termos: "Concordamos em parte com essa orientação, no sentido de que se trata de *crime comum*, praticável por qualquer pessoa que, na estrutura da instituição financeira, consiga

---

[3] STJ, Corte Especial, APn 643/MT, rel. Min. Teori Albino Zavascki, j. em 1-2-2012, *DJ* 23-2-2012.

[4] Áureo Natal de Paula, *Crimes contra o sistema financeiro nacional e o mercado de capitais*, p. 241.

[5] Manoel Pedro Pimentel, *Crimes contra o sistema financeiro nacional*, cit., p. 93.

[6] Albuquerque e Rebouças, *Crimes contra o sistema financeiro nacional*, São Paulo: Tirant Lo Blanch Brasil, no prelo.

Contabilidade paralela • 155

movimentar o ativo à margem da contabilidade oficial. De toda sorte, na modalidade de *manter*, cumpre identificar um *dever especial* equivalente ao de *garantidor*, para impedir a conservação do estado de clandestinidade do ativo, o que limita sobremaneira a abrangência do tipo de injusto, a ponto de restringi-lo, nesse caso, aos administradores e controladores (a eles equiparados o interventor, o liquidante e o síndico). Nesse particular, portanto, parece-nos que o crime é próprio. Mesmo com essa classificação, faz-se possível a intervenção delitiva de terceiros, a título de participação".

Sujeito passivo, finalmente, é o Estado, guardião e responsável pela estabilidade, confiabilidade e idoneidade do sistema financeiro nacional. Secundariamente, também podem ser considerados como sujeitos passivos os investidores e os correntistas ou qualquer pessoa que seja lesada por essa ação ilegal.

4. TIPO OBJETIVO: ADEQUAÇÃO TÍPICA

As condutas criminalizadas são *manter* ou *movimentar* recurso ou valor paralelamente à contabilidade exigida pela legislação brasileira, ou seja, proíbe-se a manutenção de contabilidade paralela, o conhecido "Caixa 2". Em outros termos, criminaliza-se, na verdade, a *omissão* constituída pela não contabilização de receitas da instituição financeira e do resultado de operações e movimentações financeiras alheias à escrituração contábil oficial[7]. Não se incrimina, no dizer de Albuquerque e Rebouças[8], "qualquer atitude contábil clandestina ou oculta, mas a efetiva manutenção ou movimentação de *ativos* (recurso, valor) não contabilizados nos demonstrativos oficiais". Destaca a família Delmanto[9] que os recursos ou valores são mantidos ou movimentados à revelia dos órgãos arrecadadores e, também, de investidores, sócios ou acionistas, que desconhecem essa prática. Que talvez, no mundo dos negócios, o uso do denominado "Caixa 2" seja um dos crimes mais praticados em nosso país, tanto para sonegação fiscal quanto para outros fins.

"Manter" significa conservar, permanecer, prosseguir ou ter recurso ou valor paralelamente à contabilidade exigida pela legislação; "movimentar", por sua vez, significa mover, colocar em circulação, fazendo transações comerciais ou financeiras com valor ou recurso paralelamente à contabilidade oficial, isto é, excluídas daquela contabilidade sobre a qual incidirão os tributos governamentais. Como elucida José Carlos Tórtima, "cuida-se aqui, como já anotado, de coibir a utilização do cognominado *caixa dois*, representado pela

---

[7]   Fernando Fragoso, *Crimes contra o sistema financeiro nacional*, p. 703.

[8]   Albuquerque e Rebouças, *Crimes contra o sistema financeiro nacional*, São Paulo: Tirant Lo Blanch Brasil, no prelo.

[9]   Roberto Delmanto, Roberto Delmanto Junior e Fábio M. de Almeida Delmanto, *Leis penais especiais comentadas*, p. 166.

156 • Crimes contra o sistema financeiro nacional

circulação de recursos ou valores, pelas mãos do agente, sem qualquer registro formal e livres, portanto, da exação tributária ou das obrigações para com os sócios e investidores"[10].

A despeito da clareza do universo abrangido por este diploma legal, convém registrar que a conduta aqui incriminada, qual seja, a utilização de *contabilidade paralela*, como *crime contra o sistema financeiro nacional*, somente se configura quando praticada no âmbito de instituições financeiras. Em outras palavras, as mesmas condutas praticadas no âmbito das sociedades civis ou comerciais, certamente, encontrarão agasalho em outros diplomas legais, *v. g.*, legislação tributária (Lei n. 8.137/90), Código Penal etc. Nesse sentido, acertadamente, afirma Tigre Maia: "A contabilidade paralela ('caixa 2') propicia a evasão de divisas, a sonegação fiscal, a especulação lesiva à ordem econômica, a formação de cartéis e oligopólios, a remuneração oculta de dirigentes das empresas, o pagamento de subornos e propinas, além de lesões patrimoniais aos investidores"[11].

Absolutamente procedente a crítica de Pimentel quanto à exclusão da redação final do texto legal relativamente à exigência de elemento subjetivo que constava do Anteprojeto de Reforma do Código Penal (art. 395), "com o fim de obter vantagem indevida". Imaginava referido autor que, com a ausência dessa elementar, ampliando a abrangência do tipo, poderia alcançar qualquer comportamento contábil paralelo à escrituração legal, e exemplificava: "Basta pensar em uma hipótese em que o empresário mantenha uma escrituração auxiliar, paralela à contabilidade legal, com o intuito de melhor acompanhar a vida contábil da empresa, fazendo lançamentos corretos, mantendo ou movimentando recursos igualmente indicados na contabilidade legal"[12]. No entanto, a despeito da elogiável e legítima preocupação, há um equívoco de interpretação que decorre do fato de partir de premissa falsa. Com efeito, a proibição constante do tipo é de "manter ou movimentar recurso ou valor paralelamente" à contabilidade oficial, e não, como imaginava o autor, de manter "escrituração auxiliar, paralela à contabilidade legal". Realmente, a proibição é de manter ou movimentar recursos ou valores paralelos, alheios, portanto, à contabilidade oficial (que fica excluída da tributação normal), e não apenas o aspecto operacional que utiliza método auxiliar para controlar a correção da contabilidade oficial (sem excluir, portanto, qualquer recurso ou valor). Portanto, a hipótese que foi sugerida por Pimentel não constitui crime, sendo conduta atípica.

Enfim, após todo o exposto, subscrevemos integralmente a conclusão de Albuquerque e Rebouças[13], *verbis*: "Os núcleos típicos de conduta deixam claro que o crime não se aperfeiçoa somente com a existência de escrituração

---

[10] Tórtima, *Crimes contra o sistema financeiro nacional*, p. 82.

[11] Tigre Maia, *Dos crimes contra o sistema financeiro nacional*: anotações à Lei federal n. 7.492/86, p. 92.

[12] Pimentel, *Crimes contra o sistema financeiro nacional*, p. 92.

[13] Cândido Albuquerque e Sérgio Rebouças, *Crimes contra o sistema financeiro nacional*, São Paulo: Tirant Lo Blanch Brasil, no prelo.

contábil paralela, para além do balanço e do balancete exigidos pela legislação. Por isso, deve-se advertir para o equívoco a que o nome "contabilidade paralela" pode conduzir. Não se incrimina qualquer atitude contábil clandestina ou oculta, mas a efetiva manutenção ou movimentação de *ativos* (recurso, valor) não contabilizados nos demonstrativos oficiais".

5. TIPO SUBJETIVO: ADEQUAÇÃO TÍPICA

O elemento subjetivo é o *dolo*, constituído pela *vontade livre e consciente* de manter ou movimentar recursos paralelamente à contabilidade oficial. É necessário que o agente tenha conhecimento da existência efetiva de contabilidade paralela e vontade de operar dessa forma. O *dolo* deve abranger todos os elementos configuradores da descrição típica. Eventual desconhecimento de um ou outro elemento constitutivo do tipo constitui *erro de tipo*, excludente do dolo.

Não há necessidade de *especial fim de agir*, sendo, portanto, irrelevante a finalidade da contabilidade paralela, e tampouco há previsão da modalidade culposa, cujo comportamento, se existir, será atípico.

6. CONSUMAÇÃO E TENTATIVA

Na modalidade *manter*, que é crime permanente, a execução da conduta alonga-se no tempo, perdurando ao mesmo tempo em que se consuma ou, em outros termos, a consumação protrai-se no tempo, desde o momento que começa a realizar-se até quanto perdurar a manutenção. Visto dessa forma, à evidência que essa infração, por sua natureza de crime permanente, não admite tentativa.

Na modalidade de movimentar recurso ou valor paralelamente à contabilidade oficial, como crime instantâneo consuma-se com o simples movimento de recurso ou valor paralelo, embora o verbo "movimentar" indique repetição da conduta. Tratando-se, porém, de crime formal, que sugere repetição, não há espaço para a figura tentada.

7. CLASSIFICAÇÃO DOUTRINÁRIA

Trata-se de *crimes comuns* (que podem ser praticados por qualquer pessoa, não exigindo qualquer qualidade ou condição especial dos sujeitos ativos, nas duas modalidades), *formais* (não dependem da ocorrência de resultado, representado por efetivo prejuízo, embora possa ocorrer), *dolosos* (não há previsão legal para a figura culposa), *de forma livre* (o legislador não previu nenhuma forma ou modo para execução dessas infrações penais, podendo ser realizado pela forma ou meio escolhido pelo sujeito ativo), *comissivos* (os comportamentos descritos no tipo implicam a realização de condutas ativas), *de mera conduta* (pois não há a necessidade típica de um resultado material, separável no tempo e no espaço da ação ou omissão causadora de lesão ou de perigo), *de perigo abstrato* (ante o bem jurídico *coletivo* tutelado, não exigindo individualização de dano efetivo ao sistema financeiro, e tampouco de resultado de perigo determinado, mas deve ser idônea para afetar a higidez do sistema), *permanentes* (na modalidade de *manter*, a execução alonga-se e prolonga-se temporalmente; a consumação igualmente perdura enquanto a conduta protrai-se ao longo do tempo), *instantâneos* (na modalidade de *movimentar*, a consumação ocorre em momento determinado, não havendo um distanciamento temporal entre a ação e o resultado), *unissubjetivos* (podem ser praticados por alguém, individualmente, admitindo, contudo, coautoria e participação), *unissubsistentes* (na modalidade de manter, permanecem em ato único, alongando-se sua execução), *plurissubsistentes ou unissubsistentes* (dependendo do método eleito pelo sujeito ativo).

8. PENA E AÇÃO PENAL

As penas cominadas, *cumulativamente*, são de reclusão, de um a cinco anos, e multa. Esse parâmetro de pena, com a mínima não superior a um ano, admite a suspensão condicional do processo. A *ação penal* é pública incondicionada, não dependendo da manifestação de quem quer que seja. A autoridade competente deve agir *ex officio* assim que tomar conhecimento do fato delituoso.

CAPÍTULO XII
Sonegação de informações às autoridades competentes

> **Sumário:** 1. Considerações preliminares. 2. Bem jurídico tutelado. 3. Sujeitos ativo e passivo do crime. 3.1. Sujeito ativo. 3.2. Sujeito passivo. 4. Tipo objetivo: adequação típica. 5. Tipo subjetivo: adequação típica. 6. Consumação e tentativa. 7. Classificação doutrinária. 8. Pena e ação penal.

Art. 12. Deixar, o ex-administrador de instituição financeira, de apresentar ao interventor, liquidante ou síndico, nos prazos e condições estabelecidos em lei as informações, declarações ou documentos de sua responsabilidade:

Pena – reclusão, de 1 (um) a 4 (quatro) anos, e multa.

---

1. CONSIDERAÇÕES PRELIMINARES

O crime descrito neste art. 12 não tem precedente em nosso ordenamento jurídico-penal, criminalizando conduta semelhante, a despeito de a antiga Lei de Falências (Decreto-Lei n. 7.661/45) já estabelecer os *deveres dos ex-administradores* de empresas falidas. Não foi, igualmente, incluída figura semelhante no Anteprojeto da Comissão de Reforma da Parte Especial do Código Penal. A inovação contida no dispositivo em exame surgiu, no entanto, com o Projeto originário da Câmara dos Deputados, dando ao art. 12 a seguinte redação: "Deixar o ex-administrador das entidades previstas no art. 1º desta Lei de apresentar, ao interventor, liquidante ou síndico, nos prazos e condições estabelecidos em lei, as informações, declarações ou documentos de sua responsabilidade". Na realidade, o disposto neste art. 12 é sancionador do disposto no art. 10 da Lei n. 6.024/74, que é aplicável também às liquidações judiciais[1].

---

[1]   Manoel Pedro Pimentel, *Crimes contra o sistema financeiro nacional*, p. 97.

2. BEM JURÍDICO TUTELADO

Tutela-se como *bem jurídico*, em primeiro plano, o regular saneamento ou extinção das instituições financeiras que tiverem dificuldade em oferecer garantia, segurança e credibilidade quanto a sua capacidade de honrar seus compromissos com credores, investidores e acionistas. Protege-se, nas concisas palavras de Tórtima, "a regularidade e a boa marcha dos processos de *liquidação, intervenção* e *falência* das instituições financeiras ou entidades equiparadas"[2]. Além das instituições financeiras, os institutos da *intervenção,* da *liquidação extrajudicial* e, quando for o caso, da *falência* (para os casos cabíveis) têm o objetivo de salvaguardar os interesses de credores e investidores. Na realidade, não visa somente proteger as instituições financeiras, mas objetiva também assegurar os direitos dos respectivos credores.

Para lhes dar a eficácia necessária, o legislador procurou atribuir-lhes caráter coercitivo. Dessa forma, conduta do ex-administrador, como a aqui descrita, que os desrespeitem, constitui infração penal. Claramente, protege-se, igualmente, o sistema financeiro nacional contra os maus administradores, que, mesmo após afastados da administração, procuram desviar-se das imposições legais.

São *objeto material* as informações, as declarações e os documentos de responsabilidade do ex-administrador. Esse objeto material, na afirmação de Pimentel, "faz parte do acervo que interessa ao interventor, ao liquidante ou ao síndico, para comprovação de fatos, eventual continuação do negócio, ou, enfim, para o pleno conhecimento a respeito da vida da empresa. A omissão, portanto, prejudica o desenvolvimento e a conclusão dos atos pertinentes à intervenção, à liquidação ou à falência"[3].

3. SUJEITOS ATIVO E PASSIVO DO CRIME

3.1. Sujeito ativo

Por definição legal, a exemplo de inúmeros dos crimes contra o sistema financeiro, só pode ser *sujeito ativo* o ex-administrador de instituição financeira, sendo considerados como tal os ex-diretores e ex-gerentes (art. 25, *caput* e § 1º). Trata-se, na realidade, de *crime próprio,* exigindo uma *condição especial* do sujeito ativo, qual seja ter exercido uma das funções referidas no art. 25 e seu parágrafo.

---

[2]   Tórtima, *Crimes contra o sistema financeiro nacional,* p. 85.
[3]   Manoel Pedro Pimentel, *Crimes contra o sistema financeiro nacional,* p. 99.

Nessa infração penal, especificamente, os equiparados aos administradores, quais sejam, o *interventor,* o *liquidante* e o *síndico*[4] (art. 25, § 2º), não podem ser sujeito ativo, contrariamente ao entendimento sustentado por Antônio Carlos Rodrigues da Silva. Equivoca-se, *venia concessa,* quando afirma: "Podem, também, cometer o delito em questão o interventor e o liquidante da organização bancária. No caso do interventor, quando se negar a prestar as informações, declarações ou documentos de sua responsabilidade na fase de liquidação extrajudicial, e o síndico na fase falencial"[5]. Nossa contrariedade a esse respeitável entendimento tem dois fundamentos básicos:

1º) O dispositivo em exame não criminaliza a conduta de *administrador* de instituição financeira, ao qual se equiparam *interventor, liquidante* e *síndico*, porque, nas situações respectivas (intervenção, liquidação ou falência), substituem aquele e, nessa condição, na administração de instituição sob intervenção, em liquidação ou falida, respondem pelos mesmos crimes que cometerem. No entanto, na figura descrita neste dispositivo, criminaliza conduta de *ex-administrador*, no pós-administração, isto é, pela prática de irregularidade fora da administração, embora em razão dela. A situação de interventor, liquidante ou síndico, portanto, não se equipara à de ex-administrador, mas à de administrador, e a *taxatividade do princípio da tipicidade* não admite analogia, interpretação analógica ou extensiva para equipará-las.

2º) Por outro lado, a prática das condutas relacionadas pelo autor supramencionado poderá encontrar abrigo no disposto no art. 15, quando se tratar de "manifestação falsa", e nas demais hipóteses, no art. 23, que tipifica o crime de prevaricação especial, ambos deste diploma legal. Não se pode esquecer que quem exerce as funções de interventor, liquidante e síndico são equiparados a funcionário público (art. 327, § 1º, do CP). Por outro lado, eventual conduta irregular de síndico que não encontrar adequação típica nos dispositivos deste diploma legal poderá ainda responder por crime previsto na atual Lei de Falências (Lei n. 11.101/2005).

A condição especial de ex-administrador, no entanto, como *elementar dessa infração penal*, comunica-se ao particular que eventualmente concorra, na condição de *coautor* ou *partícipe*, para a prática do crime nos termos da previsão do art. 30 do CP. Dessa forma, é necessário que pelo menos um dos autores reúna a *condição especial* exigida pelo tipo penal, podendo os demais não possuir tal qualidade.

É indispensável, contudo, que o particular (*extraneus*) tenha *consciência* da *qualidade especial* de ex-administrador de instituição financeira, sob pena de não responder por esse *crime que é próprio*. Desconhecendo essa condição,

---

[4]   A identificação e as funções de *interventor, liquidante* e *síndico* foram abordadas quando analisamos o art. 5º deste diploma legal, para onde remetemos o leitor, evitando, assim, a redundância.
[5]   Antônio Carlos Rodrigues da Silva, *Crimes do colarinho branco*, p. 102.

o *dolo* do particular não abrange todos os elementos constitutivos do tipo ou não os abrange corretamente, configurando-se o conhecido *erro de tipo*, que afasta a tipicidade da conduta. Responderá, no entanto, por outro crime, consoante o permissivo contido no art. 29, § 2º, do CP, que abriga a chamada *cooperação dolosamente distinta*, autorizando-o a responder, em princípio, por crime menos grave.

3.2. Sujeito passivo

Sujeito passivo pode ser a própria instituição financeira, seus sócios ou acionistas, investidores, correntistas. *Na realidade, não apenas investidores ou correntistas* podem ser *sujeitos passivos* dessa infração penal, mas qualquer pessoa, física ou jurídica, quando eventualmente lesadas. Secundariamente, também o Estado, responsável pela estabilidade, confiabilidade e idoneidade do sistema financeiro nacional.

4. TIPO OBJETIVO: ADEQUAÇÃO TÍPICA

A conduta incriminada é *deixar de apresentar* informações, declarações ou documentos de sua responsabilidade aos destinatários, quais sejam, *interventor, liquidante ou síndico*, segundo se trate, respectivamente, de *intervenção, liquidação ou falência*, respectivamente. Com acerto, Tórtima conclui: "No caso, a omissão, penalmente relevante, ocorre quando o agente deixa de apresentar, no prazo e condições previstas em lei, os documentos e informações de sua responsabilidade ao interventor, liquidante ou síndico da massa falida"[6]. Há duas formas possíveis de a *conduta* do sujeito ativo realizar-se (uma omissiva ou ativa): (a) *deixando* o agente de apresentar informações, declarações ou documentos devidos, *no prazo legal*, sua omissão adequa-se à previsão contida no dispositivo *sub examen*; ou, ainda, (b) mesmo que as apresente nos prazos legais, mas sem satisfazer as *condições* legalmente exigidas para o ato, igualmente, sua conduta, mesmo que ativa, isto é, tenha apresentado no prazo devido, será igualmente típica por não haver cumprido as formalidades legais (condições). Albuquerque e Rebouças[7] advertem, acertadamente, sobre a existência de outro dever do ex-administrador:

> Outro dever especial imposto ao administrador, agora já na esfera da *liquidação*, é aquele previsto no art. 23, parágrafo único, da Lei n. 6.024/1974: "O liquidante poderá exigir dos ex-administradores da instituição que prestem informações sobre qualquer dos créditos declarados". Essa exigência decorre do dever do liquidante de juntar, a cada declaração de crédito, "a informação completa a respeito do resul-

---

[6] Tórtima, *Crimes contra o sistema financeiro nacional*, p. 86.

[7] Albuquerque e Rebouças, *Crimes contra o sistema financeiro nacional*, no prelo.

tado das averiguações a que procedeu nos livros, papéis e assentamentos da entidade, relativos ao crédito declarado, bem como sua decisão quanto à legitimidade, valor e classificação", como disposto no *caput* do art. 23 da Lei n. 6.024/1974.

As instituições financeiras *stricto sensu* e as instituições do Mercado de Capitais não estão sujeitas ao processo falimentar, aplicando-se-lhes somente os institutos da *intervenção*, da *liquidação extrajudicial* e do *regime de administração especial temporária*[8]. O Banco Central decreta intervenção em instituição financeira com o objetivo de sanear e normalizar suas dificuldades econômico--financeiras. A *intervenção* é o procedimento administrativo, instaurado de ofício pelo Banco Central ou por solicitação dos administradores (art. 3º da Lei n. 6.024/74) cabível. Tem sua durabilidade pelo prazo máximo de seis meses, prorrogáveis por mais seis, previsto no art. 4º da Lei n. 6.024. A *intervenção* pode ser decretada na hipótese de configuração de situações de *anormalidade* especificadas em lei (art. 2º da Lei n. 6.024). Essas *anormalidades* são as seguintes: (a) prejuízo à entidade, decorrente de má-administração, que exponha os credores a riscos; (b) reiteradas infrações a dispositivos da legislação bancária, não regularizadas após determinações do Banco Central; (c) fatos especificados na própria lei que caracterizem falência, desde que haja possibilidade de evitar a *liquidação extrajudicial*. Trata-se, por sua própria natureza, de *instituto temporário* destinado ao saneamento das anormalidades. O *interventor*, nomeado pelo Banco Central, é o executor desse procedimento, com poderes plenos de gestão (art. 5º da Lei n. 6.024).

A *liquidação extrajudicial* de instituição financeira, por sua vez, é o procedimento administrativo, igualmente instaurável de ofício pelo Banco Central ou a requerimento dos administradores, decretado em caso de *insolvência* ou quando houver graves irregularidades ou violações às normas regulamentares (leis, resoluções, regulamentos etc.). Por isso, quando os diplomas legais (Leis n. 7.492/86 e n. 6.024/74) referem-se à *falência*, deve-se concluir que referidos diplomas legais estão referindo-se às entidades equiparadas às genuínas instituições financeiras, como, por exemplo, consórcios, e não a estas. Essa liquidação pode ocorrer, normalmente, nas seguintes situações previstas no art. 15 da Lei n. 6.024: (a) insatisfação, com pontualidade, de compromissos; (b) fatos autorizadores da decretação de falência; (c) violação grave, pela administração, de normas legais e estatutárias que disciplinam a atividade da instituição; (d) prejuízo à instituição que sujeite a risco anormal os credores quirografários; (e) não início da liquidação ordinária, no prazo de 90 dias, após a cassação da autorização de funcionamento da instituição financeira, ou morosidade da liquidação ordinária que possa acarretar prejuízos aos credores.

A *liquidação extrajudicial* tem natureza de definitividade. Referido procedimento é executado por *liquidante* nomeado pelo Banco Central (art. 16 da

---

[8]   Tórtima, *Crimes contra o sistema financeiro nacional*, p. 86.

164   •   Crimes contra o sistema financeiro nacional

Lei n. 6.024), sem a participação judicial. Trata-se de inovação jurídica criada pela Lei n. 6.024/74, assegurando um *tratamento diferenciado* às instituições financeiras quando enfrentam dificuldade financeira, algo parecido com situação pré-falimentar das empresas normais, decorra ou não de má administração de seus gestores (administradores e controladores). Na realidade, a *liquidação extrajudicial*, que seria não mais que um neologismo do *instituto falimentar*, exerce, basicamente, a mesma função e tem o objetivo de afastar a solução legal do estado falimentar dessas instituições do controle judicial, mantendo-as sob o crivo do próprio Banco Central, com regras próprias. De resto, todo o funcionamento das instituições financeiras tem uma disciplina jurídica completamente distinta das demais sociedades e associações civis e comerciais em nosso ordenamento jurídico.

Devem ser observados, casuisticamente, os *prazos* legalmente estabelecidos e, igualmente, *eventuais condições* que cada caso possa exigir, que, como elementares típicas, devem ser abrangidas pela consciência do sujeito ativo. A Lei n. 6.024/74 determina ao ex-administrador de instituição financeira entregar ao interventor (art. 10) ou ao liquidante (art. 20), no prazo de cinco dias, declaração assinada, com uma série de dados dos administradores, membros do conselho fiscal, ex-administradores que estiveram em exercício nos últimos doze meses, mandatos outorgados, eventual participação em outra sociedade como administrador ou conselheiro.

5. TIPO SUBJETIVO: ADEQUAÇÃO TÍPICA

O elemento subjetivo é o *dolo*, constituído pela *vontade livre e consciente* de deixar de apresentar aos destinatários mencionados no dispositivo legal, nos prazos e condições estabelecidos em lei, informações, declarações ou documentos de sua responsabilidade.

O *dolo* deve abranger todos os elementos configuradores da descrição típica, sejam eles fáticos, jurídicos ou culturais. O autor somente poderá ser punido pela prática de um *fato doloso* quando *conhecer* as circunstâncias fáticas que o constituem. Eventual desconhecimento de um ou outro elemento constitutivo do tipo, objetivo, normativo ou subjetivo, pode constituir *erro de tipo*, excludente do dolo. Em outros termos, o agente deve ter *vontade* e *consciência* de *deixar de apresentar* aos destinatários (interventor, liquidante ou síndico) o *objeto material*, qual seja, informações, declarações ou documentos de sua responsabilidade.

6. CONSUMAÇÃO E TENTATIVA

Como crime omissivo próprio – *deixar de apresentar* –, o objeto material (informações, declarações ou documentos) consuma-se no lugar e no momento

Sonegação de informações às autoridades competentes • 165

em que a atividade devida tinha de ser realizada, isto é, onde e quando o *sujeito ativo* deveria agir e não o fez, dentro do prazo legal. Segundo Frederico Marques[9], "tem-se a infração por consumada no local e tempo onde não se efetuou o que se deveria efetuar. Cometem-se, pois, delitos de omissão, ali onde o autor, para cumprir o dever jurídico a ele imposto, devesse praticá-lo, e não onde se encontrasse no momento de seu comportamento inerte". A consumação realiza-se num só momento, embora a situação criada possa prolongar-se no tempo.

A omissão própria, crime de mera inatividade, não admite a *tentativa*, pois não exige um resultado naturalístico produzido pela omissão. Trata-se de crime de ato único, unissubsistente, que não admite fracionamento. Se o agente deixa passar o *momento* em que deveria agir, consumou-se o delito; se ainda pode agir, não se pode falar em crime. Até o momento em que a atividade do agente ainda é eficaz, dentro do prazo legal, a ausência desta não constitui crime. Se nesse momento – esgotado o prazo – a atividade devida não ocorrer, consuma-se o crime.

7. CLASSIFICAÇÃO DOUTRINÁRIA

Trata-se de *crime próprio* (somente pode ser praticado por agente que reúna determinada qualidade ou condição especial, na hipótese, isto é, que seja ex-administrador de instituição financeira, aliás, no caso, é *crime de mão própria*, ou seja, somente pode ser praticado diretamente pelo sujeito ativo indicado no próprio tipo penal), *formal* (não exige resultado naturalístico, representado por efetivo prejuízo à instituição financeira, mercado financeiro ou a qualquer pessoa), *doloso* (não há previsão legal para a figura culposa), *de forma livre* (o legislador não previu nenhuma forma ou modo para execução dessa infração penal, podendo ser realizada do modo ou pelo meio escolhido pelo sujeito ativo), *omissivo próprio* (o comportamento descrito no tipo implica não realização da conduta descrita no tipo "deixar de ..."), *instantâneo* (a consumação ocorre em momento determinado, aliás, no lugar e no momento em que a ação omitida deveria se realizar), *unissubjetivo* (pode ser praticado por alguém, individualmente, admitindo, contudo, a participação em sentido estrito) e *unissubsistente* (a conduta omitida não pode ser desdobrada em vários atos).

8. PENA E AÇÃO PENAL

As penas cominadas, *cumulativamente*, são de reclusão, de um a quatro anos, e multa. A *ação penal* é pública incondicionada, não dependendo da manifestação de quem quer que seja. A autoridade competente deve agir de *ex officio*. É admissível, teoricamente, a suspensão condicional do processo.

---

[9]   José Frederico Marques, *Tratado de direito penal*, São Paulo: Saraiva, 1961, v. 4, p. 171.

CAPÍTULO XIII
Desvio de bens indisponíveis

Sumário: 1. Considerações preliminares. 2. Bem jurídico tutelado. 3. Sujeitos do crime. 3.1. Sujeito ativo. 3.2. Sujeito passivo. 4. Tipo objetivo: adequação típica. 5. Apropriar-se ou desviar em proveito próprio ou alheio. 6. Tipo subjetivo: adequação típica. 7. Classificação doutrinária. 8. Consumação e tentativa. 9. Pena e ação penal.

Art. 13. Desviar bem alcançado pela indisponibilidade legal resultante de intervenção, liquidação ou falência de instituição financeira:

Pena – reclusão, de 2 (dois) a 6 (seis) anos, e multa.

Parágrafo único. Na mesma pena incorre o interventor, o liquidante ou o síndico que se apropriar de bem abrangido pelo *caput* deste artigo, ou desviá-lo em proveito próprio ou alheio.

---

1. CONSIDERAÇÕES PRELIMINARES

Não havia, na legislação brasileira, infração semelhante à prevista neste dispositivo legal, a despeito de parte dela encontrar-se descrita no art. 168 do Código Penal, que tipifica o crime de *apropriação indébita*, e parte no art. 171, § 2º, *alienação ou oneração fraudulenta de coisa própria*, ambos do Código Penal.

Acreditamos, no entanto, que o desvio ou a apropriação de bens alcançados pela *indisponibilidade legal* não recebiam a tutela penal suficientemente adequada, mesmo que fossem conjugados os dois artigos anteriormente mencionados, justificando-se a criação do dispositivo que ora analisamos. Na verdade, a Lei n. 6.024/74, que disciplina o processo de intervenção e liquidação extrajudicial de instituição financeira, determinou que todos os bens pertencentes a seus administradores ficarão indisponíveis para assegurar possível e eventual reparação de danos (art. 36). Ocorre que tal previsão legal não estabelecia qualquer sancionamento para eventual descumprimento por parte desses administradores.

Desvio de bens indisponíveis • 167

Com efeito, nos termos do art. 36, *caput*, dessa Lei, "os administradores das instituições financeiras em intervenção, em liquidação extrajudicial ou em falência, ficarão com todos os seus bens indisponíveis, não podendo, por qualquer forma, direta ou indireta, aliená-los ou onerá-los, até apuração e liquidação final de suas responsabilidades". Essa indisponibilidade "decorre do ato que decretar a intervenção, a liquidação extrajudicial ou a falência", atingindo "todos aqueles que tenham estado no exercício das funções nos doze meses anteriores ao mesmo ato", como dispõe o parágrafo único desse art. 36 da Lei n. 6.024/74. Ademais, o seu § 2º autoriza que o gravame de indisponibilidade seja estendido, por proposta do Banco Central do Brasil, devidamente aprovada pelo Conselho Monetário Nacional, nos seguintes termos: (a) "aos bens de gerentes, conselheiros fiscais e aos de todos aqueles que, até o limite da responsabilidade estimada de cada um, tenham concorrido, nos últimos doze meses, para a decretação da intervenção ou da liquidação extrajudicial"; (b) "aos bens de pessoas que, nos últimos doze meses, os tenham a qualquer título, adquirido de administradores da instituição, ou das pessoas referidas na alínea anterior desde que haja seguros elementos de convicção de que se trata de simulada transferência com o fim de evitar os efeitos desta Lei". Essa, portanto, é a razão de ser da existência do conteúdo constante deste art. 13, que analisaremos adiante. Discordamos, no particular, do entendimento externado pelo grande especialista desta matéria, José Carlos Tórtima[1], que considera desnecessária a criminalização inserta neste dispositivo, seguindo o entendimento de Manoel Pedro Pimentel[2].

2. BEM JURÍDICO TUTELADO

Destacamos, preliminarmente, que o dispositivo em exame agasalha duas *ações* proibidas distintas, quais sejam, *desviar* e *apropriar-se* de *bens alcançados pela indisponibilidade* decorrentes de intervenção, liquidação extrajudicial e falência de instituição financeira, embora tenham o mesmo *objeto material*. Essa *indisponibilidade de bem*, pertencente aos ex-administradores, foi criada pela Lei n. 6.024/74, que disciplina o processo de intervenção e liquidação extrajudicial de instituição financeira. Esclarecedor, nesse sentido, o magistério de Pimentel, que leciona: "Criou-se o instituto da indisponibilidade visando a dar garantias aos credores, quanto ao ressarcimento de prejuízos sofridos, em consequência da intervenção, da liquidação extrajudicial, ou da falência de instituição financeira. Funciona esse instituto como uma verdadeira penhora dos bens, móveis e imóveis, do administrador, perdendo este a plena disponibilidade dos mesmos, restringindo-se, assim, o próprio direito dominial"[3].

---

[1]   José Carlos Tórtima, Crimes *contra o sistema financeiro nacional*, p. 89.
[2]   Pimentel, *Crimes contra o sistema financeiro nacional*, p. 102.
[3]   Idem, p. 103.

O *bem jurídico* protegido neste art. 13 – *desvio de bens indisponíveis* – é a *inviolabilidade patrimonial* da própria instituição financeira *cujo passivo* deve ser, ainda que parcialmente, coberto pelo patrimônio de seus administradores[4], desde que fique demonstrado, no encerramento de processo instituído pela Lei n. 6.024/74, que resultou, total ou parcialmente, de culpa daqueles. Tutela-se, igualmente, o direito dos acionistas, dos investidores e dos aplicadores de serem, proporcionalmente, ressarcidos em eventuais prejuízos que sofrerem em razão da má ou temerária administração da referida instituição financeira. Constata--se que o *bem jurídico* objeto de tutela penal vai além do mero patrimônio individual da instituição financeira e de investidores. Protege-se a própria regularidade da intervenção, da liquidação e da falência como instrumentos saneadores e garantidores da estabilidade, da eficiência e da credibilidade do sistema financeiro nacional, em uma dimensão coletiva.

Por certo, a existência da incriminação *especial* está justificada também pela particular necessidade de tutelar o patrimônio individual daqueles que submetem seus recursos, na forma de investimento, aos riscos próprios dos mercados financeiros, contribuindo, assim, para o fomento do sistema. O mesmo se diga do patrimônio de outros credores da instituição financeira. Protege-se, secundariamente, a lisura, a correção e a honestidade das operações atribuídas e realizadas pelas instituições financeiras e assemelhadas. O bom e regular funcionamento do sistema financeiro reside na confiança que goza perante a coletividade em geral e perante acionistas e investidores, em particular. A credibilidade, repetindo, é um atributo que garante o regular e exitoso funcionamento do sistema financeiro como um todo.

3. SUJEITOS DO CRIME

3.1. Sujeito ativo

a) *Sujeitos ativos*, para a figura constante do *caput,* podem ser os administradores de instituição financeira que entrou em processo de intervenção, liquidação ou falência, bem como os ex-administradores e ex-controladores dos últimos doze meses e, havendo proposta do Banco Central do Brasil, devidamente aprovada pelo Conselho Monetário Nacional, também podem ser os gerentes, os conselheiros fiscais, de todos aqueles que tenham concorrido nos últimos doze meses para a decretação da situação requerida no tipo penal (art. 36, §§ 1º e 2º, da Lei n. 6.024/74)[5].

---

[4] José Carlos Tórtima, *Crimes contra o sistema financeiro nacional*, p. 89-90.
[5] Antônio Carlos Rodrigues da Silva, *Crimes do colarinho branco*, p. 108.

b) Sujeitos ativos das condutas descritas no parágrafo único somente podem ser o *interventor*, o *liquidante* e o *síndico*, figuras devidamente equiparadas aos controladores e administradores de instituição financeira. O rol contido no § 1º do art. 25 da Lei n. 7.492/86 – interventor, liquidante ou síndico – é *numerus clausus*, não admitindo a inclusão de qualquer outra hipótese semelhante, ou seja, não abrange pessoa que desempenhe função diversa das ali relacionadas, como, por exemplo, o *comissário*, que administrava os bens da concordata, sob pena de violar o *princípio da reserva legal*.

Interventor é o administrador temporário investido nessa função, mediante designação do Banco Central do Brasil, por força do disposto no art. 5º da Lei n. 6.024/74. O liquidante é uma figura consagrada que administra as "sociedades em liquidação", igualmente não recepcionada pelo Código Penal de 1940. *Liquidante*, estritamente, era o administrador *ad hoc* designado pelo Banco Central do Brasil, no caso de liquidação extrajudicial de *instituição financeira* (art. 16 da Lei n. 6.024/74), ou designado pela assembleia geral ou determinado pelos estatutos. *Síndico* era a denominação que se dava ao encarregado da administração da falência, mais especificamente da massa falida, sob direção e superintendência do juiz na antiga Lei de Falências (Decreto-Lei n. 7.661/45). Atualmente, porém, a Lei de Falências (Lei n. 11.101/2005) denomina *administrador judicial* a pessoa que exerce essa função.

3.2. Sujeito passivo

Considerando-se, no entanto, que objeto material são os *bens pertencentes aos ex-administradores e ex-controladores* da instituição financeira e não os bens pertencentes a esta ou à massa falida, excluímos a referida instituição como sujeito passivo imediato deste tipo penal. Admitimos a instituição financeira somente como *sujeito passivo mediato*, embora tenha, como bem jurídico tutelado, sua inviolabilidade patrimonial, pois, ao final do processo, poderá restar demonstrado *não haver culpa dos administradores* relativamente ao passivo da instituição, a despeito de poderem ser culpados pela conduta de *desviar bens indisponíveis*. Significa afirmar que a *inviolabilidade da indisponibilidade* decorre da natureza em si dessa condição temporária do bem (indisponível), e não de culpa propriamente pela situação financeira da instituição. Logo, a *violação da indisponibilidade dos bens* pessoais e a culpa *lato sensu* pelo passivo indevido de instituição financeira são coisas absolutamente distintas.

Na hipótese do parágrafo único, sujeitos passivos imediatos são, sem dúvida, os proprietários dos *bens tornados indisponíveis*, normalmente os ex-administradores ou ex-controladores da instituição financeira. Secundariamente, é o Estado, guardião e responsável pela estabilidade, confiabilidade e idoneidade do sistema financeiro nacional.

4. TIPO OBJETIVO: ADEQUAÇÃO TÍPICA

A conduta incriminada na cabeça do artigo é *desviar* bem alcançado pela *indisponibilidade* resultante de intervenção, liquidação ou falência de instituição financeira. Neste dispositivo, o legislador evitou falar em *apropriação*, na medida em que, regra geral, sujeito ativo desta conduta será o proprietário dos bens alcançados pela indisponibilidade. Essa foi também a percepção de Manoel Pedro Pimentel: "Poder-se-ia entender que o legislador não quis incluir a fórmula apropriar-se, ao lado do desvio, por entender que desviar é uma forma de apropriar. Entretanto, no parágrafo único desse art. 13, empregou as duas expressões, dizendo '[...] que se apropriar de bem abrangido pelo *caput* deste artigo, ou desviá-lo em proveito próprio ou alheio'"[6]. Contrariado, contudo, com essa opção do legislador, Pimentel destacou que essa duplicidade de tratamento pode gerar confusão, temendo pela impunidade do comportamento *apropriar-se*, quando se referir ao *caput* do artigo e não ao disposto no parágrafo único. *Sem razão, contudo, Manoel Pedro Pimentel*, pois *quem é proprietário dos bens não pode cometer o crime de apropriar-se,* na medida em que essa conduta significa tomar para si, ou seja, *inverter a natureza da posse,* passando a agir como se dono fosse da coisa alheia de que tem posse ou detenção. No entanto, o sujeito ativo, via de regra, é de fato e de direito o verdadeiro proprietário do bem, e a apropriação indébita somente pode ser cometida por quem não é proprietário do objeto material, mas somente detém a posse legítima da coisa.

O verbo nuclear "desviar" tem o significado, neste dispositivo legal, de *alterar* o destino natural do objeto material ou dar-lhe outro encaminhamento, ou, em outros termos, no *desvio de bens indisponíveis*, o sujeito ativo dá ao objeto material *aplicação diversa* da que lhe prevê a legislação. *Desviar* é alterar a destinação dos bens indisponíveis, dar-lhes outro destino, outra finalidade, é utilizar qualquer dos bens alheios mencionados no dispositivo em finalidade diversa da que normalmente lhes tenha sido prevista. *Desviar* o uso ou a destinação dos bens mencionados significa *desvirtuar* sua utilização, indevidamente, ou seja, tanto sem autorização legal como sem autorização de quem de direito. Com efeito, o verbo nuclear "desviar" tem o significado de, neste dispositivo legal, dar-lhe outro encaminhamento ou, em outros termos, o sujeito ativo dá ao objeto material *aplicação diversa* da que lhe foi determinada ou lhe é legalmente destinada. Nesta infração penal – *desvio de bens indisponíveis* – não há o propósito de *apropriar-se*, que é identificado como o *animus rem sibi habendi*, até porque o sujeito ativo é o próprio proprietário. Pode ser caracterizado o desvio proibido pelo tipo, com simples *uso irregular* de bem *alcançado pela indisponibilidade*, decorrente de intervenção, liquidação ou falência de instituição financeira.

---

[6] Pimentel, *Crimes contra o sistema financeiro nacional*, p. 104.

5. APROPRIAR-SE OU DESVIAR EM PROVEITO PRÓPRIO OU ALHEIO

Nessas duas condutas, descritas no parágrafo único – *apropriar-se e desviar* –, estamos diante do denominado *crime próprio*, isto é, só podem ser seus autores *o interventor, o liquidante ou o síndico* da instituição financeira. No entanto, para que os nominados possam praticar qualquer das referidas condutas, dependem de um *pressuposto fático*: que os bens tornados indisponíveis sejam efetivamente entregues pelo seu titular (ex-administrador ou ex-controlador) para o interventor, liquidante ou síndico[7], Por óbvio, sem essa "disponibilidade" fática dos referidos bens, torna-se impossível a prática das condutas contidas no parágrafo único pelo interventor, liquidante ou síndico. Com efeito, não se pode olvidar que, regra geral, durante o processo de intervenção, liquidação ou falência, os bens dos ex-administradores, mesmo quando declarados indisponíveis, permanecem em poder de seus proprietários, que assumem a condição de *fiéis proprietários* com a responsabilidade peculiar deste instituto.

Na previsão do Código Penal (art. 168), a ação incriminada consiste em *apropriar-se de coisa alheia móvel* de que tem a *posse ou detenção*. Na tipificação constante do parágrafo único deste art. 13, incrimina-se a ação de *apropriar-se de bem alcançado pela indisponibilidade legal* resultante de intervenção, liquidação extrajudicial ou falência de instituição financeira. Convém destacar, de plano, que o texto legal não distinguiu bens móveis ou imóveis, como objetos materiais, cabendo ao intérprete fazer a interpretação compatível não só com o instituto da apropriação, mas também contextualizando com a natureza especial deste diploma legal. Nesse particular, merece ser considerada a previsão constante do art. 5º e, particularmente, do conteúdo do seu parágrafo único, que, certamente, servirá como elemento relevante para uma interpretação sistemática.

Apropriar-se, na dicção do Código Penal, de bem de que tem a posse é tomá-lo para si, isto é, *inverter a natureza da posse*, passando a agir como se dono fosse. A locução "apropriar-se" de bem abrangido pelo disposto no *caput* do art. 13 significa ter por objeto material *bem pertencente a ex-administrador* de instituição financeira "alcançado pela indisponibilidade legal", ou seja, bem alheio, isto é, pertencente a outrem, do qual tem a posse legítima. Convém lembrar que, ao examinarmos os sujeitos ativos especiais (item 3), destacamos, como *pressuposto fático*, terem, referidos bens, sido entregues ao interventor, liquidante ou síndico. Ademais, tudo o que escrevemos sobre apropriação indébita contida no art. 5º aplica-se subsidiariamente aqui.

A ação de *desviar*, descrita no parágrafo único, tem o mesmo significado que aquela contida no *caput* do mesmo artigo, ou seja, é alterar a destinação

---

[7] José Carlos Tórtima, *Crimes contra o sistema financeiro nacional*, p. 91.

dos *bens indisponíveis*, dar-lhes outro destino, outra finalidade, é utilizar qualquer dos bens indisponíveis, alheios, portanto, em *finalidade diversa* da que lhes tenha sido prevista. *Desviar* o uso ou a destinação dos bens mencionados significa *desvirtuar* sua utilização indevidamente, ou seja, tanto sem autorização legal como sem autorização de quem de direito. Com efeito, o verbo nuclear "desviar" tem o significado, neste dispositivo legal, de dar-lhe outro encaminhamento ou, em outros termos, o sujeito ativo dá ao objeto material *aplicação diversa* da que lhe foi determinada, em benefício próprio ou alheio. Em outros termos, ao invés do destino *certo* e *determinado* do bem de que tem a posse, o agente lhe dá outro, no *interesse próprio* ou *de terceiro*.

Por fim, resta uma última reflexão a fazer neste tópico: afinal, qual a situação dos bens da *massa falida* que também podem ser objeto de *desvio* ou *apropriação,* não só por parte dos ex-administradores, como também dos sujeitos especiais mencionados no parágrafo único, interventor, liquidante o síndico. No entanto, o disposto no dispositivo em exame, tanto em seu *caput* como em seu parágrafo único, não abrange os bens pertencentes à massa falida, pelo contrário, os exclui, *a contrario sensu*. Com efeito, o disposto no artigo *sub examen* restringe o alcance das condutas que incrimina exclusivamente a *bem alcançado pela indisponibilidade legal* resultante de intervenção, liquidação extrajudicial ou falência de instituição financeira. E essa indisponibilidade, por expressa previsão legal, limita-se aos bens dos ex-administradores da instituição (art. 36 da Lei n. 6.024/74), com as exceções previstas em seus parágrafos. Consequentemente, os bens pertencentes à massa falida não recebem a tutela penal deste diploma legal.

Estamos diante de incrível *lacuna legal*, na medida em que a apropriação ou o desvio de bens pertencentes à massa falida constitui conduta atípica perante o disposto no art. 13 e no parágrafo único desta lei especial. Aliás, esse aspecto já havia sido detectado por Fernando Fragoso[8], acompanhado, no particular, por José Carlos Tórtima[9]. Nada impede, contudo, que tais condutas encontrem agasalho típico em outros diplomas legais, como o Código Penal ou mesmo na nova Lei de Falências.

6. TIPO SUBJETIVO: ADEQUAÇÃO TÍPICA

O elemento subjetivo é o *dolo*, constituído pela *vontade livre e consciente* de *desviar* bem indisponível em razão de intervenção, liquidação ou falência de instituição financeira. É indispensável que o agente tenha *consciência* da situa-

---

[8] Fernando Fragoso, *Crimes contra o sistema financeiro nacional*, p. 706.
[9] José Carlos Tórtima, *Crimes contra o sistema financeiro nacional*, p. 92.

Desvio de bens indisponíveis • 173

ção dos bens (indisponíveis) e *vontade* de desviá-los de sua finalidade legal. O *dolo* deve abranger todos os elementos configuradores da descrição típica, sejam eles fáticos, jurídicos ou culturais. Eventual desconhecimento de um ou outro elemento constitutivo do tipo constitui *erro de tipo*, excludente do dolo.

Nas figuras descritas no parágrafo único, o elemento subjetivo é o *dolo*, representado pela vontade consciente de *apropriar-se* dos bens na situação descrita no *caput* do artigo, sabendo que os mesmos se encontram *indisponíveis* em decorrência de intervenção, liquidação ou falência da instituição financeira. Na hipótese da segunda figura, os bens, na mesma situação descrita no *caput* deste artigo, o agente igualmente *consciente* de que se trata de *bens indisponíveis* age com o especial fim de *desviá-los* em proveito próprio ou alheio.

Constata-se, de outro lado, que a conduta de *desviar* referidos bens é criminalizada de duas formas distintas, no *caput* e no parágrafo único: ou seja, (a) sem a exigência de elemento subjetivo especial do tipo, que é a hipótese do *caput*, e (b) na hipótese do parágrafo único, com a exigência do *especial fim de agir*, qual seja, em proveito próprio ou alheio. Em outros termos, na hipótese descrita no *caput*, que trata de crime comum (embora, via de regra, seja cometido pelos ex-administradores da instituição), não há necessidade de *especial fim de agir*, sendo, portanto, irrelevante a finalidade do desvio indevido dos bens indisponíveis; ao passo que, na hipótese descrita no parágrafo único, que trata de *crime próprio*, isto é, que só pode ser cometido por *interventor, liquidante* ou *síndico*, é indispensável que haja o *especial fim de desviá-los* em proveito próprio ou alheio. Nesse caso, não é necessário que o agente logre concretizar a *finalidade especial* do desvio, sendo suficiente que sua ação seja motivada por esse objetivo especial.

No crime de *apropriação indébita*, como já referimos, há uma *inversão do título da posse*, já que o agente passa a agir como se dono fosse da *coisa alheia* de que tem a *posse legítima*, razão pela qual os administradores que, direta ou indiretamente, são os próprios donos dos bens indisponíveis não podem *apropriar-se* do que já lhes pertence. É fundamental a presença do *elemento subjetivo transformador da natureza da posse, de alheia para própria*, como *elemento subjetivo especial do injusto*, sob pena de não se configurar a apropriação indevida. Afirma-se que, neste crime, o dolo é subsequente, pois a apropriação segue-se à posse lícita da coisa. O *dolo* é, na espécie, como afirma Fernando Fragoso, "a vontade de assenhorear-se de bem móvel (*animus rem sibi habendi*), com consciência de que pertence a outrem, invertendo o título da posse"[10]. Contrariando esse entendimento, Heleno Fragoso sustentava que "não existe dolo subsequente [...]. O dolo deve necessariamente dominar a ação (ressalvada a

---

[10] Fernando Fragoso, *Crimes contra o sistema financeiro nacional*, p. 693.

situação excepcional de *actio libera in causa*), e no caso se revela com a apropriação, ou seja, quando o agente inverte o título da posse"[11].

Na verdade, embora pareça, não chegam a ser contraditórias as duas orientações; basta que se procure emprestar maior precisão aos termos empregados, isto é, deve-se interpretar adequadamente o sentido da locução "dolo subsequente". Explicando: não se desconhece que o dolo, necessariamente e sempre, tem de ser atual, isto é, contemporâneo à ação proibida. Se fosse anterior, estar-se-ia diante de um *crime premeditado*; se fosse posterior, de crime não se trataria, pois a conduta praticada não teria sido orientada pelo dolo. Com efeito, quando se fala em dolo subsequente não se está pretendendo afirmar que o dolo é posterior à ação de apropriar-se, como pode ter interpretado Heleno Fragoso; logicamente, busca-se apenas deixar claro que é necessário o *animus appropriandi* ocorrer após a posse *alieno nomine*.

7. CLASSIFICAÇÃO DOUTRINÁRIA

Trata-se de *crimes comuns* (que podem ser praticados por qualquer pessoa, não exigindo qualquer qualidade ou condição especial dos sujeitos ativos, na modalidade de *desviar*, prevista no *caput* do artigo), *próprios* (somente podem ser praticados por agente que reúna determinada qualidade ou condição especial, na hipótese, que seja *interventor, liquidante ou síndico*, nas modalidades de *apropriar-se* e *desviar*, ambas descritas no parágrafo único), *materiais* (exigem resultados naturalísticos, representados por alterações sensorialmente perceptíveis), *dolosos* (não há previsão legal para a figura culposa), *de forma livre* (o legislador não previu nenhuma forma ou modo para execução destas infrações penais, podendo ser realizadas pela forma ou pelo meio escolhido pelo sujeito ativo), *comissivos* (os comportamentos descritos no tipo implicam a realização de condutas ativas), *instantâneos* (a consumação ocorre em momento determinado, não havendo um distanciamento temporal entre a ação e o resultado), *unissubjetivos* (podem ser praticados por alguém, individualmente, admitindo, contudo, coautoria e participação) e *plurissubsistentes* (podem ser desdobrados em vários atos, que, no entanto, integram a mesma conduta).

8. CONSUMAÇÃO E TENTATIVA

Consuma-se o crime, na modalidade *desviar*, no momento em que o agente concretize o desvio do bem alcançado pela indisponibilidade legal, transferindo-o a terceiro, ou onerando-o indevidamente, ou, por qualquer outro meio,

---

[11] Heleno Cláudio Fragoso, *Lições de direito penal:* parte especial, p. 423.

dar-lhe destinação diversa da que deveria. Consuma-se, igualmente, no momento em que o agente recuse-se a devolver quando lhe é solicitado por quem de direito.

O momento consumativo do crime de apropriação indébita, primeira figura constante do parágrafo único, é de difícil precisão, pois depende, em última análise, de uma *atitude subjetiva*. Consuma-se, enfim, com a *inversão da natureza da posse*, caracterizada por ato demonstrativo de disposição da coisa alheia, no caso, de *bem alcançado pela indisponibilidade legal*, ou pela negativa em devolvê-la a quem de direito. É necessário que se demonstre que houve a inversão da natureza da posse por meio de algum ato ou gesto que a revele. Concluindo, somente quando ficar demonstrada a intenção do sujeito ativo, mediante atos exteriores, de possuir o bem, como se dono fosse, poder-se-á afirmar, com segurança, que o crime consumou-se.

Em outros termos, a *consumação* da ação de *apropriar-se*, por extensão, o aperfeiçoamento do tipo coincide com o momento em que o agente, por ato voluntário e consciente, *inverte o título da posse* exercida sobre o bem, dele dispondo como se proprietário fosse. A certeza, contudo, da recusa em devolver o bem alheio somente se caracteriza por algum ato externo, típico de domínio, com o ânimo de apropriar-se dele.

Tratando-se de crime material, a tentativa é, teoricamente, possível, embora de difícil configuração. A despeito da dificuldade de sua comprovação, a identificação da *tentativa* fica na dependência da possibilidade concreta de se constatar a exteriorização do *ato de vontade* do sujeito ativo, capaz de demonstrar a alteração da *intenção do agente* de apropriar-se do bem alheio, invertendo a natureza da posse. Não se pode negar a configuração da tentativa quando, por exemplo, o *proprietário* surpreende o *possuidor* efetuando a venda do bem que lhe pertence e somente a intervenção daquele – circunstância alheia à vontade do agente – impede a *tradição* do objeto ao comprador, desde que nenhum ato anterior tenha demonstrado essa intenção.

9. PENA E AÇÃO PENAL

A pena cominada, *cumulativamente*, é de reclusão, de dois a seis anos, e multa. Mais uma vez, deparamo-nos com sanções absurdamente exageradas, diríamos, *desproporcionalmente* abusivas, considerando-se, comparativamente, as penas cominadas à matriz capitulada no Código Penal (art. 168), cujas penas cominadas são de um a quatro anos e multa.

A *ação penal* é pública incondicionada, não dependendo da manifestação de quem quer que seja. A autoridade competente deve agir *ex officio*.

CAPÍTULO XIV
Declaração falsa de crédito

Sumário: 1. Considerações preliminares. 2. Bem jurídico tutelado. 3. Sujeitos ativo e passivo do crime. 3.1. Sujeito ativo. 3.2. Sujeito passivo. 4. Tipo objetivo: adequação típica. 5. Tipo subjetivo: adequação típica. 6. Consumação e tentativa. 7. Classificação doutrinária. 8. Pena e ação penal.

Art. 14. Apresentar, em liquidação extrajudicial, ou em falência de instituição financeira, declaração de crédito ou reclamação falsa, ou juntar a elas título falso ou simulado:

Pena – reclusão, de 2 (dois) a 8 (oito) anos, e multa.

Parágrafo único. Na mesma pena incorre o ex-administrador ou falido que reconhecer, como verdadeiro, crédito que não o seja.

---

1. CONSIDERAÇÕES PRELIMINARES

A antiga Lei de Falências (Decreto-Lei n. 7.661/45) previa infração penal semelhante a esta constante do art. 14, com a seguinte redação: "Art. 189. Será punido com reclusão de um a três anos: [...] II – quem quer que, por si ou interposta pessoa, ou por procurador, apresentar, na falência ou na concordata preventiva, declarações ou reclamações falsas, ou juntar a elas títulos falsos ou simulados; III – o devedor que reconhecer como verdadeiros, créditos falsos ou simulados".

A atual Lei de Falências (Lei n. 11.101/2005) contém um dispositivo legal bastante parecido ao que ora examinamos (art. 175), que será adiante analisado. A comissão de Reforma da Parte Especial do Código Penal não cuidou de infração penal semelhante a esta.

2. BEM JURÍDICO TUTELADO

O bem jurídico tutelado vai além do patrimônio individual da instituição financeira, de seus investidores e de seus credores. Protege-se, além destes, a higidez

Declaração falsa de crédito • 177

dos procedimentos de dissolução (liquidação ou falência) da instituição financeira, como instrumentos saneadores e garantidores da estabilidade, da eficiência e da credibilidade do sistema financeiro nacional, em uma dimensão coletiva. Tratando-se de formas de *falsidade documental*, a tutela penal diz respeito à fé pública no âmbito do sistema, como condição da regularidade dos procedimentos de dissolução do ente financeiro insolvente. Tutela-se, igualmente, como bem jurídico, o patrimônio da instituição financeira e, por extensão, dos seus credores, que visam partilhá-lo no final do processo de liquidação extrajudicial ou de falência pelo regular saneamento ou extinção das instituições financeiras em dificuldades insanáveis. A previsão constante do *caput* objetiva a proteção dos bens mencionados, no interesse da instituição e de seus credores, contra a fraudulenta postulação de créditos inexistentes ou além do realmente existente.

No entanto, a previsão constante do parágrafo único objetiva proteger os mesmos bens jurídicos contra a conivente e fraudulenta conduta do próprio ex-administrador, que valida a postulação de crédito inexistente ou apenas superior ao realmente devido. Nas palavras de Áureo Natal de Paula, "o que a lei visa coibir é a conivência do ex-administrador com eventual tentativa de fraude a regular liquidação do ativo e solvência do passivo, vez que é dever de indicar precisamente quais são os créditos legítimos e quais são ilegítimos"[1].

Secundariamente, tutela o regular funcionamento do sistema financeiro nacional, que é o objetivo geral de todo este diploma legal.

3. SUJEITOS ATIVO E PASSIVO DO CRIME

3.1. Sujeito ativo

Na figura descrita no *caput* deste art. 14, sujeito ativo será quem (*teoricamente pretenso credor*) apresentar *declaração de crédito ou reclamação falsa, ou juntar a elas título falso ou simulado*; será, igualmente, o titular de crédito que queira receber mais do que tem direito ou burlar a ordem de preferência dos créditos mediante declaração falsa ou juntada de documento falso ou simulado. Trata-se, em verdade, de *crime comum*, não exigindo qualidade ou condição especial, pois qualquer do povo pode ser credor de qualquer instituição, financeira ou não. "Certamente – destaca Antônio Carlos Rodrigues da Silva – o agente do delito demonstrará existir, inicialmente, uma presunção *juris tantum* de se tratar de um credor da massa, não conferindo tal presunção uma capacidade especial ao agente do crime"[2].

---

[1] Áureo Natal de Paula, *Crimes contra o sistema financeiro nacional e o mercado de capitais*, p. 293.
[2] Antônio Carlos Rodrigues da Silva, *Crimes do colarinho branco*, p. 114.

178 • Crimes contra o sistema financeiro nacional

Oportuna a observação de Manoel Pedro Pimentel[3] no sentido de que, em se tratando de terceiro de boa-fé que entregue a declaração de crédito ou a reclamação falsa, não praticará o crime, embora esta presunção não favoreça o próprio titular do direito representado na declaração ou reclamação. Ao contrário, nesta hipótese, a presunção será de que tinha conhecimento desta falsidade. Poderá, evidentemente, ser demonstrada que esta presunção não é verdadeira.

Na hipótese do parágrafo único, no entanto, tratando-se de crime próprio, somente pode ser praticado pelo *ex-administrador* ou pelo *síndico*, que são os únicos que teriam legitimidade para reconhecer a legitimidade de crédito, admitindo como *verdadeiro* crédito inexistente.

A exemplo do que ocorre com a previsão constante do art. 12, os equiparados ao administrador, quais sejam, *interventor, liquidante* e *síndico*[4] (art. 25, § 2º), não podem ser sujeitos ativos por se tratar de crime próprio. Considerando-se que é criminalizada conduta de *ex-administrador* ou falido no pós-administração, isto é, pela prática de irregularidade fora da administração, embora em razão dela. E a situação ou condição de interventor, liquidante ou síndico não é equiparada à de ex-administrador, mas à de administrador, e a taxatividade do princípio da tipicidade não admite analogia, interpretação analógica ou extensiva para equipará-las.

A condição especial de ex-administrador, no entanto, como *elementar desta infração penal*, comunica-se ao particular que eventualmente concorra, na condição de *coautor* ou *partícipe*, para a prática do crime nos termos da previsão do art. 30 do CP. Dessa forma, é necessário que pelo menos um dos autores reúna a *condição especial* exigida pelo tipo penal, podendo os demais não possuir tal qualidade.

É indispensável, contudo, que o particular (*extraneus*) tenha *consciência* da *qualidade* ou da *condição especial* do controlador ou administrador de instituição financeira, sob pena de não responder por esse *crime, que é próprio*. Desconhecendo essa *condição*, o *dolo* do particular não abrange todos os elementos constitutivos do tipo, configurando-se o conhecido *erro de tipo* que afasta a tipicidade da conduta. Responderá, no entanto, por outro crime, consoante o permissivo contido no art. 29, § 2º, do CP, que abriga a chamada *cooperação dolosamente distinta*, autorizando-o a responder, em princípio, por crime menos grave.

3.2. Sujeito passivo

Sujeito passivo pode ser a própria instituição financeira, seus acionistas, investidores e correntistas. Na realidade, não apenas investidores ou correntis-

---

[3] Pimentel, *Crimes contra o sistema financeiro nacional*, p. 111.
[4] A identificação e as funções de *interventor, liquidante* e *síndico* foram abordadas quando analisamos o art. 5º deste diploma legal, para onde remetemos o leitor, evitando, assim, a redundância.

tas podem ser sujeitos passivos dessa infração penal, mas qualquer credor legítimo que tem direito de participar do rateio dos ativos, inclusive o Estado, sempre credor de impostos. Secundariamente, também o Estado enquanto responsável pela estabilidade, confiabilidade e idoneidade do sistema financeiro nacional.

4. TIPO OBJETIVO: ADEQUAÇÃO TÍPICA

Há um *pressuposto fático-jurídico* das condutas criminosas tipificadas neste dispositivo, quais sejam, a pré-existência de sentença declaratória de falência ou a decretação de liquidação extrajudicial pelo Banco Central, que é uma condição objetiva de punibilidade. A ausência dessas situações inviabiliza a adequação típica da conduta, originando-se a hipótese de crime impossível, por absoluta impropriedade do objeto.

O objetivo tanto da liquidação extrajudicial quanto da falência é promover o acerto e a distribuição dos créditos segundo os critérios especialmente estabelecidos em lei. E "a conduta incriminada – segundo Tórtima – objetiva, na verdade, burlar as regras que regem o concurso de credores, seja propiciando ao agente uma posição indevidamente vantajosa em relação aos demais credores, seja conferindo-lhe um crédito absolutamente inexistente. No primeiro caso, tanto pode o autor locupletar-se, exibindo um crédito superior ao verdadeiro, como apresentá-lo em desacordo com sua real classificação de preferência (art. 102 da Lei de Falências), independentemente de eventual impugnação pelos demais credores (art. 87 da mesma lei)"[5].

As condutas incriminadas são *apresentar e juntar* "declaração de crédito ou reclamação falsa, ou juntar a elas título falso ou simulado", constantes do *caput*, e *reconhecer*, constante do parágrafo único. *Declaração de crédito* é pedido de habilitação em um concurso de credores instalado. A *reclamação de crédito*, por outro lado, refere-se a *pedido de restituição* previsto no *caput* do art. 85 da Lei n. 11.101/2005, que narra o seguinte: "O proprietário de bem arrecadado no processo de falência ou que se encontre em poder do devedor na data da decretação da falência poderá pedir sua restituição". Dessa forma, configura esse crime *quando o agente reclama, falsamente*, contra a instituição financeira, a "restituição" de um crédito inexistente ou falso. Embora o termo *reclamação* possa limitar-se ao significado de exigência ou reivindicação de um crédito, isso já está, teoricamente, abrangido pelo termo *declaração*, por isso, deve-se delimitar corretamente o conteúdo ou abrangência do *pedido de restituição*. Incrimina-se, assim, a conduta do sujeito que apresente *reclamação falsa* de crédito

---

[5]   Tórtima, *Crimes contra o sistema financeiro nacional*, p. 96.

contra instituição financeira, quer pela *inexistência de crédito*, quer por ser inferior ao reclamado. Essa ação típica *frauda* o procedimento concursal, favorecendo indevidamente o sujeito diante dos verdadeiros credores. "Apresentar" significa exibir, trazer à presença de, mostrar, oferecer. No entanto, considerando a natureza do objeto material, qual seja *declaração de crédito* ou *reclamação falsa*, inegavelmente institutos jurídicos, "apresentar", nesse aspecto, significa postular, requerer, habilitar o objeto material em liquidação extrajudicial ou em falência. Em outros termos, significa o ingresso em juízo, no caso de falência, ou melhor, de *habilitação de crédito no concurso universal* de credores mediante declaração de crédito ou reclamação falsa, isto é, em desacordo com a realidade, formal ou materialmente. A segunda conduta, "juntar", significa aportar, anexar "a elas título falso ou simulado", que seria a comprovação documental do reclamado crédito. Os termos "falso" ou "simulado" são redundantes, ambos significam basicamente a mesma coisa, isto é, título não verdadeiro.

Mais recentemente, a denominada nova Lei de Falências contém um dispositivo legal bastante semelhante ao que ora examinamos, *in verbis*: "Art. 175. Apresentar, em falência, recuperação judicial ou recuperação extrajudicial, relação de crédito, habilitação de créditos ou reclamação falsas, ou juntar a elas título falso ou simulado: Pena – reclusão de 2 (dois) a 4 (quatro) anos, e multa". Trata-se, inegavelmente, de dois diplomas legais especiais, que aparentemente apresentariam alguma dificuldade. Nada, contudo, que o *princípio da especialidade* não resolva: ora prevalecerá aplicação de um diploma legal, ora de outro. É simples: quando se apurar infração relativa a instituições financeiras, genuínas ou equiparadas, aplica-se a disposição contida na Lei n. 7.492/86; quando a infração a apurar referir-se a instituições de outra natureza, aplica-se a Lei n. 11.101/2005, exatamente em obediência ao princípio da especialidade.

Por fim, a terceira conduta, prevista no parágrafo único, representada pelo núcleo verbal "reconhecer", como *crime próprio*, somente pode ser praticada por ex-administrador de instituição financeira. Com efeito, o ex-administrador é quem tem legitimidade e conhecimento dos fatos anteriores que originaram os débitos da instituição, sendo, portanto, quem pode e deve conferir a procedência ou não dos créditos habilitados no "concurso universal de credores".

5. TIPO SUBJETIVO: ADEQUAÇÃO TÍPICA

O elemento subjetivo é o *dolo*, constituído pela *vontade livre e consciente* de apresentar, aos destinatários mencionados no dispositivo legal, declaração de crédito ou reclamação falsa ou juntar a elas título falso ou simulado, na hipótese descrita no *caput* do artigo. É indispensável, por outro lado, que o agente tenha *consciência* da falsidade da declaração de crédito ou da reclamação, bem como de que o título juntado não é verdadeiro. Na hipótese prevista no

Declaração falsa de crédito • 181

parágrafo único, igualmente, o elemento subjetivo é o dolo, representado pela *vontade consciente* do ex-administrador ou falido em reconhecer como verdadeiro crédito inexistente. Há necessidade de que o agente, pela mesma razão, saiba que o crédito que reconhece não é verdadeiro.

Não há, por fim, exigência da presença de elemento subjetivo especial do tipo e tampouco previsão legal da modalidade de crime culposo, a despeito da absurda pretensão inicial do legislador de punir a modalidade culposa de todas as infrações previstas neste diploma legal, devidamente abortada pelo inevitável e oportuno veto presidencial.

6. CONSUMAÇÃO E TENTATIVA

As modalidades *apresentar* e *juntar*, constantes do *caput*, e *reconhecer*, constante do parágrafo único, são crimes formais que se consumam com a simples prática das atividades descritas no tipo, independentemente da produção de qualquer outro resultado.

A *tentativa* de *apresentar* ou *juntar*, a despeito da dificuldade de sua ocorrência, é, teoricamente, admissível sempre que qualquer das duas ações for interrompida no momento de sua realização. No entanto, a ação de reconhecer, crime de ato único, não admite fracionamento, sendo inadmissível a figura tentada.

7. CLASSIFICAÇÃO DOUTRINÁRIA

Trata-se de *crimes comuns* as modalidades constantes do *caput apresentar* e *juntar* (que podem ser praticados por qualquer pessoa, não exigindo nenhuma qualidade ou condição especial dos sujeitos ativos, nas duas modalidades), mas é crime de mão própria na modalidade *reconhecer*, constante do parágrafo único (que exige qualidade ou especial do sujeito ativo, que é exclusivo, no caso, *ex-administrador* da instituição financeira ou o falido, admitindo-se a participação de terceiro sem essa qualidade especial), *formais* (não dependem da ocorrência de resultado, representado por efetivo prejuízo, embora possa ocorrer), *de mera conduta* (não havendo a descrição nem a exigência típica de resultado material, sendo suficiente a prática da ação de apresentar o documento ou título falso), *de perigo abstrato*, em razão do bem jurídico *coletivo* tutelado (fé pública e higidez dos processos de intervenção, liquidação ou falência), não havendo necessidade de individualizar um dano efetivo ao sistema financeiro, e tampouco um resultado de perigo determinado, *dolosos* (não há previsão legal para a figura culposa), *de forma livre* (o legislador não previu nenhuma forma ou modo para execução destas infrações penais, podendo ser realizado pela forma ou meio escolhido pelo sujeito ativo), *comissivos* (os comportamentos

182 • Crimes contra o sistema financeiro nacional

descritos no tipo implicam a realização de condutas ativas), *instantâneos* (a consumação ocorre em momento determinado, não havendo um distanciamento temporal entre a ação e o resultado), *unissubjetivos* (podem ser praticados por alguém, individualmente, admitindo, contudo, coautoria e participação), *unissubsistentes* (na modalidade de reconhecer, crime de ato único, não admitem fracionamento), *plurissubsistentes ou unissubsistentes* (nas modalidades *apresentar* e *juntar*, dependendo do método eleito pelo sujeito ativo).

8. PENA E AÇÃO PENAL

As penas cominadas, cumulativamente, são de reclusão, de dois a oito anos, e multa. Mais uma vez estamos diante de absurda e *desproporcional* sanção penal, incompatível com a *razoabilidade* exigida pelo Estado Democrático de Direito. Pimentel externa sua contrariedade com o excesso punitivo deste diploma legal, alertando que "manifesto é o pensamento do legislador que editou esta Lei 7.492/86, imbuído da convicção de que a severidade das penas é fator dissuasório da prática de crimes, no que, parece-me, está redondamente enganado. Mais do que a pena grave, é importante a certeza de que uma pena será aplicada e que será cobrado o seu efetivo cumprimento"[6]. Destaque-se que infração semelhante era tipificada na antiga Lei de Falências (Decreto-Lei n. 7.661/45) e cominava-lhe a pena de reclusão de um a três anos (art. 189). Não há, rigorosamente, nada que justifique a incriminação da mesma conduta, em diplomas legais distintos, capaz de demonstrar a razoabilidade de tão absurda desproporção.

A ação penal é pública incondicionada, como em todos os crimes definidos nesta lei especial, devendo a autoridade competente agir de ofício, independentemente de qualquer manifestação da parte interessada.

---

[6] Pimentel, *Crimes contra o sistema financeiro nacional*, p. 114.

Declaração falsa de crédito • 183

CAPÍTULO XV

Manifestação falsa de interventor, liquidante ou síndico

Sumário: 1. Considerações preliminares. 2. Bem jurídico tutelado. 3. Sujeitos ativo e passivo do crime. 4. Tipo objetivo: adequação típica. 5. Tipo subjetivo: adequação típica. 6. Consumação e tentativa. 7. Classificação doutrinária. 8. Pena e ação penal.

Art. 15. Manifestar-se falsamente o interventor, o liquidante ou o síndico, (vetado) a respeito de assunto relativo a intervenção, liquidação extrajudicial ou falência de instituição financeira:

Pena – reclusão, de 2 (dois) a 8 (oito) anos, e multa.

---

1. CONSIDERAÇÕES PRELIMINARES

O precedente direto deste art. 15, concorda a doutrina, foi objeto da redação contida no art. 189, IV, da então conhecida como Lei de Falências (Decreto-Lei n. 7.661/45), nos seguintes termos: "Art. 189. Será punido com reclusão de um a três anos: [...] IV – o síndico que der informações, pareceres ou extratos dos livros do falido inexatos ou falsos, ou que apresentar exposição ou relatórios contrários à verdade".

A atual Lei de Recuperação Judicial e Falência (Lei n. 11.101/2005) mantém a proteção penal da fidelidade funcional desses técnicos com a seguinte redação: "Art. 171. Sonegar ou omitir informações ou prestar informações falsas no processo de falência, de recuperação judicial ou de recuperação extrajudicial, com o fim de induzir a erro o juiz, o Ministério Público, os credores, a assembleia-geral de credores, o Comitê ou o administrador judicial: Pena – reclusão, de 2 (dois) a 4 (quatro) anos, e multa". Comparando os dois crimes, Albuquerque e Rebouças[1] destacam com precisão: "A esse crime se comina a pena de 2

---

[1] Cândido Albuquerque e Sérgio Rebouças, *Crimes contra o sistema financeiro nacional*, no prelo.

184 • Crimes contra o sistema financeiro nacional

(dois) a 4 (quatro) anos de reclusão, além de multa. Embora também definido em termos objetivos amplos, há pelo menos, nesse tipo de crime falimentar, a exigência limitadora de um elemento subjetivo especial 'com o fim de induzir a erro'. Além disso, a pena cominada é substancialmente menor. No tipo do art. 15 da Lei n. 7.492/1986, diversamente, tem-se uma definição de marcada amplitude, sem elementos expressos (objetivos ou subjetivos) limitadores do alcance da incriminação, e ainda vinculada a uma pena bastante elevada, bem superior, em seu patamar máximo, às formas análogas de falsidade".

2. BEM JURÍDICO TUTELADO

Tutela-se como bem jurídico a regularidade e a boa marcha dos processos de *liquidação, intervenção* e *falência* das instituições financeiras ou entidades equiparadas. Protege-se, em outros termos, o regular saneamento ou extinção das instituições financeiras que tiverem dificuldade em oferecer garantia, segurança e credibilidade quanto a sua capacidade de honrar seus compromissos com credores, investidores e acionistas. Além das instituições financeiras, têm o objetivo de salvaguardar os interesses de credores e investidores. Em sentido semelhante, manifesta-se Áureo Natal de Paula: "A fé pública nessas manifestações, que geralmente são por escrito, sendo portanto documentos, e o regular saneamento ou extinção das instituições financeiras. Em segundo lugar, o patrimônio da própria instituição financeira, o de seus sócios, dos investidores e quem quer que tenha direito de crédito para com elas, entre eles o próprio Estado pelos créditos tributários, vez que a conduta de manifestações infiéis quase sempre tem por finalidade fraudar a plena realização do ativo"[2].

Secundariamente, à evidência, protege, igualmente, o sistema financeiro nacional contra os maus administradores e, nessa hipótese, contra interventor, liquidante e síndico (administrador judicial)[3] que, porventura, afastem-se de seus compromissos éticos, que as respectivas funções lhes exigem.

3. SUJEITOS ATIVO E PASSIVO DO CRIME

Tratando-se de crime próprio, somente podem ser sujeito ativo deste crime o interventor, o liquidante ou o síndico (administrador judicial), admitindo, por evidência, qualquer pessoa que possa ser alcançada pelo disposto no art. 29 do CP.

---

[2] Áureo Natal de Paula, *Crimes contra o sistema financeiro nacional e o mercado de capitais*, p. 303.

[3] A Lei n. 13.506/2017, que atualizou os crimes previstos na Lei n. 7.492/76, perdeu grande oportunidade de atualizar sua terminologia superada desta, qual seja, continua referindo-se a "síndico", quando se sabe que a atual Lei de Falência, qual seja, a Lei n. 11.101, de 9 de fevereiro de 2005, substituiu essa expressão "síndico" por "Administrador Judicial", bem como a expressão "concordata" por "recuperação judicial" ou "extrajudicial".

Sujeitos passivos podem ser a própria instituição financeira, seus acionistas, investidores e correntistas. Na realidade, não apenas investidores ou correntistas podem ser sujeitos passivos dessa infração penal, mas qualquer credor legítimo que tenha direito de participar do rateio dos ativos. Secundariamente, também o Estado enquanto responsável pela estabilidade, confiabilidade e idoneidade do sistema financeiro nacional.

4. TIPO OBJETIVO: ADEQUAÇÃO TÍPICA

A exemplo do que ocorre com o disposto no artigo anterior (art. 14), é indispensável a satisfação de uma condição objetiva de punibilidade, ou seja, um *pressuposto fático-jurídico* da conduta criminosa tipificada neste dispositivo, qual seja, a pré-existência de sentença declaratória de falência ou a decretação de liquidação extrajudicial pelo Banco Central. A ausência desse pressuposto inviabiliza a adequação típica da conduta, originando-se a hipótese de crime impossível por absoluta impropriedade do objeto. O objetivo tanto da liquidação extrajudicial quanto da falência é promover o acerto e a distribuição dos créditos segundo os critérios especialmente estabelecidos em lei. Uma vez decretada a intervenção ou a falência, interventor, liquidante ou síndico (administrador judicial) passam a responder pela administração da instituição financeira que sofre tal medida (arts. 8º e 16 da Lei n. 6.024/74 e 59 da Lei de Falências), substituindo, para todos os efeitos legais, seus antigos gestores. Àqueles profissionais, no desempenho de seus múnus, destaca Tórtima, "Cabe tudo fazer para minimizar os prejuízos e dificuldades causados à instituição pela má administração dos últimos, devendo-se, assim, esperar que cumpram o seu papel com exação e competência, fazendo jus à confiança neles depositada pelo poder público"[4].

Manifestar-se, falsamente, significa exprimir ou declarar, externar ponto de vista técnico relativamente à intervenção, liquidação extrajudicial ou falência. A manifestação deve ser falsa, isto é, não correspondente à realidade dos fatos. A tipicidade somente existirá se a manifestação falsa ocorrer no exercício da função, em processo de liquidação ou falência. Essa *falsidade* pode ser material, moral ou ideológica e versar sobre tema relativo à intervenção, liquidação extrajudicial ou falência. O núcleo verbal, destaca Tigre Maia, "é 'manifestar-se', o que abrange qualquer exteriorização oral ou escrita de temário pertinente aos processos de intervenção, liquidação extrajudicial e falência de instituição financeira"[5]. Por dever de ofício, em razão das funções que exercem, essas "autoridades" têm a obrigação de bem e fielmen-

---

[4]   José Carlos Tórtima, *Crimes contra o sistema financeiro nacional*, p. 100.

[5]   Tigre Maia, *Dos crimes contra o sistema financeiro nacional*: anotações à Lei federal n. 7.492/86, p. 105.

te desempenhar as funções de *interventor, liquidante* ou *síndico* (administrador judicial), com as respectivas responsabilidades.

Trata-se de tipo penal demasiadamente *aberto*, podendo levar à impressão de que qualquer manifestação falsa dos sujeitos ativos referidos, relativamente à intervenção, liquidação ou falência de instituição financeira, possa tipificar esse crime, aspecto que preocupava profundamente Manoel Pedro Pimentel. Contudo, não pode ser assim sob pena de violar o *princípio da reserva legal.* Com efeito, é necessário, em primeiro lugar, que a manifestação refira-se a aspectos relevantes da *função* (interventor, liquidante ou síndico) e, principalmente, que tenha idoneidade suficiente para causar dano ou prejuízo a alguém ou, pelo menos, gerar vantagem indevida. Nesse sentido, é a conclusão aliviada de Manoel Pedro Pimentel, que pontifica: "Parece-nos, contudo, que há um limite implícito para a extensão do tipo: os crimes de falso devem caracterizar-se pela possibilidade, ao menos, de produção de dano. O *dano potencial,* decorrente do falso, é essencial para que se tenha presente um fato punível. Assim sendo, a *manifestação* a que se refere o dispositivo deve ser *relevante,* capaz de ofender direitos, criar obrigações ou alterar a verdade sobre fatos juridicamente relevantes"[6].

Acreditamos que interventor, liquidante e síndico não devem emitir opiniões e apreciações pessoais, mesmo em relação aos ex-administradores, mas, se o fizerem, deverão primar pela mesma retidão e correção com a realidade fática; desvirtuando-se ou falseando-se a verdade, responderão igualmente pelo crime ora *sub examine.* Reforça nosso entendimento a manifestação de Fernando Fragoso, *in verbis:* "O termo 'manifestar-se' permite a interpretação de que os opinamentos pessoais constituam também o ilícito. Parece-nos que constitui o delito qualquer manifestação que se relacione com a empresa, a atuação de ex-dirigentes e fatos ocorridos no curso da intervenção, liquidação ou falência"[7].

Há crime similar na Lei de Recuperação Judicial e Falência (Lei n. 11.101/2005), com a seguinte redação: "Art. 171. Sonegar ou omitir informações ou prestar informações falsas no processo de falência, de recuperação judicial ou de recuperação extrajudicial, com o fim de induzir a erro o juiz, o Ministério Público, os credores, a assembleia-geral de credores, o Comitê ou o administrador judicial: Pena – reclusão, de 2 (dois) a 4 (quatro) anos, e multa". Vale aqui o que dissemos quando comentamos o disposto no art. 14. Evidentemente, estamos diante de dois diplomas legais especiais, que encontram solução no *princípio da especialidade,* na medida em que o *conflito de normas* é puramente aparente: ora prevalecerá aplicação de um diploma legal, ora de outro. É simples: quando se deve apurar infração relativa a instituições finan-

---

[6] Pimentel, *Crimes contra o sistema financeiro nacional,* p. 116.

[7] Fernando Fragoso, *Crimes contra o sistema financeiro nacional,* p. 711-712.

ceiras, genuínas ou equiparadas, aplica-se a disposição contida na Lei n. 7.492/86; no entanto, quando a infração a apurar referir-se a instituições de outra natureza, aplica-se a Lei n. 11.101/2005, exatamente em obediência ao princípio da especialidade. Quando se tratar de crime contra instituição financeira por equiparação (as outras não admitem falência), aplica-se a Lei n. 7.492/86; quando, porém, tratar-se de instituição de outra natureza, deve-se aplicar a nova lei falimentar, desde que esteja presente o elemento subjetivo especial do tipo.

5. TIPO SUBJETIVO: ADEQUAÇÃO TÍPICA

O elemento subjetivo é o *dolo*, constituído pela *vontade livre e consciente* de manifestarem-se interventor, liquidante ou síndico a respeito de assunto relativo à intervenção, liquidação extrajudicial ou falência de instituição financeira. É indispensável, por outro lado, que o agente tenha *consciência* da falsidade da manifestação e de que é relativa à instituição financeira.

Não há, por fim, exigência da presença de elemento subjetivo especial do tipo e tampouco previsão legal da modalidade de crime culposo.

6. CONSUMAÇÃO E TENTATIVA

A conduta *manifestar-se falsamente*, como crime formal, consuma-se com a simples prática da atividade descrita no tipo, oralmente ou por escrito, independentemente da produção de qualquer outro resultado. Tratando-se, contudo, de crime de *falsum*, é indispensável que a falsidade seja suficientemente idônea para enganar, não configurando, a infração penal, eventual manifestação grosseiramente *falsa*, perceptível pelos *homos medius*.

A tentativa de manifestar-se falsamente, crime de ato único, não admite a figura tentativa, como regra. Havendo, porém, interrupção, por qualquer meio, da manifestação, estará configurada a tentativa.

7. CLASSIFICAÇÃO DOUTRINÁRIA

Trata-se de crime *próprio* (que exige qualidade ou especial do sujeito ativo, no caso, interventor, liquidante ou síndico de instituição financeira), *formal* (não depende da ocorrência de resultado, representado por efetivo prejuízo, embora possa ocorrer), *doloso* (não há previsão legal para a figura culposa), *de forma livre* (o legislador não previu nenhuma forma ou modo para execução dessa infração penal, podendo ser realizado pela forma ou meio escolhido pelo sujeito ativo), *comissivo* (o comportamento descrito no tipo implica a realização de conduta ativa), *instantâneo* (a consumação ocorre em momento determinado, não havendo um distanciamento temporal entre a ação e o resultado), *unissubjetivo* (pode ser praticado por alguém, individualmente, admitindo, contudo, coautoria e participação), e *unissubsistente* (crime de ato único, que não admite fracionamento).

8. PENA E AÇÃO PENAL

As penas cominadas, cumulativamente, são de reclusão, de dois a oito anos, e multa. Estamos novamente diante de exagerada e *desproporcional* sanção penal, incompatível com a *razoabilidade* exigida pelo Estado Democrático de Direito. Pimentel, estarrecido com o injustificável excesso nas cominações de vários dispositivos desse diploma legal, comenta: "Desconhecendo os motivos que levaram a esta pena tão mais grave, somente podemos pensar que o legislador insiste na ideia de que o crescimento da criminalidade é consequência da brandura das penas e, por isso, pretende exercitar o efeito intimidativo da punição severa. Discordamos desse critério, pelas razões anteriormente expostas"[8].

A ação penal é pública incondicionada, como em todos os crimes definidos nesta lei especial, devendo a autoridade competente agir de ofício, independentemente de qualquer manifestação da parte interessada.

---

[8] Pimentel, *Crimes contra o sistema financeiro nacional*, p. 119.

CAPÍTULO XVI
"Fazer operar instituição financeira ilegal"

Sumário: 1. Considerações preliminares. 1.1. Definição de instituição financeira para fins penais: análise comparativa entre a Lei n. 7.492/86 e a Lei n. 4.595/64. 2. Bem jurídico tutelado. 2.1. Objeto material do crime de "fazer operar instituição financeira ilegal". 3. Sujeitos ativo e passivo do crime. 4. Tipo objetivo: adequação típica. 4.1. Sem a devida autorização ou com autorização obtida mediante declaração falsa. 5. Tipo subjetivo: adequação típica. 6. A revogação, ainda que parcial, do art. 16 da Lei n. 7.492/86 pelo art. 27-E da Lei n. 10.303/2001. 6.1. A desproporcional cominação de penas entre os crimes do art. 16 da Lei n. 7.492/86 e do art. 27-E da Lei n. 10.303/2001. 7. Classificação doutrinária. 8. Consumação e tentativa. 9. Pena e ação penal.

Art. 16. Fazer operar, sem a devida autorização, ou com autorização obtida mediante declaração (vetado) falsa, instituição financeira, inclusive de distribuição de valores mobiliários ou de câmbio:

Pena – reclusão de 1 (um) a 4 (quatro) anos, e multa.

---

1. CONSIDERAÇÕES PRELIMINARES

A Lei federal n. 4.595, de 31-12-1964, prescrevia em seu art. 44, § 7º, o seguinte: "Quaisquer pessoas físicas ou jurídicas que atuem como instituição financeira, sem estar devidamente autorizadas pelo Banco Central do Brasil, ficam sujeitas à multa referida neste artigo e detenção de 1 (um) a 2 (dois) anos, ficando a esta sujeitos, quando pessoa jurídica, seus diretores e administradores".

Os antecedentes legislativos da Lei n. 7.492/86, anteprojetos e projetos, experimentaram várias alterações antes de resultarem no referido diploma legal, recebendo, inclusive, sugestões encaminhadas pelo próprio Ministério da Fazenda, que, dentre outras alterações mais significativas, preferia o vocábulo "fazer operar", ao contrário do Anteprojeto que, originariamente, utilizava "operar". No entanto, o Projeto originário da Câmara dos Deputados trazia redação que não recepcionava as sugestões apresentadas pelo Ministério da

Fazenda. Na verdade, "não seguiu, porém, toda a sugestão feita pela Comissão de Reforma, ficando assim redigido: *Art. 16. Operar no mercado financeiro de distribuição de títulos e valores mobiliários ou de câmbio, sem a devida autorização legal: Pena – reclusão, de 1 (um) a 4 (quatro) anos, e multa. Parágrafo único. Proceder à cobrança de juro, comissão, taxa ou importância em dinheiro, a qualquer título, em desacordo com a lei: Pena – reclusão, de 1 (um) a 4 (quatro) anos, e multa*"[1].

Contudo, ao tramitar no Senado Federal, o Projeto recebeu emenda que uniu o *caput* e seu parágrafo em texto único, acolhendo parcialmente a proposta que havia sido sugerida pelo Ministério da Fazenda, o que resultou na seguinte síntese: "*Art. 16. Fazer operar, sem a devida autorização, ou com autorização obtida mediante declaração sonegada ou falsa, instituição financeira, inclusive de distribuição de títulos e valores mobiliários ou de câmbio: Pena – reclusão, de 1 (um) a 4 (quatro) anos, e multa*". Finalmente, esse foi o texto que acabou sendo aprovado pelo Congresso Nacional, convertido no art. 16 da Lei n. 7.492/86, que recebeu o veto presidencial tão somente para excluir a expressão "sonegada ou", com a seguinte justificativa: "No art. 16, a expressão 'sonegada ou', pela impossibilidade fática de ser obtida autorização para instituição financeira operar, mediante declaração não prestada" (Mensagem 252).

Manoel Pedro Pimentel, criticando a opção de, praticamente, excluir o conteúdo do parágrafo único, concluiu: "Não foi, entretanto, a mais feliz, pois ao fundir o parágrafo único com a cabeça do artigo, o Projeto ignorou a situação peculiar de quem 'atua, indevidamente, como instituição financeira, coloca ou intermedeia a colocação de títulos ou valores mobiliários no mercado de capitais, sem habilitação legal ou devida autorização'"[2]. Com efeito, são duas coisas diferentes, restando aquela sugestão do parágrafo único sem a necessária tipificação.

1.1. Definição de instituição financeira para fins penais: análise comparativa entre a Lei n. 7.492/86 e a Lei n. 4.595/64

A Lei n. 7.492/86 – *Lei dos Crimes contra o Sistema Financeiro* – deve ser analisada e interpretada à luz da Constituição Federal de 1988, e, principalmente, à luz dos princípios reitores do direito penal da culpabilidade de um Estado Democrático de Direito, bem como dos princípios vetores relativos ao novo modelo econômico financeiro vigente em nosso país.

O art. 1º do referido diploma legal, a despeito de tratar-se de norma explicativa, não incriminadora e, ao mesmo tempo, *limitadora* da abrangência da

---

[1] Pimentel, *Crimes contra o sistema financeiro nacional*, p. 122-123.
[2] Idem, p. 123.

"Fazer operar instituição financeira ilegal" • 191

definição de *instituição financeira*, tem uma importância extraordinária, visto que estabelece um marco dentro do qual as normas penais incriminadoras devem ser analisadas. Nessa linha, não se pode olvidar que as normas restritivas de liberdade exigem interpretação criteriosa, não se admitindo que o julgador vá além, segundo o princípio da taxatividade estrita do princípio da legalidade (art. 5º, XXXIX). Referido dispositivo cumpre satisfatoriamente sua finalidade limitadora de precisar os contornos definidores de *instituição financeira* para fins penais, independentemente de outros, mais ou menos abrangentes, constantes de outros diplomas legais e para outros fins. Devemos reconhecer, desde logo, que a definição de instituição financeira concebida para fins penais (art. 1º) não coincide com o conceito de instituição financeira previsto pela Lei n. 4.595/64. Satisfaz, no entanto, as exigências do art. 192 da CF, que é a matriz constitucional do sistema financeiro nacional.

A principal distinção entre os dois diplomas legais mencionados reside na *origem* dos recursos financeiros: para a Lei n. 7.492/86, somente as entidades que tenham como *atividade* aplicar *recursos financeiros de terceiros* são consideradas instituições financeiras, para fins penais (art. 1º). Para a Lei n. 4.595/64, conhecida como *Lei da Reforma Bancária*, indiferentemente da *origem* desses recursos – próprios ou de terceiros –, as entidades que tenham como finalidade captar, intermediar, administrar ou aplicar *recursos financeiros* são consideradas instituições financeiras (art. 17). Enfim, para a Lei n. 7.492/86 *as entidades que administram somente recursos próprios não são consideradas instituições financeiras*, e eventual cobrança de juros, taxas ou comissões acima do legalmente permitido deve recair sob a *Lei de Usura* (Lei n. 1.521/51).

O § 7º do art. 44 da Lei n. 4.595/64 já definia, embora com maior abrangência, crime semelhante ao constante do atual art. 16 da Lei n. 7.492/86, *in verbis*: "Quaisquer pessoas físicas ou jurídicas que atuem como instituição financeira, sem estar devidamente autorizadas pelo Banco Central da República do Brasil, ficam sujeitas à multa referida neste artigo e detenção de 1 a 2 anos, ficando a esta sujeitos, quando pessoa jurídica, seus diretores e administradores". Examinando esse dispositivo legal, revogado pela lei vigente, Manoel Pedro Pimentel comentava: "Transparece claramente o objetivo, entre outros, de combater a *agiotagem*, cerceando-se o mercado paralelo de dinheiro, através da obrigatória fiscalização de todas as operações financeiras. A autorização concedida pelo Banco Central implica essa oficialização e possibilita a fiscalização, primeiro passo para o sucesso de uma política orientada no sentido de coibir as transações abusivas, para o fim de regularizar a situação do mercado de capitais"[3].

---

[3]   Manoel Pedro Pimentel, *Crimes contra o sistema financeiro nacional*, p. 120.

2. BEM JURÍDICO TUTELADO

O bem jurídico tutelado, novamente, é a inviolabilidade e a credibilidade do sistema financeiro, zelando pela regularidade e a correção do funcionamento e da operacionalização das instituições financeiras. Para o bom e regular funcionamento do sistema financeiro, é indispensável que se assegure a correção e a regularidade de todas as instituições financeiras. Tutela-se igualmente o patrimônio e os interesses econômico-financeiros dos investidores e das próprias instituições financeiras, bem como dos acionistas das referidas instituições.

Protege-se, enfim, o interesse estatal na fiscalização do mercado financeiro em geral, visando assegurar a sua estabilidade e credibilidade, indispensáveis para o seu regular funcionamento.

2.1. Objeto material do crime de "fazer operar instituição financeira ilegal"

Para se encontrar a estrita adequação típica de uma conduta que se pretenda tenha infringido o disposto no art. 16 da Lei n. 7.492/86, deve-se partir, necessariamente, da definição de *instituição financeira* contida no art. 1º do referido diploma legal. Na realidade, para se identificar, com a precisão necessária, o *objeto material* do crime de "fazer operar instituição financeira ilegal", deve-se conjugar as disposições do art. 16 com as do art. 1º, que define a referida instituição. Nesse sentido, destaca Ali Mazloum: "O art. 1º da Lei 7.492, doravante indicada pelas expressões *Lei, Lei Especial* ou *Lei de Regência*, é de importância ímpar para a correta exegese das normas incriminadoras nela descritas. Deveras, o precitado dispositivo tem a função de delimitar o raio de incidência da lei"[4]. Dessa forma, todo e qualquer dispositivo desse diploma legal que contenha em sua constituição típica a elementar *instituição financeira* deverá, necessariamente, encontrar seu real significado no bojo do art. 1º. Não se pode, contudo, dar ao art. 1º da Lei n. 7.492/86 amplitude maior que aquela que seu conteúdo encerra: nem mais nem menos. Nesse sentido é o magistério de Ali Mazloum: "Contendo determinado dispositivo penal o elemento normativo *instituição financeira*, é no art. 1º que se deverá buscar o significado da expressão"[5]. Visualizemos, comparativamente, os dois dispositivos legais para fazermos sua integração hermenêutica; primeiramente, a norma incriminadora, e a seguir a explicativa:

> *Art. 16. Fazer operar, sem a devida autorização, ou com autorização obtida mediante declaração (vetado) falsa,* instituição financeira, *inclusive de distribuição de valores mobiliários ou de câmbio.*

---

[4] Ali Mazloum, *Crimes do colarinho branco. Objeto jurídico, provas ilícitas*, p. 48.
[5] Idem, p. 52.

Qual, afinal, o verdadeiro significado, qual a real abrangência da elementar *instituição financeira* empregada nessa norma incriminadora? A resposta a essa indagação passa, obrigatoriamente, pela análise conjunta com o disposto no art. 1º, que estabelece:

> *Art. 1º Considera-se* instituição financeira, *para efeito desta Lei, a pessoa jurídica de direito público ou privado, que tenha como atividade principal ou acessória, cumulativamente ou não, a captação, intermediação ou aplicação de recursos financeiros (vetado) de terceiros, em moeda nacional ou estrangeira, ou a custódia, emissão, distribuição, negociação, intermediação ou administração de valores mobiliários.*

De notar-se que, pela definição contida nesse dispositivo, *instituição financeira*, para fins penais, é aquela que, na essência, faz "captação, intermediação ou aplicação de recursos financeiros *(vetado) de terceiros ...*". Constata-se que referido dispositivo legal, ao enunciar as atividades de captação, intermediação ou aplicação, típicas de instituição financeira, limita-as, porém, a *recursos financeiros de "terceiros"*, excluindo, por conseguinte, aquelas operações que são realizadas com *recursos próprios* do agente. Dito de outra forma, a concessão de empréstimos com *recursos próprios* não tipifica a conduta descrita no art. 16 da lei de regência. É tão forte e tão absoluta essa assertiva que o texto legal, em sua versão aprovada no Congresso Nacional, continha a locução *recursos financeiros* "próprios ou de terceiros", tendo sido suprimido por veto presidencial o vocábulo "próprios ou". O veto do Presidente da República teve como fundamento o argumento de que a redação ficaria demasiadamente abrangente, atingindo o *investidor individual*, o que evidentemente não era o propósito do legislador, sustentando-se ainda, na justificativa, que se houver prejuízo na aplicação de recursos próprios não será para a coletividade nem para o sistema financeiro[6]. A justificativa do veto deixa claro que pretendeu excluir da tipificação a hipótese de tratar-se de *recursos próprios*, criminalizando-se somente quando se tratar de *recursos de terceiros*. Em outros termos, não se incluem no tipo as atividades que importem na aplicação de *recursos próprios*, ainda que essa tenha sido a vontade do projeto de lei, não foi, por certo, mantida no texto legal. O vocábulo "próprio ou", repetindo, sofreu o veto presidencial, estando, portanto, excluído da descrição típica.

---

[6]   Texto da Mensagem 252, com a seguinte Justificativa do Veto Presidencial: "No art. 1º, a expressão 'próprio ou', porque é demasiado abrangente, atingindo o mero investidor individual, o que obviamente não é o propósito do legislador. Na aplicação de recursos próprios, se prejuízo houver, não será para a coletividade, nem para o sistema financeiro; no caso de usura, a legislação vigente já apena de forma adequada quem a praticar. Por outro lado, o art. 16 do Projeto alcança as demais hipóteses possíveis, ao punir quem opera instituição financeira sem a devida autorização".

Destaque-se, ademais, que o *conteúdo* desse art. 1º tem a finalidade de delimitar a abrangência de todo o diploma legal; trata-se de norma não incriminadora, de *caráter explicativo*, que traça com precisão o contorno conceitual de instituição financeira, dentro do qual deve a lei ser aplicada. Nessas condições, não pode o intérprete, especialmente o juiz, ignorar essa distinção que o texto legal, no particular, encerra: somente a captação, intermediação ou aplicação de *recursos de terceiros* integram a definição de instituição financeira. Em outros termos, o empréstimo de *recursos próprios* não integra a proibição constante da elementar normativa *instituição financeira* do art. 16, que ora se examina. Enfim, o *objeto material* das condutas proibidas nesse dispositivo legal é o uso indevido de *recursos de terceiros* e não o uso daqueles recursos próprios do agente. A ausência dessa *elementar normativa* – recursos de terceiros – é suficiente, por si só, para afastar a tipicidade da conduta. Pode-se concluir, *empréstimo de recursos próprios* não integra a elementar normativa da definição de instituição financeira, aliás, intencionalmente afastado pelo veto presidencial.

Deve-se destacar, por outro lado, que a denúncia do *Parquet*, que delimita a demanda acusatória, deve, necessariamente, destacar a origem dos recursos, isto é, deve demonstrar que pertencem a terceiros, como exige o tipo penal, sob pena de inépcia da inicial. Em outros termos, incumbe ao Ministério Público demonstrar que o agente utiliza *recursos de terceiros*. Caso contrário, além de a conduta imputada ser *atípica*, a denúncia, no particular, também será *inepta*.

Havendo cobrança de juros extorsivos – tratando-se de recursos próprios –, o crime será o tradicional de *usura*, consoante dicção do art. 4º da Lei n. 1.521/51, que é da competência da Justiça Estadual[7]. Com efeito, nesse caso é impossível não cotejar o tipo *sub examine* – *fazer operar instituição financeira* não autorizada – com o conhecido *crime de usura*. A cobrança abusiva de juros por agiotas continua encontrando adequação típica na lei que trata dos crimes contra a economia popular (art. 4º da Lei n. 1.521/51)[8]. O diploma legal que disciplina

---

[7]   "Art. 4º Constitui crime da mesma natureza a usura pecuniária ou real, assim se considerando: cobrar juros, comissões ou descontos percentuais, sobre dívidas em dinheiro superiores à taxa permitida por lei; cobrar ágio superior à taxa oficial de câmbio, sobre quantia permutada por moeda estrangeira; ou, ainda, emprestar sob penhor que seja privativo de instituição oficial de crédito. (...) Pena – detenção, de 6 (seis) meses a 2 (dois) anos, e multa, de cinco mil a vinte mil cruzeiros."

[8]   "Art. 4º Constitui crime da mesma natureza a usura pecuniária ou real, assim considerado: a) cobrar juros, comissões ou descontos percentuais, sobre dívidas em dinheiro, superiores à taxa permitida por lei; cobrar ágio superior à taxa oficial de câmbio, sobre quantia permutada por moeda estrangeira; ou, ainda, emprestar sob penhor que seja privativo de instituição oficial de crédito; b) obter, ou estipular, em qualquer contrato, abusando da premente necessidade, inexperiência ou leviandade de outra parte, lucro patrimonial que exceda o quinto do valor corrente ou justo da prestação feita ou prometida."

os crimes contra o sistema financeiro nacional objetiva proteger, *in generi*, a credibilidade, integridade e normalidade do sistema financeiro nacional, como temos repetido ao longo desta obra. Por outro lado, o diploma legal que trata dos denominados *crimes contra a economia popular*, e mais especificamente do *crime de usura*, objetiva proteger a *economia popular*, que não tem nada a ver com o sistema financeiro nacional. Em outros termos, referido diploma legal procura impedir que *agiotas explorem o povo*. Nesse crime, no entanto, o sujeito ativo, popularmente conhecido como *agiota*, opera com *recursos próprios*. Nesse sentido, sustenta Ali Mazloum, "o empréstimo concedido pelo agiota, mediante cobrança de juros escorchantes, é realizado, *a priori*, com recursos próprios do mutuante"[9]. Não era outro o magistério de Manoel Pedro Pimentel[10], conforme citação que fizemos quando examinamos, no item anterior, os "contornos típicos do crime do art. 16", para onde remetemos o leitor.

Ao comentar a Lei de Reforma Bancária (Lei n. 4.595/64), particularmente o § 7º do art. 44, que já tipificava o crime descrito neste art. 16, Pimentel destacava que aquele dispositivo combatia a *agiotagem*, impedindo o mercado paralelo de dinheiro. Nesse sentido, resumia Pimentel: "Transparece, claramente o objetivo, entre outros, de combater a *agiotagem*, cerceando-se o mercado paralelo de dinheiro, através da obrigatória oficialização de todas as operações financeiras. A autorização concedida pelo Banco Central implica essa oficialização e possibilita a fiscalização, primeiro passo para o sucesso de uma política orientada no sentido de coibir as transações abusivas, para o fim de regularizar a situação do mercado de capitais"[11]. Enfim, Pimentel com toda a sua autoridade e a perspicácia que o caracterizou, foi o primeiro a destacar que é atípica a conduta de quem – pessoa física – exercer as atividades descritas no art. 16 *com seus próprios recursos*, além de acrescentar que este dispositivo, ao contrário dos diplomas legais anteriores, excluiu a punição do agiota.

Dogmaticamente, parece-nos, resta longamente demonstrado que a concessão de empréstimo com *recursos financeiros próprios* não é abrangida pela descrição do art. 16 da Lei n. 7.492/86, ao contrário da pretensão, não raro deduzida pelo Ministério Público em processos similares.

3. SUJEITOS ATIVO E PASSIVO DO CRIME

Sujeito ativo deste crime pode ser qualquer pessoa física imputável que faça funcionar ou operar instituição financeira irregular ou que se utilize de inter-

---

[9]   Ali Mazloum, *Crimes do colarinho branco. Objeto jurídicos, provas ilícitas*, p. 97.

[10]   Manoel Pedro Pimentel, *Crimes contra o sistema financeiro nacional*, p. 123.

[11]   Manoel Pedro Pimentel, *Direito penal econômico*, p. 196.

posta pessoa para operá-la, além da possibilidade normal de admitir o concurso eventual de pessoas (coautoria e participação). Manoel Pedro Pimentel, com acerto, já destacava que "restringe-se, assim, a autoria aos dirigentes de instituição financeira, diretores, gerentes, administradores, excluída a possibilidade de ser cogitada a prática do delito por pessoa que não seja juridicamente responsável por uma instituição financeira". Com a autoridade de um dos mais talentosos e respeitados catedráticos da Universidade de São Paulo de todos os tempos, Manoel Pedro Pimentel prosseguia: "Com essa restrição, ficou marginalizada a possibilidade de imputar-se o crime a pessoa física que, não sendo instituição financeira, pratique a agiotagem; ou, mesmo, a pessoa jurídica que, não sendo instituição financeira, pratique atos privativos desta"[12], desde que – acrescentamos nós – não seja daqueles exclusivos de instituição financeira, *v. g., operação de câmbio*.

É absolutamente equivocada a orientação que admite a incursão neste art. 16 de pessoa física que, como cidadão, adquire dólar no mercado informal (mercado paralelo), para realização de poupança, por acreditar na maior estabilidade dessa moeda. Em sentido semelhante, sustenta Tórtima: "Entretanto, essas operações, feitas sempre no mercado paralelo, são penalmente irrelevantes, não havendo ainda, para o particular adquirente, qualquer sanção de natureza administrativa para inibi-las"[13]. Não se pode esquecer, ademais, que o *ilícito administrativo-cambial* é pressuposto do *crime financeiro-cambial*, ou, em outras palavras, a ausência daquele impede a configuração deste. Em outros termos, esse *poupador* não é sujeito ativo da infração penal descrita neste art. 16 da lei regente.

Sujeito passivo imediato é o Estado, responsável pelo sistema financeiro nacional. E, igualmente, pode ser sujeito passivo qualquer pessoa que, porventura, venha a ser lesada pelos autores dessa infração penal.

4. TIPO OBJETIVO: ADEQUAÇÃO TÍPICA

"Fazer operar instituição financeira" não se confunde com "realizar operação financeira, como se instituição financeira fosse", ao contrário do que vem sendo interpretado no cotidiano forense, quer pelas infundadas denúncias oferecidas pelo *Parquet*, quer pelas equivocadas sentenças que as recepcionam, como se referissem à infração penal descrita no art. 16 *sub examine*. Não é outro o magistério de José Carlos Tórtima, que afirma: "O que o tipo exige é que o agente *faça operar instituição financeira*, algo muito diferente de *realizar*

---

[12]   Pimentel, *Crimes contra o sistema financeiro nacional*, p. 124.
[13]   Tórtima, *Crimes contra o sistema financeiro*, p. 104.

"Fazer operar instituição financeira ilegal" • 197

operação financeira, como se instituição financeira fosse"[14]. *Fazer operar* exige a reiteração, a repetição, ou seja, a prática insistentemente repetida de atos privativos de instituição financeira. Revela-se, consequentemente, atípica a prática de uma ou outra conduta ainda que genuinamente privativa de instituição financeira, tais como uma ou outra operação de câmbio ou eventual captação de recurso de terceiro. Na verdade, este tipo penal representa uma simbiose de *crime habitual* e *crime permanente*. Com efeito, *fazer operar* instituição financeira é, ao mesmo tempo, crime *habitual* e *permanente* na medida em que sua execução se alonga, protraindo-se no tempo, supondo a reiteração com habitualidade dessa modalidade de conduta proibida.

Em sentido semelhante, reconhecendo que o "núcleo verbal" do tipo *sub examine* admite duas interpretações díspares, Tigre Maia destaca: "A primeira aponta para a necessidade da criação de uma estrutura organizacional análoga à de uma instituição financeira regular, própria ou equiparada, quer efetivamente realizando atividades financeiras sem objetivar precipuamente lesar seus usuários, quer simulando-as ou distorcendo-as, como meio para lograr os incautos que busquem seus serviços. Em resumo, nesta perspectiva o tipo exigiria, para além do mero exercício de atividade financeira, a presença de um simulacro, da fachada de uma instituição financeira legítima ou, mesmo, de uma ramificação não autorizada de uma instituição legalmente habilitada a funcionar. Esta visão traz implícita a caracterização do ilícito como *crime habitual próprio*, exigindo a prática reiterada das ações previstas no tipo para caracterizá-lo". "A segunda abordagem concentra-se na identificação da presença de 'atividade financeira própria ou por equiparação', bastando o reconhecimento do exercício desautorizado de qualquer ato negocial característico de tais instituições, consoante definidas pelo art. 1º da Lei de Regência, para confrontar a incidência típica, independentemente de a mesma se dar no âmbito ou não de um arcabouço estrutural/funcional similar ao usado por esta, ou de ser reiteradamente praticada, aos moldes da primeira enunciação"[15]. Embora as duas alternativas elencadas por Tigre Maia sejam defensáveis, quer nos parecer que são um tanto extremadas, nos dois sentidos, dificultando o enfrentamento casuístico em decorrência da pluralidade das atividades de uma instituição financeira, especialmente com a abrangência que lhe atribuiu o disposto no art. 1º deste diploma legal. Ademais, convém realçar que, pela dicção deste último dispositivo, referidas *instituições* podem apresentar-se sob naturezas diversas, quais sejam, (a) *instituições financeiras propriamente ditas*, (b) *instituições do mercado de capitais* e (c) *instituições financeiras por equiparação*.

---

[14] Idem, p. 105.
[15] Rodolfo Tigre Maira, *Dos crimes contra o sistema financeiro nacional*: anotações à Lei federal n. 7.492/86, p. 107-108.

Assim, não é indispensável que apresente uma estrutura organizacional análoga à de uma instituição financeira regular, a presença de um simulacro da fachada de uma instituição financeira legítima, ou mesmo de uma ramificação não autorizada de uma instituição legalmente habilitada a funcionar, como refere Tigre Maia. Tampouco será suficiente "o reconhecimento do exercício desautorizado de qualquer ato negocial característico de tais instituições, consoante definidas pelo art. 1º da Lei de Regência", ao contrário do que sustenta o autor referido. Na verdade, a questão apresenta-se um pouco mais complexa: para caracterizar a ação de "fazer operar instituição financeira" desautorizada é indispensável a prática de atividade característica e específica, mas sobretudo *exclusiva* de instituição financeira, *v. g.*, operação de câmbio, abertura de conta corrente, desconto de títulos cambiais ou mercantis etc. Por outro lado, em se tratando de outras atividades, que diríamos, não exclusivas de instituição financeira, tais como empréstimos a particulares, recebimentos de carnês, de taxas públicas ou privadas etc., será necessário o acréscimo da reiteração, da repetição, ou seja, de uma espécie de *habitualidade* dessas atividades, acrescidos de alguma estrutura organizacional ou a simulação de algo semelhante a uma instituição do gênero para admitir-se a sua adequação típica. Em sentido semelhante, impecável o magistério de Tórtima, *in verbis*: "Entendemos, nada obstante respeitáveis opiniões em contrário, que o delito em causa exige um mínimo de habitualidade para sua configuração. Com efeito, seu enunciado não se satisfez com a simples realização de uma operação privativa de instituição financeira. O que o tipo exige é que o agente *faça operar instituição financeira*, algo muito diferente de *realizar operação financeira*, como se instituição financeira fosse"[16].

Segundo Manoel Pedro Pimentel, "o texto afinal aprovado deixou de fora, seguramente, os *agiotas*, que emprestam dinheiro a juros extorsivos, e que se comportam como verdadeiras instituições financeiras, sem entretanto, pretender ser reconhecidos como tal. Bem analisado o texto legal, conclui-se que, ao contrário do que se pretendeu fazer, desde a edição da Lei 4.595/64, a *agiotagem* foi excluída como crime autônomo, continuando a ser regida pelo art. 4º, e suas alíneas, da Lei 1.521/51 (Lei de Economia Popular), e cabendo sua tipificação somente nos casos ali expressamente indicados"[17]. Com efeito, *utilizar recursos próprios* para realizar empréstimos a terceiros, mesmo que usurários, não configura crime contra o sistema financeiro nacional, notadamente o previsto no art. 16 ora em exame, que exige atividade própria de instituição financeira. A utilização de recursos próprios para efetuar empréstimos a terceiros não ofende interesses, bens ou serviços da União, ficando afastada a hipótese de constituir crime contra o sistema financeiro nacional[18]. Comprovando-se, no entanto, que

---

[16] Tórtima, *Crimes contra o sistema financeiro nacional*, p. 104-105.

[17] Pimentel, *Crimes contra o sistema financeiro nacional*, p. 123.

[18] STJ, CComp 29.933/SP, rel. Min. Jorge Scartezzini, 3ª Seção, *DJ* de 1º-7-2004, p. 172.

se tratava de cobrança de *juros usurários* ou extorsivos, a capitulação correta da infração penal será aquela do art. 4º, alínea *a*, da Lei n. 1.521/51. Em outros termos, a cobrança de juros extorsivos em empréstimos realizados por particular, com seus próprios recursos, pode configurar, teoricamente, o *crime de usura*, descrito no art. 4º da Lei de Economia Popular (Lei n. 1.521/51)[19], e, nessa hipótese, será da competência da Justiça Estadual.

Por outro lado, a exploração do denominado *factoring* pode apresentar alguma divergência interpretativa. Contudo, o próprio Superior Tribunal de Justiça reconheceu que o conhecido *factoring* não se confunde com instituição financeira[20]. Aquelas são instituições de fomento mercantil, destinadas a fornecer suporte gerencial a empresas produtoras de bens e serviços, adquirindo destas os créditos resultantes de vendas a terceiros e assumindo os riscos de eventual inadimplência dos devedores[21], Não é outro o entendimento de Antônio Carlos Donini, que sustenta: "O empresário de *factoring* não opera uma instituição financeira, uma vez que a atividade de fomento mercantil não visa à captação de recursos, intermediação ou aplicação de recursos financeiros de terceiros. Mas apenas presta serviços de compra de créditos vencíveis, com recursos próprios e não de terceiros, mediante preço certo e ajustado com o faturizado. A atividade de *factoring* é tipicamente comercial, porque no *factoring* inexiste uma operação de crédito, tal como aquelas praticadas por bancos, mas tão somente uma venda à vista de créditos"[22].

Visto dessa forma, isto é, como instituição de fomento mercantil, com finalidade de fornecer suporte econômico a empresas produtoras de bens e serviços, a conclusão inevitável é que tais instituições que sigam, evidentemente, a meta supradestacada não dependem de autorização do Banco Central para seu funcionamento. No entanto, se os responsáveis por essas instituições, desvirtuando-se de suas finalidades, captarem recursos de terceiros, financiando-se com esse tipo de recursos, a solução dessa questão muda de figura, adequando-se à proibição contida no dispositivo em exame.

Por fim, indiscutivelmente, a captação, a administração, a intermediação ou a aplicação de recursos financeiros pertencentes a terceiros configura o crime que ora analisamos por representar *operação típica, genuína e exclusiva de instituição financeira*. No entanto, convém repetir, constituem atividades que demandam reiteração, isto é, uma espécie de habitualidade em sua execução. A prática dessas atividades econômicas, repetindo, com *recursos financeiros de*

---

[19] TRF, 4ª Região, RSE 200070010144094/PR, rel. Des. Elcio Pinheiro de Castro, 8ª Turma, *DJ* de 19-11-2003, p. 963.

[20] STJ, HC 7.463/PR, rel. Min. Felix Fischer, *DJ* de 22-2-1999, p. 112.

[21] Tórtima, *Crimes contra o sistema financeiro nacional*, p. 105.

[22] Antônio Carlos Donini, Crimes contra o sistema financeiro nacional. In: *Factoring*, p. 86.

terceiros só podem ser exercidas por instituições financeiras, devidamente autorizadas pelo órgão competente, isto é, pelo Banco Central. Contudo, convém repetir, constituem atividades que demandam reiteração, isto é, uma espécie de *habitualidade* em sua execução. Por outro lado, quando essas mesmas atividades forem realizadas com *recursos próprios* não caracterizam instituição financeira, para fins penais, segundo dicção do art. 1º da Lei n. 7.492/86, conforme demonstramos no item 2.1, *supra*.

4.1. Sem a devida autorização ou com autorização obtida mediante declaração falsa

A *fraude* requerida na norma incriminadora *sub examine* limita-se às duas formas expressas no respectivo dispositivo: *sem a devida autorização* ou *com autorização obtida mediante declaração falsa*. Essa autorização, *inexistente* ou obtida mediante *declaração falsa*, deve dizer respeito tanto ao aspecto formal quanto material da instituição, ou seja, deve referir-se à autorização de funcionamento concedida pelo Banco Central, como destaca Tórtima, "a autorização a que se refere a Lei é aquela prevista nos arts. 10, inciso IX[23], *d*, e 18 da Lei n. 4.595, de 31/12/1964"[24].

A nosso juízo, "sem autorização" e autorização obtida mediante "declaração falsa" indicam a *forma* de realizar a modalidade de conduta proibida, qual seja, fazer operar instituição financeira, fraudulentamente. A fraude, nesta infração penal, é *sui generis*, diferente das conhecidas fraudes espalhadas em diversos artigos do Código Penal, na medida em que não é representada por nenhum ardil, estratagema ou artifício, tratando-se, portanto, de uma *fraude de conteúdo ideológico* e não material. Com efeito, qualquer outra declaração não verdadeira, relativa a qualquer outro aspecto que não seja especificamente relacionado ao funcionamento da instituição financeira, não tipificará a conduta descrita nesse dispositivo. Poderá, evidentemente, caracterizar outro crime de *falsum*, mas não este, e poderá, inclusive, não ser da competência da Justiça Federal, dependendo das circunstâncias.

Por outro lado, *fazer operar sem autorização* significa a ausência ou a inexistência de autorização para o funcionamento da instituição financeira. *Declaração falsa*, como meio de obter autorização de funcionamento, é aquela que contraria o real conteúdo que deveria ter, não correspondendo ao conteúdo autêntico que deveria apresentar, mas com idoneidade suficiente para viabilizar a autorização de funcionamento de instituição financeira.

---

[23] Esse dispositivo foi renumerado e alterado para inciso X pela Lei n. 7.730/89.
[24] José Carlos Tórtima, *Crimes contra o sistema financeiro nacional*, p. 104.

A *declaração falsa*, finalmente, deve recair sobre fato juridicamente relevante, ou seja, é necessário que a declaração "indevida" constitua elemento substancial do ato no documento. Uma simples mentira, por exemplo, mera irregularidade ou simples preterição de formalidade não constituirão o *falsum* idôneo a enganar ninguém. Mas é importante destacar que o tipo em exame refere-se à *falsidade ideológica* e não à falsidade material, diferenciando-se ambas de modo que, enquanto a falsidade material afeta a autenticidade do documento em sua forma extrínseca e conteúdo intrínseco, a *falsidade ideológica* afeta-o tão somente em sua ideação, no pensamento que seu texto encerra. A falsidade ideológica versa sobre o conteúdo do documento ou título, enquanto a falsidade material diz respeito a sua forma.

5. TIPO SUBJETIVO: ADEQUAÇÃO TÍPICA

O tipo subjetivo é constituído tão somente pelo elemento subjetivo geral, que é o dolo, representado pela vontade consciente de fazer operar instituição financeira sem a devida autorização. É indispensável, contudo, que o agente tenha consciência de que a instituição não dispõe da devida autorização ou de que a autorização foi obtida mediante declaração falsa. Essa consciência nada mais é que o elemento intelectual do dolo que deve abranger todos os elementos da descrição típica.

Na tipificação de fazer operar instituição financeira sem a devida autorização, embora não esteja expressa, há a exigência implícita do *elemento subjetivo especial do injusto*, especificador do dolo, qual seja, o especial fim de operar instituição financeira, sem a devida autorização ou com autorização obtida mediante declaração falsa. Não ocorrendo essa finalidade especial, o tipo penal não se aperfeiçoa, não havendo, por conseguinte, justa causa para a ação penal.

Nessa infração penal, por fim, não há previsão de modalidade culposa, razão pela qual eventual conduta imprudente, negligente ou imperita estará fora do alcance do sistema punitivo penal.

6. A REVOGAÇÃO, AINDA QUE PARCIAL, DO ART. 16 DA LEI N. 7.492/86 PELO ART. 27-E DA LEI N. 10.303/2001

A Lei n. 7.492/86 criou a criminalização do *acesso não autorizado ao sistema financeiro*, ao estabelecer no art. 16 o seguinte: "Fazer operar, sem a devida autorização, ou com autorização obtida mediante declaração falsa, instituição financeira, inclusive de distribuição de valores mobiliários ou de câmbio: Pena – reclusão, de 1 (um) a 4 (quatro) anos, e multa". A Lei n. 10.303/2001, por sua vez, criou proibição semelhante, destinada ao *sistema mobiliário (mer-*

cado de capitais)[25], acrescentando o art. 27-E na Lei n. 6.385/76, com a seguinte redação: "Atuar, ainda que a título gratuito, no mercado de valores mobiliários, como instituição integrante do sistema de distribuição, administrador de carteira coletiva ou individual, agente autônomo de investimento, auditor independente, analista de valores mobiliários, agente fiduciário ou exercer qualquer cargo, profissão, atividade ou função, sem estar, para esse fim, autorizado ou registrado junto à autoridade administrativa competente, quando exigido por lei ou regulamento":

Trata-se, indiscutivelmente, de tipos penais semelhantes, com objetos jurídicos igualmente semelhantes, mas que consagram um diferencial, isto é, a lei posterior apresenta um *elemento especializante* em relação ao art. 16 da Lei n. 7.492/86. Esse elemento especial é exatamente o âmbito de atuação do sujeito ativo, qual seja, *o mercado de valores mobiliários,* para a previsão da Lei n. 10.303/2001, enquanto esse âmbito de atuação, na hipótese do art. 16 da Lei n. 7.492/86, são *o mercado financeiro, o mercado cambial e o mercado de valores mobiliários.* Em outros termos, a lei posterior restringe o âmbito de atuação – somente ao *mercado de valores mobiliários* –, mas amplia as condutas proibidas, na medida em que incrimina também o *exercício de qualquer das atividades* vinculadas ao *mercado de valores mobiliários,* algo inocorrente no art. 16 da lei anterior.

Há, inegavelmente, entre os dois diplomas legais, uma grande coincidência: ambos coíbem a ação de *atuar ou fazer operar* instituição financeira ou integrante do mercado de valores mobiliários, *desautorizadamente,* como destacou, acertadamente, o Ministro Carvalhido no HC 60.449/SP. No entanto, a lei posterior, *mais benéfica,* comina pena consideravelmente inferior, qual seja, seis meses a dois anos de detenção, além de multa, ao passo que a lei anterior comina o dobro da pena privativa e liberdade, qual seja, um a quatro anos de reclusão, além da multa. Juliano Breda, examinando o *crime contra o mercado de capitais,* destaca: "A sanção penal prevista no art. 27-E é de detenção de seis meses a dois anos, cumulativa com pena de multa. Destaca-se, apenas, uma manifesta contradição do legislador, ao estabelecer uma sanção que é rigorosamente a metade daquela prevista no art. 16 da Lei 7.492/86, ou seja, a pena para quem atuar sem autorização no mercado bancário ou cambial é o dobro em comparação à atuação irregular no mercado de valores mobiliários. Não há explicação plausível para se estabelecer essa distinção se as criminalizações

---

[25] A própria Lei n. 6.385/76, em seu art. 15, define o sistema de distribuição de valores mobiliários, que compreende: "I – *as instituições financeiras* e demais sociedades que tenham por objeto distribuir emissão de valores mobiliários: *a)* como agentes da companhia emissora; *b)* por conta própria, subscrevendo ou comprando a emissão para a colocar no mercado; (...)".

atingem interesses idênticos"[26]. E, segundo princípio consagrado no *direito intertemporal*, elevado a dogma constitucional, lei posterior mais benéfica retroage, inclusive revogando lei anterior, total ou parcialmente. Passamos a examinar esse aspecto a seguir.

A 6ª Turma do Superior Tribunal de Justiça andou apreciando, nos HC 60.449 e 40.510, com certa simpatia, a possível *revogação parcial* do art. 16 da Lei n. 7.492/86 pelo art. 27-E, acrescentado pela Lei n. 10.303, de 31-10-2001, a de n. 6.385/76, que trata dos *Crimes contra o Mercado de Capitais*.

Nesse sentido, o Ministro Hamilton Carvalhido destacou: "D'outro lado, é juridicamente plausível a questão da revogação, mas só parcial, do art. 16 da Lei n. 7.492/86 pelo art. 27-E da Lei n. 10.303/2001, pois que, no primeiro, criminalizou-se a conduta de '*fazer operar, sem a devida autorização, ou com autorização obtida mediante declaração falsa, instituição financeira, inclusive de distribuição de valores mobiliários (...)*', também criminalizado no segundo, de forma específica, tipificando-se, como se tipificou '*atuar (...) no mercado de valores mobiliários, como instituição integrante do sistema de distribuição, (...) sem estar, para esse fim, autorizado (...)*'". E, logo adiante, após transcrever literalmente os dois dispositivos legais, arremata: "É questão legal que reclama deslinde!". Por fim, concluiu seu voto o Ministro Carvalhido, nesses termos: "Pelo exposto, concedo, em parte, a ordem para (...) declarar nulo, em parte, o acórdão, para que a Corte de origem conheça da questão da revogação parcial do art. 16 da Lei n. 7.492/86 pelo art. 27-E da Lei n. 10.303/2001, aplicando o direito à espécie"[27].

O Ministro Paulo Galotti, também em seu voto-vista, versando sobre o tema, advertiu:

> Por primeiro, sustenta-se que, quando do julgamento da apelação, já estava em vigor a Lei n. 10.303/2001, que deu nova redação à Lei n. 6.385/1976, acrescentando o art. 27-E que, segundo se alega, tipifica a mesma conduta contida no art. 16 da Lei n. 7.492/86, cominando sanção inferior, impondo-se a aplicação da lei mais benéfica.
>
> Verifica-se, contudo, que o tema não foi apreciado pelo Tribunal de origem, não podendo ser examinado, agora, por esta Corte, sob pena de supressão de instância[28].

Nessa mesma linha, não conhecendo da impetração, para evitar supressão de instância, manifestou-se a Ministra Maria Thereza: "Verifica-se dos autos que o tema não foi suscitado junto ao Tribunal de origem, que não instado a

---

[26] Juliano Breda, *in* Cezar Roberto Bitencourt e Juliano Breda, *Crimes contra o sistema financeiro nacional e contra o mercado de capitais*, p. 374.

[27] HC 60.449/SP, rel. Min. Nilson Naves, j. em 2-8-2007.

[28] Idem.

204 • Crimes contra o sistema financeiro nacional

sobre ele se manifestar, somente aqui e agora tendo sido trazido a debate, não podendo, entendo, ser examinado neste *habeas corpus*, sob pena de supressão de instância"[29].

Enfim, essa invocação de supressão de instância, pelos dois preclaros Ministros, impediu o reconhecimento da tese pretendida pelos impetrantes (admitida pelo Ministro Carvalhido), qual seja, a *revogação*, ainda que parcial, do art. 16 da Lei n. 7.492/86 pelo art. 27-E da Lei n. 10.303/2001.

Essa é a situação atual do conflito entre os dois dispositivos legais, no plano jurisprudencial: um voto admitindo a *revogação parcial* do art. 16 pelo art. 27-E, com dois votos abstendo-se de enfrentar a temática, amparados na proibição de supressão de instância. Fica a curiosidade sobre qual seria o resultado se esses dois votos houvessem enfrentado essa tese. Mas esse conflito precisa ser enfrentado dogmaticamente com os recursos que a hermenêutica nos oferece, com os modernos princípios recepcionados pelo moderno constitucionalismo dos Estados Democráticos de Direito. Devemos começar analisando comparativamente o conteúdo dos dois dispositivos.

Ambos dispositivos coíbem o *acesso não autorizado* ao sistema financeiro e ao sistema mobiliário, em razão de os agentes não estarem legitimados pelo Estado a operarem em função ou segmento tão relevantes quanto esses sistemas. Teoricamente, o disposto no art. 16 da Lei n. 7.492/86 criminaliza o acesso não autorizado ao sistema financeiro nacional e ao sistema mobiliário; por outro lado, o art. 27-E da Lei n. 10.303/2001 criou proibição semelhante, limitada, porém, ao *sistema mobiliário nacional*. Duas peculiaridades merecem, de plano, destaque especial: (a) ambos os dispositivos criminalizam o *acesso não autorizado* a dois dos mais importantes sistemas (ou mercados) nacionais, quais sejam, financeiro e mobiliário; (b) a tutela do art. 16 da Lei n. 7.492/86 abrange tanto o sistema financeiro quanto o mobiliário, enquanto o art. 27-E, com alcance mais restrito, limita-se a tutelar o sistema mobiliário. Essa restrição constitui exatamente o *elemento especializante* da lei posterior, mais benéfica e, por isso mesmo, com capacidade para retroagir.

Esses dois diplomas legais, com tantas semelhanças, apresentam, contudo, uma *incompatibilidade* intransponível: a *desproporcionalidade das sanções cominadas*: o dispositivo da lei anterior comina penas de um a quatro anos de reclusão, além de multa; ao passo que a lei posterior, mais benéfica, comina pena de seis meses a dois anos de detenção, também além da multa.

Pois a solução dessa *vexata quaestio* foi iniciada e abortada no *habeas corpus* que citamos no início deste tópico. Certamente, a *revogação parcial* reconhecida pelo Ministro Hamilton Carvalhido reside no preceito secundário, pela

---

[29] Idem.

"Fazer operar instituição financeira ilegal" • 205

desproporcionalidade das sanções cominadas, conforme procuraremos demonstrar logo adiante.

Não se pode negar quão fascinante é, por vezes, o *conflito intertemporal de leis*, especialmente quando não resta clara a revogação de um por outro diploma legal, principalmente quando, o que não é tão raro, ocorre a *revogação parcial* de determinado texto legal. Esse conflito de leis no tempo, digamos assim, pode apresentar-nos uma tormentosa questão a ser analisada, como ocorre no caso presente: pode-se conjugar parte de uma lei com parte de outra, para se encontrar o melhor sentido da norma aplicável ao caso concreto? Examinando a possibilidade de *conjugação de leis penais no tempo*, doutrinariamente, acabamos concluindo por sua admissibilidade, sedimentado na mais respeitável doutrina internacional, conforme demonstraremos ao final destas considerações[30].

6.1. A desproporcional cominação de penas entre os crimes do art. 16 da Lei n. 7.492/86 e do art. 27-E da Lei n. 10.303/2001

Em matéria penal, segundo Winfried Hassemer, a exigência de *proporcionalidade* deve ser determinada mediante "um juízo de ponderação entre a carga 'coativa' da pena e o fim perseguido pela cominação penal"[31]. Com efeito, pelo *princípio da proporcionalidade* na relação entre crime e pena deve existir um equilíbrio – *abstrato* (legislador) e *concreto* (judicial) – entre a gravidade do injusto penal e a pena aplicada. Ainda segundo a doutrina de Hassemer, o princípio da proporcionalidade não é outra coisa senão "uma concordância material entre ação e reação, causa e consequência jurídico-penal, constituindo parte do postulado de justiça: ninguém pode ser incomodado ou lesionado em seus direitos com medidas jurídicas desproporcionadas"[32].

A cominação no art. 27-E da Lei n. 10.303/2001 de seis meses a dois anos de detenção, isto é, metade da pena prevista no art. 16 da Lei n. 7.492/86 (um a quatro anos de reclusão), além da pena pecuniária, representa a sanção *necessária e suficiente* para punir infrações semelhantes, com objetividades jurídicas igualmente semelhantes. Essa *desproporção* supera todos os limites toleráveis da *razoabilidade* exigidos por um Estado Democrático de Direito, que tem, como norte, o respeito aos princípios da dignidade humana e da proporcionalidade.

Os princípios da *proporcionalidade* e da *razoabilidade* não se confundem, embora estejam intimamente ligados e, em determinados aspectos, completamente identificados. Na verdade, há que se admitir que se trata de *princípios fungíveis* e que, por vezes, utiliza-se o termo "razoabilidade" para identificar o

---

[30] Cezar Roberto Bitencourt, *Tratado de direito penal*: parte geral, 28. ed., São Paulo: Saraiva, 2022, v. 1, p. 223-240.

[31] Winfried Hassemer, *Fundamentos de derecho penal*, p. 279.

[32] Idem.

princípio da proporcionalidade, a despeito de possuírem origens completamente distintas: o *princípio da proporcionalidade* tem origem germânica, enquanto a *razoabilidade* resulta da construção jurisprudencial da Suprema Corte norte-americana. *Razoável* é aquilo que tem aptidão para atingir os objetivos a que se propõe, sem, contudo, representar excesso algum.

O modelo político consagrado pelo Estado Democrático de Direito determina que todo o Estado – em seus três Poderes, bem como nas funções essenciais à Justiça – resulta *vinculado* em relação aos *fins eleitos* para a prática dos atos legislativos, judiciais e administrativos. Em outros termos, toda a atividade estatal é sempre *vinculada axiomaticamente* pelos princípios constitucionais explícitos e implícitos. As consequências jurídicas dessa *Constituição dirigente* são visíveis. A primeira delas verifica-se pela consagração do *princípio da proporcionalidade*, não apenas como simples critério interpretativo, mas como garantia legitimadora/limitadora de todo o ordenamento jurídico infraconstitucional. Assim, deparamo-nos com um *vínculo constitucional* capaz de limitar os *fins* de um ato estatal e os *meios* eleitos para que tal finalidade seja alcançada. Conjuga-se, pois, a união harmônica de três fatores essenciais: a) *adequação teleológica*: todo ato estatal passa a ter uma *finalidade política* ditada não por princípios do próprio administrador, legislador ou juiz, mas sim por valores éticos deduzidos da Constituição Federal – vedação do arbítrio (*Übermassverbot*); b) *necessidade* (*Erforderlichkeit*): o meio não pode exceder os limites indispensáveis e menos lesivos possíveis à conservação do fim legítimo que se pretende; c) *proporcionalidade "stricto sensu"*: todo representante do Estado está obrigado, ao mesmo tempo, a fazer uso de meios adequados e de abster-se de utilizar recursos (ou meios) desproporcionais[33].

Em outros termos, para punir o *acesso desautorizado ao sistema financeiro* (art. 16 da Lei n. 7.492/86), o qual, em boa parte, confunde-se com o sistema mobiliário (aliás, que também é abrangido pela definição de instituição financeira, para fins penais, conforme art. 1º da Lei n. 7.492/86, mostra-se absolutamente desnecessário, e, por isso mesmo, desarrazoado, aplicar-se o dobro da pena prevista para o *acesso desautorizado ao sistema mobiliário* (art. 27-E da Lei n. 10.303/2001). Nessa linha, já destacou o Ministro Gilmar Mendes: "em outros termos, o meio não será necessário se o objetivo almejado puder ser alcançado com a adoção de medida que se revele a um só tempo adequada e menos onerosa"[34]. É exatamente o que demonstra a previsão constante do art. 27-E, *sub examine*: ao cominar pena de detenção de seis meses a dois anos, deixa claro que para proibir o *acesso desautorizado aos sistemas financeiro e mobiliário* essa sanção é adequada e suficiente, desautorizando a excessiva punição que previu o art. 16 da Lei n. 7.492/86, quinze anos antes.

---

[33] Paulo Bonavides, *Curso de direito constitucional*, p. 356-397.
[34] Gilmar Mendes, *Direitos fundamentais e controle de constitucionalidade*, p. 47.

O exame do desrespeito ou violação do *princípio da proporcionalidade* passa pela observação e apreciação de necessidade e adequação da providência legislativa, numa espécie de relação "custo-benefício" para o cidadão e para a própria ordem jurídica. *Pela necessidade* deve-se confrontar a possibilidade de, com *meios menos gravosos*, atingir igualmente a mesma eficácia na busca dos objetivos pretendidos; e *pela adequação* espera-se que a providência legislativa adotada apresente aptidão suficiente para atingir esses objetivos. Enfim, como não se pode falar em *inconstitucionalidade* da lei anterior, a despeito da abismal *desproporcionalidade* das sanções cominadas nos dois dispositivos *sub examine*, pode-se, no entanto, sustentar que houve a *parcial revogação* do art. 16 da Lei n. 7.492/86, mais especificamente, o seu preceito secundário, pela previsão do art. 27-E da Lei n. 10.303/2001, como sustentou o Ministro Carvalhido, em seu voto-vista antes mencionado. Nessa hipótese, a nosso juízo, dever-se-ia aplicar para a infração prevista naquele art. 16 a pena cominada neste art. 27-E da Lei n. 10.303/2001.

Nesse ponto pode surgir algum questionamento relativo ao conflito de *direito intertemporal*: na busca da lei mais favorável, é possível *conjugar os aspectos favoráveis* da lei anterior com os aspectos favoráveis da lei posterior, para se encontrar uma solução legal mais justa? Segmento respeitável da doutrina nacional e estrangeira – como tivemos oportunidade de afirmar – opõe-se a essa possibilidade, porque isso representaria a criação de uma terceira lei, travestindo o juiz de legislador[35]. No entanto, Bustos Ramirez[36], contrariamente, admite a combinação de leis no campo penal, pois, como afirma, nunca há uma lei estritamente completa, enquanto há leis especialmente incompletas, como é o caso da *norma penal em branco*; consequentemente, o juiz sempre está configurando uma terceira lei, que, a rigor, não passa de simples *interpretação integrativa*, admissível na atividade judicial, favorável ao réu. No mesmo sentido era o entendimento de Frederico Marques, segundo o qual, se é permitido escolher o "todo" para garantir tratamento mais favorável ao réu, nada impede que se possa selecionar parte de um todo e parte de outro, para atender a uma regra constitucional que deve estar acima de pruridos de lógica formal[37].

A nosso juízo, esse é o melhor entendimento, que permite a combinação de duas leis, aplicando-se sempre os dispositivos mais benéficos. O Supremo Tribunal Federal teve oportunidade de examinar essa matéria e decidiu pela possibilidade da *conjugação de leis* para beneficiar o acusado[38]. O Superior Tribunal de Justiça, mais recentemente, examinando o crime de *receptação qualificada* (art. 180, § 1º, do CP), recepcionou esse entendimento. Em seu voto condutor, destacou o digno e culto relator Ministro Nilson Naves: "Pen-

---

[35] José Cerezo Mir, *Curso de derecho penal español*, Madri, Tecnos, 1990, v. 1, p. 224.

[36] Juan Bustos Ramírez, *Manual de derecho penal*, p. 98.

[37] José Frederico Marques, *Curso de direito penal*, São Paulo: Saraiva, 1954, v. 1, p. 192.

[38] HC 69.033-5, rel. Min. Marco Aurélio, *DJU* de 13-3-1992, p. 2925.

sando em suscitar a arguição de inconstitucionalidade, ocorreu-me haver dificuldade de seu acolhimento no âmbito da 6ª Turma, daí a razão pela qual, pondo-me em conformidade com a doutrina que trouxe à colação, inclusive com a lição de Hungria, a qual não deixa de ter aqui aplicação, é que estou desconsiderando o preceito secundário do § 1º. Aliás, a declaração, se admissível, de inconstitucionalidade conduzir-nos-ia, quando feita, a semelhante sorte, ou seja, à desconsideração da norma secundária (segundo os kelsenianos, da norma primária, porque, para eles, a primária é a norma que estabelece a sanção – positiva ou negativa)"[39].

Enfim, concluindo, estamos de pleno acordo que, num Estado Democrático de Direito, está assegurado como um dos seus princípios materiais o da *proporcionalidade*, que impede a cominação ou mesmo a aplicação de pena em flagrante contradição com a gravidade do fato. A aplicação de pena, nesses termos, viola não apenas o *princípio da proporcionalidade*, mas a própria *dignidade da pessoa humana*. Com efeito, o princípio da proporcionalidade exige o respeito à correlação entre a gravidade da pena e a relevância do dano ou perigo a que o bem jurídico protegido está sujeito. No entanto, o *juízo* de proporcionalidade, *in concreto*, resolve-se por meio de *valorações* e *comparações*. Contudo, nessa *relação valorativa* não se pode ignorar toda a construção tipológica, com seus diversos elementos estruturantes, e, particularmente, não se pode desconsiderar o *desvalor da ação* e o *desvalor do resultado*, que ambas as normas comparadas apresentam, como ocorre no caso concreto.

Por derradeiro, um *sistema penal* em um Estado Democrático de Direito, pode-se afirmar, somente estará *legitimado* quando a soma das violências – crimes, vinganças e punições arbitrárias – que ele pode prevenir, for superior à das violências constituídas pelas penas que cominar. É, enfim, indispensável que os *direitos fundamentais* do cidadão sejam considerados *indisponíveis*, afastados da livre disposição do Estado, que, além de respeitá-los, deve protegê-los[40].

7. CLASSIFICAÇÃO DOUTRINÁRIA

Trata-se de *crime comum* (pode ser praticado por qualquer pessoa, não sendo exigida nenhuma qualidade ou condição especial), *material* (ação e resultado ocorrem em momentos distintos, ainda que sua execução alongue-se no tempo, ou seja, a consumação somente se configura com a efetiva entrada da instituição em funcionamento, irregularmente); a despeito de crime material é, simultaneamente, *crime de perigo abstrato*, na dicção de Albuquerque e Rebouças[41], pois "à luz do bem jurídico *coletivo* tutelado (higidez e credibilidade do

---

[39] HC 101.531/MG, rel. Min. Nilson Naves, j. em 22-4-2008.

[40] Cezar Roberto Bitencourt, *Novas penas alternativas*, p. 48.

[41] Albuquerque e Rebouças, *Crimes contra o sistema financeiro nacional*, São Paulo: Tirant Lo Blanch Brasil, no prelo.

sistema financeiro nacional), não se exigindo a individualização de um dano efetivo ao sistema financeiro, nem sequer de um resultado de perigo determinado, mas deve haver idoneidade mínima da ação concreta para gerar alguma afetação ao bem jurídico"; *crime habitual* (somente se consuma com a prática reiterada de operações próprias de instituição financeira, sem a devida autorização) e *permanente* (posto que a consumação se protrai no tempo, enquanto durar a sua execução); *crime de forma livre* (não havendo a especificação típica do meio executório da conduta); *crime doloso* (não admitindo a modalidade culposa); *comissivo* (o comportamento descrito no tipo implica a realização de uma conduta ativa, pois a norma penal tipificadora é proibitiva), *instantâneo* (a consumação ocorre em momento determinado, não havendo um distanciamento temporal entre a ação e o resultado), *unissubjetivo* (pode ser praticado por alguém, individualmente, admitindo, contudo, coautoria e participação. Não nos parece, contudo, que se possa defini-lo como *plurissubsistente*, pois os vários atos que caracterizam o crime *habitual* são independentes, autônomos e, basicamente, iguais, e o que caracteriza a *plurissubsistência* é a existência de uma mesma ação humana que pode ser dividida em atos do mesmo comportamento, fragmentando a ação humana) e *unissubsistente* ou *plurissubsistente* (dependendo da forma como for praticado).

8. CONSUMAÇÃO E TENTATIVA

Consuma-se o crime de fazer operar instituição financeira quando o agente pratica reiteradamente atividades próprias dessa instituição sem a devida autorização ou com autorização obtida mediante declaração falsa. Pode consumar-se com a prática efetiva de atividades exclusivas de instituição financeira. Consuma-se o crime, enfim, com o efetivo exercício de atividade genuinamente de instituição financeira.

A tentativa, considerando-se sua natureza impropriamente habitual, é, no mínimo, de difícil configuração, embora casuisticamente possa, eventualmente, vir a configurar-se dependendo das circunstâncias.

9. PENA E AÇÃO PENAL

As penas cominadas, cumulativamente, são reclusão, de um a quatro anos, e multa. A ação penal, como todos os crimes deste diploma legal, é *pública incondicionada*, devendo a autoridade competente agir *ex officio*, independentemente da manifestação de quem quer que seja.

CAPÍTULO XVII
Distribuição de lucros e empréstimos vedados

Sumário: 1. Acréscimo inconstitucional do conteúdo do art. 34 da Lei n. 4.595/64 no art. 17. 2. Leis penais em branco e seus limites funcionais. 3. Princípio da legalidade e princípio da reserva legal. 3.1. Princípio da legalidade e as leis vagas, indeterminadas ou imprecisas. 4. Considerações preliminares sobre o art. 17 da Lei n. 7.492/76. 5. Bem jurídico tutelado. 6. Sujeitos ativo e passivo do crime. 7. Tipo objetivo: tomar, receber crédito ou deferir operações vedadas. 7.1. Ou deferir operações de crédito vedadas, observado o disposto no art. 34 da Lei n. 4.595, de 31 de dezembro de 1964. 7.2. Atipicidade do uso de bens ou coisas de instituição financeira. 7.3. A interpretação adequada do excessivo uso de elementos normativos. 8. Conceder ou receber adiantamento de remuneração ou qualquer outro pagamento (parágrafo único, inciso I). 9. De forma disfarçada, promover a distribuição ou receber lucros (parágrafo único, inciso II). 10. Tipo subjetivo: adequação típica. 11. Consumação e tentativa. 12. Classificação doutrinária. 13. Pena e ação penal.

Art. 17. Tomar ou receber crédito, na qualidade de qualquer das pessoas mencionadas no art. 25, ou deferir operações de crédito vedadas, observado o disposto no art. 34 da Lei nº 4.595, de 31 de dezembro de 1964: (Redação dada pela Lei nº 13.506, de 2017)

Pena – reclusão, de 2 (dois) a 6 (seis) anos, e multa.

Parágrafo único. Incorre na mesma pena quem:

I – em nome próprio, como controlador ou na condição de administrador da sociedade, conceder ou receber adiantamento de honorários, remuneração, salário ou qualquer outro pagamento, nas condições referidas neste artigo;

II – de forma disfarçada, promover a distribuição ou receber lucros de instituição financeira.

Art. 34. É vedado às instituições financeiras realizar operação de crédito com a **PARTE RELACIONADA**.

[...]

§ 3º Considera-se **parte relacionada** à instituição financeira, para efeitos deste artigo:

I – seus controladores, pessoas físicas ou jurídicas, nos termos do art. 116 da Lei nº 6.404, de 15 de dezembro de 1976;

II – seus diretores e membros de órgãos estatutários ou contratuais;

III – o cônjuge, o companheiro e os parentes, consanguíneos ou afins, até o segundo grau, das pessoas mencionadas nos incisos I e II deste parágrafo;

IV – as pessoas físicas com participação societária qualificada em seu capital; e

V – as pessoas jurídicas:

a) com participação qualificada em seu capital;

b) em cujo capital, direta ou indiretamente, haja participação societária qualificada;

c) nas quais haja controle operacional efetivo ou preponderância nas deliberações, independentemente da participação societária; e

d) que possuírem diretor ou membro de conselho de administração em comum.

§ 4º **Excetuam-se da vedação de que trata o *caput* deste artigo**, respeitados os limites e as condições estabelecidos em regulamentação:

I – as operações realizadas **em condições compatíveis com as de mercado**, inclusive quanto a limites, taxas de juros, carência, prazos, garantias requeridas e critérios para classificação de risco para fins de constituição de provisão para perdas prováveis e baixa como prejuízo, sem benefícios adicionais ou diferenciados comparativamente às operações deferidas aos demais clientes de mesmo perfil das respectivas instituições;

II – as operações com empresas controladas pela União, no caso das instituições financeiras públicas federais;

III – as operações de crédito que tenham como contraparte instituição financeira integrante do mesmo conglomerado prudencial, desde que contenham *cláusula contratual de subordinação*, observado o disposto no inciso V do art. 10 desta Lei, no caso das instituições financeiras bancárias;

IV – os depósitos interfinanceiros regulados na forma do inciso XXXII do *caput* do art. 4º desta Lei;

V – as obrigações assumidas entre partes relacionadas em decorrência de responsabilidade imposta a membros de compensação e demais participantes de câmaras ou prestadores de serviços de compensação e de liquidação autorizados pelo Banco Central do Brasil ou pela Comissão de Valores Mobiliários e suas respectivas contrapartes em operações conduzidas no âmbito das referidas câmaras ou prestadores de serviços;

---

1. ACRÉSCIMO INCONSTITUCIONAL DO CONTEÚDO DO ART. 34 DA LEI N. 4.595/64 NO ART. 17

Inacreditavelmente, o legislador brasileiro não tem o menor respeito pelos *princípios da legalidade e da reserva legal* em matéria penal[1], como também não

---

[1] Cezar Roberto Bitencourt, *Tratado de direito penal – parte geral*, 28. ed., São Paulo: Saraivajur, 2022, v. 1, p. 58-61.

tem noção *das exigências legais, formais, constitucionais e dogmáticas* em matéria de *normas penais criminalizadoras*. Mas, desta vez, foi longe demais ao incluir na tipificação dos crimes descritos no *caput* do art. 17 da Lei n. 7.492/74 o conteúdo do art. 34 da Lei n. 4.595/64 implicitamente, que, por sua vez, acrescenta parte do conteúdo da Lei n. 6.404/76 no mesmo dispositivo legal. Essas duas leis, que completam a tipificação desse crime, autorizam, principalmente, a edição de *normas puramente administrativas*, como Resoluções e Circulares, pelo Conselho Monetário Nacional (§ 6º do art. 34), as quais ampliam, demasiadamente, a definição e interpretação das condutas que são definidas como crimes no art. 17 ora examinado. Essa inaceitável ampliação da tipificação com o conteúdo do art. 34 da Lei n. 4.595/64, admitindo, inclusive, alterações ou complementações por normas administrativas, atuais e futuras, é absolutamente incompatível com o *princípio da reserva legal* e com o *princípio da taxatividade da tipicidade estrita*. Trata-se, indiscutivelmente, de previsão legal *inconstitucional*, merecedora do reconhecimento e de sua declaração pelo STF, inclusive em sede de ADI específica para essa finalidade, objetivando, pelo menos, a *redução de texto,* para excluir parte desse tipo penal, qual seja, a supressão do texto final do art. 17, "observado o disposto no art. 34 da Lei n. 4.595, de 31 de dezembro de 1964".

Por fim, ainda *ficam autorizadas alterações procedidas pelo Conselho Monetário Nacional (§ 6º)*[2], que poderão alterar "a definição de operação de crédito, de limites e de participação qualificada". Como se poderá pensar em trabalhar com a segurança jurídica que exige o Direto Penal da culpabilidade próprio de um Estado Democrático de Direito, que exige normas claras, precisas e objetivas na definição de condutas tipificadas como crimes? Como identificar as condutas incriminadas e quais os seus limites, quando valem ou não valem, ante as inclusões e exclusões (§§ 3º e 4º) previstas na própria lei atualizadora do art. 17 (Lei n. 13.506/2017), inclusive podendo ser alteradas por normas administrativas do Conselho Monetário Nacional?

2. LEIS PENAIS EM BRANCO E SEUS LIMITES FUNCIONAIS

A maioria das *normas penais incriminadoras*, ou seja, aquelas que descrevem condutas típicas, compõe-se de *normas completas*, integrais, possuindo *preceitos e sanções*. Consequentemente, referidas *normas* podem ser aplicadas sem a complementação de outras. Há, contudo, algumas normas incompletas, com preceitos genéricos ou *indeterminados*, que precisam da complementação de outras normas, sendo conhecidas, por isso mesmo, como *normas penais em*

---

[2]   "§ 6º O Conselho Monetário Nacional disciplinará o disposto neste artigo, inclusive a definição de operação de crédito, de limites e de participação qualificada. (Incluído pela Lei n. 13.506, de 2017)".

branco. Na linguagem figurada de Binding[3], "a lei penal em branco é um corpo errante em busca de sua alma". Trata-se, na realidade, de normas de conteúdo *incompleto*, vago, impreciso, também denominadas *normas imperfeitas*, por dependerem de complementação por outra *norma jurídica* (lei, decreto, regulamento, portaria, resolução etc.) para concluírem a descrição da conduta proibida. A falta ou inexistência dessa dita *norma complementadora* impede que a descrição da conduta proibida se complete, ficando em aberto a descrição típica. Dito de outra forma, a *norma complementar* de uma lei penal em branco *integra o próprio tipo penal*, uma vez que esta é imperfeita e, por conseguinte, incompreensível, por não se referir a uma conduta juridicamente determinada e, faticamente, identificável. Um claro exemplo pode ser encontrado no art. 268 do Código Penal, que descreve como conduta proibida "infringir determinação do poder público, destinada a impedir introdução ou propagação de doença contagiosa". Para a delimitação do conteúdo exato dessa proibição, torna-se necessário acudir às determinações dos Poderes Legislativo e Executivo em matéria de prevenção de doenças contagiosas.

No caso deste art. 17, a norma complementar está representada pelo art. 34 da Lei n. 4.595/64, inserido nesse tipo penal pela Lei n. 13.506/2017, cujo texto não está descrito no tipo penal. Aliás, ficou implícito com toda sua imensa extensão (seis parágrafos e mais de uma dezena de incisos), além de autorizar o Conselho Monetário Nacional a ampliá-la mediante resoluções e circulares, normas administrativas. Por essa razão, trazemos nossa reflexão aqui sobre lei penal em branco, para ilustrar a interpretação que se pode fazer da complexa tipificação desse dispositivo legal.

A doutrina tem distinguido, com fundamento na origem legislativa das *normas*, a sua classificação em *normas penais em branco*, *em sentido lato* e *em sentido estrito*. Segundo Pablo Rodrigo Alflen da Silva, "nas leis penais em branco em *sentido estrito*, há fonte formal *heteróloga*, pois remetem a individualização (especificação) do preceito a regras cujo autor é um órgão distinto do poder legislativo[4], o qual realiza o preenchimento do 'branco' por meio de sua individualização, v. g., através de atos administrativos" e nas "leis penais em branco em sentido amplo, em que há fonte formal *homóloga*, são aquelas que recorrem a regulamentações da mesma lei ou de outra lei, ou seja, originadas da mesma instância legislativa, contanto que possam ser pronunciadas por remissões (externas ou internas) expressas e concludentes"[5]. Em outros termos, *normas penais em branco em sentido lato* são aquelas cujo complemento é originário da mesma fonte formal

---

[3]   Apud Soler, *Derecho Penal argentino*, Buenos Aires: TEA, 1976, vol. 1, p. 122.

[4]   José Frederico Marques, *Tratado de direito penal*, São Paulo: Saraiva.

[5]   Pablo Rodrigo Alflen da Silva, *Leis penais em branco e o direito penal do risco*, Rio de Janeiro: Lumen Juris, 2004, p. 67-68.

da norma incriminadora. Nessa hipótese, a fonte encarregada de elaborar o complemento é a mesma fonte da norma penal em branco. Constata-se que há *homogeneidade de fontes* legislativas. *Normas penais em branco em sentido estrito*, por sua vez, são aquelas cuja complementação é originária de outra instância legislativa, diversa da norma a ser complementada. Diz-se que há *heterogeneidade de fontes*, ante a diversidade de origem legislativa.

No entanto, a *fonte legislativa* (Poder Legislativo, Poder Executivo etc.) que complementa a *norma penal em branco* deve, necessariamente, respeitar os limites que esta impõe, para não violar uma possível *proibição de delegação de competência* na lei penal material, definidora do tipo penal, em razão do *princípio constitucional de legalidade* (art. 5º, II e XXXIX, da CF), do *mandato de reserva legal* (art. 22, I, da CF) e do *princípio da tipicidade estrita* (art. 1º do CP). Em outros termos, é indispensável que essa integração ocorra nos parâmetros estabelecidos pelo *preceito da norma penal em branco*. É inadmissível, por exemplo, uma remissão total do legislador penal a um ato administrativo, sem que o núcleo essencial da conduta punível esteja descrito no preceito primário da norma incriminadora, sob pena de violar o *princípio da reserva legal* de crimes e respectivas sanções (art. 1º do CP). Com efeito, as *normas penais* devem ser interpretadas de acordo com o bem jurídico protegido e o alcance de dita proteção, isto é, sempre levando em consideração a sua finalidade (teleologia), que deve ser estabelecida pelo legislador penal. A *validez* da norma complementar decorre da *autorização* concedida pela norma penal em branco, como se fora uma espécie de *mandato*, devendo-se observar os seus estritos termos, cuja desobediência ofende o princípio constitucional da legalidade. Por esse motivo, também é proibido, no âmbito das leis penais em branco, o recurso à *analogia,* assim como a *interpretação analógica*.

Com esse entendimento, o crime tipificado no art. 268 do Código Penal, por exemplo, não se configura com qualquer infração de determinação do poder público em matéria de prevenção de doença contagiosa, mas somente com aquelas infrações que, pela sua gravidade, representam um perigo concreto de introdução ou propagação de doenças contagiosas, afetando a incolumidade do bem jurídico saúde pública.

Por fim, de acordo com Zaffaroni e Pierangelli, "a lei formal ou material que completa a lei penal em branco integra o tipo penal, de modo que, se a lei penal em branco remete a uma lei que ainda não existe, não terá validade e vigência até que a lei que a completa seja sancionada"[6]. Aliás, tratando-se de *norma penal em branco*, a própria denúncia do *Parquet* deve identificar qual lei complementar satisfaz a elementar exigida pela norma incriminadora, ou

---

[6] Eugénio Raúl Zaffaroni e José Henrique Pierangelli, *Manual de direito penal brasileiro,* p. 452.

Distribuição de lucros e empréstimos vedados • 215

seja, deve constar da narrativa fático-jurídica qual lei desautoriza a prática da conduta imputada, sob pena de se revelar inepta, pois a falta de tal descrição impede o aperfeiçoamento da adequação típica.

3. PRINCÍPIO DA LEGALIDADE E PRINCÍPIO DA RESERVA LEGAL

A gravidade dos meios que o Estado emprega na repressão do delito, a drástica intervenção nos direitos mais elementares e, por isso mesmo, fundamentais da pessoa, o caráter de *ultima ratio* que essa intervenção deve ter impõem, necessariamente, a busca de um princípio que controle o poder punitivo estatal e que confine sua aplicação em limites que excluam toda arbitrariedade e excesso do poder punitivo[7]. O *princípio da legalidade* constitui uma *efetiva* limitação ao poder punitivo estatal. Embora seja hoje um princípio fundamental do Direito Penal, seu reconhecimento percorreu um longo processo, com avanços e recuos, não passando, muitas vezes, de simples "fachada formal" de determinados Estados[8]. Feuerbach, no início do século XIX, consagrou o princípio da legalidade através da fórmula latina *nullum crimen, nulla poena sine lege*. O princípio da legalidade é um imperativo que não admite desvios nem exceções e representa uma conquista da consciência jurídica que obedece a exigências de justiça, que somente os regimes totalitários o têm negado[9].

Em termos bem esquemáticos, pode-se dizer que, pelo *princípio da legalidade*, a elaboração de normas incriminadoras é função exclusiva da lei, isto é, nenhum fato pode ser considerado crime e nenhuma pena criminal pode ser aplicada sem que antes da ocorrência desse fato exista uma lei definindo-o como crime e cominando-lhe a sanção correspondente. A lei *deve definir com precisão* e de forma cristalina a conduta proibida. Assim, seguindo a orientação moderna, a Constituição brasileira de 1988, ao proteger os direitos e garantias fundamentais, em seu art. 5º, XXXIX, determina que "não há crime sem lei anterior que o defina, nem pena sem prévia cominação legal".

Quanto ao *princípio da reserva legal*, este significa que a regulação de determinadas matérias deve ser feita, necessariamente, por meio de lei formal, de acordo com as previsões constitucionais a respeito. Nesse sentido, o art. 22, I, da CF estabelece que compete privativamente à União legislar sobre Direito Penal. A adoção expressa desses princípios significa que o nosso ordenamento

---

[7] Francisco Muñoz Conde e Mercedez García Arán, *Lecciones de Derecho Penal*, Sevilla, 1991, p. 74. Para aprofundar a análise sobre esse tema, consultar Maurício Antonio Ribeiro Lopes, *Princípio da legalidade penal*, São Paulo: Revista dos Tribunais, 1994.

[8] Muñoz Conde e García Arán, *Lecciones*, cit., p. 75.

[9] Milton Cairoli Martinez, *Curso de Derecho Penal uruguayo*, 2. ed., 2. reimpr., Montevideo: Fundación de Cultura Universitaria, 1990, t. 1, p. 99.

jurídico cumpre com a exigência de segurança jurídica postulada pelos iluministas. Além disso, para aquelas sociedades que, a exemplo da brasileira, estão organizadas por meio de um sistema político democrático, os princípios da legalidade e da reserva legal representam a garantia política de que nenhuma pessoa poderá ser submetida ao poder punitivo estatal, senão com base em leis formais que sejam fruto do consenso democrático.

3.1. Princípio da legalidade e as leis vagas, indeterminadas ou imprecisas

Para que o *princípio da legalidade* seja, na prática, efetivo, cumprindo com a finalidade de estabelecer quais são as condutas puníveis e as sanções a elas cominadas, *é necessário que o legislador penal evite ao máximo o uso de expressões vagas, equívocas ou ambíguas, exatamente como essa previsão final do art. 17, ora sub examine.* Nesse sentido profetiza Claus Roxin, afirmando que: "uma lei indeterminada ou imprecisa e, por isso mesmo, pouco clara não pode proteger o cidadão da arbitrariedade, porque não implica uma autolimitação do *ius puniendi* estatal, ao qual se possa recorrer. Ademais, contraria o princípio da divisão dos poderes, porque permite ao juiz realizar a interpretação que quiser, invadindo, dessa forma, a esfera do legislativo"[10]. Assim, objetiva-se que o princípio da legalidade, como garantia material, ofereça a necessária segurança jurídica para o sistema penal e especialmente para o cidadão, que tem direito a leis penas precisas, claras e objetivas sobre o que constitui crime ou não. O que deriva na correspondente exigência, dirigida ao legislador, de *determinação das condutas puníveis – o que não ocorre na previsão do* caput *do art. 27,* que ora examinamos. Tal princípio também é conhecido como *princípio da taxatividade* ou mandato de determinação dos tipos penais.

Não se desconhece, contudo, que, por sua própria natureza, a ciência jurídica admite certo grau de *indeterminação*, visto que, como regra, todos os termos utilizados pelo legislador admitem várias interpretações. De fato, o legislador não pode abandonar por completo os *conceitos valorativos*, expostos como *cláusulas gerais*, os quais permitem, de certa forma, uma melhor adequação da *norma de proibição* com o comportamento efetivado. O tema, entretanto, pode chegar a alcançar proporções alarmantes quando o legislador utiliza excessivamente *conceitos que necessitam de complementação valorativa*, isto é, que não descrevem efetivamente a *conduta proibida*, requerendo, do magistrado, um juízo valorativo para complementar a descrição típica, com graves violações à segurança jurídica. Algo similar *ocorre na integração típica do art. 17,* com a inclusão do art. 34 da Lei n. 4.595 no próprio *caput* desse artigo, lei esta de cunho puramente administrativo, que amplia desmesuradamente o que poderá,

---

[10] Claus Roxin, *Derecho Penal*, p. 169.

ou não, ser interpretado como crime. Ademais, esse art. 34 remete a outra norma também de natureza administrativa (§ 2º do art. 34 da Lei 13.506 remete aos incisos IV a VIII do art. 11 da Lei n. 6.385/1976), além da emissão, pelo Banco Central e pelo Conselho Monetário Nacional, de quantidades incontroláveis de *resoluções, circulares, portarias* etc., inclusive definindo e ampliando novas proibições, as quais passarão a integrar, como crimes, o art. 17 *sub examine*.

A rigor, uma técnica legislativa correta e adequada ao princípio da legalidade deverá evitar ambos os extremos, quais sejam, tanto a proibição da utilização de *conceitos normativos gerais* como o *exagerado uso dessas cláusulas gerais valorativas*, que não descrevem com precisão as condutas proibidas, e, principalmente, integrar à definição de qualquer crime com o texto aberto de outra lei, puramente administrativa com a abrangência desse art. 34 da Lei n. 4.595, dificultando imensamente saber o que é proibido como crime e o que é permitido fazer, como demonstraremos em tópico específico. Sugere-se que, especificamente sobre este artigo, em primeiro lugar, se reconheça a *inconstitucionalidade, com supressão de texto*, da parte final do *caput* do art. 17, aquele que foi acrescentado pela Lei n. 13.506/2017; em segundo lugar, que se busque um meio-termo que permita a proteção dos bens jurídicos relevantes contra aquelas condutas tidas como *gravemente censuráveis*, de um lado, e o uso equilibrado das ditas *cláusulas gerais* valorativas, de outro lado, possibilitando, assim, aplicação ao Direito Penal à compreensão e regulação da realidade dinâmica da vida em sociedade, sem fissuras com a *exigência de segurança jurídica do sistema penal*, como garantia de que a total *indeterminação* será inconstitucional, como ocorre com o acréscimo ao *caput* do art. 17 pela Lei n. 13.506/2017.

Vários critérios, arrolados por Claus Roxin[11], vêm sendo propostos para encontrar esse equilíbrio, por exemplo: 1º) Conforme o *Tribunal Constitucional Federal alemão*, a exigência de determinação legal aumentaria junto com a quantidade de pena prevista para o tipo penal (como se a legalidade fosse necessária somente para os delitos mais graves) e a consagração pela jurisprudência de uma lei indeterminada atenderia ao mandamento constitucional (ferindo o princípio constitucional da divisão dos poderes e a garantia individual). 2º) Haveria *inconstitucionalidade* quando o legislador, dispondo da possibilidade de uma redação legal mais precisa, não a adota. Embora seja um critério razoável, ignora que nem toda previsão legal menos feliz pode ser tachada de inconstitucional. 3º) O *princípio da ponderação*, segundo o qual os *conceitos necessitados de complementação valorativa* serão admissíveis se *os interesses* de uma justa solução do caso concreto forem *preponderantes* em relação ao *interesse da segurança jurídica*. Este critério é objetável porque relativiza o princípio da legalidade. Os pontos de vista da justiça e da necessidade de pena devem ser considerados dentro dos limites

---

[11] Claus Roxin, *Derecho Penal*, p. 172.

da reserva legal, ou estar-se-ia renunciando o princípio da determinação em favor das concepções judiciais sobre a Justiça. Enfim, todos esses critérios sugeridos são insuficientes para disciplinar os limites da permissão do uso de *conceitos necessitados de complementação mediante juízos valorativos*, sem violar o princípio constitucional da legalidade.

Por esse motivo, estamos de acordo com Claus Roxin[12], quando sugere que a solução correta deverá ser encontrada mediante os "princípios da interpretação em Direito Penal". Segundo esses princípios, "um preceito penal será suficientemente preciso e determinado se e na medida em que do mesmo se possa deduzir *um claro fim de proteção do legislador* e que, com segurança, o teor literal siga marcando os limites de uma extensão arbitrária da interpretação". No entanto, a despeito de tudo, os textos legais em matéria penal continuam abusando do *uso excessivo de tipificações abertas*, como essa do art. 17 ora questionado, de *expressões valorativas*, dificultando, quando não violando, os *princípios da legalidade e da reserva legal*.

Há pouco tempo (menos de vinte anos), a Lei n. 10.792/2003, que altera dispositivos da Lei n. 7.210/84, de Execução Penal, ao criar o *regime disciplinar diferenciado* de cumprimento de pena, violou flagrantemente o *princípio da legalidade penal*, criando, *disfarçadamente*, uma sanção penal cruel e desumana sem tipo penal definido correspondente. O *princípio da legalidade* exige que a norma contenha a descrição hipotética do comportamento proibido e a determinação da correspondente sanção penal, com alguma precisão, como forma de impedir a imposição a alguém de uma punição arbitrária sem uma correspondente infração penal. É intolerável que o *legislador ordinário* possa regular de *forma tão vaga e imprecisa o teor das faltas disciplinares* que afetam o regime de cumprimento de pena, submetendo o condenado ao *regime disciplinar diferenciado*. O abuso no uso de expressões, como "alto risco para a ordem e a segurança do estabelecimento penal" ou "recaiam fundadas suspeitas de envolvimento ou participação" (art. 52, §§ 1º e 2º), sem declinar que "tipo de conduta" poderia criar o referido "alto risco" ou caracterizar "suspeitas fundadas", representa, portanto, outra *flagrante afronta ao princípio da legalidade*, especialmente no que diz respeito à *legalidade das penas*, como demonstramos ao analisarmos as penas privativas de liberdade[13].

Enfim, destacamos essas preliminares sobre a inadequação dessa forma de legislar em matéria penal e, principalmente, incluindo na descrição típica da conduta o conteúdo de outros artigos alheios aos crimes que este diploma legal tipifica. Demonstramos a dificuldade de interpretar esses crimes em tipo absolutamente aberto e a impossibilidade de o destinatário da norma, qual seja, o

---

[12] Claus Roxin, *Derecho Penal*, p. 172.
[13] Ver nosso *Tratado de Direito Penal*, volume 1, em sua parte que trata das penas cominadas.

Distribuição de lucros e empréstimos vedados • 219

cidadão, ter conhecimento do que é *proibido em matéria penal*, e orientar-se de acordo com esse conhecimento. Certamente, estamos diante de fonte rica para se constatar, *in concreto*, muitos *erros de tipo* e inúmeros *erros de proibição*[14].

4. CONSIDERAÇÕES PRELIMINARES SOBRE O ART. 17 DA LEI N. 7.492/76

Antecedente direto deste art. 17 encontra-se no art. 34 da Lei n. 4.595/64, conhecida como "Lei da Reforma Bancária", que previa a proibição de determinados empréstimos, por isso denominamos, incialmente, esse crime de "concessão de empréstimo ou adiantamento ilegais". Embora parte da doutrina, a partir da Lei n. 13.506, prefira chamá-lo de "empréstimo vedado", passamos, no entanto, a denominá-lo como "distribuição de lucros e empréstimos vedados", mais consentâneo com o conteúdo do referido dispositivo legal. Com alteração da Lei n. 13.506/2017, esse art. 17 teve a redação de seu *caput* simplificada, por um lado, apresentando significativa modificação, inclusive suprimindo grande parte de sua complexa e contraditória redação. Contudo, por outro lado, foi absurdamente vinculada sua descrição típica, de forma implícita, ao conteúdo do art. 34 da Lei n. 4.595/64, o qual foi ampliado pela mesma Lei n. 13.506/2017, acrescentando-lhe seis parágrafos com mais de uma dezena de incisos. A rigor, com essas modificações, a descrição típica ficou extremamente aberta e confusa, sendo transformada em "uma verdadeira colcha de retalhos". Aliás, essa nova estrutura do *caput* do referido art. 17 dificulta sobremodo sua compreensão e interpretação pelos próprios especialistas, quer da doutrina, quer da jurisprudência, podendo, inclusive, levar, não raro, a graves incompatibilidades, gerando grandes contradições na sua aplicação ao caso concreto.

Na realidade, esse novo diploma legal (Lei n. 13.506/2017) transformou a tipificação desse crime em *norma penal em branco*, dependente da complementação de outras normas legais, inclusive por normas administrativas do Conselho Monetário Nacional[15] (resoluções, circulares etc.). Teria sido mais simples e mais seguro se o legislador tivesse aproveitado a oportunidade para redefinir essa infração penal por inteiro, nesse diploma legal, ressalvando apenas eventual vigência de outros dispositivos legais similares. Mas nunca da forma como o fez, qual seja, incluindo na tipificação o conteúdo ampliado do art. 34 da Lei n. 4.595/64, permitindo alterações, inclusive por resoluções e circulares do Conselho Monetário Nacional (art. 34, § 6º, da Lei n. 4.595/64). Em outros

---

[14] Para análise específica de matéria de "erro penal", sugerimos nosso *Erro de tipo e erro de proibição* e o volume um de nosso *Tratado de Direito Penal*, ambos pela Editora Saraiva.

[15] Art. 34, § 6º, da Lei n. 4.595/64: "O Conselho Monetário Nacional disciplinará o disposto neste artigo, inclusive a definição de operação de crédito, de limites e de participação qualificada. (Incluído pela Lei n. 13.506, de 2017)".

220 • Crimes contra o sistema financeiro nacional

termos, estamos diante de gravíssima *inconstitucionalidade*, violando o *princípio da legalidade* (art. 5º, XXXIX, da CF), ao possibilitar que *normas administrativas*, que não são leis, possam alterar a tipificação de um crime, além da transformação do próprio tipo em *norma penal em branco*, igualmente inconstitucional também por isso.

Este crime do art. 17 da Lei n. 7.492/86 apresenta certa semelhança com a previsão contida no inciso III do § 1º do art. 177 do Código Penal, como abordamos nas edições anteriores desta mesma obra. Esse artigo do Código Penal tipifica o abuso de *diretor ou gerente que toma empréstimo à sociedade ou usa, em proveito próprio ou de terceiro, os bens ou haveres sociais sem prévia autorização da Assembleia Geral*. Referido crime apresenta alguma semelhança com o crime de *apropriação indébita*, embora seja específico em relação a diretor ou gerente (crime próprio), que *usa ou toma por empréstimo bens da sociedade a que serve*. O natimorto Código Penal de 1969 tratava dessa mesma infração penal, em seu art. 192, com a seguinte redação: "Autorizar o responsável por instituição financeira a concessão de empréstimo a diretor, membro do conselho consultivo, fiscal ou semelhante, ou ao respectivo cônjuge: Pena – reclusão, de 1 (um) a 4 (quatro) anos, e pagamento de dez a cinquenta dias-multa".

5. BEM JURÍDICO TUTELADO

Trata-se de *crime pluriofensivo*, violando bens jurídicos diversos, atentando, concretamente, não apenas contra o *sistema financeiro nacional*, mas também contra o patrimônio da instituição financeira, além dos interesses patrimoniais dos sócios, acionistas e investidores. Nesse sentido é a manifestação de Nilo Batista: "Dessa forma, as importantes funções interpretativas e metodológicas que o bem jurídico desempenha devem ser referidas, na análise do tipo do art. 17 da Lei n. 7.492/86, a alguma ofensa ao regular funcionamento do sistema financeiro nacional, ao patrimônio social da instituição administrada, e aos interesses dos acionistas e investidores"[16]. No dispositivo *sub examine* aparece claramente a preocupação com a *vulnerabilidade do sistema financeiro* que repousa na credibilidade, na confiabilidade do próprio sistema que somente seu equilíbrio, higidez e funcionalidade podem assegurar-lhe perante a coletividade. Adota-se, igualmente, uma política de controle e combate a *métodos nepotistas*, os quais podem levar ao desequilíbrio e até à quebra da instituição financeira afetada. Punem-se, nesse sentido, várias formas de favorecimento a pessoas vinculadas à instituição financeira (relacionadas no art. 25), por empréstimo, adiantamento, remuneração, pagamento ou outras operações desautorizadas, nos termos do art. 34 da Lei n. 4.595/64. Não é outro o entendimento de Tórtima,

---

[16] Nilo Batista, Empréstimos ilícitos na Lei 7.492/86, in *Temas de direito penal econômico*, p. 325.

segundo o qual, protege "o próprio equilíbrio financeiro da instituição, que poderia ser vulnerado por práticas abusivas e nepotistas, além de abalar a própria confiança dos poupadores e investidores no sistema financeiro, cuja credibilidade é o objeto imediato e precípuo da norma"[17]. No entanto, não incrimina o simples uso de bens ou haveres da instituição financeira, como imóveis, veículos etc.

Cumpre destacar que, relativamente às *empresas de consórcio*, o patrimônio que se protege é aquele pertencente aos consorciados, de sorte que eventual empréstimo ou adiantamento à empresa coligada, retirado do patrimônio da própria sociedade de consórcio, não tipifica a conduta descrita no *caput* do dispositivo objeto de análise. O Tribunal Regional Federal da 3ª Região tem decisões nesse sentido. No particular, não resta dúvida de que está superado o entendimento que foi sustentado por Tigre Maia, segundo o qual haveria crime, nessas hipóteses, eis que "os valores cobrados a título de remuneração dos serviços de administração são receitas da instituição financeira, compõem seu patrimônio e incidem na proibição legal"[18].

6. SUJEITOS ATIVO E PASSIVO DO CRIME

Trata-se de *crime próprio (para alguns de mão própria),* que exige dos autores a qualidade ou condição de controlador ou administrador de instituição financeira, assim também considerados os diretores e gerentes, nos termos do *caput* do art. 25. Dificilmente aqueles *equiparados*, previstos no § 1º do mesmo art. 25 – interventor, liquidante ou síndico –, serão agentes desses crimes, pois somente poderão praticá-lo quando a instituição encontrar-se na situação que lhes permita agir (estado falimentar). E, nessas condições, é bastante improvável que possam operar com empréstimo ou adiantamento e, muito menos, distribuir lucros, reais ou fictícios.

Na hipótese do *inciso I do parágrafo único desse art. 17,* somente *controlador* ou *administrador*, isto é, sujeitos que efetivamente exerçam essas funções ou ostentem essa condição, podem praticar as ações de *conceder* ou *receber* adiantamento de honorário, remuneração, salário ou qualquer outro pagamento, nas condições referidas nesse inciso I. Na previsão do inciso referido, não se aplica a *genérica equiparação* constante do § 1º do art. 25, pois o texto, contrariamente à forma adotada no *caput*, especificou quem pode ser autor dessa infração penal. Na hipótese das condutas descritas no inciso II do mesmo parágrafo único do art. 17, podem ser os mesmos sujeitos ativos habilitados a rea-

---

[17] Tórtima, *Crimes contra ao sistema financeiro nacional*, p. 186.
[18] Rodolfo Tigre Maia, *Dos crimes contra o sistema financeiro nacional*: anotações à Lei federal n. 7.492/86, p. 114.

lizar as condutas descritas no *caput*, não havendo exigência de qualquer outra qualidade ou condição especial.

Quanto à *responsabilidade penal* de gerente de agência, remetemos o leitor para o entendimento que sustentamos, sobre o mesmo tema, no capítulo em que abordamos o crime de gestão temerária (art. 4º), para não sermos repetitivos. Ademais, nas hipóteses contidas neste dispositivo, em que normalmente os beneficiários são os próprios *administradores* ou seus *familiares*, não há como atribuir-se *responsabilidade penal ao gerente* que, à evidência, é subordinado aos verdadeiros administradores da instituição, sem autonomia para decidir. Nesse sentido, já se manifestava Manoel Pedro Pimentel, afirmando: "Seria excessivamente rigorosa a interpretação contrária, pois acarretaria a responsabilidade de representação da instituição bancária a um simples gerente de agência, que tem poderes limitados e cuja participação nas decisões fundamentais da empresa é nula"[19].

7. TIPO OBJETIVO: TOMAR, RECEBER CRÉDITO OU DEFERIR OPERAÇÕES VEDADAS

O tipo objetivo apresenta uma composição diversificada, criminalizando vários comportamentos distintos, embora todos, teoricamente, possam ser praticados pelos mesmos sujeitos ativos relacionados no art. 25. As condutas incriminadas no *caput* do art. 17 são *tomar ou receber crédito, ou deferir operações de créditos vedadas*. No inciso I do parágrafo único, por sua vez, as condutas tipificadas são *conceder* e *receber adiantamento*, nas condições referidas nesse artigo; e no inciso II do mesmo parágrafo único são, disfarçadamente, *promover a distribuição ou receber lucros de instituição financeira*. Das condutas contempladas no parágrafo único nos ocuparemos em tópicos à parte, limitando-nos neste a examinar somente as condutas descritas no *caput* desse artigo.

"Tomar" significa obter, adquirir, conseguir ou contrair "crédito" ou "recebê-lo", que significa aceitar, acolher ou obter, por qualquer das pessoas mencionadas no art. 25 da Lei regente. Em outras palavras, *tomar ou receber crédito* têm significados semelhantes, quais sejam, de contraí-lo e recebê-lo efetivamente. Tomá-lo *indiretamente* quer dizer utilizar-se de interposta pessoa para figurar na condição de mutuário.

Deferir operações de crédito vedadas, por sua vez, constante da segunda parte do *caput*, significa autorizar, aprovar, anuir, assentir, conceder ou realizar *operações de crédito vedadas*, as quais, normalmente, consistem em empréstimo ou adiantamento, desautorizados, proibidos ou não autorizados, portanto, vedados a controlador, administrador, membro de conselho estatutário ou contratado, ou aos respectivos parentes mencionados no texto legal. Em outros

---

[19] Pimentel, *Crimes contra o sistema financeiro nacional*, p. 132.

termos, significa que o *tomador* ou *recebedor*, que nas duas figuras anteriores encontram-se no *polo passivo* do contrato de empréstimo, funcionam na terceira figura, *deferidor*, no *polo ativo*, *concedendo* empréstimo ou adiantamento (inc. I do parágrafo único), ou seja, criminaliza-se tanto a ação de *tomar* ou *receber* crédito ou adiantamento, quanto a de *deferi-los* ou, o que dá no mesmo, *concedê-los*, como uma mão de duas vias, não havendo, portanto, lacuna.

De notar-se que o *caput* desse art. 17 não se refere a *adiantamento*, somente no inciso I do parágrafo único, no entanto, convém observar-se que referido *caput* é complementado pela elementar típica "observado o disposto no art. 34 da Lei 4.595/64", que, por sua vez, foi inflado pela mesma Lei n. 13.506/2017, pois é nessa Lei n. 4.595 que se encontram relacionadas as inúmeras vedações de "operações de crédito" com "parte relacionada", aliás, locução esta até então desconhecida em nosso sistema jurídico. E o mais grave é que a Lei n. 13.506/2017 acrescentou seis parágrafos e mais de uma dezena de incisos nesse art. 34, todos direcionados ao *caput* do art. 17, ou seja, a essência da tipificação das condutas que deveria integrar a descrição deste dispositivo legal, foram deslocados e incluídos no art. 34, como um "arquipélago legal", representado pela quantidade de parágrafos e incisos atrelados a "ilha mãe", o art. 34, todos destinados a *inflar as proibições penais* constantes do art. 17, pois, repetindo, o art. 34 foi integrado como *elemento constitutivo do tipo penal* descrito no art. 17. Esse *modus operandis* do legislador, nunca antes visto no mundo ocidental, criou a mais absurda *inconstitucionalidade* por violar o princípio *nullum crimen nulla poena sine lege praevia*. Poder-se-ia dizer, parodiando Eugenio Zaffaroni, que se trata, em outro sentido, da verdadeira "tipicidade conglobante"!

O legislador, com esse *modus operandis*, parece que age, sorrateiramente, objetivando esconder, dificultar e até inviabilizar a compreensão ou o entendimento sobre quais são as *elementares constitutivas da proibição penal*. Com efeito, diluiu a tipificação, como se, constitucionalmente, pudesse fazê-lo, ramificando-a e estendendo-a para três diplomas legais, sendo dois deles não penais, quais sejam, a Lei n. 4.595/64 e a Lei n. 6.404/76. Ademais, *autorizou, inconstitucionalmente*, o *Conselho Monetário Nacional* (§ 6º)[20] a definir, alterar e modificar "operações de crédito vedadas", via resoluções e circulares, normas puramente administrativas, podendo *amplia*r a abrangência do tipo penal.

O conteúdo do art. 34 da Lei n. 4.595/64 passou a integrar o próprio tipo penal do art. 17, e, nessa condição, acresce, *implicitamente*, como "elementares típicas aderentes" que "é vedado às instituições financeiras realizar operação de crédito com a *parte relacionada*", aliás, locução esta – *parte relacionada* – até então desconhecida na seara penal. Em seu § 3º (os dois primeiros foram veta-

---

[20] "§ 6º O Conselho Monetário Nacional disciplinará o disposto neste artigo, inclusive a definição de operação de crédito, de limites e de participação qualificada."

dos), por sua vez, define o rol do que "Considera-se *parte relacionada* à instituição financeira, para efeitos deste artigo":

I – seus controladores, pessoas físicas ou jurídicas, nos termos do art. 116 da Lei nº 6.404, de 15 de dezembro de 1976;
II – seus diretores e membros de órgãos estatutários ou contratuais;
III – o cônjuge, o companheiro e os parentes, consanguíneos ou afins, até o segundo grau, das pessoas mencionadas nos incisos I e II deste parágrafo;
IV – as pessoas físicas com participação societária qualificada em seu capital; e
V – as pessoas jurídicas:
a) com participação qualificada em seu capital;
b) em cujo capital, direta ou indiretamente, haja participação societária qualificada;
c) nas quais haja controle operacional efetivo ou preponderância nas deliberações, independentemente da participação societária; e
d) que possuírem diretor ou membro de conselho de administração em comum.

Enfim, todos os cinco incisos elencados são considerados relacionados ou *partes vinculadas* à instituição financeira, e, como tais, são proibidas, em tese, de realizar *operações de créditos* com referida instituição. Com efeito, punem-se o *controlador* e o *administrador* tanto quando *tomam* como quando *recebem* empréstimo ou adiantamento de sua própria instituição financeira, para si ou para *partes vinculadas*, e também quando os *deferem* não apenas a si mesmos, mas igualmente a membro de conselho estatutário (não relacionado no art. 25), e aos respectivos cônjuges, ascendentes, descendentes, parentes na linha colateral até o 2º grau ou à sociedade sua controlada.

Incompreensivelmente, no entanto, após *qualificar* como *partes relacionadas à instituição financeira*, as quais, em tese, estariam impedidas ou proibidas de realizar ou participar de *operações de créditos* vedadas, o parágrafo seguinte (4º) exclui um grande rol da vedação relacionada no § 3º. Vejamos essa previsão, *verbis*:

§ 4º **Excetuam-se da vedação de que trata o** *caput* **deste artigo**, respeitados os limites e as condições estabelecidos em regulamentação:
I – as operações realizadas **em condições compatíveis com as de mercado**, inclusive quanto a limites, taxas de juros, carência, prazos, garantias requeridas e critérios para classificação de risco para fins de constituição de provisão para perdas prováveis e baixa como prejuízo, sem benefícios adicionais ou diferenciados comparativamente às operações deferidas aos demais clientes de mesmo perfil das respectivas instituições;
II – as operações com empresas controladas pela União, no caso das instituições financeiras públicas federais;
III – as operações de crédito que tenham como contraparte instituição financeira integrante do mesmo conglomerado prudencial, desde que contenham *cláusula contratual de subordinação*, observado o disposto no inciso V do art. 10 desta Lei, no caso das instituições financeiras bancárias;

Distribuição de lucros e empréstimos vedados • 225

IV – os depósitos interfinanceiros regulados na forma do inciso XXXII do *caput* do art. 4º desta Lei;

V – as obrigações assumidas entre partes relacionadas em decorrência de responsabilidade imposta a membros de compensação e demais participantes de câmaras ou prestadores de serviços de compensação e de liquidação autorizados pelo Banco Central do Brasil ou pela Comissão de Valores Mobiliários e suas respectivas contrapartes em operações conduzidas no âmbito das referidas câmaras ou prestadores de serviços;

O § 5º do mesmo art. 34, por sua vez, amplia o conceito definido de "parte relacionada", determinando que "Considera-se também realizada com *parte relacionada* qualquer operação que caracterize negócio indireto, simulado ou mediante interposição de terceiro, com o fim de realizar operação vedada nos termos deste artigo". Trata-se de mais um *tipo aberto*, afinal, a que "operação" referido parágrafo está se referindo, não seria somente "operação de crédito"(?), afinal, operações de créditos já constam nos outros parágrafos, agora este generaliza, abrindo ainda mais a tipificação desses crimes? Na realidade, pode haver inúmeros tipos ou modalidades de *operações*, de diversas espécies ou naturezas, *v.g.*, contábeis, econômicas, comerciais etc., até porque o termo é genérico, e precisa ser adjetivado para limitá-lo, o que não ocorre nesse dispositivo legal.

7.1. Ou deferir operações de crédito vedadas, observado o disposto no art. 34 da Lei n. 4.595, de 31 de dezembro de 1964

Esta segunda parte do art. 17 contemplava uma redação prolixa, longa e confusa, cuja qualidade (ou falta de) era reclamada por todos os que com ela tiveram que trabalhar. Houvesse o legislador se limitado a essa supressão, teria agido com absoluta correção, em razão das grandes dificuldades hermenêuticas já referidas. Na edição anterior desta obra (3ª), temos um tópico comentando especificamente esses aspectos. Contudo, o legislador foi além, e complicou ainda mais, assim, aquilo que já era ruim, ficou ainda pior, adotando uma metodologia inédita, errada e inadmissível na tipificação de condutas definidas como crimes. Ou seja, integrou, implicitamente[21], na definição de um crime o conteúdo de um artigo de outra lei (Lei n. 4.595/64), que, por sua vez, incluiu mais outra lei (Lei n. 6.404/76). Um verdadeiro horror em termos de leis definidoras de crimes, não oferecendo a menor segurança jurídica não apenas ao cidadão, mas também aos operadores e aplicadores da lei.

No entanto, esta segunda parte do art. 17 foi alterada pela Lei n. 13.506/2017, que suprimiu todo o texto anterior[22], mas incluiu na redação desse tipo penal

---

[21] *Implicitamente* porque o texto, isto é, o conteúdo do referido art. 34, não foi descrito no art. 17, apenas mencionou o número, estendendo, de forma até então inédita, a tipificação dessa conduta.

[22] "[...] ou deferi-lo a controlador, a administrador, a membro de conselho estatutário, aos respectivos cônjuges, aos ascendentes, descendentes, a parentes em linha colateral até o 2º grau, con-

"o disposto no art. 34 da Lei n. 4.595/64". O texto revogado referia-se somente a "empréstimo ou adiantamento", ao passo que a nova redação ampliou para "operações de crédito vedadas", portanto, muito mais abrangente, envolvendo toda e qualquer operação de crédito, afora, logicamente, aquelas que foram expressamente excluídas no § 4º desse mesmo art. 34. Vejamos parte da redação desse artigo incluído no *caput* do art. 17, que ora comentamos:

> Art. 34. É vedado às instituições financeiras realizar operação de crédito com a PARTE RELACIONADA.
> § 3º Considera-se parte relacionada à instituição financeira, para efeitos deste artigo:
> I – seus controladores, pessoas físicas ou jurídicas, nos termos do art. 116 da Lei nº 6.404, de 15 de dezembro de 1976;
> II – seus diretores e membros de órgãos estatutários ou contratuais;
> III – o cônjuge, o companheiro e os parentes, consanguíneos ou afins, até o segundo grau, das pessoas mencionadas nos incisos I e II deste parágrafo;
> IV – as pessoas físicas com participação societária qualificada em seu capital; e
> V – as pessoas jurídicas:
> a) com participação qualificada em seu capital;
> b) em cujo capital, direta ou indiretamente, haja participação societária qualificada;
> c) nas quais haja controle operacional efetivo ou preponderância nas deliberações, independentemente da participação societária; e
> d) que possuírem diretor ou membro de conselho de administração em comum.

Constata-se, incompreensivelmente, a confusão que o texto do *caput* do art. 34 e seus respectivos parágrafos fazem na tipicidade desse crime. O § 3° identifica quem é denominado "parte relacionada" e as *operações de créditos* que a instituição financeira não pode realizar com esta. Em seguida, o § 4º, do mesmo art. 34, por sua vez, *exclui da vedação estabelecida no* caput *desse art. 34* e relacionada no § 3º operações e situações das vedações supramencionadas, as quais, por consequência, não são atingidas pelo art. 17 ora *sub examine*. Vejamos o texto do referido parágrafo:

> § 4º Excetuam-se da vedação de que trata o *caput* deste artigo, respeitados os limites e as condições estabelecidos em regulamentação:
> I – as operações realizadas em condições compatíveis com as de mercado, inclusive quanto a limites, taxas de juros, carência, prazos, garantias requeridas e critérios para classificação de risco para fins de constituição de provisão para perdas prováveis e baixa como prejuízo, sem benefícios adicionais ou diferenciados comparativamente às operações deferidas aos demais clientes de mesmo perfil das respectivas instituições;

---

sanguíneos ou afins, ou a sociedade cujo controle seja por ela exercido, direta ou indiretamente, ou por qualquer dessas pessoas".

Distribuição de lucros e empréstimos vedados • 227

II – as operações com empresas controladas pela União, no caso das instituições financeiras públicas federais;

III – as operações de crédito que tenham como contraparte instituição financeira integrante do mesmo conglomerado prudencial, desde que contenham cláusula contratual de subordinação, observado o disposto no inciso V do art. 10 desta Lei, no caso das instituições financeiras bancárias;

IV – os depósitos interfinanceiros regulados na forma do inciso XXXII do *caput* do art. 4° desta Lei;

V – as obrigações assumidas entre partes relacionadas em decorrência de responsabilidade imposta a membros de compensação e demais participantes de câmaras ou prestadores de serviços de compensação e de liquidação autorizados pelo Banco Central do Brasil ou pela Comissão de Valores Mobiliários e suas respectivas contrapartes em operações conduzidas no âmbito das referidas câmaras ou prestadores de serviços.

Pergunta-se: por que, afinal, incluir em um parágrafo e, em seguida, no parágrafo seguinte, excluí-las? Destaca-se, ademais, que a redação do art. 34 e seus seis parágrafos e respectivos incisos foi incluída pela Lei n. 13.506/2017, criando um inadmissível "bota e tira", em um mesmo texto legal, cuja única forma de consertá-la será revogando esse acréscimo. Não há, na verdade, nenhuma segurança jurídica, especialmente porque podem ser editadas *normas administrativas complementares* pelo Banco Central e pelo Conselho Monetário Nacional, alterando, inclusive, a tipicidade desse crime contra o sistema financeiro. Ora, normalmente, nem os profissionais do direito acompanham diariamente as alterações que essas instituições fazem administrativamente, desconhecendo literalmente o texto legal. Como admitir que tais alterações possam integrar a tipificação de um crime com pena de até seis anos de reclusão?

Na segunda parte do *caput* do art. 17, a conduta contemplada era de *deferir* empréstimo ou adiantamento e abrangia duas situações distintas: (a) a controlador, administrador, membro de conselho estatutário, respectivos cônjuges, ascendentes, descendentes, parentes em linha colateral, consanguíneos ou afins; (b) ou à *sociedade* cujo controle seja por ela exercido, direta ou indiretamente, ou por qualquer dessas pessoas.

Referindo-se à primeira hipótese da conduta *deferir*, do texto revogado, destacava Nilo Batista: "Na segunda alternativa (daquela disjuntiva 'ou' ao fim) contempla-se a conduta dos administradores que *deferem* empréstimo ao controlador, a outro administrador, a membro de conselho estatutário, a certos parentes de qualquer dessas pessoas discriminadas no tipo"[23].

Empréstimo, com o significado que é utilizado neste art. 17, é contrato pelo qual coisa, bem ou valor é entregue a alguém com a obrigação de ser restituído

---

[23] Nilo Batista, Empréstimos ilícitos na Lei 7.492/86, in *Temas de direito penal econômico*, p. 331.

em espécie, que pode ser tanto oneroso (mútuo) como gratuito (comodato). *Adiantamento*, por sua vez, é a antecipação do pagamento de parte do *financiamento*, na hipótese prevista no *caput* do art. 17. Não é, certamente, adiantamento ou antecipação de pagamento de honorários, salários, remuneração ou qualquer outro pagamento, porque essa modalidade de conduta está prevista no inciso I do parágrafo único e não haveria razão para repeti-la. Equivoca-se, *venia concessa*, Tórtima ao afirmar que "por adiantamento deve-se entender qualquer antecipação em dinheiro referente a honorários, salários ou outra remuneração eventualmente devida"[24]. Tanto que, ao comentar o disposto no inciso I do parágrafo único, Tórtima limita-se a registrar que se trata de uma repetição desnecessária a proibição de adiantamento que já estaria prevista no *caput*. Na realidade, enfatizando, não se trata de repetição, mas de modalidade diversa de adiantamento, não contida no *caput*.

A criminalização da concessão ou do deferimento de empréstimo ou antecipação a parentes de controlador ou administrador visa combater, direta e indiretamente, uma espécie de "nepotismo" privado. Nesse sentido, destaca Tórtima: "[...] verifica-se, sem maior controvérsia, que a *mens legis* está orientada no sentido de coibir determinadas práticas nepotistas em detrimento do equilíbrio financeiro ou do patrimônio da instituição. Assim, *v. g.*, os empréstimos concedidos aos diretores da instituição e a seus parentes ou a empresas por eles controladas, quase sempre em condições altamente favorecidas, apesar de não figurar esta circunstância como elementar do tipo"[25].

A Resolução n. 4.596/2017 (revogada pela Resolução n. 4.693/2018) vedava às instituições financeiras e demais instituições autorizadas a funcionar pelo Banco Central do Brasil que realizassem empréstimos ou adiantamentos a: (i) administradores, diretores, membros do conselho fiscal e de órgãos consultivos e administrativos previstos no estatuto ou contrato social, bem como aos respectivos cônjuges ou companheiros; (ii) parentes em linha reta, em linha colateral ou por afinidade, até o segundo grau, das pessoas a que se refere o inciso I; dentre outros.

7.2. Atipicidade do uso de bens ou coisas de instituição financeira

Convém destacar, no entanto, para evitar interpretação equivocada, que este dispositivo legal (art. 17) não criminaliza o *uso de bens* (veículos, móveis ou imóveis) ou *haveres sociais* (haveres em geral, como títulos, dinheiro etc.), ao contrário do que faz o Código Penal relativamente às *sociedades por ações* (art. 177, § 1º, III), e, ainda assim, somente se não houver a "prévia autorização da Assembleia Geral". Em outros termos, é inadmissível que se interprete o eventual *uso*, por exemplo, de imóveis ou veículos como adiantamento ou antecipação de honorários, salários, remuneração, antecipação disfarçada de lucros, especialmente quando se encontra previsto em contrato de trabalho e for admi-

---

[24] Tórtima, *Crimes contra o sistema financeiro nacional*, p. 111.
[25] Idem, p. 109.

tido pelo Estatuto Social. Nesse sentido, a lúcida manifestação de Tórtima: "Todavia, não se confunde essa última hipótese com a utilização, pelas pessoas acima referidas, de imóveis ou veículos da empresa, à guisa de remuneração indireta, normalmente prevista no próprio contrato de trabalho e admitida no Estatuto Social"[26].

Examinando dispositivo do Código Penal (art. 177, § 1º, III[27]), que não se aplica a crimes de instituição financeira, tivemos oportunidade de afirmar:

O inciso III tipifica o abuso de *diretor ou gerente que toma empréstimo à sociedade ou usa, em proveito próprio ou de terceiro, os bens ou haveres sociais sem prévia autorização da assembleia geral.* [...]
As condutas tipificadas são *tomar* por empréstimo ou *usar* dos bens ou haveres sociais. *Empréstimo* é contrato pelo qual uma coisa é entregue com a obrigação de ser restituída em espécie e gênero (comodato e mútuo). *Usar dos bens* (móveis ou imóveis) ou *haveres sociais* (haveres em geral, como títulos, dinheiro etc.), desde que o faça arbitrariamente, isto é, sem autorização da assembleia geral. [...]

O legislador pretendeu proteger a sociedade contra os *maus administradores*, que usam seus cargos para obter vantagem indevida. Nesse sentido, o art. 154, § 2º, da Lei n. 6.404/76 proíbe que o administrador se aproveite das facilidades de suas funções, em prejuízo da companhia[28].

No entanto, não se aplicam às *instituições financeiras*, mesmo àquelas que são *sociedades por ações* (nem todas o são), essa disposição contida no Código Penal e tampouco aquela prevista na Lei n. 6.404/76. O *princípio da especialidade* afasta esses dois diplomas legais, sendo os crimes praticados no âmbito financeiro disciplinados pela Lei n. 7.492/86 e, a partir da Lei n. 13.506/2017, também pelo art. 34 da Lei n. 4.595/64, como demonstramos *supra*. Em seu tempo, pontificava Pimentel: "Em se tratando de instituição financeira, a responsabilidade penal estará sempre ligada aos agentes, independentemente da forma de constituição da sociedade. E, mais, pelo *princípio da especialidade*, no caso de concurso aparente de normas, as sociedades anônimas terão o tratamento disciplinado pela lei especial que estamos examinando e não pelo Código Penal, que é lei geral, e, também, não mais pela Lei 4.595/64 que, sob esse aspecto, ficou revogada"[29].

7.3. A interpretação adequada do excessivo uso de elementos normativos

Não é nova a preocupação com o uso exagerado de *elementos normativos* na descrição de comportamentos proibidos, mormente quando implicam con-

---

[26] Tórtima, *Crimes contra o sistema financeiro nacional*, p. 111.

[27] "O diretor ou o gerente que toma empréstimo à sociedade ou usa, em proveito próprio ou de terceiro, dos bens ou haveres sociais, sem prévia autorização da assembleia geral."

[28] Cezar Roberto Bitencourt, *Tratado de direito penal*: parte especial, v. 3, p. 383.

[29] Pimentel, *Crimes contra o sistema financeiro nacional*, p. 131.

230 • Crimes contra o sistema financeiro nacional

ceitos alheios ao direito, a despeito de reconhecer-se a inevitabilidade desse recurso, principalmente no campo dos crimes financeiros. Essa necessidade não afasta, contudo, a preocupação com os graves riscos que o uso abusivo dessa técnica traz para a segurança jurídica, na medida em que permite ao aplicador da lei *ampliar* o alcance de uma norma proibitiva, afrontando o princípio da reserva legal. Na realidade, a introdução excessiva de elementos normativos no sistema jurídico-penal cria indesejável indeterminação no tipo, enfraquecendo sobremodo sua função de garantia, considerando que, para sua compreensão, é insuficiente desenvolver uma atividade meramente cognitiva, devendo-se realizar uma *atividade valorativa*. São circunstâncias que não se limitam a descrever o natural, mas implicam um *juízo de valor* (*v.g.*, alheia, documento, instituição, cônjuge, lucro etc.)[30].

A doutrina especializada, embora não ignore a necessidade e a importância da inclusão de elementos normativos no tipo, desde o famoso Tratado Mayer (1915)[31], preocupa-se com o aumento excessivo de tais elementos que, inegavelmente, diminuem a precisão e a segurança da descrição típica, ampliando, inadequadamente, a função do julgador na apreciação da adequação típica do fato concreto, criando sérios prejuízos à segurança que o princípio da tipicidade objetiva garantir. Heleno Fragoso, que sempre admitiu a *importância metodológica dos elementos normativos*, reconhecia que tais elementos "introduzem certa indeterminação no conteúdo do tipo, embora a valoração, em qualquer caso, deva ser objetiva, isto é, realizada segundo os padrões vigentes e não conforme o entendimento subjetivo do julgador"[32].

Os Estados Democráticos de Direito não podem conviver com diplomas legais que, de alguma forma, violem o *princípio da reserva legal, como é o caso dos crimes contra o sistema financeiro nacional, especialmente após a revisão pela Lei n. 13.506/2017*. Assim, é inadmissível que da *interpretação* resulte a definição de novos crimes ou de novas penas ou, de qualquer modo, se agrave a situação do indivíduo. Dessa forma, as normas penais não incriminadoras, que não são alcançadas pelo princípio *nullum crimen, nulla poena sine lege*, podem, inclusive, ter suas lacunas complementadas por interpretação extensiva e *analógica*, desde que, em hipótese alguma, agravem a situação do infrator[33]. Essa orientação *político-criminal* não se fundamenta em razões sentimentais ou puramente humanitárias, mas, como destacava Aníbal Bruno, "em princípios jurídicos, que não podem ser excluídos do Direito Penal, e mediante os quais

---

[30] Cezar Roberto Bitencourt, *Tratado de direito penal*: parte geral, v. 1, p. 372.
[31] Luís Jiménez de Asúa, *Principios de derecho penal*: la ley y el delito, p. 237-238.
[32] Heleno Cláudio Fragoso, *Conduta punível*, p. 209.
[33] Giorgio Murinucci e Emilio Dolcini, *Corso di diritto penale*, p. 187 *usque* 207.

situações anômalas podem escapar a um excessivo e injusto rigor"[34]. Enfim, em nome do direito penal da *culpabilidade* e de um Estado Democrático de Direito, jamais se deve admitir qualquer violação ao primado do *princípio da reserva legal*. Por isso, o aplicador da lei, o magistrado, deve buscar o melhor sentido da lei, sem criá-la, sendo-lhe facultada, inclusive, em determinadas circunstâncias, a *interpretação extensiva* da lei penal, desde que *não se trate de norma penal incriminadora*. A *interpretação analógica*, por sua vez, é perfeitamente admissível pelo próprio ordenamento jurídico nacional. Permanece, contudo, *a vedação absoluta do emprego da analogia*, em razão do mesmo princípio da legalidade, salvo quando for para beneficiar a defesa.

A descrição típica das condutas contidas no artigo *sub examine* é acompanhada de inúmeros *elementos normativos*, de natureza jurídica e extrajurídica, sendo que os primeiros ainda podem ser penais e extrapenais. Com efeito, observem-se os seguintes elementos: "empréstimo ou adiantamento, controlador, administrador, membro de conselho estatutário, cônjuges, ascendentes, descendentes, parentes, consanguíneos ou afins, sociedade, direta ou indiretamente, qualquer dessas pessoas" (*caput*); "honorários, remuneração, salário, qualquer outro pagamento, nas condições referidas, de forma disfarçada, distribuição, lucros de instituição" (parágrafo único). Como interpretá-los, senão seguindo a recomendação de Heleno Fragoso, qual seja, de não se admitir o entendimento ou a interpretação subjetiva do julgador, mas priorizando-se a valoração objetiva, isto é, realizada segundo os padrões vigentes, objetivos, portanto.

Assim, nesse labor interpretativo, devem-se adotar não apenas as construções consagradas, mas também as mais *restritivas* dos elementos integradores da norma incriminadora, para, enfim, encontrar a sua real dimensão e abrangência. Em outros termos, deve-se procurar conciliar, preservando-se a segurança jurídica, a função judicial de interpretar a norma penal, com a tipicidade estrita, que outra coisa não é senão respeitar o *princípio da reserva legal*.

Ademais, somente para concluir este tópico, não se pode ignorar que alguns desses elementos normativos, por exemplo – *nas condições referidas, de forma disfarçada* –, contidos no dispositivo que ora examinamos, têm outra *função dogmática*, qual seja, a de referir-se à própria *antijuridicidade*, e não somente à tipicidade, ampliando ainda mais a sua complexidade tipológica. Cumpre destacar, desde logo, que os *elementos normativos do tipo* não se confundem com os *elementos jurídicos normativos da ilicitude*. Enquanto aqueles são elementos constitutivos do tipo penal, estes, embora integrem a descrição do crime, referem-se à ilicitude e, dessa forma, constituem elementos *sui generis* do fato típico, na medida em que são, ao mesmo tempo, caracterizadores da ilicitude. Esses *elementos normativos especiais da ilicitude* normalmente são representados por

---

[34] Aníbal Bruno, *Direito penal*: parte geral, t. 1, p. 211.

expressões como "indevidamente", "injustamente", "sem justa causa", "sem licença da autoridade", entre outras, gerando, inclusive, grande polêmica em relação ao *erro* que incide sobre esses elementos: para alguns, constitui *erro de tipo*, porque nele se localiza, devendo ser abrangido pelo dolo; para outros, constitui *erro de proibição*, porque, afinal, aqueles elementos tratam exatamente da *antijuridicidade* da conduta[35]. No entanto, não analisaremos, neste momento, esses aspectos.

8. CONCEDER OU RECEBER ADIANTAMENTO DE REMUNERAÇÃO OU QUALQUER OUTRO PAGAMENTO (PARÁGRAFO ÚNICO, INCISO I)

O "adiantamento" objeto deste inciso I do parágrafo único refere-se, expressamente, a concessão ou recebimento de adiantamento de *honorários, remuneração, salário ou qualquer outro pagamento*[36]. Aliás, no *caput*, alterado pela Lei n. 13.506/2017, com redação direta e objetiva, não consta mais adiantamento ou antecipação de nada, mas somente "tomar ou receber crédito", nas condições mencionadas no art. 25, "ou deferir operações de crédito vedadas, observado o disposto no art. 34...", como examinamos anteriormente. Nesse aspecto, houve significativo avanço ao ser suprimido o prolixo, contraditório e confuso texto revogado do *caput*, o qual apresentava grande dificuldade para ser interpretado, em razão de construção absolutamente equivocada, sacrificando compreensão por deficiência da construção vernacular. Enfim, na hipótese do inciso I do parágrafo único do art. 25, as *ações de conceder* ou *receber* adiantamento de honorários, remuneração, salários ou qualquer outro pagamento, nas mesmas condições, podem ser praticadas "em nome próprio", isto é, individualmente, por si mesmo, como pessoa física; ou, acrescenta esse inciso I, "como controlador" da sociedade", ou seja, em nome da sociedade, quer representando-a, quer administrando-a, mas sempre em nome dela. Assim, tanto em *nome próprio* como em *nome da sociedade*, o controlador ou administrador pode praticar qualquer das duas condutas incriminadas neste inciso I.

Esse tipo penal especial, ao contrário da previsão similar do art. 177, § 1º, III, do Código Penal, que é norma geral, não criminaliza o simples *uso* de bens ou haveres da instituição financeira, embora inclua formas distintas, como o uso de bens ou haveres sociais, sem prévia autorização da assembleia geral.

---

[35] Cezar Roberto Bitencourt, *Tratado de direito penal*: parte geral, v. 1, p. 542.

[36] A Resolução nº 4.596/17 (revogada pela Resolução n. 4.693/2018) vedava às instituições financeiras e demais instituições autorizadas a funcionar pelo Banco Central do Brasil que realizassem empréstimos ou adiantamentos a: (i) administradores, diretores, membros do conselho fiscal e de órgãos consultivos e administrativos previstos no estatuto ou contrato social, bem como aos respectivos cônjuges ou companheiros; (ii) parentes em linha reta, em linha colateral ou por afinidade, até o segundo grau, das pessoas a que se refere o inciso I; dentre outros.

Distribuição de lucros e empréstimos vedados • 233

Como objeto material das ações de *conceder* e *receber adiantamento*, constam os elementos normativos "honorários, remuneração, salário, ou qualquer outro pagamento". Luiz Regis Prado sintetiza a interpretação dessas elementares nos seguintes termos: "Em seguida, tem-se os elementos normativos do tipo constantes do termo *honorários*, que 'é também aplicado, em acepção econômica, para designar o *prêmio* ou *estipêndio* dado ou pago em retribuição a certos serviços', e *salário*, que é 'o conjunto de percepções econômicas devidas pelo empregador ao empregado não só como contraprestação do trabalho, mas, também, pelos períodos em que estiver à disposição daquele aguardando ordens, pelos descansos remunerados, pelas interrupções do contrato de trabalho ou por força de lei'"[37]. "Remuneração", por sua vez, tem um significado mais abrangente, a despeito de, não raro, ser empregada como simples sinônimo de salário. *Remuneração*, com efeito, significa a totalidade dos ganhos ou pagamentos a que faz jus o empregado, incluindo prêmios, gratificações, comissões e, inclusive, encargos previdenciário-fiscais. Não vemos necessidade de aprofundar o exame dessas elementares por possuírem significados específicos e conhecidos. Contudo, deve-se destacar que esse dispositivo legal prevê, no particular, hipótese de *interpretação analógica*, com o vocábulo "ou qualquer outro pagamento". No entanto, é indispensável que seja observada a natureza dos pagamentos elencados exemplificativamente, quais sejam, "honorários, salários e remuneração", *limitadores, portanto, da interpretação analógica*. Logo, esse "qualquer outro pagamento", certamente, não pode se referir, por exemplo, a pagamento de empréstimos, impostos, dividendos etc., exatamente porque têm natureza econômica distinta daqueles relacionados no dispositivo legal.

9. DE FORMA DISFARÇADA, PROMOVER A DISTRIBUIÇÃO OU RECEBER LUCROS (PARÁGRAFO ÚNICO, INCISO II)

O inciso II do parágrafo único criminaliza a distribuição ou o recebimento, de *forma disfarçada*, de lucros de instituição financeira. Criticamente, parte da doutrina especializada, de modo geral, não poupa mais uma *impropriedade* cometida no mesmo dispositivo legal. Com efeito, faz-se necessária a realização de sofisticada elucubração para se conseguir, em puro exercício hermenêutico, encontrar o verdadeiro significado da previsão legal: *distribuição disfarçada de lucro*. A primeira conclusão a que se deve chegar, como pressuposto, é que o *disfarce* reside somente na *ação de distribuir ou receber*, e não no *objeto da distribuição*, isto é, no lucro, que é verdadeiro. Em outros termos, somente se pode *distribuir* ou *receber*, simulada, disfarçada ou verdadeiramente, *lucro* existente, verdadeiro, real, e jamais lucro inexistente. Caso contrário, o texto legal teria dito "distribuir

---

[37] Luiz Regis Prado, *Direto penal econômico*, p. 302.

234 • Crimes contra o sistema financeiro nacional

ou receber *lucro simulado* ou *disfarçado*", mas não o fez, não cabendo, portanto, ao intérprete fazê-lo, sob pena de legislar ilegitimamente.

Na realidade, o legislador pode ter pretendido criminalizar, no inciso II do parágrafo único do art. 17, a distribuição ou o recebimento, de forma disfarçada, de *quaisquer vantagens indevidas* no âmbito de instituição financeira, que, no entanto, não se confundem com *lucro*. Contudo, como o legislador não conseguiu concretizar no texto legal essa pretensão, por deficiência redacional, não poderá o intérprete fazê-lo, em substituição ao legislador, por esbarrar no princípio da reserva legal. Nesse sentido, pode-se destacar a procedente crítica de Tórtima[38]: "E não tendo empregado em seu autêntico sentido técnico, jurídico ou econômico, restaria a alternativa de que o legislador tenha se valido da malsinada expressão para indicar qualquer vantagem ilegítima, recebida, através de artifícios, pelos beneficiários, à margem dos dividendos devidos ou mesmo à míngua destes". Realmente, a simples *vontade do legislador* não é suficiente para equiparar "lucros", que tem sentido jurídico e econômico próprio, com "vantagens indevidas", sem violar o *princípio da reserva legal*, pois sempre que o legislador a elas quer se referir, o faz expressamente. Ademais, o julgador deve ater-se precisa e restritivamente ao que dispõe o texto legal, não podendo quedar-se à mercê do que *possa pretender sugerir* a norma penal, sob pena de o juiz arvorar-se à condição de legislador *ad hoc*.

Equivocam-se alguns doutrinadores[39] (e algumas decisões judiciais) quando interpretam determinadas operações, normalmente irregulares, como *distribuição disfarçada* de lucro, as quais, no entanto, embora constituam *vantagens indevidas*, não se confundem com *lucro*, que somente é apurado via balanço. Com acerto, nesses casos, sentencia Tórtima: "Vantagens outras, sub-repticiamente distribuídas, além do permitido pela apuração dos lucros, não são dividendos (e muito menos lucros), não podendo assim ser denominados pela lei"[40].

Referidas condições ou situações não correspondem à descrição constante do dispositivo em exame dos exemplos sugeridos por Tigre Maia: "Ao contrário do previsto na citada norma do CP, em que os lucros ou dividendos devem ser 'fictícios', qual seja inexistentes, aqui trata-se, na realidade, de pagamento de lucros reais de modo disfarçado, artificioso, simulado, através de vantagens indiretas que se proporcionam aos beneficiários (*v. g.*, carros ou imóveis adquiridos pela empresa) ou justificados contabilmente através de artifícios, como a simulação de contrato de prestação de serviço, indenizações espontâneas etc."[41].

---

[38] José Carlos Tórtima, *Crimes contra o sistema financeiro nacional*, cit. p. 114.
[39] Antônio Carlos Rodrigues da Silva, *Crimes do colarinho branco*, p. 132-133; Rodolfo Tigre Maia, *Dos crimes contra o sistema financeiro nacional*: anotações à Lei federal n. 7.492/86, p. 115-116.
[40] Tórtima, *Crimes contra o sistema financeiro nacional*, p. 114.
[41] Tigre Maia, *Dos crimes contra o sistema financeiro nacional*: anotações à Lei federal n. 7.492/86, p. 116.

Realmente, pode se tratar de "vantagens indiretas", como refere Tigre Maia, mas *vantagens indiretas*, indevidas ou ilegítimas não se confundem com distribuição de *lucros disfarçados*, e considerá-los, interpretativamente, como se o fossem não nos autoriza reconhecê-los, ampliando-se, arbitrariamente, a abrangência do tipo penal.

Inconformado com essa impropriedade legislativa, Tórtima sentencia: "A rigor, promover a distribuição disfarçada de lucros (dividendos) é uma impossibilidade lógica e, assim, irrealizável pela experiência". E, mais adiante, acrescenta Tórtima: "Daí resulta ser o questionado dispositivo rigorosamente inaplicável, pois a proibição nele contida versa, como já demonstrado, sobre atividade humana incapaz, na verdade, de ocorrer na vida em sociedade"[42]. No entanto, *venia concessa*, um dispositivo penal criminalizador não pode simplesmente deixar de ser aplicado, mas deve-se, necessariamente, encontrar seu verdadeiro significado.

Deve-se proceder a uma constatação: o *resultado* final do exercício financeiro de uma instituição pode apresentar duas alternativas: (a) *a instituição obtém lucro*; (b) *a instituição apresenta prejuízo*, embora possa, raramente, resultar sem lucro e sem prejuízo. Na primeira hipótese, distribui-se, proporcionalmente, o lucro (dividendo, na hipótese de *sociedade por ações*), na forma da lei, não havendo por que distribuí-los *disfarçadamente*. Na segunda hipótese, não há o que *distribuir*, pois *lucro* não houve. Não há, pois, razão alguma para *disfarçar* a distribuição do que não existe. Aliás, houvesse efetivamente pretendido o legislador tipificar a conduta de *distribuir ou receber* "lucros disfarçados" ou "fictícios", teria utilizado redação semelhante àquela do Código Penal (art. 177, § 1º, VI): "o diretor ou o gerente que, na falta de balanço, em desacordo com este, ou mediante balanço falso, distribui *lucros ou dividendo fictícios*". Mas o legislador especial, ao editar a Lei n. 13.506/2017, que alterou profundamente o *caput* desse art. 17, perdeu a grande oportunidade de corrigir essa dissintonia do inciso II do parágrafo único.

No entanto, refletindo melhor, como se diz que a lei não tem palavras inúteis, desnecessárias ou sem sentido, cabe ao intérprete encontrar e dar-lhe a melhor interpretação. Por isso, a nosso juízo, só há uma forma de interpretar adequadamente o texto legal e a *mens legislatoris*, contidos nesse questionado parágrafo único, que é dividido em dois incisos. Começa com a locução "incorre na mesma pena quem" e é complementada com os dois incisos (I e II), separados por ponto e vírgula. Por essa razão, interpretou o legislador de então que ambas as ações descritas nos dois incisos têm o mesmo sujeito, sendo, assim, desnecessário repeti-lo no segundo inciso, pois a *mens legislatoris* nos parece, agora, *óbvio ululante*, apenas não o havíamos percebido! Por isso, as ações incriminadas nesse parágrafo único devem ser interpretadas conjugadamente,

---

[42] Tórtima, *Crimes contra o sistema financeiro nacional*, p. 113 e 115, respectivamente.

na medida em que o legislador considerou, equivocadamente, é verdade, ser desnecessário repetir no inciso II o sujeito mencionado expressamente no inciso I: ou seja, "de forma disfarçada", ou dissimuladamente, promover a *distribuição ou recebimento de* lucros de instituição financeira em nome próprio, como controlador ou na condição de administrador da sociedade. Repetindo, enfim, o sujeito mencionado expressamente no inciso I, está implícito na redação do inciso II. Portanto, na visão do legislador de então, essa repetição era indevida, redundante e desnecessária, embora tenha parecido indispensável a todos nós! Dessa forma, "visto com os olhos do legislador", sujeito ativo (e beneficiário) da conduta incriminada no inciso II é o mesmo previsto expressamente no inciso I.

Esse aspecto da ausência de menção expressa ao sujeito no inciso II, quem pode ser autor das ações mencionadas, parece-nos que fica razoavelmente resolvido, pois encontra-se implícito o mesmo sujeito previsto no inciso I. No entanto, os "lucros" ou dividendos, repetindo, não são falsos, são verdadeiros, ou existem ou não existem, mas falsos não são, pois *falsa* ou "disfarçada", na dicção do texto legal, não são os lucros ou dividendos, mas o *objeto* da *distribuição, isto é,* de algo como se lucro fosse! Ocorre-nos, por isso, a hipótese de *desvio de algum patrimônio* (*v.g.,* numerário existente em qualquer outra rubrica) e, por alguma razão, mas, certamente, para encobri-lo, o *controlador,* em nome próprio, ou na condição de administrador, distribui a si mesmo tais valores, *como se fora lucros ou dividendos.* Nada impede, pelo texto legal, que o distribua a terceiro, qualquer outro dirigente da instituição, por exemplo.

A *Lei das Sociedades por Ações* estabelece que a companhia somente pode pagar *dividendos* à conta de lucro líquido no exercício, de lucros acumulados e de reserva de lucros (art. 201 da Lei n. 6.404/76). O Código Penal, por sua vez, proíbe a *distribuição de lucros ou dividendos fictícios* (art. 177, § 1º, VI). Constata-se que é uma redação absolutamente distinta daquela do art. 17 que ora comentamos, pois, nesta, a proibição é de distribuir ou receber lucro, "de forma disfarçada". Em outras palavras, na lei especial (inc. II), *a forma de distribuição* que é *disfarçada* (os lucros seriam verdadeiros), de valores relativos a outras rubricas, como se lucros fossem, daí a conduta *disfarçada de distribuição,* pois de lucros não se trata. Na previsão mencionada no Código Penal, por outro lado, os *lucros* é que são *fictícios,* isto é, não verdadeiros, aliás, descritos com clareza meridiana.

Em qualquer sociedade comercial, e não apenas nas sociedades por ações, o *lucro* é apurado mediante *balanço,* aparecendo, portanto, a partir daí, os dividendos nas sociedades acionárias. *Distribuir dividendos* – que é a forma de *distribuir lucro* nas sociedades por ações – significa pagá-los ou creditá-los aos acionistas. A distribuição dos dividendos e dos lucros, à evidência, somente pode ser feita de acordo com o balanço correspondente. Além de privilegiar os poucos

Distribuição de lucros e empréstimos vedados • 237

agraciados com essa prática ardilosa, procura dar aparência de prosperidade, induzindo em *erro* o comércio em geral, o sistema financeiro e o próprio mercado mobiliário. Essa *fraude*, além de prejudicar o patrimônio social, beneficia os próprios diretores e demais administradores, a quem o estatuto geralmente atribui participação nos lucros da companhia. Distribuição de *lucro fictício* induz os investidores a erro, fazendo-os supor a existência de uma situação financeira e patrimonial irreal da sociedade, mas não é essa, repetindo, a figura constante do inciso II do parágrafo único desse art. 17.

Mas o que acabamos de comentar no parágrafo anterior adequa-se somente ao Código Penal (art. 177, § 1º, VI), que é inaplicável nas instituições financeiras, independentemente da natureza de sua constituição societária (sociedade por ações ou por quotas de responsabilidade limitada). A tipificação do Código penal *não tem aplicação subsidiária nos crimes financeiros*, posto que estes têm sua previsão em lei especial, por isso, o Código Penal, que pode ter aplicação subsidiária em termos de normas gerais, não pode nunca ser aplicado na tipificação de condutas dos crimes financeiros.

No plano fiscal, o legislador, através do art. 60 do Decreto-Lei n. 1.598/77, elencou várias hipóteses nas quais *presume* distribuição disfarçada de lucro. No entanto, além de não passar de mera presunção *iuris tantum*, não foi repetida no diploma penal, resultando inadmissível sua aplicação para ampliar a abrangência da proibição contida no *caput* do art. 17, ora em exame. Igualmente equivocado, *venia concessa*, é o entendimento de Antônio Carlos Rodrigues da Silva, quando afirma: "Obviamente que as operações de instituições financeiras [...] – cujo objeto sejam atividades que compreendam operações de mútuo, adiantamento ou concessão de crédito, quando não vedadas no *caput* do artigo – caracterizarão distribuição disfarçada de lucros, quando realizadas em condições não prevalecentes no mercado, ou em condições não contratáveis com terceiros"[43].

Enfim, pode-se concluir, como demonstramos ao longo deste tópico, o objeto da "distribuição disfarçada" descrita no inciso II, não é *lucro*, nem dividendo que, como tais, não podem ser *disfarçadamente* distribuídos, e nem teria porque *disfarçar* a distribuição de lucro. Trata-se, na verdade, da *distribuição* de algo como se lucro fosse, como, por exemplo, a hipótese de *desvio de algum patrimônio* (v. g., numerário existente em qualquer outra rubrica, ou algo similar) e, por alguma razão, mas, certamente, para encobri-lo, o *controlador*, em nome próprio, ou na condição de administrador, distribui a si mesmo, ou a outrem, tais valores, *como se fora lucros ou dividendos*. Constata-se, que o sujeito que pratica a ação é, normalmente, o seu *próprio beneficiário*, ou, eventualmente, terceiro. De notar-se que se trata de *crime de mão própria* e, portan-

---

[43] Antônio Carlos, *Crimes do colarinho branco*, p. 133.

to, não pode ser praticado qualquer outro que não reúna essa condição de controlador da empresa. Ademais, como destacamos anteriormente, o autor, para o legislador, está implícito na hipótese do inciso II do parágrafo único, sendo o mesmo do inciso I, qual seja, o controlador.

O objeto da ação, por sua vez, não são lucros ou dividendos, mas a *distribuição* de algo como se lucro fosse, o *desvio de algum patrimônio, v.g.*, valores existentes em qualquer outra rubrica e, por alguma razão, provavelmente, para encobri-lo, o faz disfarçadamente.

10. TIPO SUBJETIVO: ADEQUAÇÃO TÍPICA

O elemento subjetivo é o *dolo*, constituído pela *vontade livre e consciente* de *tomar* ou *receber*, direta ou indiretamente, empréstimo ou adiantamento, qualquer das pessoas relacionadas no art. 25, ou *deferi-los* a controlador, administrador, membro de conselho estatutário e respectivos parentes até o 2º grau, consanguíneos ou afins. Na hipótese dos incisos I e II, ambos do parágrafo único, o elemento subjetivo é igualmente o *dolo*, constituído pela vontade livre e consciente de conceder ou receber adiantamento das vantagens pecuniárias mencionadas no inciso I ou, na hipótese do inciso II, *distribuir* ou *receber*, de forma disfarçada, lucros de instituição financeira.

O *dolo* deve abranger todos os elementos configuradores da descrição típica, sejam eles fáticos, jurídicos ou culturais. O autor somente poderá ser punido pela prática de um *fato doloso* quando *conhecer* as circunstâncias fáticas que o constituem. Eventual desconhecimento de um ou outro elemento constitutivo do tipo, objetivo, normativo ou subjetivo, pode constituir *erro de tipo*, excludente do dolo.

A doutrina, majoritariamente, não admite a necessidade de *elemento subjetivo especial* do tipo em nenhuma das condutas tipificadas, tanto do *caput* quanto do parágrafo único. No entanto, embora essa assertiva seja indiscutível em relação ao *caput*, não nos parece correta relativamente ao parágrafo único. Sustentando a existência do *elemento subjetivo especial*, Áureo Natal de Paula destaca: "Não se concebe a existência de concessão ou recebimento de honorários, remuneração, salário ou qualquer pagamento sem que sejam destinados a alguém, seja para o próprio agente, seja para um terceiro. Estes, no caso, são as pessoas especificadas no tipo"[44]. Subscrevemos essa afirmação de Áureo Natal de Paula, destacando, contudo, que a *norma* exige uma *finalidade* que não precisa concretizar-se, sendo suficiente que oriente a conduta do agente.

---

[44] Áureo Natal de Paula, *Crimes contra o sistema financeiro nacional e o mercado de capitais*, p. 350.

11. CONSUMAÇÃO E TENTATIVA

Nas duas primeiras modalidades constantes do *caput*, o crime consuma-se quando o agente, efetivamente, *toma* o empréstimo ou *recebe* o adiantamento, isto é, quando realmente passa a ter disponibilidade dos valores correspondentes às referidas operações[45]. Na hipótese, contudo, de *deferir*, o crime consuma--se com a simples prática da ação, independentemente de qualquer resultado, por tratar-se do típico crime, na linguagem de Pimentel, de *mera conduta*. Nesse caso, sustenta, acertadamente, Pimentel: "É despiciendo o fato de ter sido ou não solicitado o empréstimo ou o adiantamento. Mesmo na ausência de solicitação, a simples concessão perfaz o elemento objetivo do crime"[46].

As duas figuras contidas no inciso I do parágrafo único – *conceder* e *receber* – têm formas de consumação distintas entre si, mas iguais a duas figuras do *caput*. Na ação de *receber*, igualmente, o crime consuma-se quando o agente efetivamente recebe adiantamento de honorários, remuneração, salário ou qualquer outro pagamento. Na ação de *conceder*, como crime de mera *conduta*, a exemplo de *deferir*, consuma-se com a simples atividade, independentemente de qualquer resultado. Em outros termos, nesta hipótese, é desnecessário que o beneficiário entre na disponibilidade dos valores antecipados pelo agente.

Por fim, nas duas figuras constantes do inciso II do mesmo parágrafo, a consumação é igualmente distinta: na modalidade de "promover a distribuição" de lucros de instituição financeira, como *crime formal*, consuma-se com a simples prática da atividade, independentemente de resultarem disponíveis pelo beneficiário. Resultando disponível, se houver, representará somente o exaurimento do crime. Na modalidade de receber lucros, a exemplo do que ocorre no *caput*, somente se consuma com o efetivo recebimento de tais lucros, ou seja, gozando de sua disponibilidade em sua conta ou em suas mãos.

Com exceção das modalidades de "deferir" empréstimo ou adiantamento e "promover distribuição" de lucros, que são crimes de mera conduta, todas as demais admitem a figura do crime tentado. Mesmo nas duas modalidades – deferir e conceder – sendo possível, faticamente, sua interrupção, poder-se-á puni-las como modalidades tentadas, embora sejam de difícil configuração.

12. CLASSIFICAÇÃO DOUTRINÁRIA

Trata-se de *crimes próprios* (somente podem ser praticados por agente que reúna determinada qualidade ou condição especial, na hipótese, que seja con-

---

[45] José Carlos Tórtima, *Crimes contra o sistema financeiro nacional*, p. 116.
[46] Manoel Pedro Pimentel, *Crimes contra o sistema financeiro nacional*, p. 135.

240 • Crimes contra o sistema financeiro nacional

trolador ou administrador de instituição financeira, mencionados no art. 25), *formais* (não exigem resultado naturalístico, representado por efetivo prejuízo a instituição financeira, mercado financeiro ou a qualquer pessoa), *de mera conduta*, nas modalidades de *deferir* e *conceder* (que se consumam com a simples atividade do agente, são crimes sem resultado), *dolosos* (não há previsão legal para a figura culposa), *de forma livre* (o legislador não previu nenhuma forma ou modo para execução dessas infrações penais), *comissivos* (os comportamentos descritos no tipo implicam a realização de condutas ativas), *instantâneos* (a consumação ocorre em momento determinado, não se alongando no tempo), *unissubjetivos* (podem ser praticados por alguém, individualmente, admitindo, contudo, a participação em sentido estrito), *unissubsistentes,* nas modalidades de *deferir* e *conceder* (são crimes de ato único), *unissubsistentes* ou *plurissubsistentes* (dependendo da forma de execução escolhida pelos agentes, ou seja, as condutas descritas podem ou não ser desdobradas em vários atos).

13. PENA E AÇÃO PENAL

As penas cominadas, *cumulativamente*, são reclusão, de dois a seis anos, e multa. A *ação penal* é pública incondicionada, não dependendo da manifestação de quem quer que seja. A autoridade competente deve agir *ex officio*. Manoel Pedro Pimentel já repudiava a excessiva elevação desta sanção penal, destacando: "Mais uma vez deparamos com a desconcertante sarabanda de números, mostrando o quanto é aleatória a cominação de penas em nosso Direito Positivo"[47]. Com efeito, o Código Penal prevê, para infração semelhante, a pena de um a quatro anos de reclusão e multa. Igualmente, o Código Penal de 1969, para infração semelhante, cominava a mesma pena prevista pelo atual Código.

---

[47] Manoel Pedro Pimentel, *Crimes contra o sistema financeiro nacional*, p. 136.

Distribuição de lucros e empréstimos vedados • 241

CAPÍTULO XVIII
Violação de sigilo de operação financeira

> **Sumário:** 1. Considerações preliminares. 2. Bem jurídico tutelado. 3. Sujeitos ativo e passivo do crime. 4. Tipo objetivo: adequação típica. 4.1. Que teve conhecimento em razão de ofício: relação de causalidade. 5. Tipo subjetivo: adequação típica. 6. Consumação e tentativa. 7. Classificação doutrinária. 8. Pena e ação penal.

Art. 18. Violar sigilo de operação ou de serviço prestado por instituição financeira ou integrante do sistema de distribuição de títulos mobiliários de que tenha conhecimento, em razão de ofício:

Pena – reclusão, de 1 (um) a 4 (quatro) anos, e multa.

---

1. CONSIDERAÇÕES PRELIMINARES

O Código Criminal do Império punia quem revelasse algum segredo que conhecesse em razão de ofício (art. 164). O Código Penal de 1890, por sua vez, punia o destinatário de correspondência que publicasse seu conteúdo sem consentimento do remetente e que lhe causasse dano (art. 191). Em termos genéricos, pode-se afirmar que os referidos diplomas legais somente criminalizavam a revelação ou a divulgação arbitrária do conteúdo de correspondência alheia. O atual Código Penal de 1940 foi que ampliou a tutela penal para abranger a revelação de documento particular.

Após tutelar a liberdade, sob o aspecto da inviolabilidade da correspondência, o Código Penal de 1940 continua protegendo a liberdade, agora sob o aspecto dos *segredos* e das *confidências*. A proteção da liberdade não seria completa se não fosse assegurado ao indivíduo o *direito de manter em sigilo* determinados atos, fatos ou aspectos de sua vida particular e profissional, cuja divulgação possa produzir dano pessoal ou a terceiros. Esse direito integra o *direito de privacidade*, a que nos referimos ao abordar o crime de

242 • Crimes contra o sistema financeiro nacional

violação de correspondência (art. 151), isto é, o direito de liberdade de todos, em sentido amplo[1].

O Código Penal, em seu art. 152, disciplina somente a *violação de segredos* que atingem aspectos da liberdade individual. Protege, no entanto, a *inviolabilidade de segredos que importem ofensa a outros interesses*, quiçá mais relevantes ou mais diretamente atingidos, em outros dispositivos, como nos arts. 325 (violação de sigilo funcional) e 326 (violação do sigilo de proposta de concorrência), além de outros diplomas legais extravagantes, que também tutelam segredos, cujos interesses, no entanto, são diversos, quer pela sua natureza, quer pela pessoa atingida. E, principalmente, com a inclusão do § 1º-A no art. 153, cria nova figura de *divulgação de segredo*, com ação pública incondicionada, se houver prejuízo para a Administração Pública. Nessa nova figura, ao contrário das anteriores, ainda que não produza dano efetivo, a *divulgação, sem justa causa*, de informações sigilosas é suficiente para configurar o crime descrito nesse § 1º-A.

No entanto, essa previsão legal, a exemplo da previsão contida no art. 10 da Lei Complementar n. 105/2001, tem objetos jurídicos distintos e, portanto, não se aplica na hipótese do crime previsto no art. 18 dessa lei especial, nem mesmo subsidiariamente. Embora esse art. 18 da lei especial seja assemelhado, trata-se de *crime próprio* e descreve *violação de sigilo de operação ou de serviço prestado por instituição financeira* ou integrante do sistema de distribuição de títulos mobiliários. São, portanto, objetos absolutamente distintos. Nesse sentido, *venia concessa*, não tem razão Guilherme Nucci quando afirma que o art. 10 da mencionada lei complementar teria revogado tacitamente esse art. 18 da lei especial.

Ademais, inegavelmente, quebrar sigilo, fora das hipóteses autorizadas, não se confunde com violação do dever de sigilo pela divulgação de informações sobre operação financeira a que tem acesso em razão do ofício.

Manoel Pedro Pimentel destacou alguns projetos e anteprojetos de reforma ao Código Penal que nunca evoluíram, além de revelar detalhes da tramitação do Projeto que resultou na Lei n. 7.492/86.

2. BEM JURÍDICO TUTELADO

O bem jurídico protegido é a preservação do sigilo de operação ou serviço prestado por instituição financeira[2], cuja divulgação pode causar dano à insti-

---

[1]   Cezar Roberto Bitencourt, *Tratado de direito penal*: parte especial, v. 2, p. 650 e s.

[2]   Optamos por utilizar, simplificadamente, "instituição financeira", por entendermos que está abrangido "integrante do sistema de distribuição de títulos mobiliários", segundo o disposto no art. 1º deste diploma legal.

Violação de sigilo de operação financeira • 243

tuição ou aos investidores e correntistas, diretamente, e indiretamente ao sistema financeiro nacional. *Bem jurídico* tutelado é, igualmente, a funcionalidade, a credibilidade e a eficiência do sistema financeiro, sua probidade institucional. Protege-se, na verdade, a probidade do sistema financeiro, sua respeitabilidade, bem como a integridade das instituições financeiras, mas particularmente, neste dispositivo legal, protege-se a *fidelidade dos operadores* do sistema, daqueles que desenvolvem seu mister profissional impulsionando o sistema como um todo. Protege-se, ainda, a privacidade da instituição e especialmente dos investidores, que é um aspecto da liberdade individual assegurado pela Carta Magna. Nesse sentido, destaca, acertadamente, Tigre Maia, afirmando: "Integra inequivocamente a garantia fundamental do direito à reserva da intimidade da vida privada do indivíduo, que é constitucionalmente assegurado, inclusive, através de outros dispositivos constitucionais insertos dentre os direitos individuais"[3]. Na mesma linha, somente para ilustrar, justifica-se a invocação da *Exposição de Motivos* do Código Penal italiano, que afirma: "Tem-se aqui também uma violação da liberdade individual, um ataque ao interesse de conservar, na própria esfera de disponibilidade, ato ou documentos em que se transpôs o próprio pensamento, que não se deseja ver conhecido de outros, ou a outros revelados", embora referido Código não contenha crime semelhante.

Protege, ainda, o patrimônio tanto da instituição financeira como dos investidores e correntistas que confiam suas economias à instituição financeira, podendo, com a violação do sigilo, sofrer graves prejuízos.

Sigiloso é algo que não deve ser revelado, confidencial, limitado a conhecimento restrito, não podendo sair da esfera de privacidade de quem o detém, não se confundindo com *reservado* que, por sua vez, é dado ou informação que exige discrição e reserva das pessoas que dele tomam conhecimento. É indispensável que a operação ou o serviço refira-se a conteúdo cuja revelação tenha idoneidade para produzir dano ao sistema financeiro nacional, à instituição financeira ou aos investidores e correntistas. Logo, a simples chancela de "sigiloso" de determinada operação ou serviço é insuficiente se não se tratar de algo efetivamente relevante com potencialidade lesiva aos interesses dos destinatários (instituição, investidores etc.). *Operação* ou *serviço* irrelevantes, inócuos ou, por qualquer razão, incapazes de produzir dano aos destinatários referidos não são objeto da proteção legal contida no art. 18.

3. SUJEITOS ATIVO E PASSIVO DO CRIME

Sujeito ativo somente pode ser quem tem ciência de operação ou serviço sigiloso prestado por instituição financeira em razão de ofício. Trata-se de

---

[3] Tigre Maia, *Crimes contra o sistema financeiro nacional*, cit., p. 116.

uma modalidade muito peculiar de *crime próprio*, uma vez que a *condição especial* não se encontra no sujeito ativo propriamente – atividade, profissão ou ofício –, mas na natureza da atividade, ou melhor, ofício, em razão do qual tem conhecimento do sigilo financeiro, ressalvada, evidentemente, a possibilidade do concurso eventual de pessoas.

Equivocava-se, no entanto, Pimentel[4], quando afirmava que "este art. 18, ora sob exame, *impõe o dever de sigilo* às pessoas que tenham, em razão de ofício, acesso a essas informações sobre operação ou serviço prestado por instituição financeira". Na verdade, o referido dispositivo legal não cria nem impõe o "dever de sigilo" a ninguém, apenas criminaliza a conduta de quem, nas condições que menciona, *viola* o sigilo existente, isto é, imposto por outras normas. Contudo, qualquer pessoa que não satisfaça os requisitos estabelecidos no tipo, pois se trata de crime próprio, não está obrigada a abster-se da conduta proibida.

Sujeito passivo é, prioritariamente, a instituição financeira e o titular do segredo tutelado, isto é, a pessoa cuja revelação do fato deveria ser mantida em segredo; é, em outros termos, quem tem legítimo interesse na manutenção do sigilo; secundariamente, a nosso juízo, é o sistema financeiro nacional que se vê abalado em sua credibilidade.

Convém destacar que *sujeito passivo* não se confunde com *prejudicado*; embora, de regra, coincidam, na mesma pessoa, as condições de sujeito passivo e prejudicado, podem recair, no entanto, em sujeitos distintos: *sujeito passivo* é o titular do bem jurídico protegido e, nesse caso, o lesado; *prejudicado* é qualquer pessoa que, em razão do fato delituoso, sofre prejuízo ou dano material ou moral. Essa distinção não é uma questão meramente acadêmica, despicienda de interesse prático, como pode parecer à primeira vista. Na verdade, o *sujeito passivo*, além do direito de representar contra o sujeito ativo, pode habilitar-se como assistente do Ministério Público no processo criminal (art. 268 do CPP) e ainda tem o direito à reparação *ex delicto*, ao passo que ao *prejudicado* resta somente a possibilidade de buscar a reparação do dano na esfera cível.

4. TIPO OBJETIVO: ADEQUAÇÃO TÍPICA

Na tipificação da conduta, neste art. 18, o legislador preferiu utilizar o verbo nuclear "violar", distinto da orientação seguida pelo legislador do Código Penal que usa o vocábulo "violação" somente nas rubricas laterais dos crimes de "violação de segredo profissional" (art. 154), "violação de correspondência" (art. 151), "violação de domicílio" (150). Na definição, contudo, de "violação de segredo profissional" e "violação de correspondência", referido legislador

---

[4] Manoel Pedro Pimentel, *Crimes contra o sistema financeiro nacional*, São Paulo: Revista dos Tribunais, 1987, p. 139.

preferiu inserir no preceito primário os verbos "revelar" e "devassar", respectivamente, além de ter optado, na definição do crime de "violação de segredo" (art. 153), pelo uso do verbo nuclear "divulgar".

Afinal, qual é o real significado ou sentido do vocábulo "violar"? "Violar", segundo os léxicos, aceito também pelos dogmáticos, significa "revelar", "devassar", "divulgar", enfim, *dar a conhecer* algo, no caso, sigiloso ou, mais especificamente, *revelar* o conteúdo, o significado, a finalidade ou mesmo os participantes de operação ou serviço prestado por instituição financeira ou integrante do sistema de distribuição de títulos mobiliários, cujo *conhecimento* o agente tenha em razão de *ofício*. Em outros termos, a *violação de sigilo*, na forma descrita no tipo, pode ser praticada de qualquer forma e por qualquer meio na medida em que o legislador não limitou seu *modus operandi*, tratando-se, portanto, de *crime de forma livre*, sem qualquer vinculação. No dizer de Tórtima, "a conduta típica consiste em violar sigilo das operações financeiras, vale dizer, revelar, sem autorização do próprio usuário interessado no SFN, o conteúdo das informações pertinentes à sua movimentação bancária e financeira"[5]. "Violar", em outros termos, não deixa de ser exatamente o que os dicionaristas admitem, "desrespeitar", "infringir", "transgredir", embora, como se trata, na hipótese tipificada, de *sujeito ativo que tem conhecimento oficial do sigilo*, parece-nos que "revelar", "divulgar" e "devassar" adequam-se melhor à situação de quem, tendo ciência do sigilo em razão de *ofício*, dá a conhecer a número indeterminado de pessoas.

Assim, como "violar", que foi o verbo preferido pelo legislador da normativa especial, tem o significado de *revelar, divulgar* ou *devassar*, impõe-se que examinemos o sentido e a abrangência ou extensão de cada um desses três verbos, porque, fora dessa conotação, *violar operação ou serviço prestado*, não tem sentido ou significado algum.

"Revelar" significa contar a alguém fato ou aspecto relativo à operação ou serviço prestado, nas condições mencionadas no tipo, de *que tem ciência em razão do ofício* e que deva permanecer em sigilo, ou mesmo *facilitar-lhe a revelação,* que é tornar possível ou acessível seu conhecimento por alguém, o que não deixa de ser uma forma de violar o sigilo. "Revelar" tem, a nosso juízo, uma abrangência mais restrita do que "divulgar", que implica um número indeterminado de pessoas, ao passo que para "revelar" é suficiente que conte ou declare a alguém segredo que conhece em razão de ofício e que, como tal, deveria permanecer. Mas também se pode "violar" o sigilo *facilitando a violação*, isto é, colocando à disposição, propiciando dolosamente a descoberta de algo que é sigiloso e que deveria assim permanecer. "Devassar", por sua vez, significa "descobrir", "olhar", "perscrutar", indevidamente, o objeto do sigilo. Contudo, como este verbo indica que é o próprio agente que bisbilhota, descobre ou perscruta algum sigilo, a nosso juízo, não pode ser empregado no senti-

---

[5] José Carlos Tórtima, *Crimes contra o sistema financeiro nacional*, p. 120.

do da *violação pretendida pelo tipo penal em exame* pela singela razão de que o sujeito ativo, nesta hipótese, deve conhecer o objeto do sigilo em razão do ofício. Logo, não pode e não tem por que o devassar.

Essa matriz típica objetiva a proteção do *sigilo funcional* específico, próprio e típico do *ofício exercido* para manter secretos ou sigilosos fatos relevantes, inerentes à *operação ou ao serviço prestado por instituição financeira*, que se tem conhecimento em razão de ofício. A proteção inclui o sigilo oral e não apenas o documental, ou seja, não importa a forma ou o meio pelo qual o agente toma conhecimento da operação ou do serviço sigiloso, desde que seja em razão de ofício: por escrito, oralmente, compulsando documentos, ou por qualquer outro meio ou forma, desde que tal conhecimento tenha ocorrido em razão do *ofício* que exerce. Tampouco é relevante o *meio* ou a *forma* pelos quais viola o sigilo, desde que se trate de operação ou serviço sigiloso e que deva permanecer em segredo.

4.1. Que teve conhecimento em razão de ofício: relação de causalidade

A Lei Penal, ao proteger o *sigilo* de operação financeira, assegura um *interesse de ordem pública*, que é a tranquilidade de recorrer-se ao mercado financeiro e à manutenção da credibilidade desse sistema nacional. Se fosse lícita a indiscrição dos que, em razão do próprio ofício, tomam conhecimento de operação e serviços prestados por instituição financeira, estaria, evidentemente, criado um grave entrave, muitas vezes insuperável, em detrimento do próprio *interesse social* na segurança, na estabilidade e na credibilidade do sistema financeiro nacional e da própria privacidade individual, assegurados pela Constituição Federal.

É indispensável, contudo, uma *relação causal* entre o *conhecimento* do sigilo ou segredo e a especial qualidade do sujeito ativo, em razão do seu ofício, isto é, um *nexo causal* entre o exercício do ofício e o conhecimento do segredo, que é exatamente o aspecto revelador da *infidelidade funcional* do sujeito ativo, que a norma penal pretende coibir. Em outros termos, a ciência da operação ou do serviço realizado pela instituição financeira deve chegar ao conhecimento do sujeito ativo exatamente em razão do *ofício* que exerce. Razão pela qual se teve conhecimento do fato por outros meios que não em razão do seu *ofício*, sua violação ou divulgação não se adequa à descrição desse tipo penal, podendo até, dependendo das circunstâncias, tipificar outro crime, mas não este. Nesse sentido era o magistério de Manoel Pedro Pimentel, que pontificava: "Há um elemento normativo no tipo, que é a verdadeira condição para a existência do crime: somente haverá o delito se o agente violar sigilo de operação ou de serviço prestado por instituição financeira ou integrante do sistema de distribuição de títulos mobiliários *de que teve conhecimento em razão de ofício*"[6].

---

[6] Pimentel, *Crimes contra o sistema financeiro nacional*, p. 141.

No entanto, não é qualquer *operação ou serviço prestado* por instituição financeira que merece a proteção penal. Para que o sigilo de fato justifique a proteção penal, é necessário que reúna dois elementos: um *negativo* – ausência de notoriedade, isto é, que não seja de conhecimento público ou daqueles fatos cuja publicidade lhe seja inerente, sem violar o direito à privacidade individual; outro *positivo* – *dever funcional* de preservá-lo, cujo sigilo funcional é exigido pela descrição típica, qual seja, *violar sigilo de operação ou serviço de que teve conhecimento em razão de ofício*. Em sentido semelhante, manifesta-se Tigre Maia, afirmando que "haverá de existir uma conexão entre o exercício da atividade profissional e a ciência das informações, ao abrigo do sigilo financeiro, para que o agente qualifique-se como sujeito ativo deste crime. Deverá ser, pois, da natureza do ofício o acesso ao material sigiloso ou, pelo menos, obtido o conhecimento sob tal alegação, quer por simulação, quer por erro do confitente"[7].

Outras pessoas que não tenham o *dever de fidelidade*, decorrente do ofício vinculado à operação ou ao serviço sigiloso prestado por instituição financeira, não têm a obrigação do sigilo; sua conduta divulgando eventual sigilo, que tenha tido conhecimento, não se adequará à moldura descrita neste art. 18.

Na verdade, a Lei Penal, ao proteger o *sigilo de operação ou serviço prestado* por instituição financeira, assegura igualmente a *privacidade* dos investidores e correntistas, bem como da própria instituição, que deve gozar da mais absoluta confiança da população em geral, que é identificado como *dever de fidelidade*. O *dever de fidelidade* exige de todo operador, *em razão do ofício*, a maior dedicação ao serviço e o integral respeito às leis e às instituições financeiras, identificando-o com os superiores interesses do sistema financeiro, ficando impedido, em outros termos, de atuar contra os seus fins e objetivos legítimos.

A operação ou o serviço prestado por instituição financeira, repetindo, deve ter natureza *sigilosa*; no entanto, o *caráter sigiloso*, por si só, é insuficiente para tipificar o crime, sendo necessário que se vincule ao dano, efetivo ou potencial, que a divulgação possa produzir. *Operação ou serviço prestado à instituição financeira* deve ter interesse moral ou material, uma vez que fatos inócuos não podem converter-se em sigilos ou *segredos* protegidos pelo Direito Penal pela simples vontade da instituição ou de seus controladores, ou mesmo do sistema fiscalizatório. Assim, não é qualquer *operação ou serviço* prestado por instituição financeira que pode ser declarado sigiloso e merecedor de proteção penal. Ademais, é indispensável que, com a violação do sigilo, surja a possibilidade concreta de *dano* para o(s) sujeito(s) passivo(s), acrescido do *dever de preservar o sigilo* em razão do ofício.

---

[7] Tigre Maia, *Dos crimes contra o sistema financeiro nacional*: anotações à Lei federal n. 7.492/86, p. 122.

5. TIPO SUBJETIVO: ADEQUAÇÃO TÍPICA

Elemento subjetivo é o *dolo*, representado pela vontade livre e consciente de *revelar segredo ou sigilo* de que tem conhecimento em razão de ofício, tendo consciência de que se trata de fato protegido por sigilo financeiro ou bancário e que o *dever funcional* lhe impede que o divulgue, ou seja, com conhecimento de todos os elementos constitutivos da descrição típica. É desnecessário, contudo, que o agente tenha consciência de que a revelação é ilegítima, ou seja, sem justa causa, pois não há essa elementar no tipo, embora esteja implícita.

Não há exigência de nenhum *elemento subjetivo especial do injusto*, nem mesmo a finalidade de obter qualquer vantagem com a revelação, que, se existir, poderá caracterizar outro crime, como, por exemplo, extorsão, corrupção ou concussão etc. Tampouco há previsão de modalidade culposa, por mais clara que seja a culpa (consciente) do sujeito ativo.

6. CONSUMAÇÃO E TENTATIVA

Consuma-se o crime de violação de *sigilo financeiro* com a revelação do segredo de *operação ou serviço prestado* por instituição financeira, independentemente da produção efetiva de dano; consuma-se no momento em que o *sujeito ativo* revela a alguém o conteúdo, a abrangência ou qualquer outro aspecto *relevante* de operação ou serviço prestado sigiloso que teve ciência nas circunstâncias definidas no tipo penal, isto é, em razão do seu ofício, e que deve ser mantido em segredo; consuma-se, enfim, com o simples *ato de violar o sigilo*, independentemente da ocorrência efetiva de dano, pois é suficiente que a revelação tenha *potencialidade* para produzir a lesão, que, se ocorrer, constituirá o exaurimento do crime.

Para a tipificação do crime de *violação de sigilo financeiro*, é suficiente a *revelação* a uma só pessoa, ao contrário do que ocorre com o crime de *divulgação de segredo* (art. 153 do CP), por exemplo, que necessita ser *difundido* extensivamente para um número indeterminado de pessoas. Em síntese, "revelar" pode ser somente para uma pessoa, enquanto "divulgar" implica, naturalmente, um número indeterminado delas. Revelar é menos que divulgar.

A *tentativa* é de difícil configuração, mas teoricamente possível, especialmente através de *meio escrito*, pois não se trata de *crime de ato único*, e o fato de prever a potencialidade de dano decorrente da conduta de *violar*, por si só, não a torna impossível. O dano potencial pode ser de qualquer natureza: patrimonial, moral, público ou privado.

O crime de *violação de sigilo financeiro*, por sua própria natureza, é um dos mais propícios às duas espécies de *erro*, tanto o *de tipo* quanto o *de proibição*. Assim, por exemplo, se o profissional revelar o conteúdo de uma operação si-

Violação de sigilo de operação financeira • 249

gilosa, que teve conhecimento em razão de seu *ofício*, desconhecendo que devia permanecer em segredo, incorre em *erro de tipo* por ignorar a existência dessa elementar típica, cuja evitabilidade ou inevitabilidade deve ser apurada. Se, no entanto, acredita, por exercer transitória ou temporariamente o ofício, não estar obrigado a guardar segredo, incorre em *erro de proibição*; nessa hipótese, não *erra* sobre uma elementar do tipo, mas sobre a ilicitude da conduta, sobre o dever de fidelidade.

7. CLASSIFICAÇÃO DOUTRINÁRIA

Trata-se de *crime próprio*, que exige qualidade ou condição especial do sujeito ativo, exigindo que o conhecimento do sigilo de operação advenha em razão de ofício, ressalvadas as hipóteses de concurso de pessoas (coautoria ou participação), *formal* (que não exige resultado naturalístico, pois se consuma com a simples ação de violar o sigilo de operação ou serviço prestado por instituição financeira), *de perigo concreto* (demanda efetivo perigo de dano, na medida em que exige que o sigilo refira-se a aspecto relevante, com real potencial de produzir dano ao sistema, ao investidor ou à instituição financeira), embora seja razoável a sustentação de *perigo hipotético*, feita por Cândido Albuquerque e Sérgio Rebouças[8], "segundo a vertente imperativa limitadora adotada (relevância da informação divulgada), à luz do bem jurídico coletivo tutelado (higidez do sistema), não se exigindo a individualização de um dano efetivo, nem sequer de um resultado predeterminado)", *instantâneo* (consuma-se no momento em que o agente divulga o segredo, esgotando-se aí a lesão jurídica, sem demora entre ação e resultado), *unissubjetivo* (que pode ser praticado por um agente apenas, embora admita o concurso de pessoas em toda sua extensão), *plurissubsistente* (crime que, em regra, pode ser praticado com mais de um ato, admitindo, em consequência, fracionamento em sua execução), *comissivo* (pois é impossível praticá-lo mediante omissão) e *doloso* (não havendo previsão da modalidade culposa).

8. PENA E AÇÃO PENAL

As penas cominadas, cumulativamente, são de reclusão, de um a quatro anos, e multa. A ação penal é de natureza pública incondicionada, devendo a autoridade competente agir de ofício, isto é, independentemente de qualquer manifestação do ofendido ou de seu representante legal.

---

[8] Albuquerque e Rebouças, *Crimes contra o sistema financeiro nacional*, São Paulo: Tirant Lo Blanch Brasil, no prelo.

CAPÍTULO XIX
Financiamento mediante fraude

Sumário: 1. Considerações preliminares. 2. Bem jurídico tutelado. 3. Sujeitos ativo e passivo do crime. 4. Tipo objetivo: adequação típica. 4.1. Obtenção de vantagem ilícita: financiamento mediante fraude. 5. Tipo subjetivo: adequação típica. 6. Classificação doutrinária. 7. Consumação e tentativa. 8. Pena e ação penal.

Art. 19. Obter, mediante fraude, financiamento em instituição financeira:

Pena – reclusão de 2 (dois) a seis 6 (anos), e multa.

Parágrafo único. A pena é aumentada de 1/3 (um terço) se o crime é cometido em detrimento de instituição financeira oficial ou por ela credenciada para o repasse de financiamento.

---

1. CONSIDERAÇÕES PRELIMINARES

A concisa redação deste dispositivo legal não impede que se constate sua semelhança com o crime de estelionato, tipificado no Código Penal de 1940. Nesse sentido, vale a pena destacar o magistério de Manoel Pedro Pimentel, que afirmava: "Trata-se de uma forma de estelionato, explicitamente descrita no Projeto originário da Câmara dos Deputados, que indicava todos os elementos constitutivos do *crimen stellionatus*: indução ou manutenção de alguém em erro, mediante artifício, ardil, ou qualquer outro meio fraudulento, com o fim de obter financiamento (vantagem)"[1]. Esse aspecto, por si só, justifica que se faça uma incursão pelos antecedentes do crime de estelionato.

O antigo direito romano desconhecia o crime hoje denominado *estelionato*. Era integrado ao *dolus malus* que, juntamente com a *fraus* e o *metus*, constituía crime privado produto de criação pretoriana. Na Grécia antiga, a fraude era

---

[1] Pimentel, *Crimes contra o sistema financeiro nacional*, p. 144.

severamente reprimida. No tempo do império (século II d.C.) aparece uma figura genérica do *stellionatus* (de *stellio*, que significa camaleão), uma espécie de crime extraordinário que abrangeria todos os casos que coubessem a *actio doli* e que não se adequassem a qualquer outro crime contra o patrimônio[2].

O Código Penal francês de 1810 incriminava a obtenção ou a tentativa de obtenção de vantagem patrimonial por meio de manobras fraudulentas (art. 405). O estelionato recebeu nomes diversificados nos mais diversos países, embora em todos eles a manobra fraudulenta tenha sido a nota característica comum; na Itália recebeu as denominações de *frode* (Código toscano) e *truffa* (Códigos Zanardelli e Rocco); na Espanha, *estafa*; em Portugal, *burla;* na Alemanha, *betrug* (engano). Nas Ordenações Filipinas, o estelionato denominou-se *burla* ou *inliço* (Livro V, Título 665) e lhe era cominada a *pena de morte*, quando o prejuízo fosse superior a *vinte mil réis*.

O Código Criminal do Império (1830) adotou o *nomen juris* estelionato prevendo várias figuras, além da seguinte descrição genérica: "todo e qualquer artifício fraudulento, pelo qual se obtenha de outrem toda a sua fortuna ou parte dela, ou quaisquer títulos". O Código Penal republicano (1890) seguiu a mesma orientação casuística, tipificando onze figuras de estelionato, incluindo uma modalidade genérica, nos seguintes termos: "usar de artifício para surpreender a boa-fé de outrem, iludir a sua vigilância, ou ganhar-lhe a confiança; induzindo-o em erro ou engano por esses e outros meios astuciosos, procurar para si lucro ou proveito". Finalmente, chegou-se à descrição contida no art. 171 do nosso Código Penal de 1940, cuja Parte Especial continua em vigor.

Nesse diploma legal, no entanto, após as alterações e as emendas recebidas nas casas legislativas, resultou com essa sintética redação: "obter, mediante fraude, financiamento em instituição financeira". Analisando essa sucinta redação, Pimentel comentou: "O legislador manteve o essencial para a descrição de um crime fraudulento, praticado com o fim de obter vantagem indevida. Por outro lado, este dispositivo não acompanhou a ideia da Comissão de Reforma, que previa as entidades onde o empréstimo fraudulento poderia ser obtido: autarquia, sociedade de economia mista, empresa pública ou instituição credenciada. Do texto final constou, apenas, a expressão *instituição financeira*"[3].

2. BEM JURÍDICO TUTELADO

Tratando-se de *crime pluriofensivo*, tutela-se imediatamente o patrimônio da própria instituição, de seus sócios ou acionistas, investidores, correntistas e

---

[2]   Heleno Cláudio Fragoso, *Lições de direito penal*: parte especial, p. 444.

[3]   Pimentel, *Crimes contra o sistema financeiro nacional*, p. 144.

aplicadores que confiam na instituição; não que essa tutela seja essencial, mas também é objeto dessa tutela penal, cuja lesão pode ou não ocorrer. Quando o dispositivo legal tutela mais de um bem jurídico, não significa que todos devam, necessariamente, ser atingidos em cada ação criminosa, podendo, eventualmente, um ou outro, *in concreto*, não ser atingido, o que não lhe retira essa proteção legal. Tutelam-se, igualmente, a inviolabilidade e a credibilidade do sistema financeiro, zelando pela regularidade das transações e operações realizadas por essas instituições. Para o bom e regular funcionamento do mercado financeiro, é indispensável assegurar-se a retidão, a correção e a moralidade de todas as suas operações como resultado do controle oficial exercido pelo Governo.

Tutela-se, enfim, tanto o *interesse social*, representado pela confiança recíproca que deve presidir os relacionamentos patrimoniais individuais e comerciais no sistema financeiro nacional, quanto o *interesse público* de reprimir a fraude causadora de dano tanto às instituições financeiras como ao sistema como um todo.

O objeto material, que não se confunde com o bem jurídico, é o *financiamento* pretendido, obtido fraudulentamente. *Financiamento*, convém destacar, não se confunde com *empréstimo*, que é uma operação rotineira das instituições financeiras e pode ter a destinação mais variada possível, de acordo com as necessidades e os interesses do tomador. *Financiamento*, no entanto, tem destinação específica, sendo vinculado a determinado empreendimento ou aquisição de determinado bem, propriedade, coisa ou direito. *Financiamento* referido no dispositivo legal normalmente é decorrente de algum programa oficial de governo, com custos subsidiados, destinado ao fomento de algum projeto, empreendimento ou aquisição que apresente reconhecida relevância social. Essa finalidade fomentadora do progresso, melhoria ou criação de oportunidades para a coletividade como um todo justifica a sua maior proteção jurídica, atribuindo-se-lhe, inclusive, dignidade penal.

3. SUJEITOS ATIVO E PASSIVO DO CRIME

Sujeito ativo do crime de *obtenção de financiamento mediante fraude* pode ser qualquer pessoa que obtenha financiamento nessas condições, sem a exigência de qualquer qualidade ou condição especial (crime comum). O concurso de pessoas, quando efetivamente ocorrer, por óbvio, deve ser admitido nos termos do art. 29 do CP.

Sujeito passivo, imediato, é necessariamente a instituição financeira lesada em decorrência da celebração de contrato de financiamento fraudulento, bem como os acionistas, os sócios e os investidores da respectiva instituição. Secundariamente, igualmente, também é sujeito passivo o Estado, que é o responsável pela regularidade e o bom funcionamento do sistema financeiro nacional.

Financiamento mediante fraude • 253

4. TIPO OBJETIVO: ADEQUAÇÃO TÍPICA

A ação tipificada é *obter*, mediante fraude, financiamento em instituição financeira com alguma semelhança à descrita no crime de estelionato. A *vantagem ilícita*, embora não o diga expressamente, é o *financiamento* em instituição financeira e obtê-lo, *mediante fraude*, é o *meio* que o transforma em *vantagem ilícita*. Mas a semelhança para por aí, faltando, fundamentalmente, a exigência do prejuízo efetivo e o elemento subjetivo especial do tipo, entre outras elementares típicas. A conduta nuclear, repetindo, está representada pelo verbo "obter", isto é, conseguir *financiamento*, que é a vantagem ilícita, mediante fraude, ou seja, em razão de *engano* provocado pelo agente.

A característica fundamental desse tipo penal, a exemplo do crime de estelionato, é a *fraude*, utilizada pelo agente aqui para *obter* o financiamento em instituição financeira, no estelionato para *induzir* ou *manter* a vítima em *erro* com o fim de obter *vantagem ilícita*. Quando a *fraude* ou o *falso* exaure-se na obtenção do financiamento pretendido, é absorvido por essa infração penal, a exemplo do que ocorre na hipótese do crime de estelionato. Adotamos a orientação majoritária sobre o mesmo assunto relativamente ao crime de estelionato, ou seja, a de que o *estelionato absorve a falsidade* – quando esta for o *meio fraudulento* utilizado para a prática do *crime-fim*, que é o estelionato. O Superior Tribunal de Justiça sumulou essa orientação[4]. *Mutatis mutandis*, aplica-se o mesmo raciocínio no crime de *obtenção, mediante fraude, de financiamento em instituição financeira*.

A fraude é o *meio* previsto para a obtenção do financiamento, residindo nela o *desvalor* da ação criminalizada. Embora o tipo não o diga, e tampouco exemplifique em que consiste a *fraude*, tem ela a finalidade de enganar a vítima do delito, no caso, a instituição financeira, representada por seus prepostos e administradores. A *fraude*, a exemplo do que ocorre no crime de estelionato, pode manifestar-se por meio de artifício, ardil ou qualquer outro meio fraudulento. *Artifício* é toda simulação ou dissimulação idônea para induzir uma pessoa em erro, isto é, para enganá-la, levando-a à percepção de uma *falsa aparência* da realidade; *ardil* é a trama, o estratagema, a astúcia; *qualquer outro meio fraudulento*, por sua vez, é uma fórmula genérica para admitir qualquer espécie de fraude *que possa enganar a vítima ou induzi-la a erro*. Com essa expressão genérica, torna-se desnecessária a precisão conceitual de "artifício" e "ardil", que são meramente exemplificativos da fraude penal, tratando-se, portanto, de *crime de forma livre*. Significa poder-se afirmar, ademais, que, se o Ministério Público imputar a prática do fato delituoso por meio de artifício e, afinal, a prova dos autos demonstrar que se trata de ardil ou mesmo de outro meio fraudulento, não haverá nenhum prejuízo para a defesa e tampouco se

---

[4] Súmula 17 do STJ: "Quando o falso se exaure no estelionato, sem mais potencialidade lesiva, é por este absorvido".

poderá afirmar que o *Parquet* pecou por desconhecimento técnico-dogmático, desde que descreva na exordial em que consiste dita *fraude*.

Não se deve esquecer, contudo, que a interpretação em matéria penal repressiva deve ser sempre restritiva e somente nesse sentido negativo é que se pode admitir o arbítrio judicial, sem ser violada a taxatividade do princípio da reserva legal. A seguinte expressão de Nelson Hungria ilustra muito bem esse raciocínio: "Não pode ser temido o *arbitrium judicis* quando destinado a evitar, *pro liberate*, a excessiva amplitude prática de uma norma penal inevitavelmente genérica"[5].

É indispensável que o *meio fraudulento* seja suficientemente *idôneo* para enganar a vítima, isto é, para induzi-la a *erro*. A inidoneidade do meio, no entanto, pode ser relativa ou absoluta: sendo relativamente inidôneo o meio fraudulento para enganar a vítima, poderá configurar-se tentativa da figura típica; contudo, se a inidoneidade for absoluta, tratar-se-á de crime impossível, por absoluta ineficácia do meio empregado (art. 17 do CP).

O *meio fraudulento* sempre tem o objetivo de enganar, ludibriar, enfim, de induzir alguém em *erro*, embora não se encontre explicitado no tipo penal. *Erro*, por sua vez, é a *falsa representação* ou avaliação equivocada da realidade. A vítima supõe, por erro, tratar-se de uma realidade, quando na verdade está diante de outra; faz, em razão do erro, um juízo equivocado da situação proposta pelo agente. A *conduta fraudulenta* do sujeito leva a vítima a incorrer em *erro*, concedendo, nessa condição, o *financiamento* postulado à instituição financeira.

Essa conduta delituosa, *mediante fraude*, pode concretizar-se por qualquer forma, *v. g.*, *induzindo* a vítima a erro ou *mantendo-a* no erro em que se encontrava. Na primeira hipótese, a vítima, isto é, a instituição financeira, é levada ao erro em razão do estratagema, do ardil ou do engodo utilizado pelo agente; na segunda, aquela já se encontra em erro, voluntário ou não, limitando-se a ação do sujeito ativo a mantê-la na situação equivocada em que se encontra. Em outros termos, a *obtenção do financiamento em instituição financeira*, que é *uma vantagem ilícita*, decorre da fraude, isto é, da circunstância de o agente *induzir* a vítima ao *erro* ou de *mantê-la* no estado de erro em que se encontra. Enfim, é possível que o agente, mediante fraude, provoque a incursão da vítima em erro ou apenas se aproveite dessa situação em que ela se encontra.

4.1. Obtenção de vantagem ilícita: financiamento mediante fraude

Ao contrário do crime de *estelionato*, no crime de *financiamento fraudulento* não há a exigência legal de que o agente obtenha proveito indevido (vantagem ilícita) em prejuízo alheio, além do próprio financiamento, que é, em si mesmo,

---

[5] Nelson Hungria, *Comentários ao Código Penal*, 2. ed., Rio de Janeiro: Forense, 1958, v. VII, p. 179.

a *vantagem ilícita* obtida e o prejuízo alheio sofrido pela instituição (ou pela política oficial de financiamento), que estão implícitos no tipo penal.

Vantagem ilícita é todo e qualquer *proveito* ou benefício contrário à ordem jurídica, isto é, não permitido por lei, na hipótese *sub examen*, financiamento obtido mediante fraude. A *obtenção da vantagem ilícita*, ao contrário do que ocorre no crime de estelionato, não é elemento constitutivo do crime *financiamento fraudulento*, a exemplo do que acontece nos crimes de furto e de apropriação indébita. Com efeito, consuma-se o crime com a simples obtenção de financiamento com o emprego da fraude, independentemente de, *in concreto*, resultar em qualquer outra vantagem para o agente. A obtenção do financiamento irregularmente é, em si mesma, a dita vantagem ilícita.

Nessa infração penal, é desnecessário que *à vantagem ilícita* corresponda, simultaneamente, um *prejuízo alheio*, na medida em que a simples obtenção do financiamento, com o uso de fraude, configura materialmente a vantagem indevida. Por outro lado, embora assemelhe-se com o estelionato praticado em detrimento de entidade de direito público (art. 171, § 3º), com ele não se confunde, pois, ao contrário do estelionato, consuma-se com a simples obtenção fraudulenta do financiamento em instituição financeira, independentemente de qualquer outro prejuízo. Nesse sentido, já se manifestou a 5ª Turma do STJ[6].

São indiferentes quais sejam os meios fraudulentos utilizados pelo agente para a obtenção do financiamento indevido. Em qualquer hipótese, no entanto, é necessária uma influência decisiva no processo de formação de vontade da vítima, abrangendo os aspectos volitivos e intelectivos.

5. TIPO SUBJETIVO: ADEQUAÇÃO TÍPICA

O elemento subjetivo geral do crime de *financiamento mediante fraude* é o *dolo*, representado pela vontade livre e consciente de fraudar a obtenção de financiamento em instituição financeira, ludibriando, por qualquer meio fraudulento, quem tem legitimidade para a concessão do financiamento pretendido. A vontade e a consciência, como elementos psicológicos do dolo, devem abranger não apenas a ação, como também o meio fraudulento utilizado com a finalidade de obter o financiamento. Não se configura o crime sem a vontade conscientemente dirigida à *astucia mala* que provoca ou mantém o erro de quem concede o financiamento da instituição financeira.

Não há exigência do *elemento subjetivo especial* do tipo, na medida em que a finalidade de obter o financiamento mediante fraude integra o próprio dolo, orien-

---

6   STJ, 5ª Turma, REsp 761.354/PR, rel. Min. Felix Fischer, j. em 19-9-2006, *DJ* de 16-10-2006.

tador da conduta incriminada. Não há, tampouco, previsão de modalidade culposa do crime obtenção de financiamento mediante fraude, a despeito da possibilidade de alguém ser induzido ou mantido em erro, por imprudência ou negligência do agente. Essa hipótese, se eventualmente ocorrer, constituirá conduta atípica.

6. CLASSIFICAÇÃO DOUTRINÁRIA

Trata-se de crime *comum* (não necessita de qualquer qualidade ou condição especial do sujeito ativo), *material* (consiste na fraude como meio de obtenção do financiamento), *doloso* (não admite modalidade culposa), *instantâneo* (o resultado se produz de imediato, não havendo distanciamento entre ação e resultado lesivo, ou seja, sua execução não se alonga no tempo, trata-se, na verdade, de *crime instantâneo com efeitos permanentes*), *de forma livre* (pode ser praticado livremente com qualquer forma, desde que com qualquer meio fraudulento), *comissivo* (somente pode ser praticado com uma conduta positiva, excepcionalmente), *de dano* (consuma-se somente com o advento do resultado material, isto é, com a efetiva lesão de um bem jurídico tutelado), *unissubjetivo* (pode ser cometido por apenas um sujeito ativo) e *plurissubsistente* (consistente em vários atos integrantes de uma conduta, admitindo, consequentemente, seu fracionamento e, por extensão, admite a tentativa).

7. CONSUMAÇÃO E TENTATIVA

Consuma-se o crime de *financiamento fraudulento* com a concessão do financiamento postulado mediante fraude. Não basta a existência da *fraude*, sendo indispensável que, por meio dela, o agente obtenha efetivamente a concessão do financiamento, tratando-se, por conseguinte, de crime material. Para a consumação deste crime, ao contrário do que ocorre com o crime de estelionato, é irrelevante a existência de prejuízo para o ofendido. Por essa razão, é indiferente, para a consumação do crime, o fato de o agente honrar posteriormente as obrigações contratualmente assumidas na obtenção do financiamento.

Contudo, para o êxito da *fraude*, é necessário que o *meio fraudulento* seja suficientemente idôneo para enganar a vítima, isto é, para ludibriá-la, para induzi-la a erro. A *inidoneidade* do meio utilizado, no entanto, pode ser relativa ou absoluta: sendo relativamente inidôneo o meio fraudulento para enganar, poderá configurar-se a tentativa, se estiverem presentes os demais requisitos; contudo, se a inidoneidade for absoluta, tratar-se-á de crime impossível (art. 17). Quando o agente não consegue *enganar* ou ludibriar a vítima, tratando-se, por exemplo, de simulação grosseira, o simples emprego do meio fraudulento (artifício ou ardil) caracteriza, no máximo, a prática de *atos preparatórios*, não

Financiamento mediante fraude • 257

se podendo cogitar, sequer, de crime tentado. Com efeito, exigindo a descrição típica a existência de *fraude*, é indispensável que esta tenha idoneidade suficiente para enganar, para ludibriar; não havendo a *relação de causa e efeito* entre a conduta praticada e o resultado produzido (concessão do financiamento), o crime não se aperfeiçoa. Em outros termos, a concessão do financiamento, como efeito, deve, necessariamente, ser consequência da fraude (causa) empregada pelo sujeito ativo. Por isso, a despeito de ser comprovada a autoria, se o *meio empregado pelo agente* (fraude) for ineficaz para induzir ou manter alguém em erro, não se poderá falar em crime.

Tratando-se de crime material, que admite seu fracionamento, é perfeitamente admissível a tentativa, uma vez que o *iter criminis* pode ser interrompido por causas estranhas à vontade do agente.

8. PENA E AÇÃO PENAL

As penas cominadas são a reclusão, de dois a seis anos, e multa, cumulativamente. Na hipótese do parágrafo único, a pena será *majorada* em um terço, ou seja, tratando-se de instituição financeira oficial ou por ela credenciada para o repasse do financiamento. Trata-se, na realidade, de uma certa "malícia" do legislador criando uma majorante obrigatória, que, necessariamente, será aplicada em todas as hipóteses desta infração penal, pois as políticas de financiamento são sempre operacionalizadas por intermédio de instituições financeiras oficiais ou por elas credenciadas.

Na verdade, não conhecemos nenhuma espécie de financiamento operacionalizado por instituições financeiras não oficiais, ou que não tenha sido credenciada por uma oficial. Significa afirmar, em outros termos, que, com esse subterfúgio utilizado pelo legislador, a pena mínima para essa infração penal será sempre de dois anos e dois meses de reclusão. Convenhamos, é exageradamente gravosa, considerando-se que a pena mínima prevista para o estelionato é de somente um ano de reclusão, podendo ser elevada, nas mesmas circunstâncias, para tão somente um ano e quatro meses de reclusão (art. 171, § 3º).

A ação penal, por fim, é pública incondicionada, devendo, consequentemente, a autoridade competente agir *ex officio*, independentemente de qualquer manifestação do ofendido.

CAPÍTULO XX
Aplicar financiamento em finalidade diversa

Sumário: 1. Considerações preliminares. 2. Bem jurídico tutelado. 3. Sujeitos ativo e passivo do crime. 4. Tipo objetivo: adequação típica. 4.1. Finalidade diversa da prevista em lei ou contrato. 5. Tipo subjetivo: adequação típica. 6. Classificação doutrinária. 7. Consumação e tentativa. 8. Pena e ação penal.

Art. 20. Aplicar, em finalidade diversa da prevista em lei ou contrato, recursos provenientes de financiamento concedido por instituição financeira oficial ou por instituição credenciada para repassá-lo:

Pena – reclusão, 2 (dois) a 6 (seis) anos, e multa.

---

1. CONSIDERAÇÕES PRELIMINARES

O crime descrito neste dispositivo legal não encontra precedente em nenhum diploma legal anterior, quer na legislação codificada, quer nas leis extravagantes. Com alguma diferença, no entanto, o Anteprojeto elaborado pela Comissão de Reforma da Parte Especial do Código Penal, em seu art. 392, § 1º, disciplina conduta semelhante. Originariamente, o Projeto da Câmara dos Deputados definiu a conduta constante deste art. 20, com pequena diferença na redação que, ao final, foi devidamente corrigida do singular para o plural a locução "recurso proveniente".

2. BEM JURÍDICO TUTELADO

A doutrina, de modo geral, sustenta que o bem jurídico tutelado é o patrimônio das instituições financeiras e do próprio sistema financeiro nacional. Nesse sentido, Tórtima afirma que "tutela-se, nesta figura legal, diretamente, o patrimônio das instituições financeiras oficiais, eventualmente ameaçado pela inescrupulosa utilização, por parte do agente, em atividade econômica diversa

Aplicar financiamento em finalidade diversa • 259

da prevista, dos recursos liberados em seu favor"[1]. No entanto, na nossa concepção, *bens jurídicos tutelados*, como crime pluriofensivo, são o patrimônio ou os recursos financeiros pertencentes ao erário público (receita), eventualmente destinados a *fomentar* segmentos industriais, sociais, agropastoril etc., tais como agricultura, modernização do parque nacional industrial; e incentivar determinado setor, como o explorador do biodiesel, entre outros, via instituição oficial ou instituição credenciada para repassá-lo. Nessa linha, Tigre Maia, lucidamente, afirma: "Tem por escopo o dispositivo resguardar o interesse público prevalente na destinação dos recursos financeiros originários do erário governamental, e assegurar que os beneficiários de tais recursos, em geral pessoas jurídicas, apliquem-nos na concretização das metas socioeconômicas que presidiram sua concessão. Protege-se, pois, nesta norma penal em branco, a regular implementação da política econômica pública"[2].

Tutela-se, secundariamente, a inviolabilidade e a credibilidade do sistema financeiro, zelando pela regularidade das transações e operações realizadas por essas instituições. Para o bom e regular funcionamento do mercado financeiro, é indispensável assegurar-se a retidão, a correção e a moralidade de todas as suas operações como resultado do controle oficial exercido pelo Governo.

O objeto material é o *financiamento* obtido em instituição financeira oficial ou credenciada para repassá-lo. *Financiamento* distingue-se de *empréstimo*, que é uma operação rotineira das instituições financeiras e pode ter destinação livre, segundo as necessidades e os interesses do tomador. *Financiamento*, por sua vez, tem destinação específica, sendo vinculado a determinado empreendimento ou aquisição de determinado bem, propriedade, coisa ou direito. Por isso, aplicá-lo em finalidade diversa constitui infração penal.

O *financiamento* referido no dispositivo, além de ser concedido por instituição financeira oficial ou por instituição credenciada a repassá-lo, normalmente decorre de algum programa oficial de governo, com custos subsidiados, destinado ao fomento de algum projeto, empreendimento ou aquisição que apresente reconhecida relevância social e que, por óbvio, não pode ser desviado para qualquer outro fim. Essa finalidade fomentadora do progresso, melhoria ou criação de oportunidades para a coletividade como um todo justifica a sua maior proteção jurídica diferenciada, inclusive com a tutela penal.

---

[1] Tórtima, *Crimes contra o sistema financeiro nacional*, p. 127.

[2] Tigre Maia, *Dos crimes contra o sistema financeiro nacional*: anotações à Lei federal n. 7.492/86, p. 125. Em sentido semelhante, Antônio Rodrigues da Silva, *Crimes do colarinho branco*, p. 149: "Objeto jurídico: é a ordem econômica e financeira do Estado materializada na execução da política de crédito, nos termos do preceituado no art. 22, VII, da Constituição Federal. Secundariamente, outros bens jurídicos são tutelados, como a fé pública e o patrimônio".

3. SUJEITOS ATIVO E PASSIVO DO CRIME

Sujeito ativo do crime de *desvio de financiamento para finalidade diversa da prevista* pode ser qualquer pessoa que obtenha financiamento nessas condições, sem a exigência de qualquer qualidade ou condição especial (crime comum). O concurso de pessoas, quando efetivamente ocorrer, por óbvio, deve ser admitido, nos termos do art. 29 do CP.

Sujeito passivo, imediato, é necessariamente a instituição financeira lesada em decorrência da celebração de contrato de financiamento desviado de sua finalidade, bem como o Estado que teve os recursos destinados ao fomento de determinados setores da sociedade desviado de suas finalidades. Secundariamente, da mesma forma, também é o Estado sujeito passivo, na condição de responsável pela regularidade e o bom funcionamento do sistema financeiro nacional.

4. TIPO OBJETIVO: ADEQUAÇÃO TÍPICA

A ação tipificada é *aplicar*, em finalidade diversa da prevista em lei ou contrato, recursos provenientes de financiamento concedido por instituição financeira oficial ou por instituição credenciada a repassá-lo. A conduta nuclear, repetindo, está representada pelo verbo "aplicar", que significa investir, empregar, injetar recursos em operação ou projeto, diverso do previsto em lei ou contrato, objetivando obter rendimentos financeiros. "Consiste a ação incriminada – na afirmação de Tórtima – em dar o agente destinação diversa da estabelecida no contrato de financiamento, ou na própria lei, ao dinheiro obtido com a referida operação financeira"[3]. Em outras palavras, a lei coíbe o desvio de recursos, para outra finalidade, concedidos para a realização de atividades ou projetos determinados, específicos, tais como agricultura, incorporações imobiliárias, capital de giro de determinadas empresas, aquisição de maquinário industrial ou agrícola etc.

A característica fundamental deste tipo penal é a *fraude*, mas, contrariamente ao que ocorre na figura do *estelionato*, não é utilizada para obter o financiamento, mas usada ao aplicar os recursos provenientes dele, em finalidade diversa da prevista em lei ou contrato. A fraude, pode-se afirmar, ocorre *a posteriori*, ou seja, não na *causa*, mas no fim. Nesse sentido era o magistério de Pimentel, que pontificava: "Trata-se de previsão de um desvio de finalidade do financiamento, o que poderia ser considerado um *engano "a posteriori"*, revelando que a intenção do agente não era a de cumprir a lei ou o contrato, quanto à

---

[3] Tórtima, *Crimes contra o sistema financeiro nacional*, p. 128.

destinação dos recursos provenientes do financiamento"[4]. A *fraude* consiste exatamente na utilização de financiamento obtido com um objetivo específico e para aplicá-lo em finalidade absolutamente diversa, locupletando-se, indevidamente, das benesses asseguradas ao financiamento que, por ter destinação específica, de interesse público ou governamental, normalmente é concedido em *condições privilegiadas*. Além de o sujeito ativo beneficiar-se, injustamente, das *vantagens* que o financiamento encerra em si mesmo, prejudica terceiro que poderia ter recebido aqueles recursos para aplicá-los no *objetivo-fim* para o qual oficialmente se destinava. Existem, nessa figura, *vantagem* obtida e *prejuízo* causado, embora não sejam elementares típicas explicitadas, como ocorre no estelionato. Na realidade, o sujeito ativo apresenta como verdadeira uma finalidade que justifica a concessão do financiamento, mas ao obtê-lo aplica os recursos em finalidade distinta, não prevista na lei ou no contrato.

No entanto, embora se constate claramente a presença da maioria dos elementos constitutivos do crime de estelionato, com ele não se confunde. Na realidade, no estelionato, a *fraude* é anterior à obtenção da vantagem indevida, aliás, é o meio para obtê-la, ao passo que, nesta figura *sub examine*, a fraude é posterior à obtenção do financiamento oficial, que seria a vantagem obtida. Tampouco se pode falar em *falsidade ideológica* na celebração do contrato ou quando da solicitação do financiamento, porque o desvio de finalidade somente ocorre em momento posterior. Ademais, como a *fraude* exaure-se no desvio dos recursos obtidos com o financiamento, é absorvida por esta infração penal, a exemplo do que ocorre na hipótese do crime de estelionato. O Superior Tribunal de Justiça sumulou essa orientação, nos seguintes termos: "Quando o falso se exaure no estelionato, sem mais potencialidade lesiva, é por este absorvido" (Súmula 17). *Mutatis mutandis*, aplica-se o mesmo raciocínio no crime *sub examine*.

O *financiamento* pode ser obtido pelo sujeito ativo diretamente de instituição financeira oficial ou por meio de instituição privada devidamente credenciada para o repasse dos recursos objeto do financiamento. Significa dizer, em outros termos, o financiamento é custeado por recursos públicos, com destinação específica e, via de regra, a custos financeiros subsidiados pelo Poder Público. Isso ocorre, por exemplo, quando bancos privados são credenciados pelo BNDES para repassarem financiamentos para o fomento de determinadas atividades econômicas. A instituição é privada, mas os recursos são públicos ou, pelo menos, com subsídios públicos. Assim, comete a infração quem, obtendo o financiamento, aplica seus recursos em finalidade diversa daquela para a qual foi financiada. Ficaram por demais conhecidas, aliás, fazem parte do folclore das

---

[4] Pimentel, *Crimes contra o sistema financeiro nacional*, p. 147.

262 • Crimes contra o sistema financeiro nacional

fraudes, o "escândalo da mandioca", em Pernambuco, ou o do "adubo-papel", nos Estados do Sul, ocorridos nos anos 1970 e 1980.

Por essa razão, basicamente, o eventual *desvio de finalidade* de recursos obtidos de financiamento concedido por instituições financeiras *privadas*, oriundo de projetos ou políticas eminentemente *privados*, isto é, sem recursos públicos, não tipifica essa infração penal. No mesmo sentido, pronuncia-se Fernando Fragoso, *in verbis*: "São, contudo, criminalizados, apenas os desvios de recursos concedidos por instituições financeiras oficiais ou por entidades que repassam suas verbas". Em outros termos, quando se tratar de recursos próprios da instituição financeira privada, mesmo que aplicados em finalidade diversa, não se enquadra na proibição contida no tipo *sub examine*. Mesmo que se trate de *programas governamentais*, o "desvio de finalidade" não configura o crime em questão se os recursos forem próprios da instituição financeira privada, como, por exemplo, o *crédito rural* financiado com recursos próprios da instituição financeira privada, aplicações obrigatórias calculadas sobre o saldo médio diário de rubricas contábeis sujeitas ao recolhimento compulsório (Lei n. 4.829/65, art. 21) não tipificam a conduta contida no artigo *sub examine*. Falta-lhe a elementar "credenciada para repassá-lo"; o princípio da tipicidade estrita ou taxatividade impede que se reconheça a adequação típica desse desvio de financiamento sustentado com recursos próprios da instituição financeira privada. Se não há repasse, não se pode falar em fato penalmente relevante.

Por fim, considerando-se que a conduta incriminada é "aplicar [...] em finalidade diversa da prevista em lei ou contrato", não se pode pretender equipará-la com a conduta de "deixar de aplicar na finalidade prevista", que, afora constituírem espécies de crimes distintos, têm significados diversos. A primeira hipótese, que é a tipificada, constitui *crime comissivo*, enquanto a segunda, que é atípica, constituiria crime *omissivo*, não alcançada, evidentemente, pela descrição contida no art. 20, que ora examinamos, pois estes crimes exigem uma tipologia própria. Em outros termos, os crimes *omissivos próprios* devem, necessariamente, encontrar-se previamente descritos no ordenamento jurídico em obediência ao princípio da reserva legal. Em outros termos, *proibir* a prática de determinada conduta (crime comissivo) jamais poderá ser equiparada à sua omissão, como seria o caso que ora referimos. Nesse sentido, exemplifica, acertadamente, Antônio Carlos Rodrigues da Silva, afirmando que "se os recursos destinados ao custeio de uma lavoura são depositados na conta corrente do mutuário que negligencia a sua aplicação na finalidade prevista, mantendo o numerário inativo até o vencimento, não se consumará o fato típico, porque ausente o elemento subjetivo do tipo"[5].

---

[5] Antônio Carlos Rodrigues da Silva, *Crimes do colarinho branco*, p. 150.

4.1. Finalidade diversa da prevista em lei ou contrato

A elementar normativa *finalidade diversa da prevista em lei ou contrato* significa somente aplicação que contrariar expressa *previsão legal* ou *contratual*, ou seja, estando ausentes esses dois instrumentos jurídicos – lei e contrato –, não se configura o crime, ainda que haja outra forma de acordo ou determinação regulamentar. O princípio da reserva legal impede que se amplie a interpretação para abranger condutas não descritas expressamente no texto legal. Aplicar os recursos em *finalidade diversa da prevista em lei ou contrato* significa que o agente substitui a vontade legal ou contratual por seu arbítrio, por sua vontade unilateral, aplicando os recursos – que são vinculados por lei ou por contrato, ou por ambos –, não na finalidade legal (prevista em lei) ou contratada, mas em finalidade diversa, distinta daquela. Neste caso, mais que ilegítimo, trata-se de aplicação *ilegal*, como prescreve o dispositivo em estudo.

A locução "finalidade diversa da prevista em lei" refere-se a *diploma legislativo*, emanado do poder competente, isto é, do Poder Legislativo, e elaborado de acordo com o processo legislativo previsto no texto constitucional. Portanto, o termo "lei" utilizado no tipo penal tem o significado restrito, formal, compreendendo o conteúdo e o sentido deste tipo de diploma jurídico, considerando que o comando normativo deve ser claro, preciso e expresso, de tal forma a não pairar dúvida ou obscuridade a respeito do procedimento a adotar. Em outras palavras, referido termo não abrange, por óbvio, disposições contrárias constantes de portarias, regulamentos, resoluções, ordens de serviços etc., que não são leis *stricto sensu*, mas são produzidos à saciedade pelo Banco Central, pela Comissão de Valores Mobiliários, Receita Federal, enfim, pelo SISBACEN.

É indispensável, no entanto, que a denúncia do Ministério Público descreva em que *finalidade diversa* os recursos foram aplicados, demonstrando, inclusive, a concreta aplicação dos referidos recursos, que não podem resumir-se a meras ilações ou simples presunções, sem comprovação efetiva. Em nossa avaliação, a aplicação parcial dos recursos de financiamento em *finalidade diversa*, bem como a realização parcial do projeto efetivamente financiado, não caracteriza o *desvio de finalidade* na aplicação de recursos provenientes de financiamento concedido por instituição financeira oficial ou credenciada a repassá-lo[6].

---

6 TRF da 5ª Região, 3ª Turma, Ap. 97.05.36202-5/PE, rel. Des. Fed. Francisco Cavalcanti, *RT* 793/737.

5. TIPO SUBJETIVO: ADEQUAÇÃO TÍPICA

O elemento subjetivo geral do crime de *aplicar financiamento em finalidade diversa* é o *dolo*, representado pela vontade livre e consciente de desviar a aplicação dos recursos decorrentes de financiamento obtido em instituição financeira oficial ou credenciada para repassá-lo. A vontade e a consciência, como elementos psicológicos do dolo, devem abranger não apenas a ação, como também a aplicação dos recursos em finalidade diversa da prevista em lei ou contrato. Destaque-se o cuidado necessário no exame do aspecto subjetivo, nesta infração penal, especialmente na presença integral dos seus *elementos subjetivos*, cognitivo e volitivo, que devem abranger por completo todos os elementos constitutivos da figura típica.

Não há exigência de *elemento subjetivo especial* do tipo, na medida em que a finalidade de aplicar os recursos em finalidade diversa da prevista integra o próprio dolo, orientador da conduta incriminada. Não há, tampouco, previsão de modalidade culposa do crime de aplicar recursos decorrentes de financiamento concedido por instituição oficial ou credenciada. Essa hipótese, se eventualmente ocorrer, constituirá conduta atípica.

6. CLASSIFICAÇÃO DOUTRINÁRIA

Trata-se de crime *comum* (não necessita de qualquer qualidade ou condição especial do sujeito ativo), *material* (consiste no desvio para finalidade diversa dos recursos de financiamento concedido por instituição financeira oficial), *doloso* (não admite modalidade culposa), *instantâneo* (o resultado se produz de imediato, não havendo distanciamento entre ação e resultado lesivo, ou seja, sua execução não se alonga no tempo, trata-se, na verdade, de *crime instantâneo com efeitos permanentes*), *de forma livre* (pode ser praticado livremente com qualquer forma, desde que com qualquer meio fraudulento), *comissivo* (somente pode ser praticado com uma conduta positiva), *unissubjetivo* (pode ser cometido por apenas um sujeito ativo) e *plurissubsistente* (consistente em vários atos integrantes de uma conduta, admitindo, consequentemente, seu fracionamento).

7. CONSUMAÇÃO E TENTATIVA

Consuma-se o crime de *aplicar financiamento em finalidade diversa* no momento em que a conduta se concretiza, ou seja, no momento em que se realiza a efetiva aplicação dos recursos desviados. Não basta a simples não aplicação na finalidade devida para o crime consumar-se, sendo indispensável a real aplicação em outra finalidade, tratando-se, por conseguinte, de crime material.

Para a consumação deste crime, no entanto, é irrelevante a existência de prejuízo para a instituição financeira. Por essa razão, é irrelevante para a consumação do crime o fato de o agente, posteriormente, honrar as obrigações contratualmente assumidas na obtenção do financiamento.

Tratando-se de crime material, que admite seu fracionamento, é perfeitamente admissível a tentativa, uma vez que o *iter criminis* pode ser interrompido por causas estranhas à vontade do agente.

8. PENA E AÇÃO PENAL

As penas cominadas são a reclusão, de dois a seis anos, e multa, cumulativamente. Mais uma vez, a pena cominada é exageradamente gravosa, considerando-se que a pena mínima prevista para o estelionato é de somente um ano de reclusão.

A ação penal, por fim, é pública incondicionada, devendo, consequentemente, a autoridade competente agir *ex officio*, independentemente de qualquer manifestação do ofendido.

CAPÍTULO XXI
Falsa identidade na realização de operação de câmbio

Sumário: 1. Considerações preliminares. 2. Bem jurídico tutelado. 3. Sujeitos do crime. 4. Tipo objetivo: adequação típica. 5. Tipo subjetivo: adequação típica. 6. "Sonega informação que deva prestar ou presta informação falsa". 7. Atipicidade do ingresso irregular de divisas e equivocada capitulação no art. 21, parágrafo único. 7.1. Dever de informar o Banco Central: atribuição da instituição financeira. 8. Consumação e tentativa. 9. Classificação doutrinária. 10. Pena e ação penal.

Art. 21. Atribuir-se, ou atribuir a terceiro, falsa identidade, para realização de operação de câmbio:

Pena – detenção, de 1 (um) a 4 (quatro) anos, e multa.

Parágrafo único. Incorre na mesma pena quem, para o mesmo fim, sonega informação que devia prestar ou presta informação falsa.

---

1. CONSIDERAÇÕES PRELIMINARES

No Anteprojeto elaborado pela Comissão de Reforma da Parte Especial do Código Penal, como primeira tentativa de criminalizar determinadas condutas que ocorrem no sistema financeiro nacional, tratando dos crimes contra a ordem financeira, previa o art. 397: "Atribuir-se falsa identidade ou prestar informação falsa, com o fim de operar moeda estrangeira: Pena – reclusão de um a três anos e multa. *Parágrafo único.* Incorre na mesma pena quem, habitualmente, vende ou compra moeda estrangeira, sem a devida autorização". Esse Anteprojeto não prosperou.

O Anteprojeto da presente lei, na Câmara dos Deputados, adotou outra orientação, mantendo somente a incriminação da falsa identidade, nos seguintes termos: "Art. 22. Atribuir-se, ou atribuir a terceiro, falsa identidade, para a realização de operação de câmbio: Pena – detenção de 1 (um) a 4 (quatro) anos e multa. *Parágrafo único.* Na mesma pena incorre quem, para o mesmo fim, sonega informação que devia prestar, ou presta informação falsa".

Com pequena e irrelevante alteração na redação do parágrafo único, o Congresso Nacional converteu em lei o Projeto que lhe fora apresentado, resultando no art. 21 e seu respectivo parágrafo único. Os crimes descritos no *caput* e em seu parágrafo único são "essencialmente, *crimina falsi*. São, em tudo, semelhantes ao crime previsto no art. 307 do CP"[1]. Com efeito, esse dispositivo do Código Penal tem a seguinte redação: "*Atribuir-se ou atribuir a terceiro falsa identidade para obter vantagem, em proveito próprio ou alheio, ou para causar dano a outrem:* Pena – detenção, de 3 (três) meses a 1 (um) ano, ou multa, se o fato não constitui elemento de crime mais grave". Diferenciam-se, os dois dispositivos legais, somente quanto ao *elemento subjetivo especial do tipo* exigido, como veremos ao longo da exposição. Por fim, considerando-se a cominação de pena entre um e quatro anos de detenção, é aplicável o direito à *suspensão condicional do processo*, nos termos do art. 89 da Lei n. 9.099/95. Trata-se, portanto, de infração penal de *médio* potencial ofensivo.

2. BEM JURÍDICO TUTELADO

Bem jurídico protegido é a fé pública, no tocante à identidade pessoal. A fé pública, aqui, ao contrário das hipóteses anteriores, relaciona-se à identidade individual, pessoal, própria ou de terceiro que pretende realizar operação de câmbio. Como destaca Marina Pinhão, "os atores do sistema devem ser autorizados e identificados para atuar e realizar as operações", ao passo que, "se houver fraude e falta de transparência no agente financeiro, toda a credibilidade do sistema está em risco"[2]. Objetiva-se, igualmente, proteger a regularidade das operações de compra e venda de moeda estrangeira, garantindo a indispensável segurança das relações jurídicas. Para Antônio Carlos Rodrigues da Silva[3], o objeto jurídico é a ordem econômica e financeira do Estado na administração e na fiscalização das reservas cambiais do país, além da fé pública do mercado de câmbio.

3. SUJEITOS DO CRIME

Sujeito ativo é qualquer pessoa, independentemente de qualidade ou condição pessoal. Admite, naturalmente, a possibilidade de concurso de pessoas, nas modalidades de coautoria e participação em sentido estrito.

---

[1] Manoel Pedro Pimentel, *Crimes contra o sistema financeiro nacional*, p. 151.

[2] Marina Pinhão Coelho Araújo, Crimes contra o sistema financeiro nacional, *in*: Luciano Anderson de Souza; Marina Pinhão Coelho Araújo (Coord.), *Direito penal econômico*: leis penais especiais, v. 1, p. 108-175, esp. 163.

[3] Antônio Carlos Rodrigues da Silva, *Crimes do colarinho branco*, p. 154.

Sujeito passivo é o Estado responsável pelo sistema financeiro nacional, bem como qualquer pessoa que, eventualmente, seja prejudicada pela ação do sujeito ativo.

4. TIPO OBJETIVO: ADEQUAÇÃO TÍPICA

A conduta típica consiste em *atribuir* (inculcar, irrogar, imputar) a si mesmo ou a outrem *falsa identidade*, sendo esta constituída por todos os elementos de identificação civil da pessoa, ou seja, seu *estado civil* (idade, filiação, matrimônio, nacionalidade etc.) e seu *estado social* (profissão ou qualidade pessoal)[4]. Nesse sentido, o magistério de Damásio de Jesus, *in verbis*: "A identidade é constituída de todos os elementos que podem individualizar (identificar) uma pessoa: estado civil (filiação, idade, matrimônio, nacionalidade etc.) e condição social (profissão ou qualidade pessoal)"[5]. Pune-se, em realidade, o comportamento de quem, por escrito, atribui a si mesmo ou a terceiro *identidade* que não corresponde à realidade. Tanto comete o crime quem atribui a si ou a terceiro identidade de pessoa *existente*, como quem invoca a de pessoa fictícia ou *inexistente*, ocorrendo, na primeira hipótese, substituição de pessoas. Em outras palavras, o crime de *falsa identidade* pode ser cometido por substituição de pessoa, fazendo-se o agente passar por outro ou atribuindo-se nome alheio ou imaginário. No entanto, a despeito de a orientação doutrinária[6] sustentar que, como regra, o simples fato de atribuir-se *falso estado civil* ou *condição social* seja suficiente para caracterizar o crime de *falsa identidade*, discordamos desse entendimento. Aliás, nesse sentido, já decidiu a jurisprudência de nossos tribunais que o crime não se configura quando há falsa atribuição de qualidade social (padre, militar), não bastando, portanto, atribuir-se ou atribuir a outrem falsa profissão[7].

Na realidade, qualquer dos dois aspectos, ou ambos em conjunto, *estado civil* e *estado social*, em si mesmos, são insuficientes para a identificação completa da pessoa, especialmente com a idoneidade necessária para, no plano penal, *enganar* alguém. Ademais, além de se revelarem, na identificação de alguém, aspectos secundários, suas *alterações* podem resultar de equívocos, erros ou simples desatenção, especialmente por se tratar de preenchimento de formulários pré-elaborados. Não se pode esquecer, por outro lado, que, muitas vezes, esses formulários são preenchidos pelos próprios funcionários das instituições financeiras.

---

[4] Heleno Cláudio Fragoso, *Lições de direito penal*: parte especial, 11. ed., p. 381.

[5] Damásio de Jesus, *Direito penal*, 12. ed., v. 4, p. 96.

[6] Antônio Carlos Rodrigues da Silva, *Crimes do colarinho branco*, p. 154; Heleno Cláudio Fragoso, *Lições de direito penal*: parte especial, 11. ed., p. 374.

[7] RT 414/267.

Por fim, a despeito de não ser uma elementar típica, estamos diante de *crime fraudulento*, isto é, praticado mediante *fraude*, cuja finalidade, implícita, é enganar, ludibriar, induzir em erro, depreendendo-se seu *especial fim de agir*, qual seja, a realização de operação de câmbio, que será abaixo analisado. Nesse sentido é o magistério de Manoel Pedro Pimentel, ao comentar esse mesmo artigo: "Trata-se de proibição de comportamento *fraudulento*, com a finalidade de obter a realização de operação de câmbio. E o parágrafo único do mesmo dispositivo completa a descrição das condutas que, por omissão ou por ação, visem ao mesmo fim"[8].

A conduta incriminada no *caput* é *comissiva*, isto é, deve ser efetivamente realizada pelo sujeito ativo, não se admitindo como típica a forma omissiva. Por essa razão, quem somente silencia sobre a identidade que erroneamente lhe é atribuída não comete este crime. Em outros termos, não há crime na conduta de quem, confundido com alguém, não esclarece ao interlocutor sua verdadeira identidade; não há, na verdade, incriminação de *omitir* a identidade ou não *a esclarecer* quando confundido com alguém. Não é outro o magistério de Heleno Fragoso, que, comentando dispositivo semelhante do Código Penal, pontifica: "A falsa atribuição de identidade pode ser praticada por escrito ou verbalmente, em relação pessoal de qualquer natureza. Será em regra um ato positivo, não sendo cabível que possa o crime ser praticado por omissão. Não se atribui *falsa identidade* a quem apenas silencia sobre a errônea identidade que lhe é imputada. Embora o efeito possa ser o mesmo, não há, em tal hipótese, tipicidade"[9]. No entanto, a elementar *identidade*, no plano geral, não pode ser interpretada restritivamente, pois ninguém é identificado somente pelo aspecto físico, moral ou intelectual, mas pelo conjunto de todos os seus caracteres que o individualizam, especialmente por nome, filiação, nacionalidade e naturalidade, que são os aspectos fundamentais da individualização e da identificação de qualquer ser humano.

O *crime de falsa identidade* descrito neste art. 21, entre outros requisitos, tem de ser praticado de *forma idônea*, isto é, com *capacidade de enganar* os operadores da instituição financeira. Nesse sentido é o magistério de Hungria que, analisando o art. 307 do CP, afirma: "Não é, porém, necessário que o agente inculque ou simule integralmente identidade que não é a sua, bastando que o faça de *modo idôneo a enganar* e a criar ensejo à obtenção de indevida vantagem"[10]. Ademais, convém destacar, a *falsidade da identidade* não se caracteriza com a simples não correspondência de um ou outro de seus dados, ou

---

8   Manoel Pedro Pimentel, *Crimes contra o sistema financeiro nacional*, p. 151.
9   Heleno Cláudio Fragoso, *Lições de direito penal*: parte especial, 4. ed., v. II, p. 374.
10   Nelson Hungria, *Comentários ao Código Penal*, 2. ed., v. IX, p. 307-308.

com alguns deles, quando permitem a identificação da pessoa propriamente. Em outras palavras, erro, equívoco ou não correspondência de alguns dados identificatórios, por mais relevantes que sejam, se não impedirem a identificação da pessoa como a própria, não caracterizam o crime, que é, não se pode ignorar, *falsa identidade* e não falsos dados ou atribuir-se dados não verdadeiros, requisitos ou informações relativos à sua identidade ou a de terceiro. Enfim, a simples incongruência ou desencontros em alguns dos dados identificadores do agente, desde que não impeçam sua identificação, por mais relevantes que sejam, não tipificam este crime.

De todos os aspectos, de toda a estrutura tipológica, a única diferença que existe entre a infração penal descrita neste art. 21 da Lei n. 7.492/86, qual seja, *falsa identidade*, e a sua similar contida no art. 307 do CP, reside no *elemento subjetivo especial do tipo* exigido por cada uma das duas infrações penais. Na hipótese do Código Penal, "para obter vantagem, em proveito próprio ou alheio, ou para causar dano a outrem", e na hipótese deste artigo da lei especial, "para realização de operação de câmbio", que examinaremos abaixo. Manoel Pedro Pimentel já havia destacado esse aspecto: "O que os diferencia é exatamente o elemento subjetivo do injusto, ou seja, a *finalidade* a que se destina a falsidade. Na infração prevista no art. 307 do CP o fim do agente é obter vantagem, em proveito próprio ou alheio, ou causar dano a outrem. Nestes crimes em exame, a finalidade é a realização de operação de câmbio"[11]. Aliás, dessa diferença entre os elementos *subjetivos* especiais do tipo das duas infrações decorre uma segunda distinção, ou seja: na infração descrita no Código Penal é possível, segundo a doutrina tradicional, sua execução também "oralmente", algo inconcebível no tipo descrito na lei especial, ora *sub examen*, pelo fundamento que segue.

Com efeito, na hipótese do Código Penal, o *fim especial* "obter vantagem ou causar dano" significa uma *finalidade aberta*, abrangente, genérica, que pode realmente ser executada ou praticada de qualquer forma ou por qualquer meio, inclusive *oralmente*. No entanto, na hipótese da lei especial, a finalidade é única, específica, exclusiva, qual seja "para a realização de operação de câmbio". Ora, é de conhecimento público que uma operação de câmbio demanda preenchimento de documentos, apresentação de identidade civil, declarações, tudo, evidentemente, por escrito. Essa, portanto, é a única forma admissível dessa modalidade especial do crime de *falsa identidade*, facilitando, inclusive, a produção de prova.

---

[11] Pimentel, *Crimes contra o sistema financeiro nacional*, p. 151.

5. TIPO SUBJETIVO: ADEQUAÇÃO TÍPICA

Elemento subjetivo é o dolo, consistente na vontade livre e consciente de atribuir-se ou atribuir a outrem *falsa identidade* para realização de operação de câmbio. É indispensável que o agente tenha consciência de que está fazendo-se passar por outra pessoa e, por conseguinte, enganando o operador da instituição financeira na realização de operação de câmbio. Comentando o art. 307 do CP, Heleno Fragoso afirma que o elemento subjetivo é constituído pela "vontade conscientemente dirigida à imputação a si próprio ou a outrem de falsa identidade"[12].

Exige-se, porém, o *elemento subjetivo especial do injusto*, consistente no *especial fim de agir*, qual seja "para realização de operação de câmbio". É exatamente esta finalidade de agir que torna o fato penalmente relevante. Se, no entanto, o sujeito ativo não visa direta e objetivamente à realização de operação de câmbio, o fato não configura este crime.

6. "SONEGA INFORMAÇÃO QUE DEVA PRESTAR OU PRESTA INFORMAÇÃO FALSA"

A previsão deste parágrafo está diretamente vinculada com a previsão do *caput*, ou seja, a informação sonegada ou prestada falsamente refere-se à identidade falsa para realização de câmbio, ou não tem razão de ser pela abertura que seu enunciado propiciaria. A locução "para o mesmo fim", no entanto, parece-nos, afasta qualquer dúvida que pudesse haver nesse sentido. Realmente, resta inquestionável que a *informação* referida no parágrafo, *sonegada* ou *prestada falsamente*, refere-se à *identidade* a ser utilizada para realização de operação de câmbio. Vejamos a seguir o desenvolvimento do raciocínio.

Tigre Maia, examinando esse parágrafo, afirma: "O crime previsto no parágrafo único tem a mesma objetividade jurídica do *caput*, sendo derivação do crime de falsidade ideológica e caracterizando-se pela conduta normalmente omissiva de sonegar informações e pela comissiva de prestar informação falsa, sempre com o escopo de praticar operação de câmbio"[13]. Essa assertiva de Tigre Maia é incensurável, identificando a verdadeira dimensão do conteúdo do parágrafo, contextualizando corretamente o seu verdadeiro significado. Não é diferente a interpretação dada por Tórtima, que conclui, com acerto: "O parágrafo único, em sua parte final, descreve conduta na qual, a rigor, já se encontra compreendida aquela prevista na cabeça do artigo, porque se o

---

[12] Heleno Cláudio Fragoso, *Lições de direito penal*: parte especial, 4. ed., v. II, p. 375.

[13] Tigre Maia, *Dos crimes contra o sistema financeiro nacional*: anotações à Lei Federal n. 7.492/86, p. 130-131.

agente atribui-se ou a terceiro identidade falsa (*caput*), é claro que estará *prestando informação falsa*. Quanto a *sonegar* a informação (parágrafo único, primeira parte), cuida-se da dolosa ocultação da mesma pelo agente, circunstância que, como já vimos, é distinta da de simplesmente omitir a informação"[14]. Não era diferente o entendimento adotado por Pimentel[15] ao afirmar que o parágrafo único completava a descrição das condutas que, por omissão ou ação, visassem ao mesmo fim.

Estamos de pleno acordo com as duas premissas sustentadas por José Carlos Tórtima, que acabamos de citar, relativamente às duas condutas constantes do parágrafo único. No entanto, para aqueles que admitem a razoabilidade do conteúdo deste dispositivo, faremos o exame a seguir, *ad argumentandum tantum*, para efeitos tão somente de colocarmos um sentido possível do paradoxal texto *sub examine*.

Há duas condutas incriminadas no parágrafo único: uma *omissiva* e outra *comissiva*: *sonegar* informação ou *prestá-la* falsamente. "Sonegar", segundo os léxicos, é "não mencionar, não relacionar nos casos em que a lei exige descrição ou menção"; também pode significar, numa segunda acepção, "dizer que não tem, tendo, ou ocultar com fraude"[16]. Em outros termos, tipifica-se crime *omissivo* quando o agente não faz o que *pode* e *deve* fazer, que lhe é juridicamente ordenado. Portanto, o *crime omissivo* consiste sempre na *omissão* de uma *determinada* ação que o sujeito tinha obrigação de realizar e que podia fazê-lo, no caso, "sonega informação que devia prestar". Na hipótese, no entanto, não há a *identificação* dessa conduta (informação) que o agente deveria praticar (prestar). Estamos, portanto, diante de uma *norma penal em branco*, em um crime omissivo, que já é, por sua própria natureza, um tipo penal aberto.

Na realidade, o Direito Penal contém *normas proibitivas* e *normas imperativas* (mandamentais). A infração das normas imperativas constitui a essência do *crime omissivo*. A conduta que infringe uma *norma mandamental* consiste em não fazer a ação ordenada pela referida norma, que, na hipótese no parágrafo único, não é identificada. Logo, a *omissão* em si mesma não existe, juridicamente, pois somente a omissão de uma ação determinada pela norma configura a essência da omissão. E a essência do crime – ação ou omissão – não pode ser deixada ao âmbito de norma extrapenal, como norma integradora.

Informação falsa, por sua vez, é aquela que contraria o real conteúdo que deveria ter, não corresponde ao conteúdo autêntico que deveria apresentar; é

---

[14] Tórtima, *Crimes contra o sistema financeiro nacional*, p. 132-133.

[15] Pimentel, *Crimes contra o sistema financeiro nacional*, p. 151.

[16] *Grande dicionário Larousse cultural da língua portuguesa*, São Paulo: Nova Cultural, 1999, p. 839.

aquela que não corresponde à realidade, que é inverídica, fictícia, isto é, representada pela criação de fatos artificiais, inexistentes ou distorcidos sobre a identidade do agente ou de terceiro, para a realização de operação de câmbio. Mas essa *falsidade informativa* deve, necessariamente, referir-se a fatos ou aspectos relevantes ao conjunto de caracteres identificadores do indivíduo, com idoneidade suficiente para enganar sobre a verdadeira identidade.

A *informação falsa* ou *sonegada*, finalmente, deve recair sobre fato juridicamente relevante, ou seja, é necessário que a informação sonegada ou falsa constitua elemento substancial relativo à identificação do agente ou de terceiro para realizar operação de câmbio, alterando seus efeitos jurídicos, gerando ou podendo gerar lesão a direitos individuais ou coletivos. Uma simples omissão sobre aspecto secundário, por exemplo, mera irregularidade ou simples preterição de formalidade não constituirão o *falsum* ou a sonegação de informação idôneos a desnaturar identidade para operação de câmbio. Mas é importante destacar que o tipo em exame refere-se à *falsidade ideológica* e não à *falsidade material*, diferenciando-se ambas, de modo que enquanto a *falsidade material* afeta a autenticidade do documento em sua forma extrínseca e conteúdo intrínseco, a *falsidade ideológica* afeta-o tão somente em sua ideação, no pensamento que suas letras encerram. Em outras palavras, a *falsidade ideológica* versa sobre o conteúdo do documento integrante da operação de câmbio, enquanto a falsidade material diz respeito a sua forma. No *falso ideológico* basta a potencialidade do dano independentemente de perícia.

Por fim, as informações, sonegadas ou prestadas falsamente devem relacionar-se sobre aspectos relevantes da identidade do agente ou de terceiro para realizar operação de câmbio. Fora dessa conotação, qualquer outra informação não verdadeira relativa a qualquer outro aspecto, que não se refira a dados substanciais da identidade, e "com o mesmo fim", isto é, para realizar operação de câmbio, não tipificará as condutas descritas no parágrafo único. Poderá, evidentemente, caracterizar outro crime de *falsum*, mas não este.

A conduta de *sonegar* informação, que devia prestá-la, constante do parágrafo único do artigo *sub examine*, não se confunde com o conteúdo do vocábulo "sonegando informação" constante do art. 6º, que é meio de realizar a ação proibida naquele dispositivo. Aqui representa ação omissiva, o simples modo ou forma comissiva de realizar a conduta de induzir ou manter em erro.

7. ATIPICIDADE DO INGRESSO IRREGULAR DE DIVISAS E EQUIVOCADA CAPITULAÇÃO NO ART. 21, PARÁGRAFO ÚNICO

Não ignoramos que a *lesão ao controle cambial* realizado pelo Banco Central pode ocorrer tanto na hipótese de *saída* quanto de *entrada* ilegal de valores em nosso país. Contudo, a despeito de eventual infringência a normas administrativo-cambiais, a *entrada irregular de divisas no Brasil* não se amolda à descrição típica constante do art. 21 e seu parágrafo único. No entanto, na tentativa de "driblar" essa lacuna, o Ministério Público tem procurado capitular, indevidamente, o *eventual ingresso irregular de divisas*, nesse dispositivo, em alguns processos, narrando, em um deles, da seguinte forma:

> Da mesma forma, o denunciado, nesta capital, no período compreendido entre 03/01/2001 a 24/05/2005 (fl. 13), ao realizar operações de câmbio no valor total de [...], segundo a taxa cambial vigente, naquelas datas, e ao trazer estes valores para o país de forma ilegal, contribuiu para que fossem sonegadas as devidas informações que deviam ser prestadas ao Banco Central, incidindo nas penas do art. 21, parágrafo único, da Lei n. 7.492/86 (grifo do original)[17].

Contudo, a previsão do parágrafo único do art. 21 tem a mesma objetividade jurídica do *caput*, qual seja, a fé pública, no tocante à identidade pessoal. A *fé pública*, aqui, ao contrário das hipóteses anteriores, relaciona-se à identidade individual, pessoal, própria ou de terceiro *que objetivam realizar operação de câmbio*, como destacamos acima. A pretensão do *Parquet* revela-se impossível por sua *absoluta inadequação típica*, violando o *princípio da reserva legal*.

Com efeito, o conteúdo do parágrafo único constitui *um tipo penal absurdamente aberto*, abrangente, genérico, impossível de ser delimitado se pretender-se interpretá-lo desvinculado do conteúdo do *caput*. Convém destacar, no entanto, que não estamos diante de uma *norma penal em branco*, isto é, carente de complemento, no particular, mas somente de mais um *tipo penal aberto*, que deve ser interpretado nos limites de seu conteúdo vinculado ao conteúdo do *caput*. A lei deve ser compreendida, tanto quanto possível, com o conteúdo gramatical, segundo os termos que emprega. Não é permitido à Administração Pública *ampliar* o tipo penal, com *textos interpretativos* que – a rigor – nada mais fazem do que deturpar o conteúdo do texto legal. Admiti-lo significaria violentar o *princípio da reserva legal* (art. 5º e XXXIX da CF).

Qualquer lei, por mais clara que seja, deve sempre ser interpretada para ser ajustada ao caso concreto. A simples afirmação de que *a lei é clara* já implica uma *interpretação*. O decantado aforismo latino *in claris non fit interpretatio* não tem o significado que muitos procuram atribuir-lhe, da desnecessidade de interpretar as leis quando estas se apresentam claras e inequívocas. Na realidade, o verdadeiro sentido do referido aforismo latino é outro: procura evitar que se complique o que é simples. Assim, diante da clareza do texto legal, devem-se

---

[17]   APn 2000771000323122, 1ª Vara Federal Criminal de Porto Alegre. No mesmo sentido, APn 2000771000311235, da mesma vara.

evitar outras formas de interpretação que não correspondam ao verdadeiro sentido da norma, cuja clareza e nitidez se revelam de plano. A interpretação não pode em hipótese alguma desvincular-se do ordenamento jurídico e do contexto histórico-cultural no qual está inserido. Não pode, por conseguinte, divorciar-se da concepção de Estado, no caso brasileiro, *Estado Democrático de Direito*, que será, digamos, o limite territorial da jurisdição do intérprete.

A despeito de se atribuir um grau menor à *interpretação gramatical*, normalmente, se inicia o *processo interpretativo* por esse critério. Aliás, nesse sentido é a manifestação de Karl Larenz, que afirma: "Toda interpretação de um texto há de iniciar-se com o sentido literal. Por tal entendemos o significado de um termo ou de uma cadeia de palavras no uso linguístico geral ou, no caso de que seja possível constatar um tal uso, no uso linguístico especial do falante concreto, aqui no da lei respectiva"[18]. Por isso, nesse *método interpretativo*, recomenda-se que nunca se olvidem duas regras básicas: a) *a lei não tem palavras supérfluas;* b) *as expressões contidas na lei têm conotação técnica e não vulgar*[19].

Karl Larenz, no âmbito do direito privado, afirma categoricamente: "O sentido literal possível [...] assinala o limite da interpretação"[20]. No Direito Civil, prossegue Larenz[21], podem-se ultrapassar os limites do significado literal possível: mas então já não estaremos diante da interpretação, e sim do *desenvolvimento aberto do Direito*. Em se tratando, pois, de Direito Penal, esses limites interpretativos são bem mais estreitos do que aqueles permitidos na seara do direito privado. Enfim, a interpretação deve procurar ajustar-se aos princípios constitucionais e aos valores jurídicos fundamentais, dentro dos estritos limites legais.

Por vezes, no entanto, é necessário socorrer-se de outros métodos interpretativos, tais como sistemático, histórico etc. Nesse sentido, vamos contextualizar a temática *sub examine*. Seguindo nessa rota, começamos com a evolução histórico-sistemática da previsão legal que ora examinamos. Com efeito, o Anteprojeto elaborado pela Comissão de Reforma da Parte Especial do Código Penal, como primeira tentativa de criminalizar determinadas condutas que ocorriam no sistema financeiro nacional, ao tratar dos "crimes contra a ordem financeira", previa no art. 397:

---

[18] Karl Larenz, *Metodologia da ciência do direito*, 3. ed., p. 450-451.

[19] No entanto, somente a própria interpretação poderá esclarecer quando determinada expressão aparece na lei em seu sentido comum ou em sentido técnico-jurídico. Com efeito, não raro as palavras são utilizadas não no sentido técnico que apresentam em outros ramos do Direito, mas com específico significado jurídico-penal, como ocorre, por exemplo, com a definição de funcionário público (art. 327 do CP). Nessas hipóteses, é secundário o sentido que referido termo tem para este ou aquele ramo do Direito; importa o significado mais adequado aos fins pretendidos pelo Direito Penal.

[20] Karl Larenz, *Metodología de la ciencia del derecho*, p. 256.

[21] Idem, p. 286.

Art. 397. Atribuir-se falsa identidade ou prestar informação falsa, *com o fim de operar moeda estrangeira*.
Pena – Reclusão de um a três anos e multa.
Parágrafo único. Incorre na mesma pena quem, habitualmente, vende ou compra moeda estrangeira, sem a devida autorização.

Esse projeto não prosperou. No entanto, o Anteprojeto na Câmara dos Deputados, que resultou na presente lei, adotou outra orientação, mantendo somente a incriminação da *falsa identidade*, nos seguintes termos:

Art. 22. Atribuir-se, ou atribuir a terceiro, falsa identidade, *para a realização de operação de câmbio*.
Pena – Detenção de 1 (um) a 4 (quatro) anos e multa.
Parágrafo único. Na mesma pena incorre quem, para o mesmo fim, sonega informação que devia prestar, ou presta informação falsa.

Com um pouco de atenção pode-se constatar uma pequena, mas relevantíssima, diferença no conteúdo do *caput* dos dois dispositivos: naquele Anteprojeto de Código Penal, que não prosperou, a *falsa identidade* ou *falsa informação* seriam praticadas "com o fim de operar moeda estrangeira", ao passo que a redação que redundou no atual art. 21 da Lei n. 7.492/86 limitou a extensão desse tipo penal, para abranger somente "operação de câmbio", ou seja, "*para a realização de operação de câmbio*". Em outros termos, pela previsão do Anteprojeto do Código Penal, com a *falsa identidade* ou qualquer informação falsa, relativamente à *identificação do sujeito ativo*, pode abranger qualquer atividade "com moeda estrangeira", que é algo bem diferente da previsão do texto legal *sub examine*, somente "para realizar operação de câmbio".

A finalidade implícita da falsa identidade ou da informação falsa é enganar, ludibriar, induzir em erro, depreendendo-se de seu *especial fim de agir*, qual seja, "para a realização de operação de câmbio". Nesse sentido era o magistério de Manoel Pedro Pimentel, ao comentar esse mesmo artigo: "Trata-se de proibição de comportamento *fraudulento*, com a finalidade de obter a realização de operação de câmbio. E o parágrafo único do mesmo dispositivo completa a descrição das condutas que, por omissão ou por ação, visem ao mesmo fim"[22].

Ora, a previsão do seu parágrafo único está diretamente vinculada com a previsão do *caput*, ou seja, a informação sonegada ou prestada falsamente refere-se à *identidade falsa* para realização de câmbio, ou não teria razão de ser pela abertura que seu enunciado propiciaria. A locução "para o mesmo fim", à evidência, afasta qualquer dúvida nesse sentido. Realmente, resta inquestionável que a *informação* referida no parágrafo único, *sonegada* ou *prestada falsamen-*

---

[22] Pimentel, *Crimes contra o sistema financeiro nacional*, p. 151.

te, refere-se à *identidade* a ser utilizada para realização de operação de câmbio. Aliás, o dever de informar ou comunicar ao Banco Central a realização das operações de câmbio não é do contribuinte, mas da própria instituição financeira que a celebra, consoante legislação em vigor. Quem não contratou nenhuma operação cambial com instituição financeira (por ter realizado uma atividade clandestina) não pode praticar esse crime, pois se não existe operação de câmbio, não há o que se declarar. Dito de outra forma, não ocorre o *ato da operação cambial*, na qual o sujeito poderia praticar a conduta proibida. Por isso, o *ingresso irregular de divisas* jamais poderá caracterizar esse crime, caso contrário, qualquer informação que eventualmente os operadores do sistema financeiro, monetário, tributário ou fiscal deixarem de fazer, em qualquer circunstância, poderá tipificar essa conduta, o que seria um rematado absurdo.

Trata-se, na realidade, de conduta atípica que, no vácuo de previsão legal, o *Parquet* tenta, depois de mais de vinte anos, forçar sua adequação típica, ignorando todos os princípios hermenêuticos interpretativos, como procuramos demonstrar.

Tórtima, examinando esse mesmo dispositivo, conclui com acerto: "O parágrafo único, em sua parte final, descreve conduta na qual, a rigor, já se encontra compreendida naquela prevista na cabeça do artigo, porque se o agente atribui-se ou a terceiro identidade falsa (*caput*), é claro que estará *prestando informação falsa*. Quanto a *sonegar* a informação (parágrafo único, primeira parte), cuida-se da dolosa ocultação da mesma pelo agente, circunstância que como já vimos é distinta da de simplesmente omitir a informação"[23]. Não era diferente o entendimento adotado por Pimentel[24], ao afirmar que o parágrafo único completava a descrição das condutas que, por omissão ou ação, visassem o mesmo fim.

Estamos de pleno acordo com as duas premissas sustentadas por Tórtima, que acabamos de citar, relativamente às duas condutas constantes do parágrafo único. *Sonegar*, segundo os léxicos, é "não mencionar, não relacionar nos casos em que a lei exige descrição ou menção"; também pode significar, numa segunda acepção, "dizer que não tem, tendo, ou ocultar com fraude"[25]. *Informação falsa*, por sua vez, é aquela que contraria o real conteúdo que deveria ter, não corresponde ao conteúdo autêntico que deveria apresentar; é aquela que não corresponde à realidade, que é inverídica, fictícia, isto é, representada pela criação de fatos artificiais, inexistentes ou distorcidos sobre a identidade do agente ou de terceiro, para a realização de operação de câmbio. Mas essa *falsidade informativa* deve, necessariamente, referir-se a fatos ou aspectos relevantes ao conjunto de caracte-

---

[23] Tórtima, *Crimes contra o sistema financeiro nacional*, p. 132-133.
[24] Pimentel, *Crimes contra o sistema financeiro nacional*, p. 151.
[25] *Grande dicionário Larousse cultural da língua portuguesa*, São Paulo: Nova Cultural Ltda., 1999, p. 839.

res identificadores do indivíduo, com idoneidade suficiente para enganar sobre a verdadeira identidade, para a realização de operação de câmbio.

Por fim, as informações, sonegadas ou prestadas falsamente, devem relacionar-se sobre aspectos relevantes da identidade do agente ou de terceiro para realizar operação de câmbio. Repetindo: essas condutas só poderão ocorrer durante e na realização de operação de câmbio, na identificação do beneficiário ou executor da operação. A realização de operação de câmbio, mediante dados falsos, referidos no parágrafo único, não se confunde com *ausência de operação de câmbio*, ou com remessa clandestina de divisas (entenda-se, por outros meios). Fora dessa conotação, qualquer outra informação, não verdadeira, ou omitida, relativa a qualquer outro aspecto, que não se refira a dados substanciais da identidade do sujeito ativo ou do beneficiário, e "com o mesmo fim", isto é, para realizar operação de câmbio, não tipificará as condutas descritas no parágrafo único. Poderá, evidentemente, caracterizar outro crime de *falsum*, mas não este.

7.1. Dever de informar o Banco Central: atribuição da instituição financeira

As normas cambiais, atualmente, estão consolidadas na Circular n. 3.691/2013, do Banco Central do Brasil, em vigor desde 3 de fevereiro de 2014, como regulamentadora da Resolução n. 3.568/2008, do Conselho Monetário Nacional. Referida Circular n. 3.691/2013 (art. 215) *substituiu* o Regulamento do Mercado de Câmbio e Capitais Internacionais (RMCCI), instituído pela Circular n. 3.280/2005 e atualizado pela Circular n. 3.672/2013 (RMCCI 62, última versão). Não significa, contudo, que a prática do câmbio demande, no Brasil, uma *autorização prévia* ou *especial* da autoridade monetária. Na verdade, se reconhece que há *liberdade cambial*, apenas que se deve observar as normativas cambiais específicas para exercê-lo disciplinadamente. O art. 2º da Circular n. 3.691/2013 do Banco Central estabelece que: "As pessoas físicas e as pessoas jurídicas podem comprar e vender moeda estrangeira ou realizar transferências internacionais em reais, de qualquer natureza, sem limitação de valor, sendo *contraparte na operação agente autorizado a operar no mercado de câmbio, observada a legalidade da transação, tendo como base a fundamentação econômica e as responsabilidades definidas na respectiva documentação*".

Como conclusão, pode-se afirmar que *operação de câmbio*, de que trata o *caput* do art. 21 da Lei n. 7.492/86, é somente aquela considerada *legítima*[26], isto é, processada através de instituição financeira devidamente autorizada a operar com câmbio (art. 65 da Lei n. 9.069/85), não incluindo, portanto, *ope-*

---

[26] Nos termo do art. 1º do Decreto n. 23.258/33, *são consideradas operações de câmbio ilegítimas* as realizadas entre bancos, pessoas naturais ou jurídicas, domiciliadas ou estabelecidas no país, com quaisquer entidades do exterior, *quando tais operações não transitem pelos bancos habilitados a operar em câmbio*, mediante prévia autorização da fiscalização bancária a cargo do Banco do Brasil.

rações clandestinas (dólar cabo, banco paralelo etc.). Em outros termos, a conclusão a que se chega é de que *as informações devidas são aquelas inscritas em uma operação de câmbio regular*, realizada através de um contrato de câmbio licitamente firmado – legítima, portanto.

Ademais, pode-se acrescentar ainda mais dois aspectos identificadores da não correspondência ao descrito no art. 21 em seu parágrafo único: a) segundo o disposto no RMCCI[27] (Regulamento do Mercado de Câmbio e Capitais Internacionais – revogado pela Circular n. 3.691/2013), já estando concluída a operação de câmbio quando deveria ser prestada a declaração, é atípica a conduta omitida ou falsamente prestada; b) o cliente não está obrigado a prestar nenhuma informação ao BACEN, mas somente os responsáveis pela instituição financeira, assim, se crime houver, somente poderá ser imputada sua prática aos responsáveis pela instituição financeira. Conclusões nesse sentido foram expressas em duas decisões em processos criminais que tramitaram na 1ª Vara Federal Criminal de Porto Alegre[28]. Por sua pertinência, pedimos vênia para transcrever a primeira delas, na parte que nos interessa:

> A conduta descrita na denúncia não caracteriza o delito previsto no art. 21, parágrafo único, da Lei 7.492/86. O tipo penal possui a seguinte redação:
> *Art. 21. Atribuir-se, ou atribuir a terceiro, falsa identidade, para a realização de operação de câmbio:*
> *Pena – detenção, de 1 (um) a 4 (quatro) anos, e multa.*
> *Parágrafo único. Incorre na mesma pena quem, para o mesmo fim, sonega informação que devia prestar ou presta informação falsa.*
> As instituições que trabalham com compra e venda de moeda estrangeira estão obrigadas, por força do art. 65 da Lei 9.069/95, a identificar o cliente o beneficiário:
> *Art. 65. O ingresso no País e a saída do País de moeda nacional e estrangeira serão processados exclusivamente através de transferência bancária, cabendo ao estabelecimento bancário a perfeita identificação do cliente ou do beneficiário.*
> Também a legislação contra a lavagem de dinheiro (Lei n. 9.613/98) determina que as pessoas jurídicas que têm como atividade a compra e venda de moeda estrangeira (art. 9º, inciso II) exijam dos seus clientes informações, bem como mantenham registro das operações, para atender ao disposto no art. 10, incisos I e II, da mesma lei, e às normas expedidas pelo Banco Central que os regulamentam:
> *Art. 10. As pessoas referidas no art. 9º:*
> *I – identificarão seus clientes e manterão cadastro atualizado, nos termos de instruções emanadas das autoridades competentes;*
> *II – manterão registro de toda transação em moeda nacional ou estrangeira, títulos e valores mobiliários, títulos de crédito, metais, ou qualquer ativo passível de ser convertido em dinheiro, que ultrapassar limite fixado pela autoridade competente e nos termos de instruções por esta expedidas.*
> Ao sonegar ou falsear informação exigida pela instituição financeira, o cliente da operação de câmbio comete o crime previsto no art. 21, parágrafo único, *supra*.

---

[27] Disponível em: <http://www.bcb.gov.br/rex/RMCCI/Ftp/RMCCI.pdf>.

[28] APn 2008.71.00.010331-0/RS e APn 2008.71.00.009296-7/RS.

Entretanto, o que a denúncia narra é que a própria operação de câmbio deixou de ser informada à autoridade competente, o Banco Central. De fato, o Bacen exige que, além de manter o registro da operação (art. 10, inciso II, da Lei n. 9.613/98), a instituição responsável informe eletronicamente sua realização, na forma do Regulamento do Mercado de Câmbio e Capitais Internacionais, Título 1: Mercado de Câmbio, Capítulo 3: Contrato de Câmbio, Seção 2: Celebração e Registro no Sisbacen.

Consultando referida norma, verifica-se que a prestação de informação sobre a operação somente é exigível após sua conclusão.

Assim, não se pode falar que a informação ao Banco Central foi sonegada "para realizar a operação de câmbio", na medida em que a operação já estava concluída quando deveria ter sido informada.

Além disso, o denunciado não estava obrigado a prestar qualquer informação ao Banco Central sobre as operações em questão. Como mencionado, deveria ele prestar corretamente à instituição financeira as informações que lhe fossem exigidas. A prestação de informações ao Banco Central é encargo das "instituições financeiras e demais instituições autorizadas a funcionar pelo Banco Central do Brasil, autorizadas a operar no mercado de câmbio" (Regulamento do Mercado de Câmbio e Capitais Internacionais, Título 1: Mercado de Câmbio, Capítulo 3: Contrato de Câmbio, Seção 2: Celebração e Registro no Sisbacen, n. 1).

Ou seja, se alguém praticou o crime em questão foram os responsáveis pela instituição financeira não autorizada. O denunciado, na qualidade de cliente, nada estava obrigado a informar.

Tampouco tinha o denunciado qualquer ingerência sobre a prestação ou não de informações, visto que não tinha acesso ao sistema empregado para tanto.

Ou seja, a conduta descrita na denúncia é atípica, devendo o réu ser *absolvido sumariamente* quanto à acusação de sonegar informação à autoridade competente, para o fim de realização de operação de câmbio (Lei n. 7.492/86, art. 21, parágrafo único), com fulcro no art. 397, inc. III, do CPP.

Mais do que isso, certamente, não há necessidade de dizer.

8. CONSUMAÇÃO E TENTATIVA

Consuma-se o crime com a atribuição efetiva da falsa identidade, independentemente de atingir o especial fim de agir, qual seja, a "realização de operação de câmbio". A doutrina, no entanto, de um modo geral, considera impossível a ocorrência da figura do crime tentado[29].

Admite-se, em princípio, a tentativa, embora de difícil ocorrência, em razão de tratar-se de *crime formal*, além da dificuldade de se distinguirem os atos preparatórios e os de execução. Na modalidade omissiva, por razões dogmáticas,

---

[29] José Carlos Tórtima, *Crimes contra o sistema financeiro nacional*, p. 133; Manoel Pedro Pimentel, *Crimes contra o sistema financeiro nacional*, p. 154; Antônio Carlos Rodrigues Silva, *Crimes do colarinho branco*, p. 155.

não é admissível a figura do crime tentado[30]. A possibilidade mais comum de tentativa ocorre quando se utiliza a modalidade escrita.

9. CLASSIFICAÇÃO DOUTRINÁRIA

Trata-se de *crime formal* (que não exige resultado naturalístico para sua consumação, seja representado por prejuízo ou mesmo pela efetiva realização da operação de câmbio), *comum* (que não exige qualidade ou condição especial do sujeito ativo, podendo ser praticado por qualquer pessoa), *de forma livre* (que pode ser praticado por qualquer meio ou forma de preferência do agente), *comissivo* (os verbos nucleares indicam a prática de ação, sendo *omissivo* na modalidade de sonegar), *instantâneo* (consuma-se de pronto, embora seus efeitos possam perdurar no tempo), *unissubjetivo* (que pode ser praticado por um agente apenas) e *plurissubsistente* (crime que, em regra, pode ser praticado com mais de um ato, admitindo, em consequência, fracionamento em sua execução, com exceção da modalidade de *sonegar*).

10. PENA E AÇÃO PENAL

As penas cominadas, cumulativamente, são detenção de um a quatro anos, e multa. Inegavelmente, mais uma vez trata-se de punição exageradamente *desproporcional*, incompatível com a *razoabilidade* exigida pelo Estado Democrático de Direito, a despeito de ser a única de detenção de todo este diploma legal.

Destaque-se que a mesma tipificação no Código Penal (art. 307) comina pena de detenção de três meses a um ano e, alternativamente, a pena de multa; e, além do mais, trata-se de crime expressamente subsidiário. Não há, rigorosamente, grandeza de bem jurídico algum que justifique a incriminação da mesma conduta, em diplomas legais distintos, capaz de demonstrar a razoabilidade de tão absurda desproporção. A única diferença residiria no *desvalor da ação*, e esse aspecto é insuficiente para quadruplicar a sanção penal. Aliás, para aclarar a gravidade deste absurdo, destacamos que a pena mínima cominada à *falsa identidade especial* é igual à máxima cominada (um ano) à *falsa identidade* prevista no Código Penal.

A ação penal é pública incondicionada, como todos os crimes definidos nesta lei especial, devendo a autoridade competente agir de ofício, independentemente de qualquer manifestação da parte interessada.

---

[30] Cezar Roberto Bitencourt, *Tratado de direito penal:* parte especial, 16. ed. v. 4, p. 704.

CAPÍTULO XXII
Evasão de divisas

Sumário: 1. Considerações preliminares. 2. Bem jurídico tutelado. 3. Sujeitos ativo e passivo do crime. 4. Espécies de evasão de divisas. 5. Efetuar operação de câmbio não autorizada. 5.1. Elementar normativa: operação de câmbio. 5.2. Elementar normativa "não autorizada": sentido e alcance. 5.3. Elementar normativa "divisas". 6. Tipo subjetivo (*caput*): dolo e elemento subjetivo especial do tipo. 6.1. Elemento subjetivo especial do tipo: com o fim de promover evasão de divisas do País. 7. Consumação e tentativa de operação de câmbio não autorizada. 7.1. Consumação. 7.2. Tentativa. 8. Classificação doutrinária. 9. Promover, a qualquer título, sem autorização legal, a saída de moeda ou divisa para o exterior. 9.1. Bem jurídico tutelado. 9.2. Tipo objetivo: adequação típica. 9.2.1. Elementar normativa: "a qualquer título". 9.2.2. Elementar normativa: "saída de moeda ou divisa para o exterior". 9.2.2.1. Saída de divisas para o exterior. 9.2.2.2. O significado de moeda: tratamento jurídico. 9.3. Elementos normativos especiais da ilicitude: "não autorizada" (*caput*) e "sem autorização legal" (parágrafo único). 9.4. Atipicidade da evasão de divisas: norma penal em branco dependente de lei complementar para integrar-se. 9.4.1. Inconstitucionalidade da norma integradora: exigência de lei complementar. Inidoneidade de atos administrativos para satisfazer essa função. 9.5. Tratamento do erro sobre elementos normativos especiais da ilicitude. 9.6. Tipo subjetivo: adequação típica. 9.7. Consumação e tentativa de promover, sem autorização legal, a saída de moeda ou divisa. 10. Manter no exterior depósitos não declarados. 10.1. Bem jurídico tutelado. 10.2. Tipo objetivo: adequação típica. 10.2.1. Elementar normativa: repartição federal competente. 10.3. Tipo subjetivo: adequação típica. 10.4. Consumação ou tentativa do crime de manutenção de depósito no exterior não declarado. 11. Exportação clandestina ou sem cobertura cambial. 12. Aspectos relevantes quanto à competência de foro. 13. Pena e natureza da ação penal.

Art. 22. Efetuar operação de câmbio não autorizada, com o fim de promover evasão de divisas do País:

Pena – reclusão, de 2 (dois) a 6 (seis) anos, e multa.

Parágrafo único. Incorre na mesma pena quem, a qualquer título, promove, sem autorização legal, a saída de moeda ou divisa para o exterior, ou nele mantiver depósitos não declarados à repartição federal competente.

1. CONSIDERAÇÕES PRELIMINARES

Antes do atual diploma legal, a Lei n. 1.521/51, ao disciplinar os *crimes contra a economia popular*, criminalizava algumas condutas que, posteriormente, acabaram absorvidas pela Lei n. 7.492/86[1]. Esse diploma legal resultou de profundo debate iniciado na Câmara dos Deputados, em 22 de março de 1983, sobre o Projeto n. 273, tendo como relator o Deputado Nilson Gibson, que apresentou a seguinte justificativa:

> O presente projeto representa velha aspiração das autoridades e do povo no sentido de reprimir com energia as constantes fraudes observadas no sistema financeiro nacional, especialmente no mercado de títulos e valores mobiliários.
>
> Os cofres públicos, em função da preocupação governamental de preservar a confiança no sistema, vêm sendo largamente onerados com verdadeiros escândalos financeiros sem que os respectivos culpados recebam punição adequada, se é que chegam a recebê-la.
>
> A grande dificuldade do enquadramento desses elementos inescrupulosos que lidam fraudulenta ou temerariamente com valores do público reside na inexistência de legislação penal específica para as irregularidades que surgiram com o advento de novas e múltiplas atividades no sistema financeiro, especialmente após 1964.
>
> Em consequência, chega-se ao absurdo de processar e condenar um mero "ladrão de galinhas", deixando sem punição pessoas que furtaram bilhões, não apenas do "vizinho", mas a nível nacional.
>
> É oportuno citar, pela proximidade dos acontecimentos, o caso "Tieppo", amplamente divulgado na imprensa, onde se observa que, apesar do empenho das autoridades, a repressão às inúmeras irregularidades apuradas esbarra na ausência de instrumentos institucionais adequados[2].

A redação originalmente proposta para o crime de *evasão de divisas* era consideravelmente mais deficiente, como se pode observar, *in verbis*: "Art. 12. Operar em câmbio em desacordo com a legislação vigente, de modo a permitir a evasão de divisas do País. Pena – reclusão de um a quatro anos e multa de

---

[1] Prova disso é que a gestão temerária, nos termos definidos no art. 3º, IX, da Lei n. 1.521/51, era crime de dano, exigindo, para a consumação, efetiva falência ou insolvência da instituição financeira ou efetivo prejuízo aos interessados, ao contrário da tipificação conferida pelo art. 4º, parágrafo único, da Lei n. 7.492/86, que deixou de exigir qualquer dano efetivo como pressuposto à consumação.

[2] Publicado no *Diário do Congresso Nacional*, Seção I, de 25-3-1983.

284 • Crimes contra o sistema financeiro nacional

quinhentas a duas mil vezes o valor da Obrigação Reajustável do Tesouro Nacional". Embora a redação final do atual art. 22 gere alguma insatisfação, deve-se reconhecer, no entanto, que ela é bem superior a sua proposição original.

Para Manoel Pedro Pimentel[3], a definição do art. 382 constante do Anteprojeto elaborado pela Comissão de Reforma da Parte Especial do Código Penal[4] teria sido mais feliz em comparação com art. 22 da Lei n. 7.492/86 na medida em que possibilitava a criminalização do *comércio clandestino de moeda estrangeira*, que só foi reprimido, neste dispositivo, na hipótese de tal comércio objetivar o envio, para o exterior, do valor resultante de operação de câmbio. Referido autor, no entanto, critica a redação taxativa do art. 383, cujas condutas elencadas poderiam não abranger todas as hipóteses possíveis de *remessa oblíqua de lucros ao exterior*. Schmidt e Feldens[5] demonstram, porém, de forma convincente que a Lei n. 7.492/86 resolveu satisfatoriamente os dois problemas apontados por Manoel Pedro Pimentel, especialmente com as previsões constantes nos arts. 1º e 16, ao criminalizar o comércio ilegal de moeda estrangeira e ao ampliar o conceito de instituições financeiras, respectivamente.

A despeito de considerarmos verdadeiro excesso repressivo a utilização do direito penal para controlar o *sistema nacional de cambio*, especialmente a "saída de moeda estrangeira", considerando a existência da, pode-se dizer, *liberdade cambial*, inegavelmente, com a estrutura que o Brasil possui, seriam mais do que suficientes as *normas administrativas cambiais* para essa finalidade. A rigor, referido controle cambial utiliza o Direito Penal somente para combater a *saída irregular de moeda estrangeira* (dólar, euros, libras), que o legislador penal denomina de "operação de câmbio *não autorizada*", no *caput* do art. 22 da Lei n. 7.492/86, ou "promove, *sem autorização legal*, a saída de moeda ou divisa para o exterior", em seu parágrafo único.

Referidas normas cambiais, atualmente, estão consolidadas na Circular n. 3.691/2013, do Banco Central do Brasil, em vigor desde 3 de fevereiro de 2014, como regulamentadora da Resolução n. 3.568/2008, do Conselho Monetário Nacional. A referida Circular n. 3.691/2013 (art. 215) *substituiu* o Regulamento do Mercado de Câmbio e Capitais Internacionais (RMCCI), instituído pela Circular n. 3.280/2005 e atualizado pela Circular n. 3.672/2013 (RMCCI 62, última versão).

Não significa, contudo, que a prática do câmbio demande, no Brasil, uma *autorização prévia* ou *especial* da autoridade monetária. Na verdade, se reconhece que há *liberdade cambial*, apenas que se deve observar as normativas

---

[3] *Crimes contra o sistema financeiro nacional*, p. 155-156.

[4] "Art. 382. Atribuir-se falsa identidade ou prestar informação falsa, com o fim de operar moeda estrangeira: Pena – reclusão, de um a três anos e multa. Parágrafo único. Incorre na mesma pena quem, habitualmente, vende ou compra moeda estrangeira, sem a devida autorização."

[5] Andrei Zenkner Schmidt e Luciano Feldens, O *crime de evasão de divisas*, p. 138.

cambiais específicas para exercê-lo disciplinadamente. O art. 2º da Circular n. 3.691/2013 do Banco Central estabelece que: "As pessoas físicas e as pessoas jurídicas podem comprar e vender moeda estrangeira ou realizar transferências internacionais em reais, de qualquer natureza, sem limitação de valor, sendo *contraparte na operação agente autorizado a operar no mercado de câmbio, observada a legalidade da transação, tendo como base a fundamentação econômica e as responsabilidades definidas na respectiva documentação*". Pois é dessa temática que nos ocupamos neste capítulo.

Não é, como destacam com muita percuciência Cândido Albuquerque e Sérgio Rebouças[6], "qualquer operação de câmbio irregular que caracteriza o crime do art. 22, *caput*, da Lei nº 7.492/1986. A irregularidade da operação de câmbio, praticada com transgressão às normas pertinentes (operação *desautorizada*), deve estar vinculada à finalidade de promover a evasão de divisas. Sirva de exemplo a celebração de um contrato de câmbio falso, em que o agente simula fraudulentamente um negócio de importação, com o objetivo de justificar e promover a saída de moeda estrangeira".

2. BEM JURÍDICO TUTELADO

A definição do bem jurídico tutelado somente poderá ocorrer a partir do exame de uma *política cambial* identificada com os termos em que o legislador estabeleceu os limites da tutela penal. A identificação do bem jurídico protegido pela criminalização da *evasão de divisas*, como em qualquer infração penal, deve ser obtida nos limites da norma penal incriminadora, independentemente da abrangência ou da extensão da ilicitude administrativo-cambial dessa operação. Por isso, mesmo que o *ingresso irregular* de divisas no País seja lesivo à correta execução da política cambial nacional, não tendo recebido a tutela penal contida no art. 22 e seu parágrafo único, limita-se a configurar uma infração administrativo-cambial. Em outros termos, não se desconhece que o *ingresso irregular de divisas* constitui uma *infração cambial*, no entanto, não está abrangida pela descrição contida no referido dispositivo penal, que criminaliza somente a *saída* de moeda ou divisas (evasão), em desacordo com a legislação nacional, e não seu ingresso irregular. Nesse sentido, o próprio Superior Tribunal de Justiça[7] reconheceu que eventual ingresso irregular de moeda estrangeira no Brasil não está abrangida pela descrição típica desse art. 22. Realmente, *evadir-se* é a antítese de introduzir ou fazer ingressar divisas no país de forma irregular. Com efeito, não há como "evadir-se para dentro".

---

[6] Cândido Albuquerque e Sérgio Rebouças, *Crimes contra o sistema financeiro nacional*, São Paulo: Tirant Lo Blanch Brasil, no prelo.
[7] STJ, 2ª Turma, REsp 189.144/PR, rel. Min. João Otávio de Noronha, j. em 17-2-2005, *DJ* de 21-3-2005.

Schmidt e Feldens destacam que setores da doutrina brasileira, ao tratarem da objetividade jurídica do crime de *evasão de divisas*, sustentam, com pequenas variantes, que referida norma protege a *política cambial brasileira*, a *política econômica do Estado*, as *reservas cambiais* e, também, o *patrimônio fiscal*[8]. Em sentido amplo, concluem Schmidt e Feldens: "Todas essas ponderações possuem algum acerto. Pecam, todavia, ao não especificarem-nas; é dizer, ao deixarem de problematizar a análise do delito de evasão de divisas no específico âmbito da política macroeconômica que a norma penal visa a tutelar"[9].

A *evasão de divisas* na modalidade descrita no *caput* do art. 22 – *efetuar operação de câmbio não autorizada* – tem como bem jurídico imediato assegurar o controle, pelos órgãos do sistema financeiro nacional (Conselho Monetário Nacional e do Banco Central), de *operações de câmbio* que objetivam remeter divisas ao exterior sem o controle do Sistema câmbio (Circular 3.691/2013[10]. Equivocada, no particular, a orientação que era defendida por Manoel Pedro Pimentel, segundo a qual o *objeto jurídico* deste tipo penal "é a boa execução da política econômica do Estado, que sofre o dano ou fica exposto ao perigo de dano, pelas condutas incriminadas"[11]. Aliás, essa mesma afirmação é exaustivamente repetida pelo eminente penalista em todos os dispositivos deste diploma legal, confundindo o bem jurídico genericamente tutelado pelo diploma legal com os bens jurídicos especificamente tutelados individualmente, em cada tipo penal. Com efeito, cada crime possui a sua própria objetividade, sem, contudo, afastar-se do amplo contexto em que está inserido. Na realidade, a tutela penal deverá prevalecer ainda que a política econômica oficial não seja a melhor, ou, mesmo sendo uma boa política econômica, pode não ser bem executada e, ainda assim, continuará merecedora da tutela penal. Pertinente, nesse sentido, a inteligente afirmativa do jornalista Paulo Nogueira Batista Jr.: "Erros de política cambial têm causado reviravoltas dramáticas e mirabolantes na situação econômica de muitos países, do nosso inclusive"[12]. Mesmo assim, não autoriza o cidadão a desrespeitar o comando proibitivo que ora examinamos.

No mesmo sentido, manifesta-se Tórtima, para quem "a crítica a esta ideia, de uma *política de governo* tutelada pela lei penal, parece-nos irrecusável. De

---

[8] Maria Carolina Almeida Duarte, *Crimes contra o sistema financeiro nacional*: uma abordagem interdisciplinar, p. 108; Luiz Regis Prado, *Direito penal econômico*, p. 329; José Carlos Tórtima, *Crimes contra o sistema financeiro nacional*, p. 135.

[9] Schmidt e Feldens, *O crime de evasão de divisas*, p. 159.

[10] As três formas delitivas do art. 22 da Lei n. 7.492/86 têm uma mesma objetividade jurídica genérica, a despeito de cada um possuir sua própria objetividade jurídica. O *objeto jurídico genérico* é a regular execução da política cambial estatal, relativamente à possibilidade de moeda nacional ou estrangeira sair do País sem qualquer controle oficial, bem como a possibilidade de ser mantida por brasileiro, no exterior, sem a respectiva declaração à repartição competente.

[11] Manoel Pedro Pimentel, *Crimes contra o sistema financeiro nacional*, p. 157.

[12] *Folha de S.Paulo*, Caderno B2, de 6-8-2009.

fato, soa estranho, senão assustador, que o arsenal punitivo do Estado possa servir de respaldo à *boa execução* de políticas de Estado, sabidamente nem sempre, ou não necessariamente, comprometidas com os legítimos interesses dos súditos. Elevar, portanto, tais estratégias de governo, sejam elas bem ou mal sucedidas, à categoria de bem jurídico tutelado pela lei penal representa um crasso equívoco e a História nos tem dado tristes exemplos de como tal proposta não raro deriva para a mais desembuçada opressão"[13].

Nessa linha, concluem Schmidt e Feldens que "é impossível, consequentemente, qualquer tentativa de justificação dessa espécie de intervenção penal a partir da ideia de *direitos públicos subjetivos*, pois a proteção de interesses individuais, quando existentes, é apenas mediata. Mesmo num regime democrático, a *artificialidade* desses delitos coloca frequentemente a intervenção penal na contramão de interesses gerais concretos, legitimando-se o controle estatal a ser desempenhado mesmo que, numa hipótese concreta, o sancionamento da conduta não esteja respaldado por uma reprovabilidade social prévia"[14].

3. SUJEITOS ATIVO E PASSIVO DO CRIME

Sujeito ativo do crime de evasão de divisas, sob a modalidade de efetuar operação de câmbio não autorizada (*caput* do art. 22), pode ser qualquer pessoa física, independentemente de qualquer qualidade ou condição especial; no caso específico, mesmo que não ostente a natureza ou a condição de *instituição financeira*[15]. Responderão, por conseguinte, por essa infração penal do *caput*, tanto o *doleiro* quanto o *beneficiário* que, em conjunto, efetuem *operação de câmbio não autorizada* com o fim de promover evasão de divisas do País.

Sujeito passivo, por sua vez, somente pode ser o Estado, particularmente a União, que é a responsável pelo controle, pelo planejamento e pela execução da política econômico-financeira através do *Sistema câmbio* do Banco Central (Circular n. 3.961/2013), cuja instituição controladora e centralizadora é o Banco Central do Brasil.

4. ESPÉCIES DE EVASÃO DE DIVISAS

O art. 22 da Lei n. 7.492/86 contempla três modalidades típicas que se convencionou chamar de *evasão de divisas*, uma localizada no *caput* e outras duas no seu parágrafo único, primeira e segunda partes. Para fins didáticos, a doutrina especializada tem identificado essas modalidades da seguinte forma:

---

[13]   José Carlos Tórtima e Fernanda Lara Tórtima, *Evasão de divisas*, 3. ed., p. 15-16.

[14]   Schmidt e Feldens, *O crime de evasão de divisas*, p. 160.

[15]   Manoel Pedro Pimentel, *Crimes contra o sistema financeiro nacional*, p. 157; Rodolfo Tigre Maia, *Dos crimes contra o sistema financeiro nacional*: anotações à Lei Federal n. 7.492/86, p. 135.

a) *efetuar operação de câmbio não autorizada, com o fim de promover evasão de divisas do País (caput);*

b) *promover, a qualquer título, a saída de moeda ou divisa para o exterior, sem autorização legal (primeira parte do parágrafo único);*

c) *manter depósitos no exterior não declarados à repartição federal competente (segunda parte do parágrafo único).*

Por razões puramente didáticas, preferimos abordar cada uma das modalidades ou espécies de *evasão* separadamente, na tentativa de simplificar a análise das inúmeras peculiaridades que as envolvem, ainda que, eventualmente, possam verificar-se as três modalidades numa espécie de progressão criminosa. Embora, no geral, não apresentem maiores complexidades, no particular, contudo, cada modalidade tem suas próprias características, que as tornam inconfundíveis em nosso ordenamento jurídico. No entanto, de alguns aspectos das três figuras faremos o exame em conjunto, como, por exemplo, sujeitos ativo e passivo, classificação doutrinária etc.

A despeito disso, é imperioso destacar a conclusão de Schmidt e Feldens, *in verbis*: "Pode ocorrer de o agente realizar todas as modalidades típicas – por exemplo, quando realiza operação ilegal de câmbio cujo resultado é efetivamente depositado no exterior e lá mantido sem a devida declaração ao BACEN –, respondendo, a título de *progressão criminosa*, apenas pela conduta que esgota o *iter criminis* (parte final do parágrafo único). Nada obstante, há relativa autonomia entre as três definições, pois a modalidade da primeira parte do parágrafo único não necessita de demonstração de prévia operação de câmbio, ao contrário do *caput*, que a exige. De outro lado, a manutenção de depósitos no exterior não declarados não pressupõe que tais valores tenham advindo do Brasil, podendo ocorrer de um brasileiro vir a receber tais valores, a qualquer título, no exterior (*v.g.*, como pagamento por serviços prestados ou como recebimento de honorários)"[16].

Não ignoramos o duplo sentido que se tem dado à definição de *evasão de divisas* adotada pelo legislador penal, denunciada por José Carlos Tórtima ao comentar o disposto no parágrafo único do art. 22, qual seja, a *transposição física* (câmbio manual) e a *escritural-contábil*, violando, nesta segunda hipótese, a *tipicidade estrita*, ampliando-se, arbitrariamente, o alcance da norma penal para não torná-la letra morta. Nesse sentido, sintetiza Tórtima: "Vale dizer, tal como atualmente se encontra formulado, o dispositivo em exame só prevê a hipótese de saída física dos recursos transferidos (dinheiro em espécie). E para não absolver sistematicamente todos os acusados que tenham operado clandestina ou fraudulentamente as transferências pela via interbancária, a solução

---

[16] Andrei Zenkner Schmidt e Luciano Feldens, *O crime de evasão de divisas*, p. 158-159.

encontrada pela jurisprudência, desde sempre, foi equiparar, através de processo analógico, jamais declarado, duas situações: *saída manual de recursos do território nacional* (transposição física de fronteiras) e *transferência escritural do dinheiro no exterior* da conta do doleiro ou de seu representante, para a conta da pessoa que, do Brasil, enviou os recursos, ambas abrigadas em bancos fora do País"[17].

Na verdade, a Circular n. 2.242/92 definiu como *ingressos de recursos no País* todos os débitos efetuados pelo banco nas contas correntes tituladas por não residentes, assim como *saídas de recursos do país* todos os créditos efetuados pelo banco depositário numa das três modalidades de contas correntes referidas, salvo se os créditos e/ou débitos fossem feitos entre contas de não residentes (art. 1º[18]). A terminologia *ingresso* ou *saída de recursos do País* objetivou orientar a contabilização das operações no Plano Contábil das Instituições do Sistema Financeiro Nacional (COSIF), o que não significa, por si só, que fisicamente os valores tenham entrado ou saído do País. Nesse sentido, um valor depositado numa conta *de outras origens* é considerado tecnicamente, pelo COSIF, como *saída de recursos do País*, o que não quer dizer que tais valores tenham sido, faticamente, enviados ao exterior. No entanto, a despeito dessa normativa, os créditos ou depósitos efetuados em "contas de outras origens" não podem ser objeto de *operação de câmbio* para posterior remessa ao exterior, consequentemente, essa *ficção administrativa* não pode gerar efeitos no âmbito penal, como veremos oportunamente.

A despeito de concordarmos integralmente com a incensurável crítica de Tórtima, trabalharemos com a concepção tradicionalmente sustentada pela jurisprudência e pela doutrina, que admitem as duas hipóteses de saída de divisas para o exterior, ou seja, a *manual* e a *puramente escritural*.

5. EFETUAR OPERAÇÃO DE CÂMBIO NÃO AUTORIZADA

O *caput* do art. 22 descreve a conduta de *efetuar operação de câmbio não autorizada com o fim de promover evasão de divisas do País*. Em termos ver-

---

[17] José Carlos Tórtima e Fernanda Lara Tórtima, *Evasão de divisas*, p. 37.

[18] "Art. 1º Para os fins e efeitos desta Circular aplica-se aos recursos em cruzeiros, objeto de transferências internacionais, a conceituação de residência do remetente, do correspondente e do beneficiário, disso decorrendo que: I – caracterizam ingressos de recursos no país os débitos efetuados pelo banco depositário em contas correntes tituladas por não residentes, para pagamentos a residentes no país; II – caracterizam saídas de recursos do país os créditos efetuados pelo banco depositário em contas correntes tituladas por não residentes, em consequência de pagamentos feitos por residentes no país; III – as transferências em cruzeiros entre contas de não residentes, no mesmo banco ou entre bancos distintos, não caracterizam ingressos e saídas de recursos no/do país e, portanto, não se subordinam ao disposto nesta Circular."

naculares, "evasão" significa o ato de fugir, de sair, de dirigir-se para fora, portanto, de evadir do País; certamente, foi com esse sentido que o legislador utilizou-a no *caput* do art. 22, reforçando-a ainda com a locução "promover evasão de divisas *do País*". Deixa claro, por óbvio, que a *finalidade* é promover a *saída de divisas para fora do País*. Não é outro o entendimento de Schmidt e Feldens quando afirmam: "*Evasão* carrega o sentido de *saída* (no caso, para o exterior) do objeto específico (divisas), movimento esse que se verifica em certa clandestinidade, entendida como tal, no contexto do tipo, a saída de divisas realizada em desacordo com as normas de regência sobre a matéria"[19]. No entanto, é de extrema importância definir ou identificar exatamente o que significa ou pode significar o termo "saída" de divisas, que aqui, juridicamente, tem uma abrangência superior ao conceito tradicional desse vocábulo. Aliás, a Circular n. 3.691/2013 do Banco Central reforça e amplia a concepção do vocábulo *saída*, nos seguintes termos: "Para efeitos deste Título, caracterizam: [...] II – *saída de recursos do País*: os créditos efetuados pelo banco depositário em contas tituladas por pessoas físicas ou jurídicas, residentes, domiciliadas ou com sede no exterior, exceto quando os recursos provierem de venda de moeda estrangeira ou diretamente de outra conta da espécie" (art. 178, II). Ainda que não seja, tecnicamente, o mais adequado, por se tratar de elemento puramente descritivo, tem o mérito de afastar qualquer dúvida interpretativa.

Em outros termos, "evasão de divisas do País" é a remessa de divisas para o exterior mediante *operação de câmbio não autorizada*, isto é, em *desconformidade* com as normas cambiais nacionais. Constitui *erro crasso*, que agride o significado vernacular do verbo "evadir", interpretá-lo como *entrada* ou *ingresso* de divisas. A despeito dessa clareza linguística, o legislador brasileiro, para evitar equívocos intoleráveis, reforçou o seu significado, pleonasticamente, com o acréscimo do vocábulo "do País", assegurando o seu sentido "de dentro para fora", e jamais o inverso, isto é, de fora para dentro. Em sentido contrário, destacamos, negativamente, decisão absolutamente equivocada do Superior Tribunal de Justiça, que admitiu como tipificador do crime de *evasão de divisas*, de dentro para fora, o *ingresso irregular de dólares*, com a seguinte ementa: "A evasão não pressupõe, necessariamente, a saída física do numerário, consistindo, de fato, no prejuízo às reservas cambiais brasileiras, independentemente de estar entrando ou saindo o dinheiro do País"[20]. Enfim, essa decisão da relatoria do então Ministro Gilson Dipp transformou em crime conduta absolutamente atípica, que constitui simples *ilícito cambial*, não abrangido pela norma penal incriminadora. Seria interessante que esse obscuro acórdão tivesse explicado em que teria consistido o "prejuízo às reservas cambiais brasileiras", com o ingresso de divisas em nosso país. Na verdade, raciocínio como esse agride a lógica e

---

[19] Schmidt e Feldens, *O crime de evasão de divisas*, p. 172.
[20] STJ, RHC 9.281/PR, 5ª Turma, rel. Min. Gilson Dipp, j. em 13-9-2000, *DJU* de 30-10-2000, p. 167, in Lex-STJ, 139/260.

o bom senso que devem presidir toda interpretação jurídico-dogmática, especialmente quando feita pelo julgador.Não quer dizer, por outro lado, que toda *operação cambial*, para envio de divisas ao exterior, seja proibida ou, na linguagem da lei, *desautorizada*. Aliás, atualmente, a regra é invertida, sendo permitida toda operação cambial para envio de divisas ao exterior, desde que atendidas as formalidades regulamentares (não clandestinas), como demonstraremos adiante. Operação de câmbio *não autorizada* constitui uma *elementar normativa especial da ilicitude* do tipo, que se refere à possível incidência de *causa justificante*, que poderia ocorrer, por exemplo, com a presença de normas cambiais. Ou seja, uma *operação de câmbio praticada com transgressão ou inobservância das normas cambiais*. Aliás, pode-se afirmar que referidas normas foram consolidadas na Circular n. 3.691/2013, do Banco Central do Brasil, em vigor desde 3 de fevereiro de 2014, como regulamentadora da Resolução n. 3.568/2008 do Conselho Monetário Nacional. Essa Circular n. 3.691/2013 (art. 215) *substituiu e atualizou* o antigo Regulamento do Mercado de Câmbio e Capitais Internacionais (RMCCI), que foi instituído pela Circular n. 3.280/2005 e havia sido atualizado pela Circular n. 3.672/2013 (RMCCI 62, última versão).

Não significa, repetindo, que a *prática do câmbio* necessite de *autorização prévia* da autoridade monetária. Há, na verdade, um *princípio de liberdade cambial*, desde que observadas *as formalidades necessárias*. Por isso, a locução típica utilizada pelo legislador *não autorizada* não é a mais adequada como elementar normativa. Dito de outra forma, deve-se entender como *operação de câmbio desautorizada* pelas normas que disciplinam o mercado de câmbio. O que existe, na realidade, é a *exigência* de que a prática de uma *operação de câmbio* se efetive observando os parâmetros e formalidades estabelecidas pelas normas cambiais em vigor. Só isso. Nesse sentido, dispõe a própria Circular do Banco Central n. 3.691/2013, em seu art. 2º, *verbis*: "As pessoas físicas e as pessoas jurídicas podem comprar e vender moeda estrangeira ou realizar transferências internacionais em reais, de qualquer natureza, sem limitação de valor, sendo contraparte na operação agente autorizado a operar no mercado de câmbio, observada a legalidade da transação, tendo como base a fundamentação econômica e as responsabilidades definidas na respectiva documentação". Essa previsão representa a comprovação da existência da liberdade cambial, devendo-se apenas respeitar as suas *formalidades* que, convenhamos, em matéria tão relevante, não é exigir demais.

O *controle cambial* ocorre, portanto, *a posteriori*, com o exercício fiscalizador da autoridade monetária, que é o Banco Central, sobre os *contratos de câmbio* registrados no *Sistema Câmbio* do Banco Central. O "sistema câmbio" foi adotado para substituir o tradicional *Sistema de Informações Banco Central* (Sisbacen). O art. 41 dessa Circular n. 3.691/2013 determina que: "as operações de câmbio são formalizadas por meio de contrato de câmbio, conforme o modelo do Anexo I a esta Circular, e seus dados devem ser registrados no Sistema Câmbio, consoante o disposto no capítulo II deste título, devendo a data do registro do contrato de câmbio no Sistema Câmbio corresponder ao dia da celebração do referido contrato". *Contrato de câmbio*, por sua vez, é "o instrumento específico firmado entre o vendedor e o comprador de moeda estrangeira, no qual são estabelecidas as características e as condições sob a quais se realiza a operação de câmbio", nos termos do art. 40 da Circular n. 3.691/2013.

Tampouco caracteriza o crime de *evasão de divisas* a hipótese de exportação de mercadorias em que, por ausência da necessária *operação de câmbio*, a moeda estrangeira "deixa de entrar" no território nacional. Portanto, é atípica a conduta de "deixar de trazer" moeda que deveria ingressar no país, ao contrário do que já entenderam, em algumas oportunidades, o Tribunal Regional Federal da 4ª Região[21] e, mais recentemente, o Tribunal Regional Federal da 3ª Região[22]. É *penalmente atípica* a omissão de internalizar os recursos vinculados à exportação de bens. Nesse sentido foi a impecável decisão do Tribunal Regional Federal da 4ª Região: "A não comprovação de ingresso, no país, de valores que supostamente deveriam ter ingressado, em virtude de exportação de mercadorias efetivamente operada, não constitui conduta omissiva típica"[23]. Nesse caso, inegavelmente, *não houve saída clandestina ou desautorizada de moeda do Brasil* para o exterior, e o seu não ingresso no País, enfatizando, não tipifica essa infração penal.

5.1. Elementar normativa: operação de câmbio

O *caput* do art. 22 contém, como elementar normativa, *operação de câmbio*, mais precisamente, *efetuar operação de câmbio não autorizada*. Na realidade são duas *elementares*, distintas, *operação de câmbio* e *não autorizada*, as quais devem ser examinadas individualmente. Como destacam, com precisão, Cândido Albuquerque e Sérgio Rebouças[24]:

> Operação de câmbio é a que envolve a conversão da moeda de um Estado pela de outro. Trata-se das operações, praticadas no chamado mercado de câmbio, de compra e venda de moedas internacionais conversíveis, as quais estão sob a fiscalização

---

[21] TRF4, 8ª Turma, RSE 200471000401983, rel. Des. Fed. Eloy Bernst Justo, j. em 30-5-2007, *DJ* de 6-6-2007; TRF4, 7ª Turma, ACR 200471000356450, rel. Des. Fed. Tadaaqui Hirose, j. em 12-9-2006, *DJ* de 20-9-2006; TRF4, 8ª Turma, ACR 200304010341925, rel. Des. Fed. Paulo Afonso Brum Vaz, j. em 4-5-2005, *DJ* de 18-5-2005.

[22] TRF3, 1ª Turma, ApCrim 46.821, rel. Des. Fed. Wilson Zauhy, j. em 6-2-2018, *DJ* de 16-2-2018; TRF3, 1ª Turma, ApCrim 39.666, rel. Des. Fed. Wilson Zauhy, j. em 14-11-2017, *DJ* de 7-12-2017; TRF3, 1ª Turma, ApCrim 38.907, rel. Des. Fed. Hélio Nogueira, j. em 6-12-2016, *DJ* de 13-12-2016.

[23] TRF4, 8ª Turma, RSE 200371000422015, rel. Des. Fed. Paulo Afonso Brum Vaz, j. em 9-3-2005, *DJ* de 30-3-2005.

[24] Cândido Albuquerque e Sérgio Rebouças, *Crimes contra o sistema financeiro nacional*, São Paulo: Tirant Lo Blanch Brasil, no prelo.

do Banco Central, por influírem na regularidade e nos rumos da política cambial do governo, especialmente no que tange ao controle da quantidade de divisas (moeda estrangeira e títulos nela conversíveis) disponíveis no Brasil.

Com efeito, *operação de câmbio* é a troca de *moedas,* isto é, a troca de moeda de um país pela moeda de outro, que, normalmente, têm valores distintos, *v. g.,* real por dólar, dólar por euro etc., mas todas de existência efetiva, atual e em circulação. No entanto, *operação de câmbio* não se confunde com a simples "troca" de uma moeda que se extingue por outra que se cria ou se restabelece, porque, nesta hipótese, não há *câmbio* ou troca de uma por outra moeda, mas a *substituição* de uma moeda que se extingue por outra que se cria ou se restabelece e ambas, que são do mesmo país, não têm existência simultânea. Em síntese, *operação de câmbio,* tecnicamente falando, é uma *operação de compra ou venda* de moeda estrangeira.

Para Schmidt e Feldens, a elementar *operação de câmbio* contida no *caput* do art. 22 constituiria uma norma penal em branco, *in verbis*: "Parece-nos que *operação de câmbio*, nos termos do *caput*, configura *elementar normativa em branco*, na medida em que o juízo de valor encontra-se previamente dado pelas normativas cambiais que regulam tal modalidade de operação"[25]. Não nos convence essa assertiva, pois, independentemente da volatilidade do emaranhado de resoluções, regulamentos e portarias do BACEN[26] e CMN, a elementar *operação de câmbio*, na forma utilizada pelo texto legal, continuará sendo a *compra e a venda de moeda estrangeira* e assim continuará sendo valorada pelo aplicador da lei. Poderá, no máximo, apresentar pequenas variações ou espécies de equiparações, como, por exemplo, operações envolvendo *ouro-instrumento cambial* (RMCCI, Título 1, Capítulo 15), que está incluído na definição de operação de câmbio.

A elementar normativa *não autorizada*, que será melhor analisada em tópico independente, significa uma abertura do tipo penal que, a despeito da histórica e contundente crítica que se lhe faz – por seu caráter de *elemento normativo* –, continua sendo um método largamente utilizado pelos legisladores contemporâneos dos mais diversos países.

5.2. Elementar normativa "não autorizada": sentido e alcance

A elementar normativa constante do *caput* do art. 22, *não autorizada,* não tem o mesmo sentido nem a mesma abrangência da elementar semelhante cons-

---

[25] Schmidt e Feldens, *O crime de evasão de divisas*, p. 166.

[26] O RMCCI regula três segmentos controlados pelo BACEN: (a) *mercado de câmbio*, (b) *capitais brasileiros no exterior* e (c) *capitais estrangeiros no Brasil*. Somente o primeiro deles é que se encontra, em princípio, alcançado pela tutela penal do *caput* do art. 22.

294 • Crimes contra o sistema financeiro nacional

tante do parágrafo único, qual seja, *sem autorização legal*, aspecto que examinaremos com esta última, mais adiante. Segundo Cândido Albuquerque e Sérgio Rebouças:

> Deve-se entender esse objeto como a *operação de câmbio praticada com transgressão às normas cambiais*, hoje consolidadas na Circular nº 3.691/2013, do Banco Central do Brasil, em vigor desde 03 de fevereiro de 2014, como ato regulamentar da Resolução nº 3.568/2008, do Conselho Monetário Nacional, que versa sobre o mercado de câmbio brasileiro. A Circular nº 3.691/2013 (art. 215) *substituiu* o Regulamento do Mercado de Câmbio e Capitais Internacionais (RMCCI), instituído pela Circular nº 3.280/2005 e atualizado pela Circular nº 3.672/2013 (RMCCI 62, última versão)[27].

Operação de câmbio *não autorizada* não significa que cada *operação de câmbio* tenha que receber *uma autorização específica*, individual, *a priori*, como pode parecer à primeira vista, mas quer dizer que a *operação de câmbio* não pode ser realizada em *desconformidade* com as normas cambiais incidentes. Especialmente, como destacam Schmidt e Feldens (antes da Circular n. 3.691/2013), "a partir da criação do SISBACEN, em 1992, o BACEN deixou de exigir autorização prévia para a concretização da grande maioria das operações de câmbio, cuja legalidade sujeitou-se, desde então, a um controle *a posteriori* da transação. Nesse rumo, é incorreto argumentar-se, como o faz boa parte da jurisprudência brasileira, no sentido de que a tipicidade da conduta pressupõe que a operação de câmbio *não seja autorizada*"[28].

Na verdade, o que se pretende é que a prática de uma *operação cambial* se realize observando-se os parâmetros e formalidades exigidas pelas normativas cambiais, que regularizam as formalidades a serem cumpridas para a prática dos atos cambiais. Nesse sentido, dispõe o art. 2º da referida Circular n. 3.691/2013 do Banco Central: "As pessoas físicas e as pessoas jurídicas podem comprar e vender moeda estrangeira ou realizar transferências internacionais em reais, de qualquer natureza, sem limitação de valor, sendo contraparte na operação agente autorizado a operar no mercado de câmbio, observada a legalidade da transação, tendo como base a fundamentação econômica e as responsabilidades definidas na respectiva documentação".

A rigor, o controle ocorre *a posteriori*, pela fiscalização da autoridade monetária sobre a formalização correta e adequada do *contrato de câmbio* registrado no *Sistema Câmbio* do Banco Central do Brasil criado pela Circular n. 3.691/2013. Esse *Sistema Câmbio* foi adotado em substituição e modernização

---

[27] Cândido albuquerque e Sérgio Rebouças, *Crimes contra o sistema financeiro nacional*, São Paulo: Tirant Lo Blanch Brasil, no prelo.

[28] Schmidt e Feldens, *O crime de evasão de divisas*, p. 167.

Evasão de divisas • 295

do antigo Sistema de Informações Banco Central (Sisbacen). A referida Circular n. 3.691/2013, em seu art. 41, determina que "as operações de câmbio são formalizadas por meio de contrato de câmbio, conforme o modelo do Anexo I a esta Circular, e seus dados devem ser registrados no Sistema Câmbio, consoante o disposto no capítulo II deste título, devendo a data do registro do contrato de câmbio no Sistema Câmbio corresponder ao dia da celebração do referido contrato".

Dessa forma, toda *operação de câmbio* que não for realizada de acordo com as *normas cambiais* vigentes (reguladas pela Circular n. 3.691/2013) será, para efeitos penais, uma "operação de câmbio não autorizada", isto é, em *desconformidade* com aquelas normativas, tipificando-se a conduta descrita no *caput* do art. 22, qual seja, "efetuar operação de câmbio não autorizada...". Não há – *venia concessa* – nenhuma impropriedade em admitir que a *tipicidade* requer uma *operação de câmbio não autorizada*, isto é, em *desconformidade* com as normas cambiais, pois isso não significa, *a contrario sensu*, que se esteja exigindo, em cada operação cambial, uma autorização específica, como parece ser a crítica dos citados autores. A nós parece que se quer destacar que aquela *operação cambial* foi realizada em *desconformidade* com as normativas do sistema financeiro-cambial. Aliás, *não autorizada* é uma elementar típica, que a decisão judicial e, particularmente, a denúncia do *Parquet* precisam verificar se está caracterizada em cada caso concreto, demonstrando, inclusive, como, onde e por que ela é "desautorizada", indicando a normativa violada.

Nesse sentido, o que existe é a exigência de que a prática da *operação de câmbio* se efetive de acordo com os parâmetros e formalidades estabelecidas nas *normas cambiais*, às quais está condicionada a *regularidade do ato*. Como dispõe o art. 2º da referida Circular n. 3.691/2013 (Banco Central):

> "As pessoas físicas e as pessoas jurídicas podem comprar e vender moeda estrangeira ou realizar transferências internacionais em reais, de qualquer natureza, sem limitação de valor, sendo *contraparte na operação agente autorizado a operar no mercado de câmbio, observada a legalidade da transação, tendo como base a fundamentação econômica e as responsabilidades definidas na respectiva documentação*".

Constata-se a simplicidade da autorização, basta que ditas operações sejam realizadas, por instituições autorizadas, e observando-se as normativas cambiais.

Entende-se por contrato de câmbio "o instrumento específico firmado entre o vendedor e o comprador de moeda estrangeira, no qual são estabelecidas as características e as condições sob a quais se realiza a operação de câmbio", nos termos do art. 40 da mesma Circular n. 3.691/2013. A obrigatoriedade reside no dever da *transmissão diária ao Banco Central de informações por parte das instituições financeiras* autorizadas a operar com câmbio. As formalidades exigidas para o registro no *Sistema Câmbio* estão disciplinadas nos arts. 48 a 64 da mesma circular. O cidadão deve observar essas formalidades e não terá problema nem com o Banco Central nem com a justiça criminal.

5.3. Elementar normativa "divisas"

Divisas – afirma Tórtima – "são os títulos financeiros, conversíveis em moedas estrangeiras (letras, cheques, ordens de pagamento) e, sobretudo, os próprios estoques de moedas conversíveis, disponíveis no País. É relevante lembrar que, para serem consideradas *divisas*, tais títulos ou estoques de moedas devem não apenas estar em poder de residentes no País, mas devidamente contabilizados no balanço de pagamentos, sob controle do Banco Central do Brasil"[29]. O vocábulo "divisas" é mais um elemento constante tanto do *caput* como do parágrafo único, que tem significado cambial, econômico-financeiro, fiscal e jurídico, e deve ser interpretado, nessa diversidade de áreas do conhecimento, como atributo representativo de *disponibilidades internacionais* que um país possui para fazer frente ao comércio internacional. Consideram-se *divisas*, em outras palavras, as disponibilidades internacionais que um país possui em função de exportação de mercadorias, de serviços, empréstimos de capitais (venda de tecnologia, direitos de patente etc.) e podem ser representadas por títulos de crédito (consubstanciados em moeda estrangeira), tais como ordens de pagamento, letras de câmbio, cheques, entre outros, resgatáveis no exterior. Não é diferente o magistério de Schmidt e Feldens, *in verbis*: "(...) sua conceituação econômica, ainda que não unívoca, está associada às *disponibilidades* que um país – ou mesmo um particular (pessoa física ou jurídica) – possui em moedas estrangeiras obtidas a partir de um negócio que lhe dá origem (exportações, empréstimos de capitais etc.). Sob tais circunstâncias, o termo *divisa* compreende as próprias moedas estrangeiras e seus títulos imediatamente representativos, como letras de câmbio, ordens de pagamento, cheques, cartas de crédito, saldos das agências bancárias no exterior etc."[30]. Sintetizando, *divisa* é o ativo estrangeiro disponível no País, abrangendo não apenas a moeda em espécie (dólares, euros, libras), mas também os *títulos nela conversíveis*, tais como letras de câmbio, cheques, ordens de pagamento e similares, que sejam conversíveis em moedas estrangeiras, além das próprias moedas estrangeiras de que uma nação dispõe, em poder de suas entidades públicas ou privadas. Trata-se, enfim, dos *ativos* (estoque em moeda estrangeira e títulos nela conversíveis) que compõem

---

[29] José Carlos Tórtima e Fernanda Lara Tórtima, *Evasão de divisas*, 3. ed., p. 23. Ainda segundo os autores, "balanço de pagamentos é o *registro de todas as transações de caráter econômico-financeiro realizadas por residentes de um país com residentes de outros países.* Constituem o balanço de pagamentos os saldos, positivos ou negativos, nas seguintes contas: **balança comercial** (relação entre exportações e importações), **balança de serviços** (receitas e despesas tais como pagamentos de juros, *royalties*, remessas ou recebimentos de lucros, viagens internacionais etc.), **transferências unilaterais** (manutenção de embaixadas, consulados, ajuda financeira a outros países sem contrapartida etc.) e **contas de capital** (saída ou entrada de capitais de risco estrangeiros)" (idem, p. 17-18).
[30] Schmidt e Feldens, *O crime de evasão de divisas*, p. 168.

as disponibilidades internacionais de um país, auferidas seja por meio de exportações, empréstimos ou serviços. Inserem-se, ademais, no conceito de divisas o *ouro-instrumento cambial* e os cheques sacados contra bancos internacionais.

Não preocupam as pequenas divergências sobre os vários conceitos oferecidos pela doutrina, considerando-se que, na essência, não se afastam do que aqui expusemos. Com efeito, há certa unanimidade em definir *divisas* como *disponibilidades internacionais*, isto é, que estão ou se formam no exterior a partir de um determinado negócio jurídico (exportação, investimento etc.). Contudo, advertem Schmidt e Feldens, "torna-se imprescindível a contextualização jurídica do termo, o qual abarca, nos limites do tipo legal do delito de evasão de divisas, tanto os títulos como os produtos imediatamente hábeis à formação das divisas. Assim, por exemplo, enquadram-se no conceito de *divisas*: a) o ouro, enquanto ativo financeiro ou instrumento da política cambial; b) cheques sacados contra bancos nacionais"[31].

6. TIPO SUBJETIVO (*CAPUT*): DOLO E ELEMENTO SUBJETIVO ESPECIAL DO TIPO

Efetuar operação de câmbio não autorizada cuja finalidade seja promover evasão de divisas do País (*caput* do art. 22) constitui *crime de perigo* com *dolo de dano*, que se caracteriza quando o agente pratica a conduta nuclear com a intenção de *promover a evasão de divisas*. Em outros termos, o *tipo subjetivo* da conduta criminosa descrita no *caput* do art. 22 compõe-se de (a) *dolo direto* – que é o elemento subjetivo geral do tipo – e de (b) *elemento subjetivo especial do injusto* – representado pelo *especial fim de agir* –, que é a *intenção* de promover a evasão de divisas do País.

O *dolo*, como *elemento subjetivo geral*, requer sempre a presença de dois elementos constitutivos, quais sejam, o elemento cognitivo – *consciência* – e o elemento volitivo – *vontade*. A *consciência*, como elemento do dolo, deve ser *atual*, isto é, deve existir no momento da ação, quando ela está acontecendo, ao contrário da *consciência da ilicitude* (elemento da culpabilidade), que pode ser *potencial*. Essa distinção se justifica porque o agente deve ter *plena consciência*, no momento da ação, daquilo que quer praticar – *promover evasão de divisas*. Assim, o agente deve ter não apenas *consciência* de que realiza *operação de câmbio não autorizada*, como sustentam alguns, mas, além disso, deve ter *consciência* também da ação que pretende praticar, das consequências desta e dos *meios* que pretende utilizar. E mais: além do *elemento intelectual*, como já afirmamos, é indispensável ainda o *elemento volitivo*, sem o qual não se pode falar em dolo, direto ou eventual. A *vontade* deve, igualmente, abranger a *ação*

---

[31] Schmidt e Feldens, *O crime de evasão de divisas*, p. 168.

(praticar ato idôneo) ou, se for o caso, a omissão, o *resultado* (evasão de divisas), os *meios* (operação de câmbio não autorizada) e o *nexo causal* (relação de causa e efeito). É incorreto afirmar-se que "a tipicidade subjetiva da conduta também exige a *potencial consciência* de que a operação de câmbio esteja em desconformidade às normas cambiais atinentes à espécie, visto que o tipo penal possui como elementar normativa 'operação de câmbio *não autorizada*'". Na verdade, não basta que essa "consciência" seja *potencial*, como ocorre na *culpabilidade*, mas, tratando-se do elemento *intelectual do dolo*, "deve ser *atual*, isto é, deve estar presente no momento da ação, quando ela está sendo realizada. É insuficiente a *potencial consciência* das circunstâncias objetivas do tipo (normativas ou não), uma vez que prescindir da *atualidade* da consciência equivale a destruir a linha divisória que existe entre *dolo* e *culpa*, convertendo aquele em mera ficção. Nesse sentido, tivemos oportunidade de afirmar: "Além do *conhecimento* dos elementos positivos exigidos pelo tipo objetivo, o dolo deve abranger também o conhecimento dos 'caracteres negativos', isto é, de elementos, tais como 'sem consentimento de quem de direito' (art. 164 do CP), 'sem licença da autoridade competente' (art. 166 do CP), da inexistência de nascimento (art. 241 do CP) etc. Por isso, quando o processo *intelectual-volitivo* não atinge um dos componentes da ação descrita na lei, o dolo não se aperfeiçoa, isto é, não se completa"[32].

Na realidade, o *dolo* somente se completa com a *presença simultânea* da *consciência* e da *vontade* de todos os elementos supramencionados. Com efeito, quando o processo *intelectual-volitivo* não abrange qualquer dos requisitos da ação descrita na lei, o *dolo* não se completa, e sem dolo não há crime, pois não há previsão da modalidade culposa.

Enfim, é possível que o *dolo* – que, como vimos, esgota-se com a *consciência* e a *vontade* de praticar *operação de câmbio não autorizada*, capaz de produzir a *evasão de divisas* – esteja presente e, ainda assim, não se complete o *tipo subjetivo*, que exige o *especial fim* de agir. Nesse caso, por conseguinte, o tipo descrito no art. 22, *caput*, da Lei n. 7.492/86 não se aperfeiçoa, pois lhe falta o *elemento subjetivo especial*, que é o *fim* de promover evasão de divisas do País. Por isso, a mesma conduta que, objetivamente, assemelha-se à descrição típica não se aperfeiçoa pela ausência ou pela imperfeição da *tipicidade subjetiva* se não houver o *especial fim* de agir exigido pela norma.

6.1. Elemento subjetivo especial do tipo: com o fim de promover evasão de divisas do País

Com efeito, pode figurar nos tipos penais, ao lado do *dolo*, uma série de características *subjetivas* que o integra ou o fundamenta. O próprio Welzel es-

---

[32] Cezar Roberto Bitencourt, *Tratado de direito penal*: parte geral, 28. ed., v. 1, p. 381.

Evasão de divisas • 299

clareceu que "ao lado do dolo, como momento geral *pessoal-subjetivo* daquele, que produz e configura a ação como acontecimento dirigido a um fim, apresentam-se no tipo, frequentemente, especiais momentos subjetivos, que dão colorido num determinado sentido ao conteúdo ético-social da ação"[33]. Assim, o *tomar* uma coisa alheia é uma atividade dirigida a um fim por imperativo do dolo; no entanto, seu sentido *ético-social* será inteiramente distinto se aquela atividade tiver como *fim* o uso passageiro ou se tiver o desígnio de apropriação.

Na verdade, o *especial fim* ou motivo de agir, embora *amplie* o aspecto subjetivo do tipo, não integra o dolo nem com ele se confunde, uma vez que, como vimos, o *dolo* esgota-se com a *consciência* e a *vontade* de realizar a ação para produzir o resultado delituoso ou de assumir o *risco* de produzi-lo. O *especial fim de agir* que integra determinadas definições de delitos condiciona ou fundamenta a *ilicitude* do fato, constituindo, assim, *elemento subjetivo do tipo* de ilícito, de forma autônoma e independente do dolo. A denominação correta, por isso, é *elemento subjetivo especial do tipo* ou *elemento subjetivo especial do injusto*, que se equivalem porque pertencem, ao mesmo tempo, à ilicitude e ao tipo que a ela corresponde[34].

A ausência desses *elementos subjetivos especiais* descaracteriza o *tipo subjetivo*, independentemente da presença do *dolo*. Enquanto o dolo deve materializar-se no fato típico, os *elementos subjetivos especiais* do tipo *especificam* o dolo, sem necessidade de se concretizarem, sendo suficiente que existam no psiquismo do autor[35]. Assim, o agente pode agir dolosamente, isto é, *praticar atos idôneos para realizar operação de câmbio não autorizada,* mas se faltar o *especial fim* – de promover a evasão de divisas do País – o crime não se configura. Pode existir o *dolo* de efetuar "operação de câmbio não autorizada", mas a falta do elemento subjetivo especial – o *fim de promover evasão de divisas do País* – não o especifica e reduz o tipo penal subjetivo, desfigurando-o, como ocorre nos exemplos citados pelos autores, reconhecidos pelos nossos tribunais, quando o cidadão é surpreendido tentando sair para o exterior com moeda estrangeira, destinada a auxiliar familiar preso em outro país (faltaria, nessa hipótese, o elemento subjetivo especial de promover evasão de divisas).

O crime descrito no *caput* do art. 22, nessa linha, *consuma-se* independentemente da efetiva *evasão de divisas*, considerando-se que ela representa uma *finalidade transcendente*, um *especial fim* de agir, constituindo uma modalidade do denominado *delito de intenção*, que requer um *agir com "animus"*, finalidade ou *intenção adicional* de obter um resultado ulterior ou uma ulterior atividade, distinto da simples execução do tipo penal. Trata-se, portanto, de uma

---

[33]   Hans Welzel, *Derecho penal alemán*, p. 97.

[34]   Heleno Cláudio Fragoso, *Lições de direito penal*: parte geral, p. 175.

[35]   Juarez Cirino dos Santos, *Direito penal*, p. 80.

300 • Crimes contra o sistema financeiro nacional

finalidade ou *animus* que vai além da realização da ação. As *intenções especiais* integram a estrutura subjetiva de determinados tipos penais, exigindo do autor a persecução de um objetivo compreendido no tipo, mas que não precisa ser alcançado efetivamente. Faz parte do tipo de injusto uma *finalidade transcendente* – um especial fim de agir – que é exatamente o que caracteriza o crime, que, no caso, é promover evasão de divisas do País.

Em síntese, nessa espécie de crime, *a consumação é antecipada*, ocorrendo com a simples atividade típica unida à intenção de produzir um resultado ou efetuar uma segunda atividade, independentemente da efetiva produção ou ocorrência desse ulterior resultado ou atividade. Assim, no caso do crime de *efetuar operação de câmbio não autorizada*, a consumação ocorre com a simples prática de *operação de câmbio desautorizada*, apta para efetivar a evasão de divisas desde que tenha a *finalidade de promover essa evasão*. Assim, o *fim especial* – a evasão propriamente dita – não precisa se concretizar, basta que exista na mente do agente; contudo, a eventual *evasão*, se ocorrer, não desnaturará o tipo penal, pois representará somente o seu exaurimento. Mas esse *fim especial*, convém que se destaque, *mesmo que não se concretize*, integra o *tipo subjetivo* ao lado do dolo, que, dogmaticamente, não pode ser ignorado.

Para concluir este tópico, um último aspecto de suma importância, qual seja, o *aspecto vinculante da finalidade especial* da destinação desses valores no exterior. Sob esse aspecto, discordamos do entendimento sustentado por Schmidt e Feldens, quando afirmam: "O fim especial de evadir divisas não vincula a destinação que os valores venham a ter no exterior, sendo indiferente, para a verificação da elementar subjetiva em análise, que o sujeito ativo do delito pretenda manter poupança clandestina no exterior ou valer-se total ou parcialmente da divisa evadida para cobrir gastos pessoais de qualquer natureza"[36]. *Venia concessa*, essa não é a melhor orientação, dogmaticamente falando, a despeito da autoridade intelectual de seus autores.

Na realidade, não se pode esquecer da verdadeira função dogmática do *elemento subjetivo especial do injusto*, qual seja, a de *delimitar* e *especificar* o dolo, orientando a finalidade da conduta; pois é exatamente essa *finalidade* que define a *tipicidade ou a atipicidade da conduta*. Logo, havendo outra *finalidade*, que não a de promover evasão de divisas, o crime não se aperfeiçoa, como, por exemplo, efetuar a operação de câmbio destinada ao exterior para pagar a hospitalização de um familiar baixado (ou, quem sabe, preso) em uma instituição de saúde (ou prisional) em Nova York. Esse *animus* orientador da conduta, por certo, *desnatura a finalidade* exigida pelo tipo penal da *evasão*, tornando-se atípica a conduta pela falta do *elemento subjetivo especial do injusto*. Nesse sentido, contrariamente ao entendimento dos autores mencionados, fazemos

---

[36] Schmidt e Feldens, *O crime de evasão de divisas*, p. 171.

coro com Manoel Pedro Pimentel, que afirmava: "Se a intenção do agente for a de obter vantagem de outra natureza, ou mesmo, pensamos, a de efetuar um pagamento devido no exterior, em razão de contrato firmado, não se caracterizará o crime, porque não estará presente a intenção de promover a evasão de divisas do país"[37]. Aliás, os próprios autores mencionados destacam, em nota de rodapé, que essa tese foi aceita pela jurisprudência:

> O tipo penal do art. 22, *caput*, da Lei n. 7.492/86 apresenta elemento normativo materializado na expressão "não autorizada", além do elemento subjetivo correspondente ao "fim de promover evasão de divisas do país". No caso concreto, a intenção do paciente não era remeter clandestinamente divisas para o exterior, mas, sim, acudir seu irmão preso nos EUA. Falta de adequação típica subjetiva. [...] [TRF da 2ª Região, HC 200102010466198/RJ, 3ª Turma, rel. Juiz Francisco Pizzolante, j. em 14-10-2003, *DJU* 24-11-2003, p. 180][38].

Subscrevemos integralmente, por sua absoluta correção dogmática, essa respeitável decisão do Tribunal Regional Federal da 2ª Região, transcrita por Schmidt e Feldens.

7. CONSUMAÇÃO E TENTATIVA DE OPERAÇÃO DE CÂMBIO NÃO AUTORIZADA

7.1. Consumação

A conduta de *efetuar operação de câmbio não autorizada, com o fim de promover evasão de divisas do País – caput* do art. 22 –, caracteriza crime formal que se consuma independentemente da efetiva saída de divisa, sendo suficiente que a *operação de câmbio* tenha esse objetivo. Em outros termos, consuma-se o crime com a simples realização da *operação de câmbio desautorizada*, não sendo necessário que os valores saiam efetivamente do País. A mera celebração do contrato de câmbio irregular consuma o crime, desde que tenha a *finalidade* de enviar as divisas para o exterior, ainda que lá não os consiga disponibilizar. Isso não quer dizer, contudo, que toda a realização de operação de câmbio já caracterize o crime, mas somente aquela operação em desconformidade com as normas cambiais, que tenha a finalidade de enviar, desautorizadamente, os valores ao exterior.

Resultando, no entanto, dessa operação a efetiva saída de divisas para o exterior, *não o transformará em outra tipificação (a da primeira parte do parágrafo único, que é crime material)*, como referem alguns autores, mas representará somente o exaurimento da figura descrita no *caput*. No particular, discor-

---

[37] Pimentel, *Crimes contra o sistema financeiro nacional*, p. 158.

[38] Schmidt e Feldens, *O crime de evasão de divisas*, p. 171, nota 87.

302 • Crimes contra o sistema financeiro nacional

damos do entendimento sustentado por Schmidt e Feldens, para os quais, "caso o agente venha, efetivamente, após efetuada a operação de câmbio, a promover a evasão de divisas, o delito progredirá para a 1ª parte do parágrafo único do art. 22 (*Incorre na mesma pena quem, a qualquer título, promove, sem autorização legal, a saída de moeda ou divisa para o exterior...*)"[39]. Contrariamente a essa interpretação, o fato de a primeira figura do parágrafo único criminalizar a conduta de quem *promove, a qualquer título, a saída de moeda ou divisa* não autoriza entendimento diverso, embora, teoricamente, possa abranger também a evasão procedida por meio de "operação de câmbio não autorizada". Ocorre que, nessa hipótese, o *princípio da especialidade* (a figura do *caput* exige *especial fim*) afasta naturalmente a aplicação do disposto no parágrafo único, que tem abrangência genérica, *sem exigência de fim especial*. A única possibilidade de aplicar-se a forma sugerida pelos autores mencionados será quando, por exemplo, se efetuar operação de câmbio não autorizada, *com o fim de promover a evasão*, sem que ocorra a efetiva saída e, num segundo momento, em outra oportunidade, o agente promova efetivamente a saída das mesmas divisas, nos termos da primeira parte do parágrafo único. Mas, nesse caso, estaremos diante de uma nova conduta, diferente, distinta, e com outro proceder.

7.2. Tentativa

Tratando-se de crime formal e plurissubjetivo, *efetuar operação de câmbio não autorizada* admite, sem maiores dificuldades, a figura tentada. Pode ocorrer, por exemplo, que durante a tramitação da *operação de câmbio*, que exige diversos atos, o sujeito seja surpreendido por agente policial que interrompe sua ação ou apreende valor ou moeda que aquele pretendia enviar para fora do País. Seriam, digamos, circunstâncias alheias à sua vontade que impedem a consumação da operação cambial.

Em outros termos, sempre que a operação de câmbio *desautorizada* não se complete, por qualquer razão estranha à vontade do agente, o crime será *tentado*. Não se pode olvidar, no entanto, que a simples conclusão da operação cambial, em desconformidade com as normativas cambiais, com essa *finalidade*, consuma o crime de evasão de divisas, independentemente de conseguir disponibilizá-las fora do País.

8. CLASSIFICAÇÃO DOUTRINÁRIA

Trata-se de *crime comum* (pode ser praticado por qualquer agente, independentemente de reunir determinada qualidade ou condição especial), *doloso* (não há previsão legal para a figura culposa), *de forma vinculada*, na modalidade do

---

[39] Schmidt e Feldens, *O crime de evasão de divisas*, p. 204.

caput (que somente pode ser praticado mediante "operação de câmbio não autorizada"), *de forma livre*, nas outras duas modalidades (o legislador não previu nenhuma forma ou modo para execução dessas espécies, podendo ser realizada do modo ou pelo meio escolhido pelo sujeito ativo), *comissivo* (os comportamentos descritos no tipo implicam a realização de condutas ativas, pois se trata de norma penal proibitiva e não mandamental), *instantâneo* (a consumação ocorre em momento determinado, não havendo um distanciamento temporal entre a ação e o resultado), *unissubjetivo* (pode ser praticado por alguém, individualmente, admitindo, contudo, coautoria e participação) e *plurissubsistente* (pode ser desdobrado em vários atos, que, no entanto, integram a mesma conduta).

9. PROMOVER, A QUALQUER TÍTULO, SEM AUTORIZAÇÃO LEGAL, A SAÍDA DE MOEDA OU DIVISA PARA O EXTERIOR

O parágrafo único do art. 22 tipifica duas figuras delituosas: "incorre na mesma pena quem, a qualquer título, promove, sem autorização legal, a saída de moeda ou divisa para o exterior, ou nele mantiver depósitos não declarados à repartição federal competente". Na primeira parte, tipifica um *crime material*, evasão propriamente (ao contrário do *caput*, que prevê crime semelhante, mas *formal*) e, na segunda parte, só impropriamente se pode falar em *evasão de divisas* na medida em que se trata somente de *depósitos não declarados* mantidos no exterior, que podem, inclusive, ter sido originados fora do País. E, como crime material, esta forma ou modalidade de *evasão de divisas* admite a figura tentada. No entanto, nem toda ação admite ou configura tentativa, pois esta depende do *início da prática de atos executórios* inequivocamente dirigidos à promoção da *saída da divisa*, além da proximidade temporal entre a conduta praticada e a evasão propriamente. Por exemplo, o simples fato de encontrar-se alguém portando boa quantidade de dólares, por si só, não caracteriza o *início de realização de atos executórios* de evasão de divisas. Nesse sentido, já decidiu o Tribunal Regional Federal da 3ª Região:

> Embora o crime em questão comporte, em tese, a figura da tentativa, é evidente que deve haver vínculo fático e volitivo que permita aferir que se está no curso de uma prática de evasão de divisas. [...] Sem que haja um nexo imediato de proximidade com a consumação do delito (observadas as características e eventuais peculiaridades de cada figura típica), não haverá atos de "execução" do crime, mas de mera cogitação/deliberação, planejamento ou preparação, os quais, como é de geral sabença, não são puníveis (por si) em nosso ordenamento, e nem configuram "tentativa"[40].

---

[40]   TRF3, 11ª Turma, RSE 8.078, rel. Des. Fed. José Lunardelli, *DJ* de 11-7-2017.

9.1. Bem jurídico tutelado

O bem jurídico, direto e imediato, a exemplo da primeira figura (*caput*), é a tutela do *controle do Estado* sobre o *tráfego internacional de divisas*, isto é, a saída de moeda ou divisas, como diz o texto legal, para o exterior. Esse controle faz-se necessário para permitir ao Estado manter, reorientar ou intensificar a política cambial brasileira. Nesse sentido, destaca Tórtima, "Pode-se considerar que a ênfase do escopo de tutela da norma do art. 22 e de seu parágrafo único é a *preservação das reservas cambiais* do País, com todos os reflexos na estabilidade do Sistema Financeiro Nacional, em particular, e da própria economia, como um todo"[41].

Por essa *razão*, coerentemente, conclui Tórtima[42] que eventuais condutas que não ofendam ou ameacem o objeto da proteção jurídica são inócuas e, portanto, penalmente irrelevantes, na medida em que é exatamente o bem jurídico tutelado que delimita a função repressiva estatal. Atualmente, com o surgimento da denominada *moeda virtual*, pode-se exemplificar afirmando-se que, na nossa concepção, a denominada *criptomoeda* não pode ser objeto de *evasão de divisas*. Ela não é propriamente considerada *moeda* em sentido jurídico-normativo, e também não é considerada como tal pelo próprio Banco Central. Em sentido semelhante, o próprio STJ, por sua Terceira Seção, reconheceu que as denominadas *criptomoedas* não podem ser objeto do crimes tipificados nos arts. 7º, II, e 11, ambos desta Lei n. 7.492/86, *verbis*:

> A operação envolvendo compra ou venda de criptomoedas não encontra regulação no ordenamento jurídico pátrio, pois as moedas virtuais não são tidas pelo Banco Central do Brasil (BCB) como moeda, nem são consideradas como valor mobiliário pela Comissão de Valores Mobiliários (CVM), não caracterizando sua negociação, por si só, os crimes tipificados nos arts. 7º, II, e 11, ambos da Lei n. 7.492/1986, nem mesmo o delito previsto no art. 27-E da Lei n. 6.385/1976[43].

Realmente, a criptomoeda, ela própria, *não é objeto do crime* de evasão de divisas, mas convém observar atentamente, pois ela pode constituir *meio* para eventual evasão de divisas, dependendo, por exemplo, da forma de sua aquisição, do meio de pagamento, de sua forma disponibilizando no exterior etc. Contudo, nada impede que a compra ou investimento em *criptomoeda* possa constituir uma fase ou etapa do *iter criminis* da prática de *operação de câmbio desautorizada*, com o fim de promover evasão de divisas. Em sentido semelhante, já

---

[41] José Carlos Tórtima e Fernanda Lara Tórtima, *Evasão de divisas*, p. 14-15.

[42] Idem, p. 40.

[43] STJ, 3ª Seção, CC 161.123/SP, rel. Min. Sebastião Reis Júnior, j. em 28-11-2018, *DJ* de 5-12-2018. No mesmo sentido: STJ, 6ª Turma, HC 530.563/RS, rel. Min. Sebastião Reis Júnior, j. em 5-3-2020, *DJ* de 12-3-2020.

decidiu o Superior Tribunal de Justiça: "Em relação ao crime de evasão, é possível, em tese, que a negociação de criptomoeda seja utilizada *como meio* para a prática desse ilícito, desde que o agente adquira a moeda virtual como forma de efetivar operação de câmbio (conversão de real em moeda estrangeira), não autorizada, com o fim de promover a evasão de divisas do país"[44]. Nessa hipótese, segundo o próprio STJ, o tipo incidente é o do *caput* do art. 22 da Lei n. 7.492/86, e não aquele do seu parágrafo único.

9.2. Tipo objetivo: adequação típica

Enquanto o *caput* do art. 22 criminaliza a conduta de "efetuar operação de câmbio, *não autorizada, com o fim de promover evasão*", o parágrafo único tipifica a conduta de quem "a qualquer título, promove, *sem autorização legal*, a saída de moeda ou divisa para o exterior". Cuida-se de figuras absolutamente diferentes, com abrangência igualmente distintas, podendo, inclusive, admitir uma espécie *sui generis* de *progressão criminosa*, na medida em que esta, por ser mais abrangente, pode absorver aquela.

Atualmente, encontra-se bastante liberalizado o *controle cambial*, permitindo que qualquer pessoa, que tenha origem lícita de seus recursos, possa enviá-los regularmente ao exterior, logicamente mediante *contrato de câmbio* por meio das instituições financeiras autorizadas a operar nessa área. Essa liberalização reconhece, de certa forma, o *direito constitucional* de qualquer contribuinte entrar e sair livremente do País, com os seus bens (art. 5º, XV, da CF). Nesse sentido, preleciona Tórtima: "Hoje, qualquer pessoa pode, através de simples operação bancária, nas instituições autorizadas a operar com câmbio, remeter o quanto lhe aprouver para fora do país, adquirindo para tanto a quantia correspondente em moeda estrangeira, cujos limites foram taxativamente suprimidos pela Circular n. 2.494, de 19-10-94, do Banco Central do Brasil"[45]. No entanto, nunca é demais repetir, que transferências internacionais de valores superiores a R$ 10.000,00 (dez mil reais) devem ser realizadas via *contrato de câmbio* por intermédio do sistema interbancário, sob pena de operar à margem da lei, sem qualquer registro perante as autoridades monetárias. Caso contrário, ignorando-se as operações cambiais interbancárias, incorre-se na vedação contida na primeira parte do parágrafo único mencionado, salvo quando se tratar de transferência manual, que deverá ser acompanhada de DPV – Declaração de Porte de Valores –, como veremos adiante.

---

[44] STJ, 3ª Seção, CC 161.123/SP, rel. Min. Sebastião Reis Júnior, j. em 28-11-2018, *DJ* de 5-12-2018. No mesmo sentido: STJ, 6ª Turma, HC 530.563/RS, rel. Min. Sebastião Reis Júnior, j. em 5-3-2020, *DJ* de 12-3-2020.
[45] Tórtima, *Crimes contra o sistema financeiro nacional*, p. 139.

Entende-se por "saída de moeda ou divisa para o exterior" não apenas o envio ou remessa de *moeda ou de divisa ao exterior*, mas também qualquer *operação* cujo *resultado contábil* gere um crédito liquidável no estrangeiro. Aliás, esse *conceito ampliado* (entendimento) foi adotado pelo Supremo Tribunal Federal, em sua constituição plenária, no julgamento da Ação Penal 470/MG, do conhecido Mensalão, de relatoria do ex-Ministro Joaquim Barbosa, cujo julgamento ocorreu em 17 de dezembro de 2012[46]. Posteriormente a esse julgamento, o Banco Central, através da Circular n. 3.691/2013, definiu, ainda que indiretamente, o conceito de *saída de moeda para o exterior*, nos seguintes termos: "Para fins de efeitos deste Título, caracterizam: [...] II – *saída de recursos do País*: os créditos efetuados pelo banco depositário em contas tituladas por pessoas físicas ou jurídicas, residentes, domiciliadas ou com sede no exterior, exceto quando os recursos provierem de venda de moeda estrangeira ou diretamente de outra conta da espécie" (art. 178, II).

Com efeito, repetindo, não se pode ignorar que, via de regra, essa "saída de moeda ou divisa para o exterior" é puramente *escritural*, na medida em que os respectivos recursos, regra geral, já lá se encontram, sendo apenas substituído seu detentor (ou titular). Aliás, as *operações bancárias* internas são, igualmente, *escriturais*, pois os depósitos, as ordens de pagamentos, as transferências, entre outras, como regra, não passam de *operações contábeis*, isto é, sem a transferência física efetiva da moeda. Na verdade, embora seja, teoricamente, liberada a entrada e a saída de divisas no País, existem normas, legais ou administrativas, que estabelecem *condições* e *formas* procedimentais para que se efetuem tais operações, sempre sob o crivo das autoridades monetárias. Abusivamente, no entanto, e nesse sentido assiste razão a Tórtima, tem-se elevado *à condição de crime* (evasão de divisas) o simples descumprimento de meras formalidades, que, a rigor, não passam de simples infrações administrativas, constituindo, no máximo, um *ilícito cambial*. Não se pode esquecer que as operações de câmbio, sempre via *contrato de câmbio*, por determinação legal (art. 65 da Lei n. 9.069/95), são o meio legal de transferências internacionais em valores superiores ao equivalente a R$ 10.000,00 (dez mil reais). Quando, no entanto, se tratar de *câmbio manual*, superior ao valor mencionado, o portador deverá fazer-se acompanhar da respectiva *Declaração de Porte de Valores* – DPV (Resolução do CMN n. 2.254/98)[47].

A contrario sensu, o contribuinte que viajar ou sair do País, por qualquer razão, com valores não superiores a R$ 10.000,00 (dez mil reais) não necessita de qualquer formalidade, quer de operação cambial, quer de Declaração de

---

[46] STF, Tribunal Pleno, AP 470/MG, rel. Min. Joaquim Barbosa, j. em 17-12-2012, *DJ* de 22-4-2013.

[47] Schmidt e Feldens, *O crime de evasão de divisas*, p. 176.

Porte de Valores (DPV), para atender às exigências das autoridades aduaneiras. A conduta do contribuinte, nessas circunstâncias, não apenas é atípica como lícita, não se podendo sequer cogitar de *ilícito administrativo-cambial*. De qualquer sorte, nas duas figuras – seja *promovendo evasão de divisas do País* (*caput*), seja *promovendo, a qualquer título, a saída de moeda ou divisa para o exterior* (parágrafo único, primeira parte) – fica muito claro que a evasão de moeda ou divisas será sempre e necessariamente *a saída ilegal de divisas* do País para o exterior (pleonasmo legal). No entanto, a despeito da similitude das duas figuras típicas merece a percuciente observação, que subscrevemos, dos autores Cândido Albuquerque e Sérgio Rebouças[48], *verbis*: "Considerando a inutilidade de uma dupla previsão típica para o mesmo fato, bem assim da previsão autônoma de uma forma tentada (parte da doutrina acredita que esse é o caráter da forma do art. 22, *caput*), parece-nos que o *caput* e o parágrafo único, 1ª parte, do art. 22 estão a tratar de realidades distintas e inconfundíveis entre si". Sempre tratamos, doutrinariamente, as duas hipóteses como condutas distintas, pois, a despeito dos aspectos que as assemelham, *as circunstâncias que as distinguem* são mais relevantes, justificando-se, consequentemente, o tratamento legal diferenciado que a lei lhes atribui, aliás, em respeito ao princípio da *tipicidade estrita*.

Por outro lado, deve-se reconhecer que a *entrada ilegal ou desautorizada de moeda ou divisa no País* não tipifica o crime de *evasão*, pois, a despeito de constituir uma *infração cambial,* não se adequa a nenhuma das duas condutas tipificadas, quer no *caput* do art. 22, quer em seu parágrafo único. Ademais, jamais se pode evadir para dentro. Nesse sentido, sustentam Schmidt e Feldens: "A criminalização não se dá sobre o movimento financeiro emigratório em si, o qual será legítimo se realizado sob o controle estatal, na forma disposta pelo regime cambial vigente. Como antes visto [...], as diversas formas de saída de moeda ou divisa para o exterior submetem-se a regramentos específicos para cada modalidade de transação (*v.g.*, a realização de contrato de câmbio nas operações de comércio exterior)"[49]. Não ignoramos que a *lesão ao controle cambial* realizado pelo Banco Central pode ocorrer tanto na hipótese de *saída* quanto na de *entrada* ilegal de valores em nosso País. Contudo, a despeito de eventual infringência a normas administativo-cambiais, a *entrada irregular de divisas no Brasil* não se amolda à descrição típica constante do art. 22 e seu parágrafo único[50], havendo, portanto, absoluta inadequação típica. Enfim, a *evasão de divisas* pode ocorrer

---

[48] Cândido Albuquerque e Sérgio Rebouças, *Crimes contra o sistema financeiro nacional*, São Paulo: Tirant Lo Blanch Brasil, no prelo.

[49] Schmidt e Feldens, *O crime de evasão de divisas*, p. 174.

[50] Incensurável, nesse sentido, a decisão do Superior Tribunal de Justiça no REsp 189.144, 2ª Turma, rel. Min. João Otávio de Noronha, j. em 17-2-2005, *DJU* de 21-3-2005, p. 302.

por formas diversas, abrangendo tanto a *saída física* (pelo denominado *câmbio manual*) quanto a *saída ou remessa* meramente *escritural-contábil*. A despeito da discutível utilidade de uma dupla previsão típica, para o mesmo fato (art. 22, *caput* e parágrafo único, 1ª parte), a nosso juízo, na mesma linha do entendimento de Albuquerque e Rebouças[51], disciplinam realidades distintas e inconfundíveis e, quando mais não seja, "fecham, em tese, todas as hipóteses" possíveis dessas condutas criminosas. No entanto, ambas as previsões encontram-se numa relação de *continente e conteúdo*, ou seja, uma é mais abrangente que a outra, sem serem excludentes, complementam-se.

Com efeito, a previsão de *evasão de divisas* do *caput* é *normativa* e abrange uma variedade de *meios* ou *formas* pelas quais se pode realizá-la, inclusive através da "operação dólar-cabo", qual seja, disponibilizando moeda estrangeira no exterior em contrapartida à disponibilização do valor correspondente em reais no Brasil. Logicamente, *não se trata de remessa física* e tampouco de *saída efetiva* de moeda ou divisas, mas de um *meio alternativo*, igualmente ilegal, de *promover evasão de divisas não autorizada*, prevista no *caput* do art. 22. Configura, em outros termos, a realização de *operação de câmbio* "não autorizada", com o fim de promover evasão de divisas do País, infringindo, simultaneamente, norma cambial e norma penal (*caput* do art. 22). *Operação de câmbio desautorizada*, como visto, é toda aquela que desrespeitar norma cambial específica.

Por outro lado, a conduta tipificada no parágrafo único do art. 22, 1ª parte, é, inequivocamente, inconfundível com aquela tipificada no *caput*, qual seja, "promover, *sem autorização legal*, a saída de moeda ou divisa para o exterior". Por sua vez, a previsão do *caput* é mais restrita. Em termos vernaculares, "efetuar operação de câmbio não autorizada", na medida em que destaca, pode-se afirmar, uma espécie do gênero "evasão de divisas", mas, por outro lado, é mais abrangente juridicamente falando, porque abarca todas as *operações de câmbio não autorizadas pelas normas cambiais*. No entanto, destacam, acertadamente, Cândido Albuquerque e Sérgio Rebouças[52] que a previsão do parágrafo único pode ser considerada uma espécie complementar do gênero "evasão de divisas", posto que pode configurar-se sob as formas tentada ou consumada. Enquanto a previsão do *caput* não admite, em termos gerais, a figura tentada, na medida em que o *especial fim* de "promover evasão de divisas do país, é daqueles crimes que tem sua consumação antecipada, isto é, com o simples agir, sendo irrelevante o resultado final para configurar sua consumação".

Ainda, os mesmos autores chamam atenção para a abrangência da definição de entrada e saída de moeda definida pela Circular n. 3.691/2013 (art. 178, II) do Banco Central, nos seguintes termos:

---

[51] Cândido Albuquerque e Sérgio Regouças, *Crimes Contra o sistema financeiro nacional*, São Paulo: Tirant Lo Blanch Brasil, no prelo.
[52] Idem.

Evasão de divisas • 309

Penalmente falando, as normas penais devem ser interpretadas de modo a delimitarem campos excludentes, e não coincidentes, de abrangência. Ademais, a evasão de divisas constitui crime comum, praticável por qualquer pessoa, de modo que a utilização de um termo empírico (saída) não pode assumir de plano um significado normativo, até porque esse significado já está presente na forma típica básica. De resto, não parece adequado, no caso, que se necessite de uma norma para definir a forma tentada e de outra para a forma consumada. Se a "saída" pretendida pelo agente for somente contábil, o crime se consuma com a mera finalidade de promover evasão de divisas, incidindo a norma do art. 22, *caput*.

9.2.1. Elementar normativa: "a qualquer título"

A elementar normativa *a qualquer título* significa que é indiferente a *forma ou meio* pela qual a saída ilegal de moeda ou divisas para o exterior tenha sido praticada, através de operação de câmbio, de tradição manual em espécie, dólar--cabo etc., ao contrário da previsão do *caput*, que somente pode ser praticado através de "operação de câmbio" *desautorizada*. Nessa previsão genérica e abrangente, inegavelmente, pode englobar-se também a *própria operação de câmbio* prevista no *caput*, que acabamos de examinar. Por isso, qualquer forma ou meio de que se valha o agente para *promover a saída de divisas do País* é apta para tipificar essa conduta do parágrafo único. Nesse sentido, é absolutamente procedente a crítica de Manoel Pedro Pimentel[53], quando afirma que, por essa abrangência, até seria desnecessária a previsão do *caput*, sendo suficiente a descrição constante na primeira parte do parágrafo único. Contudo, convém destacar, aspecto não lembrado por Pimentel, que a previsão do *caput*, em razão de seu *elemento subjetivo especial* do tipo, se estiver ausente, o crime será no máximo tentado, justificando-se dessa forma sua tipificação anormal no parágrafo único.

A elementar típica "a qualquer título" não alcança a operação de câmbio desautorizada prevista no *caput* do art. 22. Na realidade, como já sustentado, o tipo do art. 22, parágrafo único, define tipo de crime diverso daquele do *caput*, encerrando um sentido restrito, meramente material, quanto à expressão *saída de divisa*, apesar da consagração jurisprudencial de um *sentido ampliado*, abrangendo a saída contábil-escritural (que, na nossa concepção, só pode emanar na forma do *caput*). Assim, a prática de *operação de câmbio desautorizada* com aptidão para promover evasão de divisas configura o crime básico, do *caput*, ao passo que *qualquer outro meio* apto a *promover a saída de moeda* diz respeito à forma equiparada do parágrafo único, 1ª parte. No entanto, a tendência atual, inclusive respaldada pela jurisprudência do STJ, é uma interpretação ampliada para integrar a previsão do *caput* do art. 22.

---

[53] Pimentel, *Crimes contra o sistema financeiro*, p. 158.

Sendo o crime do *caput* de *forma vinculada,* envolve a prática de *operação de câmbio desautorizada* (necessariamente) que tenha potencialidade para promover, de qualquer modo, *evasão de divisas* (elemento normativo do tipo). No entanto, o crime do parágrafo único, 1ª parte, abrange outras condutas, diversas da operação de câmbio desautorizada (por exemplo, porte manual de moeda estrangeira dirigida ao exterior), capaz de *promover a saída de moeda do território nacional.* Por isso, considerando-se o conteúdo da primeira parte do parágrafo único do art. 22, entendendo-se como uma figura equiparada à do *caput,* deverá, necessariamente, exercer uma função residual em relação a essa figura básica.

Por outro lado, concretizando-se *operação cambial não autorizada,* na forma descrita no *caput,* efetivando-se a respectiva disponibilidade no exterior, não nos parece razoável transmudá-la para a tipificação da primeira parte do parágrafo único (progressão criminosa), como sugerem Schmidt e Feldens[54]. Na verdade, não consideramos adequada a sugerida *progressão criminosa,* deslocando sua tipificação em respeito ao *princípio da especialidade.* Com efeito, o fato de a tipificação do parágrafo poder, em tese, abranger a do *caput* não autoriza esse "transporte", quando visivelmente se trata de "operação de câmbio não autorizada, *com o fim de promover evasão* de divisas do País". Na realidade, essa previsão do *caput* é específica, contendo todos os elementos do *tipo anormal,* enquanto aquela operação prevista no parágrafo único é genérica, abrangente, sem definir suas elementares típicas e sem conter o *elemento subjetivo especial do injusto.* Ademais, segundo os autores referidos, teríamos uma "tipificação condicionada": não se concretizando o resultado da ação, prevaleceria a previsão do *caput*; na hipótese contrária, isto é, concretizando-se a evasão, valeria a tipificação do parágrafo único (primeira parte), esquecendo-se que esse aspecto representa somente o *exaurimento da conduta,* especificamente incriminada no *caput.* E, concluindo, entendimento contrário, significa definir a conduta pela *produção do resultado,* ignorando-se sua tipificação e, fundamentalmente, sua *motivação subjetiva,* qual seja, "com o fim de promover evasão de divisas do País", que realmente define a finalidade da ação e, consequentemente, sua adequação típica ao descrito no *caput* do art. 22.

9.2.2. Elementar normativa: "saída de moeda ou divisa para o exterior"

Somente para afastar os "fantasmas interpretativos" relembramos que o vocábulo "saída" referindo-se à "moeda ou divisa", complementado com a locução "para o exterior", não pode, em hipótese alguma, ser interpretado como "entrada" sem violentar o *princípio da reserva legal* e, fundamentalmente, a função taxativa da tipicidade. Espera-se que acórdãos, em sentido contrário ao

---

[54] Schmidt e Feldens, *O crime de evasão de divisas,* p. 179.

que estamos afirmando, sejam coisas do passado e produtos de equívocos cujos resultados, desastrosamente negativos, tenham servido para reflexão construtiva de respeito às garantias materiais próprias do direito penal da culpabilidade, exigidas pelo Estado Democrático de Direito.

Em sentido semelhante – mas sempre admitindo *saída*, nunca *entrada* –, a jurisprudência dos tribunais superiores – STF[55] e STJ[56] – adota um conceito mais amplo, de *caráter normativo*, para o termo *saída*, abrangendo situações como a do *dólar-cabo*, em que não há a transposição física de numerário para além das fronteiras nacionais, mas a *disponibilidade de crédito no exterior*, gerada por uma *operação cambial clandestina* praticada no Brasil[57]. O STJ, mais recentemente, tem adotado esse entendimento, especialmente pela sua Sexta Turma, *verbis*: "Conceitualmente, a denominada operação dólar-cabo envolve transações com moeda estrangeira à margem do conhecimento dos órgãos oficiais. Em outros termos, trata-se de um sistema alternativo e paralelo ao sistema bancário ou financeiro (tradicional) de remessa de valores por intermédio de um sistema de compensações, o qual tem por base a fidúcia. [...] A realização de operação dólar-cabo, com a entrega de moeda estrangeira – sistema de compensação – no exterior em contrapartida a prévio pagamento de reais no Brasil, caracteriza o crime previsto no art. 22, parágrafo único, da Lei n. 7.492/1986"[58].

Sobre o significado de "divisas", já tratamos quando examinamos as elementares da *evasão de divisas (item 5.3)*, *mediante operação de câmbio não autorizada (caput)*, para onde remetemos o leitor, para não sermos repetitivos. No entanto, não trabalhamos o aspecto da "saída" de moeda ou divisas, se real ou virtual, bem como sua adequação típica (aliás, corretamente questionada por Tórtima). Por outro lado, nada foi dito pelo legislador a respeito de *moeda*, embora a utilize, neste dispositivo, como sinônimo de *divisas* (mesmo que não seja exclusiva). Schmidt e Feldens, no entanto, destacam que "*moeda* e *divisas* não se confundem para os efeitos do delito em questão. Di-lo o próprio tipo penal, ao distingui-las (*moeda* ou *divisa*). Assim, no preciso contexto do tipo, a *moeda nacional* (papel-moeda) disponível ao brasileiro em território nacional não é *divisa*. Ainda que encerrem conceitos distintos, pode-se identificar uma relação parcial entre as elementares, no sentido de que a *moeda estrangeira* pode

---

[55] STF, Tribunal Pleno, AP 470/MG, rel. Min. Joaquim Barbosa, j. em 17-12-2012, *DJ* de 22-4-2013.

[56] STJ, 6ª Turma, REsp 1.535.956/RS, rel. Min. Maria Thereza de Assis Moura, j. em 1-3-2016, *DJ* de 9-3-2016.

[57] Em nossa opinião, essa hipótese corresponde ao tipo do *caput* do art. 22, pelas razões apresentadas no tópico 22.3.1, *supra*. No entanto, a reafirmação desse entendimento pela 6ª Turma chancela a interpretação contrária ao nosso entendimento anterior, consoante a decisão do REsp 1.460.561/PR.

[58] STJ, 6ª Turma, REsp 1.460.561/PR, rel. Min. Sebastião Reis Júnior, j. em 6-11-2018, *DJ* de 26-11-2018.

consistir em *divisa*, muito embora nem toda divisa seja representada por moeda (papel-moeda) estrangeira"[59].

Esses dois aspectos – *saída de divisas* e definição de *moeda* – merecem um exame individualizado, o que faremos a seguir.

9.2.2.1. Saída de divisas para o exterior

Aspecto que demanda alguma reflexão refere-se à elementar *"saída* de divisas", partindo-se da premissa de que o crime da primeira parte do parágrafo único do art. 22 *consuma-se somente com a efetiva saída das divisas* (ou moeda) para o exterior, ao contrário da figura do *caput*, como já examinamos, que se consuma mesmo que não se concretize a saída efetiva das divisas (ou moedas). Tratando-se, portanto, de *crime material*, na hipótese prevista no parágrafo único, deve-se avaliar se as divisas *efetivamente saem do território nacional*. Ganha relevo essa preocupação considerando-se as diversas formas em que se tem admitido como configuradora dessa modalidade de "evasão de divisas".

Neste tópico, desejamos esclarecer aos nossos leitores que até a 3ª edição desta obra abordamos o tratamento da Carta Circular n. 5/69, conhecida como CC-5, editada pelo Banco Central do Brasil, que regulamentava as contas em moeda nacional mantidas no País por residentes no exterior. A referida carta circular foi revogada há muito tempo e, portanto, a expressão "contas CC5" não mais se aplica às atuais contas em moeda nacional tituladas por pessoas físicas e jurídicas residentes, domiciliadas ou com sede no exterior. Hoje, as disposições sobre essas contas constam do Título VII da Circular n. 3.691, de 17-12-2013.

O *sistema financeiro nacional* autoriza que os bancos brasileiros mantenham contas ou vínculos com bancos no exterior, possuindo as denominadas "linhas de créditos" internacionais. A rigor, os dólares comercializados já se encontram fora do país, ocorrendo somente a transferência dos respectivos titulares; não há, consequentemente, a efetiva saída da moeda ou divisas, nessas operações cambiais através do sistema interbancário. Na realidade, *os bancos devem comprovar que possuem linhas de crédito concedidas por banqueiros estrangeiros até determinados limites que lhes permitam sacar, a descoberto ou não*. Ou seja, o mercado de câmbio operacionaliza-se sobre essa estrutura, que constitui uma verdadeira rede internacional, obedecendo suas próprias regras.

O controle e a fiscalização da *balança de pagamentos*, isto é, do equilíbrio da entrada e saída de divisas, monopolizado pelo Estado, é efetivado pelo Banco Central, que *estabelece as condições pelas quais um banco pode operar no sistema cambial*. Os bancos podem comprar e vender moedas estrangeiras livremente ao longo do dia. No final de cada jornada diária, o saldo de sua conta

---

[59] Schmidt e Feldens, *O crime de evasão de divisas*, p. 177.

em moeda estrangeira – comprada e vendida – deverá situar-se dentro dos limites previamente permitidos[60].

Por óbvio, ninguém ignora que os dólares não saem, em cada operação cambial, do território nacional. É inconcebível que houvesse aviões fretados carregados de malotes recheados de dólares voando para os mais distintos pontos do planeta transportando fisicamente valores objetos das milhares e milhares *operações diárias do mercado financeiro internacional*. Em outros termos, a rigor, a instituição financeira sediada no Brasil transfere – *em favor do beneficiário da operação* – o crédito que dispõe em uma conta já mantida fora do País. Comunica ao Banco estrangeiro que determinado valor deve ser creditado em favor de tal e qual cliente que dele pode fazer uso como lhe aprouver.

Nesse sentido, merece ser destacada a percuciente crítica de Tórtima, por nós já referida, *in verbis*:

> De fato, como ensina Bruno Ratti, não apenas o próprio Banco Central, mas as instituições financeiras privadas, atuantes no mercado de câmbio, estas para atender às demandas dos seus clientes por moedas estrangeiras, mantêm contas de depósitos junto a outros bancos no exterior, seus correspondentes. Tais contas são conhecidas no jargão cambial como *nostro account*.
>
> Já no *mercado paralelo* a lógica é a mesma. Os chamados doleiros também mantêm contas em bancos sediados em praças estrangeiras para atender aos interessados nas transferências internacionais não oficiais, de recursos para – e do – exterior. Logo, é inteiramente irreal, falsa mesmo, a ideia de saída efetiva do país dos milhões de dólares movimentados anualmente nas conhecidas operações dólar-cabo, sobre os quais voltaremos a falar oportunamente. O próprio legislador, convenhamos, contribuiu para o mal-entendido, ao conceber a fórmula da conduta típica, descrita na primeira parte do art. 22 como a saída de moeda ou divisa para o exterior, transmitindo ao intérprete a quimérica ideia de transposição física, pelas fronteiras do país, do dinheiro remetido.
>
> A dicção do texto legal leva realmente o leitor à perplexidade. Constata-se um fosso intransponível entre o sentido literal das expressões empregadas pelos autores da Lei e a realidade empírica das operações do mercado de câmbio sacado. Com efeito, quando se fala em *saída para o exterior das divisas*, é inevitável a conotação física e geográfica dada à operação de transferência dos valores, significando que estes foram efetivamente remetidos para outro país. Entretanto, na realidade do mercado cambial, tais transferências físicas de numerário só ocorrem com a saída do dinheiro em espécie, transportado por viajantes nos percursos internacionais. Nunca nas hipóteses de operações cursadas através das instituições bancárias credenciadas a operar no mercado de câmbio ou mesmo nas transações informais do dólar-cabo, pois nesse caso – repise-se – o dinheiro em moeda estrangeira já se encontra no exterior, não havendo como cogitar-se de saída física do País, do numerário transferido[61].

---

60   Eduardo Fortuna, Mercado financeiro. Produtos e serviços, *Quality Mark*, p. 396.

61   José Carlos Tórtima e Fernanda Lara Tórtima, *Evasão de divisas*, 3. ed., p. 32-33. E conclui Tórtima: "Ficaria então o intérprete diante do seguinte dilema: ou permanece fiel aos princípios garantistas da legalidade e da taxatividade, só admitindo a ocorrência do crime, em tese, quando

314 • Crimes contra o sistema financeiro nacional

Questão fundamental, para melhor compreendermos toda essa problemática, consiste no seguinte: afinal, aqueles valores – mantidos pelos bancos brasileiros no exterior (*linhas de crédito internacionais*) – são créditos possuídos no Brasil (em território nacional), ou são créditos possuídos no exterior? Os valores (moeda ou divisa) estão em solo brasileiro ou estão no exterior? Enfim, o *crédito representativo de divisas* está no Brasil ou está no exterior, isto é, além das fronteiras?

A *operação interbancária* é celebrada no Brasil, com agência ou unidade de instituição financeira aqui localizada, consequentemente, aqui é constituído o respectivo crédito. Em outros termos, o crédito está no Brasil, embora os valores (a moeda) estejam no exterior, ou seja, as divisas representadas pelos créditos constituídos encontram-se em território brasileiro, embora os dólares correspondentes sejam mantidos em contas no exterior, cuja titularidade é alterada[62]. Não se pode esquecer que divisas não são apenas moedas, mas também, e fundamentalmente, créditos ou títulos que as representam. Deve-se registrar, ademais, que as instituições financeiras (bancos sediados no Brasil) podem gastar ou consumir esses recursos no Brasil, pagar contas, resgatar compromissos etc., desde que observadas as normativas cambiais respectivas. Significa, em outras palavras, que possuem *poder liberatório* em nosso país e devem estar contabilizados junto ao Banco Central.

Enfim, deve-se concluir que – se tais divisas se encontram em solo brasileiro (*enquanto créditos em posse de bancos brasileiros*) – inevitavelmente a sua transferência para outros bancos brasileiros ou mesmo para pessoas físicas aqui residentes não altera essa situação. Ou seja, os dólares continuam fora do País

---

efetivamente as divisas saíssem do território nacional em direção ao exterior, na linha do entendimento da transposição das fronteiras do país, tal como textualmente indica a redação do tipo penal, aceitando – nesse caso – que as operações realizadas através do câmbio sacado ficariam fora da incriminação legal; ou optaria por uma exegese ampliativa do alcance da norma penal, para fazê-la atingir ambas as modalidades de transferências internacionais de recursos (câmbio manual e sacado), sempre que realizadas à margem do sistema oficial, e, nesse caso, arrostaria o risco de violação do princípio da reserva legal, visto que nas transferências cursadas pela via interbancária, as saídas dos recursos são meramente escriturais, e não efetivas e concretas, como leva a crer o texto do referido dispositivo de lei (idem, p. 34-35).

Desafortunadamente para o dogma da legalidade, tem a jurisprudência – ao que se saiba sem dissensão – adotado a segunda opção, desdenhando, em favor dos destinatários da Lei penal, o sentido restritivo do tipo do injusto em questão. E o tem feito, reconheça-se – valendo estas palavras como sincera e já tardia autocrítica – sem, até hoje, qualquer objeção pontual da doutrina, embora continuasse essa a sustentar, diante da expressa dicção do texto legal em tal sentido, que o crime de evasão de divisas só se aperfeiçoa com a saída dos recursos do território nacional ou ainda com a efetiva transposição das fronteiras do país".

[62] Criticando o equívoco do texto legal, sustentando a atipicidade de condutas semelhantes às aqui mencionadas, Tórtima sugere que o legislador deveria ter adotado redação distinta, criminalizando, por exemplo, a transferência irregular da titularidade das *linhas de crédito*, em vez de pretender punir uma ficção (evasão de divisas que se encontram no exterior).

(onde já se encontram), mas os *créditos* estão em posse de pessoas ou entidades aqui situadas, consequentemente, o crédito continua em solo brasileiro e aqui se encontram exatamente por ostentarem poder liberatório em nosso país. Nessas condições, é impossível falar-se em *evasão ou saída de divisas para o exterior*, salvo se a transferência de titularidade ocorrer para não residente no País.

Adotando essa orientação, o digno e culto Juiz Federal Flavio Antonio da Cruz, de Curitiba, em sua magistral sentença, referindo-se à *evasão de divisas*, concluiu com absoluto acerto: "A única solução para aplicar tal preceito – com respeito ao postulado da taxatividade (art. 5º, inc. XXXIX) – é a consideração de que (a) os créditos estão em solo brasileiro, já que podem ser transferidos aqui, possuindo poder liberatório aqui, ainda que os dólares estejam no exterior; (b) é cabível cogitar da saída de tais créditos do solo brasileiro, desde que sejam transferidos para pessoa que não mais resida aqui, e que – *portanto* – tais créditos não mais possam ser empregados em nosso país"[63].

A jurisprudência dos tribunais superiores – STF[64] e STJ[65] – adota uma concepção mais abrangente de caráter *normativo* do termo *saída*, para incluir situações como a do *dólar-cabo*, em que não há a transposição física de numerário para fora do país, mas apenas uma *disponibilidade de crédito no exterior* gerada por uma operação cambial clandestina praticada no Brasil[66]. Nesse sentido, a Sexta Turma da Corte Superior destacou: "Conceitualmente, a denominada operação dólar-cabo envolve transações com moeda estrangeira à margem do conhecimento dos órgãos oficiais. Em outros termos, trata-se de um sistema alternativo e paralelo ao sistema bancário ou financeiro (tradicional) de remessa de valores por intermédio de um sistema de compensações, o qual tem por base a fidúcia. [...] A realização de operação dólar-cabo, com a entrega de moeda estrangeira – sistema de compensação – no exterior em contrapartida a prévio pagamento de reais no Brasil, caracteriza o crime previsto no art. 22, parágrafo único, da Lei n. 7.492/1986"[67].

Na realidade, a jurisprudência dos tribunais superiores sobre o crime de evasão de divisas tipificado na primeira parte do parágrafo único do art. 22 do Código Penal está seguindo a previsão da Circular n. 3.691/2013, que abrange tanto a saída física de divisas, como também a remessa puramente *contábil-escri-*

---

[63] APn 2003.70.00.039529-0/PR.

[64] STF, Tribunal Pleno, AP 470/MG, rel. Min. Joaquim Barbosa, j. em 17-12-2012, *DJ* de 22-4-2013.

[65] STJ, 6ª Turma, REsp 1.535.956/RS, rel. Min. Maria Thereza de Assis Moura, j. em 1-3-2016, *DJ* de 9-3-2016.

[66] Em nossa opinião, essa hipótese corresponde ao tipo do *caput* do art. 22, pelas razões apresentadas no tópico 22.3.1, *supra*.

[67] STJ, 6ª Turma, REsp 1.460.561/PR, rel. Min. Sebastião Reis Júnior, j. em 6-11-2018, *DJ* de 26-11-2018.

tural. Ou seja, a remessa de recursos para o exterior, nos termos do inciso II do art. 178 da Circular n. 3.691/2013, nos seguintes termos: "Para fins de efeitos deste Título, caracterizam: [...] II – saída de recursos do País: os créditos efetuados pelo banco depositário em contas tituladas por pessoas físicas ou jurídicas, residentes, domiciliadas ou com sede no exterior, exceto quando os recursos provierem de venda de moeda estrangeira ou diretamente de outra conta da espécie". De qualquer sorte, ampliando ou não o conceito de saída, a titularidade de referidos recursos, créditos ou divisas muda, são transferidos do Brasil para o exterior, e, consequentemente, havendo descumprido a normativa cambial, configurará a evasão de divisas. No entanto, a mesma operação em sentido inverso, ainda que com inobservância das *normas cambiais*, não haverá infração penal, seja pela ausência de tipificação, seja pela impossibilidade de *evadir* para dentro. Haverá somente uma infração administrativo-cambial. Em outros termos, criminaliza-se somente a *saída desautorizada de moeda ou divisas*, manual ou escritural, ao passo que a sua internalização, *sem autorização legal,* configura somente infração cambial, não havendo qualquer incidência da legislação penal. Por outro lado, os *limites do câmbio manual* são definidos pelo art. 65 da Lei n. 9.069/95, com redação determinada pela Lei n. 12.865/2013, nos seguintes termos:

Art. 65. O ingresso no País e a saída do País de moeda nacional e estrangeira devem ser realizados exclusivamente por meio de instituição autorizada a operar no mercado de câmbio, à qual cabe a perfeita identificação do cliente ou do beneficiário.
§ 1º Excetua-se do disposto no *caput* deste artigo o porte, em espécie, dos valores:
I – quando em moeda nacional, até R$ 10.000,00 (dez mil reais);
II – quando em moeda estrangeira, o equivalente a R$ 10.000,00 (dez mil reais);
III – quando comprovada a sua entrada no País ou sua saída do País, na forma prevista na regulamentação pertinente.
§ 2º O Banco Central do Brasil, segundo diretrizes do Conselho Monetário Nacional, regulamentará o disposto neste artigo, dispondo, inclusive, sobre a forma, os limites e as condições de ingresso no País e saída do País de moeda nacional e estrangeira. (Redação dada pela Lei n. 12.865, de 2013)
§ 3º A não observância do contido neste artigo, além das sanções penais previstas na legislação específica, e após o devido processo legal, acarretará a perda do valor excedente dos limites referidos no § 1º deste artigo, em favor do Tesouro Nacional.

Em outros termos, valores de até R$ 10.000,00 ou o equivalente em moeda estrangeira podem ser portados manualmente e, dessa forma, conduzidos ao exterior, como normalmente ocorre nas viagens de turismo. Por outro lado, também é possível fazer operação bancária de valores inferiores aos R$ 10.000,00, mas não pode ser clandestina ou via dólar-cabo, sob pena de configurar evasão de divisas. Valores acima desse número só podem ser destinados ao exterior por intermédio de transferência bancária. Nessa hipótese, a operação se efetiva por correspondentes bancários da instituição financeira brasileira no exterior, que disponibilizam a moeda estrangeira em valor equivalente à nacio-

Evasão de divisas • 317

nal. Contudo, *normas cambiais* autorizam a entrada ou saída do Brasil portando valores superiores, mediante declaração (DPV) a uma unidade da receita federal, nos termos da Resolução n. 2.524/98/CMN, bem como do § 2º do art. 65 da Lei n. 9.069/95. Assim, a *saída para o exterior* com valores superiores ao corresponde a R$ 10.000,00, sem declará-los à Receita Federal, tipifica o *crime de evasão de divisas*, bem como a infração cambial correspondente. O ingresso, nas mesmas condições, de valores superiores ao legalmente permitido, sem declará-los, constitui somente *infração cambial*, ante a ausência de tipificação penal dessa conduta, que não se insere no âmbito do disposto no art. 22 e seu parágrafo único, ora *sub examine*. É inconcebível, em outros termos, *evasão de divisas* de fora para dentro do País.

Há, atualmente, três normas regulamentadoras desse art. 65 da Lei n. 9.069/95, quais sejam, a Resolução n. 2.524/98 e a Resolução n. 3.568/2008, ambas do Conselho Monetário Nacional, além da Circular n. 3.691/2013 do Banco Central do Brasil. O art. 1º da Resolução n. 2.524/98/CMN estabelece o seguinte:

> As pessoas físicas que ingressarem no País ou dele saírem com recursos em moeda nacional ou estrangeira em montante superior a R$ 10.000,00 ou ao seu equivalente em outras moedas, nos termos do inciso III do § 1º do art. 65 da Lei 9.069/95, devem apresentar à unidade da Secretaria da Receita Federal que jurisdicione o local de sua entrada no País ou de sua saída do País, *declaração relativa aos valores em espécie, em cheques e "traveller's cheques" que estiver portando*, na forma estabelecida pelo Ministro de Estado da Fazenda.

A *Resolução n. 3.568/2008* e a Circular n. 3.691/2013 regulamentam a remessa pelo sistema interbancário, exigindo, nesse âmbito, o registro do contrato de câmbio no *Sistema Câmbio* do Banco Central, necessariamente em nome do titular da conta (vedada a remessa em nome de terceiros). O registro de *contrato de câmbio sistema do Banco Central* constitui exigência vinculada a qualquer operação de compra e venda de moeda estrangeira, realizada entre a instituição autorizada a operar com câmbio e o cliente que o compra. O art. 41 dessa Circular dispõe:

> As operações de câmbio são formalizadas por meio de contrato de câmbio, conforme o modelo do Anexo I a esta Circular, e seus dados devem ser registrados no *Sistema Câmbio*, consoante o disposto no capítulo II deste título, devendo a data de registro do contrato de câmbio no Sistema Câmbio corresponder ao dia da celebração de referido contrato.

Cândido Albuquerque e Sérgio Rebouças relacionam, criteriosamente, várias disposições regimentais disciplinando o mesmo tema em sua admirável obra, ainda no prelo, sobre Crimes contra o sistema financeiro nacional[68].

---

[68] Cândido Albuquerque e Sérgio Rebouças, *Crimes contra o sistema financeiro nacional*, São Paulo: Tirant Lo Blanch Brasil, no prelo: "Adicionalmente, eis algumas normas importantes, a esse

Valores, portanto, inferiores a esse limite podem ser transportados manualmente para o exterior sem a necessidade de comunicação à Secretaria da Receita Federal. Ademais, as exigências normativas referentes às operações de câmbio são dispensadas relativamente a operações de valores não superiores a esse limite (art. 65, § 1º, I, da Lei n. 9.069/95).

Por outro lado, em razão de *operação de dólar-cabo* ter característica de *clandestinidade*, não é autorizada por lei, nem pelas normas regulamentadoras do mercado de câmbio. Essas normas, repetindo, autorizam somente o porte manual e a saída física de divisas em valores não superiores ao equivalente a R$ 10.000,00, mas não a remessa clandestina da mesma quantidade de moeda por meio de uma operação cambial ilícita. Para a denominada "saída escritural", exige-se a utilização do *sistema interbancário* oficial e, nessa esfera, a identificação do cliente ou beneficiário (art. 65, *caput*, da Lei n. 9.069/95). Nesse sentido, foi reconhecido pelo STJ, em decisão de sua Sexta Turma:

> A legislação autoriza, em relação ao valor inferior a R$ 10.000,00 (ou seu equivalente em moeda estrangeira), apenas a saída física de moeda sem comunicação às autoridades brasileiras. No caso de transferência eletrônica, saída meramente escritural da moeda, a lei exige, de forma exclusiva, o processamento através do sistema bancário, com perfeita identificação do cliente ou beneficiário (Lei nº 9.069/1995, art. 65, *caput*). [...] No caso das operações "dólar-cabo" existe uma grande facilidade na realização de centenas ou até milhares de operações fragmentadas sequen-

---

respeito: (i) Art. 26, Resolução n. 3.568/2008: 'A movimentação ocorrida em conta de depósito de pessoas físicas ou jurídicas residentes, domiciliadas ou com sede no exterior, de valor igual ou superior a R$10.000,00 (dez mil reais), deve ser registrada no Sisbacen, na forma estabelecida pelo Banco Central do Brasil'; (ii) Art. 173 da Circular nº 3.691/2013: 'As transferências internacionais do e para o exterior em moeda nacional, de valor igual ou superior a R$10.000,00 (dez mil reais), sujeitam-se à comprovação documental a ser prestada ao banco no qual é movimentada a conta de domiciliados no exterior'; (iii) Art. 93, § 2º da mesma Circular nº 3.691/2013, aplicável à hipótese de recebimento de valor decorrente de exportação: 'No caso de entrega da moeda estrangeira em espécie ou cheques de viagem à instituição autorizada a operar no mercado de câmbio, quando o valor em moeda estrangeira for igual ou superior a R$ 10.000,00 (dez mil reais), deve ser apresentada à instituição declaração prestada à Secretaria da Receita Federal do Brasil (RFB), dispensada a referida apresentação somente no caso de câmbio de exportação de fornecimentos para uso e consumo de bordo, bem como de pedras preciosas e semipreciosas, metais preciosos, suas obras e artefatos de joalheria realizada no mercado interno a residentes, domiciliados ou com sede no exterior, desde que conduzida ao amparo de regulamentação específica do Ministério do Desenvolvimento, Indústria e Comércio Exterior (MDIC)'; (iv) O art. 125 da Circular n. 3.691/2013: 'Aos residentes ou domiciliados no exterior, quando da saída do território nacional, é permitida a aquisição de moeda estrangeira com os reais inicialmente adquiridos e não utilizados, sendo exigida, para as negociações envolvendo valores superiores a R$ 10.000,00 (dez mil reais), a apresentação: I – da declaração prestada à RFB quando do ingresso no País; ou II – do comprovante de venda anterior de moeda estrangeira, feita pelo cliente, a instituição autorizada a operar no mercado de câmbio'".

ciais. É muito mais simples do que a transposição física, por diversas vezes, das fronteiras do país com valores inferiores a R$ 10.000,00. Admitir a atipicidade das operações do tipo "dólar-cabo" com valores inferiores a R$ 10.000,00 é fechar a janela, mas deixar a porta aberta para a saída clandestina de divisas. [...] A evasão de divisas pode ser praticada de diversas formas, desde meios muito rudimentares – como a simples saída do país com porte de dinheiro em valor superior a dez mil reais sem comunicação às autoridades brasileiras – até a utilização de complexos esquemas de remessas clandestinas[69].

No mesmo sentido, Cândido Albuquerque e Sérgio Rebouças[70] demonstram, didaticamente, como funciona e quais são as características da denominada operação "dólar-cabo", *verbis*:

No negócio celebrado entre *A* e *B*, geram-se estas situações: (*a*) produção de uma disponibilidade financeira, em moeda nacional, no Brasil em favor de *B*; (*b*) produção de uma disponibilidade financeira, em moeda estrangeira, no exterior em favor de *A*. Essa, aliás, é a forma mais comum e digna de interesse pela qual se efetiva a disponibilização de dinheiro no exterior, o que se designa correntemente por *remessa de moeda para o exterior*. De fato, as instituições bancárias, para efetivarem a remessa de dinheiro em favor de seus clientes, valem-se de uma instituição financeira no exterior, que disponibilizará os dólares em favor do "remetente", o qual em contrapartida disponibilizou os reais correspondentes ao banco no Brasil. Essa é a operação de câmbio típica que se realiza quando alguém pretende remeter dinheiro para o exterior. Não existe uma transferência real ("física") de valores. A diferença entre a operação lícita e a ilícita radica apenas no fato de que a primeira obedece às formalidades estabelecidas nas normas cambiais, consistentes, em última análise, na elaboração e registro de contrato de câmbio no Sistema Câmbio, do Banco Central do Brasil. A "saída" de moeda, no entanto, é puramente contábil-escritural, algo somente autorizado *por meio do sistema interbancário oficial* (art. 65, Lei nº 9.069/1995).

Enfim, repetindo, a utilização de *operação de dólar-cabo* não tem registro no sistema do Banco Central, violando, por conseguinte, o controle cambial da autoridade monetária nessas operações efetuadas no Brasil. Essa ofensividade existe independentemente do valor objeto da operação, inclusive quando inferior aos dez mil reais autorizados manualmente. Ou seja, não é admitida pelo sistema dólar-cabo nem operação inferior aos dez mil reais, até porque, se permitida fosse, não seria difícil dividirem em quantidades infindáveis de parcelas inferiores a dez mil reais para praticarem evasão de divisas por esse sistema.

---

[69]   STJ, 6ª Turma, REsp 1.535.956/RS, rel. Min. Maria Thereza de Assis Moura, j. em 1-3-2016, *DJ* de 9-3-2016.

[70]   Cândido Albuquerque e Sérgio Rebouças, *Crimes contra o sistema financeiro nacional*, São Paulo: Tirant Lo Blanch Brasil, no prelo.

9.2.2.2. O significado de moeda: tratamento jurídico

Com uma visão esclarecedora, Tórtima apresenta a seguinte distinção entre moeda e divisa: "A *moeda*, cuja emissão é, no mundo moderno, apanágio dos governos centrais dos Países que a emitem, caracteriza-se pelo seu curso forçado nos respectivos Estados nacionais de origem (aceitação compulsória) e, consequentemente, pelo *poder liberatório* na extinção das obrigações. Já *divisas* são os títulos ou ativos financeiros, conversíveis em moedas estrangeiras (letras, cheques, ordens de pagamento) e, sobretudo, os próprios estoques de moedas conversíveis, disponíveis no País". E conclui Tórtima: "É relevante lembrar que, para serem considerados divisas, tais títulos ou estoques de moedas devem não apenas estar em poder de residentes no País, mas devidamente contabilizados no balanço de pagamentos, sob controle do Banco Central do Brasil"[71].

Na verdade, como a *moeda*, nesta infração penal, não é somente uma elementar normativa do tipo, mas também pode ser seu *objeto material*, merece uma atenção mais acurada. Nessas circunstâncias, como a lei regente nada diz a respeito de "moeda", devemos buscar a disciplina que o Código Penal lhe empresta, conforme permite o disposto em seu art. 12. Com efeito, nos arts. 289 e 290, o diploma codificado protege a moeda, metálica ou de papel, indiferentemente. Protege, na verdade, "a autenticidade da moeda nacional e a fé pública a ela relacionada". Na realidade, em tempos "globalizados", com a criminalização da falsificação da moeda, tutela-se não apenas o símbolo do valor monetário, protegendo os interesses da coletividade, que acredita na autenticidade da moeda, ou apenas a soberania monetária do País, mas protege-se igualmente a circulação monetária, nacional e internacionalmente, como reconhece Muñoz Conde ao asseverar que, depois do convênio de Genebra de 1929, "pode-se afirmar que o que se protege no crime de falsificação de moeda é o tráfego monetário internacional"[72].

No entanto, o Código Penal brasileiro tampouco definiu o que deve ser entendido por *moeda*[73], isto é, não delimitou o seu conteúdo, o que constitui a sua essência, contrariamente à orientação adotada pelo atual Código Penal da Espanha (art. 387 da Lei n. 10, de 23-11-1995). O diploma legal brasileiro limitou-se a esclarecer que a *moeda*, de curso legal, nacional ou estrangeira, pode ser *metálica ou papel-moeda*, ao passo que o similar espanhol estendeu sua definição para abranger, inclusive, "os cartões de crédito, os de débito e os cheques de viagem", além de equiparar à moeda nacional a da União Europeia e as estrangeiras. Por essa razão, compreende-se a abrangência do conceito emitido por Muñoz Conde, para quem "entende-se por moeda todo o símbolo

---

[71] José Carlos Tórtima e Fernanda Lara Tórtima, *Evasão de divisas*, p. 22-23.
[72] Francisco Muñoz Conde, *Tratado de derecho penal*, parte especial, 15. ed., Valência, 2004, p. 715.
[73] Cezar Roberto Bitencourt, *Tratado de direito penal*: parte especial, 16. ed., São Paulo: Saraiva, 2022, v. 4, p. 602 e s.

de valor de curso legal emitido pelo Estado ou organismo autorizado para isso. As moedas estrangeiras, logicamente, devem ser também moedas de curso legal"[74]. Constata-se que o Código Penal espanhol equiparou à moeda os cartões de crédito, de débito e os demais que possam ser utilizados como meios de pagamento, assim como os cheques de viagens, os quais, não se pode negar, há tempo transformaram-se em verdadeiras "moedas" no "tráfego monetário internacional".

Curso legal ou forçado é a obrigatoriedade de aceitação da *moeda* nas relações econômicas ou, em outros termos, *curso legal* é o poder liberatório como meio de pagamento que o Estado confere a um símbolo de valor determinado. *Moeda de curso legal* não pode ser recusada, sob pena de incorrer na contravenção do art. 43 da LCP. Não será *moeda*, no sentido jurídico, aquela que não tenha, ou haja deixado de ter, *curso legal*, embora possa manter seu valor histórico.

Inegavelmente, em tempos "globais", justifica-se que se estenda a proteção penal igualmente aos cartões de crédito ou qualquer outro que simbolize valor semelhante, a exemplo da opção do legislador espanhol de 1995; contudo, a despeito de reconhecermos tal necessidade legal, o *princípio da tipicidade estrita* não permite que se amplie, interpretativamente, o reconhecimento desses *documentos* como verdadeira moeda, mencionada no dispositivo em exame. O conceito de *moeda* – destacam Schmidt e Feldens – "possui diversos aspectos, dentre os quais o de ser simplesmente um ativo. É um bem econômico especial que, possuindo seu próprio mercado, oferta, demanda e preço, pode ser facilmente utilizada para transação com outros bens, permitindo ao titular um maior poder de decisão sobre seus recursos em relação ao espaço e ao tempo"[75].

O nosso diploma legal tutela igualmente a *moeda estrangeira*, sem a discriminar, até mesmo em atenção à Convenção de Genebra, apesar de esta não possuir *curso legal* no País. Com efeito, para a proteção penal no Brasil é suficiente que a *moeda estrangeira* tenha curso legal em outro país e circulação comercial no Brasil. A proteção dessa *moeda* decorre do avanço das relações entre os países, principalmente os signatários da Convenção de Genebra, tendo interesse todos os Estados na credibilidade de sua moeda, em qualquer país em que ela venha circular. Na hipótese prevista no artigo que ora examinamos, a moeda estrangeira está incluída na elementar "divisas", e com esse significado é suficiente a proteção penal que nosso ordenamento jurídico lhe dá.

Não podem ser objeto material do crime *promover evasão de moeda ou divisas* a utilização das denominadas "moedas de curso convencional", cuja circulação é puramente circunstancial ou consuetudinária (mas de curso legal

---

[74] Francisco Muñoz Conde, *Derecho penal*: parte especial, 15. ed., p. 715.
[75] Schmidt e Feldens, *O crime de evasão de divisas*, p. 176-177.

obrigatório), como, por exemplo, vale-refeição, cheque de viagem ou determinados "bônus", que governos estaduais, departamentais ou similares acabam criando, excepcionalmente, para substituir temporariamente a moeda oficial e de curso legal. Não podem ser tidas como configuradoras do crime em estudo, porque tais papéis não constituem moeda, não têm valor autônomo, mas meramente representativo, e não ostentam o *status* de dinheiro oficial e, como tal, não podem ser objeto material do crime de evasão de divisas.

Enfim, a *moeda retirada de circulação* ou que, por qualquer razão, tenha deixado de ter *curso legal* (*v. g., austral*, na Argentina; *cruzado*, no Brasil; *peseta*, na Espanha etc.) não pode ser objeto material do crime de evasão pela singela razão de que não tem curso legal e, logicamente, não tem valor monetário representativo como meio de pagamento conferido pelo Estado.

9.3. Elementos normativos especiais da ilicitude: "não autorizada" (*caput*) e "sem autorização legal" (parágrafo único)

Essas duas locuções "não autorizada" (já examinada acima) e "sem autorização legal", constantes das descrições das condutas típicas – do *caput* e do parágrafo único, respectivamente – constituem os denominados "elementos normativos especiais da ilicitude", com funções dogmáticas idênticas, mas com conteúdos distintos, integrando a própria tipicidade: *efetuar operação de câmbio não autorizada* (caput), *ou promover, sem autorização legal, a saída de moeda ou divisa* (primeira parte do parágrafo único).

Qual o conteúdo ou abrangência, dessas duas elementares típicas – *não autorizada* e *sem autorização legal*? Seriam idênticas ou teriam significados distintos, afinal, são muito parecidas, com vocábulos praticamente iguais? São *elementos constitutivos da tipicidade* ou *elementos normativos especiais da ilicitude*, embora se localizem no tipo penal? Os *elementos normativos do tipo* não se confundem com os *elementos normativos especiais da ilicitude*. Enquanto aqueles são elementos constitutivos do tipo penal, estes, embora integrem a descrição do crime, referem-se à *ilicitude* e, assim sendo, constituem elementos *sui generis* do fato típico, na medida em que são, ao mesmo tempo, caracterizadores da ilicitude e integrantes da tipicidade. Esses "elementos normativos especiais da ilicitude", normalmente, são representados por expressões como "indevidamente", "injustamente", "sem justa causa", "sem licença da autoridade", "sem autorização legal" etc.

Como destacamos anteriormente, *operação de câmbio não autorizada* não significa que cada *operação de câmbio* tenha que receber uma autorização específica, individual, *a priori*, como pode parecer à primeira vista, mas quer dizer que a *operação de câmbio* não pode ser realizada em *desconformidade* com as normas cambiais incidentes (circulares, regulamentos, portarias etc.), que podem ser puramente administrativas, tais como as expedidas pelo Banco Central, pelo

Conselho Monetário Nacional etc. Pode abranger, igualmente, operação cambial contrária à previsão legal *stricto sensu*. Não se confunde, contudo, com a locução "sem autorização legal", que se refere, exclusivamente, a *ato legislativo* emanado do poder competente, isto é, do Poder Legislativo, e elaborado de acordo com o processo legislativo previsto no texto constitucional; consequentemente, esta elementar normativa é mais restrita e refere-se exclusivamente a "lei", *stricto sensu*, não abrangendo regulamentos, resoluções ou circulares, como admite a elementar "não autorizada" constante do *caput* do art. 22. Portanto, a expressão "sem autorização legal" utilizada no início do parágrafo único tem significado restrito, formal, compreendendo o conteúdo e o sentido desse tipo de diploma jurídico; constitui, em outras palavras, um comando normativo claro, preciso e expresso, de tal forma que não paira dúvida ou obscuridade a respeito do seu conteúdo, ou seja, refere-se à operação realizada à margem da lei, como, por exemplo, o conhecido *dólar-cabo*, que é realizado clandestinamente, ou remessa ao exterior de valor superior ao equivalente a R$ 10.000,00, sem celebrar a devida operação cambial, como determina o art. 65 da Lei n. 9.069/95, alterado pela Lei n. 12.865/2013.

Em outros termos, referida locução não abrange, por óbvio, disposições constantes de portarias, regulamentos, resoluções, ordens de serviços etc., que não são leis *stricto sensu*, mas são produzidas à saciedade pelo Banco Central, pela Comissão de Valores Mobiliários, Receita Federal, enfim, pelo SISBACEN. Consequentemente, a adequação típica da conduta, nessa modalidade delitiva, exige o descumprimento de leis e não simplesmente de regulamentos, resoluções ou similares, que têm hierarquia inferior. Aliás, o conteúdo dessa elementar é satisfeito, segundo entendimento majoritário, pelo art. 65 da Lei n. 9.069/95, que exige, necessariamente, *operação cambial* (ou o DPV, para transferência manual de valores em espécie), em instituições autorizadas, para transferências internacionais superiores ao equivalente a R$ 10.000,00; descumpridas essas formalidades, a operação cambial terá sido realizada *sem autorização legal*.

9.4. Atipicidade da evasão de divisas: norma penal em branco dependente de lei complementar para integrar-se

Abordaremos a atipicidade do *crime de evasão de divisas*, em razão de a sua estrutura típica constituir-se sob uma *norma penal em branco*, reconhecida por doutrina e jurisprudência nacionais. A elementar normativa, *sem autorização legal*, exige que outra norma a complemente, definindo em que circunstâncias ou condições é permitida ou autorizada a saída de moeda ou divisa "para o exterior", repetindo o pleonasmo do tipo penal (parágrafo único).

A maioria das *normas penais incriminadoras*, ou seja, aquelas que descrevem as condutas típicas, compõe-se de *normas completas*, integrais, possuindo *preceitos* e *sanções*; consequentemente, referidas normas podem ser aplicadas sem

324 • Crimes contra o sistema financeiro nacional

a complementação de outras. Há, contudo, algumas normas incompletas, com preceitos genéricos ou *indeterminados*, que precisam da complementação de outras normas, sendo conhecidas, por isso mesmo, como *normas penais em branco*. Trata-se, na realidade, de normas de conteúdo *incompleto*, vago, impreciso, também denominadas *normas imperfeitas*, por dependerem de complementação, por outra *norma jurídica* (lei, decreto, regulamento, portaria, resolução etc.), para concluírem a descrição da conduta proibida. A falta ou inexistência dessa dita *norma complementadora* impede que a descrição da conduta proibida se complete, ficando em aberto a descrição típica. Dito de outra forma, a *norma complementar* de uma lei penal em branco *integra o próprio tipo penal*, uma vez que esta é imperfeita, e, por conseguinte, incompreensível por não se referir a uma conduta juridicamente determinada e, faticamente, identificável.

A doutrina tem distinguido, com fundamento na origem legislativa das *normas*, a sua classificação em normas penais em branco, *em sentido lato e em sentido estrito*. Segundo Pablo Rodrigo Alflen da Silva, *"nas leis penais em branco em sentido estrito, há fonte formal heteróloga, pois remetem a individualização (especificação) do preceito a regras cujo autor é um órgão distinto do Poder Legislativo*[76], *o qual realiza o preenchimento do 'branco' por meio de sua individualização, v. g., através de atos administrativos"* e nas *"leis penais em branco em sentido amplo, em que há fonte formal homóloga, são aquelas que recorrem a regulamentações da mesma lei ou de outra lei, ou seja, originadas da mesma instância legislativa, contanto que possam ser pronunciadas por remissões (externas ou internas) expressas e concludentes"*[77]. Em outros termos, *normas penais em branco em sentido lato* são aquelas cujo complemento é originário da mesma fonte formal da norma incriminadora. Nessa hipótese, a fonte encarregada de elaborar o complemento é a mesma fonte da norma penal em branco. Constata-se que há *homogeneidade de fontes* legislativas. *Normas penais em branco em sentido estrito*, por sua vez, são aquelas cuja complementação é originária de outra instância legislativa, diversa da norma a ser complementada. Diz-se que há *heterogeneidade de fontes*, ante a diversidade de origem legislativa.

No entanto, a *fonte legislativa* (Poder Legislativo, Poder Executivo etc.) que complementa a *norma penal em branco* deve, necessariamente, respeitar os limites que esta impõe, para não violar uma possível *proibição de delegação de competência* na lei penal material, definidora do tipo penal, em razão do *princípio constitucional da reserva legal* (art. 5º, II e XXXIX, da CF) e do *princípio da tipicidade estrita* (art. 1º do CP). Em outros termos, é indispensável que essa integração ocorra nos parâmetros estabelecidos pelo *preceito da norma penal em branco*; é inadmissível, por exemplo, que um ato administrativo ultrapasse

---

[76] José Frederico Marques, *Tratado de direito penal*, 1. ed., São Paulo: Bookseler, p. 189.

[77] Pablo Rodrigo Alflen da Silva, *Leis penais em branco e o direito penal do risco*, p. 67-68.

o *claro* da lei penal (criando, ampliando ou agravando o comando legal), sob pena de violar o princípio da reserva legal de crimes e respectivas sanções (art. 1º do CP). Com efeito, as *normas penais restritivas* devem ser interpretadas sempre levando em consideração a sua finalidade (teleologia), sendo vedada a *analogia* assim como *a interpretação analógica*. A validez da norma complementar decorre da *autorização* concedida pela norma penal em branco, como se fora uma espécie de *mandato*, devendo-se observar os seus estritos termos, cuja desobediência ofende o princípio constitucional da legalidade.

A lei que tipifica o crime de *evasão de divisas*, em suas três modalidades, tem a seguinte redação:

> Efetuar operação de câmbio não autorizada, com o fim de promover evasão de divisas do País: (...) Parágrafo único. Incorre na mesma pena quem, a qualquer título, promove, sem autorização legal, a saída de moeda ou divisa para o exterior, ou nele mantiver depósitos não declarados à repartição federal competente (art. 22 e parágrafo único).

Para a doutrina brasileira, a *elementar normativa* "sem autorização legal", constante do parágrafo único, confere a esse preceito primário incriminador a natureza de *norma penal em branco em sentido lato*, uma vez que a conduta de *promover, sem autorização legal, a saída de moeda ou de divisa para o exterior*, só pode ser considerada típica se houver *previsão legal* produzida pela mesma fonte formal da norma incriminadora, no caso, o Congresso Nacional, que proíba a saída de moeda ou divisa, em determinadas circunstâncias ou condições. A doutrina especializada que se ocupou dos *crimes contra o sistema financeiro nacional* reconhece que se trata de *norma penal em branco*. Nesse sentido, pioneiramente, Manoel Pedro Pimentel afirmou: "Os tipos descritos no art. 22 e seu parágrafo único enquadram-se na categoria das *normas penais em branco*, pois a integração da figura delituosa se faz com *operação de câmbio não autorizada, saída de moeda ou divisa para o exterior sem autorização legal, ou manutenção de depósitos não declarados à repartição federal competente*"[78]. Não é diferente o magistério de Antônio Carlos Rodrigues da Silva, quando afirma: "As condutas estão informadas por diversos elementos normativos do tipo, como: 'operação de câmbio não autorizada', 'sem autorização', 'a qualquer título', 'divisas', 'moeda', 'repartição federal competente' etc., evidenciando tratar-se de norma penal em branco a carecer de interpretação dependente de outras normas emanadas do mesmo legislador"[79]. Por fim, Schmidt e Feldens concluem na mesma direção:

---

[78] Manoel Pedro Pimentel, *Crimes contra o sistema financeiro nacional*, p. 156-157.

[79] Antônio Carlos Rodrigues da Silva, *Crimes do colarinho branco*, p. 158.

Parece não existir dúvida de que o art. 22 da Lei n. 7.492/86, ao definir o delito de evasão de divisas e manutenção não declarada de depósito no exterior, possui a natureza de norma penal em branco, principalmente porque as elementares especiais de antijuridicidade "não autorizada" (*caput*), "sem autorização legal" (1ª parte do parágrafo único) e "repartição federal competente" (parte final do parágrafo único) transferem para a legislação extrapenal um dos pressupostos da adequação típica[80].

Na realidade, algumas expressões indicam, claramente, a necessidade de norma complementar para integrar adequadamente a descrição típica que ora examinamos: "operação de câmbio *não autorizada*", "*sem autorização legal*" e "depósitos *não declarados* à repartição federal competente". Em outras palavras, o tipo penal *sub examine* (art. 22, parágrafo único, da Lei n. 7.492/86) configura, enfatizando, *lei penal em branco em sentido lato*, considerando que, segundo o disposto no art. 192 da CF, lei *complementar* deverá satisfazer a elementar normativa "sem autorização legal", para a correta integração (tipificação) do crime de "evasão de divisas". Enfim, a norma penal em branco constante do parágrafo único do art. 22 da Lei n. 7.492/86 exige, em outros termos, a definição dessa *elementar normativa* por intermédio de uma *lei complementar*, em obediência aos comandos constitucionais insertos nos arts. 48, XIII[81] e 192, ambos da Constituição Federal, como veremos adiante. Com efeito, a Lei n. 7.492/86 criminaliza as condutas que atentem contra o *sistema financeiro nacional*, o qual, por sua vez, foi criado pela Lei n. 4.595/64, e constitucionalizado pelo art. 192 da Carta Política.

Ocorre, no entanto, que a *lei complementar*, exigida pelo art. 192 da CF, não existe em nosso ordenamento jurídico, resultando, por via de consequência, incompleto o art. 22, parágrafo único, da Lei n. 7.492/86. Dito de outra forma, as Circulares, os Regulamentos, as Resoluções e as Portarias (entre outros)[82],

---

[80] Andrei Zenkner Schmidt e Luciano Feldens, *O crime de evasão de divisas*, p. 155.

[81] "Art. 48. Cabe ao Congresso Nacional, com a sanção do Presidente da República, não exigida esta para o especificado nos arts. 49, 51 e 52, dispor sobre todas as matérias de competência da União, especialmente sobre:

(...)

XIII – matéria financeira, cambial e monetária, instituições financeiras e suas operações."

[82] A Resolução n. 2.524/98 foi elaborada pelo *Conselho Monetário Nacional* com o fim de regulamentar o inciso III do § 1º do art. 65 da Lei n. 9.069/95, conforme prevê o art. 1º, *in verbis*: "As pessoas físicas que ingressarem no País ou dele saírem com recursos em moeda nacional ou estrangeira em montante superior a R$ 10.000,00 (dez mil reais) ou ao seu equivalente em outras moedas, *nos termos do inciso III do § 1º do art. 65 da Lei n. 9.069/95*, devem apresentar a unidade da Secretaria da Receita Federal que jurisdicione o local de sua entrada no País ou de sua saída do País, declaração relativa aos valores em espécie, em cheques e em *traveller's checks* que estiver portando, na forma estabelecida pelo Ministro de Estado da Fazenda". Referida Resolução atribuiu à Secretaria da Receita Federal e ao Banco Central do Brasil o poder de regular seu cumprimento, confor-

invariavelmente invocados pelo Ministério Público Federal para promover a "integração" da *norma penal em branco* contida no dispositivo penal *sub examine*, não têm idoneidade para completar esse tipo penal, porque são *hierarquicamente inferiores* àquela lei exigida pelo dispositivo constitucional antes referido (Lei Complementar).

Dessa forma, não existindo a norma integradora reclamada, o tipo penal previsto no parágrafo único do art. 22 da Lei n. 7.492/86 é incompleto. Falta-lhe a definição precisa dos *elementos normativos* essenciais ao modelo incriminador, resultando, por via de consequência, na *inadequação típica da conduta* de quem, a qualquer título, promove a saída de moeda ou divisa para o exterior, "sem autorização legal". "A lei formal ou material" – afirmam Zaffaroni e Pierangelli – "que completa a lei penal em branco integra o tipo penal, de modo que, se a lei penal em branco remete a uma lei que ainda não existe, não terá validade e vigência até que a lei que a completa seja sancionada"[83]. Aliás, tratando-se de *norma penal em branco*, a própria denúncia deve identificar qual lei complementar satisfaz a elementar "sem autorização legal", ou, em outras palavras, deve constar da narrativa fático-jurídica qual lei desautoriza a prática da conduta imputada, sob pena de revelar-se inepta, pois a falta de tal descrição impede o aperfeiçoamento da adequação típica.

9.4.1. Inconstitucionalidade da norma integradora: exigência de lei complementar. Inidoneidade de atos administrativos para satisfazer essa função

O exame da tipificação do crime de *evasão de divisas* passa, obrigatoriamente, pela análise criteriosa do ingresso e da saída de moeda ou divisa do território nacional, principalmente a partir da vigência da *Constituição Federal de 1988*, e a ausência de sua regulamentação válida. Esta é a única, de todas as nossas Cartas Políticas, *que deu tratamento destacado ao sistema financeiro nacional*. Reconhecendo sua relevância no cenário político e econômico, reser-

---

me art. 7º, *in verbis*: "Ficam o Banco Central do Brasil e a Secretaria da Receita Federal do Ministério da Fazenda autorizados a baixar as normas necessárias a execução do disposto nesta Resolução". No entanto, essa regulamentação somente foi ocorrer em 24 de agosto de 2001, através da Medida Provisória n. 2.158-35/2001. A despeito de não possuir legitimidade para legislar em matéria que verse sobre o sistema financeiro nacional, o Poder Executivo, consciente da ausência ou inadequada regulamentação da matéria (art. 7º da Resolução n. 2.524/98 e Instrução Normativa n. 120/98), recorreu, mais uma vez, ao odioso instrumento da Medida Provisória, para tentar, inexitosamente, regulamentar a matéria (cf. art. 89).

O uso inadequado da Medida Provisóra mencionada serve somente para confirmar (mesmo inconstitucional, por afrontar o art. 192 da CF) que o art. 65 da Lei n. 9.069/95 nunca teve eficácia jurídica e, consequentemente, o próprio art. 22 da Lei n. 7.492/86, em suas diversas vertentes.

[83] Eugénio Raúl Zaffaroni e José Henrique Pierangelli, *Manual de direito penal brasileiro*, p. 452.

vou-lhe um capítulo especial – da ordem financeira – e, ao disciplinar o *Sistema Financeiro Nacional* (Capítulo IX do Título VII), determina que este "será regulado por leis complementares", consoante o disposto no art. 192, *in verbis*: "O sistema financeiro nacional, estruturado de forma a promover o desenvolvimento equilibrado do País e a servir aos interesses da coletividade, em todas as partes que o compõem, abrangendo as cooperativas de crédito, será regulado por leis complementares que disporão, inclusive, sobre a participação do capital estrangeiro nas instituições que o integram".

Com efeito, diante da clareza do texto constitucional, o *sistema financeiro nacional* deverá ser, necessariamente, regulamentado por intermédio de *lei complementar*, a qual se situa, em nosso ordenamento jurídico, em um patamar superior à lei ordinária. Contudo, antes da atual ordem constitucional, a Lei n. 4.595/64, também conhecida como *Lei da Reforma Bancária*, foi o diploma legal que instituiu o *sistema financeiro nacional*. Em razão dessa clareza meridiana do disposto no art. 192 de nossa Carta Magna, a Lei n. 4.595/64 foi *recepcionada*, pelo menos parcialmente, com *status* de lei complementar. A partir dessa *recepção*, enquanto o Congresso Nacional não tiver estruturado o *sistema financeiro nacional* de forma distinta, prevalecerão as regras estabelecidas na Lei n. 4.595/64, que dispõe sobre a política e as instituições financeiras, naquilo que não contrariar a atual ordem constitucional.

Observa-se que a Constituição Federal de 1988, em seus arts. 163 a 169, disciplinou aspectos correlatos ao sistema financeiro nacional. A organização e o funcionamento do sistema financeiro nacional, portanto, encontram sua disciplina na Lei n. 4.595/64, aliás, a mesma lei que criou o Conselho Monetário Nacional. Desse modo, o referido diploma legal foi recepcionado em parte pela atual Constituição Federal. Nessa linha, é o magistério de José Afonso da Silva que, ao abordar esse tema, nos idos de 1993, foi categórico ao afirmar: "O Sistema Financeiro Nacional será regulado em lei complementar. Fica valendo, como tal, pelo princípio da recepção, a Lei 4.595/64, que precisamente instituiu o Sistema Financeiro Nacional. Não é, portanto, a Constituição que o está instituindo. Ela está constitucionalizando alguns princípios do sistema. Aquela lei vale, por conseguinte, como se lei complementar fosse. Sua alteração, contudo, depende de lei complementar, ou seja, de lei formada nos termos do art. 69. Não precisava a Constituição cuidar desse assunto num capítulo pomposamente denominado Sistema Financeiro Nacional"[84].

Para melhor delimitarmos a abordagem, que ora fazemos, destacamos que o sistema financeiro nacional divide-se em dois subsistemas: o *normativo* e o da *intermediação financeira*. Interessa-nos, nesta análise, o *subsistema normativo*, que trata das Autoridades Monetárias: (a) Conselho Monetário Nacional

---

[84] José Afonso da Silva, *Curso de direito constitucional positivo*, p. 701.

(CMN), (b) Banco Central do Brasil (BACEN) e (c) Comissão de Valores Mobiliários (CVM). O Conselho Monetário Nacional, portanto, é o órgão máximo do sistema financeiro nacional e é por meio de resoluções, circulares, cartas circulares, instruções e similares decorrentes de suas deliberações que o Banco Central do Brasil fiscaliza, controla e regula a atuação dos intermediários financeiros. Assim, "teoricamente", foi atribuído ao Conselho Monetário Nacional, pela Lei n. 4.595/64, "poder normativo", com base no qual referido órgão passou a deliberar sobre o funcionamento das instituições financeiras, estabelecendo toda a sorte de regras e normas, especialmente de caráter programático, procedimental e operacional.

No entanto, a atual Constituição Federal *não recepcionou* – por absoluta incompatibilidade – os dispositivos inseridos na Lei n. 4.595/64, os quais atribuíam ou delegavam "competência normativa" ao Conselho Monetário Nacional e ao Banco Central para ditarem regras acerca do funcionamento das instituições financeiras e suas operações. Na realidade, nossa Carta Magna adotou expressamente o *princípio da reserva legal* (art. 5º, II), e, com base nesse princípio, atribuiu ao Congresso Nacional *competência exclusiva* para legislar sobre matéria relacionada ao sistema financeiro nacional. Essa interpretação deflui do límpido texto constitucional, *in verbis*:

> Art. 48. *Cabe ao Congresso Nacional*, com a sanção do Presidente da República, não exigida esta para o especificado nos arts. 49, 51 e 52, dispor sobre todas as matérias de competência da União, especialmente sobre:
> (...)
> XIII – *matéria financeira, cambial e monetária, instituições financeiras e suas operações* (sublinhamos).

Além de atribuir *competência exclusiva* ao Congresso Nacional para legislar sobre *instituições financeiras* e suas operações, a Constituição Federal assegura-lhe sua *indelegabilidade*, significando que nenhum outro Poder, Judiciário ou Executivo, por qualquer de seus órgãos, pode disciplinar ou regulamentar o sistema financeiro nacional. Nesse sentido, todas as normas administrativas – resoluções, circulares, instruções, regulamentos ou similares expedidos pelo Banco Central, pela Comissão de Valores Mobiliários e pelo próprio Conselho Monetário Nacional – são absolutamente inidôneas para regulamentar o sistema financeiro nacional. Essa *carência de legitimidade* impede que as *normativas* emitidas pelos referidos órgãos possam assumir a condição de integradoras de *normas penais em branco* constantes da Lei n. 7.492, especialmente do art. 22 e seu parágrafo único. Aliás, o instituto da *indelegabilidade* está consagrado no § 1º do art. 68 da CF, nos seguintes termos:

> Art. 68. As leis delegadas serão elaboradas pelo Presidente da República, que deverá solicitar a delegação ao Congresso Nacional.

330 • Crimes contra o sistema financeiro nacional

§ 1º *Não serão objeto de delegação os atos de competência exclusiva do Congresso Nacional*, os de competência privativa da Câmara dos Deputados ou do Senado Federal, *a matéria reservada à lei complementar*, nem a legislação sobre: [...] (sublinhamos).

É corolário do *princípio democrático* da tripartição dos Poderes Constitucionais atribuir a função legislativa ao Congresso Nacional (Poder Legislativo). No entanto, o exercício dessa atribuição somente pode ser integralmente cumprido se a própria Constituição assegurar sua *indelegabilidade*, como ocorre no dispositivo supracitado. Comentando o *princípio da indelegabilidade*, Ives Gandra da Silva Martins sustenta: "O primeiro bloco de matéria indelegável é o que diz respeito aos atos de competência exclusiva do Congresso Nacional. Nesta dicção, o constituinte pretendeu tratar das questões que são apenas de competência do Congresso Nacional, como órgão legislativo único das duas Casas, isto é, aquelas em que o Congresso Nacional se apresenta como autor legislativo exclusivo com expressa determinação no Texto Supremo"[85]. Mas mais que estabelecer a *competência do Congresso Nacional* para regular o sistema financeiro nacional, determina, como já destacamos, que essa disciplina deve realizar-se através de *lei complementar* (art. 192). Logo, além de a Constituição Federal fixar a exclusividade da competência do Congresso Nacional para legislar, determinou que sobre o sistema financeiro nacional o fizesse somente mediante *lei complementar*. Deve-se destacar, ademais, que integram o sistema financeiro nacional a organização, o funcionamento e as atribuições do Conselho Monetário Nacional e do Banco Central do Brasil, bem como das demais instituições financeiras públicas e privadas (arts. 192, *caput*, e 48, XIII, ambos da CF).

Em nome da *funcionalidade*, contudo, a Constituição Federal estabeleceu algumas *regras de transição* para o novo ordenamento jurídico-constitucional, evitando que as instituições democráticas sofressem solução de continuidade. Com esse desiderato, o art. 25 do ADCT[86] fixou o prazo de cento e oitenta dias, admitindo prorrogação por lei, para todos os diplomas legais que atribuíssem ou delegassem ao Poder Executivo competência atribuída exclusivamente ao Congresso Nacional. Logo, com a promulgação da Carta Magna de 1988, todos aqueles diplomas legais *não recepcionados* foram extirpados do mundo jurídico. A omissão, contudo, do Congresso Nacional em legislar sobre a matéria levou

---

[85] Celso Ribeiro Bastos e Ives Gandra da Silva Martins, *Comentários à Constituição do Brasil*, v. 4, p. 523-524.

[86] "Art. 25. Ficam revogados, a partir de cento e oitenta dias da promulgação da Constituição, sujeito este prazo a prorrogação por lei, todos os dispositivos legais que atribuam ou deleguem a órgão do Poder Executivo competência assinalada pela Constituição ao Congresso Nacional, especialmente no que tange a:

I – ação normativa;

II – alocação ou transferência de recursos de qualquer espécie."

o Executivo Federal a editar a *Medida Provisória* n. 45, de 31-3-1989, prorrogando até 30 de abril de 1990 a vigência dos diplomas legais que houvessem atribuído ou delegado ao *Conselho Monetário Nacional* competência para regulamentar matéria que seria de competência exclusiva do Congresso Nacional.

Vencido o prazo de cento e oitenta dias previstos pela Medida Provisória n. 45/89, resulta a revogação de toda a legislação infraconstitucional que atribuía ou delegava a órgãos do Poder Executivo qualquer competência atribuída pela Constituição Federal de 1988 ao Congresso Nacional. Dentre os dispositivos revogados estão aqueles constantes da Lei n. 4.595/64 que delegavam competência normativa ao Conselho Monetário Nacional e ao Banco Central, para deliberarem sobre a organização e o funcionamento das instituições financeiras e suas operações bancárias, cambiais ou financeiras[87].

Em razão dessa revogação, a partir de abril de 1989, o Conselho Monetário Nacional e o Banco Central do Brasil perderam a competência normativa para deliberarem sobre o sistema financeiro nacional. Em outros termos, a nova ordem constitucional (art. 25 do ADCT) não autoriza que o Conselho Monetário Nacional ou o Banco Central do Brasil exerçam poder normativo sobre as instituições financeiras, exteriorizado por via de *resoluções, circulares, cartas-circulares, comunicados* ou instrumentos similares.

Por fim, da previsão constante do art. 192 da CF decorre a inidoneidade da Lei n. 9.069/95 para completar a *norma penal em branco* constante do parágrafo único do art. 22 da Lei n. 7.492/86. Com efeito, a Lei n. 9.069/95 é flagrantemente *inconstitucional,* tanto quando limita ou condiciona a saída de moeda ou divisa como quando *delega* "competência normativa" ao Conselho Monetário Nacional[88], para legislar sobre a entrada e saída de moeda ou divisa do País,

---

[87] Nesse sentido, é muito significativo o seguinte acórdão do STJ: REsp 283.095-MG, 4ª Turma, rel. Min. Aldir Passarinho Junior, *DJU* de 19-2-2001.

[88] "Art. 65. O ingresso no País e a saída do País, de moeda nacional e estrangeira, serão processados exclusivamente através de transferência bancária, cabendo ao estabelecimento bancário a perfeita identificação do cliente ou do beneficiário.

§ 1º Excetua-se do disposto no *caput* deste artigo o porte, em espécie, dos valores:

I – quando em moeda nacional, até R$ 10.000,00 (dez mil reais);

II – quando em moeda estrangeira, o equivalente a R$ 10.000,00 (dez mil reais);

III – quando comprovada a sua entrada no País ou sua saída do País, na forma prevista na regulamentação pertinente.

§ 2º O Conselho Monetário Nacional, segundo diretrizes do Presidente da República, regulamentará o disposto neste artigo, dispondo, inclusive, sobre os limites e as condições de ingresso no País e saída do País da moeda nacional.

§ 3º A não observância do contido neste artigo, além das sanções penais previstas na legislação específica, e após o devido processo legal, acarretará a perda do valor excedente dos limites referidos no § 1º deste artigo, em favor do Tesouro Nacional."

332 • Crimes contra o sistema financeiro nacional

matéria diretamente relacionada ao sistema financeiro nacional. Na realidade, ante o conteúdo do art. 192 da Carta Magna, o regramento dessa matéria é da competência exclusiva do Congresso Nacional, como demonstramos acima.

Ante todo o exposto, pode-se concluir: (a) a competência para legislar sobre o sistema financeiro nacional é exclusiva do Congresso Nacional (art. 48, XIII, da CF); (b) o próprio Congresso Nacional, por sua vez, só pode legislar sobre o sistema financeiro nacional e suas operações através de lei complementar (art. 192 da CF); (c) matérias de competência exclusiva do Congresso Nacional, como é o caso de matérias afetas ao sistema financeiro nacional, não podem ser objeto de delegação (art. 68, § 1º, da CF); (d) a Lei n. 4.595/64, atribuindo competência ao Conselho Monetário Nacional (e também ao Banco Central) para regulamentar o sistema financeiro nacional, foi recepcionada somente em parte pela Constituição Federal. O Constituinte de 1988 preferiu atribuir essa competência exclusiva ao Congresso Nacional; (e) a norma incriminadora prevista no parágrafo único do art. 22 da Lei n. 7.492/86 é reconhecida como uma *norma penal em branco*, que só pode ser concretizada através de *lei complementar*, ainda inexistente em nosso ordenamento jurídico.

9.5. Tratamento do erro sobre elementos normativos especiais da ilicitude

Afinal, o *erro* que incidir sobre essas duas elementares – *operação não autorizada* ou *sem autorização legal* – constituirá *erro de tipo* ou *erro de proibição*, isto é, incidirá sobre uma elementar típica ou sobre uma elementar da antijuridicidade?

Há grande polêmica em relação ao *erro* que incidir sobre esses elementos: para alguns, constitui *erro de tipo*, porque nele se localiza, devendo ser abrangido pelo dolo; para outros, constitui *erro de proibição*, porque, afinal, aqueles elementos tratam exatamente da antijuridicidade da conduta. Para Claus Roxin, "nem sempre constitui um erro de tipo nem sempre um erro de proibição (como se aceita em geral), senão que pode ser ora um ora outro, segundo se refira a circunstâncias determinantes do injusto ou somente à antijuridicidade da ação"[89]. Em sentido semelhante, para Jescheck, "trata-se de *elementos de valoração global do fato*"[90] que devem, pois, ser decompostos, de um lado, naquelas partes integrantes dos mesmos (descritivos e normativos) que afetam *as bases do juízo de valor* e, de outro, naquelas que afetam *o próprio juízo de valor*. Os primeiros pertencem ao tipo, os últimos, à antijuridicidade. O procedimento para essa decomposição, sugerida por Jescheck, deve ser semelhante ao utilizado pela *teoria limitada da culpabilidade* para resolver o *erro* incidente sobre os pressupostos fáticos das causas de justificação.

---

[89] Claus Roxin, *Teoría del tipo penal*, p. 217.
[90] Jescheck, *Tratado de derecho penal*, p. 337.

Evasão de divisas • 333

A realização dessa distinção, no entanto, pode ser muito difícil, especialmente naqueles casos em que a constatação dos fatos já implique, simultaneamente, a sua valoração jurídica. Welzel[91], a seu tempo, defendendo uma corrente minoritária, por sua vez, sustentava que os elementos em exame, embora constantes do tipo penal, são elementos do *dever jurídico* e, por conseguinte, da ilicitude. Por isso, qualquer erro sobre eles deve ser tratado como *erro de proibição*.

Essa tese de Welzel é inaceitável na medida em que implica aceitar a violação do caráter "fechado" da tipicidade, a qual deve abranger todos os elementos da conduta tipificada. O melhor entendimento, a nosso juízo, em relação à natureza do erro sobre esses elementos, é sustentado por Muñoz Conde, que, admitindo não ser muito raro coincidirem erro de tipo e erro de proibição, afirma: "O caráter sequencial das distintas categorias obriga a comprovar primeiro o problema do erro de tipo e somente solucionado este se pode analisar o problema do erro de proibição"[92], logo, deve ser tratado como erro de tipo. Em síntese, como o dolo deve abranger todos os elementos que compõem a figura típica, e se as *características especiais do dever jurídico* forem um elemento determinante da *tipicidade concreta*, a nosso juízo, o erro sobre elas deve ser tratado como *erro de tipo*.

9.6. Tipo subjetivo: adequação típica

O elemento subjetivo da primeira figura do parágrafo único é o dolo, constituído pela *vontade livre e consciente* de promover, *sem autorização legal*, a evasão de moeda ou divisa para o exterior, por qualquer meio ou forma (a qualquer título). É indispensável que o agente tenha *consciência* de que está promovendo a evasão *contra legis*, isto é, que está violando a proibição legal de enviar moeda ou divisa para o exterior, pois "sem autorização legal" é uma *elementar normativa do tipo* que também deve ser abrangida pelo dolo. Essa *consciência*, repetindo, deve ser *atual*, isto é, deve existir no momento da ação, quando ela está acontecendo, ao contrário da *consciência da ilicitude* (elemento da culpabilidade), que pode ser potencial, como já afirmamos.

Enfim, o *dolo* somente se completa com a *presença simultânea* da *consciência* e da *vontade* abrangendo todos os elementos constitutivos do tipo. Com efeito, quando, por qualquer razão, a representação do agente não abranger algum dos elementos constitutivos do tipo, incorrerá em *erro de tipo*, afastando a tipicidade dolosa e, ante a ausência de previsão da modalidade culposa, não haverá crime algum.

Nessa modalidade de *evasão de divisas*, o tipo subjetivo completa-se somente com a configuração do dolo, não sendo exigido qualquer *elemento subjetivo espe-*

---

[91] Welzel, *Derecho penal alemán*, p. 234.
[92] Francisco Muñoz Conde, *El error en derecho penal*, p. 60.

334 • Crimes contra o sistema financeiro nacional

cial do injusto, ao contrário do que ocorre na figura descrita no *caput* do dispositivo *sub examen*. Não há, por outro lado, previsão de modalidade culposa.

9.7. Consumação e tentativa de promover, sem autorização legal, a saída de moeda ou divisa

O crime de promover, *sem autorização legal*, a saída de moeda ou divisa para o exterior consuma-se com a efetiva disponibilização dos valores (moeda ou divisa) no exterior em nome do sujeito ativo ou de quem tenha sido recomendado. Em outros termos, consuma-se essa espécie de evasão no momento em que o agente consegue efetivamente a saída de moeda ou divisa, gozando de sua disponibilidade no exterior. Tratando-se, no entanto, de *evasão em espécie*, consuma-se no momento em que o objeto material (moeda ou divisa) transpuser nossas fronteiras, ingressando em outro país.

Tratando-se de crime material, cujo curso executório pode ser fracionado, isto é, dividido em vários atos, à evidência, admite a figura tentada. Através do sistema interbancário, caracteriza-se a tentativa quando, no curso da operação, por alguma razão estranha à vontade do agente, há interrupção, impedindo-se que se concretize a disponibilização de moeda ou divisa no exterior. Na hipótese de o agente levar consigo o objeto da evasão, haverá tentativa quando for preso ainda em território nacional.

10. MANTER NO EXTERIOR DEPÓSITOS NÃO DECLARADOS

Nesta terceira figura – *manutenção no exterior de depósitos não declarados* –, constante da segunda parte do parágrafo único, pode-se falar, repetindo, de *evasão imprópria*, pois de evasão propriamente não se trata, mas tão somente de *depósito mantido no exterior* sem a devida declaração à repartição federal competente[93]. Parece-nos, contudo, que esta é a modalidade delitiva que oferece menor complexidade e, ao mesmo tempo, obtém menor resultado, conforme veremos a seguir.

O legislador confunde os interesses da Receita Federal com os do Banco Central, além de existirem mecanismos próprios e mais adequados, com períodos distintos para realização de declarações patrimoniais (de receitas e bens no exterior), sem qualquer necessidade da utilização do sistema repressivo penal. Por isso, seria despiciendo esse excesso de mecanismos repressivos penais utilizados pelo Estado, como observam, com acerto, Albuquerque e Rebouças: "Com

---

[93] "Art. 22. (...) Parágrafo único. Incorre na mesma pena quem, a qualquer título, promove, sem autorização legal, a saída de moeda ou divisa para o exterior, *ou nele mantiver depósitos não declarados à repartição federal competente.*"

efeito, é criticável que se ponha a intervenção penal a serviço da busca de dados para a formatação de uma política governamental. Bastaria, para o âmbito do sistema financeiro, a intervenção administrativa, uma vez que o caráter de sonegação fiscal da conduta, em particular, já encontra resposta penal no art. 1º da Lei nº 8.137/1990"[94].

10.1. Bem jurídico tutelado

Para José Carlos Tórtima, a segunda figura do parágrafo único, *manutenção de depósito no exterior não declarado*, constitui crime de dupla ofensividade, violando tanto o *sistema tributário como o sistema financeiro*. Nesse sentido, afirma, primeiramente, Tórtima, "tutela-se, de igual modo, o patrimônio fiscal, haja vista a possibilidade de os depósitos em moedas estrangeiras mantidos clandestinamente no exterior serem originários de recursos financeiros tributáveis, mas não efetivamente oferecidos à tributação"[95]. E conclui Tórtima que "*o alvo da tutela jurídica são as reservas cambiais do País*, aí compreendidos os recursos em moedas estrangeiras conversíveis, oficialmente em mãos de residentes no Brasil"[96]. Schmidt e Feldens, por outro lado, sobre a objetividade jurídica da segunda figura do parágrafo único, afirmam: "A forma delitiva da segunda parte do parágrafo único igualmente visa à proteção da regular execução da política cambial, uma vez certo que depósitos titulados no exterior constituem--se como um passivo cambial. Ou seja, na expectativa de que um dia retornarão ao País, esses depósitos exigirão ser contraprestacionados em moeda nacional. Mais especificamente, o controle exercido pelo BACEN sobre depósitos no exterior tem por objetivo mapear o quadro dos capitais brasileiros no exterior e conhecer a composição do passivo externo líquido do País, dados esses convenientes e necessários à boa formatação da política cambial brasileira, sendo essa a finalidade protetiva da norma"[97]. A nosso juízo, nessa mesma linha, o objeto jurídico tutelado por essa figura de *evasão de divisas* é o equilíbrio e o controle das reservas cambiais, representadas pelo estoque em moedas estrangeiras conversíveis, oficialmente em mãos de residentes no Brasil, bem como em títulos conversíveis nessas moedas.

Predomina, no entanto, entre os autores mais antigos, dentre os quais se pode destacar Pimentel, o entendimento de que a objetividade jurídica do art.

---

[94] Cândido Albuquerque e Sérgio Rebouças, *Crimes contra o sistema financeiro nacional*, São Paulo: Tirant Lo Blanch Brasil, no prelo. Andrei Zenkner Schmit e Luciano Feldens, *O crime de evasão de divisas*: a tutela penal do sistema financeiro nacional na perspectiva da política cambial brasileira, p. 178.

[95] José Carlos Tórtima e Fernanda Lara Tórtima, *Evasão de divisas*, p. 15.

[96] Idem, p. 41.

[97] Schmidt e Feldens, *O crime de evasão de divisas*, p. 178.

22 e seu parágrafo único residiria na *boa execução da política econômica do Estado*[98]. Já endereçamos nossa crítica a esse entendimento equivocado, quando examinamos a figura de evasão de divisas tipificado no *caput* deste art. 22.

O objeto material da conduta delituosa, à evidência, são os *depósitos* mantidos no exterior, clandestinamente, em moeda ou divisa, a qualquer título: fundos de investimentos, empréstimos, financiamentos, aplicações em poupança, ações em bolsa de valores, certificados de depósito bancários etc. Enfim, todas e quaisquer disponibilidades financeiras mantidas no exterior[99].

10.2. Tipo objetivo: adequação típica

Diferentemente das duas figuras anteriores (*caput* e primeira parte do parágrafo único), esta não se refere, propriamente, *à saída de moeda ou divisa*, a título algum, mas simplesmente à *manutenção no exterior de "depósitos não declarados"* à repartição federal competente. Pode-se falar, nessas circunstâncias, em *evasão imprópria de divisas* na medida em que não se trata de *saída* do País (*caput*) ou para o exterior (primeira parte do parágrafo único), mas somente de *depósito não declarado* mantido no exterior. Depósitos esses que podem, inclusive, haver sido formados no próprio exterior, isto é, podem ter se originado fora do País, podendo decorrer de diversas fontes, tais como do exercício de atividade comercial ou industrial, de prestação de serviços ou rendimentos de qualquer natureza etc. Podem, igualmente, haver sido declarados, originalmente, quando de sua saída para o exterior, portanto, sendo regular e lícita sua origem. No entanto, nos anos seguintes, essas *divisas*, devidamente adquiridas e mantidas, precisam ser anualmente declaradas à repartição federal competente, conforme demonstraremos em tópico à parte.

É tipificada a ação de *manter no exterior* depósitos não declarados à *repartição federal competente*. A conduta incriminada, sintetizando, pode ter como objeto (a) um depósito originário do Brasil ou (b) um depósito criado ou produzido no próprio exterior. Na primeira hipótese, pode, inclusive, a *operação* originada no Brasil, decorrer de *operação de câmbio autorizada*, isto é, perfeitamente correta e, portanto, legal; mas se, posteriormente, no(s) exercício(s) seguinte(s), o agente não declarar "à repartição federal competente" a existência ou a manutenção desse depósito no exterior, tipificará a segunda parte descrita no parágrafo único (evasão imprópria ou evasão-depósito). Nessa primeira alternativa, *depósito originado no Brasil*, no entanto, advertem Schmidt e

---

[98] Por todos, Manoel Pedro Pimentel, *Crimes contra o sistema financeiro nacional* (que repete o mesmo refrão em todos os dispositivos incriminadores), p. 145; Agapito Machado, *Crimes do colarinho branco*, p. 58.

[99] Andrei Zenkner Schmidt e Luciano Feldens, *O crime de evasão de divisas*, p. 178.

Feldens, "caso o *objeto do depósito* seja produto de prévia evasão de divisas, é possível cogitarmos de eventual progressão criminosa, uma vez comprovadas as elementares que corporificam a 1ª parte do parágrafo"[100]. Na segunda alternativa, quando o depósito mantido no exterior foi produzido fora do País (comércio, indústria, serviço etc.), o agente residente ou domiciliado no Brasil continua obrigado a fazer anualmente sua declaração de bens ou valores mantidos no exterior (à repartição federal competente), além de seu ajuste anual com a Receita Federal (declaração de rendas).

A obrigação com a receita é *uma* e refere-se ao aspecto tributário-fiscal, ao passo que a declaração de bens e valores mantidos no exterior é *outra*, e refere-se ao aspecto financeiro-cambial, cujo destinatário é o Banco Central, aliás, obrigação que se repete todos os anos.

O Banco Central, no entanto, no exercício de sua função controladora dos ativos nacionais mantidos no exterior, *tem ampliado o rol dos bens passíveis dessa declaração*, incluindo imóveis, automóveis etc. Deve-se atentar, no particular, que há uma certa incongruência entre o que determina a norma penal mandamental contida na segunda parte do parágrafo único do art. 22, ora em exame, e a exigência de declaração de depósito que tem feito o Banco Central. Em razão dessa ampliação administrativa, eventual omissão de algum bem na declaração (*v.g.* imóvel) feita ao Banco Central, embora possa constituir um *ilícito cambial*, fiscal ou até mesmo penal-tributário, certamente não configurará o crime de manutenção de depósito no exterior não declarado nos moldes dispostos na segunda metade do parágrafo único, *sub examine*. A razão é singela: imóvel ou automóvel, por exemplo, não integram a elementar manter "depósito não declarado à repartição federal competente", considerando-se que a primeira parte do parágrafo único está referindo-se à *moeda* ou *divisa*.

A Resolução n. 3.854/2010 do Conselho Monetário Nacional, ato regulamentar do Decreto-Lei n. 1.060/69, dispõe o seguinte, em seu art. 1º: "As pessoas físicas ou jurídicas residentes, domiciliadas ou com sede no País, assim conceituadas na legislação tributária, devem prestar ao Banco Central do Brasil, na forma, limites e condições estabelecidos nesta Resolução, declaração de bens e valores que possuírem fora do território nacional".

A *omissão* em declarar *recursos* a partir de determinado valor configura o crime do art. 22, parágrafo único, 2ª parte, da Lei n. 7.492/86. Assim, as normas regulamentares estabelecem *limite* mínimo a partir do qual estará o agente obrigado a apresentar declaração. Realmente, seria excessivo obrigar-se o indivíduo a declarar bens de pequena monta, quando o objetivo é a busca de dados macroeconômicos (composição do passivo externo líquido do Brasil). Nessa linha, a Resolução n. 3.854/2010 do Conselho Monetário Nacional fixa os seguintes *li-*

---

[100] Schmidt e Feldens, *O crime de evasão de divisas*, p. 179.

mites mínimos: (i) exigência de declaração *anual* de ativos mantidos no exterior de valor total igual ou superior a U$ 100,000.00 (cem mil dólares) ou o equivalente em outra moeda (art. 2º, *caput*[101]); (ii) exigência de declaração *trimestral* de ativos mantidos no exterior de valor total ou superior a U$ 100,000,000.00 (cem milhões de dólares) ou o equivalente em outra moeda (art. 2º, § 1º[102]).

O ato deve tomar a forma de *declaração de Capitais Brasileiros no Exterior (CBE)*, cujos períodos de entrega estão previstos na Circular n. 3.624/2013 do Banco Central do Brasil, que, regra geral, não coincide com a declaração anual do imposto de renda.

10.2.1. Elementar normativa: repartição federal competente

Ao longo das últimas décadas, pacificou-se o entendimento de que a *repartição federal competente* para receber a declaração de depósitos mantidos no exterior era a Receita Federal, a despeito da previsão constante do art. 1º do Decreto-Lei n. 1.060/69, que havia escolhido o Banco Central como destinatário dessa declaração. A doutrina nacional especializada, acriticamente, acompanhava essa orientação sustentando que a *declaração de depósitos mantidos no exterior* deveria ser feita à Receita Federal[103]. A eventual omissão de declaração à Receita Federal tipificaria a conduta descrita na segunda parte do parágrafo em exame. No entanto, contrariando esse entendimento, esclarecem Schmidt e Feldens: "A questão não é de tão simples resolução, assumindo uma certa complexidade. Segundo nos parece, o problema há de ser enfocado sob uma dúplice perspectiva: (a) primeiramente, em face da objetividade jurídica tutelada; (b) em um segundo momento, devemos identificar as imposições de índole normativo-administrativas que, projetando-se sobre o titular de depósitos no exterior, complementam a figura típica"[104]. E, nessa linha, concluem Schmidt e Feldens que a *repartição federal competente* passou a ser o Banco Central (pelo menos, a partir da Circular/Bacen n. 3.071, de 2001).

---

[101] Art. 2º, *caput*, da Resolução CMN n. 3.854/2010: "A declaração de que trata o art. 1º, inclusive suas retificações, deve ser prestada anualmente, por meio eletrônico, na data-base de 31 de dezembro de cada ano, quando os bens e valores do declarante no exterior totalizarem, nessa data, quantia igual ou superior a US$100.000,00 (cem mil dólares dos Estados Unidos da América), ou seu equivalente em outras moedas".

[102] Art. 2º, § 1º, da Resolução CMN n. 3.854/2010: "Sem prejuízo do disposto no *caput* deste artigo, as pessoas a que se refere o art. 1º ficam obrigadas a prestar declaração nas datas-base de 31 de março, 30 de junho e 30 de setembro de cada ano, quando os bens e valores do declarante no exterior totalizarem, nessas datas, quantia igual ou superior a US$ 100.000.000,00 (cem milhões de dólares dos Estados Unidos da América), ou seu equivalente em outras moedas".

[103] José Carlos Tórtima e Fernanda Lara Tórtima, *Evasão de divisas*, p. 54; José Carlos Tórtima, *Crimes contra o sistema financeiro nacional*, 2. ed., p. 140; Sebastião Oliveira Lima e Carlos Augusto Tosta de Lima, *Crimes contra o sistema financeiro nacional*, p. 116.

[104] Schmidt e Feldens, *O crime de evasão de divisas*, p. 180.

José Carlos Tórtima critica duramente esta concepção, entendendo que a *repartição federal competente* destinatária dessa declaração não é o Banco Central, mas a *Receita Federal*, a despeito – acrescentamos nós – da existência de previsão legal (art. 1º do Decreto-Lei n. 1.060/69). Tórtima justifica sua contrariedade nos seguintes termos: "Nossa objeção a tal entendimento reside, inicialmente, em dois argumentos que nos parecem irretorquíveis: por primeiro, deve-se ter em mira que o Banco Central, ao contrário da Receita Federal, não é repartição pública, mas autarquia federal, e em matéria penal sabidamente prevalece o princípio da taxatividade, como corolário do conhecido postulado da reserva legal, de matriz constitucional. Não pode, assim, o intérprete ampliar a seu bel-prazer o sentido de determinada expressão, no caso, *repartição federal*, para que abranja outras hipóteses não compreendidas pelo seu sentido literal e expresso. Além disso, como reconhecem os referidos autores (refere-se a Schmidt e Feldens), *só em 2001*, com a edição da Circular/Bacen n. 3.071, *é que a declaração de depósitos mantidos por brasileiros no estrangeiro veio a ser regulamentada*"[105].

A despeito da força e da autoridade dos argumentos de Tórtima, pedimos vênia para fazer algumas considerações, em sentido contrário: primeiramente, não é absolutamente correta a afirmação de que a declaração devida só veio a ser regulamentada a partir de 2001. Diria que se trata de *meia-verdade*, na medida em que a exigência legal da declaração ao Banco Central relativa a bens e valores existe desde 1969 (art. 1º do Decreto-Lei n. 1.060/69). Por outro lado, a Lei n. 4.131/62 já determinava às pessoas físicas ou jurídicas, domiciliadas ou com sede no Brasil, a obrigação de declarar à *Superintendência da Moeda e do Crédito (antecessora do Banco Central)*, "os bens e valores que possuírem no exterior, inclusive depósitos bancários" (art. 17)[106]. O Decreto n. 55.762/65 também determinou que pessoas físicas e jurídicas eram obrigadas a declarar à SUMOC anualmente os seus depósitos bancários mantidos no exterior[107]. Nesse sentido, destacam Schmidt e Feldens: "Há muito que a legislação brasileira

---

[105] José Carlos Tórtima e Fernanda Lara Tórtima, *Evasão de divisas*, p. 53-54.

[106] "Art. 17. As pessoas físicas e jurídicas, domiciliadas ou com sede no Brasil, ficam obrigadas a *declarar* à Superintendência da Moeda e do Crédito, *na forma que for estabelecida* pelo respectivo *Conselho*, os bens e valores que possuírem no exterior, inclusive depósitos bancários, excetuados, no caso de estrangeiros, os que possuíam ao entrar no Brasil.

Parágrafo único. Dentro do prazo de trinta dias contados da vigência desta Lei, o Conselho da Superintendência da Moeda e do Crédito baixará instruções a respeito, fixando o prazo de sessenta dias para as declarações iniciais."

[107] "Art. 23. Anualmente, *até o dia 31 de janeiro*, as pessoas físicas ou jurídicas, domiciliadas ou com sede no Brasil, comunicarão à Superintendência da Moeda e do Crédito o montante dos seus depósitos bancários no exterior, a *31 de dezembro do ano anterior*, com justificação nas variações neles ocorridas."

340 • Crimes contra o sistema financeiro nacional

prevê declarações distintas (financeira, endereçada ao BACEN, e fiscal, à Receita Federal) para a manutenção de depósitos no exterior. Já em 1969 havia exigência legal de declaração ao BACEN acerca desses valores, consoante estabelecia o art. 1º do Decreto-Lei n. 1.060"[108]. A obrigação legal, com efeito, da declaração existe desde 1969, mas a sua regulamentação realmente foi ocorrer somente a partir de 2001. Por outro lado, a Receita Federal é destinatária da declaração de renda, aspecto fiscal-tributário; ao Banco Central, por sua vez, interessa-lhe o aspecto financeiro-cambial. Os crimes contra a ordem ou o sistema tributário são disciplinados pela Lei n. 8.137/90, ao passo que os crimes contra o sistema financeiro são disciplinados pela Lei n. 7.492/86. Logicamente, a omissão de bens e valores tidos ou mantidos no exterior, no ajuste anual com a Receita Federal, poderá configurar crime de sonegação fiscal (Lei n. 8.137/90); no entanto, a declaração determinada pela Circular/Bacen n. 3.071 destina-se ao Banco Central, cuja omissão caracteriza a infração prevista na segunda parte do parágrafo único *sub examine*. Parece-nos singelo.

Aliás, não haveria sentido algum em o Banco Central expedir circular disciplinando declarações a serem apresentadas à Receita Federal e esta, por sua vez, normatizar declarações a serem feitas ao Banco Central. Seria, convenhamos, no mínimo, paradoxal, agredindo o senso jurídico-*funcional*. Por essas razões, inclinamo-nos em sustentar que o destinatário dessa declaração é o Banco Central. Assim, entendemos que o fato de constar da declaração anual à Receita Federal não substitui a obrigação devida ao Banco Central. Contudo, a eventual omissão da declaração ao Banco Central, havendo a inclusão dos depósitos mantidos no exterior na declaração destinada à Receita Federal, não pode configurar o crime que ora se examina, limitando-se a um ilícito administrativo-financeiro por ausência de ofensa ao bem jurídico tutelado. Comportamento como esse afasta, no mínimo, o dolo, representado pela vontade consciente de omitir das autoridades monetárias a declaração de seus bens tidos e/ou mantidos no exterior.

Nos últimos anos, o Banco Central vem ampliando o rol dos bens mantidos no exterior a declarar, incluindo inclusive imóveis e automóveis. Assim, eventual omissão de algum desses bens na declaração feita ao Banco Central, como, por exemplo, imóvel ou automóvel, poderá constituir um *ilícito cambial* ou mesmo penal-tributário, mas, certamente, não tipificará a última figura constante do parágrafo único que ora examinamos, a despeito de eventual entendimento contrário das autoridades repressoras. Trata-se, em realidade, de *conduta atípica*.

Com uma rápida conferida nas circulares do Banco Central, a partir de 2001, observa-se uma considerável variação quanto aos limites fixados como

---

[108] Schmidt e Feldens, *O crime de evasão de divisas*, p. 182.

Evasão de divisas • 341

piso, a partir do qual se exige a declaração dos depósitos mantidos no exterior. O limite, a partir do qual a declaração ao Banco Central passou a ser obrigatória, de R$ 10.000,00, em 2001, foi elevado, em 2003, para R$ 300.000,00, porque, segundo o próprio BACEN[109], esse aumento do limite decorreu do fato de a "participação de pequenos investimentos no exterior não ser significativa considerando-se os totais apurados"[110].

A Resolução n. 3.854/2010 do Conselho Monetário Nacional, ato regulamentar do Decreto-Lei n. 1.060/69, dispõe o seguinte, em seu art. 1º: "As pessoas físicas ou jurídicas residentes, domiciliadas ou com sede no País, assim conceituadas na legislação tributária, devem prestar ao Banco Central do Brasil, na forma, limites e condições estabelecidos nesta Resolução, declaração de bens e valores que possuírem fora do território nacional". O objetivo é a identificação e fiscalização de dados macroeconômicos (que integram o passivo externo líquido do Brasil). Com essa finalidade, a Resolução n. 3.854/2010 do Conselho Monetário Nacional fixou os seguintes *limites mínimos*: (i) exigência de declaração *anual* de ativos mantidos no exterior de valor total igual ou superior a U$ 100,000.00 (cem mil dólares) ou o equivalente em outra moeda (art. 2º, *caput*[111]); (ii) exigência de declaração *trimestral* de ativos mantidos no exterior de valor total ou superior a U$ 100,000,000.00 (cem milhões de dólares) ou o equivalente em outra moeda (art. 2º, § 1º[112]). Essa comunicação oficial deve assumir a forma de *declaração de Capitais Brasileiros no Exterior (CBE)*, e os períodos de entrega, por sua vez, estão previstos na Circular n. 3.624/2013 do Banco Central do Brasil.

Consequentemente, o agente que não fizer anualmente *declaração* à repartição federal competente (Banco Central), no prazo determinado (tem sido definido 31 de maio como data-limite)[113], praticará o crime de *manter depósito no exterior não declarado à repartição federal competente* (art. 22, parágrafo

---

[109] Cf. Relatório de Capitais Brasileiros no Exterior (2001-2005).

[110] Para aprofundar, ver a análise detalhada de Schmidt e Feldens, O *crime de evasão de divisas*, p. 183-186.

[111] Art. 2º, *caput*, da Resolução CMN n. 3.854/2010: "A declaração de que trata o art. 1º, inclusive suas retificações, deve ser prestada anualmente, por meio eletrônico, na data-base de 31 de dezembro de cada ano, quando os bens e valores do declarante no exterior totalizarem, nessa data, quantia igual ou superior a US$100.000,00 (cem mil dólares dos Estados Unidos da América), ou seu equivalente em outras moedas".

[112] Art. 2º, § 1º, da Resolução CMN n. 3.854/2010: "Sem prejuízo do disposto no *caput* deste artigo, as pessoas a que se refere o art. 1º ficam obrigadas a prestar declaração nas datas-base de 31 de março, 30 de junho e 30 de setembro de cada ano, quando os bens e valores do declarante no exterior totalizarem, nessas datas, quantia igual ou superior a US$ 100.000.000,00 (cem milhões de dólares dos Estados Unidos da América), ou seu equivalente em outras moedas".

[113] Deve-se observar que essa data final, eventualmente, pode variar de acordo com as determinações do Banco Central, como já ocorreu.

único, *in fine*), observados os referidos limites. No entanto, a não declaração ao Banco Central de depósitos mantidos no exterior, em valores abaixo do limite estabelecido, não constitui crime na modalidade de *manter depósito não declarado*, logicamente. A infração penal contra o sistema financeiro pressupõe a infração administrativa, que, na hipótese, não teria existido, pois o depósito ficou aquém do limite exigido. Nesse sentido, a omissão do agente é penalmente irrelevante, desde que o depósito mantido no exterior não decorra de evasão ilegalmente procedida nos termos das duas figuras anteriores (*caput* e primeira figura do parágrafo único).

Não se pode olvidar, contudo, que a declaração anual à Receita Federal não exime da obrigação da declaração de ativos ao Banco Central do Brasil, a partir dos limites estabelecidos por essa mesma entidade. Logo, eventual omissão tipificará o crime previsto na segunda parte do *parágrafo único* do art. 22 da Lei n. 7.492/86.

Tratando-se de conta conjunta, mantida no exterior, por residentes ou domiciliados no País, com saldo igual ou superior ao limite estabelecido pelo Banco Central, os respectivos titulares devem declarar individualmente, respeitando o percentual de participação de cada um, mesmo que tal percentual fique aquém do referido limite. Tratando-se, porém, de conta conjunta de residente e não residente, somente estará obrigado a fazer a declaração, o residente no País, apenas do valor de sua participação no total do depósito mantido no exterior, a exemplo do que também exige a Receita Federal.

10.3. Tipo subjetivo: adequação típica

O elemento subjetivo da segunda figura do parágrafo único é o dolo, constituído pela vontade livre e consciente de manter depósito no exterior, de moeda ou divisa, não declarado à repartição federal competente. Embora a "não declaração à repartição federal competente" constitua uma característica negativa do tipo, deve, necessariamente, também ser abrangida pelo dolo do agente, sob pena de não se aperfeiçoar o tipo subjetivo, excluindo-se, portanto, a própria tipicidade. Referida consciência deve ser *atual*, isto é, deve existir no momento da ação, quando ela está acontecendo, ao contrário da *consciência da ilicitude* (elemento da culpabilidade), que pode ser potencial, como já afirmamos. Enfim, o *dolo* somente se completa com a *presença simultânea* da *consciência* e da *vontade*, abrangendo todos os elementos constitutivos do tipo, sob pena de o agente incorrer em *erro de tipo*. Não há necessidade de qualquer elemento subjetivo especial do injusto e tampouco há previsão da modalidade culposa.

Contudo, na ausência *de dolo* (tipo subjetivo), por exemplo, confundindo a *repartição federal competente* com a Receita Federal a que apresentara a declaração anual de renda, e nela havendo declarado seus ativos mantidos no exterior incorrerá em *erro de tipo* que exclui o dolo. No entanto, se em tal de-

Evasão de divisas • 343

claração à Receita Federal não constar, igualmente, a *declaração do patrimônio mantido no exterior*, será inadmissível a configuração do referido *erro*, exatamente por tal omissão. Nessa hipótese, não houve *erro de tipo*, mas pura omissão ilegal, para não dizer sonegação da declaração devida.

Por fim, segundo o art. 1º da Resolução CMN n. 3.854/2010, a obrigação de declarar recai sobre "pessoas físicas ou jurídicas residentes, domiciliadas ou com sede no País". Não é incomum que o agente, pessoa física domiciliada no Brasil, constitua pessoa jurídica no exterior somente para receber e manter os ativos no exterior sem comunicá-los ao Banco Central. Nessa hipótese, indiscutivelmente, configura-se o crime de *evasão de divisas*. Nesse sentido, o próprio Plenário do Supremo Tribunal Federal já decidiu: "1. A pessoa física responde pelos fatos típicos por ela praticados no âmbito da empresa que ela mesma controla e administra. A criação, pelo 39º acusado, de empresa *off shore* no exterior, teve por finalidade exclusiva o recebimento de recursos no exterior, não importando, portanto, para fins de configuração do tipo do art. 22, parágrafo único, da Lei n. 7.492/86, o fato de a conta bancária aberta para tal finalidade – recebimento de recursos no exterior – estar no nome da empresa, e não no dos denunciados"[114].

10.4. Consumação ou tentativa do crime de manutenção de depósito no exterior não declarado

Consuma o crime de *manutenção de depósito no exterior, não declarado à repartição competente*, no exato momento em que se esgota o prazo fixado pelo Banco Central para o contribuinte fazer sua declaração anual, nos termos da legislação atual. Contrariamente, como destacamos, para Tórtima, "o momento consumativo na modalidade de manutenção de depósitos não declarados no exterior é completamente distinto daquele referente ao crime de evasão, só se aperfeiçoando o ilícito quando o agente, findo o prazo legal para sua declaração de renda e de bens (ajuste anual), deixa de comunicar à Receita Federal a existência do depósito"[115]. A nosso juízo, contrariamente, nesse momento, a omis-

---

[114] STF, Tribunal Pleno, Inq 2.245/MG, rel. Min. Joaquim Barbosa, j. em 28-8-2007, *DJ* de 9-11-2007. No mesmo sentido, consulte-se TRF3, 2ª Turma, ACR 45.431, rel. Des. Fed. Souza Ribeiro, j. em 23-5-2017, *DJ* de 1-6-2017: "Os denunciados utilizaram esquema de manutenção de conta no exterior, por meio de pessoa jurídica sediada no Panamá, mas por eles controlada de fato, na condição de 'procuradores' da *offshore*. (...) Conjunto probatório coeso a comprovar titularidade real dos valores depositados, ainda que em nome da pessoa jurídica, por utilização mascarada da *offshore* junto a banco norte americano, movimentando quantias que superam cem milhões de dólares americanos, limite muito superior ao patamar mínimo a partir do qual o Banco Central exigia a declaração formal de valores".

[115] José Carlos Tórtima e Fernanda Lara Tórtima, *Evasão de divisas*, p. 52-53.

344 • Crimes contra o sistema financeiro nacional

são pode caracterizar crime contra a ordem tributária e a figura *sub examine* cuida de crime contra o sistema financeiro. O Banco Central tem fixado, todos os anos, por meio de Circulares, o dia 31 de maio como data-limite para apresentação dessa declaração anual, relativamente ao exercício anterior.

Embora o verbo nuclear seja "manter", a essência de sua caracterização repousa na "não declaração dos bens mantidos no exterior"; colocando-se a frase em linha direta, ganha ares de *crime omissivo*, razão pela qual é inadmissível a figura do crime tentado. Enquanto houver tempo para a declaração, não se pode falar na não apresentação da declaração; esgotado esse prazo sem sua apresentação, consumou-se o crime; por isso, pode-se afirmar, consuma-se no lugar e no momento em que se esgota o prazo para a apresentação de sua declaração, e o agente se omite, deixando de apresentá-la.

Tratando-se de crime *permanente* e *habitual* (manter), sua reiteração, sequencial, não caracteriza pluralidade de delitos, em qualquer de suas formas, mas, pelo contrário, haverá crime único, como, por exemplo, o agente deixa de apresentar sua declaração ao Banco Central, nos anos de 2017, 2018 e 2019. Essa continuidade omissiva caracterizará crime único, e não crime continuado (que seria uma espécie privilegiada de concurso formal de crimes).

11. EXPORTAÇÃO CLANDESTINA OU SEM COBERTURA CAMBIAL

Algumas fraudes que podem ocorrer no comércio exterior podem aproximar-se ou identificar-se com uma ou outra das condutas descritas no art. 22 e seu parágrafo único. Merecem destaque especial, por exemplo, *exportação sem cobertura cambial*, *superfaturamento na importação* ou *subfaturamento na exportação*, que seriam alguns dos mais comuns e mais importantes desvios de conduta nessa seara.

A *exportação clandestina de mercadorias*, ou seja, sem o correspondente fechamento de *contrato de câmbio*, além de constituir uma *infração cambial*, pode, *a priori*, adequar-se à descrição típica do art. 22 da Lei n. 7.492/86. Questiona-se, afinal, qual seria a modalidade de *evasão de divisas* que poderia configurar-se? Seria aquela contida no *caput* do art. 22, qual seja, *efetuar operação de câmbio não autorizada*, ou, quem sabe, a da primeira parte do parágrafo único, isto é, *promover, sem autorização legal, a saída de moeda ou divisa*? Desnecessário destacar que, da terceira modalidade – *manter no exterior depósito não declarado* –, nem se cogita, salvo a eventual ocorrência de progressão, mais adiante, com a manutenção de depósito no exterior. De outro lado, convém destacar que a *sonegação de cobertura cambial* consiste em *deixar de fazer ingressar no País as divisas obtidas* com o produto da exportação, que, à evidência, não se confunde com promover a evasão de divisas para fora do País, como já registramos.

Evasão de divisas • 345

Constata-se, de plano, que a *saída clandestina de mercadorias do País*, isto é, *sem cobertura cambial,* pode, em tese, representar uma forma de *evasão* que, no entanto, não contém a elementar normativa exigida pelo *caput* do art. 22 – *operação de câmbio não autorizada* –, consequentemente, a exportação sem cobertura cambial não se adequa à descrição contida no dispositivo referido, afastando-se, de plano, essa primeira conduta.

Como, *a priori*, não se pode cogitar da terceira modalidade de conduta incriminada, no dispositivo *sub examine*, qual seja, a *manutenção de depósito no exterior* – uma modalidade imprópria de evasão – resta somente a conduta descrita na primeira metade do parágrafo único, qual seja, *promover, sem autorização legal, a saída de moeda ou divisa para o exterior*. Nessa figura, ao contrário daquela do *caput*, a evasão pode ser efetuada a *qualquer título*, ou seja, por qualquer meio ou qualquer forma, sendo, portanto, *crime de forma livre*, permitindo que a *evasão* possa ser realizada pelo modo que o agente desejar, inclusive através de *operação de câmbio*, desde que *contra legem*, ou, na linguagem do legislador, "sem autorização legal" (que não se confunde com "operação de câmbio não autorizada").

Deve-se, contudo, examinar-se dois aspectos: primeiro, se o *não ingresso de moeda ou divisa* pode ser equiparado à sua *saída*; segundo, se a *mercadoria* destinada à exportação pode ser abrangida pela elementar normativa *divisa*, exigida por essa figura típica.

Na realidade, a *exportação sem cobertura cambial*, em que o exportador não internaliza o valor correspondente, isto é, a moeda ou divisa, deixa de fazê-lo ingressar no sistema financeiro nacional. Contudo, a conduta proibida é "promover a saída de moeda ou divisa para o exterior" e, ainda que se possa reconhecer a existência de uma *infração cambial* (aliás, hoje superada, cf. Circular n. 33.379/2008), certamente, *impedir o ingresso de moeda ou divisa* não está contemplado nessa modalidade de *evasão de divisas*. Estamos, em outros termos, diante de uma proibição legal de mão única, qual seja, somente a *saída* de moeda ou divisa, ilegalmente, pode configurar essa figura do *crime de evasão*, ao passo que impedir sua entrada ou deixar de procedê-la não tem correspondência típica. Assim, a despeito de sua lesividade cambial-financeira, não se subsumindo formalmente à previsão normativa, a taxatividade da lei penal impede que se lhe dê tamanha abrangência, pois violaria o *princípio da reserva legal*.

O segundo aspecto, igualmente relevante, refere-se à possibilidade de interpretar *mercadoria* destinada à exortação como *divisa*. Poder-se-ia dar tamanha abrangência ao vocábulo "divisa"? Admitindo-se essa interpretação, estaria resolvida a questão, pois, *promovendo*, clandestinamente, a saída de mercadoria, o exportador estaria promovendo a *saída de divisa*, sem autorização legal e, nessas circunstâncias, a conduta adequar-se-ia à proibição constante da primeira metade do parágrafo único do art. 22. No entanto, pela mesma razão de violar o

346 • Crimes contra o sistema financeiro nacional

princípio da legalidade, essa extensão não se lhe pode dar. Incensurável, no particular, o magistério de Schmidt e Feldens, o qual subscrevemos, *in totum*: "Uma tal incongruência, entretanto, não nos parece o bastante para fazer enquadrar as mercadorias exportadas no conceito de divisas, o qual, se não é unívoco, tampouco permite, notadamente para efeitos penais, que se lhe agreguem sentidos substancialmente dissociados daqueles decorrentes de suas linhas conceituais gerais. Em sede de Direito Penal, a interpretação acerca da restrição de direitos fundamentais encontra-se alinhavada de forma sabidamente mais rígida"[116].

Não vemos, por fim, como possível admitir como configurador da terceira figura de evasão de divisas aquela da segunda parte do parágrafo único, a que denominamos de *evasão imprópria*, qual seja, *manter depósito no exterior, sem declará-lo à repartição federal competente*. Ora, se *mercadoria*, por sua própria natureza, não pode ser interpretada como *moeda* ou *divisa*, para efeito das outras duas figuras tipificadas, tampouco será possível interpretá-la para a terceira hipótese: quando o legislador criminaliza "manter depósitos não declarados", à evidência, está referindo-se à moeda ou divisa e, como já destacamos, essas duas elementares têm significado próprio, muito específico, que não se confundem com mercadorias, certamente.

Ademais, a legislação que vigorou até o início de 2008, que não admitia a compensação privada de receitas em dólares no comércio exterior, foi alterada, sendo diminuída sua rigidez de até então. Com efeito, por pressão do empresariado exportador, foi flexibilizada a rigidez, permitindo, primeiramente, que 30% da receita obtida com a exportação (mercadoria ou serviço) pudessem ser mantidos no exterior para o exportador honrar seus compromissos. Finalmente, destaca Tórtima, "para liberar da obrigação do reingresso o total da referida receita, nos termos da Circular 33.379, de 13 de março de 2008"[117].

Resta, finalmente, algumas palavras relativamente às práticas de *superfaturamento* nas importações e *subfaturamento* nas exportações, respectivamente. Não há correspondência, tanto numa quanto noutra hipótese, entre a realidade fático-comercial e o valor monetário correspondente. Objetiva-se, nos dois casos, enviar, clandestinamente, divisas a serem disponibilizadas no exterior, ao arrepio do controle das autoridades monetárias.

Ocorre *superfaturamento na importação* quando na guia de importação consta valor superior ao correspondente ao produto importado. Nessa hipótese, há a efetiva saída de divisa, embora declarada oficialmente, inclusive com incidência de eventual imposto de importação. Nessa hipótese, o objetivo do impor-

---

[116] Schmidt e Feldens, *O crime de evasão de divisas*, p. 227. Nessa mesma linha é orientação adotada por Tórtima.
[117] José Carlos Tórtima e Fernanda Lara Tórtima, *Evasão de divisas*, p. 65.

tador é aproveitar-se da oportunidade para ludibriar as autoridades e disponibilizar, no exterior, clandestinamente, a diferença entre o real e o declarado no ato de importar. Para Schmidt e Feldens, "indubitavelmente, aqui temos uma hipótese de *evasão de divisas*, na modalidade da primeira parte do parágrafo único do art. 22"[118]. Tórtima[119], por sua vez, embora reconheça que se trate efetivamente de *saída de divisas do País*, questiona sua tipicidade, por falta de previsão quanto à obtenção de autorização legal (para remessa) *mediante fraude*.

Contudo, embora simpatize com essa conclusão de Tórtima, devemos dela discordar, destacando que a *fraude* na obtenção de autorização para a remessa de divisa ao exterior satisfaz exatamente a elementar "sem autorização legal", cuja violação pode ser representada pelo ardil, fraude ou qualquer outro meio fraudulento. Caso contrário, afirmar-se-á que o emprego de fraude na obtenção de autorização conta com autorização legal. No entanto, não vemos lesão ou ofensa ao bem jurídico tutelado, na medida em que o valor remetido ao exterior, além de declarado, tem origem legítima, considerando-se que, como se tem repetido alhures, o contribuinte tem o direito de enviar seus bens ou valores para o exterior, desde que tenha origem legal. Enfim, para nós trata-se, portanto, de conduta atípica por falta de ofensa ao bem jurídico tutelado.

No entanto, essas divisas ou valores remetidos a mais para o exterior poderão, num futuro próximo, configurar os *depósitos mantidos no exterior não declarados à repartição federal competente*, tipificando a terceira figura, denominada *evasão de divisas imprópria*, prevista no parágrafo único. Como são clandestinas, certamente, o sujeito ativo terá dificuldade de declarar anualmente à repartição federal competente.

No caso de *subfaturamento na exportação*, o ardil objetiva igualmente receber recursos no exterior sem o controle das autoridades monetárias. Nessa hipótese, o exportador acerta com o importador preço inferior ao efetivamente celebrado, recebendo "por fora", normalmente no exterior, a diferença entre o valor real das mercadorias exportadas e o valor declarado no registro de exportação[120]. Nessa hipótese, recebida a mercadoria, o importador paga seu valor de duas formas: o valor correspondente ao declarado nas guias de importação é pago no Brasil ao exportador brasileiro, devidamente convertido em reais. A outra parcela, não declarada, é recebida, clandestinamente, pelo exportador brasileiro, em moeda estrangeira, no exterior[121].

Afinal, essa conduta subsome-se no disposto no art. 22 e seu parágrafo único? Parece não haver dúvida de que, à primeira vista, o bem jurídico tutela-

---

[118] Andrei Zenkner Schmidt e Luciano Feldens, *O crime de evasão de divisas*, p. 228.

[119] José Carlos Tórtima e Fernanda Lara Tórtima, *Evasão de divisas*, p. 60.

[120] Andrei Zenkner Schmidt e Luciano Feldens, *O crime de evasão de divisas*, p. 228.

[121] José Carlos Tórtima e Fernanda Lara Tórtima, *Evasão de divisas*, p. 60.

do pela norma é atingido pelo comportamento do exportador, além de representar também sonegação fiscal pela não tributação de parcela da receita obtida (art. 2º, I, da Lei n. 8.137/90). Aliás, quanto ao crime de *sonegação de impostos*, não nos parece haver dúvida. No entanto, precisa investigar-se, novamente, se *impedir o ingresso de divisas* está contemplado na norma penal incriminadora que ora se examina, ou seja, *impedir o ingresso de divisas* é o mesmo que promover sua evasão? Já respondemos essa indagação ao demonstrarmos a inadequação típica dessa conduta ante o *princípio da reserva legal*. Nesse sentido, manifesta-se Tórtima: "Realmente, o crime está em promover a saída de recursos (para o exterior, como diz a lei), fórmula que não pode ser ampliada para assimilar a hipótese de frustrar o ingresso de divisas no país"[122].

No entanto, posteriormente, o resultado dessa conduta poderá ser alcançado pela segunda parte do parágrafo único, qual seja, com a *manutenção no exterior de depósito não declarado*. Provavelmente, ante a ausência de origem legal, o contribuinte acabará omitindo a declaração anual à repartição federal competente e, nesse momento, consumará o crime de *evasão imprópria*.

12. ASPECTOS RELEVANTES QUANTO À COMPETÊNCIA DE FORO

Por expressa previsão constitucional e infraconstitucional (art. 109, VI, da CF e art. 26 da Lei n. 7.492/86), inequivocamente, a competência para processar e julgar os crimes contra o sistema financeiro nacional é da Justiça Federal[123]. No entanto, a *competência de foro*, isto é, para determinar o juízo competente, na esfera da Justiça Federal, a práxis pode oferecer alguma complexidade, dependendo, inclusive, de qual seja a modalidade das três hipóteses previstas no art. 22 e seu parágrafo único, conforme veremos a seguir.

Na modalidade prevista no *caput* do art. 22, qual seja, *efetuar operação de câmbio não autorizada* com o fim de evadir divisas do País, a competência, necessariamente, deve ser a do *lugar da infração*, que é a primeira e principal regra em matéria de competência. Trata-se, evidentemente, de *crime instantâneo*, que se consuma no lugar e no momento em que a ação (efetuar operação cambial não autorizada) é praticada; o eventual resultado, nesse crime, não integra a definição típica e, se ocorrer, representará somente o exaurimento desse crime tido como formal.

---

[122] José Carlos Tórtima, *Crimes contra o sistema financeiro nacional*, p. 138.
[123] O Conselho da Justiça Federal, através da Resolução n. 314, de 12-5-2003, de constitucionalidade duvidosa, autorizou aos Tribunais Regionais Federais especializarem, em suas respectivas jurisdições, varas federais com competência para processar e julgar crimes contra o Sistema Financeiro Nacional e de "lavagem" de dinheiro (*v.g.*, Resolução n. 600-021, de 19-12-2003, do TRF da 1ª Região; Resolução Conjunta n. 001, de 9-6-2005, do TRF da 2ª Região; Resolução n. 20, de 26-5-2003, do TRF da 4ª Região; Resolução n. 10-A, de 11-6-2003, do TRF da 5ª Região).

No entanto, em se tratando da primeira figura do parágrafo único – a qualquer título, *promover, sem autorização legal, a evasão de moeda ou divisas para o exterior* – a situação é diferente: trata-se de *crime material*, que somente se consuma com a efetiva saída dos valores para o exterior. Na verdade, a execução dessa conduta pode desdobrar-se em vários atos, afora o fato de a conduta em si poder ser livremente praticada, podendo o *iter criminis* percorrer várias instituições financeiras, resultando a saída para o exterior em local, cidade ou estado completamente diferente daquele em que inicialmente se determinou sua remessa ao exterior. Por essa razão, sustentamos que a competência deva ser a do *local da última escala* dos valores em território nacional[124], independentemente do domicílio fiscal da pessoa física ou jurídica titular dos valores. Por exemplo, contribuinte residente em Porto Alegre, pretendendo fazer uma poupança no exterior, encaminha ao seu contador no Rio de Janeiro determinada importância em reais. Este, cumprindo ordens, envia o numerário, irregularmente, para as Ilhas Virgens. Indiscutivelmente, o foro competente é o do Rio de Janeiro.

Finalmente, a terceira espécie contemplada do *crime de evasão de divisas – a manutenção de depósitos no exterior não declarados* – é conhecida como *evasão imprópria*. Afasta-se de plano o aspecto da extraterritorialidade, posto que o crime não é praticado no exterior, mas em território nacional, no local onde o agente deveria ter feito a *declaração de bens mantidos no exterior*, embora as divisas possam ter sido adquiridas fora do País. Na ausência de previsão específica para essa modalidade de infração penal, parece-nos mais do que razoável fazer-se uma opção segura e pragmática, qual seja, fixando-se a competência territorial pelo local do *domicílio fiscal* do infrator. Afinal, será em seu domicílio fiscal onde deverá prestar contas com o Fisco, além da própria declaração ao Banco Central. Não é outro o entendimento de Schmidt e Feldens: "Ainda que em termos legais a hipótese possa ser solucionada pelo art. 91 do CPP, adotando-se o critério da prevenção, o problema não encontra uma resposta clara e objetiva, ante as especificidades da forma delitiva. No entanto, a fim de evitar-se critérios arbitrários e/ou aleatórios de afirmação da competência, parece-nos que nessa precisa situação podemos recorrer, em caráter extraordinário, e à falta de qualquer outro, ao domicílio fiscal do agente como elemento determinante da competência territorial, isso pela similitude que guardam – embora distintas que sejam – as declarações oferecidas ao Banco Central (sendo esta, precisamente, a repartição federal a que alude o dispositivo) e à Receita Federal"[125].

---

[124] No mesmo sentido, Andrei Zenkner Schmidt e Luciano Feldens, *O crime de evasão de divisas*, p. 234.

[125] Schmidt e Feldens, *O crime de evasão de divisas*, p. 235.

13. PENA E NATUREZA DA AÇÃO PENAL

As penas cominadas para o crime de evasão de divisas são reclusão de dois a seis anos, e multa. A exemplo do que ocorre na totalidade dos crimes contra o Sistema Financeiro Nacional, a ação penal é pública incondicionada (art. 26 da Lei n. 7.492/86 c/c o art. 100 do CP). Em outros termos, a atuação do Ministério Público não está condicionada a qualquer manifestação do ofendido.

CAPÍTULO XXIII
Prevaricação financeira

Sumário: 1. Considerações preliminares. 2. Bem jurídico tutelado. 3. Sujeitos do crime. 4. Tipo objetivo: adequação típica. 5. Tipo subjetivo: adequação típica. 6. Consumação e tentativa. 7. Classificação doutrinária. 8. Pena e ação penal.

Art. 23. Omitir, retardar ou praticar, o funcionário público, contra disposição expressa de lei, ato de ofício necessário ao regular funcionamento do sistema financeiro nacional, bem como a preservação dos interesses e valores da ordem econômico-financeira:

Pena – reclusão, de 1 (um) a 4 (quatro) anos, e multa.

---

1. CONSIDERAÇÕES PRELIMINARES

Prevaricação, com sua origem latina – *praevaricatio* –, tinha o sentido de alguém que tem "as pernas tortas ou cambaias", significando – etimologicamente, *praevaricator* – andar de forma oblíqua ou desviando-se do caminho correto ou, como prefere Costa Jr., é o ato de andar tortuosamente, desviando do caminho certo. Figurativamente, "designava aquele que, tomando a defesa de uma causa, favorecia a parte contrária"[1]. Os romanos conheceram o ato de *prevaricar* como *patrocínio infiel*, concepção que fora mantida no direito medieval, ampliando-a, contudo, para abranger o comportamento de quem se tornasse *infiel ao próprio cargo*, descumprindo os deveres inerentes ao seu ofício. Os práticos deram ao termo sentido mais amplo: desvirtuamento dos deveres de ofício. Tais desvios poderiam ser praticados tanto pelos patronos dos litigantes, em prejuízo destes, traindo-lhes a confiança depositada, como pelo funcionário público que, por qualquer ato, se afastasse de seus deveres de ofício.

---

[1] Nelson Hungria, *Comentários ao Código Penal*, 2ª ed., Rio de Janeiro, Forense, 1959, vol. IX, p. 375.

352 • Crimes contra o sistema financeiro nacional

Com o advento da era das codificações, no entanto, alguns códigos penais retornaram ao antigo e restrito conceito romano e outros, em sua maioria, mantiveram a noção extensiva do conceito de prevaricação desenvolvida na Idade Média, como o Código Penal francês de 1810 e o Código sardo de 1859.

No nosso Código Criminal do Império (1830), era considerada *prevaricação* uma série de violações de deveres praticados por funcionários públicos, "por afeição, ódio ou contemplação, ou para promover interesse pessoal seu" (art. 129). O Código Penal de 1890 seguiu o mesmo sistema do anterior (art. 207), mas "subordinou ao crime várias outras infrações de deveres praticados por advogado ou procurador (que o código vigente, com técnica superior, situou entre os crimes contra a administração da justiça)"[2].

Finalmente, nosso Código Penal de 1940 deu a seguinte tipificação ao crime de prevaricação: "Art. 319. Retardar ou deixar de praticar, indevidamente, ato de ofício, ou praticá-lo contra disposição expressa de lei, para satisfazer interesse ou sentimento pessoal: Pena – detenção de 3 (três) meses a 1 (um) ano, e multa".

2. BEM JURÍDICO TUTELADO

Bem jurídico protegido é a probidade de função pública, sua respeitabilidade, bem como a integridade de seus funcionários vinculados ao sistema financeiro nacional. *Prevaricação* é a *infidelidade ao dever de ofício* e à função exercida; é o descumprimento das obrigações que lhe são inerentes, movido o agente por *interesses ou sentimentos* próprios, embora neste artigo da lei especial não esteja expresso. Dentre os deveres inerentes ao exercício da função pública, o mais relevante deles é o que consiste no cumprimento pronto e eficaz das atribuições do ofício, que deve ser realizado escrupulosa e tempestivamente, para lograr a obtenção dos fins funcionais. O sentimento do funcionário público não pode ser outro senão o do dever cumprido e o de fazer cumprir os mandamentos legais.

Embora aqui o funcionário infiel não negocie com a sua função, como ocorre na corrupção passiva, não deixa, igualmente, de alvitá-la, pois viola o *dever de ofício* em prol de interesses subalternos (interesses ou sentimentos pessoais) relativamente ao ato que deve praticar. Essa criminalização objetiva, enfim, impedir procedimento que ofende e degrada o bem jurídico – interesse da administração pública – quando o funcionário age em desacordo com os deveres que lhe são inerentes ao cargo e à função.

Tutela, igualmente, a funcionalidade, a credibilidade e a eficiência do sistema financeiro, sua probidade institucional. Protege-se, na verdade, a probidade

---

[2] Heleno Cláudio Fragoso, *Lições de direito penal:* parte especial, p. 425.

do sistema financeiro, sua respeitabilidade, bem como a integridade das instituições financeiras, mas particularmente, neste dispositivo legal, protege-se a *fidelidade* do *funcionário público,* especialmente aquele que tiver alguma relação *funcional* com o sistema financeiro.

O *objeto material* do crime de prevaricação é o "ato de ofício", que é aquele que o funcionário público deve praticar em decorrência dos seus deveres funcionais; consequentemente, é necessário que o sujeito ativo encontre-se no exercício de suas funções regulamentares.

Por fim, não encontramos forma de identificar bem jurídico merecedor de tutela penal contido na locução, "bem como à preservação dos interesses e valores da ordem econômico-financeira". Trata-se, na verdade, de elementar absolutamente irrelevante, inócua, por assim dizer, desnecessária à tipificação penal, de sorte a ser ignorada sem resultar qualquer alteração ao escrito no referido dispositivo legal.

3. SUJEITOS DO CRIME

Sujeito ativo somente pode ser o funcionário público, tratando-se, por conseguinte, de *crime próprio,* que exige essa condição especial do sujeito ativo, mas somente, advirta-se, se for competente para realizar o ato de ofício, necessário ao regular funcionamento do sistema financeiro nacional. É indispensável que o agente encontre-se no exercício de sua função e, nessa condição, *omita* ou *retarde* ato de ofício, indevidamente, ou o *pratique* contra disposição expressa de lei. Evidentemente que não pode praticar esse crime quem não se encontra no exercício da função ou, por qualquer razão, encontre-se temporariamente dela afastado, como, por exemplo, de férias, de licença etc.

Nada impede que o sujeito ativo, qualificado pela condição de funcionário público, consorcie-se com um *extraneus* para a prática do crime, com a abrangência autorizada pelo art. 29 do CP, desde que, evidentemente, saiba da condição especial do autor; pode, inclusive, um funcionário público, agindo como particular, *participar* de prevaricação, nas mesmas condições de um *extraneus,* alcançado pelo mesmo art. 29.

Sujeito passivo é o Estado, quer pela ofensa aos princípios norteadores da moralidade administrativa, quer pela ofensa à credibilidade, à moralidade e à segurança do sistema financeiro nacional, além do particular eventualmente lesado ou prejudicado pela conduta do funcionário.

O Estado é sempre sujeito passivo secundário de todos os crimes, naquela linha de que a Lei Penal tutela o interesse da ordem jurídica geral, da qual aquele é o titular. No entanto, há crimes, como este que ora estudamos, em que o próprio Estado surge como *sujeito passivo particular,* individual, pois lhe pertence o bem jurídico ofendido pela ação do funcionário infiel.

4. TIPO OBJETIVO: ADEQUAÇÃO TÍPICA

As condutas tipificadas, alternativamente, são as seguintes: *omitir, retardar* ou *praticar*, o funcionário público, contra disposição expressa de lei, *ato de ofício* necessário ao regular funcionamento do sistema financeiro nacional, bem como a preservação dos interesses e dos valores da ordem econômico-financeira. As duas primeiras modalidades são *omissivas* e a última é *comissiva*. A criminalização dessas condutas tem por objetivo evitar procedimento, *contra legem*, por funcionário público, no exercício da função, que deprecie ou menospreze os bens jurídicos aqui protegidos. As condutas criminalizadas têm o seguinte significado:

a) "omitir" é deixar de praticar *ato de ofício* necessário ao regular funcionamento do sistema financeiro nacional; em outros termos, podendo e devendo realizar determinado *ato de ofício*, o funcionário mantém-se *inerte* com a intenção ou o propósito de não o realizar. Distingue-se da conduta anterior, porque, naquela, a intenção do *funcionário* é apenas procrastinar a realização do ato que, mesmo com atraso, termina sendo praticado; nesta, contrariamente, o ato acaba não sendo tempestivamente executado, isto é, em tempo hábil para atingir a sua finalidade, ou seja, *omiti-lo* é *deixar de praticá-lo* de forma definitiva e não simplesmente retardá-lo. Convém destacar, porém, que, tanto numa hipótese quanto noutra, o ato de que se trata deve ser *de ofício* e *necessário ao regular funcionamento do sistema financeiro nacional*.

A *omissão* pode também ser executada através da *obstrução*, em que o agente, a pretexto de cumprir rigorosamente o regulamento ou a instrução, retarda ou deixa de praticar o ato de ofício, ardilosamente, com o deliberado propósito de omitir-se na realização do ato, tendo consciência de que a interpretação da norma regulamentadora permitia a realização do ato omitido ou retardado. Convém destacar, ademais, que, nessa modalidade, exige-se muita cautela na sua apuração diante da dificuldade para se apurar se houve excesso de zelo ou velada obstrução indevida. O *retardamento* ou a *omissão* de *ato de ofício* configurarão as condutas contidas no texto legal somente se ocorrerem sem justa causa. *Indevidamente*, tanto na primeira como na segunda conduta, significa que o retardamento ou a omissão devem ser injustos, ilegais, isto é, não amparados pelo ordenamento jurídico, enfim, *contra legem*. Significa, por outro lado, reconhecer que podem ocorrer *motivos de força maior*, os quais justifiquem o retardamento ou a omissão de atos de ofício, que, como reconhece nosso Código Penal, afastam a antijuridicidade da conduta. Ademais, não é, pode-se afirmar, *ato de ofício* o praticado contra as normas vigentes ou a sistemática habitual. *Indevida* é a omissão não permitida, não autorizada, é aquela que infringe o *dever funcional* de agir;

b) "retardar" significa protelar, atrasar, procrastinar indevidamente a prática de *ato de ofício*, ou seja, não realizar no prazo normalmente estabelecido para sua execução, deixando fluir tempo relevante para a sua prática (na hipótese de inexistência de prazo fixado), necessário ao regular funcionamento do sistema financeiro nacional, bem como à preservação dos interesses e dos valores da ordem econômico-financeira. Enfim, "retardar" é não praticar o ato em tempo oportuno ou praticá-lo fora do prazo legal. Mesmo que o ato possa ser praticado após a expiração do prazo legal, ainda que tal retardamento não acarrete sua invalidade, configurará o crime de *prevaricação especial*.

Nas duas modalidades *omissivas* – *omitir* ou *retardar* –, em particular quando não há prazos fixos adrede estipulados para a prática do ato de ofício, normalmente há maior dificuldade para sua apuração, sobretudo da conduta de "retardar ato de ofício", indevidamente, pois o prazo legalmente fixado é um marco que, no plano objetivo, facilita a comprovação da *omissão funcional*. Nesse caso, normalmente, o funcionário público detém *certa discricionariedade* na avaliação de conveniência e oportunidade de praticar certos atos, que afasta possível prevaricação especial, ressalvada a hipótese de restar demonstrada a configuração de autêntica arbitrariedade (discricionariedade e arbitrariedade são coisas absolutamente distintas): *discricionariedade* implica liberdade de ação e decisão no plano administrativo, nos limites legalmente permitidos; *arbitrariedade*, por sua vez, é característica de ação contrária ao ordenamento jurídico, que ultrapassa os limites legalmente permitidos. "*Ato discricionário* – na definição de Hely Lopes Meirelles – não se confunde com *ato arbitrário*. Discrição e arbítrio são conceitos inteiramente diversos. *Discrição* é liberdade de ação dentro dos limites legais; *arbítrio* é ação contrária ou excedente da lei. Ato discricionário, portanto, quando permitido pelo Direito, é legal e válido; ato arbitrário é, sempre e sempre, ilegítimo e inválido"[3];

c) por fim, "praticar ato de ofício", contra disposição expressa de lei, significa que o *funcionário público* pratica um ato ilegal, contraria o ordenamento jurídico, constituindo, na verdade, uma infração administrativo-penal bem mais grave que as representadas nas duas primeiras condutas (*omitir* ou *retardar*), que são puramente omissivas; mereceriam aquelas duas condutas, em princípio, sanção menos grave que a cominada a esta terceira figura, se observarmos o *princípio da proporcionalidade* (embora tal consideração não passe do plano político-criminal ante a proibição do venerável princípio da reserva legal). Desejamos apenas deixar claro que o legislador não foi feliz ao dispensar o mesmo tratamento a condutas tão díspares, com *desvalores* tão diferenciados como são as condutas aqui examinadas. Com efeito, nesta terceira figura – *praticar ato de ofício, contra disposição expressa de lei* – o agente substitui a vontade da lei pelo seu arbítrio, praticando não o ato que é de seu dever praticar, mas outro

---

[3] Hely Lopes Meirelles, *Direito administrativo brasileiro*, p. 98.

356 • Crimes contra o sistema financeiro nacional

contrário à "disposição expressa de lei". Mais que ilegítimo, trata-se de ato *ilegal*, como prescreve o dispositivo em estudo.

A locução "contra disposição expressa de lei" refere-se a *ato legislativo* emanado do poder competente, isto é, do Poder Legislativo, e elaborado de acordo com o processo legislativo previsto no texto constitucional. Portanto, a expressão "lei" utilizada no tipo penal tem o significado restrito, formal, compreendendo o conteúdo e o sentido desse tipo de diploma jurídico, que o comando normativo deve ser claro, preciso e expresso de tal forma a não pairar dúvida ou obscuridade a respeito do procedimento a adotar. Em outros termos, referida locução não abrange, por óbvio, disposições contrárias constantes de portarias, regulamentos, resoluções, ordens de serviços etc., que não são leis *stricto sensu*, mas são produzidos à saciedade pelo Banco Central, pela Comissão de Valores Mobiliários, pela Receita Federal, enfim, pelo SISBACEN.

Assim, a prática de *ato de ofício*, no exercício da função, "contra expressa disposição de lei" é nula e, ainda, assume o caráter de *fraudulenta* se o ato tiver sido dolosamente orientado, quando fosse possível e obrigatória a realização de um ato válido e necessário ao regular funcionamento do sistema financeiro nacional. Manzini orientava-se nesse sentido, destacando que "não é um *ato de ofício*, mas sim um expediente caprichoso e fraudulento que impõe maior reprovação à conclusão contrária aos deveres de ofício"[4].

O crime de *prevaricação especial*, enfatizando, somente se aperfeiçoa quando o *funcionário público*, no exercício de sua função, retarda ou omite *ato de ofício* necessário ao regular funcionamento do sistema financeiro nacional, indevidamente, ou o *pratica contra disposição expressa de lei*. É necessário que qualquer das condutas incriminadas refira-se a "ato de ofício", isto é, relativo às atribuições funcionais e territoriais regulares do funcionário público com atividade vinculada ao sistema financeiro nacional. Em outros termos, o retardamento ou a omissão, indevidos, ou sua prática contra disposição legal expressa devem referir-se a "ato de ofício" da competência do funcionário prevaricador e relacionado ao sistema financeiro nacional. Com efeito, para a configuração do crime de prevaricação especial exige-se que o ato retardado ou omitido, indevidamente, ou praticado contra expressa disposição de lei, esteja compreendido nas específicas atribuições funcionais do servidor público prevaricador. Se o ato não é da competência do funcionário, poder-se-á identificar outro crime, mas, com certeza, não este. Quando determinado ato, por exemplo, pode ser realizado "por qualquer do povo", à evidência, não se trata de "ato de ofício", sendo, portanto, inidôneo para caracterizar o crime descrito no dispositivo *sub examen*.

---

[4] Vincenzo Manzini, *Tratado de derecho penal*, p. 372.

5. TIPO SUBJETIVO: ADEQUAÇÃO TÍPICA

Elemento subjetivo é o *dolo*, constituído pela vontade consciente de *omitir* ou *retardar*, indevidamente, *ato de ofício* ou *praticá-lo* contra disposição expressa de lei. É indispensável que o agente tenha *consciência* de que o retardamento ou a omissão do ato que compete realizar é indevido, ou seja, sem justificativa, ou, então, que o *pratica* contra as disposições legais, isto é, que sua realização, nas circunstâncias, contraria as determinações do ordenamento jurídico. Ademais, deve o sujeito ativo ter *consciência* de que referido ato é *necessário* ao regular funcionamento do sistema financeiro nacional. Por outro lado, é imprescindível, como temos repetido, que o *dolo* abranja todos os elementos constitutivos do tipo penal, sob pena de configurar-se o *erro de tipo*, que, por ausência de dolo (ou por dolo defeituoso), afasta a tipicidade, salvo se se tratar de simulacro de erro.

Não há, por fim, exigência de qualquer *elemento subjetivo especial do injusto*, ao contrário da prevaricação prevista no art. 319 do CP, que exige o *especial fim de agir,* qual seja, "para satisfazer *interesse* ou *sentimento* pessoal", isto é, há a necessidade de que o móvel da ação seja a satisfação desse tipo de interesse ou sentimento. Pode-se, em razão de sua estrutura tipológica, classificar-se como uma espécie de *sui generis* de prevaricação, sem a exigência de elemento subjetivo especial do injusto.

6. CONSUMAÇÃO E TENTATIVA

O crime de prevaricação especial consuma-se, nas modalidades omissivas, com a *omissão ou o retardamento de ato de ofício*, sem justa causa, ou com a *prática do ato de ofício* contra disposição expressa de lei. Nas duas primeiras hipóteses, como *crime omissivo próprio* que são, consumam-se no lugar e no momento em que o *ato de ofício* devia ter sido realizado e não o foi, não havendo espaço, portanto, para a figura tentada. Na terceira figura típica, o crime é comissivo e consuma-se com a prática de *ato de ofício*, contrariando expressa disposição de lei, independentemente de qualquer outro resultado.

Na modalidade de praticar ato contra disposição expressa de lei, a despeito da dificuldade de apurar, *in concreto*, quando está sendo executado o ato, é, teoricamente, fragmentável, sendo possível, portanto, a *tentativa*, por tratar-se de crime plurissubsistente.

7. CLASSIFICAÇÃO DOUTRINÁRIA

Trata-se de *crime próprio* (que exige qualidade ou condição especial do sujeito, qual seja, a de funcionário público vinculado ao sistema financeiro nacional), *formal* (que não exige resultado naturalístico para sua consumação), *de forma livre* (que pode ser praticado por qualquer forma ou meio escolhido pelo agente), *omissivo* (nas modalidades de *omitir* ou *retardar*, que resultam na abstenção da conduta devida), *comissivo* (na modalidade de *praticar*, que implica a realização de conduta ativa), *instantâneo* (cuja execução não se alonga no tempo, não havendo demora entre a ação e o resultado), *unissubjetivo* (que pode ser praticado por um agente apenas, admitindo, logicamente, a possibilidade de concurso de pessoas), *unissubsistente* (praticado com um único ato, nas formas omissivas, não admitindo fracionamento) e *plurissubsistente* (crime que, em regra, pode ser praticado com mais de um ato, na forma comissiva, admitindo, excepcionalmente, fracionamento em sua execução).

8. PENA E AÇÃO PENAL

As penas cominadas, cumulativamente, são de reclusão, de um a quatro anos, e multa. Trata-se, como se constata, mais uma vez de punição exageradamente *desproporcional*, incompatível com a *razoabilidade* exigida pelo Estado Democrático de Direito. Destaque-se que a mesma tipificação no Código Penal (art. 319) comina pena de detenção de três meses a um ano, cumulada com a pena de multa. Não há, rigorosamente, nada que justifique, em diplomas legais distintos, a razoabilidade de tão absurda desproporção. A gravidade desse absurdo fica muito clara quando se constata que a pena mínima cominada na lei especial é igual à máxima cominada (um ano) ao mesmo crime de *prevaricação* previsto no Código Penal. A sanção aqui cominada é, portanto, quatro vezes maior que a prevista no Código Penal.

A ação penal é pública incondicionada, como em todos os crimes definidos nesta lei especial, devendo a autoridade competente agir de ofício, independentemente de qualquer manifestação da parte interessada.

CAPÍTULO XXIV

Responsabilidade penal e delação premiada nos crimes contra o Sistema Financeiro Nacional

Sumário: 1. Responsabilidade penal nos crimes contra o sistema financeiro. 2. Síntese de alguns aspectos fundamentais da culpabilidade. 2.1. Considerações introdutórias. 2.2. Culpabilidade como predicado do crime 3. Elementos da culpabilidade normativa pura. 3.1. Imputabilidade. 3.2. Possibilidade de conhecimento da ilicitude do fato. 3.3. Exigibilidade de obediência ao Direito. 4. Delação premiada: favor legal, mas antiético.

Art. 25. São penalmente responsáveis, nos termos desta lei, o controlador e os administradores de instituição financeira, assim considerados os diretores e gerentes (vetado).

§ 1º Equiparam-se aos administradores de instituição financeira (vetado) o interventor, o liquidante ou o síndico.

§ 2º Nos crimes previstos nesta lei, cometidos em quadrilha ou coautoria, o coautor ou partícipe que através de confissão espontânea revelar à autoridade policial ou judicial toda a trama delituosa terá sua pena reduzida de 1 (um) a 2/3 (dois terços).

---

1. RESPONSABILIDADE PENAL NOS CRIMES CONTRA O SISTEMA FINANCEIRO

A Lei n. 7.492/86, que define os crimes contra o sistema financeiro nacional, regula a responsabilidade penal no art. 25.

Seguindo nossa linha de pensamento, sustentamos que a previsão do art. 25 da Lei n. 7.492/86 deve ser interpretada à luz da vigente Constituição Federal e do Código Penal em vigor. Em outros termos, a *responsabilidade penal dos controladores e administradores* de instituição financeira será única e exclusivamente a *responsabilidade subjetiva* e não pelo simples fato de ostentarem a *condição* de *controlador* ou *administrador,* como pode parecer à primeira vista. Entendimento contrário importará em reconhecer a *responsabilidade penal objetiva,* vedada pelo texto constitucional e pelo moderno Direito Penal da culpabilidade.

360 • Crimes contra o sistema financeiro nacional

Mantém-se em plena vigência o dogma secular *nulla poena sine culpa,* consagrado na expressão de Feuerbach, tornando-se inadmissível a *responsabilidade penal objetiva.* A culpabilidade jurídico-penal constitui-se dos seguintes elementos: imputabilidade, consciência da ilicitude e exigibilidade de conduta diversa. A *imputabilidade* é a *capacidade de culpa,* de cujos pressupostos biopsicológicos somente a pessoa humana pode ser portadora. A *consciência da ilicitude,* ainda que *potencial,* não é suscetível de ser possuída por um *ente moral,* como a pessoa jurídica, que não tem como motivar-se pela norma. Seria paradoxal formar-se um *juízo de censura moral* em razão do *"comportamento"* de uma instituição financeira, por exemplo. Ou, então, como se exigir *conduta diversa* ou mesmo a *liberdade de vontade* de uma entidade que é dirigida por terceiros?

Por isso, essa previsão do art. 25 da Lei n. 7.492/86, ora *sub examine,* não se afasta dos princípios fundamentais do Direito Penal da culpabilidade, em geral, e do disposto no art. 12 do CP, em particular, que estabelece sua subsidiariedade a todas as leis extravagantes. Com efeito, a *responsabilidade penal* dos *controladores* ou *administradores* será sempre possível, desde que devidamente *individualizada* e orientada *subjetivamente,* e não decorre do simples fato de ocuparem a posição de *controlador* ou *administrador,* sem haverem tido qualquer participação pessoal na realização dos fatos "qualificados de delituosos".

No Brasil, a *obscura previsão* do art. 225, § 3º, da CF, relativamente ao *meio ambiente,* tem levado alguns penalistas a sustentar, *equivocadamente,* que a Carta Magna consagrou a *responsabilidade penal da pessoa jurídica.* No entanto, a *responsabilidade penal* ainda se encontra limitada à *responsabilidade subjetiva* e individual. Nesse sentido manifesta-se René Ariel Dotti, afirmando que, "no sistema jurídico positivo brasileiro, a responsabilidade penal é atribuída, exclusivamente, às pessoas físicas. Os crimes ou delitos e as contravenções não podem ser praticados pelas pessoas jurídicas, visto que a *imputabilidade* jurídico-penal é uma qualidade inerente aos seres humanos"[1]. A *conduta* (ação ou omissão), pedra angular da Teoria Geral do Crime, é produto essencialmente do homem. A doutrina, quase à unanimidade, repudia a hipótese de a conduta ser atribuída à pessoa jurídica. No mesmo sentido também é o entendimento atual de Muñoz Conde[2], para quem a capacidade de ação, de culpabilidade e de pena exige a presença de uma *vontade,* entendida como *faculdade psíquica da pessoa individual,* que não existe na pessoa jurídica, mero *ente fictício* ao qual o Direito atribui capacidade para outros fins distintos dos penais. No tópico seguinte, faremos uma análise sucinta sobre a *culpabilidade,* o suficiente para a compreensão de sua função relativamente à responsabilidade penal subjetiva.

---

[1] René Ariel Dotti, A incapacidade criminal da pessoa jurídica, *Revista Brasileira de Ciências Criminais,* n. 11, p. 201.

[2] Francisco Muñoz Conde e Mercedes García Arán, *Derecho penal,* p. 236.

Para combater a tese de que a atual Constituição consagrou a *responsabilidade penal da pessoa jurídica*, trazemos à colação o disposto no seu art. 173, § 5º, que, ao regular a *Ordem Econômica e Financeira*, dispõe: "A lei, sem prejuízo da *responsabilidade individual dos dirigentes* da pessoa jurídica, *estabelecerá a responsabilidade desta*, sujeitando-a *às punições compatíveis com sua natureza*, nos atos praticados contra a ordem econômica e financeira e contra a economia em particular" (grifamos).

Dessa previsão podem-se tirar as seguintes conclusões: 1ª) a *responsabilidade pessoal* dos dirigentes não se confunde com a *responsabilidade da pessoa jurídica*; 2ª) a Constituição não dotou a pessoa jurídica de *responsabilidade penal*. Ao contrário, condicionou a sua *responsabilidade* à aplicação de sanções compatíveis com a sua natureza, que, certamente, não são as de natureza penal.

Enfim, a *responsabilidade penal continua a ser pessoal* e *individual* (art. 5º, XLV)[3]. Por isso, quando se identificar e se puder *individualizar* quem são os *autores físicos* dos fatos praticados em nome de uma pessoa jurídica tidos como criminosos, aí sim deverão ser responsabilizados penalmente. Em não sendo assim, corremos o risco de ter de nos contentarmos com a pura *penalização formal das pessoas jurídicas*, que, ante a dificuldade probatória e operacional, esgotaria a real atividade judiciária em mais uma comprovação da *função simbólica* do Direito Penal, pois, como denuncia Raúl Cervini, "a '*grande mídia*' incutiria na opinião pública a suficiência dessa satisfação básica aos seus anseios de Justiça, enquanto as pessoas físicas, verdadeiramente responsáveis, poderiam continuar tão impunes como sempre, atuando através de outras sociedades"[4]. Com efeito, ninguém pode ignorar que por trás de uma pessoa jurídica sempre há uma pessoa física que utiliza aquela como simples "fachada", pura cobertura formal. Punir-se-ia a *aparência formal* e deixar-se-ia a *realidade* livremente operando encoberta em outra *fantasia*, uma nova pessoa jurídica, com novo CGC, em outro endereço, com nova razão social etc.

2. SÍNTESE DE ALGUNS ASPECTOS FUNDAMENTAIS DA CULPABILIDADE

2.1. Considerações introdutórias

A culpabilidade, enquanto categoria sistemática do delito, é fruto da evolução da dogmática jurídico-penal, produzida na segunda metade do século XIX,

---

[3] Para aprofundar nosso entendimento sobre a irresponsabilidade penal da pessoa jurídica, ver nosso *Tratado de direito penal: parte especial*, v. 2, p. 4 a 21.

[4] Raul Cervini. Macrocriminalidad económica – apuntes para una aproximación metodológica, *Revista Brasileira de Ciências Criminais*, n. 11, p. 77.

362 • Crimes contra o sistema financeiro nacional

com a separação entre antijuridicidade e culpabilidade. Essa sistematização da teoria do delito ocasionou uma transformação fundamental no estudo dogmático penal, e tornou-se majoritária a partir da obra de Von Liszt. Destacava referido autor que "pelo aperfeiçoamento da teoria da culpabilidade mede-se o progresso do Direito Penal"[5]. Essa afirmação é absolutamente correta, pois enfatiza um dos pontos centrais da ciência jurídico-penal, que, inegavelmente, é a *culpabilidade*. No entanto, os avanços produzidos a partir dessa época não lograram um consenso acerca do conceito e da missão da culpabilidade no âmbito da teoria geral do delito, discussão que ainda se mantém viva.

Com efeito, um conceito dogmático como o de culpabilidade requer, segundo a delicada função que vai realizar – fundamentar a punição estatal –, uma justificativa o mais clara possível do porquê e para quê da pena. Tradicionalmente, a culpabilidade é entendida como um *juízo individualizado* de atribuição de responsabilidade penal, e representa uma garantia para o infrator diante dos possíveis excessos do poder punitivo estatal. Essa compreensão provém do princípio de que não há pena sem culpabilidade (*nulla poena sine culpa*). Nesse sentido, a culpabilidade apresenta-se como *fundamento* e *limite* para a imposição de uma pena *justa*. Por outro lado, a culpabilidade também é entendida como um instrumento para a *prevenção de crimes* e, sob essa ótica, o *juízo de atribuição de responsabilidade* penal cumpre com a função de aportar estabilidade ao sistema normativo, confirmando a obrigatoriedade do cumprimento das normas. Entre uma e outra concepção existe uma série de variantes que condicionam o entendimento da culpabilidade. Sendo assim, é importante esclarecer o ponto de partida metodológico sobre o qual nos apoiamos para a definição do *conceito material de culpabilidade*, bem como para a configuração da culpabilidade como categoria sistemática do delito.

A esse respeito, vale ressaltar, com Hassemer[6], que a moderna dogmática penal procura critérios para precisar o conteúdo e a missão da culpabilidade em um campo próximo, qual seja, nos fins da pena: "Evidentemente, os fins da pena, como teorias que indicam a missão que tem a pena pública, são um meio adequado para concretizar o juízo de culpabilidade. Uma concreção do juízo de culpabilidade, sob o ponto de vista dos fins da pena, promete, além do mais, uma harmonização do sistema jurídico-penal, um encadeamento material de dois setores fundamentais, que são objeto hoje dos mais graves ataques por parte dos críticos do Direito Penal". Nesses termos, a *culpabilidade* passou a ser vista como uma categoria que conjuga tensões dialéticas entre prevenção e princípios garantistas.

---

[5] Franz von Liszt, *Tratado de Derecho Penal*, Madrid, Reus, t. 2, p. 390.

[6] Winfried Hassemer, *Fundamentos del Derecho Penal*, Barcelona, Bosch, 1984, p. 290; Claus Roxin, *La determinación de la pena...*, p. 93 e s.

Como veremos ao longo deste capítulo, essa é a mais recente etapa da evolução histórico-dogmática da categoria da culpabilidade, tema que ainda domina as discussões sobre o *conceito material de culpabilidade*. Contudo, antes de analisarmos os principais estágios dessa evolução, vale a pena antecipar aqui, para uma melhor compreensão da matéria, alguns dos conceitos manejados pela doutrina quando se refere à culpabilidade.

Atribui-se, em Direito Penal, um triplo sentido ao conceito de culpabilidade, que precisa ser liminarmente esclarecido. Em primeiro lugar, a culpabilidade – como *fundamento* da pena – refere-se ao fato de ser possível ou não a aplicação de uma pena ao autor de um fato típico e antijurídico, isto é, proibido pela lei penal. Para isso, exige-se a presença de uma série de requisitos – *capacidade de culpabilidade, consciência da ilicitude e exigibilidade de conduta* conforme a norma – que constituem os elementos positivos específicos do conceito dogmático de culpabilidade. A ausência de qualquer desses elementos é suficiente para impedir a aplicação de uma sanção penal. Em segundo lugar, a culpabilidade – como *elemento da determinação* ou medição da pena – funciona não como *fundamento* da pena, mas como *limite* desta, impedindo que ela seja imposta além da medida prevista pela própria ideia de culpabilidade, aliada, é claro, a outros fatores, como importância do bem jurídico, fins preventivos etc. E, finalmente, em terceiro lugar – vista como conceito contrário à responsabilidade objetiva, ou seja, como identificador e delimitador da responsabilidade individual e subjetiva –, *princípio de culpabilidade* impede a atribuição da responsabilidade penal objetiva, assegurando que ninguém responderá por um resultado absolutamente imprevisível e se não houver agido, pelo menos, com dolo ou culpa.

Vimos no Capítulo II desta obra a importância fundamental do *princípio de culpabilidade* como limite para o exercício do *jus puniendi*, razão pela qual, agora, nosso objeto de estudo limita-se à *culpabilidade* como categoria sistemática do delito e à correspondente análise do conceito material de culpabilidade. Dessa forma, poderemos determinar as condições da atribuição de *responsabilidade penal*, isto é, de que forma e em que limites a culpabilidade funciona como *fundamento e medida da pena*.

2.2. Culpabilidade como predicado do crime

Desde que o pensamento sistemático se consolidou na dogmática jurídico-penal, a atribuição de *responsabilidade penal* é entendida como um processo valorativo escalonado de imputação. Ou seja, o delito é atribuído (imputado) ao comportamento humano quando reúne determinadas características. Já analisamos os dois primeiros degraus de valoração: a tipicidade e a antijuridicidade. Mas não basta caracterizar uma conduta como típica e antijurídica para a atribuição de responsabilidade penal a alguém. Esses dois atributos não são suficientes para punir com pena o comportamento humano criminoso, pois,

364 • Crimes contra o sistema financeiro nacional

para que esse *juízo de valor* seja completo, é necessário, ainda, levar em consideração as características individuais do autor do injusto. Isso implica, consequentemente, acrescentar mais um degrau valorativo no processo de imputação, qual seja, o da *culpabilidade*.

Com esse entendimento, podemos afirmar que a tipicidade, a antijuridicidade e a culpabilidade são *predicados* de um *substantivo*, que é a *conduta humana* definida como crime. Não nos convence o entendimento que foi dominante na doutrina brasileira, no último quarto do século passado, segundo o qual a *culpabilidade*, a partir do finalismo welzeliano, deveria ser tratada como mero *pressuposto da pena*, e não mais como integrante da teoria do delito. Assumindo essa orientação, Damásio de Jesus, pioneiramente, passou a definir o *crime* como *a ação típica e antijurídica*, admitindo a *culpabilidade* somente como *mero pressuposto da pena*[7].

A seguinte afirmação de Ariel Dotti teria levado Damásio de Jesus a abandonar seu entendimento anterior sobre a matéria, assumindo essa concepção: "O crime – afirmou Ariel Dotti – como ação tipicamente antijurídica é *causa* da resposta penal como *efeito*. A sanção será imposta somente quando for possível e positivo o juízo de reprovação que é uma decisão sobre um comportamento passado, ou seja, um *posterius* destacado do fato antecedente"[8]. Essa afirmação de Dotti, conduzida a extremos por Damásio de Jesus, leva-nos, inevitavelmente, a fazer algumas reflexões: (a) afinal, seria possível a imposição de sanção penal a uma ação típica, que não fosse antijurídica?; (b) poder-se-ia sancionar uma ação antijurídica que não se adequasse a uma descrição típica?; (c) a sanção penal (penas e medidas) não é uma consequência jurídica do crime?

Seguindo essa reflexão, perguntamos: a tipicidade e a antijuridicidade não seriam também *pressupostos* da pena? Ora, na medida em que a sanção penal é *consequência* jurídica do crime, *este*, com todos os seus elementos, é *pressuposto* daquela. Assim, não somente a culpabilidade, mas igualmente a tipicidade e a antijuridicidade também são pressupostos da pena, que, por sua vez, é consequência do crime[9]. Aliás, nesse sentido, Heleno Fragoso, depois de afirmar que "crime é o conjunto dos pressupostos da pena", esclarecia: "Crime é, assim, o conjunto de todos os requisitos gerais indispensáveis para que possa ser aplicável a sanção penal. A análise revela que tais requisitos são a conduta típica, antijurídica e culpável..."[10].

---

[7]   Damásio de Jesus, *Direito Penal*, 12. ed., São Paulo: Saraiva, 1988, v. 1, p. 133 e 396; René Ariel Dotti, O *incesto*, Curitiba, Dist. Ghignone, 1976, p. 173.

[8]   Dotti, O *incesto*, p. 176.

[9]   Ver, em sentido semelhante: Fernando de Almeida Pedroso, *Direito Penal*, São Paulo, LEUD, 1993, p. 375-376. No mesmo sentido, ver o excelente artigo de David Teixeira de Azevedo, A culpabilidade e o conceito tripartido de crime, *Revista Brasileira de Ciências Criminais*, n. 2, 1993, p. 46-55.

[10]   Heleno Fragoso, *Lições de direito penal: parte geral*, Rio de Janeiro: Forense, 1985, p. 216.

Para não deixar dúvida sobre a natureza e localização da culpabilidade, invocamos as palavras de Welzel sobre sua concepção de delito: "O conceito da culpabilidade acrescenta ao da ação antijurídica – tanto de uma ação dolosa quanto de uma não dolosa – um novo elemento, que é o que a converte em delito"[11]. Em sentido semelhante é a lição de Muñoz Conde, que, definindo o crime, afirma: "Esta definição tem *caráter sequencial*, isto é, o peso da imputação vai aumentando à medida que passa de uma categoria a outra (da tipicidade à antijuridicidade, da antijuridicidade à culpabilidade etc.), tendo, portanto, de se tratar em cada categoria os problemas que lhes são próprios". Essa construção deixa claro que, por exemplo, se do exame dos fatos constatar-se que a ação não é típica, será desnecessário verificar se é antijurídica, e muito menos se é culpável. Cada uma dessas características contém critérios valorativos próprios, com importância e efeitos teóricos e práticos igualmente próprios[12]. Ora, é de uma clareza meridiana, uma ação típica e antijurídica somente se converte em crime com o acréscimo da culpabilidade.

Finalmente, também não impressiona o argumento de que o Código Penal brasileiro *admite a punibilidade da receptação,* mesmo quando "desconhecido ou *isento de pena* o autor do crime de que proveio a coisa" (grifo acrescentado). E, quando argumentam que, como a receptação pressupõe que o objeto receptado seja produto de crime, o legislador de 1940 estaria admitindo *crime sem culpabilidade.* Convém registrar que em 1942, quando nosso Código entrou em vigor, ainda não se haviam propagado no Brasil as ideias do *finalismo welzeliano,* que apenas se iniciava.

Ao contrário do que imaginam, essa *política criminal* adotada pelo Código de 1940 tem outros fundamentos: 1º) de um lado, representa a adoção dos postulados da *teoria da acessoriedade limitada,* que também foi adotada pelo Direito Penal alemão em 1943, segundo a qual, para punir o *partícipe,* é suficiente que a ação praticada pelo autor principal seja *típica* e *antijurídica,* sendo indiferente a sua *culpabilidade, podendo, assim, inclusive ser isento de pena*; 2º) de outro lado, representa a consagração da *prevenção,* na medida em que pior que o ladrão é o receptador, visto que a ausência deste enfraquece o estímulo daquele; 3º) finalmente, o fato de o nosso Código prever a possibilidade de

---

[11] Welzel, *El nuevo sistema*, cit., p. 79.

[12] Muñoz Conde e García Arán, *Derecho Penal*: Parte General, 3. ed., Valencia: Tirant lo Blanch, 1996, p. 215. Ainda no mesmo sentido, Jescheck, *Tratado de Derecho Penal*, p. 335: "Diante do tipo de injusto, como conjunto de todos os elementos que fundamentam o conteúdo de injusto típico de uma classe de delito, encontra-se o *tipo de culpabilidade.* Compreende os elementos que caracterizam o conteúdo de culpabilidade típico de uma forma de delito. A união de tipo de injusto e tipo de culpabilidade origina o *tipo de delito*"; Cerezo Mir: "a tipicidade, a antijuridicidade e a culpabilidade são atributos ou predicados de um substantivo, que não é outro que a ação ou a omissão, cujo conceito deve ser formulado de tal modo que não prejulgue algum dos elementos seguintes do conceito de delito" (*Curso de Derecho Penal español*, Madrid: Tecnos, p. 290).

366 • Crimes contra o sistema financeiro nacional

punição do receptador, mesmo que o autor do crime anterior seja *isento de pena*, não quer dizer que esteja se referindo, *ipso facto*, ao inimputável. O *agente imputável* pode ser isento de pena, por inúmeras razões, como coação moral irresistível, erro de proibição, erro provocado por terceiro etc.

Concluímos, por fim, com a afirmação irrefutável de Cerezo Mir: "Os diferentes elementos do crime estão numa relação lógica necessária. Somente uma ação ou omissão pode ser típica, só uma ação ou omissão típica pode ser antijurídica e só uma ação ou omissão antijurídica pode ser culpável"[13]. Essa compreensão da culpabilidade como predicado do crime não é fruto, portanto, do arbítrio, mas resulta de um longo processo de evolução da dogmática jurídico-penal, como veremos a seguir.

3. ELEMENTOS DA CULPABILIDADE NORMATIVA PURA

Os elementos que integram a culpabilidade, segundo a teoria normativa pura (a concepção finalista), são: a) *imputabilidade*; b) *possibilidade de conhecimento da ilicitude do fato*; c) *exigibilidade de obediência ao Direito*. Vejamos a seguir em que consiste cada um desses elementos.

3.1. Imputabilidade

Imputabilidade é a capacidade ou aptidão para ser culpável, embora, convém destacar, não se confunda com *responsabilidade*, que é o princípio segundo o qual o *imputável* deve responder por suas ações. A *imputabilidade* na orientação finalista, como explica Mir Puig[14], deixou de ser um *pressuposto prévio* da culpabilidade e converteu-se em *condição central da reprovabilidade*. A razão disso assenta-se no fato de que o *núcleo da culpabilidade* já não se centraliza *na vontade defeituosa*, mas *nas condições de atribuibilidade do injusto*, e ditas condições aproximam-se da ideia do "poder atuar de outro modo", conceito sobre o qual Welzel situou a essência da imputabilidade. Assim, sem a *imputabilidade*, entende-se que o sujeito carece de liberdade e de faculdade para comportar-se de outro modo, com o que não é capaz de culpabilidade, sendo, portanto, inculpável.

Para Welzel, a culpabilidade é a *reprovabilidade* do fato antijurídico individual, e o que se reprova "é a resolução de vontade antijurídica em relação ao fato individual"[15]. De certo modo, o *conteúdo material da culpabilidade finalista* tem como base *a capacidade de livre autodeterminação*, de acordo com o

---

[13] José Cerezo Mir, *Curso de Derecho Penal español*, cit., p. 267. No mesmo sentido, Muñoz Conde, *Derecho Penal*, cit.

[14] *Derecho Penal*; Parte General, Barcelona, PPU, 1985, p. 471.

[15] Welzel, *El nuevo sistema del Derecho Penal*, Barcelona, Ed. Ariel, 1964, p. 100.

sentido do autor, ou, em outros termos, *o poder ou faculdade do agente de agir de modo distinto de como atuou*. Disso depende, pois, a *capacidade de culpabilidade ou imputabilidade*.

Porém, como o próprio Welzel reconhece, não se pode converter em objeto aquilo que não é suscetível de *objetivação*, como é o caso da subjetividade do indivíduo, ou seja, a livre autodeterminação. Segundo Welzel, "o juízo de que um homem determinado numa situação determinada é culpável, não é um ato teorético, mas existencial e, por certo, comunicativo. É o reconhecimento do outro como tu, como igual, como suscetível de determinação plena de sentido e, por isso, ao mesmo tempo, tão responsável como eu mesmo"[16].

Depois de fazer algumas considerações sobre os problemas na determinação da *capacidade de culpabilidade*, Welzel argumenta que a *culpabilidade individual não é mais que a concretização da capacidade de culpabilidade* em relação ao ato concreto, de tal forma que a *reprovabilidade* encontra sua base "nos mesmos elementos concretos cuja concorrência em caráter geral constituem a *capacidade de culpabilidade*. Isto é, o autor tem de conhecer o injusto, ou, pelo menos, tem de poder conhecê-lo e tem de poder decidir-se por uma conduta conforme ao Direito em virtude deste conhecimento (real ou possível). A *culpabilidade concreta* (reprovabilidade) está, pois, constituída (paralelamente à capacidade geral de culpabilidade) por elementos intelectuais e voluntários"[17].

Welzel conclui que a *capacidade de culpabilidade* apresenta dois momentos específicos: um *cognoscivo ou intelectual*, e outro *volitivo ou de vontade*, isto é, a *capacidade de compreensão* do injusto e a *determinação da vontade* conforme essa compreensão, acrescentando que somente os dois momentos conjuntamente constituem, pois, a capacidade de culpabilidade[18]. Assim, a ausência de qualquer dos dois aspectos, *cognoscivo* ou *volitivo*, é suficiente para afastar a capacidade de culpabilidade, isto é, a *imputabilidade* penal.

3.2. Possibilidade de conhecimento da ilicitude do fato

Para que uma ação contrária ao Direito possa ser reprovada ao autor, será necessário que *conheça ou possa conhecer* as circunstâncias que pertencem ao tipo e à ilicitude. E, como afirma Vidaurri, "a consciência da ilicitude (antijuridicidade) baseia-se no conhecimento das circunstâncias aludidas. Por isso, ao conhecimento da realização do tipo deve-se acrescentar o conhecimento da *antijuridicidade*"[19].

---

[16] Welzel, *Derecho Penal alemán*, cit., p. 215.
[17] Welzel, *El nuevo sistema*, cit., p. 100-101.
[18] Welzel, *Derecho Penal alemán*, cit., p. 216.
[19] Manuel Vidaurri Aréchiga, *La culpabilidad*, cit., p. 119.

A corrente tradicional, causalista, ao situar o dolo na culpabilidade, considerava a *consciência da antijuridicidade* como integrante do dolo. No entanto, na concepção normativa pura, o dolo passa para o *injusto* como *dolo natural* (psicológico), excluindo, dessa forma, o conhecimento da proibição, que, na teoria causalista, integrava o chamado *dolus malus* (dolo normativo). Essa é uma das diferenças mais marcantes que a corrente finalista apresenta em relação à causalista (teoria psicológica-normativa). "O exame deste aspecto – refere Mir Puig – fica para a culpabilidade, porém, não como um *conteúdo psicológico* de conhecimento efetivo, mas como *possibilidade*, normativamente determinável, de dito conhecimento. Do mesmo modo que na *imputabilidade* pergunta-se se o sujeito poderia atuar de outro modo. Neste ponto, se comprova se podia conhecer a proibição do fato, enquanto condição de poder adequar a conduta à norma"[20].

Segundo a orientação finalista, a ausência de *conhecimento da proibição* não afasta o *dolo natural*, mas exclui, isto sim, a culpabilidade – caso do *erro de proibição invencível*. Porém, se se tratar de um *erro de proibição vencível*, a culpabilidade atenua-se, sempre e quando não se tratar de um *erro grosseiro*, ou, melhor dito, de um *simulacro de erro*[21]. Nesse sentido, vale a pena lembrar a distinção que Welzel fazia entre erro de tipo e erro de proibição: o *erro de tipo* é aquele que se dá sobre uma circunstância objetiva do fato do tipo legal. Aqui se exclui o dolo da realização típica (dolo do tipo), havendo a possibilidade de que o autor seja castigado pelo fato culposo quando para este haja previsão legal. Por sua vez, o *erro de proibição* é aquele que se dá sobre a antijuridicidade do fato, com pleno conhecimento da realização do tipo. Assim, pois, "o autor sabe o que faz, mas supõe erroneamente que estaria permitido. Não conhece a norma jurídica ou não a conhece bem (interpreta-a mal) ou supõe, equivocadamente, que concorre uma causa de justificação. Cada um desses erros – conclui Welzel – exclui a reprovabilidade, quando é inevitável ou a atenua quando é evitável"[22].

3.3. Exigibilidade de obediência ao Direito

Seguindo o magistério de Welzel, uma vez configuradas a *imputabilidade* e a *possibilidade de conhecimento do injusto*, fica *caracterizada materialmente a culpabilidade*, o que não quer dizer, no entanto, que o ordenamento jurídico-penal tenha de fazer a *reprovação de culpabilidade*. Em determinadas circuns-

---

[20]   Mir Puig, *Derecho Penal*, cit., p. 471.

[21]   Mir Puig, *Derecho Penal*, cit., p. 471.

[22]   Welzel, *Derecho Penal alemán*, cit., p. 232 e s., onde aborda amplamente a problemática do erro em suas diferentes representações. Sobre esse problema veja-se também F. Muñoz Conde, *El error en Derecho Penal*.

tâncias, poderá renunciar a dita reprovação e, por conseguinte, *exculpar* e absolver o agente[23].

Efetivamente, o *conhecimento do injusto*, por si só, não é fundamento suficiente para reprovar a resolução de vontade. Isso somente poderá ocorrer quando o autor, numa situação concreta, puder adotar sua decisão de acordo com esse conhecimento. "Não se trata aqui – afirmava Welzel – da *capacidade geral de decisão* conforme o sentido, por conseguinte, da *imputabilidade*, que existe independentemente da situação dada, mas de *possibilidade concreta* do autor, *capaz de culpabilidade*, de poder adotar sua decisão de acordo com o conhecimento do injusto"[24].

Um dos elementos mais importantes da *reprovabilidade* vem a ser exatamente essa *possibilidade concreta* que tem o autor de determinar-se conforme o sentido em favor da norma jurídica. O *conteúdo da reprovabilidade*, como afirma Manuel Vidaurri, consiste em o autor *dever e poder* adotar uma resolução de vontade de acordo com o ordenamento jurídico, e não a resolução de vontade antijurídica[25]. O Direito exige, geralmente, do sujeito imputável, isto é, daquele que pode conhecer a antijuridicidade do seu ato, que tome sua resolução de vontade conforme com esse conhecimento possível. Porém, reconhecia Welzel, existem situações extraordinárias que diminuem drasticamente a motivação para atuar conforme a norma, de tal forma que não é exigida uma conduta adequada ao Direito, ainda que se trate de sujeito imputável e que realize dita conduta com conhecimento da antijuridicidade que lhe é própria[26]. Nessas circunstâncias, ocorre o que se chama de *inexigibilidade de outra conduta*, que afasta o terceiro elemento da culpabilidade, eliminando-a, consequentemente.

Como podemos observar, com essa configuração, não existe espaço para a ponderação de necessidades preventivas no âmbito da culpabilidade, de modo que *a capacidade individual* de atuar de outro modo e o consequente juízo de reprovação esgotariam o conteúdo da culpabilidade. Nesses termos, a *culpabilidade é fundamento e limite da pena*, cumprindo sua função garantista de limite do *ius puniendi* estatal, e sendo a pena concebida como retribuição da culpabilidade.

4. DELAÇÃO PREMIADA: FAVOR LEGAL, MAS ANTIÉTICO

Delação premiada consiste na redução de pena (podendo chegar, em algumas hipóteses, até mesmo a total isenção de pena), para o delinquente que *delatar*

---

[23]   Welzel, *Derecho Penal alemán*, cit., p. 248.
[24]   Welzel, *El nuevo sistema*, cit., p. 125.
[25]   Manuel Vidaurri Aréchiga, *La culpabilidad*, cit., p. 121.
[26]   Welzel, *El nuevo sistema*, cit., p. 125-126 e s.

seus comparsas, concedida pelo juiz na sentença final condenatória, desde que sejam satisfeitos os requisitos que a lei estabelece. Trata-se de instituto importado de outros países, independentemente da diversidade de peculiaridades de cada ordenamento jurídico e dos fundamentos políticos que o justificam.

A Lei dos Crimes Hediondos (Lei n. 8.072/90), em seu art. 7º, introduziu um parágrafo (§ 4º) no art. 159 do CP cuja redação estabelecia uma minorante (causa de diminuição de pena) em favor do coautor ou partícipe do crime de extorsão mediante sequestro praticado por quadrilha ou bando que denunciasse o crime à autoridade, facilitando, assim, a libertação do sequestrado. Dessa forma, *premiava-se* o participante *delator* que *traísse* seu comparsa com a redução de um a dois terços da pena aplicada. Por essa redação, para que fosse reconhecida a configuração da cognominada "delação premiada", era indispensável que a *extorsão mediante sequestro* tivesse sido cometida por *quadrilha ou bando* e que qualquer de seus integrantes, denunciando o fato à autoridade, possibilitasse a libertação da vítima.

Posteriormente, a Lei n. 9.269/96 ampliou as possibilidades da "traição premiada" ao conferir ao § 4º a seguinte redação: "Se o crime é cometido em concurso, o concorrente que o denunciar à autoridade, facilitando a libertação do sequestrado, terá sua pena reduzida de um a dois terços". A partir dessa nova redação, tornou-se desnecessário que o crime de *extorsão* tenha sido praticado por quadrilha ou bando (que exige a participação de, pelos menos, quatro pessoas), sendo suficiente que haja *concurso de pessoas*, ou seja, é suficiente que dois participantes, pelo menos, tenham concorrido para o crime, e um deles tenha delatado o fato criminoso à autoridade, possibilitando a libertação do sequestrado. Enfim, com essa retificação legislativa de 1996, iniciou-se a proliferação da "traição bonificada", defendida pelas autoridades repressoras como grande instrumento de combate à criminalidade organizada, ainda que, contrariando esse discurso, o último diploma legal referido tenha afastado exatamente a necessidade de qualquer envolvimento de possível organização criminosa.

Com efeito, a *eufemisticamente* denominada *delação premiada*, que foi inaugurada no ordenamento jurídico brasileiro com a Lei dos Crimes Hediondos (Lei n. 8.072/90, art. 8º, parágrafo único), proliferou em nossa legislação esparsa, atingindo níveis de vulgaridade; assim, passou a integrar as leis de *crimes contra o sistema financeiro* (art. 25, § 2º, da Lei n. 7.492/86, com redação determinada pela Lei n. 9.080/95), *crimes contra o sistema tributário* (art. 16, parágrafo único, da Lei n. 8.137/90), *crimes praticados por organização criminosa* (art. 6º da Lei n. 9.034/95), *crimes de lavagem de dinheiro* (art. 1º, § 5º, da Lei n. 9.613/98) e a *Lei de Proteção a Vítimas e Testemunhas* (art. 13 da Lei n. 9.807/99). O fundamento invocado é a confessada falência do Estado para combater a dita "criminalidade organizada", que é mais produto da omissão dos governantes ao longo dos anos do que propriamente alguma "organização" ou "sofisticação" operacional da delinquência massificada. Na verdade, virou moda falar em *crime organizado, organização criminosa* e outras expressões semelhantes para justificar a incompetência e a omissão dos detentores do poder nos últimos quase vinte anos, pelo menos. Chega a ser paradoxal que se insista numa propalada sofisticação da delinquência. Num país onde impera a improvisação e tudo é desorganizado, como se pode aceitar que só o crime seja organizado? Quem sabe o Poder Público, num exemplo de *funcionalidade*, comece combatendo o crime desorganizado (que é a criminalidade de massa e impera nas grandes cidades, impunemente), já que capitulou ante o que resolveu tachar de *crime organizado ou organização criminosa*; pelo menos combateria a criminalidade de massa, devolvendo a segurança à coletividade brasileira, que tem dificuldade até mesmo de transitar pelas ruas das capitais. Está se tornando intolerável a inoperância do Estado no combate à criminalidade, seja ela massificada, organizada ou desorganizada, conforme nos têm demonstrado as alarmantes estatísticas diariamente.

Como se tivesse descoberto uma poção mágica, o legislador contemporâneo acena com a possibilidade de *premiar o traidor* – atenuando a sua responsabilidade criminal – desde que delate seu comparsa, facilitando o êxito da investigação das autoridades constituídas. Com essa figura esdrúxula, o legislador brasileiro possibilita *premiar* o "traidor", a despeito de violar os mais sagrados princípios ético-morais que orientam a formação tradicional da família cristã; oferece-lhe *vantagem legal*, manipulando os parâmetros punitivos, alheio aos fundamentos do *direito-dever* de punir que o Estado assumiu com a coletividade.

Não se pode admitir, sem qualquer questionamento ético, a *premiação* de um delinquente que, para obter determinada vantagem, "dedure" seu parceiro, com o qual deve ter tido, pelo menos, uma relação de confiança para empreenderem alguma atividade, no mínimo arriscada, que é a prática de algum tipo de delinquência. Estamos, na verdade, tentando falar da (i)moralidade e (in)justiça da postura assumida pelo Estado nesse tipo de premiação. Qual é, afinal, o fundamento ético legitimador do oferecimento de tal premiação? Convém destacar que, para efeito da delação premiada, não se questiona a *motivação do delator*, sendo irrelevante que tenha sido por arrependimento, vingança, ódio, infidelidade ou apenas por uma avaliação calculista, antiética e infiel do traidor-delator. *Venia concessa*, será legítimo o Estado lançar mão de meios antiéticos e imorais, como estimular a deslealdade e a traição entre parceiros, apostando em comportamentos dessa natureza para atingir resultados que sua incompetência não lhe permite através de meios mais ortodoxos? Certamente não é nada edificante estimular seus súditos a mentir, trair, delatar ou dedurar um companheiro movido exclusivamente pela ânsia de obter alguma vantagem pessoal, seja de que natureza for.

372 • Crimes contra o sistema financeiro nacional

No entanto, a despeito de todo esse questionamento ético que atormenta qualquer cidadão de bem, isto é, de boa formação moral, a verdade é que a *delação premiada* passou a ser, *via importação*, um instituto adotado em nosso direito positivo. Falando em peculiaridades diversas, lembramos que, nos Estados Unidos, o acusado – como uma testemunha – "presta compromisso de dizer a verdade" e, não o fazendo, comete crime de *perjúrio*, algo inocorrente no sistema brasileiro, em que *o acusado tem o direito de mentir*, sem que isso lhe acarrete qualquer prejuízo, conforme lhe assegura a Constituição Federal. Essa circunstância, por si só, desvirtua completamente o instituto da delação premiada, pois, descompromissado com a verdade e isento de qualquer prejuízo ao sacrificá-la, o beneficiário da delação dirá qualquer coisa que interesse às *autoridades repressoras* na tentativa de beneficiar-se com sua *mentirosa delação*, exatamente como tem ocorrido na *praxis forensis*. Essa circunstância retira eventual idoneidade que sua delação possa ter, se é que alguma delação pode ser considerada idônea.

Por outro lado, a legislação brasileira era omissa em disciplinar o *modus operandi* a ser observado na celebração desse "acordo processual". Na realidade, a práxis tem desrecomendado não apenas o instituto da delação, como também as próprias autoridades que a têm utilizado, bastando recordar, apenas para ilustrar, a hipótese do doleiro da CPI dos Correios e do ex-assessor do então Ministro Palocci, que foram interpelados e compromissados a *delatar*, na calada da noite e/ou no interior das prisões, enfim, nas circunstâncias mais inóspitas possíveis, sem lhes assegurar a presença e a orientação de um advogado, sem contraditório, ampla defesa e o devido processo legal.

Por fim, a culminância desse instituto veio a ocorrer somente com a Lei n. 13.850/2013, a qual, finalmente, acabou legislando e disciplinando a denominada *organização criminosa*. Enfim, acabou suprindo grande parte das omissões, especialmente as procedimentais, que não existam nos diplomas legais anteriores, como referimos anteriormente. Contudo, essa *delação premiada*, que ganhou a denominação eufemística de "colaboração premiada", não se confunde com a previsão constante deste art. 25, por várias razões, mas, fundamentalmente, por ser mais grave e prever *procedimento específico*, não pode retroagir. Esse diploma legal não é omisso e, assim, não há lacuna para ser preenchida, além de ter uma estrutura e finalidade bem específicas e diferentes.

A delação premiada constante do § 2º do art. 25 da Lei n. 7.492/86, acrescido pela Lei n. 9.080/95, é causa de *obrigatória* redução de pena (de um a dois terços), desde que o crime tenha sido cometido "em quadrilha ou em concurso de pessoas", e o *delator* "através de confissão espontânea revelar à autoridade policial ou judicial toda a trama delituosa terá sua pena reduzida de um a dois terços". De notar-se, ademais, que este diploma legal, ao contrário de outros (Lei n. 9.269/96, que acrescentou o § 4º no art. 168 do CP), *não condiciona a diminuição da pena à eficácia da "contribuição do delator"*, também contrariamente à previsão da Lei n. 13.850/2013. O texto legal é taxativo ao dizer que o denunciante "terá sua pena reduzida" de um a dois terços, independentemente do resultado. A *delação*, segundo está expresso no texto legal, deve ser endereçada à *autoridade policial ou judicial* (Delegado de Polícia ou Juiz de Direito), estando excluído, por conseguinte, o Órgão do Ministério Público, que, nessas infrações penais, não pode ser o destinatário da questionada delação premiada.

A despeito dessa nossa antipatia para com o instituto, já que está aí, deveria, pelo menos, condicionar à *eficácia da delação*, como ocorre, por exemplo, no crime de *extorsão mediante sequestro*, que está vinculada à efetiva libertação da vítima, ou seja, é indispensável a *relação de causa e efeito*: a libertação da vítima deve, necessariamente, decorrer da contribuição efetiva do delator. A simples *vontade*, ainda que acompanhada da ação efetiva do delator, é insuficiente para justificar a redução de pena. Em outros termos, é indispensável que a *contribuição do delator*, com sua conduta de *alcaguete*, seja eficaz no contexto em que se desenvolve o processo libertatório do ofendido. Como destaca Alberto Silva Franco, "a conduta do delator deve ser relevante do ponto de vista objetivo e voluntária, sob o enfoque subjetivo. Isso significa, de um lado, que cabe ao delator o fornecimento de dados concretos que, causal e finalisticamente, conduzam à libertação do sequestrado"[27].

A *delação premiada*, a despeito da ausência de previsão legal, até então, deve ser *voluntária*, isto é, produto da livre manifestação pessoal do delator, sem sofrer qualquer tipo de pressão física, moral ou mental, representando, em outras palavras, intenção ou desejo de abandonar o empreendimento criminoso, sendo indiferentes as razões que o levam a essa decisão. Não basta que seja voluntária, é indispensável que seja *espontânea*, por exigência do texto legal (§ 2º), ao contrário da *delação na hipótese de extorsão mediante sequestro*, em que o texto legal silencia a respeito (art. 168, § 4º): há *espontaneidade* quando a ideia inicial parte do próprio sujeito; há *voluntariedade*, por sua vez, quando a decisão não é objeto de coação moral ou física, mesmo que a ideia inicial tenha partido de outrem, como da autoridade, por exemplo, ou mesmo resultado de pedido da própria vítima. O móvel, enfim, da decisão do delator – vingança, arrependimento, inveja ou ódio – é irrelevante para efeito de fundamentar a delação premiada, desde que tenha sido espontânea, e não como a *praxis forensis* nos tem demonstrado.

A definição do *quantum* a reduzir deve vincular-se a critério objetivo que permita justificar maior ou menor redução de pena dentro dos limites estabelecidos de um a dois terços. Um dos critérios sugeridos, segundo Silva Franco[28], referindo-se à *extorsão mediante sequestro*, é o maior ou menor tempo levado

---

[27] Alberto Silva Franco, *Crimes hediondos*, p. 253.
[28] Idem, p. 251.

para a liberação do sequestrado. Mas esse pode ser apenas um dos critérios a serem considerados, havendo outros mais relevantes, como, por exemplo, a maior ou menor facilidade encontrada pela autoridade para libertar a vítima e, especialmente, a maior ou menor contribuição do delator para a libertação daquela.

Mutatis mutandis, nos *crimes financeiros*, deve-se considerar o período de tempo que referidos crimes vinham sendo praticados, a quantidade de crimes perpetrados, além da continuidade delitiva etc. Mas o critério mais importante, certamente, deveria ser (mas não é, nesse caso) a efetividade da contribuição trazida com a delação. Em síntese, a redução da pena aplicada será tanto maior quanto mais relevante for a contribuição da delação para a comprovação da autoria e da participação do delatado: maior contribuição equivale à maior redução; menor contribuição significará menor redução, mantendo-se uma autêntica proporcionalidade nessa relação de causa e efeito.

CAPÍTULO XXV
Aplicação da pena de multa nos crimes financeiros

Sumário: 1. O sistema trifásico da aplicação da pena de multa. 2. As três fases do cálculo da pena de multa. 3. Elevação até o décuplo da multa nos crimes financeiros.

1. O SISTEMA TRIFÁSICO DA APLICAÇÃO DA PENA DE MULTA

Não se pode ignorar o verdadeiro sentido da adoção, pela Reforma Penal de 1984, do *sistema dias-multa*, que não se resume à simples previsão do *dia-multa*, mas à adoção do seu próprio *sistema de aplicação da pena de multa* previsto nos arts. 49 e 60, e seus respectivos parágrafos, o qual leva em consideração, prioritariamente, a condição financeira do infrator, e não a gravidade da infração penal. De notar-se que, ao contrário da filosofia do Código Penal de 1940, os tipos penais não estabelecem mais, ao lado da pena de prisão, a quantidade mínima e máxima da pena de multa, mas tão somente se lhe é aplicável esta pena ou não. Essa é outra grande demonstração da desvinculação da pena de multa da gravidade do crime e de sua metodologia de aplicação de pena (art. 68 do CP), caso contrário, continuaria com a previsão em cada tipo penal dos limites mínimo e máximo da pena de multa. Com efeito, a criação de uma seção exclusiva, a III (arts. 49 a 52, acrescida dos arts. 58 e 60), para a cominação e aplicação da pena de multa, tem sido, equivocadamente, desprezada pela orientação que sustenta a aplicabilidade do *sistema trifásico tradicional* (art. 68) também na aplicação da pena de multa. Na realidade, a interpretação deve ser feita do conjunto de todo o Código Penal, e não, individualmente, deste ou daquele dispositivo legal, para não se perder a grande harmonia que esse diploma penal consagra.

Com efeito, o Código Penal, ao cominar a *pena de multa*, agora com caráter aflitivo, considerou *dois aspectos* absolutamente distintos: (i) *a renda média* que o condenado aufere em um dia, de um lado; e (ii) *a gravidade do*

376 • Crimes contra o sistema financeiro nacional

crime e a *culpabilidade* do agente, de outro lado[1], priorizando, contudo, aquela. Para que se possa aplicar a *pena de multa*, com equidade, sustentamos que o seu cálculo, de regra, deve ser feito em *duas fases*, ou seja, em duas operações, e, excepcionalmente, em *três fases*, aliás, semelhante à pena de prisão, cuja *terceira fase* somente ocorrerá se houver causas de aumento ou de diminuição de pena. Na Lei n. 7.492/86, dos crimes financeiros, a situação é exatamente a mesma, como demonstraremos a seguir. Na pena de multa, por sua vez, somente haverá a terceira fase se o valor da *multa* resultante da segunda fase for considerado *insuficiente* em razão das condições socioeconômicas do infrator, sem qualquer relação com a gravidade do crime, pois nisso reside o *sistema trifásico da aplicação da pena de multa*, devendo-se adotar os seus próprios critérios. Repetindo, na *primeira fase* deve ser encontrada a *quantidade de dias-multa* (art. 49, *caput, do CP*), também na hipótese dos crimes financeiros; na *segunda fase* deverá ser encontrado o *valor do dia-multa* (art. 49, § 1º); e, por fim, na *terceira fase* – se for necessário –, o julgador poderá elevar o valor do *dia-multa* até o triplo (art. 60, § 1º), com exceção dos crimes financeiros, pois há previsão expressa que autoriza sua elevação, excepcionalmente, até o décuplo (art. 33 da Lei n. 7.492/86.

O *legislador da lei especial* comete um *erro de referência* quando, para elevar a pena de multa aplicável até o décuplo, menciona o § 1º do art. 49 do Código Penal, afirmando que "o limite a que se refere o § 1º do art. 49 do Código Penal, aprovado pelo Decreto-lei nº 2.848, de 7 de dezembro de 1940, pode ser estendido até o décuplo, se verificada a situação nele cogitada". Na realidade, referido parágrafo apenas estabelece os limites do valor do dia-multa, que "não pode ser inferior a um trigésimo do maior salário mínimo, nem superior a cinco vezes esse salário", e não a sua elevação (art. 49, § 1º, do CP). A rigor, faltou um mínimo de atenção do legislador e seus "jurisconsultos" para observar os dispositivos legais adotados como referência. O legislador pretendeu, na verdade, referir-se ao § 1º do art. 60 do Código Penal, o qual, este sim, autoriza a elevação do valor da multa até o triplo, "se o juiz considerar que, em virtude da situação econômica do réu, é ineficaz, embora aplicada no máximo".

Contudo, trata-se de *erro consertável*, sem que se possa falar em violação do texto legal, pois errou o alvo, mas acertou a *mens legislatoris*, por isso, a nosso juízo, pode-se admitir *a elevação da multa até o décuplo, desde que tenha "se verificado a situação nele cogitada"*. Trata-se, portanto, de uma *possibilidade vinculada* que, necessariamente, precisa ser observada e respeitada, pois não se trata de discricionariedade do julgador e muito menos da pretensão acusatória.

---

[1] Antonio Beristain, La multa penal y administrativa, *Anuario de Derecho Penal y Ciencias Penales*, n. 28, 1975, p. 378.

2. AS TRÊS FASES DO CÁLCULO DA PENA DE MULTA

Assim, destacamos *as três fases* de aplicação da pena de multa, no sistema dias-multa adotado pela Reforma Penal de 1984, devendo-se enfatizar que não foi apenas uma mudança do sistema antigo pelo *dia-multa*, mas, a rigor, a adoção de um novo sistema, o denominado *sistema-dias multa*, com sua própria metodologia de aplicação e dosimetria da pena de multa. Vejamos, a seguir, cada uma dessas três fases do cálculo (dosimetria) da pena de multa.

Primeira fase: estabelece-se o *número ou quantidade de dias-multa* dentro do limite estabelecido de 10 a 360 dias-multa (art. 49). Na escolha desse número, deve-se levar em conta a gravidade do crime, em respeito ao *princípio da proporcionalidade*, visto que não há mais a cominação individual para cada crime, como ocorria no sistema anterior. Deve-se, por outro lado, considerar ainda a culpabilidade, os antecedentes, a conduta social, a personalidade, os motivos, as circunstâncias e as consequências do crime, bem como todas as circunstâncias legais, inclusive as majorantes e minorantes, nessa fixação. Nesse aspecto, a aplicação da pena de *multa* diferencia-se da pena de prisão. Aqui, o critério para a pena de multa é outro. Nesse sentido, também é o magistério de dois grandes doutrinadores, especialistas em matéria de aplicação de pena, quais sejam, Juarez Cirino dos Santos e Sérgio Salomão Shecaira, os quais, como nós, sustentam que, para encontrar adequadamente a quantidade de dias-multa aplicável, o julgador deve considerar nessa primeira fase as agravantes e atenuantes, bem como as causas especiais de aumento e diminuição da pena, ao lado das circunstâncias judiciais[2].

Ou seja, nessa *primeira fase*, examinam-se as circunstâncias judiciais do art. 59, as agravantes e atenuantes (da 2ª fase da pena de prisão), bem como as majorantes e minorantes, se existirem (que seriam da 3ª fase da pena de prisão). Tudo somente para encontrar a *quantidade de dias-multa*, entre 10 e 360, previstos no *caput* do art. 49 do CP. Imaginemos, nesta primeira fase, em um *cálculo hipotético*, um crime de corrupção ativa praticado por um rico empresário, ou seja, com grande capacidade de pagamento. Pela gravidade do crime e demais circunstâncias, podemos aplicar *cem dias-multa*, hipoteticamente falando.

Segunda fase: nesta *fase* do cálculo da pena de multa, deverá ser encontrado somente o *valor* de cada dia-multa, e, nessa oportunidade, o julgador valorará somente *as condições econômico-financeiras* do sentenciado, dando-lhes especial importância, segundo determinação do *caput* do art. 60. Com efeito, nesta fase, não se deverão valorar *circunstâncias judiciais, agravantes e causas de aumento*,

---

[2]   Juarez Cirino Santos, *Direito penal* – parte geral, 2. ed., Rio de Janeiro: Lumen Juris, 2007, p. 54; Sérgio Salomão Shecaira e Alceu Corrêa Junior, *Teoria da Pena*. São Paulo: Revista dos Tribunais, 2002, p. 286.

pois elas já foram consideradas, na primeira fase, para fixar a *quantidade* de dias-multa a ser aplicada em eventual sentença condenatória. Merece destaque aqui que todos os aspectos que se referem ao crime propriamente, gravidade, circunstâncias, inclusive quanto ao infrator, já foram considerados na primeira fase, ou seja, na fixação da quantidade de dias-multa.

Assim, de posse da quantidade *de dias-multa* obtida na *primeira fase,* examinando os dados supramencionados, passa-se, nesta *segunda fase,* ao exame dos aspectos necessários para fixar o *valor de cada dia-multa,* nos limites estabelecidos no § 1º do art. 49, já referido. Enfim, para a fixação do *valor* do dia-multa, leva-se em consideração, tão somente, *a situação econômica* do acusado e sua capacidade de pagamento, pois a gravidade do crime e a culpabilidade do agente e demais circunstâncias já foram valoradas na primeira operação (primeira fase) para fixar a quantidade de dias-multa.

Para a verificação da *real situação financeira* do apenado, especialmente o quanto ganha por dia, o magistrado poderá determinar diligências para apurar com mais segurança a verdadeira situação do infrator, para se evitar a aplicação de pena exorbitante, algumas vezes (para o pobre), e irrisória e desprezível, outras vezes (para o rico). Dessa forma, atende-se à previsão do ordenamento jurídico-penal, que determina que se leve em conta, *principalmente,* e não *exclusivamente,* a situação econômica do acusado.

Assim, no caso hipotético que imaginamos na primeira fase – empresário rico e corruptor –, pode-se, em tese, examinando bem a situação econômica e a proporcionalidade, aplicar o valor máximo do dia-multa, previsto em cinco salários mínimos, consoante disposto no § 1º do art. 49 do CP. Dessa forma, nessas duas fases chega-se a 500 salários mínimos, que atinge, nas circunstâncias imaginadas, um bom valor, ou seja, mais de 500 mil reais.

Não havendo, contudo, elementos probatórios necessários, nos autos, para permitir que a fixação do valor do dia-multa se afaste do mínimo legal, qual seja, um trigésimo do salário mínimo, como prevê o Código Penal, essa pena deverá ser fixada no mínimo legal, ou próximo do seu valor mínimo, dependendo das condições econômico-financeiras do acusado.

Terceira fase: finalmente, esta fase somente poderá ocorrer quando, por exemplo, mesmo aplicando o valor *do dia-multa* no máximo previsto, qual seja, cinco salários mínimos, o juiz constate que, *em virtude da situação econômica do acusado*, não é suficiente para puni-lo adequadamente. Nesses casos, na hipótese dos crimes previstos no *Código Penal* e demais crimes da *legislação especial,* que não tenham previsão expressa em sentido contrário, poderá ser elevada até o triplo, segundo previsão do § 1º art. 60 do CP, *ajustando-a ao fato e ao agente de acordo com sua condição econômica.* Observa-se, no entanto, que existem algumas leis extravagantes que cominam penas mais elevadas, mesmo violando as previsões do Código Penal, e, nesses casos, deve-se atendê-las, ante o *princípio da especialidade* (art. 12 do CP), que é respeitado por este Código Penal.

Aplicação da pena de multa nos crimes financeiros • 379

Continuando no cálculo da pena de *dias-multa* que imaginamos, na primeira e segunda fases, aqui, considerando que foi aplicado *cem dias multa*, e, na segunda fase, foi fixado o valor de cinco salários mínimos o *dia-multa*, mas como se trata de rico empresário e a necessidade de maior valor do dia-multa, em consideração ao poder econômico-financeiro do acusado, e também respeitando o *princípio da proporcionalidade*, pode-se elevar o valor do dia-multa até o triplo, aplicando o limite máximo permitido da pena imaginada, pois, na hipótese formulada, referida multa atingiria o valor de 1.500 (mil e quinhentos) salários mínimos, que convenhamos, trata-se de um valor bem elevado, que ultrapassa a um milhão e meio de reais. Não é multa para qualquer cidadão, não. Mas, lembrando que se poderia, por exemplo, aumentar somente em 20%, ou até metade, ou dobrá-la, quando as circunstâncias econômico-financeiras do condenado recomendarem, a critério do julgador. Elevar até o triplo representa a possibilidade do valor máximo da pena de multa aplicável.

Aliás, aplicando-se o máximo de dias-multa possível (360), bem como o valor máximo do *dias-multa*, que é de cinco salários mínimos, e na hipótese de elevação até o triplo (art. 60, § 1º), ou seja, abstratamente considerada, pode-se chegar até a 5.400 salários mínimos de multa). Observa-se, por outro lado, que existem algumas leis extravagantes que cominam penas mais elevadas, mesmo violando as normas gerais do Código Penal, contudo, deve-se atendê-las, ante o *princípio da especialidade*, ressalvadas no art. 12 deste Código.

Nesta terceira fase, é bom que se destaque, não há nenhum fundamento legal para se acrescer dias-multa na sanção imposta na primeira fase; portanto, relativamente à quantidade de dias-multa, não pode ser elevada, por falta de previsão legal. A quantidade de dias-multa, repetindo, somente pode ser fixada na primeira fase da dosimetria penal, nos termos do art. 49, *caput*, do CP, cujo limite máximo é de 360 dias-multa, como já demonstramos anteriormente.

3. ELEVAÇÃO ATÉ O DÉCUPLO DA MULTA NOS CRIMES FINANCEIROS

Nos *crimes financeiros*, como se constata, há previsão expressa (art. 33) para a elevação (extensão) da pena de multa até o décuplo, nos seguintes termos: "Na fixação da pena de multa aos crimes previstos nesta lei, o limite a que se refere o § 1º do art. 49 do Código Penal, aprovado pelo Decreto-lei nº 2.848, de 7 de dezembro de.1940, pode ser estendido até o décuplo, se verificada a situação nele cogitada".

Constata-se que a elevação da pena de multa no diploma legal especial condicionou, corretamente, à previsão constante no Código Penal. O *caput* do art. 60 do Código Penal, por sua vez, determina que "na fixação da pena de multa o juiz deve atender, principalmente, à *situação econômica do réu*". Ou seja, não importa o valor do eventual dano ou prejuízo ocasionado pela infração penal, pois o que fundamenta a elevação ou a *extensão* da multa encontrada na segunda fase da dosimetria da pena de multa (§ 1º do art. 49) é a *situação econômica do réu*" (art. 60), isto é, a sua capacidade de pagamento. No entanto, esta Lei n. 7.492/86 prevê expressamente (art. 33) que deve ser observada a previsão do Código Penal, e "se verificada a situação nele cogitada". E, segundo previsão do Código Penal, "se o juiz considerar que, em virtude da situação econômica do réu, é ineficaz, embora aplicada no máximo", a multa pode ser elevada até o triplo (art. 60, § 1º, do CP).

Por isso, concluindo, é irrelevante o eventual montante do dano ou prejuízo decorrido da infração penal, o parâmetro e fundamento da elevação da pena de multa é a *situação econômica* do acusado e sua *capacidade de pagamento*, nos termos do § 1º do art. 60 do Código Penal.

Segunda Parte

CRIMES CONTRA O MERCADO DE CAPITAIS

Lei n. 6.385, de 7-12-1976

CAPÍTULO I
Manipulação do mercado de capitais

Sumário: 1. Considerações preliminares sobre os crimes contra o mercado de capitais. **2.** Alterações e atualizações da Lei n. 13.506/2017. **3.** O bem jurídico tutelado. **4.** Sujeitos ativo e passivo deste crime. **5.** Fraude civil e fraude penal: ontologicamente sem distinção. **6.** Tipo objetivo: adequação típica. **6.1.** Com o fim de obter vantagem indevida ou lucro para si ou para outrem, ou causar dano a terceiros. **6.2.** Semelhança do fim especial dos crimes de estelionato e de manipulação do mercado de capitais. **6.3.** Obtenção de vantagem ilícita em prejuízo alheio: elemento normativo do tipo. **7.** Vantagem ilícita: irrelevância da natureza econômica. **8.** Concurso formal e material de manipulações do mercado. **8.1.** Considerações preliminares. **8.2.** Sistemas de aplicação da pena. **8.3.** Espécies de concurso de crimes. **8.3.1.** Concurso material. **8.3.2.** Concurso formal. **8.3.3.** Crime continuado. **8.3.4.** Teorias do crime continuado. **8.4.** Requisitos do crime continuado. **8.5.** Crime continuado específico. **8.6.** A (ir)retroatividade no crime continuado. **8.7.** Dosimetria da pena no concurso de crimes. **8.8.** Concurso de crimes de manipulações do mercado de capitais. **9.** Tipo subjetivo: adequação típica. **9.1.** Elementos subjetivos especiais do tipo: com o fim de obter vantagem indevida ou lucro, para si ou para outrem, ou causar dano a terceiros. **10.** Consumação e tentativa. **11.** Classificação doutrinária. **12.** Penas e ação penal.

Manipulação do Mercado

Art. 27-C. Realizar operações simuladas ou executar outras manobras fraudulentas destinadas a elevar, manter ou baixar a cotação, o preço ou o volume negociado de um valor mobiliário, com o fim de obter vantagem indevida ou lucro, para si ou para outrem, ou causar dano a terceiros: (Redação dada pela Lei n. 13.506, de 2017).

Pena – reclusão, de 1 (um) a 8 (oito) anos, e multa de até 3 (três) vezes o montante da vantagem ilícita obtida em decorrência do crime. (Incluído pela Lei n. 10.303, de 31.10.2001)

---

1. CONSIDERAÇÕES PRELIMINARES SOBRE OS CRIMES CONTRA O MERCADO DE CAPITAIS

Os antecedentes mais remotos da criminalização de fraudes e abusos praticados em sociedades por ações são do século XIX, mais precisamente de uma lei francesa de 4 de julho de 1867, que somente foi substituída um século depois, em 1966. A repressão a esse tipo de *fraude* também foi objeto de preocupação de outras legislações europeias, especialmente na Itália e na Alemanha, que inseriram disposições específicas em seus Códigos Comerciais ou Civis, em leis especiais ou mesmo nos Códigos Penais. Nesse sentido, Juliano Breda destacou que *algumas formas de manipulação do mercado* foram tipificadas como crime "desde o ano de 1832, pela Lei n. 3.150, de 4 de novembro, e posteriormente no Código Penal de 1890, nas disposições do art. 340 do Código Penal"[1]. Desse último dispositivo (art. 340 do Código Penal de 1890), convém destacar o inciso 3º: "Art. 340. Incorrerão nas penas de prisão cellular por um a quatro annos e multa (...): 3º *Os administradores que por qualquer artifício promoverem falsas cotações das ações*". Era uma figura de crime próprio dos administradores.

Essa matéria foi introduzida no Brasil pela Lei n. 3.150, de 3 de novembro de 1882, que foi alterada pelo Decreto n. 164, de 1890, o qual acabou inspirando o Código Penal republicano, do mesmo ano. "A legislação penal nessa matéria foi modificada com o advento da lei sobre sociedade por ações, o DL n. 2.627, de 26 de setembro de 1940 (arts. 167-172). O CP de 1940, no art. 177, reproduziu, praticamente sem alterações, o que se continha nos arts. 168 e 171 do Dec. 2.627. A disposição do art. 167, n. 8, que o CP não incorporara, ficou tacitamente revogada, pois a nova lei cuidou integralmente da matéria. As contravenções dos arts. 169 e 170 do DL n. 2.627 estão revogadas com advento da nova lei sobre sociedade por ações (Lei 6.404/76)"[2].

Após outras normas com disposições semelhantes (Decreto-Lei n. 869/38 e Decreto-Lei n. 2.627/40), o Código Penal de 1940 contemplou uma figura de *manipulação do mercado* em seu art. 177, § 1º, II, com tipo de *fraudes e abusos na administração de sociedade por ações*, punível com a pena de um a quatro anos de reclusão e multa: "Incorrem na mesma pena, *se o fato não constitui crime contra a economia popular*: [...] II – *o diretor, o gerente ou o fiscal que promove, por qualquer artifício, falsa cotação das ações ou de outros títulos da sociedade*". Como se vê, a norma incriminadora condicionava sua incidência à não configuração de um tipo específico de crime contra a economia popular, conforme já comentamos a respeito no Capítulo XXIV do volume 3 de nosso *Tratado de Direito Penal*[3], edição de 2022.

---

[1]   Cezar Roberto Bitencourt e Juliano Breda, *Crimes contra o sistema financeiro nacional & contra o mercado de capitais*, p. 341.

[2]   Heleno Cláudio Fragoso, *Lições de direito penal*, v. 1, p. 514.

[3]   Cezar Roberto Bitencourt, *Tratado de direito penal*, 18. ed., São Paulo: Saraiva, 2022, v. 3, p. 372 e s.

A Lei de Economia Popular (Lei n. 1.521/51) criminalizava uma série de condutas que também podem se adequar a vários dos tipos contidos no art. 177 e seus incisos. Deve-se ter muita cautela para constatar, *in concreto*, qual dos dois diplomas legais deve ser aplicado. O critério sugerido pela doutrina, de modo geral, é o de aplicar a Lei de Economia Popular sempre que a sociedade for *organizada mediante subscrição pública*, apresentando cunho nitidamente popular[4]. Acreditamos, no entanto, que somente o casuísmo poderá nos indicar a norma aplicável, questão que, a nosso juízo, deve ser solucionada pelo conflito aparente de normas.

O legislador de 1940 tratou, no art. 177, das fraudes e abusos na fundação e administração de sociedades por ações, que, como já mencionamos, são reguladas pela Lei n. 6.404/76, que é a lei especial mencionada pelo Código Civil de 2002, em seu art. 1.089. Essa Lei n. 6.404/76, no entanto, a chamada Lei das Sociedades Anônimas, não continha matéria criminal, que continuou a ser disciplinada no art. 177 do Código Penal. No *caput* desse dispositivo, trata-se da *fraude na constituição da sociedade por ações*, ao passo que nos incisos do § 1º se cuida das fraudes praticadas no funcionamento de tais sociedades. A Lei n. 6.385/76 criou a *Comissão de Valores Mobiliários*, atribuindo-lhe competência para fiscalizar e inspecionar as sociedades por ações abertas, aplicando penalidades pelos atos ilegais de administradores e acionistas. Finalmente, a Lei n. 10.303/2001 criou os conhecidos *crimes contra o mercado de capitais*, que, por fim, receberam, digamos, certo polimento técnico-jurídico com a redação atribuída a esses crimes pela Lei n. 13.506/2017, que, de certa forma, enxugou o texto dos três artigos – 27-C, 27-E e 27-C –, os quais tinham redação extremamente prolixa e que examinaremos a seguir. A redação anterior do art. 27-C era menos objetiva, aliás, sem exagero, era extremamente prolixa, mas, finalmente, acabou recebendo melhor redação por este último diploma legal supracitado, nos seguintes termos: "Art. 27-C. Realizar operações simuladas ou executar outras manobras fraudulentas destinadas a elevar, manter ou baixar a cotação, o preço ou o volume negociado de um valor mobiliário, com o fim de obter vantagem indevida ou lucro, para si ou para outrem, ou causar dano a terceiros. (Redação dada pela Lei n. 13.506, de 2017)".

Constata-se, no entanto, que a *essência* da redação anterior foi mantida, inclusive a cominação de penas, sendo suprimidos somente dois aspectos relevantes da redação anterior, quais sejam, "a finalidade de alterar artificialmente o regular funcionamento dos mercados de valores mobiliários em bolsa de valores, de mercadorias e de futuros", bem como "no mercado de balcão ou no mercado de balcão organizado". Contudo, a *finalidade de alteração*, artificialmente ou não, e a localização *da negociação,* "no mercado de balcão" ou não,

---

[4]   Nelson Hungria, *Comentários ao Código Penal*, v. 7, p. 284; Heleno Cláudio Fragoso, *Lições de direito penal*, cit., v. 1, p. 516.

estão implícitas na nova redação atribuída a esse art. 27-C. Punia-se, *pela redação dessa lei,* a conduta que violasse, em geral, a *regularidade do funcionamento do mercado de capitais,* com o objetivo de obter *vantagem indevida ou causar dano.* Não especificava, contudo, as formas de lesão ao funcionamento do mercado de capitais, mas exigia dois *elementos subjetivos especiais cumulativos*: o objetivo de alterar o funcionamento do mercado (genericamente) e o de obter vantagem ou causar dano. Nesse sentido já destacou Juliano Breda[5] ao comentar esse tipo penal ainda com a redação anterior, *verbis:* "O tipo penal da manipulação do mercado criou elementos subjetivos para além do dolo de fraudar. Foram instituídos em um mesmo tipo penal três elementos subjetivos do tipo, dois obrigatoriamente concomitantes: 1) finalidade de alterar artificialmente o regular funcionamento dos mercados de valores mobiliários em bolsa de valores, de mercadorias e de futuros, no mercado de balcão organizado e 2) (a) com o fim de obter vantagem indevida ou lucro, para si ou para outrem, ou 2) (b) causar dano a terceiros".

Com o novo enunciado (Lei n. 13.506/2017), ficam mais precisas as características da ação típica, de realizar *operações simuladas* ou *executar outras manobras fraudulentas* destinadas a *elevar, manter ou baixar a cotação, o preço ou o volume negociado de um valor mobiliário.* Não se trata, portanto, de alteração ao funcionamento regular do mercado, genericamente considerada, mas de *uma forma especial de ofensa,* bem delimitada: fraude voltada a *elevar, manter* ou *baixar* a *cotação,* o *preço* ou o *volume negociado* do *valor mobiliário.* Mantém-se, de toda sorte, o *elemento subjetivo especial* consistente na finalidade de obter vantagem indevida ou lucro, para si ou para outrem, ou de causar dano a terceiros.

2. ALTERAÇÕES E ATUALIZAÇÕES DA LEI N. 13.506/2017

A Lei n. 6.385/76, repita-se, criou a *Comissão de Valores Mobiliários,* atribuindo-lhe competência para fiscalizar e inspecionar as sociedades por ações abertas, aplicando penalidades pelos atos ilegais de administradores e acionistas. O legislador de 1940 trata, no art. 177, das fraudes e abusos na fundação e administração de sociedades por ações, que, como já mencionamos, são reguladas pela Lei n. 6.404/76, que é a lei especial mencionada pelo Código Civil de 2002, em seu art. 1.089. A Lei n. 6.404/76, no entanto, a chamada *Lei das Sociedades Anônimas,* não contém matéria criminal, que continuou a ser disciplinada no art. 177 do Código Penal. No *caput* daquele dispositivo, trata-se da fraude na constituição da sociedade por ações, ao passo que nos incisos do § 1º se cuida das fraudes praticadas no funcionamento de tais sociedades. Finalmente, a Lei n. 10.303/2001 criou os conhecidos *crimes contra o mercado de capitais,* que, por fim, receberam, digamos, certo polimento técnico-jurídico com a

---

[5]   Cezar Roberto Bitencourt e Juliano Breda, *Crimes contra o sistema financeiro nacional & contra o mercado de capitais,* 3. ed., São Paulo: Saraiva, 2013, p. 312.

redação da Lei n. 13.506/2017, que, de certa forma, enxugou o texto dos três artigos – 27-C, 27-E e 27-C –, os quais tinham uma redação extremamente prolixa e que examinaremos a seguir.

Com a nova redação atribuída a este art. 27-C pela Lei n. 13.506/2017, o conteúdo desse tipo penal ficou mais claro, bem como as elementares constitutivas da conduta de realizar *operações simuladas* ou *executar outras manobras fraudulentas* destinadas a *elevar, manter ou baixar a cotação, o preço ou o volume negociado de um valor mobiliário, com os fins especiais* ali descritos. Não se trata de alteração profunda na tipificação dos crimes próprios do mercado de capitais, na definição do funcionamento do mercado de capitais. Conseguiu, enfim, dar uma *forma mais concisa, objetiva e direta* do conteúdo proibitivo contido nos três artigos que tipificam os *crimes contra o mercado mobiliário*.

Mantém, contudo, dois elementos subjetivos especiais da ilicitude do comportamento tipificado neste art. 27-C, consistentes na finalidade de obter vantagem indevida ou lucro, para si ou para outrem, ou de causar dano a terceiros. Esse crime de *manipulação do mercado de valores mobiliários*, a exemplo dos outros dois, também foi criado pela Lei n. 10.303/2001, que os acrescentou na Lei n. 6.385/76. Enfim, a Lei n. 13.506/2017, reafirmando, supriu a falta de clareza e objetividade da redação anterior. Como demonstramos em nossas considerações iniciais, o crime de *manipulação do mercado* de capitais ganhou nova definição, ou melhor, sofreu uma redefinição conceitual, sem significativa mudança estrutural, pela redação determinada por este último diploma legal. A rigor pode-se afirmar que o legislador fez uma "limpeza linguística" do texto anterior, desidratando-o, de certa forma, posto que era excessivamente prolixo, desordenado, disforme e um tanto quanto complexo. Recebeu, finalmente, uma redação enxuta, em linguagem direta e objetiva, como convém a um texto legal, principalmente em matéria de direito penal material. O novo texto facilita sua compreensão e aplicação no cotidiano jurídico, considerando-se que suas elementares típicas ficaram claras, precisas e objetivas, sem as ambiguidades anteriores, tendo faltado somente uma melhor adequação das penas cominadas, principalmente deste artigo.

Aliás, Cândido Albuquerque e Sérgio Rebouças[6] chamam atenção para a grande elasticidade entre o mínimo e o máximo da pena cominada a esse tipo penal. Aliás, contra essa metodologia usual e equivocada do legislador contemporâneo, temos feito consistentes e persistentes críticas quanto à adoção dessa política criminal equivocada, *in caso*, com pena mínima de um ano de reclusão e máxima de oito anos. No particular, invocam política criminal semelhante à adotada recentemente no ordenamento jurídico espanhol. Nesse sentido, observam Albuquerque e Rebouças o seguinte:

---

[6] Albuquerque e Rebouças, *Crimes contra o sistema financeiro e contra o mercado de capitais*, no prelo.

Manipulação do mercado de capitais • 389

A título de referência, cumpre mencionar recente reforma do Código Penal espanhol, operada pela Lei Orgânica nº 1/2019 e orientada pela transposição da Diretiva nº 2014/57 da União Europeia, em que se fixou o marco penal de 6 (seis) meses a 6 (seis) anos de privação de liberdade, vinculado à manipulação do mercado (art. 284, Código Penal espanhol). Essa reforma elevou substancialmente a pena aplicável ao crime análogo no Direito Penal espanhol (a pena anterior era de seis meses a dois anos) e, como observa Martínez-Buján Pérez, "veio confirmar definitivamente a natureza supraindividual do bem jurídico, sustentada também pela moderna doutrina e pela jurisprudência"[7]. O tipo penal no sistema espanhol, a propósito, é mais complexo e extenso que o seu correspondente na lei brasileira[8].

Façamos, a seguir, o exame técnico-dogmático dessas infrações penais, iniciando por este tipo penal.

---

[7] Carlos Martínez-Buján Pérez, *Derecho penal económico y de la empresa*: parte especial, 6. ed., Valencia: Tirant lo Blanch, 2019, p. 360.

[8] Veja-se, em particular, o art. 284, 1, especialmente o 3º do Código Penal espanhol, alterado pela Lei Orgânica n. 1/2019: "Artículo 284. 1. Se impondrá la pena de prisión de seis meses a seis años, multa de dos a cinco años, o del tanto al triplo del beneficio obtenido o favorecido, o de los perjuicios evitados, si la cantidad resultante fuese más elevada, e inhabilitación especial para intervenir en el mercado financiero como actor, agente o mediador o informador por tiempo de dos a cinco años, a los que: 1º Empleando violencia, amenaza, engaño o cualquier otro artificio, alterasen los precios que hubieren de resultar de la libre concurrencia de productos, mercancías, instrumentos financieros, contratos de contado sobre materias primas relacionadas con ellos, índices de referencia, servicios o cualesquiera otras cosas muebles o inmuebles que sean objeto de contratación, sin perjuicio de la pena que pudiere corresponderles por otros delitos cometidos. 2º Por sí, de manera directa o indirecta o a través de un medio de comunicación, por medio de internet o mediante el uso de tecnologías de la información y la comunicación, o por cualquier otro medio, difundieren noticias o rumores o transmitieren señales falsas o engañosas sobre personas o empresas, ofreciendo a sabiendas datos económicos total o parcialmente falsos con el fin de alterar o preservar el precio de cotización de un instrumento financiero o un contrato de contado sobre materias primas relacionado o de manipular el cálculo de un índice de referencia, cuando obtuvieran, para sí o para tercero, un beneficio, siempre que concurra alguna de las siguientes circunstancias: a) que dicho beneficio fuera superior a doscientos cincuenta mil euros o se causara un perjuicio de idéntica cantidad; b) que el importe de los fondos empleados fuera superior a dos millones de euros; c) que se causara un grave impacto en la integridad del mercado. 3º *Realizaren transacciones, transmitieren señales falsas o engañosas, o dieren órdenes de operación susceptibles de proporcionar indicios falsos o engañosos sobre la oferta, la demanda o el precio de un instrumento financiero, un contrato de contado sobre materias primas relacionado o índices de referencia, o se aseguraren, utilizando la misma información, por sí o en concierto con otros, una posición dominante en el mercado de dichos instrumentos o contratos con la finalidad de fijar sus precios en niveles anormales o artificiales, siempre que concurra alguna de las siguientes circunstancias: a) que como consecuencia de su conducta obtuvieran, para sí o para tercero, un beneficio superior a doscientos cincuenta mil euros o causara un perjuicio de idéntica cantidad; b) que el importe de los fondos empleados fuera superior a dos millones de euros; c) que se causara un grave impacto en la integridad del mercado"*.

390 • Crimes contra o mercado de capitais

3. O BEM JURÍDICO TUTELADO

O bem jurídico inicialmente protegido é o patrimônio, particularmente daqueles que investem em sociedades abertas, isto é, tutela-se o patrimônio dos acionistas contra a organização e a administração fraudulenta e abusiva das sociedades por ações. O interesse dos acionistas apresenta-se por meio de um conjunto de princípios que se pode resumir como veracidade e autenticidade das informações, dados, números sobre a constituição, funcionamento e administração da sociedade, integridade do capital social e funcionamento correto do mercado de título mobiliário, e, finalmente, atuação correta de administradores e fiscais no interesse da sociedade. Todos esses aspectos, em outros termos, constituem, abstratamente, o patrimônio do acionista. Convém destacar a absoluta insuficiência do combate, sob o aspecto criminal, ao excessivo número de fraudes praticadas, quer na constituição, quer na administração das sociedades de capital aberto e especialmente no mercado mobiliário. Os mecanismos que se têm criado para reprimir os abusos e preservar os interesses dos acionistas em geral e, particularmente, dos minoritários estão longe de satisfazer as necessidades mercadológicas.

Os bens jurídicos tutelados, a partir deste dispositivo legal, mais precisa e objetivamente, são, inegavelmente, *estabilidade, transparência e segurança do mercado de valores mobiliários* no respectivo mercado de capitais, impedindo sua alteração ou modificação de forma artificial por qualquer pessoa. Eventual desiquilíbrio artificial desse mercado, causado por qualquer manipulador, pode atingir níveis preocupantes, causando gravíssimas consequências. O *bem jurídico* aqui tutelado não se limita ao regular funcionamento de valores mobiliários, e tampouco somente investidores ou aplicadores de pequenas poupanças, mas tutela a própria economia nacional como um todo. Aliás, a *manipulação indevida ou irregular* do preço das cotações pode atingir a própria sociedade[9] e, inclusive, levar suas ações a *ostentarem no mercado um valor irreal*. A cotação dos valores mobiliários deve ser, necessariamente, formada pelo *livre exercício* decorrente do correto, puro e seguro exercício independente *da oferta e da procura*. Essa cotação deverá, necessariamente, refletir o conteúdo das informações disponíveis sobre referidos ativos. Para Juliano Breda, "a tutela é dirigida à manutenção da integridade do mercado, no sentido de se evitar a profusão de operações simuladas ou manobras fraudulentas com o fim específico de alterar o regular fluxo dos fatos condicionantes da livre informação dos preços dos valores mobiliários. De outro lado, a proteção tem como função garantir a confiança dos participantes, mantendo a expectativa de que as operações e os investimentos serão realizados no âmbito de um mercado informado pela integridade e transparência"[10].

---

[9] A hipótese pode ocorrer, obviamente, nas situações em que a manipulação não for produzida por vontade própria de seus administradores.

[10] Cezar Roberto Bitencourt e Juliano Breda, *Crimes contra o sistema financeiro nacional & contra o mercado de capitais*, 3. ed., São Paulo: Saraiva, 2013. p. 360.

Abordando essa mesma temática, Albuquerque e Rebouças[11] definem o *bem jurídico* dessa figura típica nos seguintes termos:

> O bem jurídico tutelado, de caráter supraindividual, é a integridade e a higidez do funcionamento do mercado de capitais. Trata-se da regularidade e da transparência na formação dos preços dos valores mobiliários negociados nesse mercado. A conduta manipuladora afeta, em particular, os padrões de interação normal entre os agentes participantes do mercado, regidos pela lógica da oferta e da procura e turbados pela alteração artificial de preços. Tutela-se o sistema de livre concorrência[12], em uma dimensão coletiva, como vetor essencial também do mercado de capitais, já que é esse sistema que possibilita a regular formação de cotações e preços.

Subscrevemos integralmente essa definição dos professores cearenses, sempre muito lúcidos e precisos em suas concepções jurídico-penais.

4. SUJEITOS ATIVO E PASSIVO DESTE CRIME

O crime de *manipulação do mercado de capitais*, como *crime comum*, pode ser praticado por qualquer pessoa, sem exigência ou necessidade de qualquer qualidade ou condição especial. Referido crime, a despeito de alguma semelhança, não se confunde com o *crime contra o sistema financeiro, de gestão fraudulenta de instituição financeira*, que é considerado por parte da doutrina como *crime próprio*. No entanto, a doutrina especializada e a jurisprudência são praticamente unânimes em reconhecer que essa figura constitui um *crime comum* e, como tal, não exige qualquer qualidade ou condição especial para o sujeito ativo desse crime. A título puramente ilustrativo, destacaremos apenas alguns dos doutrinadores alinhados na definição deste como crime *comum*, não exigindo *qualidade ou condição especial do sujeito ativo* para a sua prática. Nesse sentido, por todos, afirma Juliano Breda que:

> O crime de *manipulação do mercado de capitais*, tal como definido pelo art. 27-C, é *comum*, ou seja, pode ser praticado por qualquer pessoa, pois não exige qualquer qualidade especial do sujeito ativo. Talvez o intérprete procure estabelecer uma inevitável comparação com a Lei n. 7.492, que expressamente prevê os agentes com potencial domínio do fato sobre as operações financeiras. A conduta, por exemplo, de *gestão fraudulenta de instituição financeira*, que guarda íntima relação com a manipulação do mercado, sempre foi compreendida como crime próprio[13].

---

[11] Cândido Albuquerque e Sérgio Rebouças, *Crimes contra o sistema financeiro nacional e contra o mercado de capitais*, no prelo.

[12] Carlos Martínez-Buján Pérez, *Derecho penal económico y de la empresa: parte especial*, p. 357.

[13] Cezar Bitencourt & Juliano Breda, *Crimes contra o sistema financeiro nacional e contra o mercado de capitais*, p. 362.

Sujeito passivo, por sua vez, é o titular do bem jurídico tutelado contra incriminação, quando identificado concretamente que foi exatamente quem sofreu o dano decorrente da conduta praticada. No entanto, nesta modalidade de crime, regra geral, o *interesse tutelado é coletivo* e, por consequência, o sujeito passivo é o próprio Estado, pois, como afirmamos, a credibilidade, a transparência e a regularidade do funcionamento do *mercado de valores mobiliários* são interesses que estão acima da individualidade, transcendem, portanto, os simples interesses individuais dos agentes financeiros envolvidos e dos próprios investidores. Com efeito, nos crimes em que se tutelam *interesses coletivos*, o Estado, regra geral, é o *sujeito passivo* desses crimes, como é o caso desse tipo de infração penal. Nesses casos, só secundariamente podem ser sujeitos passivos os indivíduos eventualmente lesados com o crime de "manipulação do mercado de capitais".

5. FRAUDE CIVIL E FRAUDE PENAL: ONTOLOGICAMENTE SEM DISTINÇÃO

Examinando essa matéria, em seu tempo, Nelson Hungria estabeleceu a seguinte distinção entre ilícito penal e ilícito civil, nos seguintes termos: "*Ilícito penal* é a violação da ordem jurídica, contra a qual, pela sua *intensidade* ou *gravidade*, a única sanção adequada é a pena, e *ilícito civil* é a violação da ordem jurídica, para cuja debelação bastam as sanções atenuadas da indenização, da execução forçada ou *in natura*, da restituição ao *status quo ante*, da breve prisão coercitiva, da anulação do ato, etc."[14] (grifos do original). Não era outra a orientação da clássica doutrina italiana do início do século XX. Embora reconhecendo a impossibilidade de um *critério de lógica pura* na classificação do *ilícito*, Manzini afirmava que o *ilícito* em geral é a violação do *mínimo ético*, o ilícito penal é a violação do *mínimo do mínimo ético*. Ora, há fatos não imorais que, no entanto, o direito positivo define como crimes. Demonstrada, assim, a impraticabilidade de uma *distinção ontológica* entre o *injusto penal* e o civil, pelo menos em face do direito positivo, o único critério discriminativo aceitável é o relativo ou contingente, não fixável *a priori*, da suficiência ou insuficiência das sanções não penais.

Comerciar é a *arte de negociar*, de tirar vantagem econômica do negócio ou qualquer transação que se realize; esse aspecto encerra um jogo de inteligência, de astúcia, uma espécie de brincadeira de esconde-esconde, donde resultou a expressão popular de que "o segredo é a alma do negócio". Em outros termos, é normal, nas transações comerciais ou civis, certa dose de malícia entre as

---

[14] Nelson Hungria, *Comentários ao Código Penal*, 3. ed., Rio de Janeiro: Forense, 1967, v. 7, p. 178.

partes, que, com habilidade, procuram ocultar eventuais deficiências de seu produto para, assim, realizar um negócio mais lucrativo ou vantajoso. Não era outro o entendimento de Magalhães Noronha, que reconhecia: "Se assim não fosse, raro seria o negócio ou a transação em que se não divisaria fraude punível, pois, neles, são frequentes os pequenos ardis, os ligeiros artifícios, os leves expedientes visando a resultado rendoso"[15]. A questão fundamental é, afinal, quando essa malícia ou habilidade ultrapassa os limites do moralmente legítimo para penetrar no campo do ilícito, do proibido, do engodo ou da indução ao erro?

Na verdade, a *ilicitude* começa quando se extrapolam os limites da "malícia" e se utilizam o engano e o induzimento a erro para a obtenção de vantagem, em prejuízo de alguém. No entanto, nessas circunstâncias, se estiver caracterizado o engano, a burla, ainda assim pode configurar-se não mais que a *fraude civil*, que terá como consequência a anulação do "contrato", com as respectivas perdas e danos. Heleno Fragoso[16] destacava um exemplo muito elucidativo: "Se alguém vende um automóvel, silenciando sobre defeito essencial (por exemplo: quebra da transmissão), isto será uma fraude civil, que anulará o contrato. Se alguém, todavia, vende um automóvel sem motor, iludindo o adquirente, praticará um estelionato, ou seja, uma fraude penal". Com efeito, atos maliciosos de comércio que não atingem o nível de burla, embora irregulares, não constituem estelionato, para o qual é insuficiente a habitual sagacidade do mundo dos negócios.

Afinal, como e quando se distingue a *fraude civil* da *fraude penal*? Há diferença essencial entre uma e outra? Existem critérios seguros para apurá-las modernamente?

Doutrina e jurisprudência, por um longo tempo, debateram-se na tentativa de encontrar critérios seguros que permitissem detectar a distinção entre as espécies ou a natureza da fraude. Carmignani, retrocedendo à concepção romana, afirmou que na fraude penal deveria existir grande perversidade e impostura. A famosa teoria *mise-en-scène*, atribuída a um autor alemão, foi desenvolvida pelos franceses e recepcionada por Carrara (§ 2.344). Para os defensores dessa concepção, a fraude civil pode revestir-se de simples mentira ou silêncio, enquanto a fraude penal exigiria determinada artificiosidade para ludibriar a vítima. Essa teoria também perdeu atualidade e adeptos, pois a distinção da natureza da fraude não reside apenas no meio ou modo de execução[17].

---

[15] Magalhães Noronha, *Direito penal*, v. 2, p. 380.

[16] Heleno Cláudio Fragoso, *Lições de direito penal*, v. 1, p. 446.

[17] Heleno Cláudio Fragoso, *Lições de direito penal*, v. 1, p. 447: "Outros autores consideravam fraude penal a que fosse capaz de iludir o diligente pai de família (*Giuliani*), ou aquela que consistisse em artifícios fraudulentos, de modo a constituir coação às faculdades intelectivas do lesado (*Mittermaier*). *Merker* e *Puglia* limitavam a fraude penal às hipóteses em que não fosse possível a reparação do dano, e *Geib* invocava o cuidado e a precaução que comumente se põem nas transa-

Após demorada enumeração de teorias, Nelson Hungria acaba concluindo: "O critério que nos parece menos precário é o que pode ser assim fixado: há quase sempre fraude penal quando, relativamente idôneo (*sic*) o meio iludente, se descobre, na investigação retrospectiva do fato, a ideia preconcebida, o propósito *ab initio* da frustração do equivalente econômico. Tirante tal hipótese de ardil grosseiro, a que a vítima se tenha rendido por indesculpável inadvertência ou omissão de sua habitual prudência, o *inadimplemento preordenado* ou *preconcebido* é talvez o menos incerto dos sinais orientadores na fixação de uma linha divisória nesse terreno *contestado* da fraude..."[18].

Várias teorias, enfim, objetivas e subjetivas, pretenderam explicar a distinção entre as duas espécies de fraudes – civil e penal. Os argumentos, no entanto, não apresentaram suficientes e convincentes conteúdos científicos que embasassem as conclusões que sugeriam, levando a moderna doutrina a recusá-las. Na verdade, não há diferença ontológica entre *fraude civil* e *fraude penal*, sendo insuficientes todas as teorias que – sem negar-lhes importância – procuraram estabelecer *in abstracto* um princípio que as distinguisse com segurança; não se pode, responsavelmente, firmar *a priori* um juízo definitivo sobre o tema. Fraude é fraude em qualquer espécie de *ilicitude* – civil ou penal –, repousando eventual diferença entre ambas tão somente em seu *grau de intensidade*.

Na fraude civil objetiva-se o lucro do próprio negócio, enquanto na fraude penal se visa o "lucro" ilícito. A inexistência de *dano civil* impede que se fale em prejuízo ou dano penal[19]. Essa distinção, além de complexa, não é nada pacífica. Não há *critério científico* que, abstrata ou concretamente, distinga, com segurança, uma fraude da outra! Concluindo, somente razões político-criminais podem justificar a separação, em termos de direito positivo, entre fraude civil e fraude penal. Essa seleção, mesmo objetivando atender ao interesse social, não pode adequar-se a um padrão abstrato de irretocável conteúdo e segurança científicos. Por isso, o máximo que se pode tolerar é a fixação de critérios elucidativos que permitam uma segura opção do aplicador da lei.

6. TIPO OBJETIVO: ADEQUAÇÃO TÍPICA

O texto anterior foi enxugado pela Lei n. 13.506/2017, dando-lhe a seguinte redação, *verbis*: "realizar operações simuladas ou executar outras manobras fraudulentas destinadas a elevar, manter ou baixar a cotação, o preço ou o volume negociado de um valor mobiliário, com o fim de obter vantagem inde-

---

ções, ensinando que a fraude penal seria somente aquela capaz de iludir a prudência ordinária da vítima".

[18] Nelson Hungria, *Comentários ao Código Penal*, v. 7, p. 191.

[19] José Frederico Marques, Estelionato, ilicitude civil e ilicitude penal, *RT*, 560:286.

vida ou lucro, para si ou para outrem, ou causar dano a terceiros". Com efeito, repita-se, com uma linguagem direta, o legislador suprimiu da nova redação os termos destacados em itálico que mantivemos em nota de rodapé puramente para efeito comparativo. Foram mantidos, contudo, *dois fins especiais* do tipo penal, quais sejam: (1) "destinadas a elevar, manter ou baixar a cotação, o preço ou o volume negociado de um valor mobiliário"; e (2) "com o fim de obter vantagem indevida ou lucro, para si ou para outrem, ou causar dano a terceiros", os quais serão examinados adiante em tópicos específicos. Constata-se que foi claramente suprimida uma *terceira finalidade* do texto alterado, qual seja, "com a finalidade de alterar artificialmente o regular funcionamento dos mercados de valores mobiliários em bolsa de valores, de mercadorias e de futuros". Pois bem, essa finalidade específica não mais existe, como elementar constitutiva dessa conduta incriminada. Indiscutivelmente, a nova redação é mais adequada, mais clara, mais objetiva e mais precisa, permitindo melhor compreensão e análise do seu conteúdo típico. Dessa forma, foi suprimida da redação remanescente a *finalidade* que era destinada a elevar, manter ou baixar a cotação, o preço ou o volume negociado, *no mercado de balcão ou no mercado de balcão organizado* de um valor mobiliário, com o fim de obter vantagem indevida ou lucro, para si ou para outrem, ou causar dano a terceiros.

Entende-se por *mercado de capitais* o âmbito de operações com valores mobiliários, entre as quais se identificam a oferta pública de ações e debêntures (mercado primário) e as atividades de compra e venda desses títulos em bolsa ou mercado de balcão (mercado secundário). A proteção ao patrimônio individual de investidores e empresas é somente reflexa, mediata e não essencial para o aperfeiçoamento desse tipo penal. O que *justifica a incriminação especial* é uma exigência supraindividual e coletiva de proteção à estabilidade do próprio mercado de capitais como mecanismo fundamental da ordem econômico-financeira do país. Para a tutela de interesses patrimoniais concretos já existe a incriminação geral.

José Cândido de Bitencourt Albuquerque e Sérgio Rebouças[20] sintetizam o significado típico de "fraude destinada à alteração de preços", nos seguintes termos:

> O significado típico de fraude destinada à alteração de preços expressa a intervenção de um propósito, de uma resolução ou deliberação particular do agente. A fraude não se destina por si própria à manipulação do mercado, senão quando o agente a orienta nessa direção. Não basta, portanto, a idoneidade da fraude para causar algum dano à integridade do mercado, que é um elemento objetivo necessário, mas não suficiente. A exigência típica é de que a conduta fraudulenta seja destinada (propósito do sujeito ativo) a manipular o mercado pela elevação, manutenção ou redução de preço, cotação ou volume negociado de um valor mobiliário. Cuida-se, assim, de um elemento subjetivo especial do injusto, caracterizador, na espécie, de crime for-

---

[20] Cândido de Albuquerque e Sérgio Rebouças, *Crimes contra o sistema financeiro e contra o mercado de capitais*, no prelo.

mal[21]: não se exige a efetiva ocorrência da alteração artificial, bastando a manobra fraudulenta dirigida a essa finalidade.

A rigor, na execução dessa figura típica, o agente, para realizar suas pretensões ilícitas, adota uma *postura fraudulenta* objetivando enganar os investidores, com *alterações artificiais do mercado mobiliário*, e, para tanto, vale-se de *meios ardilosos*, empregando artifícios[22] ou quaisquer outros meios fraudulentos. *Artifício* é toda simulação ou dissimulação idônea para induzir alguém a erro, levando-a à percepção de uma falsa aparência da realidade; *ardil* é a trama, o estratagema, a astúcia. Pode, inclusive, utilizar-se de qualquer meio fraudulento para conseguir alterar artificialmente o mercado mobiliário, desde que suficientemente idôneo para enganar potenciais investidores.

Trata-se de *fraude* com destinação específica, qual seja, *elevar, manter ou baixar a cotação*, preço ou o volume negociado de determinado valor mobiliário. A conduta tipificada não é apenas a de *alterar artificialmente cotação, preço ou volume negociado* de valores mobiliários, mas a de *adotar uma conduta fraudulenta* destinada a elevar, manter ou baixar a cotação, o preço ou o volume negociado. Cândido Albuquerque e Sérgio Rebouças[23] sintetizam a definição desse *modus operandi*, nos seguintes termos:

> *Fraude* é o artifício, ardil ou outro meio apto a enganar, iludir, ludibriar. O tipo fixa a *operação simulada* como espécie de fraude. *Operação* é o ato ou transação praticada no mercado de capitais, como, por exemplo, a oferta, a emissão e a negociação de ações ou outros valores mobiliários no mercado primário ou no mercado secundário. Operação *simulada* é a que se apresenta sob forma disfarçada e ilusória, não correspondente à realidade. Pode-se identificar operação simulada, por exemplo, em diversos atos fictícios de compra e venda de ações preferenciais de uma companhia entre empresas e fundos de investimento do mesmo grupo empresarial, com o objetivo de elevar o preço da ação. Em fórmula de interpretação analógica, a norma estende a incriminação a "outras manobras fraudulentas", além da operação simulada.

---

[21] Nesse sentido: TRF3, 5ª Turma, ApCrim 67.229, rel. Des. Fed. Anddré Nekatschalow, j. em 6-2-2017, *DJ* de 10-2-2017.

[22] Guilherme de Souza Nucci estabelece com precisão essa distinção: "*Artifício*: é a astúcia, esperteza, manobra que implica em engenhosidade. Ex.: o sujeito, dizendo-se representante de uma instituição de caridade conhecida, fazendo referência ao nome de pessoas conhecidas que, de fato, dirigem a mencionada instituição, consegue coletar contribuição da vítima, embolsando-a. [...] *Ardil*: é também artifício, esperteza, embora na forma de armadilha, cilada ou estratagema. No exemplo dado anteriormente, o agente prepara um local com a aparência de ser uma agência de venda de veículos, recebe o cliente (vítima), oferece-lhe o carro, recebe o dinheiro e, depois, desaparece. Trata-se de um ardil" (Guilherme de Souza Nucci, *Código Penal comentado*, p. 562).

[23] Albuquerque e Rebouças, *Crimes contra o sistema financeiro e contra o mercado de capitais*, no prelo.

É indispensável, contudo, que o *meio fraudulento* utilizado seja suficientemente *idôneo* para atingir o objetivo a que se propõe, no caso, de efetivamente conseguir *alterar*, como deseja, a cotação e negociação do mercado mobiliário e, dessa forma, enganar e ludibriar os investidores nesse mercado. Porém, não se pode ignorar que a *inidoneidade do meio* pode ser relativa ou absoluta: em sendo relativamente inidôneo o meio fraudulento para alterar a cotação do mercado mobiliário, poderá configurar-se tentativa desse crime. Tratando-se, porém, de *inidoneidade absoluta* do meio utilizado, tratar-se-á de crime impossível, por absoluta ineficácia do meio empregado (art. 17 do CP). Esse tipo penal incrimina a conduta de *realizar operações simuladas ou executar outras manobras fraudulentas*. Cuida-se de *fraude* com destinação específica, qual seja, de *elevar, manter ou baixar a cotação, o preço ou o volume negociado* de determinado valor mobiliário. A conduta tipificada, no entanto, como destacam Albuquerque e Rebouças[24], "não é apenas a de alterar artificialmente cotação, preço ou volume negociado de valores mobiliários, mas a de adotar uma conduta fraudulenta destinada a elevar, manter ou baixar a cotação, o preço ou o volume negociado".

6.1. Com o fim de obter vantagem indevida ou lucro para si ou para outrem, ou causar dano a terceiros

A construção tipológica desse crime de "manipulação do mercado de capitais", qual seja, "realizar operações simuladas ou executar outras manobras fraudulentas", é semelhante àquela do "crime de estelionato" previsto no Código Penal, cujo *elemento subjetivo especial do injusto* é "obter vantagem ilícita, em prejuízo alheio, mediante artifício, ardil, ou qualquer outro meio fraudulento". Pois o elemento subjetivo especial do tipo deste crime de "manipulação do mercado de capitais" é similar àquele do crime de estelionato, qual seja, "com o fim de obter vantagem indevida ou lucro, para si ou para outrem, ou causar dano a terceiros". Em ambos os crimes a *fraude* assemelha-se, isto é, têm basicamente a mesma forma de agir, ou seja, as condutas tipificadas são movidas pela fraude, pela ganância, *visando a obtenção de lucro em prejuízo* às respectivas vítimas. Em ambas as figuras penais existem as ações enganosas ou fraudulentas, visando a obtenção de vantagens ilícitas e a utilização de meios fraudulentos para a sua consecução. Assim, observando os meios fraudulentos utilizados, as ações enganosas realizadas e, principalmente, os fins almejados por ambos os crimes, constata-se que guardam grande identificação. A única diferença substancial entre ambos os crimes reside na amplitude ou abrangência do campo de incidência, sendo que o *crime de manipulação de capitais limita-se ao mercado de capitais, enquanto o crime de estelionato pode ocorrer em qualquer circunstância e em qualquer setor da sociedade, inclusive no âmbito do mercado de capitais.*

---

[24] Albuquerque e Rebouças, *Crimes contra o sistema financeiro e contra o mercado de capitais*, no prelo.

Em outros termos, tanto em um crime como no outro, a ação do agente *objetiva enganar, ludibriar* alguém para *obter vantagem indevida* como resultado de sua *ação fraudulenta, ou causar-lhe prejuízo*. No crime de *estelionato*, o legislador especifica melhor os *meios fraudulentos* ao adotar o termo genérico "ou qualquer outro meio fraudulento", enquanto no *crime de manipulação do mercado de capitais* utiliza a locução genérica "ou outra manobra fraudulenta", ou seja, ambos os crimes admitem *qualquer meio ou manobra fraudulenta* para enganar a vítima ou para *alterar artificialmente o mercado mobiliário*. Não houvesse essa previsão legal específica, hipoteticamente falando, poder-se-ia, inclusive, cogitar-se de aplicar no caso concreto a incidência do crime de estelionato na manipulação do mercado de capitais mobiliários, porque outra coisa não é senão, *mutatis mutandis*, uma espécie *sui generis* de "estelionato" no mercado de capitais. Ou, dito de outra forma, para a execução de ambos os tipos penais, inclusive no *mercado de capitais mobiliários*, o agente age *enganando, ludibriando* ou *manipulando* o mercado de capitais e, para isso, o agente pode utilizar ou empregar *artifícios, ardis* ou quaisquer *meios* ou manobras *fraudulentas para enganar e causar prejuízo a outrem* (terceiros).

Artifício é toda *simulação* ou *dissimulação idônea* para enganar, ludibriar ou induzir uma pessoa a erro, levando-a à percepção de uma *falsa aparência da realidade; ardil* é a trama, o estratagema, a astúcia; *qualquer outro meio fraudulento* ou *outra manobra fraudulenta* são fórmulas genéricas para admitir qualquer espécie de fraude ou de meio que possa enganar alguém. Com essas expressões genéricas, torna-se desnecessária a precisão conceitual de *artifício* e *ardil*, que são meramente exemplificativos da *fraude penal*. No entanto, apenas para ilustrar, Guilherme de Souza Nucci[25] estabelece com precisão essa distinção: "*Artifício*: é a astúcia, esperteza, manobra que implica em engenhosidade. Ex.: o sujeito, dizendo-se representante de uma instituição de caridade conhecida, fazendo referência ao nome de pessoas conhecidas que, de fato, dirigem a mencionada instituição, consegue coletar contribuição da vítima, embolsando-a. [...] *Ardil*: é também artifício, esperteza, embora na forma de armadilha, cilada ou estratagema. No exemplo dado anteriormente, o agente prepara um local com a aparência de ser uma agência de venda de veículos, recebe o cliente (vítima), oferece-lhe o carro, recebe o dinheiro e, depois, desaparece. Trata-se de um ardil". Significa, pode-se afirmar, que, se o Ministério Público imputar a prática do fato delituoso mediante *artifício* e, ao final, a prova dos autos demonstrar que se trata de ardil, não haverá nenhum *prejuízo* para a defesa e tampouco se poderá afirmar que o *Parquet* pecou por desconhecimento técnico-dogmático.

É indispensável que o *meio fraudulento* seja suficientemente *idôneo* para enganar a vítima. A *inidoneidade do meio*, no entanto, pode ser relativa ou absoluta: sendo relativamente inidôneo o *meio fraudulento* para enganar a vítima, poderá configurar-se a *tentativa*; contudo, se a inidoneidade for absoluta,

---

[25] Guilherme de Souza Nucci, *Código Penal comentado*, p. 562.

tratar-se-á de *crime impossível*, por absoluta ineficácia do meio empregado. Contudo, aqui reside uma distinção, não acreditamos que, regra geral, seja possível a tentativa no crime de manipulação do mercado de capitais, ressalvada, evidentemente, a hipótese de *idoneidade relativa do meio empregado*.

6.2. Semelhança do fim especial dos crimes de estelionato e de manipulação do mercado de capitais

O *fim* ou *finalidade especial*, tanto no crime de *estelionato* como no crime de *manipulação do mercado de captais*, é semelhante, praticamente igual, qual seja, o de enganar, ludibriar, induzir a erro *para obter lucro ou vantagem indevida*. Assim como é igualmente semelhante a consequência ou *finalidade* de ambos os crimes. No *estelionato*, objetivando "obter *vantagem ilícita* em prejuízo alheio"; na *manipulação de capitais*, objetivando "obter *vantagem indevida* ou *lucro* ou *causar dano* a terceiros". *Obter vantagem ilícita* (no estelionato) e *obter vantagem indevida ou lucro* (na manipulação de capitais) equivalem-se, como elementares normativas nos dois crimes, o que torna ambos os *crimes fraudulentos*. Por outro lado, "em prejuízo alheio" (no estelionato) e "ou causar dano a terceiros" (na manipulação do mercado de capitais) são, igualmente, elementares normativas que se equivalem, assemelham-se, e ambos têm o mesmo resultado material em prejuízo da vítima.

Em outros termos, *referidas elementares* nos dois crimes são tão parecidas ou equivalentes que se poderia concluir que o crime de "manipulação de capitais mobiliários" não deixa de ser uma espécie *sui generis* de *estelionato* praticado no âmbito do *"mercado de capitais mobiliários"*. Constituem, em outros termos, infrações penais da mesma natureza. Inegavelmente, a *manipulação do mercado mobiliário* também induz ou mantém o mercado ou o aplicador em erro. Enfim, na indução ou manutenção dos investidores em erro (vítimas em potencial), qual seja, realizar operações simuladas ou executar outras manobras fraudulentas, com o fim de obter vantagem indevida ou lucro, para si ou para outrem, ou causar dano a terceiros, sendo similar ao enunciado do crime de estelionato, qual seja, obter, para si ou para outrem, vantagem ilícita, em prejuízo alheio, induzindo ou mantendo em erro – em ambos os crimes – "mediante qualquer meio fraudulento". Nesses crimes visa-se a *obtenção de vantagens ilícitas ou indevidas em prejuízo de terceiros, visivelmente inocentes*. Dito de outra forma, a *obtenção da vantagem* ou proveito ilícito decorre da circunstância de o agente *induzir* a vítima ao *erro* ou de *mantê-la* no estado de erro em que se encontra, inclusive no crime de "manipulação do mercado de capitais". Enfim, é possível que o agente provoque a incursão da vítima em erro ou apenas se aproveite

400 • Crimes contra o mercado de capitais

dessa situação em que a vítima se encontra, seja "manipulando o mercado de capitais", seja induzindo ou mantendo alguém em erro, na hipótese do estelionato. De qualquer sorte, nas duas modalidades de crimes obtém-se vantagem mediante fraude, enganando as vítimas na "manipulação de capitais mobiliários" e no "estelionato", que são "irmãos siameses".

A essência nuclear da *finalidade* da conduta criminosa descrita no art. *27-C* é, por excelência, a *obtenção de vantagem indevida ou lucro em prejuízo alheio* e está representada pelo verbo "obter", derivado de obtenção, que significa conseguir *proveito* ou *vantagem indevida* (ilícita) em razão de *engano* provocado pela alteração artificial do mercado, que tipifica o *crime de manipulação de capitais mobiliários.* Como na hipótese do *crime de estelionato,* ambos, como já destacamos, têm *finalidades* ou objetivos semelhantes, ou seja, *enganar alguém* (investidor ou qualquer cidadão) para obter vantagens indevidas ou ilícitas, causando-lhes prejuízos. Para a configuração do *estelionato,* é indispensável, para consumar-se, que o agente obtenha proveito indevido em prejuízo alheio. Exige o tipo penal a produção de dupla consequência, qual seja, a *obtenção de vantagem ilícita* e o *prejuízo alheio.* Na hipótese do *crime de manipulação do mercado de capitais mobiliários,* igualmente, para a sua configuração é necessário que vise a obtenção *de vantagem indevida ou lucro,* bem como a *possibilidade* de resultar da ação do agente a *causação de dano* a terceiros pela *alteração artificial do mercado de ações,* embora, para sua consumação, não seja necessário que este último ocorra.

Nessa fase final, qual seja, *na consumação,* ambos os crimes distanciam-se, isto é, diferem um do outro, porque o crime de *estelionato* é um crime sabidamente de resultado, enquanto a *manipulação do mercado mobiliário* é um *crime de mera conduta,* cujas finalidades não transcendem o plano formal ou moral, não sendo indispensável a produção efetiva de resultado. Com efeito, a tipificação da *obtenção de vantagem indevida* e a ocorrência de *alteração efetiva ou regular do funcionamento do mercado mobiliário* foi constituída com *especiais momentos de ânimo motivadores* ou *caracterizadores do crime,* os quais não precisam se concretizar para se configurar, para se consumar.

Deve-se destacar, por outro lado, a *duplicidade de nexo causal* e consequências formais da ação no crime de *manipulação do mercado de capitais,* as quais não precisam repercutir materialmente como resultado concreto. A *duplicidade de nexo causal* está representada pela *dupla relação de causa e efeito:* num primeiro momento, funciona a *fraude* como *causa,* e o *engano* decorrente do ardil, como *efeito;* no momento subsequente, o *erro* consequente do engano, como *causa,* e a obtenção da *vantagem indevida* e o dano patrimonial correspondente, como *efeito* ou consequência, esses dois últimos representando a segunda duplicidade que referimos; embora não se necessite verificar estes últimos para a consumação do crime. Trata-se, com efeito, de *crime formal*, uma vez que, para se consumar a *manipulação do mercado mobiliário*, não se exige, *in concreto*, a obtenção de *vantagem ilícita*, de um lado, e a ocorrência efetiva de um *prejuízo* para a vítima, de outro, sendo indispensável, contudo, que tais finalidades sejam o móvel da ação delituosa, *como elementos subjetivos especiais do injusto*, que não precisam, necessariamente, se concretizar. A ausência de qualquer desses resultados, indispensáveis para a consumação no crime de estelionato, *não descaracteriza o crime de manipulação do mercado mobiliário*, que, ao contrário daquele, não exige a ocorrência efetiva do resultado material para se consumar.

A vantagem não precisa, necessariamente, encerrar natureza econômica, bastando que seja *indevida*. Pode, por exemplo, consistir em um lucro, como especificado no tipo, ou em outro benefício. Como assinala Juliano Breda:

> A manipulação [...] pode gerar o proveito econômico ao agente, consubstanciado nos lucros advindos da operação ilícita ou, ainda, alguma vantagem indevida, que pode, inclusive, estar caracterizada na *manipulação* feita com o fim de diminuir os prejuízos de determinada posição acionária. Exemplo: o agente possui um lote "x" de ações, comprado a 100. Esse valor vem apresentando uma queda sucessiva no mercado ou possui uma expectativa de queda e, então, o agente emprega manobras simuladas com o fim de manter o valor ou aumentá-lo, vendendo, por exemplo, a 99[26].

6.3. Obtenção de vantagem ilícita em prejuízo alheio: elemento normativo do tipo

A conduta nuclear, por excelência, está representada pelo verbo "obter", isto é, conseguir proveito ou vantagem ilícita em razão de *engano* provocado no ofendido. Para a configuração do estelionato, é indispensável que o agente obtenha proveito indevido em prejuízo alheio. Exige o tipo penal a produção de dois elementos subjetivos especiais (obtenção de vantagem ilícita e prejuízo alheio), que examinaremos logo a seguir.

Estamos diante de um crime que apresenta grande complexidade estrutural tipológica, pela riqueza de elementos objetivos, normativos e subjetivos que o compõem, destacando-se, de plano, a duplicidade de nexo causal e de elementos subjetivos especiais. A *duplicidade de nexo causal* está representada por dupla relação de causa e efeito; num primeiro momento, funciona a fraude como *causa*, e o engano decorrente do ardil, como *efeito*; no momento subsequente, o erro consequente do engano, como *causa*, e a obtenção da vantagem indevida

---

[26] Cezar Roberto Bitencourt e Juliano Breda, *Crimes contra o sistema financeiro nacional & contra o mercado de capitais*, p. 344-345.

e o dano patrimonial correspondente[27], como *efeito* (esses dois representando a segunda duplicidade). Trata-se, com efeito, de *crime de resultado duplo*, uma vez que, para se consumar, exige a obtenção de *vantagem ilícita*, de um lado, e a ocorrência efetiva de um *prejuízo* para a vítima, de outro. A ausência de qualquer desses elementos pode descaracterizar o crime consumado, restando, em princípio, a eventual possibilidade da figura da tentativa.

Vantagem ilícita é todo e qualquer *proveito* ou benefício contrário à ordem jurídica, isto é, não permitido por lei. A *obtenção da vantagem ilícita*, ao contrário do que ocorre nos crimes de furto e de apropriação indébita, é *elemento constitutivo* do crime de manipulação do mercado mobiliário. A simples *imoralidade* da vantagem é insuficiente para caracterizar essa elementar típica. *Prejuízo alheio*, por sua vez, significa perda, dano, diminuição de lucro ou de patrimônio, pertencente a outrem. À *vantagem ilícita* deve corresponder, simultaneamente, um *prejuízo alheio*; a ausência de qualquer dos dois descaracteriza o crime. Na ausência dessa correspondência, isto é, se o sujeito ativo obtiver a vantagem ilícita, mas não causar prejuízo a terceiro, faltará a elementar típica "em prejuízo alheio". Nessa hipótese, não se pode afirmar que houve o crime consumado; faz-se necessário que se examine a possibilidade teórica da ocorrência da tentativa. Contudo, a ausência de prejuízo, por si só, não é suficiente para caracterizar a figura tentada, ao contrário do entendimento esposado por Damásio de Jesus, quando se referia ao crime de estelionato[28].

Na verdade, somente a casuística pode oferecer-nos com mais segurança a resposta correta, mas, de plano, pode-se assegurar que é indispensável, nesses casos, examinar se a não ocorrência de *prejuízo alheio* foi provocada por *causas estranhas à vontade do agente* (art. 14, II). Ora, se esse elemento da tentativa não estiver presente, não se pode falar na figura tentada desse crime.

7. VANTAGEM ILÍCITA: IRRELEVÂNCIA DA NATUREZA ECONÔMICA

Embora discordemos do entendimento que sustentava Heleno Fragoso, convém destacar sua coerência doutrinário-dogmática, mantendo a mesma orientação ao examinar duas elementares semelhantes: *qualquer vantagem* – na extorsão mediante sequestro (art. 159) – e *vantagem ilícita* – no estelionato (art. 171); para Fragoso, tanto numa quanto noutra hipótese "a vantagem há de ser econômica". Na primeira, dizia, "embora haja aqui uma certa imprecisão da lei, é evidente que o benefício deve ser de ordem econômica ou patrimonial, pois

---

[27] Nesse sentido, Paulo José da Costa Jr., *Comentários ao Código Penal*, p. 524; Luiz Regis Prado, *Curso de direito penal brasileiro*, v. 2, p. 501.

[28] Damásio de Jesus, *Direito penal*, v. 1, p. 427.

de outra forma este seria apenas um crime contra a liberdade individual"[29]; na segunda, relativamente ao estelionato, mantendo sua coerência tradicional, pontificava: "por *vantagem ilícita* deve entender-se qualquer utilidade ou proveito de ordem patrimonial, que o agente venha a ter em detrimento do sujeito passivo sem que ocorra justificação legal"[30].

Essa *correção metodológico-interpretativa*, porém, não constitui unanimidade na doutrina nacional, merecendo, ainda que exemplificativamente, ser examinada. Com efeito, Magalhães Noronha, examinando o crime de "extorsão mediante sequestro", professava: "O Código fala em *qualquer* vantagem, não podendo o adjetivo referir-se à *natureza* desta, pois ainda aqui, evidentemente, ela há de ser, como no art. 158, *econômica*, sob pena de não haver razão para o delito ser classificado no presente título"[31]. No entanto, o mesmo Magalhães Noronha, em sua análise da elementar vantagem ilícita, contida no crime de "estelionato", parece ter esquecido que essa infração penal também está classificada no Título dos Crimes contra o Patrimônio, ao asseverar que: "Essa vantagem pode não ser econômica, e isso é claramente indicado por nossa lei, pois, enquanto que, na extorsão, ela fala em indevida vantagem econômica, aqui menciona apenas a vantagem ilícita. É, aliás, opinião prevalente na doutrina"[32]. Nessa linha de Magalhães Noronha, com posição não muito clara, Luiz Regis Prado, na atualidade, referindo-se à "extorsão mediante sequestro", leciona: "No que tange à *vantagem* descrita no tipo, simples interpretação do dispositivo induziria à conclusão de que não deva ser necessariamente econômica. Contudo, outro deve ser o entendimento. De fato, a extorsão está encartada entre os delitos contra o patrimônio, sendo o delito-fim, e, no sequestro, apesar de o próprio tipo não especificar a natureza da vantagem, parece indefensável entendimento diverso"[33]. Em relação ao "estelionato", referindo-se à elementar *vantagem ilícita*, Regis Prado sustenta: "Prevalece o entendimento doutrinário de que a referida vantagem não necessita ser econômica, já que o legislador não restringiu o seu alcance como o fez no tipo que define o crime de extorsão, no qual empregou a expressão *indevida vantagem econômica*"[34].

Constata-se que, ao contrário de Heleno Fragoso, que manteve interpretação coerente, Magalhães Noronha e Regis Prado adotam entendimento contraditório, na medida em que, em situações semelhantes – "qualquer vantagem" e "vantagem ilícita" –, adotam soluções díspares, como acabamos de ver. Exami-

---

[29] Heleno Cláudio Fragoso, *Lições de direito penal*, v. 1, p. 367.

[30] Idem, p. 452.

[31] Magalhães Noronha, *Direito penal*, v. 2, p. 287.

[32] Idem, p. 390.

[33] Luiz Regis Prado, *Curso de direito penal brasileiro*, v. 2, p. 413.

[34] Idem, p. 501.

nando o mesmo tema, no crime de "extorsão mediante sequestro", fizemos a seguinte afirmação: "Preferimos, contudo, adotar outra orientação, sempre comprometida com a segurança dogmática da tipicidade estrita, naquela linha que o próprio Magalhães Noronha gostava de repetir de que 'a lei não contém palavras inúteis', mas que também não admite – acrescentamos nós – a inclusão de outras não contidas no texto legal. Coerente, jurídica e tecnicamente correto o velho magistério de Bento de Faria, que pontificava: 'A vantagem – exigida para restituição da liberdade ou como preço do resgate, pode consistir em dinheiro ou qualquer outra utilidade, pouco importando a forma da exigência'[35]. Adotamos esse entendimento[36], pelos fundamentos que passamos a expor. [...] Curiosamente, no entanto, na descrição desse tipo penal – *extorsão mediante sequestro* –, contrariamente ao que fez na constituição do crime anterior (extorsão), que seria, digamos, o tipo matriz do 'crime extorsivo', o legislador brasileiro não inseriu na descrição típica a elementar normativa *indevida vantagem econômica*. Poderia tê-la incluído; não o fez. Certamente não terá sido por esquecimento, uma vez que acabara de descrever tipo similar, com sua inclusão (art. 158). Preferiu, no entanto, adotar a locução 'qualquer vantagem', sem adjetivá-la, provavelmente para não restringir seu alcance".

Por tudo isso, em coerência com o entendimento que esposamos sobre a locução "qualquer vantagem", que acabamos de transcrever, sustentamos que a *vantagem ilícita* elementar do crime de estelionato, pelas mesmas razões, não precisa ser necessariamente de natureza econômica. O argumento de que a natureza econômica da vantagem é necessária, pelo fato de o estelionato estar localizado no Título que disciplina os crimes contra o patrimônio, além de inconsistente, é equivocado. Uma coisa não tem nada a ver com a outra: os crimes contra o patrimônio protegem a inviolabilidade patrimonial da sociedade em geral e da vítima em particular, o que não se confunde com a vantagem ilícita conseguida pelo agente. Por isso, não é a *vantagem* obtida que deve ter natureza econômica; o *prejuízo* sofrido pela vítima é que deve ter essa qualidade.

O *prejuízo alheio*, além de patrimonial, isto é, economicamente apreciável, deve ser real, concreto, não podendo ser meramente potencial. *Prejuízo*, destacava Magalhães Noronha[37], é sinônimo de dano, e, como o crime é contra o patrimônio, esse dano há de ser patrimonial. Aqui se justifica essa interpretação, pois está de acordo com o bem jurídico tutelado. Elucidativo, nesse particular, o magistério de Sebastian Soler[38]: "Prejuízo patrimonial não quer dizer somente prejuízo pecuniário: a disposição tomada pode consistir na entrega de uma soma em dinheiro, de uma coisa, móvel ou imóvel, de um direito e também de

---

[35] Bento de Faria, *Código Penal brasileiro comentado*, v. 5, p. 63.
[36] Cezar Roberto Bitencourt, *Código Penal comentado*, p. 763.
[37] Magalhães Noronha, *Direito penal*, v. 2, p. 391.
[38] Sebastian Soler, *Derecho Penal argentino*, Buenos Aires: TEA, 1951, p. 356.

um trabalho que se entenda retribuído, ou de um serviço tarifado. Pode também consistir na renúncia a um direito que positivamente se tem. Deve tratar-se, em todo caso, de um valor economicamente apreciável, sobre o qual incida o direito de propriedade no sentido amplo em que tal direito é entendido pela lei penal".

Por fim, a *vantagem* tem de ser *injusta*, ilegal, indevida. Se for justa, estará afastada a figura do estelionato, podendo configurar, em tese, exercício arbitrário das próprias razões (art. 345 do CP). Quando a lei quer limitar a espécie de vantagem, usa o elemento normativo *indevida, injusta, sem justa causa, ilegal*, como destacamos em inúmeras passagens deste trabalho. Assim, havendo a *fraude* para enganar e obter vantagem ilícita, para si ou para outrem, não importa a natureza (econômica ou não). Contudo, quanto à espécie é diferente: deve ser injusta. Concluindo, a *vantagem ilícita* não precisa ter natureza econômica, mas deve, necessariamente, ser *injusta*, ao passo que o *prejuízo alheio*, em razão do *bem jurídico violado*, deve ser economicamente apreciável.

8. CONCURSO FORMAL E MATERIAL DE MANIPULAÇÕES DO MERCADO

8.1. Considerações preliminares

Sabemos que o crime pode ser obra de um como de vários sujeitos, ocorrendo, nessa hipótese, o "concurso de pessoas", mas pode, também, um único sujeito praticar dois ou mais crimes, inclusive *contra o mercado de capitai*s. Quando um sujeito, mediante unidade ou pluralidade de comportamentos, pratica dois ou mais crimes, surge a figura do concurso de crimes – *concursus delictorum*. Esse concurso pode ocorrer entre crimes de qualquer espécie, comissivos ou omissivos, dolosos ou culposos, consumados ou tentados, simples ou qualificados, mas aqui nos interessa somente o concurso de manipulações do mercado de capitais. Logicamente que a pena a ser aplicada a quem pratica mais de um crime não pode ser a mesma aplicável a quem comete um único crime. Por isso, foram previstos critérios especiais de aplicação de pena às diferentes espécies de concursos de crimes.

8.2. Sistemas de aplicação da pena

O concurso de crimes dá origem ao concurso de penas. Vários sistemas teóricos são preconizados pela doutrina para a aplicação da pena nas diversas modalidades de concurso de crimes. Examinemo-los: (a) *Cúmulo material* – esse sistema recomenda a soma das penas de cada um dos delitos componentes do concurso. Crítica: essa simples operação aritmética pode resultar em uma pena muito longa, desproporcionada com a gravidade dos delitos, desnecessária e com amargos efeitos criminógenos. É possível que o agente atinja a ressocialização com pena menor; (b) *Cúmulo jurídico* – a pena a ser aplicada deve ser maior do que a cominada a cada um dos delitos sem, no entanto, se chegar à soma delas; (c) *Absorção* – considera que a pena do delito mais grave *absorve* a pena do delito menos grave, que deve ser desprezada. Crítica: os vários crimes menores ficariam sempre impunes. Depois da prática de um crime grave, o criminoso ficaria imune para as demais infrações. Seria uma *carta de alforria* para quem já delinquiu; (d) *Exasperação* – recomenda a aplicação da pena mais grave, aumentada de determinada quantidade em decorrência dos demais crimes.

O Direito brasileiro adota somente dois desses sistemas: o do *cúmulo material* (concurso material e concurso formal impróprio) e o da *exasperação* (concurso formal próprio e crime continuado).

8.3. Espécies de concurso de crimes

8.3.1. Concurso material

Ocorre o concurso material quando o agente, mediante mais de uma conduta (ação ou omissão), pratica dois ou mais crimes, idênticos ou não. No concurso material há *pluralidade* de condutas e *pluralidade* de crimes. Quando os crimes praticados forem idênticos, ocorre o concurso material *homogêneo* (dois homicídios), e quando os crimes praticados forem diferentes, caracteriza-se o concurso material *heterogêneo* (estupro e homicídio). A pluralidade delitiva decorrente do concurso material poderá ser objeto de vários processos, que gerarão diversas sentenças. Constatada a conexão entre os crimes praticados, serão observados os preceitos do art. 76 do CPP. A extinção da punibilidade incidirá sobre a pena de cada crime, isoladamente (art. 119 do CP), em qualquer das espécies de concursos.

8.3.2. Concurso formal

Ocorre o *concurso formal* quando o agente, mediante uma só conduta (ação ou omissão), pratica dois ou mais crimes, idênticos ou não. Nessa espécie de concurso há unidade de ação e pluralidade de crimes. Assim, para que haja concurso formal, é necessário que exista uma só conduta, embora possa se desdobrar em vários atos, que são os segmentos em que esta se divide. O concurso formal pode ser próprio (perfeito), quando a unidade de comportamento corresponder à unidade interna da vontade do agente, isto é, o agente deve querer realizar apenas um crime, obter um único resultado danoso. Não devem existir – na expressão do Código – desígnios autônomos. Mas o concurso formal também pode ser impróprio (imperfeito). Nesse tipo de concurso, o agente deseja a realização de mais de um crime, tem consciência e vontade em relação a cada um deles. Ocorre aqui o que o Código Penal chama de "desígnios autônomos", que se caracteriza pela unidade de ação e multiplicidade de determinação de vontade, com diversas individualizações. Os vários eventos, nesse caso, não são apenas um, perante a consciência e a vontade, embora sejam objeto de uma única ação.

Por isso, enquanto no concurso formal próprio adotou-se o sistema de exasperação da pena, pela unidade de desígnios, no concurso formal impróprio aplica-se o sistema do cúmulo material, como se fosse concurso material, diante da diversidade de intuitos do agente (art. 70, § 2º). Enfim, o que caracteriza o crime formal é a unidade de conduta, mas o que justifica o tratamento penal mais brando é a unidade do elemento subjetivo que impulsiona a ação.

8.3.3. Crime continuado

a) Origem histórica

O crime continuado é uma ficção jurídica concebida por razões de política criminal, que considera que os crimes subsequentes devem ser tidos como continuação do primeiro, estabelecendo, em outros termos, um tratamento unitário a uma pluralidade de atos delitivos, determinando uma forma especial de puni-los. O crime continuado deve sua formulação aos glosadores (1100 a 1250) e pós-glosadores (1250 a 1450) e teve suas bases lançadas efetivamente no século XIV, com a finalidade de permitir que os autores do terceiro furto pudessem escapar da pena de morte. Os principais pós-glosadores, Jacobo de Belvisio, seu discípulo Bartolo de Sassoferrato e o discípulo deste, Baldo Ubaldis, foram não só os criadores do instituto do crime continuado, como também lançaram as bases político-criminais do novo instituto, que, posteriormente, foi sistematizado pelos práticos italianos dos séculos XVI e XVII.

b) Definição do crime continuado e sua natureza jurídica

Ocorre o *crime continuado* quando o agente, mediante mais de uma conduta (ação ou omissão), pratica dois ou mais crimes da mesma espécie, devendo os subsequentes, pelas condições de tempo, lugar, maneira de execução e outras semelhantes, ser havidos como continuação do primeiro. São diversas ações, cada uma em si mesma criminosa, que a lei considera, por motivos de política criminal, como um crime único. A regra do crime continuado deve ser aplicada tendo em vista o caso concreto e sob a inspiração das mesmas razões da política criminal que o inspiraram.

A questão é definir, afinal, se as várias condutas configuradoras do crime continuado realizam um único crime ou, na realidade, constituem mais crimes. A origem desse problema foi o disposto no art. 81 do Código *Rocco* italiano, que dispunha: "Em tal caso as diversas violações consideram-se como um só crime". Algumas teorias procuram dirimir a questão.

b.1) *Teoria da unidade real* – Para essa teoria, os vários comportamentos lesivos do agente constituem efetivamente um crime único, uma vez que são eles de uma mesma corrente e traduzem uma *unidade de intenção* que se reflete na

408 • Crimes contra o mercado de capitais

unidade de lesão. Essa concepção baseia-se nos postulados da teoria objetivo--subjetiva, que exige, além dos requisitos objetivos, uma unidade de desígnios, isto é, um programa inicial para a realização sucessiva dos diversos atos. Por isso, possuindo um *dolo unitário*, as ações continuadas configuram a manifestação incompleta da mesma unidade real e psicológica.

b.2) *Teoria da ficção jurídica* – Essa teoria foi inicialmente defendida por Carrara[39]. Admite que a unidade delitiva é uma criação da lei, pois, na realidade, existem vários delitos. E, se efetivamente se tratasse de crime único, a pena deveria ser a mesma cominada para um só dos crimes concorrentes.

Mas é Manzini[40] quem sintetiza, com precisão, a essência dessa teoria, ao afirmar que: "O instituto do crime continuado está fundado, indiscutivelmente, sobre uma ficção jurídica. A ficção jurídica resulta de uma *transação* entre a coerência lógica, a utilidade e a equidade. Em nosso caso, foi esta última que motivou as disposições do parágrafo do art. 81 do CP".

b.3) *Teoria da unidade jurídica ou mista* – Para essa corrente, o crime continuado não é uma unidade real, mas também não é mera ficção legal. Segundo essa teoria, a continuidade delitiva constitui *uma figura própria* e destina-se a fins determinados, constituindo *uma realidade jurídica* e não uma ficção. Não se cogita de unidade ou pluralidade de delitos, mas de um terceiro crime, que é o *crime de concurso*, cuja unidade delituosa decorre de lei. Porém, o crime continuado é *uma realidade jurídica*, mas a *unidade do crime* é uma ficção, porque, na verdade, vários são os crimes que a compõem. Nesses termos, a teoria da unidade jurídica não pode explicar o crime continuado, porque essa unidade jurídica já é consequência do crime continuado.

Nosso Código Penal adotou a teoria da ficção jurídica, para fins exclusivos de aplicação da pena, visando atenuar a sanção penal, atento à política criminal que inspirou esse instituto.

8.3.4. Teorias do crime continuado

a) *Teoria subjetiva* – Para essa teoria, não têm importância os aspectos objetivos das diversas ações, destacando como caracterizador do crime continuado somente o elemento subjetivo, consistente na unidade de propósito ou de desígnio. Essa teoria predominou na Itália, que, contudo, constatou a sua insuficiência para dimensionar o critério aferidor da continuidade delitiva, quando mais não fosse, pela própria dificuldade, muitas vezes, de constatá-lo.

---

[39] Francesco Carrara, *Programa de Derecho criminal*, trad. Ortega Torres, Bogotá: Ed. Temis, 1971, vol. 1, p. 519.

[40] Vincenzo Manzini, *Instituzioni di Diritto Penale italiano*, 9. ed., Padova: CEDAM, 1958, vol. 1, p. 166-7.

A concepção puramente subjetiva do delito continuado foi, com razão, qualificada de "absurdo lógico e dogmático", pois regride às origens históricas do instituto, de difícil compreensão e aplicação.

b) *Teoria objetivo-subjetiva* – Essa teoria, além dos requisitos objetivos, exige unidade de desígnios, isto é, uma programação inicial, com realização sucessiva, como o operário de uma fábrica que, desejando subtrair uma geladeira, o faz parceladamente, levando algumas peças de cada vez.

Em síntese, a teoria objetivo-subjetiva exige *unidade de resolução criminosa* e *homogeneidade de "modus operandi"*. Essa foi a teoria adotada no § 2º do art. 81 do Código Penal italiano, depois da Reforma de 11 de abril de 1974.

Hungria[41] fazia severas críticas a essa teoria, afirmando que "o elemento psicológico reclamado pela teoria objetivo-subjetiva, longe de justificar esse abrandamento da pena, faz dele a paradoxal recompensa a um 'plus' de dolo ou de capacidade de delinquir. É de toda a evidência que muito mais merecedor de pena é aquele que *ab initio* se propõe repetir o crime, agindo segundo um plano, do que aquele que se determina de caso em caso, à repetição estimulada pela anterior impunidade, que lhe afrouxa os motivos da consciência, e seduzido pela permanência ou reiteração de uma oportunidade particularmente favorável".

c) *Teoria objetiva* – Para essa teoria, apuram-se os elementos constitutivos da continuidade delitiva objetivamente, independentemente do elemento subjetivo, isto é, da programação do agente. Despreza a unidade de desígnio ou unidade de resolução criminosa, como elemento caracterizador do crime continuado. É o conjunto das condições objetivas que forma o critério aferidor da continuação criminosa. Essa teoria, que nasceu na Alemanha, é a adotada pelo nosso Código.

Essa já era a posição sustentada pelo saudoso Hungria[42], que pontificava: "O que decide para a existência do crime continuado é tão somente a homogeneidade objetiva das ações, abstraído qualquer nexo psicológico, seja volitivo, seja meramente intelectivo. A unidade de dolo, de resolução ou de desígnio, quando efetivamente apurada, longe de funcionar como causa de benigno tratamento penal, deve ser, como índice de maior intensidade do dolo do agente ou de sua capacidade de delinquir, uma circunstância judicial de elevação da pena-base".

8.4. Requisitos do crime continuado

a) *Pluralidade de condutas* – O mesmo agente deve praticar duas ou mais condutas. Se houver somente uma, ainda que desdobrada em vários atos ou vários resultados, o concurso poderá ser formal, e não crime continuado;

---

[41]   Nelson Hungria, *Comentários ao Código Penal*, 4. ed., Rio de Janeiro, Ed. Forense, 1958, v. 6, p. 166-7.

[42]   Nelson Hungria, *Comentários ao Código Penal*, 4. ed., Rio de Janeiro, Ed. Forense, 1958, v. 6, p. 166.

b) *Pluralidade de crimes da mesma espécie* – Alguns doutrinadores consideram que crimes da mesma espécie são apenas os crimes previstos no mesmo dispositivo legal. Outros entendem que são da mesma espécie os crimes que lesam o mesmo bem jurídico, embora tipificados em dispositivos diferentes. Segundo o entendimento majoritário, no entanto, "há continuação, portanto, entre crimes que se assemelham nos seus tipos fundamentais, por seus elementos objetivos e subjetivos, violadores também do mesmo interesse jurídico"[43]. Ou, na expressão de Welzel, "a mesma infração jurídica pode derivar da lesão de vários tipos *aparentados* entre si, que ficam compreendidos no conceito comum superior de delito"[44];

c) *Nexo da continuidade delitiva* – Deve ser apurado pelas circunstâncias de tempo, lugar, modo de execução e outras semelhantes: 1) *Condições de tempo* – Não se trata apenas das condições meteorológicas, mas especialmente do aspecto cronológico, isto é, deve haver *uma conexão temporal entre as condutas praticadas*, para que se configure a continuidade delitiva. Deve existir, em outros termos, certa periodicidade que permita observar-se um certo ritmo, uma certa uniformidade, entre as ações sucessivas, embora não se possam fixar, a respeito, indicações precisas. A *condição de tempo* é o que a doutrina alemã chama de "conexão temporal adequada", isto é, uma certa continuidade de tempo. No entanto, essa continuidade temporal será irrelevante se não se fizerem presentes outros indícios objetivos de continuação das ações; 2) *Condições de lugar* – Deve existir entre os crimes da mesma espécie uma conexão espacial para caracterizar o crime continuado. Segundo Hungria[45], "não é necessário que seja sempre o mesmo lugar, mas a diversidade de lugares pode ser tal que se torne incompatível com a ideia de uma série continuada de ações para a realização de um só crime. É a consideração total das condições mais do que de cada uma delas que permite concluir pela continuidade ou não do crime"; 3) *Maneira de execução* – A lei exige *semelhança* e não identidade. A semelhança na "maneira de execução" se traduz no *modus operandi* de realizar a conduta delitiva. Maneira de execução é o modo, a forma, o estilo de praticar o crime, que, na verdade, é apenas mais um dos requisitos objetivos da continuação criminosa; 4) *Outras condições semelhantes* – Como outras "condições semelhantes", a doutrina aponta a *mesma oportunidade* e a *mesma situação* propícias para a prática do crime. Por essa expressão, a lei faculta a investigação de circunstâncias que se assemelhem às enunciadas e que podem caracterizar o *crime continuado*. Essa expressão genérica – "e outras semelhantes" – tem a finalidade de abranger quaisquer outras circunstâncias das quais se possa deduzir a ideia de continuidade

---

[43] Júlio Fabbrini Mirabete, *Manual de Direito Penal*, 21. ed., São Paulo: Atlas, p. 318.

[44] Hans Welzel, *Derecho Penal alemán*, Santiago: Ed. Jurídica de Chile, 1970, p. 312.

[45] Nelson Hungria, *Comentários ao Código Penal*, 4. ed., Rio de Janeiro, Ed. Forense, 1958, v. 6, p. 165.

delitiva. Na afirmação de Hungria[46], essa cláusula refere-se "a qualquer outra condição objetiva que possa indicar a homogeneidade das ações. Assim, entre outras, o aproveitamento da mesma ocasião (das mesmas circunstâncias), ou de persistente ocasião favorável, ou o aproveitamento da mesma relação permanente. Exemplos: o doméstico subtrai diariamente charutos ao patrão; o morador da casa frauda, por vezes sucessivas, o medidor da luz elétrica; o coletor de rendas apropria-se, por várias vezes, do dinheiro do Estado".

Porém, todas essas circunstâncias objetivas, "de tempo, lugar, maneira de execução e outras semelhantes", não devem ser analisadas individualmente, mas no seu conjunto, e a ausência de qualquer delas, por si só, *não desnatura a continuidade delitiva*. Na verdade, nenhuma dessas circunstâncias constitui elemento estrutural do crime continuado, cuja ausência isolada possa, por si só, descaracterizá-lo. No exame de tais circunstâncias, na ausência de critérios, têm-se cometido os maiores absurdos jurídicos na jurisprudência pátria, chegando alguns acórdãos, descriteriosamente, a admitir a continuidade de crimes com intervalos de seis, dez e até doze meses. Cabe indagar: sobraria o quê para o concurso material? Pelo menos, como afirmava Welzel[47], "se ocorrer uma condenação entre os atos individuais, esta rompe a relação de continuidade que corre até a coisa julgada".

Concluindo, para a ocorrência de *crime continuado*, a lei exige dois tipos de homogeneidade: *homogeneidade* de bens jurídicos atingidos e *homogeneidade* de processo executório.

8.5. Crime continuado específico

Discutiu-se longamente na doutrina e na jurisprudência a possibilidade de reconhecer a continuidade delitiva em crimes que atingissem bens personalíssimos. O Supremo Tribunal Federal chegou a editar a Súmula 605, com o seguinte enunciado: "Não se admite continuidade delitiva nos crimes contra a vida". A polêmica, contudo, prosseguiu até o advento da Reforma Penal de 1984, que adotou a corrente minoritária, entendendo que, se a lei não distingue entre bens pessoais e patrimoniais, e se também não exige unidade de desígnios, não cabe ao intérprete fazê-lo.

Em realidade, o legislador brasileiro passou a regular no art. 71, parágrafo único, do Código Penal a continuidade delitiva contra "bens personalíssimos", *desde que se trate de vítimas diferentes*. Contudo, a circunstância de tratar-se de "vítimas diferentes" é apenas uma exceção que permite elevar a pena até o triplo. Logo, uma interpretação sistemática recomenda que se aceite a continui-

---

[46] Nelson Hungria, *Comentários ao Código Penal*, 4. ed., Rio de Janeiro, Ed. Forense, 1958, v. 6, p. 166.

[47] Hans Welzel, *Derecho Penal alemán*, Santiago: Ed. Jurídica de Chile, 1970, p. 312.

412 • Crimes contra o mercado de capitais

dade delitiva contra bens personalíssimos, *ainda que se trate da mesma vítima*. Apenas nessa hipótese a elevação da pena estará limitada até dois terços, nos termos do *caput* do art. 71, e não até o triplo, como prevê o parágrafo único. O *crime continuado específico* prevê a necessidade de três requisitos, que devem ocorrer simultaneamente:

a) *Contra vítimas diferentes* – Se o crime for praticado contra a mesma vítima, haverá também *continuidade delitiva*, mas não se caracterizará a exceção prevista no parágrafo único, e a sanção aplicável será a tradicional do *caput* do art. 71; b) *Com violência ou grave ameaça à pessoa* – Mesmo que o crime seja contra vítimas diferentes, se não houver violência – real ou ficta – contra a pessoa, não haverá a *continuidade específica*, mesmo que haja violência contra a coisa; c) *Somente em crimes dolosos* – Se a ação criminosa for praticada contra vítimas diferentes, com violência à pessoa, mas não for produto de uma conduta dolosa, não estará caracterizada a exceção.

8.6. A (ir)retroatividade no crime continuado

Não se pode esquecer, por outro lado, que "o crime continuado é uma *ficção jurídica* concebida por razões de política criminal, que considera que os crimes subsequentes devem ser tidos como continuação do primeiro, estabelecendo, em outros termos, um tratamento unitário a uma pluralidade de atos delitivos, determinando uma forma especial de puni-los". Admitir, como pretende a Súmula 711 do STF, a *retroatividade de lei penal mais grave* para atingir *fatos praticados antes de sua vigência* não só viola o *secular princípio da irretroatividade da lei penal*, como ignora o fundamento da *origem do instituto do crime continuado*, construído pelos glosadores e pós-glosadores, qual seja, o de *permitir que os autores do terceiro furto pudessem escapar da pena de morte*. Com efeito, a longa elaboração dos glosadores e pós-glosadores teve a finalidade exclusiva de beneficiar o infrator e jamais prejudicá-lo. E foi exatamente esse mesmo fundamento que justificou o disposto no art. 5º, XL, da atual Constituição Federal: *a lei penal não retroagirá, salvo para beneficiar o infrator*. Não se pretenderá, certamente, insinuar que o enunciado da Súmula 711 do STF relativamente ao crime continuado beneficia o infrator!

Por certo, mesmo no Brasil de hoje, ninguém ignora que o *crime continuado* é composto por mais de uma ação em si mesma criminosa, praticadas em momentos, locais e formas diversas, que, por *ficção jurídica*, é considerada crime único, tão somente para efeitos de dosimetria penal. O texto da Súmula 711, determinando a *aplicação retroativa de lei penal mais grave*, para a hipótese de crime continuado, estará impondo pena (mais grave) inexistente na data do crime, para aqueles fatos cometidos antes de sua vigência. Por outro lado, convém destacar que o art. 119 do Código Penal determina que, em se tratando de concurso de crimes, a *extinção da punibilidade* incidirá em cada um dos

Manipulação do mercado de capitais • 413

crimes, isoladamente. Essa previsão resta prejudicada, se for dada eficácia plena à indigitada Súmula 711. Nesse sentido, já havia se pacificado o entendimento do STJ, consoante se pode perceber do seguinte aresto: "Consolidado o entendimento de que, no crime continuado, o termo inicial da prescrição é considerado em relação a cada delito componente, isoladamente" (RHC 6.502/MG, 5ª Turma, rel. José Dantas, 5-2-1998, v. u.). Dessa forma, aplicando-se retroativamente a lei posterior mais grave, alterará, consequentemente, o lapso prescricional dos fatos anteriores, afrontando o princípio da reserva legal.

Enfim, a nosso juízo, *venia concessa*, é inconstitucional a Súmula 711 editada pelo STF, no que se refere ao *crime continuado*.

8.7. Dosimetria da pena no concurso de crimes

Já referimos que para as hipóteses de concurso de crimes o Código Penal prevê critérios especiais de aplicação de pena, além dos gerais, é claro, aplicados aos demais casos. Para o concurso material, adota-se o sistema do cúmulo material, somando-se simplesmente as penas dos diversos crimes praticados. Para o concurso formal próprio, adota-se o sistema da exasperação, isto é, aplica-se a pena de um só dos crimes, a mais grave, se houver, sempre elevada até a metade. Para o concurso formal impróprio (desígnios autônomos), adota-se o sistema do cúmulo material, somando-se as penas dos diversos crimes, como se fosse um concurso material. Para o crime continuado, o critério adotado também é o da exasperação, permitindo, contudo, que a pena aplicada seja elevada até dois terços, e, no crime continuado específico, a elevação permitida é até o triplo.

Em determinadas circunstâncias, a aplicação do sistema de exasperação – típico do concurso formal próprio e do crime continuado – poderá, paradoxalmente, conduzir ao absurdo: resultar em penas mais altas do que a cumulação do concurso material. Isso poderá ocorrer quando a pena de um dos crimes é muito mais grave do que a de outro, por exemplo, o agente pratica um homicídio e uma lesão corporal leve. Nessa hipótese, são aplicáveis as previsões dos arts. 70, parágrafo único, e 71, parágrafo único, os quais determinam que a pena não poderá exceder a que seria cabível no concurso material, nos termos do art. 12, todos do Código Penal. Não se admite, pois, que quem pratica mais de um crime, com uma única ação, possa sofrer pena mais grave do que a imposta a quem, repetidamente, com mais de uma ação, cometa os mesmos crimes.

8.8. Concurso de crimes de manipulações do mercado de capitais

Como em qualquer outra modalidade de crime, a *manipulação do mercado de capitais* admite, naturalmente, a possibilidade de *concurso de infrações*, aplicando-se as regras gerais que disciplinam a punibilidade de crimes no Brasil, nos termos do art. 12 do Código Penal. Nesses casos, contudo, surgem diversos problemas em relação à definição do concurso formal ou material, do crime continuado e do enquadramento da *prática sucessiva de manipulações do mercado* como crime continuado.

Em primeiro lugar, se todas as *fraudes* forem empreendidas com o fim exclusivo de *manipular determinado ativo*, o crime é único, ainda que vários os atos fictícios ou fraudulentos. Isso porque o próprio tipo penal (art. 27-C) utiliza-se das expressões "operações" e "manobras fraudulentas", presumindo-se a intenção do legislador de considerar como ação única a prática de vários atos, no mesmo contexto, *com o fim de manipular valores mobiliários*. Essa problemática fica um pouco mais complexa quando os atos praticados atingirem dois ou mais mercados distintos. Nessa hipótese, deve-se observar atentamente a possibilidade da configuração de *concurso de crimes*, em qualquer de suas três modalidades, dependendo da casuística. Não se pode ignorar, por outro lado, a possibilidade da prática de apenas um ato ou conduta *alterar o regular funcionamento de mais de um mercado*, que, tecnicamente, poderá configurar o concurso formal de ações ilícitas. Ademais, deve-se analisar, ainda, a possibilidade da configuração dos denominados "desígnios autônomos do agente", segundo o disposto no art. 70, *in fine*, do Código Penal[48].

A importância dessa distinção reside na possibilidade de a *manipulação do mercado de capitais* poder refletir-se, ainda que indiretamente, em vários mercados, assim, por exemplo: manipulação do mercado futuro com o fim específico de alterar o mercado à vista; manipulação do mercado à vista com o fim específico de alterar o mercado futuro; manipulação do mercado primário com o fim específico de alterar o mercado secundário; manipulação do mercado secundário com o fim específico de alterar o mercado primário; manipulação

---

[48] "Art. 69. Quando o agente, mediante mais de uma ação ou omissão, pratica dois ou mais crimes, idênticos ou não, aplicam-se cumulativamente as penas privativas de liberdade em que haja incorrido. No caso de aplicação cumulativa de penas de reclusão e de detenção, executa-se primeiro aquela.

§ 1º Na hipótese deste artigo, quando ao agente tiver sido aplicada pena privativa de liberdade, não suspensa, por um dos crimes, para os demais será incabível a substituição de que trata o art. 44 deste Código.

§ 2º Quando forem aplicadas penas restritivas de direitos, o condenado cumprirá simultaneamente as que forem compatíveis entre si e sucessivamente as demais.

Concurso formal

Art. 70. Quando o agente, mediante uma só ação ou omissão, pratica dois ou mais crimes, idênticos ou não, aplica-se-lhe a mais grave das penas cabíveis ou, se iguais, somente uma delas, mas aumentada, em qualquer caso, de um sexto até metade. As penas aplicam-se, entretanto, cumulativamente, se a ação ou omissão é dolosa e os crimes concorrentes resultam de desígnios autônomos, consoante o disposto no artigo anterior.

Parágrafo único. Não poderá a pena exceder a que seria cabível pela regra do art. 69 deste Código."

de um ativo com o fim específico de alterar outro[49]. Contudo, embora admitamos a possibilidade de *concurso de infrações penais* nos crimes contra o mercado de capitais, indiscutivelmente, uma resposta segura somente será possível diante do caso concreto, até mesmo para valorar a espécie desse concurso (material, formal ou crime continuado).

A redação anterior do art. 27-C dificultava sobremodo a análise de *concurso de crimes*, com a prática de uma ou mais condutas, na medida em que a sua constituição típica continha grande quantidade de elementos normativos típicos, tais como: "mercados de valores mobiliários em bolsa de valores, de mercadorias e de futuros, no mercado de balcão ou no mercado de balcão organizado", pois esse obstáculo quase intransponível foi praticamente resolvido pela redação atribuída pela Lei n. 13.506/2017, que resultou no seguinte:

> Realizar operações simuladas ou executar outras manobras fraudulentas destinadas a elevar, manter ou baixar a cotação, o preço ou o volume negociado *de um valor mobiliário*, com o fim de obter vantagem indevida ou lucro, para si ou para outrem, ou causar dano a terceiros.

Em síntese: se *a manipulação do mercado de valores mobiliários* em bolsa de valores provocar também a alteração do regular funcionamento da bolsa de mercadorias e de futuros, é possível cogitar-se de um *concurso de manipulações do mercado*?

À primeira vista, constata-se que, com a atual redação, a constituição típica desse crime não difere muito da maioria dos crimes constantes do Código Penal, podendo, assim, ser aplicadas as regras gerais do concurso de crimes disciplinadas nesse diploma legal. Por isso, aqui, como lá, o ponto fundamental a examinar será, necessariamente, *o fim pretendido pelo autor* da ação praticada. E o *fim especial* dessa conduta tipificada consiste "em obter vantagem indevida ou lucro, para si ou para outrem, ou causar dano a terceiros". Dessa forma, ação com esse "fim especial" da conduta tipificada, afasta-se a possibilidade, por si só, de atribuir-se a responsabilidade penal por concurso material ou formal na hipótese de resultar alteração em "mais de um mercado", em decorrência de

---

[49] Juliano Breda, Crimes contra o mercado de capitais, *in* Cezar Bitencourt & Juliano Breda, *Crimes contra o sistema financeiro & crimes contra o mercado de capitais*, 3. ed., p. 395. Alexandre Brandão da Veiga sugere as seguintes hipóteses de concurso: "a) alguém manipula as acções para manipular o valor dos derivados sobre eles constituídos (ou vice-versa, para estes efeitos é irrelevante); b) alguém manipula as acções e os derivados em simultâneo; c) alguém manipula obrigações que afectam as acções que por sua vez afectam não só estas mas igualmente os derivados sobre elas constituídos. Os casos explanados não esgotam as combinações possíveis, mas já nos permitem estabelecer as três hipóteses básicas: a) uma manipulação directa e uma indirecta; b) duas manipulações directas; c) uma manipulação directa, uma indirecta e outra indirecta de segundo grau" (Crime de manipulação, defesa e criação de mercado apud Juliano Breda, *Crimes contra o mercado de capitais*).

sua ação, se tais consequências não estavam abrangidas pelo elemento subjetivo que orientou a sua conduta. A hipótese de *concurso formal* de crimes, com *dolo eventual,* parece-nos incompatível com esse tipo penal, fundamentalmente pela imprevisibilidade do *mercado de capitais e do mercado financeiro*, a despeito da existência do *elemento subjetivo especial do injusto*, representado pela locução "com o fim de obter vantagem indevida ou lucro, para si ou para outrem, ou causar dano a terceiros".

Em regra, a nosso juízo, não cabe inferir a decorrência natural do *concurso de crimes,* simplesmente porque a ação incriminada teve *repercussão mais abrangente do que desejara o autor*, refletindo, por exemplo, em outros mercados devido à interligação própria desse segmento mercadológico-financeiro. Para reconhecimento de eventual *concurso de crimes*, nessa hipótese, faz-se indispensável a comprovação de que o *dolo do agente* foi efetivamente realizar mais de um crime com a mesma conduta. Nesse sentido, afirma Juliano Breda[50]: "A única hipótese em que se admitiria o concurso formal ou material do crime de manipulação do mercado de capitais seria a execução de operações simuladas ou fraudulentas com o fim de alterar o regular funcionamento de mais de um mercado".

Por fim, em sendo reconhecida a possibilidade de *concurso de crimes*, no âmbito dos *crimes contra o mercado de capitais*, resulta *inevitável* admitir-se a possibilidade da configuração do *crime continuado*, ante a inexistência de qualquer fundamento jurídico razoável para não admiti-lo. Não é outro o entendimento de Juliano Breda, *verbis*: "De acordo com a Parte Geral, se o agente praticar várias operações simuladas ou *manobras fraudulentas*, executadas com o fim de alterar o regular funcionamento do mercado e com o fim de obter vantagens indevidas, caracterizando mais de um crime de manipulação do mercado, poderá ser aplicada a regra do crime continuado se as ações conectam-se por condições de tempo, lugar, maneira de execução"[51]. Nessas hipóteses, as diversas *manipulações* devem ser consideradas *como crime único*, incidindo a regra do art. 71 do CP.

No entanto, para isso, será necessário que as diversas *operações irregulares ou simuladas* praticadas pelo agente, investidor ou não, tenham caráter autônomo, independente e *com desígnios fraudulentos específicos*, para que se possa falar em *pluralidade de crimes*. Em outros termos, a nosso juízo, se o agente obtém de *forma continuada vantagens indevidas* em razão de *sucessivas manipulações* do mercado de capitais, com condutas perfeitamente individualizadas, configura crime único de *manipulação de capitais*, nos termos do art. 71 do Código Penal, sendo impossível não admitir essa realidade jurídica. Em outras palavras, o *recebimento continuado de vantagens indevidas* e a pluralidade de operações ilícitas não indicam, por si sós, a ocorrência de dois ou mais crimes de manipulação, sendo necessária, também, a presença de *desígnios autônomos* para a caracterização da pluralidade de crimes.

---

[50] Juliano Breda, Crimes contra o mercado de capitais.
[51] Idem, p. 396.

9. TIPO SUBJETIVO: ADEQUAÇÃO TÍPICA

O elemento subjetivo geral do crime de *manipulação do mercado mobiliário* é o *dolo*, constituído pela vontade livre e consciente de *manipular* efetivamente o mercado mobiliário, qual seja, realizando *operações simuladas ou executar outras manobras fraudulentas* destinadas a elevar, manter ou baixar a cotação, o preço ou o volume negociado de um valor mobiliário. No entanto, como vimos em tópico próprio, para a configuração dessa infração penal, não há necessidade de que a *obtenção de vantagem indevida ou lucro, ou causar dano efetivo a terceiros* se concretize, sendo suficiente que sejam o móvel desta infração penal. Referida *vontade* livre e *consciente* deve abranger não apenas a *ação de manipular* o mercado mobiliário, mas também de realizar as ações tipificadas visando elevar, manter ou baixar a cotação, o preço ou o volume negociado dos valores mobiliários, embora não seja indispensável a obtenção do resultado pretendido para a configuração dessa infração penal. Em outros termos, não se tipifica o crime de manipulação do mercado mobiliário *sem a vontade conscientemente dirigida* à prática da ação descrita no tipo, a despeito da desnecessidade de lograr efetivamente a obtenção do resultado da ação tipificada.

O elemento subjetivo geral desse crime é o *dolo*, representado pela vontade livre e consciente de elevar, manter ou baixar cotação, preço ou volume negociado de valor mobiliário, com finalidade alternativa de obter vantagem indevida ou lucro para si ou para outrem, ou, também, com *finalidade* de causar dano a terceiros.

9.1. Elementos subjetivos especiais do tipo: com o fim de obter vantagem indevida ou lucro, para si ou para outrem, ou causar dano a terceiros

Pode figurar nos tipos penais, ao lado do dolo, uma série de características subjetivas que os integram ou os fundamentam. A doutrina clássica denominava, impropriamente, de *elemento subjetivo geral* do tipo, *dolo genérico*, e o *especial fim de agir*, de que depende a ilicitude de certas figuras delituosas, *dolo específico*. O próprio Welzel, a seu tempo, esclareceu que: "Ao lado do dolo, como momento geral *pessoal-subjetivo*, que produz e configura a ação como acontecimento dirigido a um fim, apresentam-se, frequentemente, no tipo *especiais* momentos subjetivos, que dão colorido num determinado sentido ao conteúdo ético-social da ação"[52]. Assim, o *tomar* uma coisa alheia é uma atividade dirigida a um fim por imperativo do dolo; no entanto, seu sentido ético-social será completamente distinto se aquela atividade tiver como *fim* o uso passageiro ou se tiver o desígnio de apropriação.

Na realidade, o *especial fim* de agir, embora amplie o *aspecto subjetivo do tipo*, não integra o dolo nem com ele se confunde, uma vez que, como vimos, o *dolo* esgota-se com a *consciência* e a *vontade* de realizar a ação *com a finalida-*

---

[52] Hans Welzel, *Derecho penal*, trad. de F. Balestra, p. 83.

418 • Crimes contra o mercado de capitais

de de obter o resultado delituoso, ou na *assunção do risco* de produzi-lo. O *especial fim de agir* que integra certas definições de determinados crimes, a exemplo desse crime de *manipulação do mercado de capitais,* condiciona ou fundamenta a *ilicitude* do fato, constituindo, assim, *elemento subjetivo especial do tipo* de ilícito, de forma autônoma e independente do dolo. A denominação correta, por isso, é *elemento subjetivo especial do tipo* ou *elemento subjetivo especial do injusto,* que se equivalem, porque pertencem, ao mesmo tempo, à ilicitude e ao tipo que a ela corresponde[53].

A ausência desses *elementos subjetivos especiais* descaracteriza o tipo subjetivo, independentemente da presença do dolo. Enquanto o dolo deve materializar-se no fato típico, os *elementos subjetivos especiais* do tipo especificam o dolo, sem necessidade de se concretizarem, sendo suficiente que existam no psiquismo do autor[54], isto é, desde que a conduta tenha sido orientada por essa *finalidade específica,* a exemplo do que ocorre nesse *crime de manipulação do mercado mobiliário.* Com efeito, para a tipificação desse crime, não é necessária a ocorrência efetiva de qualquer dos resultados especialmente buscados pelo agente (elevação, manutenção ou redução da cotação, do preço ou do volume negociado do valor mobiliário; obtenção de vantagem indevida ou dano a terceiros). Com efeito, as finalidades de obter vantagem indevida ou lucro e de causar dano a terceiros são alternativas e, ademais, não necessitam concretizar-se para a configuração desse crime, sendo suficiente que tais finalidades fundamentem a conduta do sujeito ativo. Em outros termos, basta *que haja a intenção especial de alterar artificialmente a cotação, preço ou volume do valor mobiliário* para configurar esse tipo penal. Trata-se, portanto, de um tipo penal de conteúdo misto ou alternativo, tipificando crime único.

10. CONSUMAÇÃO E TENTATIVA

A conduta incriminada *é realizar operações simuladas ou executar outras manobras fraudulentas,* visando alterar artificialmente o regular funcionamento dos mercados de valores mobiliários. O objetivo é *causar a falsa cotação desses valores* com o fim de obter vantagem indevida ou lucro, para si ou para outrem, ou causar dano a terceiros. A *falsa cotação de valores mobiliários* é, basicamente, o "resultado" punível dos meios artificiais empregados pelo sujeito ativo. Contudo, na estruturação do crime de *manipulação do mercado de capitais,* na legislação brasileira, contrariamente ao que pode parecer, não se tutela somente o patrimônio. Não se ignora, evidentemente, que *a criação artificial de falsa cotação* gera um dano real ao mercado mobiliário, o qual não se esgota na geração de prejuízo patrimonial dos investidores, mas transcende, atingindo também a sua *credibilidade* perante o mercado mobiliário, que é muito sensível à ocorrência de fraudes dessa natureza, refletindo, inevitavelmen-

---

[53]   Heleno Fragoso, *Lições de direito penal,* Rio de Janeiro: Forense, 1985, p. 175.
[54]   Juarez Cirino dos Santos, *Direito penal,* p. 80.

te, nos investidores e, por consequência, no próprio patrimônio alheio. A constatação, *in concreto*, da *falsidade da cotação* representa a consequência desejada pelo autor do fato delituoso previsto nesse tipo penal.

Para Hungria, comentando o crime do art. 177 do CP, que, de alguma forma, assemelha-se a este do art. 27-C, concluía que "é irrelevante, para sua consumação, o advento de dano efetivo, bastando que, com o artifício empregado, as ações ou outros títulos sejam falsamente cotados. É possível a tentativa: não obstante o artifício empregado, deixa de sobrevir, por motivos alheios à vontade do agente, a colimada alta ou baixa fictícia da cotação"[55]. A nosso juízo, comentando a mesma infração penal, consideramos como crime formal, a falsa cotação de ações ou títulos de sociedade consuma-se independentemente da superveniência de qualquer dano proveniente da cotação falsa. Em outros *termos*, o crime consuma-se no momento em que o sujeito ativo obtém a falsa cotação[56]. Pela redação do tipo atualmente em vigor (com texto da Lei n. 13.506/2017), ao contrário do tipo penal do art. 177 do CP, a ausência concreta do resultado desejado *não conduz à possibilidade do reconhecimento da modalidade tentada do crime*, sendo absolutamente irrelevante para a caracterização da tipicidade da conduta a efetiva alteração da cotação do valor mobiliário. A obtenção da vantagem e a concreta alteração do funcionamento dos mercados serão elementos a serem analisados na fixação da pena.

Subscrevemos, no particular, a conclusão de Juliano Breda, *verbis*: "A interpretação de que a consumação do crime só poderia ocorrer com a percepção da vantagem e da efetiva ocorrência da alteração do regular funcionamento do mercado faria com que o intérprete criasse um resultado que o tipo penal não descreve. Essas duas circunstâncias foram tipificadas como especiais elementos da intenção do agente, não como eventos a serem verificados objetivamente como consequência da conduta".

Em outros termos, a rigor, pode-se admitir, ao menos em tese, que o legislador não acreditou que eventuais manipuladores do *mercado mobiliário* possam ter efetiva influência que reflita gravemente no seu equilíbrio. Por outro lado, pode-se admitir, com maior probabilidade de acerto, que, pelo contrário, acreditando na possibilidade inversa, o legislador tenha pretendido punir de forma mais grave, digamos, antecipando, por isso, a própria consumação do crime, para sancioná-lo independentemente da ocorrência efetiva de sua consumação.

11. CLASSIFICAÇÃO DOUTRINÁRIA

Trata-se de *crime comum*, podendo, consequentemente, ser praticado por qualquer pessoa, sem nenhuma exigência especial de qualidade ou condição para realizar qualquer das condutas tipificadas (*realizar operações simuladas ou exe-*

---

[55] Nelson Hungria, *Comentários ao Código Penal*, v. VII, p. 289.
[56] Cezar Roberto Bitencourt, *Tratado de direito penal*: parte especial, v. 3, p. 343.

420 • Crimes contra o mercado de capitais

cutar outras manobras fraudulentas) nesse art. 27-C da Lei do Mercado de Capitais; *crime doloso*, que pode ser cometido dolosamente, sendo afastada, consequentemente, a modalidade culposa; *crime formal*, não produz qualquer resultado naturalístico, isto é, o tipo penal os descreve, quais sejam, *alteração artificial de cotação*, de preço ou de volume negociado de valor mobiliário e a obtenção de vantagem indevida ou lucro pelo agente, além de *causar danos a terceiros*, os quais, contudo, não precisam se concretizar, havendo uma espécie de *consumação antecipada*; com efeito, o tipo penal não exige, concretamente, a ocorrência desses resultados para a consumação do referido crime, sendo suficiente a prática de qualquer das condutas fraudulentas descritas; *crime de perigo abstrato*, em razão de se tratar de *bem jurídico coletivo* tutelado, não sendo exigida a individualização de uma lesão efetiva ao mercado de capitais[57], bastando a configuração do *risco ou perigo* a que o mercado mobiliário é submetido para esse crime se consumar; *crime instantâneo*, consumando-se em momento único e determinado na prática da conduta fraudulenta, ou seja, efetiva-se instantaneamente, sem prolongamento do estado consumativo; *crime plurissubsistente*, cuja prática da ação fraudulenta normalmente é desdobrável, temporal e espacialmente, em diversos atos, sem que isso represente uma pluralidade de crimes; *crime de forma livre*, que pode ser praticado por qualquer meio ou forma, sem limitação especial de *meio executório* das condutas incriminadas; *crime unissubjetivo*, que pode ser praticado individualmente, isto é, apenas por um agente, embora admita normalmente o concurso eventual de pessoas.

12. PENAS E AÇÃO PENAL

As penas cominadas são reclusão de um a oito anos e multa de até três vezes o montante da vantagem ilícita obtida em decorrência do crime. Tratando-se de pena mínima de um ano de reclusão, permite-se, em tese, a *suspensão condicional do processo* (art. 89 da Lei n. 9.099/95), que não é um benefício, repita-se, ao contrário de alguns entendimentos, a nosso juízo equivocados, pois se trata de um *direito público subjetivo* do acusado que satisfizer os requisitos objetivos e subjetivos para sua aplicação.

A cominação da pena de multa em *até três vezes o montante da vantagem ilícita obtida* implica em duas consequências: 1ª) há necessidade de valoração ou cálculo concreto e efetivo do montante da vantagem financeira obtida pelo infrator, o que nem sempre poderá ser aferível corretamente, em se tratando do

---

[57] É importante referir a moderna concepção de parte da doutrina no sentido de que a *afetação* ou *perturbação* a um bem jurídico *coletivo*, como no caso, poderia ser pensada na perspectiva de uma *lesão* a esse objeto: *lesão* no sentido de *afetação* à integridade do mercado de capitais. Nessa linha, revisa-se a tradicional concepção de *crime de perigo abstrato*, para identificar, na hipótese, um crime de lesão. Consulte-se, a esse respeito, a referência de: Carlos Martínez-Buján Pérez, *Derecho penal económico y de la empresa*: parte especial, p. 357.

Manipulação do mercado de capitais • 421

mercado de capitais mobiliários; 2ª) corre-se o risco de não haver aplicação da pena de multa, pois nada impede que, eventualmente, não decorra vantagem financeira concreta ao infrator e tampouco prejuízo a terceiros. Logo, na ausência ou inocorrência dessa vantagem ou na impossibilidade de sua aferição correta, se houver, não será possível aplicar ao infrator a pena de multa que, indiscutivelmente, não pode ser simplesmente fixada aleatoriamente pelo julgador por falta de previsão legal.

Cuida-se de critério diverso da previsão do Código Penal que adota o *sistema dias-multa*, que é, reconhecidamente, o *melhor sistema de aplicação da pena de multa*, porque leva em consideração a capacidade de pagamento do próprio condenado. Referido sistema de aplicação de pena pecuniária foi, no passado, equivocadamente, denominado de *sistema nórdico*, porque o atribuíam ao *Projeto preliminar de 1916* do sueco Johan C. W. Thyren. No entanto, trata-se de um sistema genuinamente brasileiro, pois quase um século antes nasceu com a previsão original do Código Penal do império de 1830, como demonstramos em nosso *Tratado de Direito Penal*[58]. Nesse sentido, equivocam-se, *venia concessa*, Albuquerque e Rebouças[59] quando sugerem, *v.g.*, "A nosso juízo, esse critério é adequado à forma de criminalidade aqui em foco – e até deveria ser disciplinado em caráter geral, para a dosimetria da pena de multa". Pelo contrário, todos os crimes das leis esparsas deveriam adotar, como faz nosso Código Penal, o "sistema dias-multa", profundamente elogiado nos sistemas penais europeus. Desafortunadamente, o Brasil quase não cria nada, e quando raramente cria alguma coisa extraordinária, como o sistema dias-multa, nega sua paternidade, como ocorre quando muitos autores afirmam, equivocadamente, que o *sistema dias-multa* seria originário do sistema nórdico. Nesse sentido, sugerimos que confiram nosso entendimento em sentido contrário[60].

A ação penal é pública incondicionada, não dependendo de qualquer manifestação ou formalidade para a propositura da ação penal pelo Ministério Público.

---

[58] Cezar Roberto Bitencourt, *Tratado de direito penal* – parte geral, 28. ed., São Paulo: Saraiva, 2022, v. 1, p. 778-779.

[59] Albuquerque e Rebouças, *Crimes contra o sistema financeiro e o mercado de capitais*, no prelo.

[60] Cezar Roberto Bitencourt, *Falência da pena de prisão*, 5. ed., São Paulo: Saraiva, 2017, p. 272-273; *Tratado de direito penal* – parte geral, 28. ed., São Paulo: Saraiva, 2022, v. 1, p. 778-779.

CAPÍTULO II
Uso indevido de informação privilegiada

Sumário: 1. Considerações preliminares. 2. Bem jurídico tutelado. 3. Sujeitos ativo e passivo do crime. 4. As alterações da Lei n. 13.506/2017: supressão do dever de sigilo. 5. Tipo objetivo: adequação típica. 5.1. Significado e extensão da elementar normativa "informação relevante". 5.2. O verdadeiro sentido e a real dimensão da locução "informação relevante". 5.3. Limite temporal da publicação de fato relevante. 5.4. A natureza econômica da vantagem indevida. 6. Suposta omissão na tipificação desse tipo penal. 7. Erro de tipo e erro de proibição nos crimes contra o mercado de capitais. 8. Tipo subjetivo: adequação típica. 9. Consumação e tentativa. 10. Classificação doutrinária. 11. Penas e ação penal.

Uso Indevido de Informação Privilegiada

Art. 27-D. Utilizar informação relevante de que tenha conhecimento, ainda não divulgada ao mercado, que seja capaz de propiciar, para si ou para outrem, vantagem indevida, mediante negociação, em nome próprio ou de terceiros, de valores mobiliários: (Redação dada pela Lei n. 13.506, de 2017)

Pena – reclusão, de 1 (um) a 5 (cinco) anos, e multa de até 3 (três) vezes o montante da vantagem ilícita obtida em decorrência do crime. (Incluído pela Lei n. 10.303, de 31-10-2001)

§ 1º Incorre na mesma pena quem repassa informação sigilosa relativa a fato relevante a que tenha tido acesso em razão de cargo ou posição que ocupe em emissor de valores mobiliários ou em razão de relação comercial, profissional ou de confiança com o emissor. (Incluído pela Lei n. 13.506, de 2017)

§ 2º A pena é aumentada em 1/3 (um terço) se o agente comete o crime previsto no *caput* deste artigo valendo-se de informação relevante de que tenha conhecimento e da qual deva manter sigilo. (Incluído pela Lei n. 13.506, de 2017)

---

1. CONSIDERAÇÕES PRELIMINARES

O art. 27-D, acrescentado à Lei n. 6.385/76 pela Lei n. 10.303/2001 e alterado pela Lei n. 13.506/2017, define o crime de *uso indevido de informação privilegiada*, também conhecido como *insider trading*. Juliano Breda[1] observa que "O legislador brasileiro acatou a tendência internacional de criminalização desta conduta, mas optou por uma redação mais concisa, restringindo o crime de *uso indevido de informação privilegiada* aos titulares do *dever de sigilo sobre o dado relevante*, ao contrário da normatização europeia analisada, que estende a punição também ao sujeito ativo não qualificado". Para Paulo Sandroni, *insider* é "o termo aplicado, especialmente no mercado de ações, a uma pessoa que dispõe de informações privilegiadas sobre a situação de empresas que têm seus títulos cotados em Bolsa e que, fazendo uso delas (antes que as mesmas sejam acessíveis ao público), pode realizar grandes lucros comprando e/ou vendendo ações"[2]. Incrimina-se, em outros termos, o *uso indevido de informação ainda desconhecida do mercado*.

Não se ignora, por outro lado, que o *uso indevido de informação privilegiada*, e principalmente a *criminalização* desse comportamento ilegal, tem como precedente histórico a conhecida *crise da economia norte-americana de 1929*. Esse episódio serviu de alerta não apenas aos americanos do norte, mas ao mundo inteiro, primeiramente no continente europeu, expandindo-se, posteriormente, aos demais continentes, a grande preocupação com a *regulação dos mercados mobiliários*, inclusive criminalizando a *utilização indevida de informações privilegiadas*, em prejuízo dos demais concorrentes[3].

Atenta ao ocorrido no mercado americano de 1929, no âmbito do continente europeu, foi criada a histórica Diretiva n. 2.014/57, que disciplinou algumas hipóteses que poderiam, em tese, configurar *abuso de mercado*, uso indevido e transmissão de informação privilegiada e manipulação do mercado. Estabeleceu as primeiras diretrizes para criminalizar tais hipóteses nos sistemas nacionais dos países integrantes da Comunidade Europeia e, de um modo especial, criminalizar o *abuso de informação privilegiada*. Recentemente, a Lei Orgânica n. 1/2019 alterou a redação do art. 285 do Código Penal espanhol, que criminaliza o abuso de informação privilegiada.

---

[1] Juliano Breda, Crimes contra o mercado de capitais, *in* Cezar Bitencourt & Juliano Breda, *Crimes contra o sistema financeiro & contra o mercado de capitais*, 3. ed., São Paulo: Saraiva, 2013, p. 402.

[2] Paulo Sandroni, *Dicionário de economia do século XXI*, p. 430, apud Albuquerque e Rebouças, *Crimes contra o sistema financeiro e contra o mercado de capitais*, ainda no prelo.

[3] Renato de Mello Jorge, Crimes contra o mercado de capitais, *in*: Luciano Anderson de Souza e Marina Pinhão Coelho Araújo (Coord.), *Direito penal econômico*: leis penais especiais, v. 1, p. 239-300, esp. 280.

2. BEM JURÍDICO TUTELADO

Cândido Albuquerque e Sérgio Rebouças[4] destacam sua concepção do bem jurídico, na seguinte síntese:

O bem jurídico tutelado na norma incriminadora do uso de informação privilegiada diz respeito à higidez, à transparência de informações, à confiabilidade, à estabilidade de funcionamento e, em particular, à *isonomia* no âmbito do mercado de capitais. Como sintetiza Martínez-Buján Pérez, ao comentar o tipo correspondente definido no Código Penal espanhol (art. 285), trata-se de um *objeto jurídico supraindividual difuso,* que consiste no correto funcionamento do mercado de valores, caracterizado pelo respeito ao *princípio da igualdade de oportunidades* entre os investidores[5].

O *bem jurídico* tutelado no crime de *uso indevido de informação privilegiada*[6], na nossa concepção, é a higidez, a transparência de informações, a confiabilidade, a estabilidade de funcionamento e, principalmente, da *isonomia* no âmbito do mercado de capitais. Esse é, por excelência, o objeto da tutela penal, em âmbito coletivo, além de buscar afastar prováveis lesões concretas de interesses individuais de investidores nesse mercado, bem como de outros agentes, individualmente considerados. Trata-se de um *objeto jurídico supraindividual, ainda que difuso,* consistente no correto funcionamento do mercado de valores, que se caracteriza pelo respeito ao *princípio da igualdade de oportunidades* entre os investidores. Indiscutivelmente, o *uso indevido de informação privilegiada* para obter vantagem em prejuízo de outrem, individualmente considerada, coloca em risco a credibilidade, a segurança, a transparência e a confiabilidade do próprio mercado de capitais mobiliários.

A doutrina, de um modo geral, tem destacado a preponderância ora de um, ora de outro dos aspectos apontados (segurança, integridade, estabilidade, confiança), que, a nosso juízo, é absolutamente irrelevante, pois todos, conjunta ou individualmente, simbolizam e representam a dignidade, a segurança e a respeitabilidade do mercado brasileiro mobiliário, aliás, bem representado e definido por toda essa série de adjetivações. Em sentido semelhante é o magistério de Renato de Mello Jorge Silveira, nos seguintes termos: "De qualquer modo,

---

[4] Albuquerque e Rebouças, *Crimes contra o sistema financeiro e contra o mercado de capitais,* no prelo.

[5] Carlos Martínez-Buján Pérez, *Derecho penal económico y de la empresa*: parte especial, p. 379. O penalista sustenta esse aspecto supraindividual do bem jurídico, independente da ofensa a interesses particulares de investidores, mesmo no contexto do Direito Penal espanhol, que exige, para a configuração do tipo, a ocorrência de um prejuízo superior a 600.000 (seiscentos mil) euros.

[6] No entanto, no tipo penal não consta como elementar "informação privilegiada", mas *informação relevante.*

parece bastante correto entender-se o caráter variado do bem jurídico de um tipo penal artificial como o de uso de informações privilegiadas no mercado de capitais. Estariam protegidas, portanto, mediante um panorama de *full disclosure*, tanto a transparência, a segurança, a integridade, como a estabilidade do mercado, transparecendo o que Faria Costa e Ramos entendem por bem jurídico complexo e poliédrico"[7].

Na realidade, todos esses aspectos, adjetivados por uma variedade de autores, constituem a multifacetada constituição da tutela penal, que significa, em outros termos, proteção da igualdade entre investidores como condição para transparência, credibilidade e confiança no regular funcionamento do mercado de capitais mobiliários. Albuquerque e Rebouças[8] destacam parte da introdução do Regulamento n. 596/2014 da União Europeia, que conceitua, em parte, o *abuso de mercado,* nos seguintes termos:

> O abuso de mercado é o conceito que abrange condutas ilícitas nos mercados financeiros e, para efeitos do presente regulamento, deve ser entendido como consistindo no *abuso de informação privilegiada, na transmissão ilícita de informação privilegiada* e na manipulação de mercado. Essas condutas impedem uma transparência plena e adequada do mercado, indispensável às operações de todos os agentes econômicos num mercado financeiro integrado.

Por fim, com uma visão particular, Michelangelo Corsetti, que alia a experiência prática conhecedora do funcionamento da Bolsa de Valores, na qual chegou a trabalhar, elaborou sua dissertação de Mestrado exatamente sobre o *Insider trading,* e discorda do entendimento majoritário, afirmando que: "No entanto, não pactuamos com nenhuma das correntes acima destacadas, em especial a majoritária, que defende que o *crime de uso indevido de informação privilegiada* visa proteger, unicamente, a confiança dos investidores. Entendemos que existe um valor anterior, de maior concretude e densidade, que a norma pretende tutelar"[9].

3. SUJEITOS ATIVO E PASSIVO DO CRIME

Sujeito ativo do crime de *uso indevido de informação privilegiada* só pode ser quem tenha condições de receber, privilegiadamente, informação dessa na-

---

[7] Renato de Mello Jorge Silveira, Crimes contra o mercado de capitais, *in* Luciano Anderson de Souza e Marina Pinhão Coelho Araújo (Coord.), *Direito penal econômico*: leis penais especiais, v. 1, p. 239-300, esp. 285.

[8] Albuquerque e Rebouças, *Crimes contra o sistema financeiro e contra o mercado de capitais*, no prelo.

[9] Michelangelo Corsetti, *Insider trading.* Informação privilegiada, Curitiba: Juruá, 2013, p. 103.

tureza. Inegavelmente, quem pode desfrutar dessa condição são os *acionistas controladores, diretores, membros do conselho de administração, do conselho fiscal e de quaisquer órgãos com funções técnicas ou consultivas, criados por disposição estatutária os potenciais autores do crime de uso indevido de infor-mação privilegiada,* aos quais era imposto o *dever de sigilo,* nos termos expres-sos da redação anterior deste art. 27-D, bem como no § 2º da nova redação, sobre uma gama de *fatos relevantes.* Logicamente, não se pode ignorar a exis-tência de *altos funcionários no exercício de cargos* na cúpula de administração superior das empresas e que, nessa condição, tomam conhecimento de fatos da mesma natureza, e, por tal razão, também estão obrigados a não se utilizar, *indevidamente,* desses conhecimentos. O sujeito ativo desse crime precisa, ne-cessariamente, ter *conhecimento* de informação relevante. Em outros termos, precisa receber, direta ou indiretamente, informação ou notícia a respeito dos fatos relevantes da empresa e/ou do mercado. Dito de outra forma, *exige-se do autor a ciência completa de informação sobre a negociação de um valor mobi-liário, ainda não divulgada ao público.* Deve-se destacar, ademais, que boatos, especulações ou situações comuns no mercado de capitais não se confundem *com ciência e conhecimento* relativos à informação concreta e relevante a res-peito da companhia ou de seus valores mobiliários. Esse conhecimento ou in-formação, ademais, deve advir de sua função, do seu exercício no meio empre-sarial e especialmente no mercado mobiliário.

Em razão dessa *obrigação de sigilo,* que era uma elementar constitutiva desse tipo penal, assegurava *a sua qualificação como crime especial,* posto que somente aqueles detentores dessa *obrigação de manter sigilo* do conhecimento que tinham em razão do *exercício de atividade,* função ou condição de receber "informação privilegiada" *podiam ser autores desse crime de informação pri-vilegiada.* Pois foi nesse sentido, ainda nos termos da legislação anterior (alte-rada), que Juliano Breda, acertadamente, afirmou: "Serão, portanto, os *acionis-tas controladores, diretores, membros do conselho de administração, do conse-lho fiscal e de quaisquer órgãos com funções técnicas ou consultivas, criados por disposição estatutária, e empregados da companhia* os potenciais autores do crime de informação privilegiada, eis que a eles é imposto o dever de sigilo sobre uma série de *fatos relevantes"*[10]. No entanto, como destacamos ao longo destes comentários, essa *elementar especializante* "de que tenha conhecimento e da qual deva manter sigilo" foi suprimida dessa tipificação por lei superior (Lei n. 13.506/2017), a partir da qual esse crime *perde sua natureza de crime próprio,* devendo ser classificado como *crime comum.*

---

[10] Juliano Breda, Crimes financeiros, p. 405.

Com efeito, na redação revogada pela Lei n. 13.506/2017 impunha-se ao agente o *dever obrigatório de sigilo*, em decorrência da atividade exercida. Agora, pelo novo texto legal, esse *dever-obrigação* foi expressamente suprimido como elementar do *caput* desse art. 27-D, que, a nosso juízo, foi um grande equívoco, como demonstraremos adiante. A absurda supressão desse tipo penal, que *constitui um grave erro do legislador*, dificulta sobremodo a punição desse crime, esvaziando, de certa forma, a força cogente da conduta anteriormente tipificada. Seu deslocamento para o § 2º, como mera *causa de aumento*, não supre a deficiência de sua definição típica, pois não tem a qualidade, a dimensão nem a função especializante da conduta proibida, pelo contrário, apenas reforça que o tipo penal não faz essa exigência típica.

O sujeito ativo desse crime deve, necessariamente, ter *conhecimento* de informação relevante, isto é, precisa receber, direta ou indiretamente, a notícia ou, numa linguagem mais técnica, a *informação relevante* a respeito dos fatos importantes, significativos ou, como diz o próprio texto legal, *relevantes* para o mercado mobiliário. Isso significa que se exige que o autor tenha plena ciência e consciência da *informação com potencial influência sobre a importância, valor(ação) ou mesmo negociação de um ativo mobiliário*, ainda não divulgada ao público. Ou seja, ciência e conhecimento de uma informação concreta e relevante a respeito da companhia ou de seus valores mobiliários, que não se confundem com boatos ou especulações, que são situações absolutamente comuns no mercado de capitais. De outro lado, como já destacamos, o sujeito ativo deve ter *conhecimento efetivo de qualquer informação relevante* em razão de sua função, atividade ou profissão. Fora dessas hipóteses, como aqui demonstrado, o crime não se configura, a não ser que exista o *concurso eventual* de alguém com as qualidades especiais exigidas por esse tipo penal, quando poderá ser alcançado pela disposição do art. 29 do Código Penal, que define e disciplina o *concurso eventual de pessoas*[11]. Mas esse aspecto, repita-se, *não constitui aquela qualificação de crime próprio*, aliás, perdida com a supressão da elementar típica especializante da *obrigação de manter o sigilo*. Como elementar típica, nunca poderá ser suprida por meras normas administrativas reguladoras do mercado de capitais!

Essa modalidade de conduta criminosa admite, aliás, com muita facilidade, o *concurso eventual de pessoas*, especialmente na forma de *coautoria*, considerando-se que, via de regra, as decisões *mais importantes* são tomadas por órgãos

---

[11]   *Vide*, nesse sentido, o capítulo específico sobre concurso eventual de pessoas do volume 1 de nosso *Tratado de direito penal* – parte geral, 28. ed., São Paulo: Saraiva, 2022.

colegiados. Contudo, mesmo assim, o *uso indevido de informação privilegiada* pode acabar sendo feito individualmente, isto é, por apenas um dos conhecedores dos fatos relevantes. José Carlos Tórtima, por outro lado, com entendimento particular, destaca a necessidade de sigilo imposto aos membros do Comitê de Política Monetária (COPOM), relativamente a suas decisões, as quais, necessariamente, têm direta e imediata relação com os fluxos do mercado, nos seguintes termos: "Logo, se uma autoridade ou agente do poder público utiliza a informação sigilosa em proveito próprio, negociando vantajosamente com valores mobiliários, diretamente ou por interposta pessoa, estaria, em tese, cometendo a infração em causa"[12].

Cândido Albuquerque e Sérgio Rebouças[13], examinando essa temática, afirmam: "a conduta do *insider trading*, como crime próprio, não pode ser praticado por terceiros que tenham conhecimento da *informação relevante*, ainda não divulgada, sem, contudo, possuir as características exigidas pela descrição típica. Nada impede, porém, que o *extraneus* responda pelo crime em concurso com o detentor do dever de sigilo, na medida em que *circunstância pessoal* comunica-se ao partícipe, nos termos da previsão contida no art. 30 do CP". Em sentido semelhante, sobre a *participação de terceiro*, destaca José Carlos Castellar[14] que:

> É claro que sempre haverá a possibilidade de que a informação relevante tenha sido obtida por um *extraneus* e por outros meios que não indiquem relação de causalidade com aquelas pessoas obrigadas ao dever de lealdade. Esses meios podem ser lícitos (captar por acaso uma conversa num restaurante) ou ilícitos ("grampo" telefônico). Isto, porém, não classificaria o delito como comum, eis que o tipo ostenta a expressão da qual deva manter sigilo, não sendo prevista punição na esfera penal para os casos previstos no § 4º do artigo 155 da Lei 6.404/76, por conta do princípio da legalidade. Por outro lado, o receptor da informação que age em concurso com o *insider*, também chamado de *insider* "secundário", desde que consciente de que está adquirindo uma informação privilegiada, estará, de qualquer forma, participando da ação típica.

De notar-se que, pela manifestação citada de Tórtima, bem como de Albuquerque e Rebouças[15], admitindo a prática desse crime, estariam aceitando a sua execução, por quem não reúne a *condição especial* exigida por esse tipo penal, embora os dois últimos continuem afirmando tratar-se de *crime especial*,

---

[12] José Carlos Tórtima, *Crimes contra o sistema financeiro nacional*, 2. ed., Rio de Janeiro: Lumen Juris, 2009, p. 180.
[13] Albuquerque e Rebouças, *Crimes contra o sistema financeiro e contra o mercado de capitai*s, no prelo.
[14] José Carlos Castellar, Insider trading *e os novos crimes corporativos*, p. 121-122.
[15] Albuquerque e Rebouças, *Crimes contra o sistema financeiro nacional*, no prelo.

aliás, do que discordamos, *venia concessa*. Contudo, deve-se esclarecer que a manifestação de Tórtima foi anterior à Lei n. 13.506/2017, enquanto a dos dois outros autores refere-se a obra em coautoria de ambos, elaborada após a alteração do referido diploma legal[16], e talvez seja produto de pequeno equívoco, porque estamparia uma contradição ao pensamento elaborado, aliás, bem constituído, dos dois últimos autores citados.

No entanto, como veremos no tópico em que abordamos a constituição típica desse crime, o legislador de 2017 (Lei n. 13.506/2017) suprimiu, a nosso juízo, equivocadamente, do caput do art. 27-D a *elementar típica* "da qual deva manter sigilo", enfraquecendo sobremodo a contundência explícita da tipificação anterior. A manutenção no § 2º, acrescentado pelo novo diploma legal, a mesma *elementar típica*, nessa hipótese, como uma *causa especial de aumento* de pena (majorante), não afasta o prejuízo típico que sua supressão produz à tipificação desse crime. Poder-se-á, contudo, interpretar a manutenção de "obrigação do sigilo" como uma *elementar típica implícita*, contida na elementar "informação relevante"? Inquestionavelmente, não, posto que *norma penal incriminadora* não admite a inclusão de elementares na descrição de nenhum tipo penal através de *mera interpretação*, seja de quem for, porque violaria o sagrado princípio da tipicidade estrita. A atual configuração desse tipo penal *não exige sigilo inerente a exercício de cargo, função ou atividade*, mas conhecimento *especialmente* obtido pelo agente de informação *ainda* não divulgada ao mercado mobiliário. Nesse sentido, subscrevemos integralmente o acertado entendimento adotado por Cândido Albuquerque e Sérgio Rebouças[17], nos seguintes termos:

> Pensamos, entretanto, que o caráter privilegiado decorre das condições *especiais* em que o agente obtém a informação (*acesso reservado*), não necessariamente por força do exercício de algum cargo ou função. O tipo não exige sigilo inerente a cargo, função ou atividade, e sim conhecimento *especialmente* obtido pelo agente de informação *ainda* não divulgada ao mercado. A nosso juízo, o que faz do crime *próprio* é o *dever* do agente *de não fazer uso* da informação privilegiada cujo conhecimento *antecipado* obteve em *condições especiais* (*acesso reservado* a informação *ainda* não divulgada ao mercado). É isso que impede a imputação do tipo a uma pessoa que *ocasionalmente* tenha tomado conhecimento da informação, vindo a utilizá-la em benefício próprio.

Contudo, a partir do novo texto legal, se autores ou coautores aproveitarem-se indevidamente de informações privilegiadas (relevantes, sigilosas) ainda não divulgadas ao público, ocorrendo *efetiva violação específica de sigilo*, incidirá a majorante do § 2º desse art. 27-D, dispositivo acrescentado pela Lei

---

[16] Albuquerque e Rebouças, *Crimes contra o sistema financeiro nacional*, no prelo.
[17] Albuquerque e Rebouças, *Crimes contra o sistema financeiro nacional*, no prelo.

n. 13.506/2017, com a seguinte redação: "A pena é aumentada em 1/3 (um terço) se o agente comete o crime previsto no *caput* deste artigo valendo-se de informação relevante de que tenha conhecimento e da qual deva manter sigilo". Esse *sigilo violado*, que majora a pena, por *abuso no uso de informação privilegiada*, pode decorrer, inclusive, de benefício de *acordo de colaboração premiada*. Logo, a configuração dessa "causa especial de aumento de pena" (majorante) decorre de dever imposto ao colaborador por força do próprio acordo e não, necessariamente, da previsão do *caput* do artigo *sub examine*, que, repita-se, não mais consagra, como elementar desse tipo penal, a *obrigação de sigilo*. Logo, não mais se pode classificá-lo como *crime próprio*, posto que essa obrigação de sigilo, que era a *condição especializante* do *caput*, foi excluída da conduta tipificada pela Lei n. 13.506/2017.

Por fim, o § 1º, igualmente acrescentado pela Lei n. 13.506/2017, amplia o alcance da tipificação constante do *caput*, estendendo-a "a quem repassa informação sigilosa relativa a fato relevante a que tenha tido acesso em razão de cargo ou posição que ocupe em emissor de valores mobiliários ou em razão de relação comercial, profissional ou de confiança com o emissor". Enfim, incrimina-se a conduta de *repassar informação sigilosa*, cujo conhecimento obteve-se "em razão de cargo ou posição ocupada *em emissor*[18] *de valores mobiliários ou em razão de relação comercial, profissional ou de confiança com o emissor*". Aplica-se a mesma pena prevista para o *caput*, mas ampliou-se a tipificação nele contida, inclusive incluindo novos sujeitos ativos.

Sujeito passivo nesse crime de *uso indevido de informações privilegiadas*, por sua vez, é o titular do bem jurídico tutelado contra incriminação, quando identificado concretamente que foi exatamente quem sofreu o dano decorrente da conduta praticada. No entanto, regra geral, nesta modalidade de crime o *interesse tutelado é coletivo*, a exemplo do que ocorre no crime de *manipulação do mercado de capitais*, e, por consequência, o *sujeito passivo* é o próprio Estado, pois, como já afirmamos, *a credibilidade, a transparência e a regularidade* do funcionamento do mercado de valores mobiliários são interesses que estão acima da individualidade, transcendem, portanto, aos simples interesses individuais dos agentes financeiros envolvidos, empresariais ou de qualquer outro participante. Esse interesse público é exercido pela atividade de regulamentação e supervisão da *Comissão de Valores Mobiliários*, que é a autarquia federal detentora do *dever de zelar* pelo funcionamento lícito do mercado de capitais. Com efeito, nos crimes em que se tutelam *interesses coletivos*, o Estado, regra geral, é o *sujeito passivo* direto desses crimes, como

---

[18] Parece-nos que há, aqui, no mínimo, um erro de concordância, mas é exatamente os termos do texto legal.

é o caso desse tipo de infração penal. Nesses casos, apenas secundariamente podem ser *sujeitos passivos* os indivíduos eventualmente lesados com o crime de "uso indevido de informações privilegiadas".

Paralelamente, os demais investidores também podem ser, secundariamente, atingidos, pois a *comercialização com informação privilegiada* viola, como destacamos, os interesses de todos os demais participantes do mercado de capitais. Nesse sentido, dispõe a Instrução n. 358, de 3 de janeiro de 2002, em seu art. 8º, *verbis*:

> Cumpre aos acionistas controladores, diretores, membros do conselho de administração, do conselho fiscal e de quaisquer órgãos com funções técnicas ou consultivas, criados por disposição estatutária, e empregados da companhia, *guardar sigilo das informações relativas a ato ou fato relevante* às quais tenham acesso privilegiado em razão do cargo ou posição que ocupam, até sua divulgação ao mercado, bem como zelar para que subordinados e terceiros de sua confiança também o façam, respondendo solidariamente com estes na hipótese de descumprimento.

No entanto, convém destacar que o crime de *uso indevido de informação privilegiada* não pode ser praticado por terceiros, que tenham conhecimento da informação, *sem reunir as demais características típicas*, salvo a hipótese do concurso de pessoas, como *extraneus*. Contudo, como os fatos relevantes, em geral, ocorrem por deliberação conjunta dos diretores, membros do conselho ou de outros órgãos estatutários, admite-se, naturalmente, a configuração do *concurso eventual de pessoas*. É possível que o *extraneus incorra no crime de uso indevido de informação privilegiada,* em concurso com algum dos sujeitos ativos obrigados ao dever de lealdade, ou *detentor do dever de sigilo* (aliás, suprimido, equivocadamente, como elementar típica desse art. *27-D* pela Lei n. 13.506/2017), considerando-se que *circunstância pessoal* comunica-se ao *partícipe*, segundo dispõe o art. 30 do CP. Nesse sentido, não é outro o entendimento de Castellar[19], para quem:

> É claro que sempre haverá a possibilidade de que a informação relevante tenha sido obtida por um *extraneus* e por outros meios que não indiquem relação de causalidade com aquelas pessoas obrigadas ao dever de lealdade. Esses meios podem ser lícitos (captar por acaso uma conversa num restaurante) ou ilícitos ("grampo" telefônico). Isto, porém, não classificaria o delito como comum, eis que o tipo ostenta a expressão da qual deva manter sigilo, não sendo prevista punição na esfera penal para os casos previstos no § 4º do artigo 155 da Lei 6.404/76, por conta do princípio da legalidade. Por outro lado, o receptor da informação que age em concurso com o *insider*, também chamado de *insider* "secundário", desde que consciente de que está adquirindo uma informação privilegiada, estará, de qualquer forma, participando da ação típica.

---

[19] José Carlos Castellar, Insider trading *e os novos crimes corporativos*, p. 121-122.

Criminaliza-se, igualmente, o *repasse de informação sigilosa*, nos termos do § 1º, vinculado a exercício de *cargo* ou *função*. A previsão desse § 1º criminaliza o *repasse* de *informação sigilosa e privilegiada,* nos seguintes termos: "Incorre na mesma pena quem *repassa informação sigilosa* relativa a fato relevante a que tenha tido acesso em razão de cargo ou posição que ocupe em emissor de valores mobiliários ou em razão de relação comercial, profissional ou de confiança com o emissor". Criminaliza-se, enfim, especialmente a conduta de *repassar informação sigilosa* conhecida em razão do cargo ou função de acesso privilegiado (art. 27-D, § 1º).

Em uma tentativa do legislador de diminuir sua responsabilidade pelo erro crasso de *excluir a obrigação de sigilo* da definição típica de crime de uso indevido de informação privilegiada, acresceu-a no § 2º, criando uma causa especial de aumento de pena que, contudo, não supre adequadamente o grande equívoco desse desmantelamento do *caput* do tipo penal. Referido parágrafo resultou com o seguinte texto:

> A pena é aumentada em 1/3 (um terço) se o agente comete o crime previsto no *caput* deste artigo valendo-se de informação relevante de que tenha conhecimento e da qual deva manter sigilo. (Incluído pela Lei n. 13.506, de 2017)

4. AS ALTERAÇÕES DA LEI N. 13.506/2017: SUPRESSÃO DO DEVER DE SIGILO

O conteúdo do art. 27-D, *caput*, da Lei n. 6.385/76, com a redação determinada pela Lei n. 10.303/2001, aliás, diploma legal que criou esse tipo penal, tinha a seguinte redação: "utilizar informação relevante ainda não divulgada ao mercado, *de que tenha conhecimento e da qual deva manter sigilo,* capaz de propiciar, para si ou para outrem, vantagem indevida, mediante negociação, em nome próprio ou de terceiro, com valores mobiliários". Esse tipo penal vigorou de 2001 a 2017, cominando pena de reclusão de um a oito anos e multa. No entanto, o conteúdo desse tipo penal que justificava, por excelência, a incriminação da referida conduta, inclusive a cominação da gravíssima pena, era representada pela *elementar normativa* "de que tenha conhecimento e da qual deva manter sigilo". Essa *elementar normativa* criava a obrigação/*dever de sigilo, de fidelidade e* de *lealdade pessoal/profissional* para com a Comissão do Mercado de Valores, com os investidores e com o mercado de valores mobiliários, de um modo geral. Essa *obrigação/dever de manter sigilo* era a elementar típica, por excelência *especializante,* isto é, que autorizava a classificação dessa tipificação como *crime especial.*

A definição ou classificação da espécie deste crime – *uso indevido de informação privilegiada* – não deixa de ser objeto de alguma controvérsia no âmbito da doutrina especializada, sendo, para alguns, *crime próprio* e, para outros,

Uso indevido de informação privilegiada • 433

crime comum. Assim, para Cândido Albuquerque e Sérgio Rebouças, cuida-se de *crime próprio*, ao afirmarem: "observe-se que o crime é *próprio*, implicando a exigência de uma qualidade especial do sujeito"[20], invocando, inclusive, o magistério de Martínez-Buján Pérez[21], relativamente a seus comentários sobre dispositivo legal similar no direito espanhol. Com efeito, o âmbito de possíveis sujeitos ativos é tipicamente limitado à pessoa que tenha acesso reservado à *informação privilegiada*, resolvendo, então, utilizá-la com idoneidade para obter vantagem indevida. Em sentido similar é o entendimento de Renato de Mello Jorge Silveira, para quem, "a autoria do delito em questão não alcança a generalidade das pessoas, mas aqueles que, pelo cargo ou função que ostentam, têm acesso privilegiado a informações relevantes para o mercado e, por tal, motivo, estão imbuídos do dever de guardar sigilo"[22]. Juliano Breda, por sua vez, escrevendo sobre o mesmo tema, ainda sob vigência do texto alterado, quando tratou do sujeito ativo desse crime, adotou o mesmo entendimento de Silveira, nos seguintes termos: "O crime de uso indevido de *informação privilegiada* é próprio ao exigir do sujeito ativo *a especial qualidade do dever de sigilo*[23] sobre a informação relevante".

Estaríamos inclinados a adotar entendimento similar ao de Renato de Mello Jorge Silveira e Juliano Breda, isto é, classificando-o como *crime próprio*, não fosse a alteração legislativa sofrida na definição desse crime pela Lei n. 13.506/2017, que, a nosso juízo, o transformou, inegavelmente, em *crime comum*. Explica-se: a referida lei suprimiu o, digamos, vocábulo "especializante", qual seja, "e da qual deva manter sigilo", constante da redação revogada. Foi, acertadamente, essa locução que levou Breda a classificá-lo como "crime próprio". Ora, como o novo texto resultou sem essa, digamos, "especializante", referido crime foi transformado, na nossa concepção, em *crime comum*, isto é, que não exige o "dever de sigilo" do operador no mercado mobiliário. E, frise-se, *a existência de eventual exigência de sigilo em normas administrativas,* como é o caso brasileiro, *não supre essa falta no tipo penal,* ante os *princípios da reserva legal* e da *tipicidade estrita,* caso contrário, *os crimes poderiam ser al-*

---

[20]   Cândido Albuquerque e Sérgio Rebouças, *Crimes contra o sistema financeiro e contra o mercado de capitais*, no prelo.

[21]   Esse é o entendimento da doutrina também quanto ao tipo correspondente no Direito Penal espanhol, como refere: Carlos Martínez-Buján Pérez, *Derecho penal económico y de la empresa*: parte especial, p. 384.

[22]   Renato de Mello Jorge Silveira, Crimes contra o mercado de capitais, *in*: Luciano Anderson de Souza e Marina Pinhão Coelho Araújo (Coord.), *Direito penal econômico*: leis penais especiais, v. 1, p. 239-300, esp. 288.

[23]   Juliano Breda, Crimes contra o mercado de capitais, *in*: Cezar Roberto Bitencourt & Juliano Breda, *Crimes contra o sistema financeiro nacional e contra o mercado de capitais*, 3. ed., 2. tir., São Paulo: Saraiva, 2014, p. 404.

terados, modificados, diminuídos ou ampliados por simples normas adminis-trativas, o que é vedado legal e constitucionalmente (art. 5º, XXXIX, da CF e art. 1º do CP). Provavelmente, se Breda vier a escrever sobre essa temática a partir da nova lei, também classificará esse crime como "comum".

Pensamos, entretanto, que o "caráter privilegiado" desse crime não decorria apenas das condições *especiais* em que o agente obtinha a informação (*acesso reservado*), mas, principalmente, da obrigação de, nessas condições, *ter o dever legal de manter sigilo* sobre tal informação, que era contida no próprio tipo penal revogado. Com efeito, o tipo penal passou a *não exigir o dever de sigilo* como sua elementar constitutiva, aliás, foi literalmente excluído da descrição típica, comparando à previsão da redação anterior. Com efeito, para nós, o que atribuía a qualidade de *crime próprio* a essa *infração penal* era ter conhecimento de informação relevante, ainda não divulgada, em razão de cargo, função ou atividade exercida no mercado mobiliário ou empresarial, "e da qual devia manter sigilo". Ora, salvo melhor juízo, a "supressão legal" do *dever de manter sigilo*, como elementar típica – equivocadamente suprimida do tipo penal, pelo legislador contemporâneo –, não só desnatura essa *especializante*, como enfraquece a proibição penal e a transforma em "crime comum". Aliás, inclusive *equipara a qualquer pessoa aquelas especiais* que podiam tomar conhecimento de informação relevante, ao afastar-lhes, no âmbito penal, *a obrigação legal de manter sigilo*. Ademais, a eventual permanência da obrigação de manter sigilo no âmbito administrativo não tem reflexos na norma penal que tipificava essa infração penal como *crime próprio*, ante a exigência da tipicidade estrita, além do *princípio da reserva legal*.

O equívoco do legislador contemporâneo, ao retirar o "dever de sigilo" do *caput* do art. 27-D e transformá-lo apenas em uma *majorante* (§ 2º)[24], não supre a deficiência na definição da conduta tipificada no *caput*, que o transformou em um *crime comum*, aliás, o *dever de sigilo* nem sempre decorre do exercício de um cargo ou função, como é o caso de "acordo de colaboração premiada" ou da exigência que a redação do tipo anterior fazia.

Incompreensivelmente, o *legislador penal* basicamente destruiu a proteção do mercado mobiliário relativamente ao *insider trading*, afastando, no âmbito criminal, exatamente aquilo que obrigava os sujeitos ativos desse crime a *não usarem indevidamente informação relevante*, ainda não divulgada ao mercado, exatamente porque esse tipo penal lhes impunha, como elementar típica, o "dever legal de manter sigilo". Pois essa coercibilidade penal acabou sendo

---

[24] "A pena é aumentada em 1/3 (um terço) se o agente comete o crime previsto no *caput* deste artigo valendo-se de informação relevante de que tenha conhecimento e da qual deva manter sigilo."

suprimida pela Lei n. 13.506/2017, ao dar-lhe outra redação, nos seguintes termos: "Utilizar informação relevante de que tenha conhecimento, ainda não divulgada ao mercado, que seja capaz de propiciar, para si ou para outrem, vantagem indevida, mediante negociação, em nome próprio ou de terceiros, de valores mobiliários"! Aliás, somente por *interpretação sistemática* torna-se possível interpretar esse tipo penal aplicável em negociações específicas do mercado mobiliário, pois, a não ser por isso, poder-se-ia dar-lhe interpretação mais abrangente, além de defini-lo como *crime comum*. Parece-nos, pois, que a doutrina e a própria jurisprudência não se deram conta do esvaziamento desse tipo penal, perdendo o poder coercitivo na proibição da prática do crime de *uso indevido de informação relevante, ainda não divulgada ao mercado*.

A nova redação do tipo penal, excluindo a elementar – *e da qual deva manter sigilo* –, transformou um *crime próprio* em *crime comum*, ampliando, consequentemente, a possível autoria ou coautoria dessa infração penal, antes limitada àqueles que tinham "o dever de manter sigilo", por ostentarem determinada, condição, posição, situação, estado ou por exercerem certa posição na estrutura funcional ou organizacional do mercado de capitais e nas próprias organizações empresariais. Era esse aspecto, isto é, a existência dessa elementar que o caracterizava como *crime próprio*, e, por isso mesmo, era muito mais grave *em razão da violação dessa responsabilidade e obrigação de sigilo*, justificando-se, na redação anterior, a cominação aparentemente exagerada de uma pena de reclusão de até oito anos. E, ao mesmo tempo, diminuiu o rigor e a gravidade da conduta anteriormente tipificada, fragilizando a proteção penal desse bem jurídico, na medida em que aqueles que deveriam e *estavam obrigados a manter sigilo* escapam dos rigores da proteção penal desse bem jurídico, embora alguns deles continuem submetidos às previsões administrativas e sujeitos às respectivas sanções nesse âmbito. Pelo menos, nesse particular, o legislador contemporâneo foi coerente, o que não tem sido a regra nos últimos tempos, ou seja, ao diminuir a importância do bem jurídico tutelado e retirar a gravidade da conduta infracional prevista *excluindo a obrigação de sigilo* (transformou *crime próprio* em crime comum), reduziu em proporção similar a pena cominada para a mesma infração penal, com a nova configuração, de oito para quatro, como veremos ao final deste capítulo.

Pelo menos manteve, como complemento do verbo-núcleo "utilizar", a elementar normativa – *informação relevante ainda não divulgada ao mercado*. Afinal, qual é realmente o significado e a verdadeira dimensão de "informação relevante", como *elementar típica* desse crime de "uso indevido de informação privilegiada", *sem o dever de manter o sigilo*, como elementar típica? Responderemos a essa indagação no próximo tópico, no qual passamos ao exame mais específico da tipicidade desse crime de *uso indevido de informação privilegiada*.

436 • Crimes contra o mercado de capitais

5. TIPO OBJETIVO: ADEQUAÇÃO TÍPICA

A tipificação desse crime, a partir da Lei n. 13.506/2017, passou a ser a seguinte: "utilizar informação relevante de que tenha conhecimento, ainda não divulgada ao mercado, que seja capaz de propiciar, para si ou para outrem, vantagem indevida, mediante negociação, em nome próprio ou de terceiros, de valores mobiliários". A ação incriminada nesse art. 27-D, com alteração pela Lei n. 13.506/2017, é limitada pelo *meio* ou *modo* de ser executada ou realizada a *obtenção de vantagem indevida*, qual seja, "mediante negociação". Ou seja, a *obtenção de vantagem indevida* – mesmo utilizando-se de *informação relevante, ainda não divulgada ao mercado* –, por qualquer outro meio, que não seja "mediante negociação", não tipificará esse crime, por mais absurdo que possa parecer, em obediência ao princípio da *tipicidade estrita*. Assim, por exemplo, poder-se-á, nessas circunstâncias, obter grandes vantagens, *deixando- -se de negociar ou vender ativos no mercado mobiliário*, retendo suas posições acionárias, que estava prestes a negociar, exatamente pelo conhecimento irregular, inadequado e ilegal que teve de informações relevantes, ainda não conhecidas do mercado. Nessa *omissão* do investidor, em razão do *conhecimento indevido que teve de informações relevantes*, como *não houve negociação alguma* (único meio, modo ou forma de criminalização da ação tipificada), *a sua conduta é atípica e não pode ser,* sequer, *objeto de ação penal.*

Essa *atipicidade* decorre da absoluta inadequação estrutural do tipo penal, algo ocorrente, por exemplo, quando, de um lado, o legislador resolve "rechear", exageradamente, determinados tipos penais de elementares diversas (normativas, subjetivas, objetivas etc.) e, de outro, *engessa* a construção tipológica com algumas elementares desnecessárias, cuja ausência, *in concreto*, pode levar à *atipicidade* de certas condutas que, em tese, também deveriam ser punidas, como o exemplo que estamos citando: a *conduta criminalizada*, nesse tipo penal, ficou limitada, segregada ao *meio* ou *modo* de *obtenção da vantagem indevida*, qual seja, "mediante negociação", que, convenhamos, não é a única forma de lucrar no mercado mobiliário, pois a retenção, omissão de venda ou especulação também são formas ou modos de ganhar, lucrar ou valorizar o acervo ou posição acionária, inclusive com informações irregulares sobre o mercado mobiliário, que também poderiam ou deveriam ser criminalizadas. Assim, por exemplo, o detentor de um bom acervo acionário, que está prestes a negociar, obtendo, contudo, *indevidamente*, informações antecipadas, que o mercado ainda não sabe, retém seu acervo mobiliário, não as negocia como pretendia, sendo altamente favorecido com a informação irregular, lucrando muito, mas não comete esse crime, pela impropriedade da construção tipológica!

A ação tipificada é a utilização de *informação relevante* obtida antecipadamente, para decidir a respeito de *negociação de valores mobiliários*. Dito de outra forma, cuida-se de "conhecimento privilegiado" de *informação relevante,* antes que fosse conhecido pelo mercado ou pelos demais investidores. Trata-se, digamos, de um *conhecimento particular, especial,* em razão de atividade profissional, funcional ou não, antes que o *mercado mobiliário* tivesse tal conhecimento. Mas a *utilização de informação relevante,* prevista nesse tipo penal, deve estar, repetindo, *vinculada à forma* prevista no texto legal, qual seja, "mediante negociação", que é o *meio* ou *modo* de sua realização, restringindo, assim, a tipicidade objetiva da conduta incriminada às hipóteses legalmente conhecidas de *negociação de valores mobiliários* no mercado de capitais. Por isso, se o eventual *uso de informação privilegiada* ocorre por outros *meios* ou *modos,* distintos da "negociação", prevista nesse tipo penal, a adequação típica não se verifica, isto é, o crime não se realiza. É profundamente equivocada, a nosso juízo, a forma dessa tipificação do *uso de informação antecipada,* na medida em que deixou praticamente desprotegido esse bem jurídico tão importante no mercado de capitais, através do uso de *deslealdade na obtenção de informações antecipadas* para locupletar-se, em prejuízo de todo o mercado mobiliário.

A conduta nuclear é "utilizar", isto é, usar, aproveitar-se, tirar vantagem de *informação relevante* capaz de produzir *vantagem indevida,* para si ou para outrem, *"mediante negociação" de títulos mobiliários.* Para configurar esse crime, é necessário que o agente saiba que se trata de *informação relevante,* que o mercado ainda desconhece, e que pode ocasionar *vantagem indevida* para si ou para terceiro, mediante "negociação de valores mobiliários", que é o único meio, modo ou forma de realizar a conduta típica aqui descrita. Essa limitação prejudica gravemente o próprio bem jurídico que a norma penal pretende proteger, porque a *utilização* de qualquer outro meio, distinto de *negociação mobiliária,* não tipificará esse crime, como a simples retenção ou manutenção da posição acionária do empresário ou investidor, como veremos adiante.

Estamos diante de um *crime que apresenta alguma complexidade estrutural tipológica,* pelo excesso de elementos objetivos, normativos e subjetivos que o compõem, destacando-se, de plano, a necessidade de o suposto autor conhecer ou poder conhecer a *relevância da informação* e saber (ter consciência) que ela ainda não foi divulgada pela CVM. O *desconhecimento,* pelo autor, da *relevância da informação,* da *inocorrência da divulgação ao mercado* pela CVM ou da possibilidade de *produzir vantagem indevida* para si ou para outrem descaracteriza essa infração penal, isto é, a conduta incriminada não se tipifica. *Vantagem indevida ou ilícita* é todo e qualquer benefício, proveito ou lucro que possa resultar em benefício do autor dessa infração penal. A *vantagem ilícita,* ao contrário do que ocorre, por exemplo, nos crimes de furto e de apropriação indébita, é *elemento constitutivo* desse crime de *uso indevido de informações privilegiadas.*

Não há dúvida, no plano doutrinário-jurisprudencial, sobre a *natureza da vantagem,* isto é, quanto ao seu aspecto econômico, especialmente porque deve ocorrer em *negociação no mercado mobiliário,* logo, a vantagem visualizada

438 • Crimes contra o mercado de capitais

pelo legislador é, inegavelmente, *vantagem econômica obtida mediante negociação*, aliás, expressamente prevista no próprio tipo penal. Como vimos, a eventual *vantagem* obtida pelo autor, omissão de negociação de seu acervo acionário ou adoção de qualquer *outra* forma ou modo, que não decorra de "negociação" da posição acionária, expressamente prevista no tipo penal, afasta a adequação típica dessa conduta do autor, podendo resultar somente em possível punição no âmbito administrativo. Na verdade, somente a casuística pode oferecer-nos com mais segurança a resposta correta, mas, de plano, pode-se assegurar que é indispensável que eventual *vantagem indevida obtida pelo autor* ou por terceiro deve, necessariamente, decorrer de *negociação*, como previsto no próprio tipo penal; ou, dito nos próprios termos típicos, "mediante negociação, em nome próprio ou de terceiros, de valores mobiliários", sob pena de não se configurar a adequação típica dessa conduta.

Juliano Breda, com muita propriedade, manifesta-se sobre a abrangência do verbo nuclear desse tipo penal, nos seguintes termos:

> [...] a perfeita noção da relevância típica do verbo "utilizar" deve ser conjugada com a expressão "mediante negociação", elemento modal que restringe a tipicidade objetiva da conduta às hipóteses legalmente conhecidas de negociação de valores mobiliários no mercado de capitais. Enfim, o tipo objetivo descreve como conduta punível o uso de informação relevante como dado capaz de interferir na decisão de negociar valores mobiliários, que pode caracterizar o crime em estudo. Se o uso da informação privilegiada ocorre em outra circunstância, diversa da negociação, o crime não se realiza. Por exemplo, se o detentor da informação relevante ainda não tornada pública utiliza esses elementos para promover mudanças na estrutura da companhia, sua conduta é atípica de acordo com a exigência típica e porque há risco ao bem jurídico tutelado pelo art. 27-D[25].

Esse entendimento impecável de Juliano Breda, relativamente à extensão ou abrangência das *elementares constitutivas* do tipo penal, adequa-se perfeitamente ao sagrado *princípio da tipicidade estrita*, posto que exige rígida observância de todas as elementares que compõem a descrição da conduta típica. Trata-se, por conseguinte, inequivocamente, de garantia própria do Direito Penal de um Estado social e democrático, como é a República do Brasil.

Segundo a dicção desse tipo penal, incrimina-se a conduta de *utilizar informação relevante, ainda não divulgada ao mercado*, da qual o agente tenha conhecimento e que possa proporcionar-lhe *vantagem indevida*, mediante negociação de valores mobiliários, em nome próprio ou de terceiros. O *nomen juris*

---

[25] Juliano Breda, Crimes contra o mercado de capitais, *in*: Cezar Roberto Bitencourt & Juliano Breda, *Crimes contra o sistema financeiro nacional e contra o mercado de capitais*, 3. ed., 2. tir., São Paulo: Saraiva, 2013, p. 404.

historicamente conhecido é originário da conhecida crise norte-americana, o qual se universalizou como *insider trading*. Como se constata do novo texto legal, repetindo, ficou um vácuo nessa definição-tipificação, com a injustificável supressão do que consideramos que era a essência desse tipo penal, qual seja, *a elementar normativa* da "obrigação de guardar sigilo" sobre informações relevantes, ainda não divulgadas ao mercado e das quais teve conhecimento privilegiado. Referida obrigação/tipificação era daquelas que, por várias razões, estão diretamente vinculadas ao mercado de capitais, *cuja revelação* infringe, agride e danifica o mercado mobiliário, podendo, inclusive, gerar prejuízos incalculáveis não apenas ao mercado como um todo, mas também, em particular, aos empreendedores e investidores direta ou indiretamente. Mas essa supressão e suas possíveis consequências já abordamos no tópico anterior.

A *informação privilegiada*, aqui criminalizada, é aquela *relevante* e *ainda não divulgada ao mercado mobiliário,* como destaca o próprio tipo penal. São três circunstâncias especiais que atribuem o aspecto de *privilegiada à informação*: (i) a sua relevância; (ii) a circunstância pessoal ou funcional que permite o acesso privilegiado à informação; (iii) o conhecimento que o agente teve de dado ainda não divulgado ao mercado. Trata-se de *elemento normativo do tipo*, que demanda a devida valoração técnico-dogmática. Embora não integre a descrição do tipo penal, no plano do direito comparado, não deixa de ser um referencial o disposto no inciso I do art. 7º do Regulamento n. 596/2014 da União Europeia:

> Para efeitos do presente regulamento, a *informação privilegiada* engloba os seguintes tipos de informação: a) A informação de caráter preciso, que não tenha sido tornada pública e diga respeito, direta ou indiretamente, a um ou mais emitentes ou a um ou mais instrumentos e que, caso fosse tornada pública, seria idônea para influenciar de maneira sensível o preço desses instrumentos financeiros ou dos instrumentos financeiros derivados com eles relacionados; b) Em relação aos instrumentos derivados sobre mercadorias, toda a informação com caráter preciso que não tenha sido tornada pública e diga respeito, direta ou indiretamente, a um ou mais desses instrumentos derivados ou diga respeito diretamente ao contrato de mercadorias à vista e se trate de informação que deveria ser normalmente divulgada ou que deve ser divulgada por força das disposições jurídicas ou regulamentares a nível da União ou a nível nacional, das regras do mercado, dos contratos, das práticas ou dos usos existentes nos mercados de derivados sobre mercadorias ou nos mercados à vista em causa; c) Em relação às licenças de emissão ou aos produtores leiloados com base nas mesmas, toda a informação com caráter preciso, que não tenha sido tornada pública e diga respeito, direta ou indiretamente, a um ou mais desses instrumentos e que, caso fosse tornada pública seria idônea para influenciar de maneira sensível o preço desses instrumentos ou dos instrumentos derivados com eles relacionados; d) No caso das pessoas encarregadas da execução de ordens relativas a instrumentos financeiros, a expressão "informação privilegiada" significa também a informação veiculada por clientes e relativa a ordens pendentes dos mes-

mos respeitantes a instrumentos financeiros, de caráter preciso, direta ou indiretamente relacionada com um ou mais emitentes ou com um ou mais instrumentos financeiros, dos contratos de mercadorias à vista conexos, ou dos instrumentos financeiros derivados com eles relacionados.

Destaque-se, ainda, que o tipo penal não utiliza a expressão *informação privilegiada* nem a conceitua, ao contrário do que faz a legislação portuguesa similar, em verdadeira interpretação autêntica da norma, nos seguintes termos: "Art. 378. Abuso de Informação – 3 – Entende-se por informação privilegiada toda a informação não tornada pública que, sendo precisa e dizendo respeito, directa ou indirectamente, a qualquer emitente ou a valores mobiliários ou outros instrumentos financeiros, seria idónea, se lhe fosse dada publicidade, para influenciar de maneira sensível o seu preço no mercado".

Comparando-se as tipificações dos ordenamentos jurídicos brasileiro e espanhol, constata-se que este exige, para o aperfeiçoamento do tipo, a *efetiva ocorrência de prejuízo* superior ao patamar de 600 mil euros (art. 285 do Código Penal espanhol). No nosso ordenamento jurídico, na configuração da conduta descrita no art. 27-D da Lei n. 6.385/76, com redação determinada pela Lei n. 13.506/2017, não há exigência de produção de qualquer resultado, sendo suficiente que se trate de conduta idônea a produzir vantagem indevida ao infrator ou a terceiro. No entanto, convém que se destaque ser indispensável que esse resultado decorra de "negociação de valores mobiliários" do sujeito ativo, em nome próprio ou de terceiros. Por isso, *vantagem indevida* decorrente de qualquer outra causa, que não de "negociação", pelo sujeito ativo, de valores mobiliários, não tipificará esse crime, podendo, eventualmente, dependendo das demais circunstâncias, tipificar outro crime, inclusive do Código Penal. Nesse sentido, destacou com muita precisão Juliano Breda:

> [...] a perfeita noção da relevância típica do verbo "utilizar" deve ser conjugada com a expressão "mediante negociação", elemento modal que restringe a tipicidade objetiva da conduta às hipóteses legalmente conhecidas de negociação de valores mobiliários no mercado de capitais. Enfim, o tipo objetivo descreve como conduta punível o uso de informação relevante como dado capaz de interferir na decisão de negociar valores mobiliários, que pode caracterizar o crime em estudo. Se o uso da informação privilegiada ocorre em outra circunstância, diversa da negociação, o crime não se realiza. Por exemplo, se o detentor da *informação relevante* ainda não tornada pública utiliza esses elementos para promover mudanças na estrutura da companhia, sua conduta é atípica de acordo com a exigência típica e porque há risco ao bem jurídico tutelado pelo art. 27-D[26].

---

[26] Juliano Breda, Crimes contra o mercado de capitais, *in*: Cezar Roberto Bitencourt & Juliano Breda, *Crimes contra o sistema financeiro nacional e contra o mercado de capitais*, 3. ed., 2. tir., São Paulo: Saraiva, 2013, p. 406.

Esse entendimento impecável de Breda, relativamente à extensão ou abrangência de todas as *elementares constitutivas* do tipo penal, adequa-se perfeitamente ao sagrado *princípio da tipicidade estrita*, posto que exige rígida observância de todas as elementares que compõem a descrição da conduta típica. Trata-se, por conseguinte, inequivocamente, de garantia própria do Direito Penal de um Estado social e democrático, como é a República do Brasil. Na seara penal, pune-se somente a conduta de quem *utiliza informação privilegiada mediante negociação*, ou seja, comprando e vendendo valores mobiliários, silenciando o legislador, contudo, a respeito da conduta omissiva. Fora desse âmbito, ou seja, sem "negociação", não há previsão criminal, podendo ocorrer *um indiferente penal.* Por isso, a nosso juízo, a exemplo do que ocorre em Portugal[27], *é penalmente irrelevante a simples posse de informação privilegiada* se dela o agente não fizer uso, isto é, se não negociar no mercado mobiliário. Não é outro o entendimento de Faria Costa, comentando sobre a legislação portuguesa: "Da análise do tipo legal de crime de abuso de informação resulta o carácter jurídico-penalmente irrelevante da simples posse de informação privilegiada. O recorte das condutas proibidas exige que o agente utilize a informação privilegiada que obteve, seja porque a transmite a alguém fora do âmbito normal de suas funções, seja porque, com base nela, negocia, aconselha a negociar, ordena a subscrição, aquisição, venda ou troca de valores mobiliários. [...] Revela-se atípica a conduta do agente que, estando na posse de informação que ele avalia como privilegiada, deixa de negociar, trocar, vender ou subscrever (ainda que essa abstenção implique um benefício)"[28].

Também merece destaque a *exigência administrativa* de que o *fato relevante* tenha potencial influência (possa influir de modo ponderável) sobre as negociações. Isso decorre da conceituação administrativa da relevância fundar-se em um critério meramente abstrato, conjugando-se, corretamente, com a necessária demonstração da potencialidade lesiva da informação no plano concreto. A tipificação desse tipo penal não constitui propriamente uma *norma penal em branco*, por isso, contrariamente a alguns entendimentos, eventuais instruções normativas, puramente administrativas, da CVM não podem ser consideradas para complementar ou integrar esse tipo penal, nem mesmo como mera referência do intérprete, porque se poderia pretender integrar determinadas elementares no tipo penal, que não a consagra, mesmo que se argumente que o *mercado de capitais* é regulamentado pela CVM, pela singela razão de que os tipos penais incriminadores não podem ser, aleatoriamente ou não, complementados, alterados ou modificados por eventuais normas administrativas de qualquer

---

[27] Faria Costa, *O crime de abuso de informação privilegiada* (insider trading). A informação enquanto problema jurídico-penal, p. 109-110.
[28] Idem.

442 • Crimes contra o mercado de capitais

natureza, ao contrário do entendimento de alguns autores, que respeitamos, mas dos quais discordamos radicalmente.

5.1. Significado e extensão da elementar normativa "informação relevante"

A *informação* somente terá *relevância* penal *se a sua utilização* ocorrer antes de ser *divulgada ao mercado* (que é uma elementar típica), pois todos os fatos relevantes *com potencial influência sobre as decisões dos investidores* devem ser comunicados publicamente, como impõe a CVM através da Instrução n. 358/2002, na mesma linha da previsão deste art. 27-D, como se fora uma espécie *sui generis* de sua interpretação autêntica. Nessa instrução, a CVM outorgou esse *dever* (de efetuar comunicação pública) ao Diretor de Relações com Investidores, que, evidentemente, se encontra subordinado aos *órgãos de deliberação do fato relevante* (acionistas controladores, diretores, membros do conselho de administração, do conselho fiscal e de quaisquer órgãos com funções técnicas ou consultivas). A *divulgação*, de acordo com a mesma *instrução normativa*, deverá ocorrer através de publicação nos jornais de grande circulação utilizados habitualmente pela companhia, podendo ser feita, resumidamente, indicando os endereços na rede mundial de computadores (Internet). Nessa mesma rede, a *informação completa* deverá estar disponível a todos os investidores. Registre-se que a *divulgação* deve respeitar o *princípio da transparência*, observando sempre a máxima precisão e correção das informações, posto que, segundo a norma administrativa, a divulgação e a comunicação de ato ou fato relevantes devem ser claras, precisas e em linguagem acessível ao público investidor. Ademais, a CVM pode, inclusive, determinar a redivulgação, a correção, o aditamento ou a republicação de informação sobre ato ou fato relevante. Dessa forma, evita-se a publicação simulada de fatos relevantes, com obscuridades, ambiguidades ou omissões, com o mesmo potencial lesivo sobre o mercado mobiliário[29].

Deve-se destacar, por outro lado, que o autor desse crime de *uso indevido de informação relevante* deve ter conhecimento de tal informação *em razão de sua função* na organização ou empresa em que atua. Fora dessas hipóteses o crime não se configura, a não ser que exista o concurso de alguém (art. 29 do CP) com as qualidades especiais exigidas pelo tipo.

Informação relevante, nos termos descritos no tipo penal, é puramente abstrata, eminentemente conceitual, sem nenhum embasamento concreto, até mesmo para aferi-la no contexto do mercado de capitais. Necessariamente, para valorá-la, corretamente, deve-se partir das suas próprias consequências, isto é, da sua capacidade de refletir-se sobre a *valoração*, positiva ou negativa, das *negociações no mercado mobiliário*, além do "uso indevido de informação re-

---

[29] Nesse sentido, Juliano Breda, Capítulo XXVI – Uso indevido de informação privilegiada, in: Cezar Bitencourt & Juliano Breda, *Crimes contra o sistema financeiro nacional e contra o mercado de capitais*, p. 410.

levante", que deve ocorrer antes de sua divulgação oficial. Não se ignora, por outro lado, a exigência administrativa de que o *fato relevante* tenha potencialidade para influir de forma relevante sobre as "negociações". Em outros termos, a ausência de uma *valoração ontológica* da informação impede que se possa fazer, *a priori*, uma avaliação adequada ou precisa de sua *relevância,* como demanda o direito penal da culpabilidade. Contudo, essa, digamos, deficiência sobre o verdadeiro conteúdo ou significado de *informação relevante* não caracteriza, por si só, a hipótese da denominada *norma penal em branco*, posto que, não raro, o legislador utiliza palavras ou expressões se não ambíguas, pelo menos que demandam algumas reflexões ou interpretações se não sobre seus significados, pelo menos quanto à sua extensão, compreensão ou abrangência, a exemplo do que ocorre com a locução "informação relevante".

Em sentido similar à nossa interpretação, já se manifestou Juliano Breda[30], nos seguintes termos:

> Também merece realce a exigência administrativa de que o fato relevante tenha potencial influência (possa influir de modo ponderável) sobre as negociações. Isso decorre da conceituação administrativa da relevância fundar-se em um critério meramente abstrato, conjugando-se, corretamente, com a necessária demonstração da potencialidade lesiva da informação no plano concreto. É por isso que também no domínio criminal a interpretação não pode ser outra. Ainda que não se trate propriamente de uma norma penal em branco, não há dúvida de que a instrução da CVM deva ser a principal referência ao intérprete, pois é difícil conceber que determinada informação possa ter apenas *relevância* no campo penal se o mercado de capitais é regulamentado pela autarquia.

Sintetizando, somente se poderá considerar que determinada *informação tem relevância*, no âmbito penal, se a sua *utilização* ocorrer indevidamente, isto é, antes da sua divulgação ao mercado mobiliário. Com efeito, pelas normas da CVM, todos os *fatos relevantes*, isto é, que possam refletir ou influir sobre as decisões dos investidores, devem ser comunicados publicamente. Nesse sentido, a Instrução n. 358/2002, repetindo, outorga esse *dever de comunicar*, por todos os meios de comunicação, ao Diretor de Relações com Investidores, embora se encontre subordinado aos órgãos de deliberação do fato relevante (acionistas controladores, diretores, membros do conselho de administração, do conselho fiscal e de quaisquer órgãos com funções técnicas ou consultivas).

Destaca-se, desde logo, que referida *divulgação* deve seguir o *princípio da transparência*, observando-se a maior precisão possível das informações, pois, de acordo com a norma administrativa, a divulgação e a comunicação de ato

---

[30] Juliano Breda, Crimes contra o mercado de capitais, *in*: Cezar Roberto Bitencourt & Juliano Breda, *Crimes contra o sistema financeiro nacional e contra o mercado de capitais*, 3. ed., 2. tir., São Paulo: Saraiva, 2013, p. 409.

ou fato relevante devem ser feitas de modo claro e preciso, em linguagem acessível ao público investidor. Podendo, inclusive, conforme lembra Juliano Breda,

> [...] a CVM determinar a divulgação, a correção, o aditamento ou a republicação de informação sobre ato ou fato relevante. Assim, a norma evita a publicação simulada de fatos relevantes, com obscuridade, ambiguidades ou omissões, com o mesmo potencial lesivo sobre o mercado, possibilitando aos detentores da informação completa uma atuação desigual nas negociações com valores mobiliários. Como se vê, também nos casos de publicação simulada, o crime de uso indevido de informação privilegiada pode se caracterizar.

Logicamente, o sujeito ativo desse crime precisa *ter*, necessariamente, conhecimento *de informação relevante antes de divulgada ao mercado*, posto que este é objeto material de sua incriminação. Em outros termos, *precisa receber direta ou indiretamente informação ou notícia a respeito dos fatos relevantes da empresa ou do próprio mercado*. Dito de outra forma, exige-se do autor conhecimento completo de plena informação sobre *negociação de um valor mobiliário*, ainda não divulgada ao público. Por isso, eventuais boatos, especulações ou situações comuns no mercado de capitais não se confundem com ciência ou conhecimento relativos à informação concreta e relevante a respeito da companhia ou de seus valores mobiliários. *Esse conhecimento ou informação*, ademais, deve advir de sua função ou atividade, o que caracterizaria "informação privilegiada". Com efeito, na redação revogada pela Lei n. 13.506/2017 impunha-se ao autor desse crime o *dever de sigilo*, em decorrência da atividade exercida. Agora, pelo novo texto legal, esse dever foi suprimido do *caput* desse art. 27-D, enfraquecendo, repita-se, o aspecto cogente desse tipo penal, relativizando, digamos assim, o aspecto cogente do referido tipo penal, praticamente esvaziando o seu conteúdo coercitivo, como destacamos em outra passagem destes comentários.

5.2. O verdadeiro sentido e a real dimensão da locução "informação relevante"

Deve-se destacar, por outro lado, que a *informação deve ser relevante*, consoante as normas da própria CVM, que definem e regulamentam exatamente o que significa *fato relevante* para o mercado de capitais. Aliás, a *Instrução Normativa* n. 358/2002 encarrega-se de definir o que é *relevante*, nos seguintes termos:

> Art. 2º Considera-se relevante, para os efeitos desta instrução, qualquer decisão de acionista controlador, deliberação da assembleia geral ou dos órgãos de administração da companhia aberta, ou qualquer outro ato ou fato de caráter político-administrativo, técnico, negocial ou econômico-financeiro ocorrido ou relacionado aos seus negócios que possa influir de modo ponderável: I – na cotação dos valores mobiliários de emissão da companhia aberta ou a eles referenciados; II – na decisão

Uso indevido de informação privilegiada • 445

dos investidores de comprar, vender ou manter aqueles valores mobiliários; III – na decisão dos investidores de exercer quaisquer direitos inerentes à condição de titular de valores mobiliários emitidos pela companhia ou a eles referenciados[31].

Para melhor interpretarmos a real dimensão da locução "informação relevante", nos voltamos às *normas administrativas* da Comissão de Valores Mobiliários, as quais definem e regulamentam a verdadeira abrangência do significado do que seja "informação relevante" em se tratando de "mercado de capitais mobiliários". Nesse sentido, a nominada *Instrução Normativa n. 358, de 3 de janeiro de 2002,* dispõe que:

> Considera-se relevante, para os efeitos desta instrução, qualquer decisão de acionista controlador, deliberação da assembleia geral ou dos órgãos de administração da companhia aberta, ou qualquer outro ato ou fato de caráter político-administrativo, técnico, negocial, ou econômico-financeiro, ocorrido ou relacionado aos seus negócios que possa influir de modo ponderável: I – na cotação dos valores mobiliários de emissão da companhia aberta ou a eles referenciados; II – na decisão dos investidores de comprar, vender ou manter aqueles valores mobiliários; III – na decisão dos investidores de exercer quaisquer direitos inerentes à condição de titular de valores mobiliários emitidos pela companhia ou a eles referenciados.

Na realidade, não se pode ignorar a existência desses *comandos proibitivos* no âmbito administrativo, em alguns diplomas regulamentares do funcionamento e/ou das responsabilidades de determinados agentes, como a já citada *Instrução n. 358/2002*, que estabelece em seu art. 8º:

> Cumpre aos acionistas controladores, diretores, membros do conselho de administração, do conselho fiscal e de quaisquer órgãos com funções técnicas ou consultivas, criados por disposição estatutária, e empregados da companhia, guardar sigilo das informações relativas a ato ou fato relevante às quais tenham acesso privilegiado em razão do cargo ou posição que ocupam, até sua divulgação ao mercado, bem como zelar para que subordinados e terceiros de sua confiança também o façam, respondendo solidariamente com estes na hipótese de descumprimento.

Na sequência, constata-se que a própria *Instrução Normativa* apresenta uma relação exemplificativa de *fatos relevantes* no parágrafo único desse mesmo art. 2º, que relacionamos em nota de rodapé[32].

---

[31] A própria Instrução apresenta uma relação exemplificativa de fato relevante no parágrafo único deste artigo, incluindo 22 itens, como exemplos de ato ou fato potencialmente relevantes.

[32] "§ 2º A pena é aumentada em 1/3 (um terço) se o agente comete o crime previsto no *caput* deste artigo valendo-se de informação relevante de que tenha conhecimento e da qual deva manter sigilo. (Incluído pela Lei n. 13.506, de 2017)".

446 • Crimes contra o mercado de capitais

5.3. Limite temporal da publicação de fato relevante

Destaca-se que *informação* somente terá *relevância penal* se a sua *utilização* ocorrer antes de ser *divulgada ao mercado*, pois todos os fatos relevantes que possam influir nas decisões dos investidores devem ser *comunicados publicamente*, como determina a CVM. A Instrução n. 358/2002 atribui esse dever ao *Diretor de Relações com Investidores*, a despeito de estar subordinado aos órgãos de deliberação do *fato relevante* (acionistas controladores, diretores, membros do conselho de administração, do conselho fiscal e de quaisquer órgãos com funções técnicas ou consultivas). A *divulgação*, segundo a referida instrução, deverá ocorrer através de publicação nos jornais de grande circulação normalmente utilizados pela companhia. Pode, inclusive, ser feita em formato reduzido, com indicação dos endereços na rede mundial de computadores (Internet), onde a informação completa deverá estar disponível a todos os investidores. A divulgação desses atos deve observar o *princípio da transparência*, mantendo a maior exatidão ou correção possível das informações. De acordo com a norma administrativa, a divulgação e a comunicação de ato ou fato relevante devem ser feitas de forma clara, precisa e em linguagem acessível ao público investidor. Podem, inclusive, ser determinadas pela CVM a divulgação, a correção, o aditamento ou a republicação de informação sobre ato ou fato relevante, se houver eventual incorreção ou imprecisão nessa divulgação. Assim, como destaca Juliano Breda, "a norma evita a publicação simulada de fatos relevantes, com obscuridade, ambiguidades ou omissões, com o mesmo potencial lesivo sobre o mercado, possibilitando aos detentores da informação completa uma atuação desigual nas negociações com valores mobiliários"[33].

O sujeito ativo desse crime precisa, necessariamente, ter *conhecimento* da *informação relevante*, direta ou indiretamente, isto é, deve ter ciência ou conhecimento de informação concreta e relevante sobre a companhia e seus valores mobiliários. Esse conhecimento, evidentemente, não se confunde com meros boatos ou especulações a respeito, aliás, situações estas absolutamente comuns no mercado de capitais. Ademais, essa *informação relevante* ou o seu conhecimento, o sujeito ativo desse suposto crime deve tê-los em razão de sua função ou atividade, que impõe o *dever de sigilo*, no plano administrativo, em decorrência da atividade que exerce.

Esse tipo penal do art. 27-D, no entanto, teve suprimido, equivocadamente, o *dever de sigilo*, como elementar típica desse crime, o que enfraqueceu sobremodo a sua tipificação. Contudo, referido *dever de sigilo* permanece nas normas administrativas em decorrência do *exercício de função ou atividade dentro do*

---

[33] Juliano Breda, Crimes contra o mercado de capitais, *in*: Cezar Bitencourt & Juliano Breda, *Crimes contra o sistema financeiro nacional e contra o mercado de capitais*, p. 410.

Uso indevido de informação privilegiada • 447

mercado de capitais, mas vige tão somente para esses fins, no âmbito puramente administrativo. Com efeito, essa previsão administrativa não integra e tampouco complementa a descrição tipificada no art. 27-D, que teve, por lei, suprimida a *obrigação-dever de sigilo*. O *princípio da reserva legal* impede não apenas que normas administrativas possam integrar ou complementar a descrição do tipo penal, e muito menos contrariar previsão expressa do legislador penal *que o suprimiu da descrição típica do crime de uso indevido de informação relevante*. A rigor, no caso concreto, não se pode ignorar que o legislador foi além e, com outra lei, excluiu expressamente da previsão legal – o *dever de sigilo* –, como elementar típica desse crime. Enfim, com esse "reforço negativo" (até parece uma contradição em si mesma) do legislador penal, significa dizer que essa elementar – *dever de sigilo* – não deve e não pode integrar esse tipo penal, como se nada tivesse acontecido, e mais, como se uma *norma puramente administrativa*, que lei não é, pudesse contrariar a *voluntas legis* aprovada pelo Congresso Nacional, exposta exatamente nesse art. 27-D, na tipificação desse crime. Logo, nenhuma norma administrativa pode incluir tal exigência como elemento constitutivo dessa incriminação.

A previsão administrativa de "obrigação ou dever de sigilo", prevista em uma resolução ou mesmo em instrução administrativa, constitui um diploma puramente administrativo que está, hierarquicamente, abaixo de textos legais aprovados pelo Congresso Nacional. Logo, não pode nunca contrariá-los, confrontá-los ou tentar suprimi-los com qualquer norma administrativa, pois seria a inversão total do sistema jurídico brasileiro, aliás, algo absolutamente inconcebível em qualquer Estado Democrático de Direito.

No entanto, como já afirmamos, poder-se-á, no máximo, observá-lo como referencial para valorar a importância, relevância ou significado da informação vazada ou utilizada indevidamente pelo eventual suposto sujeito ativo desse tipo penal, mas não para integrá-lo como se elementar típica fosse. E não mais do que isso, sob pena, repetindo, de violar o sagrado *princípio da reserva legal* (art. 1º do CP).

5.4. A natureza econômica da vantagem indevida

A elementar normativa *vantagem indevida, como regra, não precisa, normalmente,* ter *natureza econômica,* mas deve, necessariamente, ser *injusta,* por algum fundamento que o próprio tipo penal descrever, como é o caso deste art. 27-D. Esse tipo penal estabelece, como elementar normativa, que a ação tipificada do infrator seja "capaz de propiciar, para si ou para outrem, vantagem indevida". Acrescenta, contudo, que o meio ou modo de sua realização seja "mediante negociação, em nome próprio ou de terceiro, de valores mobiliários". Ora, essa elementar *vantagem indevida* está condicionada ao seu modo de execução, qual seja, "*mediante negociação* de valores mobiliários". Inequivoca-

448 • Crimes contra o mercado de capitais

mente, trata-se de obter *vantagem econômica*, representada pelo *modo* de executar a obtenção de tal vantagem. E, *in caso*, mais que isso, se não houver "negociação" *de valores mobiliários*, a conduta será atípica, isto é, não constituirá crime exatamente pela falta dessa *elementar típica*, que, evidentemente, não pode ser substituída por outra forma ou modo de realizar a conduta tipificada, sob pena de violar o *princípio da reserva legal* e o *princípio da tipicidade estrita*, mesmo que se demonstre que o seu autor auferiu vantagem econômica. Assim, tal punição, prevista por normas administrativas, não supre essa "deficiência típica", digamos assim, e somente poderá ocorrer no âmbito administrativo, mas não na seara penal, que é mais enriquecida de exigências formais e dogmáticas representadas pela adequação típica construída por lei.

Destaque-se, ademais, a título de explicação, que a *vantagem* como elementar de determinado crime, como regra, tem de ser *injusta*, ilegal ou indevida. Se for *justa* ou legal, não será *indevida*, e estará afastada a figura do crime, sendo, portanto, uma *conduta atípica*, exatamente como neste *crime de uso indevido de informação privilegiada*. Quando a lei quer deixar *aberta a espécie de vantagem*, usa uma elementar similar a *indevida, injusta, sem justa causa, ou ilegal*, como destacamos em inúmeras passagens, quando examinamos os crimes contra o patrimônio no 3º volume do nosso *Tratado de Direito Penal*[34], para o qual remetemos o leitor interessado. No entanto, quando o legislador deseja limitar a espécie de *vantagem* ou atribuir-lhe natureza econômica, regra geral, utiliza-se da elementar normativa "indevida vantagem econômica" ou simplesmente "vantagem econômica", porque, assim, ainda que eventual vantagem seja irregular, se não for econômica, não tipificará o suposto crime.

6. SUPOSTA OMISSÃO NA TIPIFICAÇÃO DESSE TIPO PENAL

Curiosamente, na visão dos especialistas, esse tipo penal apresenta uma grande lacuna, isto é, não criminaliza a *conduta omissiva* de quem *mantém* os valores mobiliários, ou seja, *não os vende, não os negocia no mercado mobiliário*, com possível *obtenção de vantagem*, mesmo sabendo, indevidamente, de informação relevante nos termos estabelecidos na nova redação desse tipo penal. Juliano Breda[35] destacou esse aspecto nos seguintes termos: "Talvez o aspecto mais interessante do conceito legal seja o de revelar uma sutil imprecisão na redação do tipo penal ao exigir a já mencionada negociação com valores mobiliários, pois assim resta atípica a conduta administrativamente vedada de *manter* os valores mobiliários, ou seja, de não vendê-los, com possível obtenção de vantagem".

---

[34] Cezar Roberto Bitencourt, *Tratado de direito penal* – crimes contra o patrimônio, 18. ed., São Paulo: Saraiva, v. 3, 2022.

[35] Juliano Breda, Crimes contra o mercado de capitais, *in*: Cezar Bitencourt & Juliano Breda, *Crimes contra o sistema financeiro e contra o mercado de capitais*, p. 407-408.

Uma possível *proibição* no âmbito administrativo, como ocorre no sistema brasileiro, não supre eventual omissão (não tipificação) na seara penal, pela própria natureza do direito penal. Não raro, lacunas da lei penal beneficiam situações similares por ausência de previsão legal específica para determinadas situações, em obediência aos sagrados princípios da *reserva legal* e da *tipicidade estrita*. Em situação similar, qual seja, da *atipicidade da simples posse* ou detenção de *informação privilegiada*, sem, contudo, negociar no mercado de valores mobiliários, Faria Costa[36] faz comentário similar, relativamente ao mercado imobiliário de Portugal, nos seguintes termos:

> Da análise do tipo legal de crime de abuso de informação resulta o caráter jurídico--penalmente irrelevante da simples posse de informação privilegiada. O recorte das condutas proibidas exige que o agente utilize informação privilegiada que obteve, seja porque a transmite a alguém fora do âmbito normal de suas funções, seja porque, com base nela, negocia, aconselha a negociar, ordena a subscrição, aquisição, venda ou troca de valores mobiliários [...] Revela-se atípica a conduta do agente que, estando na posse de informação que ele avalia como privilegiada, deixa de negociar, trocar, vender ou subscrever (ainda que essa abstenção implique um benefício).

No entanto, nem se pode taxar de *omisso* o texto legal que, criminalizando algumas condutas ativas, e, em condições similares, deixa de criminalizar condutas omissivas, especialmente na hipótese desse crime de *insider trading*, até porque o detentor de eventual *informação privilegiada* ficaria sem alternativa, ou seja, se correr o bicho pega, se ficar o bicho come! A rigor, que atitude poder-se-ia exigir de alguém que, por exemplo, se surpreende ou é surpreendido na posse de uma *informação privilegiada* que, inadvertidamente, veio a seu conhecimento? Não pode transmiti-la e tampouco utilizá-la porque incorreria em *crime comissivo*, mas fica inerte, para não usá-la indevidamente, tentando evitar a prática de crime, e, de repente, pode acabar sendo, igualmente, criminalizado por omissão? E sem previsão legal específica? Na nossa ótica, ainda que houvesse previsão legal para punir tal omissão, seria extremamente injusta por constranger eventual *omissor* a um beco sem saída, sem poder evitar o inevitável. Haveria, no mínimo, *inexigibilidade de conduta diversa*!

Senão vejamos: como fazer, então, para desconhecer o que conhece ou sabe, ignorar o que veio ao seu encontro, sem nada fazer para tal? Convenhamos que não seria justo criminalizar alguém por algo que não fez, para o qual não concorreu, e apenas limita-se a não agir para não praticar crime, opta por nada fazer para não ser criminalizado, mas ao acaso, de repente, os "ventos lhe sopram favoráveis" e acabam tocando sua situação passiva, valorizando sua posição acionária, por conhecer um segredo ou informação valiosa para os quais não

---

[36] Faria Costa, *O crime de abuso de informação privilegiada (*insider trading*).* A informação enquanto problema jurídico-penal, p. 109-110.

450 • Crimes contra o mercado de capitais

concorreu? Não vemos como punir alguém assim, mesmo que houvesse previsão legal para tal. Contrariamente, se não concorreu para o resultado, ativa ou passivamente, não seria justo, a nosso juízo, criminalizá-lo pela eventualidade de um resultado favorável com a valoração do mercado mobiliário para o qual não concorreu ativa nem passivamente!

Ademais, agora não mais existe aquela elementar normativa do *sigilo obrigatório no art. 27-D*, cuja supressão consideramos um gravíssimo erro do legislador, que significa a existência de *uma grande liberalidade para os detentores das situações caracterizadoras de tais sigilos*, os quais, se os violarem, agora somente poderão ser punidos administrativamente, porque tal obrigação foi afastada no âmbito penal. Esse aspecto que abordamos em outro momento realmente significa, como já afirmamos, praticamente *destruir a coercibilidade característica desse tipo penal*, abrindo as comportas para a fraude, para o aproveitamento indevido e injusto de eventuais detentores de tais sigilos, os quais não serão alcançados, por isso, pelos tentáculos do direito penal.

Por esses fundamentos, não há como discordar do entendimento de Faria Costa, ao reconhecer a atipicidade do comportamento de quem acaba sendo beneficiado, ao deixar de negociar valores mobiliários em razão de informação privilegiada, por ausência de previsão legal. A despeito da punibilidade de quem compra ou vende valores mobiliários *fazendo uso de informação privilegiada*, mesmo que acabe não obtendo lucro ou qualquer outra vantagem em tal operação. A rigor, a grande distinção reside na ausência de previsão legal para o *comportamento omissivo*, enquanto criminaliza o comportamento ativo. Enfim, *é atípica a conduta de quem obtém vantagem indevida deixando de negociar valores mobiliários* em razão de informação privilegiada, embora seja punível a conduta daquele que compra ou vende valores mobiliários de posse de uma informação sigilosa relevante, mesmo que não obtenha lucro. Por isso, a nosso juízo, resulta inaplicável, no âmbito penal, a previsão administrativa da Instrução n. 358/2002, que atinge, inclusive, quem, de posse de informação relevante ainda não tornada pública, deixa de negociar seus valores mobiliários, com ou sem expectativa de alta da sua cotação, sob pena de violar os preceitos mais sagrados do *direito penal da culpabilidade* de um Estado Democrático de Direito[37].

---

[37] "Art. 13. Antes da divulgação ao mercado de ato ou fato relevante ocorrido nos negócios da companhia, é vedada a negociação com valores mobiliários de sua emissão, ou a eles referenciados, pela própria companhia aberta, pelos acionistas controladores, diretos ou indiretos, diretores, membros do conselho de administração, do conselho fiscal e de quaisquer órgãos com funções técnicas ou consultivas, criados por disposição estatutária, ou por quem quer que, em virtude de seu cargo, função ou posição na companhia aberta, sua controladora, suas controladas ou coligadas, tenha conhecimento da informação relativa ao ato ou fato relevante.

§ 1º A mesma vedação aplica-se a quem quer que tenha conhecimento de informação referente a ato ou fato relevante, sabendo que se trata de informação ainda não divulgada ao mercado, em

No campo penal, pune-se somente a conduta de quem *utiliza informação privilegiada mediante negociação*, ou seja, comprando e vendendo, silenciando o legislador a respeito da conduta omissiva. Fora desse âmbito, ou seja, sem "negociação", não há previsão criminal, podendo ocorrer *um indiferente penal*. Por isso, a nosso juízo, a exemplo do que ocorre em Portugal[38], *é penalmente irrelevante a simples posse de informação privilegiada* se dela o agente não fizer uso, isto é, *não negociar no mercado mobiliário*. Por esse fundamento, é absolutamente inaplicável a previsão da Instrução n. 358/2002, que procurou atingir inclusive aquele que, de posse de uma *informação relevante ainda não tornada pública*, por exemplo, desiste de negociar seus valores mobiliários, seja ou não em razão da expectativa de alta de sua cotação. Caso contrário, estar-se-á ampliando, ilegalmente, o alcance da tipicidade deste art. 27-D, na medida em que, para esse tipo penal, é irrelevante a simples posse de informação privilegiada, sem negociá-la.

---

especial àqueles que tenham relação comercial, profissional ou de confiança com a companhia, tais como auditores independentes, analistas de valores mobiliários, consultores e instituições integrantes do sistema de distribuição, aos quais compete verificar a respeito da divulgação da informação antes de negociar com valores mobiliários de emissão da companhia ou a eles referenciados.

§ 2º Sem prejuízo do disposto no parágrafo anterior, a vedação do *caput* se aplica também aos administradores que se afastem da administração da companhia antes da divulgação pública de negócio ou fato iniciado durante seu período de gestão, e se estenderá pelo prazo de 6 (seis) meses após o seu afastamento.

§ 3º A vedação do *caput* também prevalecerá sempre que estiver em curso a aquisição ou a alienação de ações de emissão da companhia pela própria companhia, suas controladas, coligadas ou outra sociedade sob controle comum, ou se houver sido outorgada opção ou mandato para o mesmo fim, bem como se existir a intenção de promover incorporação, cisão total ou parcial, fusão, transformação ou reorganização societária.

§ 4º Também é vedada a negociação pelas pessoas mencionadas no *caput* no período de 15 (quinze) dias anterior à divulgação das informações trimestrais (ITR) e anuais (DFP e IAN) da companhia.

§ 5º As vedações previstas no *caput* e nos §§ 1º a 3º deixarão de vigorar tão logo a companhia divulgue o fato relevante ao mercado, salvo se a negociação com as ações puder interferir nas condições dos referidos negócios, em prejuízo dos acionistas da companhia ou dela própria.

§ 6º A vedação prevista no *caput* não se aplica à aquisição de ações que se encontrem em tesouraria, através de negociação privada, decorrente do exercício de opção de compra de acordo com plano de outorga de opção de compra de ações aprovado em assembleia geral.

§ 7º As vedações previstas no *caput* e nos §§ 1º a 3º não se aplicam às negociações realizadas pela própria companhia aberta, pelos acionistas controladores, diretos ou indiretos, diretores, membros do conselho de administração, do conselho fiscal e de quaisquer órgãos com funções técnicas ou consultivas, criados por disposição estatutária, de acordo com política de negociação aprovada nos termos do art. 15."

[38] Faria Costa, *Crime de abuso de informação privilegiada (*insider trading*)*. A informação enquanto problema jurídico-penal, p. 109-110.

Não é outro o entendimento de Faria Costa que, comentando sobre a legislação portuguesa similar, pontifica:

> Da análise do tipo legal de crime de abuso de informação resulta o carácter jurídico-penalmente irrelevante da simples posse de informação privilegiada. O recorte das condutas proibidas exige que o agente utilize a informação privilegiada que obteve, seja porque a transmite a alguém fora do âmbito normal de suas funções, seja porque, com base nela, negocia, aconselha a negociar, ordena a subscrição, aquisição, venda ou troca de valores mobiliários. [...] Revela-se atípica a conduta do agente que, estando na posse de informação que ele avalia como privilegiada, deixa de negociar, trocar, vender ou subscrever (ainda que essa abstenção implique um benefício)[39].

A *negociação com informação privilegiada*, descrita neste tipo penal, deve ser *capaz de propiciar, para si ou para outrem, vantagem indevida*. No entanto, exige-se apenas a *potencial capacidade de produção de vantagem indevida ao agente*, pois o crime não é de resultado e por isso não pressupõe o aferimento de benefício patrimonial. Contudo, embora possa parecer paradoxal, a tipificação desse art. 27-D admite, inclusive, que o crime se aperfeiçoe mesmo que haja prejuízo para o agente na negociação. É suficiente que a *negociação no mercado* seja potencialmente capaz de produzir vantagem ao sujeito ativo. Nada impede, por outro lado, que o agente incorra em *erro de tipo*, que tem o condão de excluir a tipicidade, quando, por erro, acredita no *especial valor da informação* (relevância e capacidade), ainda não tornada pública, se, na realidade, a informação for absolutamente irrelevante.

7. ERRO DE TIPO E ERRO DE PROIBIÇÃO NOS CRIMES CONTRA O MERCADO DE CAPITAIS

Erro de tipo é o que recai sobre circunstância que constitui elemento essencial do tipo penal. É a falsa percepção da realidade sobre um elemento do crime. É a ignorância ou a falsa representação de qualquer dos elementos constitutivos do tipo penal. É indiferente que o objeto do erro se localize no mundo dos fatos, dos conceitos ou das normas jurídicas[40]. Importa, isto sim, que faça parte da estrutura do tipo penal. Essa modalidade de erro está regulada no *caput* do art. 20 do nosso Código Penal, no qual o legislador se refere expressamente ao "erro sobre elemento constitutivo do tipo legal". Por exemplo, no crime de *calúnia*, o agente imputa falsamente a alguém a autoria de um fato definido como crime que, sinceramente, acredita tenha sido praticado. Falta-lhe o conhecimento da

---

[39] Idem.

[40] Reinhart Maurach, *Tratado de Derecho Penal*, trad. Córdoba Roda, Barcelona: Ed. Ariel, 1962, p. 336.

Uso indevido de informação privilegiada • 453

elementar típica "falsamente", uma condição do tipo. Se o agente não sabia que a imputação era falsa, não há dolo, excluindo-se a tipicidade, caracterizando o *erro de tipo*. Igualmente, no crime de *desacato*, o agente desconhece que a pessoa contra a qual age desrespeitosamente é *funcionário público*, imaginando que se trata de um particular normal. Falta-lhe a consciência da elementar do tipo "funcionário público", desaparecendo o dolo do crime de desacato, podendo configurar, como forma subsidiária, quem sabe, o crime de injúria.

Nada impede que o *erro de tipo* ocorra nos *crimes omissivos impróprios*. Por exemplo, o agente *desconhece a condição de garantidor*, ou tem dela errada compreensão. O erro incide sobre a estrutura do tipo penal omissivo impróprio. O agente não presta socorro, podendo fazê-lo, ignorando que se trata de seu filho, que morre afogado. Desconhece a sua *posição de garante dessa vítima, seu filho*. Incorre em erro sobre elemento do tipo penal omissivo impróprio, qual seja, a sua posição de garantidor.

O *erro de tipo invencível* (inevitável), também referido como *erro de tipo essencial,* sempre exclui o dolo, permitindo, quando for o caso (tratando-se de erro evitável), a punição pelo *crime culposo*, uma vez que a culpabilidade permanece intacta. O *erro de tipo inevitável* exclui, portanto, a tipicidade, não por falta do tipo objetivo, mas por carência do tipo subjetivo[41]. Assim, haverá a *atipicidade*, por exclusão do dolo, *somente quando o erro for inevitável*, mesmo que haja previsão de modalidade culposa. A *vencibilidade* do erro de tipo, por sua vez, é determinante na punição por crime culposo, mas desde que esta modalidade seja tipificada (excepcionalidade do crime culposo).

Pode acontecer que o *erro* recaia exatamente sobre a *relação causal* da ação e o resultado, isto é, a *aberratio causae*, e que por isso o autor não perceba, não anteveja a possibilidade do desvio causal da conduta realizada. Recordemos que nos crimes de resultado o tipo compreende a ação, o resultado e o *nexo causal*. Por exemplo, desejando matar a vítima por afogamento, joga-a de uma ponte, porém, na queda esta vem a morrer de fratura no crânio, provocada pelo impacto em uma pedra. Em casos como esse, é relevante o erro do autor? Entendemos que não, porque o *desvio do curso causal* inicialmente imaginado pelo agente, por si só, não exclui o dolo. Observe que o resultado morte produzido constitui, exatamente, a realização ou concretização do risco proibido criado pelo autor. Com efeito, jogar uma pessoa de uma ponte é uma conduta *ex ante* adequada para produzir o resultado morte, tanto por traumatismo craniano como por afogamento. Por isso, o autor da conduta responderá igualmente por

---

[41] Luiz Luisi, *O tipo penal, a teoria finalista e a nova legislação penal*, Porto Alegre: Sergio A. Fabris Editor, 1987.

homicídio doloso[42], sendo indiferente se a *causa imediata da morte* coincide, ou não, com o que foi inicialmente planejado.

Erro de proibição, por sua vez, é o que incide sobre a ilicitude de um comportamento. O agente supõe, por erro, ser lícita a sua conduta, quando, na realidade, ela é ilícita. O objeto do erro não é, pois, nem a lei, nem o fato, mas a ilicitude, isto é, a contrariedade do fato em relação à lei. O agente supõe permitida uma conduta proibida. O agente faz um juízo equivocado daquilo que lhe é permitido fazer em sociedade. Walter Coelho[43], falando sobre a incidência do erro de proibição, faz a seguinte colocação: "Há que se lembrar sempre estas três considerações fundamentais: a lei, o fato e a ilicitude. A lei, como proibição, é entidade moral e abstrata; o fato, como ação, é entidade material e concreta; enquanto a ilicitude é relação de contradição entre a norma e o fato. Pois bem, o discutido erro de proibição incide, justamente, sobre este último fator, ou seja, sobre a relação de contradição do fato com a norma".

Bastante elucidativo é o exemplo de Welzel[44]: "Quem subtrai coisa que erroneamente supõe ser sua, encontra-se em erro de tipo: não sabe que subtrai coisa alheia; porém, quem acredita ter o direito de subtrair coisa alheia (v. g., o credor frente ao devedor insolvente), encontra-se em erro sobre a antijuridicidade", isto é, um erro sobre a ilicitude da conduta. Para Maurach[45], "erro de tipo é o desconhecimento de circunstâncias do fato pertencentes ao tipo legal, com independência de que os elementos sejam descritivos ou normativos, jurídicos ou fáticos. Erro de proibição é todo erro sobre a antijuridicidade de uma ação conhecida como típica pelo autor". A jurisprudência alemã mais uma vez empresta sua valiosa contribuição através da célebre sentença de 18 de março de 1952, declarando que: "A errônea suposição de que não concorre um elemento do fato origina o erro de tipo. O sujeito crê que seu atuar é permitido, em virtude de não saber o que faz; sua vontade não está dirigida à realização do tipo. Pelo contrário, o erro sobre a antijuridicidade concerne à proibição da conduta. O sujeito sabe o que faz, mas supõe erroneamente que sua ação é

---

[42] Assis Toledo refere que há discussão sobre o tema. Fala-se também em *aberratio causae* na hipótese de erro sucessivo ou *dolus generalis*, quando o fato consuma-se em dois atos distintos. Exemplo: depois de estrangular a vítima, acreditando que está morta, o agente enforca-a para simular suicídio, quando, na verdade, ocorre efetivamente a morte. Responde somente por um homicídio doloso consumado (*O erro no direito penal*, São Paulo: Saraiva, 1977, p. 61).

[43] *O direito penal e o novo Código Penal brasileiro* (coletivo), Porto Alegre: Sergio A. Fabris Editor, 1985, p. 100.

[44] Hans Welzel, *Derecho Penal alemán*, trad. Juan Bustos Ramirez y Sergio Yáñez Pérez, Santiago: Ed. Jurídica de Chile, 1987, p. 233.

[45] Maurach, *Tratado de Derecho Penal*, t. 2, p. 142.

permitida"[46]. Damásio de Jesus[47], nessa mesma linha, mostra-nos bem a distinção entre os dois institutos no seguinte exemplo: "Se o sujeito tem cocaína em casa, supondo tratar-se de outra substância, inócua, trata-se de erro de tipo (art. 20); se a tem supondo que o depósito não é proibido, o tema é de erro de proibição (CP, art. 21)".

Como vimos no estudo da culpabilidade[48], o *conhecimento da ilicitude* é um de seus elementos, pois somente aquele que tem acesso ao conteúdo do mandato ou da proibição normativos pode vir a ser declarado culpado e ser digno de pena. Hoje, sendo inexigível que todos conheçam todas as leis, tem-se de admitir que *a falta de consciência da ilicitude*, se inevitável, exclui a culpabilidade. Como pontificava Munhoz Netto[49], "se a norma fosse obrigatória, mesmo para os que não a conhecem, não existiria qualquer razão de não aplicá-la ao mentalmente incapaz". No moderno Direito Penal da culpabilidade não há mais lugar para a *culpabilidade presumida*, que nada mais é do que a responsabilidade objetiva. Porém, quem agir sem consciência da ilicitude, quando podia e devia ter essa consciência, age de maneira culpável.

O *erro de proibição*, quando inevitável, exclui, portanto, a culpabilidade, impedindo, nos termos do *caput* do art. 21, a imposição de qualquer tipo de pena, em razão de não haver crime sem culpabilidade. Se o erro de proibição for *evitável*, a punição se impõe, sem alterar a natureza do crime, dolosa ou culposa, mas com pena reduzida, de acordo com o art. 21 e seu parágrafo único. Como afirma Cerezo Mir[50], "a culpabilidade, reprovabilidade pessoal da conduta antijurídica, é sempre menor no erro de proibição evitável".

Nos *crimes contra o mercado de capitais* também pode, eventualmente, ocorrer *erro de tipo ou erro de proibição*, dependendo das circunstâncias. Vejamos, exemplificativamente, algumas hipóteses possíveis da verificação de tais *erros*. Pode ocorrer, por exemplo, a hipótese de o indivíduo agir acreditando que a *informação é relevante*, quando, na verdade, *é insignificante,* ou acredita que *a informação ainda não foi divulgada*, quando já foi tornada pública. Nesses casos, o agente incorre em *erro de tipo*, e o crime não se tipifica pela inexistência dos *elementos constitutivos do tipo*.

O agente pode, igualmente, incorrer em *erro de tipo* se acredita que a informação já havia se tornado pública, mas, por um problema técnico, o *meio de*

---

[46] Juan Córdoba Roda, *El conocimiento de la antijuridicidad en la teoría del delito*, Barcelona, 1962, p. 37.

[47] Damásio, *Direito penal*, 12. ed., São Paulo: Saraiva, v. 1, p. 265.

[48] Veja-se, nesse sentido, os capítulos XXII a XXIV do nosso *Tratado de direito penal* – parte geral, 28. ed., São Paulo: Saraiva, 2022, para onde remetemos o leitor.

[49] Munhoz Netto, *A ignorância da antijuridicidade*, p. 63.

[50] José Cerezo Mir, O tratamento do erro de proibição no Código Penal espanhol, *RT*, 643/400, 1989.

comunicação, por qualquer problema, deixa de circular e de publicar a comunicação de ato relevante, assim, seu ato foi praticado antes da sua publicação. Esse *erro* incide sobre *uma elementar constitutiva do tipo,* que o agente, erroneamente, imaginou que não existia, isto é, que poderia agir em razão de a *informação* já ter sido publicada, quando, na realidade, tal publicação não ocorrera.

De outro lado, esta última hipótese, que é rara, admite-se, pode ser considerada *erro de proibição,* porque o agente imagina *permitida* uma *conduta proibida,* por ignorar a existência dessa elementar; nessa hipótese, seu erro incide sobre a *ilicitude* do comportamento. Com efeito, o agente supõe, *por erro,* ser lícita a sua conduta, quando, na realidade, ela é ilícita, pois a informação relevante ainda não havia sido publicada. O objeto do erro não é, pois, nem o texto da lei, nem o fato em si, mas a *ilicitude,* isto é, a contrariedade do fato em relação à lei. O agente supôs permitida uma conduta proibida (uma informação relevante ainda não publicada). O agente *fez,* mesmo por desconhecimento, *um juízo equivocado* daquilo que lhe é permitido fazer em sociedade, ou seja, seu *erro* incidiu sobre a relação de contradição do fato com a norma (ilicitude), ao imaginar permitida uma conduta proibida.

8. TIPO SUBJETIVO: ADEQUAÇÃO TÍPICA

O elemento subjetivo geral do crime é o *dolo,* constituído pela vontade livre e consciente de usar indevidamente informação privilegiada ainda não divulgada, da qual teve *conhecimento especial,* em razão de sua situação particular (ou funcional), realiza "negociação de valores mobiliários", aproveitando-se de sua *situação especial* para obter *vantagem indevida,* para si ou para outrem, com o *uso de informação privilegiada,* mediante negociação de valores mobiliários. Referida *vontade* livre e *consciente* deve abranger não apenas a *ação de usar informação relevante,* mas também a *realização de negociação de valores mobiliários* para *obter vantagem indevida.* Em outros termos, não existe o crime *sem a vontade conscientemente dirigida* à obtenção da *vantagem indevida,* usando de *informação privilegiada,* isto é, antes de divulgada ao mercado, mediante *negociação de valores mobiliários.* É necessário que o agente tenha *consciência* de que obtém *vantagem indevida,* visto que, se for devida, legal ou justa, não se aperfeiçoa esse crime, incorrendo em *erro de tipo inverso,* pois de crime não se trata, posto que a vantagem obtida não era indevida, mas justa ou legal. Por outro lado, eventual *erro sobre a justiça ou legalidade da vantagem* obtida, imaginando o autor que ela é legal ou justa, constitui *erro de tipo,* pois incide sobre uma *elementar típica* desse crime, excluindo, consequentemente, a sua punição (art. 20 do CP).

A nosso juízo, não há previsão de *elemento subjetivo especial do injusto.* Com efeito, a possível obtenção de *vantagem indevida* como potencial *consequência da idoneidade objetiva da conduta (capacidade, aptidão)* de *negociação com uso de informação privilegiada* constitui *elementos normativos do tipo,* e não *elemento subjetivo especial do injusto*. Trata-se, em outros termos, não de elementos subjetivos especiais da conduta do agente, mas de elementares normativas da própria descrição típica. Com efeito, não identificamos a existência de *elemento subjetivo especial do tipo nesta tipificação*. O *conhecimento (consciência)* de *informação relevante ainda não divulgada ao mercado* constitui somente o *aspecto intelectivo geral do dolo*. A *consciência da idoneidade da informação*, qual seja, aptidão, capacidade ou poder de gerar resultado relevante, para si ou para outrem, constitui o aspecto subjetivo geral da conduta dolosa praticada pelo sujeito ativo, objetivando a obtenção ou realização de *vantagem indevida* para si ou para outrem. É suficiente que o sujeito ativo dirija sua vontade no sentido de realizar a conduta proibida pela descrição típica. Essa vontade, orientada a realizar elementos objetivo-normativos, integra o próprio dolo geral, normal do agente, na realização desse crime.

9. CONSUMAÇÃO E TENTATIVA

Nem sempre, em várias espécies de crimes, é fácil identificar o momento consumativo de determinadas infrações penais, especialmente nos classificados como *crimes formais*, aliás, como ocorre neste *crime contra o mercado de capitais*. Se fosse considerado crime material ou mesmo formal, seria natural que o crime de *uso indevido de informação privilegiada* somente se consumasse *com a obtenção da vantagem indevida* e, naturalmente, admitiria a figura tentada. No entanto, não é o que acontece na realidade prática e, também por isso, não encontra unanimidade na doutrina especializada, o que, convenhamos, não chega a surpreender, ante a complexidade de sua construção tipológica. Para José Carlos Tórtima, por exemplo, em primeiro lugar, *trata-se de crime de perigo*, e, seguindo nessa concepção, sustenta que a "figura abstrata do injusto, também nesse caso, é construída na perspectiva do perigo, ocorrendo o crime ainda que o uso de informação pelo agente não acarrete qualquer prejuízo ao mercado"[51]. Nessa perspectiva, para Tórtima, o *crime somente seria de resultado* se o tipo penal descrevesse o evento proibido, ou seja, se punisse, por exemplo, a conduta de *obter* vantagem indevida ou a de *causar dano* a terceiros mediante utilização da informação. O dolo é de resultado, mas o tipo penal não o descreve e, portanto, não exige sua superveniência. No entanto, a despeito de respeitarmos profundamente o magistério de Tórtima, notadamente em relação aos *crimes contra o sistema financeiro*, lembramos que essa construção clássica de crime material, mencionada pelo digno doutrinador, não é única ou exclusiva, pelo contrário, na maioria das vezes os tipos penais, principalmente tipificadores de crimes materiais ou formais, são enriquecidos com inúmeras *elemen-*

---

[51] *Crimes contra o sistema financeiro nacional*, p. 183.

tares normativas e subjetivas, sem desnaturar ou impedir sua classificação, seja como crimes materiais, seja como formais. Nesse sentido, subscrevemos integralmente a manifestação de Juliano Breda[52], nos seguintes termos:

> Há, contudo, uma sutil distinção entre o crime de manipulação do mercado e de uso indevido de informação privilegiada, pois no primeiro, embora exista também o *especial fim de agir* diretamente ligado ao resultado (*fim de obter vantagem indevida ou lucro, para si ou para outrem, ou causar dano a terceiros*), o tipo penal não exige a comprovação de que as operações simuladas ou fraudulentas tenham, no caso concreto, essa capacidade. No *uso de informação privilegiada*, o tipo reclama a demonstração da necessária aptidão dos elementos (*capaz de propiciar, para si ou para outrem, vantagem indevida*), exigindo uma maior reflexão do intérprete.

Com efeito, examinando criteriosamente o tipo penal, deve-se destacar que, na categoria dos crimes de perigo concreto, o preceito primário deve descrever o *perigo* a ser criado pela conduta, como ocorre, igualmente, em vários dispositivos do Código Penal brasileiro. Nesses variados dispositivos do Código Penal pode observar-se bem a distinção entre tais figuras penais, sendo que alguns dispositivos limitam-se a descrever a possibilidade de dano ao bem jurídico, sem exigir a efetiva ocorrência de perigo concreto, a exemplo do que acontece nesta tipificação do *uso indevido de informação privilegiada*. Na nossa concepção, esse tipo penal exige que a ação criminalizada seja capaz de produzir o resultado, isto é, que se demonstre concretamente que a ação humana tem potencialidade suficiente para lesar efetivamente o bem jurídico tutelado. Essa exigência tipifica, necessariamente, um crime de perigo abstrato. Nesse contexto, Juliano Breda invoca o magistério de Faria Costa, que professa: "Por outro lado, a situação que comporta um desvalor de resultado de perigo (ou um desvalor de dano/violação) só ganha densidade axiológica no momento em que se envolve com o referencial que o bem jurídico representa. Não há situações abstratamente perigosas. Toda e qualquer situação é perigosa em relação a um referencial: pressupõe, irrefragavelmente, um outro elemento. O perigo é também nesta medida um juízo essencialmente relacional. O que determina que a noção do perigo tenha sempre de ser apreciada, na contextualidade situacional"[53].

Portanto, parece-nos indiscutível que o crime de *uso indevido de informação privilegiada* pode ser classificado como de *perigo abstrato*, exigindo-se apenas

---

[52] Juliano Breda, *Crimes contra o mercado de capitais*, p. 413-414.

[53] Faria Costa, *Perigo em direito penal*, p. 601. Na nota de rodapé 79 o autor comenta a afirmação "Não há situações abstratamente perigosas" da seguinte forma: "O que não quer dizer que se não possam conceber crimes de perigo abstracto. O que se passa neste campo e que mais adiante será suficientemente dilucidado, é que o legislador considera, generalizando, que as regras da experiência ensinam que certas condutas, de ordinário, põem em perigo certos e determinados bens" (idem). Sobre o tema, Juarez Tavares sustenta que "não há injusto sem a demonstração de efetiva lesão ou perigo de lesão a um determinado bem jurídico" (*Teoria do injusto penal*, p. 179).

a prova da capacidade de lesionar (potencialidade lesiva) da *informação privilegiada* utilizada ou, em outras palavras, a demonstração da idoneidade da conduta diante do bem jurídico protegido. Diante disso, o crime se consuma com a celebração, indevida, da *negociação de valores mobiliários*, utilizando-se de *informação privilegiada*, independentemente da obtenção de vantagem. Nessas condições, não se admite a configuração do crime na forma tentada.

10. CLASSIFICAÇÃO DOUTRINÁRIA

Tratava-se de *crime próprio*, considerando-se que os possíveis sujeitos ativos deste crime eram limitados a determinadas pessoas que tivessem ou pudessem ter acesso reservado a informação privilegiada, contudo, com as alterações introduzidas pela Lei n. 13.506/2017, retirou as características que lhe permitiam ser classificados como *crime próprio*, passando, por conseguinte, a ostentar as características de crime comum; *crime formal*, cujo tipo penal descreve *resultado naturalístico*, qual seja, de *obtenção de vantagem indevida*, que não precisa concretizar-se para essa figura típica consumar-se, sendo suficiente o *uso indevido dessa informação privilegiada* na realização de negociação de valor mobiliário ou, em outros termos, há o que se denomina de execução antecipada; *crime de perigo abstrato, na perspectiva que adotamos,* tratando-se, por conseguinte, de perigo hipotético ou intrínseco, em razão do *bem jurídico coletivo tutelado*, sendo despicienda, portanto, a existência de um perigo concreto ou de lesão efetiva ao mercado de capitais, embora com potencialidade para tanto; *crime instantâneo*, que se consuma automaticamente com a própria prática da ação, *uso indevido de informação privilegiada*, desde que seja idônea a produzir *vantagem indevida*; *crime plurissubsistente*, pois, embora não pareça, a prática da conduta de *uso indevido*, via de regra, é desdobrável temporal e espacialmente em atos diversos; *crime de forma vinculada*, pois o tipo exige o *uso de informação privilegiada* que deve ser executada, indevidamente, mediante negociação de valores mobiliários, em nome próprio ou de terceiros; *crime unissubjetivo*, que pode ser executado individualmente, isto é, por uma só pessoa, embora admita naturalmente o concurso eventual de pessoas; *crime doloso*, não admitindo a possibilidade de modalidade culposa.

11. PENAS E AÇÃO PENAL

As penas cominadas são reclusão de um a cinco anos e multa de até três vezes o montante da vantagem ilícita obtida em decorrência do crime. Tratando-se de pena mínima de um ano de reclusão, permite, em tese, a *suspensão condicional do processo* (art. 89 da Lei n. 9.099/95), que não é um benefício, repita-se, ao contrário de alguns entendimentos, a nosso juízo equivocados, pois

460 • Crimes contra o mercado de capitais

se trata de um *direito público subjetivo* do acusado que satisfizer os requisitos subjetivos para sua aplicação.

A cominação da pena de multa em *até três vezes o montante da vantagem ilícita obtida* implica duas consequências: 1ª) há necessidade de valoração ou cálculo concreto e efetivo do montante da vantagem financeira obtida pelo infrator, o que nem sempre poderá ser aferível corretamente, em se tratando do mercado de capitais mobiliários; 2ª) corre-se o risco de não haver aplicação da pena de multa, pois nada impede que, eventualmente, não decorra vantagem financeira concreta ao infrator e tampouco prejuízo a terceiros. Logo, na ausência ou inocorrência dessa vantagem ou na impossibilidade de sua aferição correta, se houver, não será possível aplicar ao infrator a pena de multa que, indiscutivelmente, não pode ser simplesmente fixada aleatoriamente pelo julgador. Ademais, nesse critério diverso de cominação da pena de multa, que pode servir para esta modalidade de crime, não é recomendável generalizá-la, pois um sem-número de crimes do próprio Código Penal e das leis estravagantes não apresenta, concretamente, vantagem pecuniária ao autor e tampouco prejuízo econômico à vítima.

Cuida-se de critério diverso da previsão do Código Penal que adota o *sistema dias-multa*, que é, reconhecidamente, o *melhor sistema de aplicação da pena de multa*, porque leva em consideração a capacidade de pagamento do próprio condenado. Referido sistema de aplicação da pena pecuniária foi, no passado, equivocadamente, denominado de *sistema nórdico*, porque o atribuíam ao *Projeto preliminar de 1916* do sueco Johan C. W. Thyren. No entanto, trata-se de um sistema genuinamente brasileiro, pois quase um século antes nasceu com a previsão original do Código Penal do império (art. 55), como demonstramos em nosso *Tratado de Direito Penal*[54]. Nesse sentido, equivocam-se, *venia concessa*, Albuquerque e Rebouças[55], quando sugerem, *v.g.*, "A nosso juízo, esse critério é adequado à forma de criminalidade aqui em foco – e até deveria ser disciplinado em caráter geral, para a dosimetria da pena de multa". Pelo contrário, todos os crimes das leis esparsas deveriam adotar, como faz nosso Código Penal, o "sistema dias-multa", profundamente elogiado nos sistemas penais europeus. Desafortunadamente, o Brasil quase não cria nada e quando, raramente, cria alguma coisa extraordinária, como o sistema dias-multa, tenta negar sua paternidade, como fazem alguns autores, que desconhecem a verdadeira origem do sistema dias-multa.

A ação penal é pública incondicionada, não dependendo de qualquer manifestação ou formalidade para a propositura da ação penal pelo Ministério Público.

---

[54] Cezar Roberto Bitencourt, *Tratado de direito penal* – parte geral, 28. ed., São Paulo: Saraiva, 2022, v. 1, p. 778-779.

[55] Albuquerque e Rebouças, *Crimes contra o sistema financeiro e o mercado de capitais*, no prelo.

CAPÍTULO III

Exercício irregular de cargo, profissão, atividade ou função

Sumário: 1. Considerações preliminares. 2. Bem jurídico tutelado. 3. Sujeitos ativo e passivo. 4. Tipo objetivo: adequação típica. 4.1. Sem estar, para esse fim, autorizado ou registrado na autoridade administrativa competente, quando exigido por lei ou regulamento. 5. Tipo subjetivo: adequação típica. 6. A revogação, ainda que parcial, do art. 16 da Lei n. 7.492/86 pelo art. 27-E da Lei n. 6.385/76 com redação determinada pela Lei n. 10.303/2001. 6.1. A desproporcional cominação de penas entre os crimes do art. 16 da Lei n. 7.492/86 e do art. 27-E da Lei n. 10.303/2001. 7. Classificação doutrinária. 8. Consumação e tentativa. 9. Pena e ação penal.

Exercício Irregular de Cargo, Profissão, Atividade ou Função

Art. 27-E. Exercer, ainda que a título gratuito, no mercado de valores mobiliários, a atividade de administrador de carteira, agente autônomo de investimento, auditor independente, analista de valores mobiliários, agente fiduciário ou qualquer outro cargo, profissão, atividade ou função, sem estar, para esse fim, autorizado ou registrado na autoridade administrativa competente, quando exigido por lei ou regulamento: (Redação dada pela Lei n. 13.506, de 2017)

Pena – detenção de 6 (seis) meses a 2 (dois) anos, e multa. (Incluído pela Lei n. 10.303, de 31-10-2001)

---

1. CONSIDERAÇÕES PRELIMINARES

A redação do art. 27-E da Lei n. 6.385/76, acrescido pela Lei n. 10.303/2001 e alterado pela Lei n. 13.506/2017, que apenas lhe atribuiu melhor redação, define o crime de *exercício irregular de cargo, profissão, atividade ou função*, no âmbito do *mercado de valores mobiliários*. Criminaliza-se a atuação *desautorizada* no mercado de capitais, isto é, "sem estar, para esse fim, autorizado ou registrado na autoridade administrativa competente". Envolve nesse rol as atividades de *administrador de carteira, agente autônomo de investimento, auditor independente, analista de valores mobiliários, agente fiduciário ou qualquer outra semelhante, sem estar autorizada ou registrada na autoridade administrativa competente, qual seja, na Comissão de Valores Mobiliários* (CVM).

462 • Crimes contra o mercado de capitais

No Capítulo XVI da 3ª edição deste livro, examinamos o crime de "fazer *operar instituição financeira ilegal*"[1], definido no art. 16 da Lei n. 7.492/1986, ao qual são cominadas as penas de um a quatro anos de reclusão e multa. Nesse diploma legal, incrimina-se a prática de "fazer operar instituição financeira, sem a devida autorização da autoridade competente", no caso, do Banco Central. Não se ignora que as entidades que operam no *mercado de capitais mobiliários* também integram o denominado *Sistema Financeiro Nacional*, lato senso, e constituem, igualmente, *instituições financeiras*, inclusive para efeitos penais, aliás, a própria redação do art. 16 da Lei n. 7.492/86 as insere nesse tipo penal, nos seguintes termos: "*Fazer operar, sem a devida autorização, ou com autorização obtida mediante declaração falsa, instituição financeira, inclusive de distribuição de valores mobiliários ou de câmbio*". No entanto, a regularidade ou não da "*distribuição de valores mobiliários ou de câmbio*", não é criminalizada pela Lei n. 7.492/86 no referido dispositivo legal, mas pela Lei n. 6.385/76, e, por isso, será analisada, sob o aspecto penal, no âmbito desta lei, que é a lei de regência, posto que o legislador disciplinou essas matérias de forma distinta e por diferentes diplomas legais.

Ao examinarmos os *crimes contra o sistema financeiro nacional*, na primeira parte desta obra, sustentamos que o crime descrito no art. 27-E da Lei n. 6.385/76 é *especial* em relação ao descrito no art. 16 da Lei n. 7.492/86, devendo, portanto, prevalecer no âmbito do *mercado de valores mobiliários*, nos seguintes termos:

> Trata-se, indiscutivelmente, de tipos penais semelhantes, com objetos jurídicos igualmente semelhantes, mas que consagram um diferencial, isto é, a lei posterior apresenta um elemento especializante em relação ao art. 16 da Lei n. 7.492/86. Esse elemento especial é exatamente o âmbito de atuação do sujeito ativo, qual seja, o mercado de valores mobiliários, pela previsão da Lei n. 10.303/2001, enquanto esse âmbito de atuação, na hipótese do art. 16 da Lei n. 7.492/86, são o mercado financeiro, o mercado cambial e o mercado de valores mobiliários. Em outros termos, a lei posterior restringe o âmbito de atuação – somente ao *mercado de valores mobiliários* –, mas amplia, ao mesmo tempo, as condutas proibidas, na medida em que incrimina também o *exercício de qualquer das atividades vinculadas ao mercado de valores mobiliários*, algo inocorrente no art. 16 da lei anterior[2].

Não é outro o entendimento de Juliano Breda, que, ao analisar os crimes contra o *mercado de capitais mobiliários*, sustentou: "O art. 27-E da Lei n. 6.385/76 trata-se, a toda evidência, de tipo penal especial em relação ao art. 16 da Lei n. 7.492/86. O elemento especial é exatamente a atuação no mercado de valores mobiliários, ao passo que a atuação sem autorização no mercado financeiro ou no mercado cambial, por exemplo, segue sendo regida pela Lei dos

---

[1]   Cezar Bitencourt & Juliano Breda, *Crimes contra o sistema financeiro nacional e contra o mercado de capitais*, 3. ed., São Paulo: Saraiva, 2014, p. 198-218.

[2]   Cezar Roberto Bitencourt & Juliano Breda, *Crimes contra o sistema financeiro nacional e contra o mercado de capitais*, p. 211.

Crimes contra o Sistema Financeiro Nacional"[3]. O texto legal relativo aos crimes contra o *mercado de capitais mobiliários* foi atualizado pela Lei n. 13.506/2017, mas manteve esta previsão intacta.

A despeito de eventual entendimento em sentido contrário, sustentamos que não há qualquer influência na tipificação desse crime o fato de "a constituição e o funcionamento de *sociedade corretora de valores mobiliários* também passarem a depender de autorização do Banco Central do Brasil", nos termos do art. 3º da Resolução n. 1.655/89 do Conselho Monetário Nacional, modificado pela Resolução n. 3.485/2007, dispondo que: "a constituição e o funcionamento de sociedade corretora de valores mobiliários dependem de autorização do Banco Central do Brasil". É igualmente irrelevante o fato de esse ato prévio do Banco Central exigir a autorização da Comissão de Valores Mobiliários. Esses aspectos, *venia concessa*, não repercutem na definição da competência das condutas tipificadas como *crimes contra o mercado de capitais*. Por isso, a nosso juízo, a conduta descrita no art. 16 da Lei n. 7.492/86 é inaplicável aos crimes praticados *no âmbito do mercado de mobiliários*, cujas tipificações são objetos da Lei n. 6.385/76, com as atualizações posteriores já mencionadas. Cuida-se de atividades de *administrador de carteira*, de *agente autônomo de investimento*, de *auditor independente*, de *analista de valores mobiliários*, de *agente fiduciário* ou de cargo ou função semelhantes. São situações funcionais autorizadas pela Comissão de Valores Mobiliários. Não há, portanto, atividades exclusivas de instituição financeira operante no mercado de capitais, embora também dependam, atualmente, de autorização prévia do Banco Central, posto que não exclui a legitimidade da Bolsa de Valores Mobiliários.

2. BEM JURÍDICO TUTELADO

O bem jurídico tutelado, neste dispositivo legal, é a regularidade, a credibilidade e a confiabilidade do mercado de capitais, que se entendeu dependente da autorização e do controle sobre os agentes que desempenham atividades essenciais a esse mercado, como a de administração de carteira, a auditoria independente e o agenciamento de investimentos. Objetiva-se, em outros termos, o controle e supervisão de diversas atividades desenvolvidas no âmbito do mercado de capitais mobiliários que, por sua relevância nesse mercado, torna-se merecedora da tutela penal. Nesse sentido, destaca Renato de Mello Jorge Silveira que "o Estado Regulador [...] deve, para o seu próprio bem, saber exatamente quem tem a autorização para nele atuar. A transparência, segurança, integridade e *estabilidade* do mercado, portanto, mostram-se como bens a serem racionalmente postos como objeto de tutela"[4].

---

[3] Juliano Breda, Crimes contra o mercado de capitais, *in*: Cezar Roberto Bitencourt & Juliano Breda, *Crimes contra o sistema financeiro nacional e contra o mercado de capitais*, p. 418.

[4] Renato de Mello Jorge Silveira, Crimes contra o mercado de capitais, *in*: Luciano Anderson de Souza e Marina Pinhão Coelho Araújo (Coord.), *Direito penal econômico*: leis penais especiais, v. 1, p. 239-300, esp. 289.

3. SUJEITOS ATIVO E PASSIVO

Sujeito ativo desse crime pode ser qualquer pessoa física imputável que exerça qualquer das atividades relacionadas no presente tipo penal, "sem estar, para esse fim, autorizado ou registrado na autoridade administrativa competente, quando exigido por lei ou regulamento", como destaca a previsão desse tipo penal; ou que se utilize de interposta pessoa para fazê-lo, além da possibilidade normal de admitir o concurso eventual de pessoas (coautoria e participação).

Sujeito passivo imediato é o Estado-Administração Pública, responsável pela Comissão do Mercado Mobiliário. E pode ser, igualmente, sujeito passivo qualquer pessoa que, porventura, venha a ser lesada pelos autores dessa infração penal.

4. TIPO OBJETIVO: ADEQUAÇÃO TÍPICA

A redação do art. 27-E da Lei n. 6.385/76, acrescido pela Lei n. 10.303/2001 e alterado pela Lei n. 13.506/2017, que apenas lhe atribui melhor redação, define o crime de *exercício irregular de cargo, profissão, atividade ou função*, no âmbito do mercado de valores mobiliários. Criminaliza a atuação *desautorizada* no mercado de capitais, qual seja, exercê-la "sem estar, para esse fim, autorizado ou registrado na autoridade administrativa competente". Abrange as atividades de *administrador de carteira, agente autônomo de investimento, auditor independente, analista de valores mobiliários, agente fiduciário ou qualquer outra semelhante*, que não estejam autorizadas ou registradas na autoridade administrativa competente, qual seja, na *Comissão de Valores Mobiliários* (CVM).

Exercer tem o significado de desenvolver, de desempenhar ou de realizar determinada atividade, ação, ocupação ou trabalho que, na hipótese desse tipo penal, *significa praticar* atividade de administrador de carteira, agente autônomo de investimento, auditor independente, analista de valores mobiliários, agente fiduciário ou qualquer outro cargo, profissão, atividade ou função, *sem estar, para esse fim, autorizado ou registrado na autoridade administrativa competente*, "quando exigido por lei ou regulamento". O verbo *exercer* adotado pelo legislador brasileiro carrega na sua essência o sentido de *habitualidade* da conduta, ou seja, é impunível a prática eventual de uma ou outra ação ou atividade isoladamente, não sendo abrangida por esse tipo penal. É necessário, para tipificá-lo, o *exercício* regular, real, efetivo e contínuo da *atividade*, função, cargo ou profissão de administrador de carteira, agente autônomo de investimento, auditor independente, analista de valores mobiliários, agente fiduciário ou outra semelhante. É irrelevante que o seu *exercício* ocorra a título remunerado ou gratuito, com ou sem vínculo institucional.

Contudo, o exercício de qualquer dessas atividades mencionadas, no tipo *sub examine*, depende de *autorização ou de registro* na Comissão de Valores Mobiliários, que terá o controle e a responsabilidade pela correção, seriedade, competência e legitimidade das ações praticadas por esses profissionais. Não se trata, por outro lado, de atividades próprias de instituições financeiras, cuja operação depende de autorização do Banco Central, mas de outras atividades desempenhadas no mercado mobiliário e dependentes de autorização e de registro pela CVM, a despeito da extensão acrescida pela Lei n. 13.506/2017. Nesse sentido, dispõe o art. 15 da Lei n. 6.385/76 que o *sistema de distribuição de valores mobiliários* abrange, além das instituições financeiras e demais sociedades que tenham por objeto distribuir emissão de valores mobiliários (inciso I) (dependentes também de autorização prévia do Banco Central), as "sociedades que tenham por objeto a compra de valores mobiliários em circulação no mercado, para os revender por conta própria" (inciso II), as "sociedades e os agentes autônomos que exerçam atividades de mediação na negociação de valores mobiliários, em bolsas de valores ou no mercado de balcão" (inciso III), as "bolsas de valores" (inciso IV), as "entidades de mercado de balcão organizado" (inciso V), as "corretoras de mercadorias, os operadores especiais, as Bolsas de Mercadorias e Futuros" (inciso VI) e "as entidades de compensação e liquidação de operações com valores mobiliários" (inciso VII).

É atribuição da Comissão de Valores Mobiliários, nesse aspecto, definir "a especialização de operações ou serviços a ser observada pelas sociedades de mercado e as condições em que poderão cumular espécies de operações ou serviços" (art. 15, § 1º, II, da Lei n. 6.385/76). Por outro lado, o art. 16, parágrafo único, do mesmo diploma legal dispõe que "só os agentes autônomos e as sociedades com registro na Comissão poderão exercer a atividade de mediação ou corretagem de valores mobiliários fora da bolsa". Assim, a relação e a definição das atividades, bem como das condições de autorização e de registro, são objetos de instruções normativas da própria Comissão de Valores Mobiliários. Logo, a descrição típica do art. 27-E da Lei n. 6.385/76 constitui *norma penal em branco*, estando, por conseguinte, dependente da satisfação do conteúdo desses atos normativos extrapenais, legais e infralegais (regulamentos, resoluções etc. de âmbito administrativo).

Assim, por exemplo, a *administração de carteira* é objeto da Instrução n. 306/99 da Comissão de Valores Mobiliários. Cuida-se, nesse aspecto, de "gestão profissional de recursos ou valores mobiliários, sujeitos à fiscalização da Comissão de Valores Mobiliários, entregues ao administrador, com autorização para que este compre ou venda títulos e valores mobiliários por conta do investidor", aliás, devidamente definida e autorizada pelo art. 2º da Instrução da CVM n. 306/99. Por seu turno, a atividade de *agente autônomo de investimento* está disciplinada na Instrução n. 355/2001 da Comissão de Valores

466 • Crimes contra o mercado de capitais

Mobiliários, tratando-se de "pessoa natural ou jurídica uniprofissional, que tenha como atividade a *distribuição e a mediação de títulos e valores mobiliários*, quotas de fundos de investimento e derivativos, sempre sob a responsabilidade e como preposto das instituições integrantes do sistema de distribuição de valores mobiliários".

A atividade de *auditoria independente*, por sua vez, está contemplada no art. 26, *caput*, da própria Lei n. 6.385/76, nos seguintes termos: "Somente as empresas de auditoria contábil ou auditores contábeis independentes, registrados na Comissão de Valores Mobiliários poderão auditar, para os efeitos desta Lei, as demonstrações financeiras de companhias abertas e das instituições, sociedades ou empresas que integram o sistema de distribuição e intermediação de valores mobiliários". Nessa seara, cabe à *Comissão de Valores Mobiliários* fixar "as condições para o registro e o seu procedimento", estipulando, inclusive, "os casos em que poderá ser recusado, suspenso ou cancelado" (art. 26, § 1º). A CVM editou a Instrução n. 483/2010 (que revogou a Instrução n. 388/2003) para disciplinar a atividade de *analista de valores mobiliários*. Trata-se de "pessoa natural que, em caráter profissional, elabora relatórios de análise destinados à publicação, divulgação ou distribuição a terceiros, ainda que restrita a clientes" (art. 1º, *caput*, da referida Instrução da CVM). Por sua vez, o *agente fiduciário* está contemplado pela Instrução n. 28/83. Cuida-se do representante da *comunhão dos debenturistas*, cuja nomeação deve constar, necessariamente, da escritura de emissão pública de debêntures (art. 1º da mesma Instrução n. 28 da CVM).

Finalmente, além da já extensa lista de atividades abrangidas pela incriminação, esse tipo penal utiliza, ainda, a fórmula genérica e extensiva para abranger "qualquer outro cargo, profissão, atividade ou função", ou seja, alcança qualquer outra atividade relativa ao mercado de capitais, dependente de autorização e registro na CVM, *semelhantes* àquelas relacionadas no dispositivo *sub examine*.

4.1. Sem estar, para esse fim, autorizado ou registrado na autoridade administrativa competente, quando exigido por lei ou regulamento

Exercer ou agir *desautorizadamente* ou *sem autorização legal* equivale a "exercer sem a devida autorização ou com autorização obtida mediante declaração falsa", que é a *terminologia* adotada na tipificação desse crime, fugindo, de certa forma, da terminologia preferida pelo legislador do Código Penal em vigor. Em outros termos, *exercer* sem estar "autorizado ou registrado na autoridade administrativa competente" é agir *ilegalmente*, sem o respaldo da lei, ou seja, é *exercer* "fraudulentamente" essas atividades profissionais, que o texto legal enumera taxativamente e exige que somente pessoas *legalmente registradas* são autorizadas a exercer essa atividade profissional. A rigor, exercer as atividades enumeradas na lei, sem a devida legitimação no órgão competente, significa *enganar* (fraudar, burlar) a sociedade brasileira, em geral, e os *investidores na bolsa de valores mobiliários*, em particular, que acreditam na *legitimidade legal* desses exercentes, digamos assim, das atividades mencionadas no *caput* deste art. 27-E. Estão, portanto, referidos profissionais proibidos, legalmente, de exercer essas atividades profissionais *sem a respectiva habilitação no órgão competente*, isto é, na Bolsa de Valores Mobiliários. Trata-se, portanto, de *norma penal em branco*, que depende da complementação de outra norma administrativa, como se depreende da locução "quando exigido por lei ou regulamento"!

Essa "fraude" prevista na norma incriminadora *sub examine* limita-se às duas formas expressas no respectivo dispositivo penal: (1) sem estar, para esse fim, *autorizado* ou (2) *registrado* na autoridade administrativa competente, quando exigido por lei ou regulamento, que é o caso desse tipo penal. *Autorizado* ou *registrado* na "autoridade administrativa competente", qual seja, na *Bolsa de Valores Mobiliários*, significa *habilitar-se* ou *legitimar-se* para atuar no mercado mobiliário. Em outros termos, sem essa *autorização* ou *registro* na autoridade administrativa competente, ninguém estará *habilitado* a exercer as atividades descritas nesse tipo penal perante a *bolsa de valores mobiliários*. Se o fizer, incorrerá nas penas cominadas neste art. 37-E, "quando exigido por lei ou regulamento", e, nas hipóteses das funções mencionadas no respectivo tipo penal, é expressamente exigida "autorização" ou "registro" na *autoridade competente*, qual seja, na *bolsa de valores mobiliários*.

A nosso juízo, "sem autorização" ou " *registro* na autoridade administrativa competente" indicam as duas *formas* de realizar a modalidade de conduta proibida neste artigo da lei penal, qual seja, "sem estar, para esse fim, *autorizado* ou *registrado* na autoridade administrativa competente, quando exigido por lei ou regulamento". A "fraude", nesta infração penal, é *sui generis*, diferente das conhecidas fraudes espalhadas em diversos artigos do Código Penal, na medida em que não é representada por *nenhum ardil, estratagema ou artifício especial,* mas é constituída pelo *exercício ilegal*, isto é, *sem autorização ou registro na autoridade administrativa competente*, o qual, se existisse, lhe daria legitimidade para agir. Trata-se, portanto, de uma *fraude de conteúdo ideológico* e não material. Com efeito, qualquer outra declaração não verdadeira, relativa a qualquer outro aspecto que não seja especificamente relacionado ao funcionamento da instituição financeira, não tipificará a conduta descrita nesse dispositivo penal. Poderá, evidentemente, caracterizar outro crime de *falsum*, mas não este, e poderá, inclusive, não ser da competência da Justiça Federal, dependendo das demais circunstâncias.

Por outro lado, exercer qualquer das atividades relacionadas neste artigo – sem estar, para esse fim, autorizado ou registrado na autoridade administrativa – significa agir (exercer) *desautorizadamente* e sem o devido registro perante a autoridade competente, *in caso*, na bolsa de valores mobiliários. No entanto, esse dispositivo legal não criminaliza a obtenção do referido registro mediante *declaração falsa*, como *meio* de obter referida autorização, que seria aquela que contraria o real conteúdo que a declaração deveria conter, não correspondendo ao conteúdo autêntico que deveria apresentar. Por fim, além do extenso rol de atividades abrangidas pela incriminação, esse tipo penal ainda adota uma fórmula genérica e extensiva para abranger "qualquer outro cargo, profissão, atividade ou função". Em outros termos, a previsão legal abrange qualquer outra atividade relativa ao *mercado de capitais*, que necessite de autorização e registro na CVM, *semelhantes* àquelas relacionadas no dispositivo *sub examine*.

5. TIPO SUBJETIVO: ADEQUAÇÃO TÍPICA

O tipo subjetivo é constituído tão somente pelo elemento subjetivo geral, que é o dolo, representado pela vontade consciente de exercer no mercado de capitais mobiliários, de forma desautorizada, atividade dependente de autorização e de registro na CVM, e que não as têm. *Exercer* qualquer das atividades relacionadas no tipo penal, sem estar, para tal fim, autorizado ou registrado na autoridade administrativa competente, *in caso*, na Comissão de Valores Mobiliários. E mais que isso, *agindo consciente* de que, nas circunstâncias, referida *autorização ou registro* é indispensável, posto que exigido por lei ou regulamento, conforme previsão constante nesse tipo penal. Contudo, é indispensável que o agente *tenha consciência* de que não dispõe da autorização ou registro necessários. Essa *consciência* nada mais é do que o *elemento intelectual do dolo* que deve abranger todos os elementos constitutivos da descrição típica.

Na tipificação de *exercer*, ainda que a título gratuito, no mercado de valores mobiliários, qualquer das atividades mencionadas nesse tipo penal, sem estar, para tal fim, devidamente *autorizado* ou registrado na Comissão de Valores Mobiliários, embora não esteja expressamente previsto, há a exigência implícita do *elemento subjetivo especial do injusto*, especificador do dolo, qual seja, o *especial fim de exercer* no mercado de valores mobiliários qualquer das atividades mencionadas no tipo penal, sem a devida autorização ou respectivo registro. Não se configurando essa *finalidade especial*, esse tipo penal não se aperfeiçoa, isto é, não se configura esse crime, não havendo, por conseguinte, *justa causa* para a instauração da ação penal.

Nessa infração penal, por fim, não há previsão de modalidade culposa, razão pela qual eventual conduta imprudente, negligente ou imperita estará fora do alcance do sistema punitivo penal.

6. A REVOGAÇÃO, AINDA QUE PARCIAL, DO ART. 16 DA LEI N. 7.492/86 PELO ART. 27-E DA LEI N. 6.385/76 COM REDAÇÃO DETERMINADA PELA LEI N. 10.303/2001

A Lei n. 7.492/86 criou a criminalização do *acesso não autorizado ao sistema financeiro*, ao estabelecer no art. 16 o seguinte: "Fazer operar, sem a devida autorização, ou com autorização obtida mediante declaração falsa, instituição financeira, inclusive de distribuição de valores mobiliários ou de câmbio: Pena – reclusão, de 1 (um) a 4 (quatro) anos, e multa". A Lei n. 10.303/2001, por sua vez, criou proibição semelhante, destinada ao *sistema mobiliário* (*mercado de capitais*)[5], acrescentando o art. 27-E na Lei n. 6.385/76, com a seguinte redação: "Atuar, ainda que a título gratuito, no mercado de valores mobiliários, como instituição integrante do sistema de distribuição, administrador de carteira coletiva ou individual, agente autônomo de investimento, auditor independente, analista de valores mobiliários, agente fiduciário ou exercer qualquer cargo, profissão, atividade ou função, sem estar, para esse fim, autorizado ou registrado junto à autoridade administrativa competente, quando exigido por lei ou regulamento".

Trata-se, indiscutivelmente, de tipos penais semelhantes, com objetos jurídicos igualmente parecidos, mas que consagram *um diferencial*, isto é, a lei posterior apresenta um *elemento especializante* em relação ao art. 16 da Lei n. 7.492/86. Esse elemento especial é exatamente o âmbito de atuação do sujeito ativo, qual seja, *o mercado de valores mobiliários*, para a previsão da Lei n. 10.303/2001, enquanto esse âmbito de atuação, na hipótese do art. 16 da Lei n. 7.492/86, são o *mercado financeiro, o mercado cambial e o mercado de valores mobiliários*. Em outros termos, a lei posterior restringe o âmbito de atuação – somente ao *mercado de valores mobiliários* –, mas amplia as condutas proibidas, na medida em que incrimina também o *exercício de qualquer das atividades* vinculadas ao *mercado de valores mobiliários*, algo inocorrente no art. 16 da lei anterior.

Há, inegavelmente, entre os dois diplomas legais, uma grande coincidência: ambos coíbem a ação de *atuar ou fazer operar* instituição financeira ou integrante do mercado de valores mobiliários, *desautorizadamente,* como destacou, acertadamente, o saudoso Ministro Carvalhido no HC 60.449/SP. No entanto, a lei posterior, *mais benéfica*, comina pena consideravelmente inferior, qual seja, seis meses a dois anos de detenção, além de multa, ao passo que a lei anterior comina o dobro da pena privativa de liberdade, qual seja, um a quatro anos de reclusão, além da multa. A sanção penal prevista no art. 27-E, da lei posterior, é de detenção de seis meses a dois anos, cumulativa com pena de multa. Constata-se apenas uma manifesta contradição do legislador, ao estabelecer uma sanção que é rigorosamente a metade daquela prevista no art. 16 da Lei n. 7.492/86, ou seja, a pena para quem *atuar sem autorização no mercado bancá-*

---

[5]   A própria Lei n. 6.385/76, em seu art. 15, define o sistema de distribuição de valores mobiliários, que compreende: "I – *as instituições financeiras* e demais sociedades que tenham por objeto distribuir emissão de valores mobiliários: *a*) como agentes da companhia emissora; *b*) por conta própria, subscrevendo ou comprando a emissão para a colocar no mercado; [...]".

470   •   Crimes contra o mercado de capitais

rio ou cambial é o dobro em comparação à atuação *irregular no mercado de valores mobiliários*. Não há, em tese, explicação razoável para se estabelecer essa distinção se as criminalizações atingem interesses ou bens jurídicos idênticos. E, segundo princípio consagrado no *direito intertemporal*, elevado a dogma constitucional, *lei posterior mais benéfica*, que é o caso desses dois diplomas legais, *retroage*, inclusive revogando lei anterior, total ou parcialmente. Passamos a examinar esse aspecto a seguir.

A 6ª Turma do Superior Tribunal de Justiça, nos HCs 60.449 e 40.510, cuja impetração patrocinamos como advogado, andou apreciando, com certa simpatia, a possível *revogação parcial* do art. 16 da Lei n. 7.492/76 pelo art. 27-E, acrescentado pela Lei n. 10.303/2001 à Lei n. 6.385/76, que trata dos *Crimes contra o Mercado de Capitais*. Nesse sentido, o saudoso Ministro Hamilton Carvalhido destacou:

> "D'outro lado, é juridicamente plausível a questão da revogação, mas só parcial, do art. 16 da Lei n. 7.492/86 pelo art. 27-E da Lei n. 10.303/2001, pois que, no primeiro, criminalizou-se a conduta de '*fazer operar, sem a devida autorização, ou com autorização obtida mediante declaração falsa, instituição financeira, inclusive de distribuição de valores mobiliários (...)*', também criminalizado no segundo, de forma específica, tipificando-se, como se tipificou '*atuar (...) no mercado de valores mobiliários, como instituição integrante do sistema de distribuição, (...) sem estar, para esse fim, autorizado (...)*'". E, logo adiante, após transcrever literalmente os dois dispositivos legais, arremata: "É questão legal que reclama deslinde!". Por fim, concluiu seu voto o Ministro Carvalhido, nesses termos: "Pelo exposto, concedo, em parte, a ordem para (...) declarar nulo, em parte, o acórdão, para que a Corte de origem conheça da questão da revogação parcial do art. 16 da Lei n. 7.492/86 pelo art. 27-E da Lei n. 10.303/2001, aplicando o direito à espécie"[6].

Nesse mesmo julgamento, o Ministro Paulo Galotti, da mesma 6ª Turma, também em seu voto-vista, versando sobre o tema, advertiu que: "Por primeiro, sustenta-se que, quando do julgamento da apelação, já estava em vigor a Lei n. 10.303/2001, que deu nova redação à Lei n. 6.385/1976, acrescentando o art. 27-E que, segundo se alega, tipifica a mesma conduta contida no art. 16 da Lei n. 7.492/86, cominando sanção inferior, impondo-se a aplicação da lei mais benéfica. Verifica-se, contudo, que o tema não foi apreciado pelo Tribunal de origem, não podendo ser examinado, agora, por esta Corte, sob pena de supressão de instância"[7]. Nessa mesma linha, não conhecendo da impetração, *para evitar supressão de instância*, manifestou-se a Ministra Maria Thereza afirmando que: "Verifica-se dos autos que o tema não foi suscitado junto ao Tribunal

---

[6] HC 60.449/SP, rel. Min. Nilson Naves, j. em 2-8-2007.
[7] HC 60.449/SP, rel. Min. Nilson Naves, j. em 2-8-2007.

de origem, que não instado a sobre ele se manifestar, somente aqui e agora tendo sido trazido a debate, não podendo, entendo, ser examinado neste *habeas corpus*, sob pena de supressão de instância"[8]. Enfim, essa *invocação de supressão de instância*, pelos dois preclaros Ministros, impediu o reconhecimento da tese pretendida pelos impetrantes (admitida pelo Ministro Carvalhido), qual seja, a *revogação*, ainda que parcial, do art. 16 da Lei n. 7.492/86 pelo art. 27-E da Lei n. 10.303/2001.

Essa é a situação atual do conflito entre os dois dispositivos legais, no plano jurisprudencial: um voto admitindo a *revogação parcial* do art. 16 pelo art. 27-E, com dois votos abstendo-se de enfrentar a temática, amparados na proibição de supressão de instância. Fica a curiosidade sobre qual seria o resultado se esses dois votos tivessem enfrentado essa tese. Mas esse conflito precisa ser enfrentado dogmaticamente com os recursos que a *hermenêutica* nos oferece, com os modernos princípios recepcionados pelo moderno constitucionalismo dos Estados Democráticos de Direito. Devemos, nesta oportunidade, começar analisando, comparativamente, o conteúdo dos dois dispositivos.

Ambos os dispositivos coíbem o *acesso não autorizado* ao sistema financeiro e ao sistema mobiliário, em razão de os agentes não estarem legitimados pelo Estado a operarem em função ou segmento tão relevantes quanto esses dois sistemas. Teoricamente, o disposto no art. 16 da Lei n. 7.492/86 criminaliza o acesso não autorizado ao sistema financeiro nacional e ao sistema mobiliário; por outro lado, o art. 27-E da Lei n. 10.303/2001 criou proibição semelhante, limitada, porém, ao *sistema mobiliário nacional*. Duas peculiaridades merecem, de plano, destaque especial: (a) ambos os dispositivos criminalizam o *acesso não autorizado* a dois dos mais importantes sistemas (ou mercados) nacionais, quais sejam, financeiro e mobiliário; (b) a tutela do art. 16 da Lei n. 7.492/86 abrange tanto o sistema financeiro quanto o mobiliário, enquanto o art. 27-E, com alcance mais restrito, limita-se a tutelar o sistema mobiliário. Essa restrição constitui exatamente o *elemento especializante* da lei posterior, mais benéfica e, por isso mesmo, com capacidade para retroagir.

Esses dois diplomas legais, com tantas semelhanças, apresentam, contudo, uma *incompatibilidade* intransponível: a *desproporcionalidade das sanções cominadas*. O dispositivo da lei anterior comina penas de um a quatro anos de reclusão, além de multa; ao passo que a lei posterior, mais benéfica, comina pena de seis meses a dois anos de detenção, também além da multa. Pois a solução dessa *vexata quaestio* foi iniciada e abortada no *habeas corpus* que citamos no início deste tópico. Certamente, a *revogação parcial* reconhecida pelo Ministro Hamilton Carvalhido reside no preceito secundário, pela *desproporcionalidade* das sanções cominadas, conforme procuraremos demonstrar logo adiante.

---

[8]   HC 60.449/SP, rel. Min. Nilson Naves, j. em 2-8-2007.

472   •   Crimes contra o mercado de capitais

Não se pode negar quão fascinante é, por vezes, o *conflito intertemporal de leis*, especialmente quando não resta clara a revogação de um por outro diploma legal, principalmente quando, o que não é tão raro, ocorre a *revogação parcial* de determinado texto legal. Esse conflito de leis no tempo, digamos assim, pode apresentar-nos uma tormentosa questão a ser analisada, como ocorre no caso presente: pode-se conjugar parte de uma lei com parte de outra, para se encontrar o melhor sentido da norma aplicável ao caso concreto? Examinando a possibilidade de *conjugação de leis penais no tempo*, doutrinariamente, acabamos concluindo por sua admissibilidade, sedimentado na mais respeitável doutrina internacional, conforme demonstraremos ao final destas considerações[9].

6.1. A desproporcional cominação de penas entre os crimes do art. 16 da Lei n. 7.492/86 e do art. 27-E da Lei n. 10.303/2001

Em matéria penal, segundo Winfried Hassemer, a exigência de *proporcionalidade* deve ser determinada mediante "um juízo de ponderação entre a carga 'coativa' da pena e o fim perseguido pela cominação penal"[10]. Com efeito, pelo *princípio da proporcionalidade* na relação entre crime e pena, deve existir um equilíbrio – *abstrato* (legislador) e *concreto* (judicial) – entre a gravidade do injusto penal e a pena aplicada. Ainda segundo a doutrina de Hassemer, o princípio da proporcionalidade não é outra coisa senão "uma concordância material entre ação e reação, causa e consequência jurídico-penal, constituindo parte do postulado de justiça: ninguém pode ser incomodado ou lesionado em seus direitos com medidas jurídicas desproporcionadas"[11].

A cominação no art. 27-E da Lei n. 10.303/2001, de seis meses a dois anos de detenção, isto é, metade da pena prevista no art. 16 da Lei n. 7.492/86 (um a quatro anos de reclusão), além da pena pecuniária, representa a sanção *necessária e suficiente* para punir infrações semelhantes, com objetividades jurídicas igualmente similares. Essa *desproporção* supera todos os limites toleráveis da *razoabilidade* exigidos por um Estado Democrático de Direito, que tem, como norte, o respeito aos princípios da dignidade humana e da proporcionalidade. Referida redação, e especialmente a pena cominada, foi mantida pela Lei n. 13.506/2017.

Os princípios da *proporcionalidade* e da *razoabilidade* não se confundem, embora estejam intimamente ligados e, em determinados aspectos, completamente identificados. Na verdade, há que se admitir que se trata de *princípios fungíveis* e que, por vezes, utiliza-se o termo "razoabilidade" para identificar o

---

[9] Cezar Roberto Bitencourt, *Tratado de direito penal:* parte geral, 28. ed., São Paulo: Saraiva, 2022, v. 1, p. 223-240.

[10] Winfried Hassemer, *Fundamentos de derecho penal*, p. 279.

[11] Idem.

princípio da proporcionalidade, a despeito de possuírem origens completamente distintas: o *princípio da proporcionalidade* tem origem germânica, enquanto a *razoabilidade* resulta da construção jurisprudencial da Suprema Corte norte-americana. *Razoável* é aquilo que tem aptidão para atingir os objetivos a que se propõe, sem, contudo, representar excesso algum.

O modelo político consagrado pelo Estado Democrático de Direito determina que todo o Estado – em seus três Poderes, bem como nas funções essenciais à Justiça – resulta *vinculado* em relação aos *fins eleitos* para a prática dos atos legislativos, judiciais e administrativos. Em outros termos, toda a atividade estatal é sempre *vinculada axiomaticamente* pelos princípios constitucionais explícitos e implícitos. As consequências jurídicas dessa *Constituição dirigente* são visíveis. A primeira delas verifica-se pela consagração do *princípio da proporcionalidade*, não apenas como simples critério interpretativo, mas como garantia legitimadora/limitadora de todo o ordenamento jurídico infraconstitucional. Assim, deparamo-nos com um *vínculo constitucional* capaz de limitar os *fins* de um ato estatal e os *meios* eleitos para que tal finalidade seja alcançada. Conjuga-se, pois, a união harmônica de três fatores essenciais: (a) *adequação teleológica*: todo ato estatal passa a ter uma *finalidade política* ditada não por princípios do próprio administrador, legislador ou juiz, mas sim por valores éticos deduzidos da Constituição Federal – vedação do arbítrio (*Übermassverbot*); (b) *necessidade (Erforderlichkeit)*: o meio não pode exceder os limites indispensáveis e menos lesivos possíveis à conservação do fim legítimo que se pretende; (c) *proporcionalidade "stricto sensu"*: todo representante do Estado está obrigado, ao mesmo tempo, a fazer uso de meios adequados e de abster-se de utilizar recursos (ou meios) desproporcionais[12].

Em outros termos, para punir o *acesso desautorizado ao sistema financeiro* (art. 16 da Lei n. 7.492/86), o qual, em boa parte, confunde-se com o *sistema mobiliário* (aliás, que também é abrangido pela definição de instituição financeira, para fins penais, conforme o art. 1º da Lei n. 7.492/86), mostra-se absolutamente desnecessário, e, por isso mesmo, desarrazoado, aplicar-se o dobro da pena prevista para o *acesso desautorizado ao sistema mobiliário* (art. 27-E da Lei n. 10.303/2001). Nessa linha, já destacou o Ministro Gilmar Mendes: "em outros termos, o meio não será necessário se o objetivo almejado puder ser alcançado com a adoção de medida que se revele a um só tempo adequada e menos onerosa"[13]. É exatamente o que demonstra a previsão constante do art. 27-E, *sub examine*: ao cominar pena de detenção de seis meses a dois anos, deixa claro que, para proibir o *acesso desautorizado aos sistemas financeiro e mobiliário*, essa sanção é adequada e suficiente, desautorizando a excessiva punição que previu o art. 16 da Lei n. 7.492/86, quinze anos antes.

---

12   Paulo Bonavides, *Curso de direito constitucional*, p. 356-397.

13   Gilmar Mendes, *Direitos fundamentais e controle de constitucionalidade*, p. 47.

O exame do desrespeito ou violação do *princípio da proporcionalidade* passa pela observação e apreciação de necessidade e adequação da providência legislativa, numa espécie de relação "custo-benefício" para o cidadão e para a própria ordem jurídica. *Pela necessidade,* deve-se confrontar a possibilidade de, com *meios menos gravosos*, atingir igualmente a mesma eficácia na busca dos objetivos pretendidos; e *pela adequação,* espera-se que a providência legislativa adotada apresente aptidão suficiente para atingir esses objetivos. Enfim, como não se pode falar em *inconstitucionalidade* da lei anterior, a despeito da abismal *desproporcionalidade* das sanções cominadas nos dois dispositivos *sub examine*, pode-se, no entanto, sustentar que houve a *parcial revogação* do art. 16 da Lei n. 7.492/86, mais especificamente, o seu preceito secundário, pela previsão do art. 27-E da Lei n. 10.303/2001, como sustentou o Ministro Carvalhido, em seu voto-vista antes mencionado. Nessa hipótese, a nosso juízo, dever-se-ia aplicar para a infração prevista naquele art. 16 a pena cominada neste art. 27-E da Lei n. 10.303/2001.

Nesse ponto, pode surgir algum questionamento relativo ao conflito de *direito intertemporal*: na busca da lei mais favorável, é possível *conjugar os aspectos favoráveis* da lei anterior com os aspectos favoráveis da lei posterior, para se encontrar uma solução legal mais justa? Segmento respeitável da doutrina nacional e estrangeira – como tivemos oportunidade de afirmar – opõe-se a essa possibilidade, porque isso representaria a criação de uma terceira lei, travestindo o juiz de legislador[14]. No entanto, Bustos Ramirez[15], doutrinador chileno, contrariamente, admitia a combinação de leis no campo penal, pois, como afirmava, nunca há uma lei estritamente completa, enquanto há leis especialmente incompletas, como é o caso da *norma penal em branco*; consequentemente, o juiz sempre está configurando uma terceira lei, que, a rigor, não passa de simples *interpretação integrativa*, admissível na atividade judicial, favorável ao réu. No mesmo sentido era o entendimento de Frederico Marques, segundo o qual, se é permitido escolher o "todo" para garantir tratamento mais favorável ao réu, nada impede que se possa selecionar parte de um todo e parte de outro, para atender a uma regra constitucional que deve estar acima de pruridos de lógica formal[16].

A nosso juízo, esse é o melhor entendimento, que permite a combinação de duas leis, aplicando-se sempre os dispositivos mais benéficos. O Supremo Tribunal Federal teve oportunidade de examinar essa matéria e decidiu pela possibilidade da *conjugação de leis* para beneficiar o acusado[17]. O Superior Tribunal de Justiça, mais recentemente, examinando o crime de *receptação qualificada* (art. 180, § 1º, do CP), recepcionou esse entendimento. Em seu voto condu-

---

[14] José Cerezo Mir, *Curso de derecho penal español*, Madri, Tecnos, 1990, v. 1, p. 224.
[15] Juan Bustos Ramírez, *Manual de derecho penal*, p. 98.
[16] José Frederico Marques, *Curso de direito penal*, São Paulo, Saraiva, 1954, v. 1, p. 192.
[17] HC 69.033-5, rel. Min. Marco Aurélio, *DJU* de 13-3-1992, p. 2925.

tor, destacou o digno e culto relator Ministro Nilson Naves: "Pensando em suscitar a arguição de inconstitucionalidade, ocorreu-me haver dificuldade de seu acolhimento no âmbito da 6ª Turma, daí a razão pela qual, pondo-me em conformidade com a doutrina que trouxe à colação, inclusive com a lição de Hungria, a qual não deixa de ter aqui aplicação, é que estou desconsiderando o preceito secundário do § 1º. Aliás, a declaração, se admissível, de inconstitucionalidade conduzir-nos-ia, quando feita, a semelhante sorte, ou seja, à desconsideração da norma secundária (segundo os kelsenianos, da norma primária, porque, para eles, a primária é a norma que estabelece a sanção – positiva ou negativa)"[18].

Enfim, concluindo, estamos de pleno acordo que, num Estado Democrático de Direito, está assegurado como um dos seus princípios materiais o da *proporcionalidade*, que impede a cominação ou mesmo a aplicação de pena em flagrante contradição com a gravidade do fato. A aplicação de pena, nesses termos, viola não apenas o *princípio da proporcionalidade*, mas a própria *dignidade da pessoa humana*. Com efeito, o princípio da proporcionalidade exige o respeito à correlação entre a gravidade da pena e a relevância do dano ou perigo a que o bem jurídico protegido está sujeito. No entanto, o *juízo* de proporcionalidade, *in concreto*, resolve-se por meio de *valorações* e *comparações*. Contudo, nessa *relação valorativa* não se pode ignorar toda a construção tipológica, com seus diversos elementos estruturantes, e, particularmente, não se pode desconsiderar o *desvalor da ação* e o *desvalor do resultado*, que ambas as normas comparadas apresentam, como ocorre no caso concreto.

Por derradeiro, um *sistema penal* em um Estado Democrático de Direito, pode-se afirmar, somente estará *legitimado* quando a soma das violências – crimes, vinganças e punições arbitrárias – que ele pode prevenir for superior à das violências constituídas pelas penas que cominar. É, enfim, indispensável que os *direitos fundamentais* do cidadão sejam considerados *indisponíveis*, afastados da livre disposição do Estado, que, além de respeitá-los, deve protegê-los[19].

7. CLASSIFICAÇÃO DOUTRINÁRIA

Trata-se de *crime comum* que pode ser praticado por qualquer pessoa, sem qualquer exigência de qualidade ou condição especial; *crime doloso*, não admitindo a modalidade culposa; *crime de mera conduta*, não descrevendo nenhum possível resultado naturalístico, configurando-se com a simples prática de atividade no mercado de capitais mobiliários, sem a autorização especial devida;

---

[18] HC 101.531/MG, rel. Min. Nilson Naves, j. em 22-4-2008.
[19] Cezar Roberto Bitencourt, *Novas penas alternativas*, p. 48.

476 • Crimes contra o mercado de capitais

crime de perigo abstrato, ante a natureza do *bem jurídico coletivo tutelado*, sem exigir a individualização de um perigo ou lesão efetiva ao mercado de capitais, nem mesmo de um resultado de perigo determinado, mas deve haver idoneidade mínima da ação concreta para gerar alguma afetação ao bem jurídico tutelado; *crime habitual*, consumando-se só com o exercício irregular da atividade, não o caracterizando a prática isolada de algum ou alguns atos irregulares; *crime plurissubsistente*, em que a prática da conduta normalmente é desdobrável no tempo e no espaço, em diversos atos; *crime de forma livre*, não havendo a especificação dos modos, meios ou formas de execução da conduta tipificada; *crime unissubjetivo*, que pode ser praticado por um só agente, admitindo o concurso eventual de pessoas.

8. CONSUMAÇÃO E TENTATIVA

Ao examinarmos o crime similar, *fazer operar instituição financeira* do art. 16 da Lei n. 7.492/86, afirmamos que "consuma-se o crime de fazer operar instituição financeira quando o agente pratica reiteradamente atividades próprias dessa instituição sem a devida autorização ou com autorização obtida mediante declaração falsa. Pode consumar-se com a prática efetiva de atividades exclusivas de instituição financeira. Consuma-se o crime, enfim, com o efetivo exercício de atividade genuinamente de instituição financeira"[20]. Em sentido semelhante, Juliano Breda, analisando a consumação desse crime de "exercício irregular de cargo, profissão, atividade ou função", afirmou: "Como afirmado, os núcleos verbais 'atuar' e 'exercer' indicam a natureza habitual da conduta, razão pela qual a consumação depende de uma reiteração de atos aptos a caracterizar a intenção de agir permanentemente daquela maneira. A interpretação, nesse caso, deve-se alinhar a exegese do art. 16 da Lei n. 7.492/86, tipo penal genérico em relação ao crime em estudo". Examinando o mesmo crime contra o sistema financeiro, José Carlos Tórtima, grande *expert* nessa matéria, reconhece que "o delito em causa exige um mínimo de habitualidade para sua configuração. Com efeito, seu enunciado não se satisfaz com a simples realização de uma operação privativa de instituição financeira"[21].

Alguns crimes constantes do Código Penal, cuja conduta criminosa é tipificada pelo verbo "exercer", *v.g., exercício ilegal da medicina, arte dentária ou farmacêutica* (art. 282), são invariavelmente classificados pela doutrina especializada como "crimes habituais". Nós mesmos, examinando esse tipo penal,

---

[20] Cezar Roberto Bitencourt & Juliano Breda, *Crimes contra o sistema financeiro nacional e contra o mercado de capitais*, p. 421.

[21] José Carlos Tórtima, *Crimes contra o sistema financeiro nacional*, Rio de Janeiro: Lumen Juris, 2002, p. 104.

tivemos oportunidade de afirmar o seguinte: "Consuma-se o crime com o *exercício habitual* e reiterado da profissão de médico, dentista ou farmacêutico". Inegavelmente, o exercício de uma atividade profissional exige *habitualidade*, isto é, a reiteração da mesma conduta sistematicamente pelo profissional que, necessariamente, repete a sua atividade naturalmente. Pois bem, o verbo nuclear deste crime, "atuar", foi utilizado pelo legislador com o significado de "exercer", ilegalmente, qualquer das atividades relacionadas nesse tipo penal, resultando daí a conclusão insofismável de que se trata de um *crime habitual*. Logo, não se pode dar outra classificação a esse crime que não seja a sua *habitualidade*.

Por outro lado, a doutrina, sem divergência, considera a impossibilidade de os denominados *crimes habituais* admitirem a figura tentada. Enfim, considerando-se sua natureza inequivocamente *habitual*, a nosso juízo, esta infração penal não admite a figura tentada.

9. PENA E AÇÃO PENAL

As penas cominadas são detenção de seis meses a dois anos e multa. A Lei n. 13.506/2017 alterou a redação deste artigo, mas manteve incólumes as sanções cominadas, ratificando-as, portanto. A ação penal, por sua vez, continua *pública incondicionada*.

Bibliografia

ADIERS, Leandro. Valores mobiliários, especulação e consequências jurídicas. *Revista de Direito Bancário, do Mercado de Capitais e de Arbitragem*, Ano 3, n. 9, 2000.

ALBUQUERQUE, José Cândido Lustosa de Bittencourt; REBOUÇAS, Sérgio Bruno Araújo. *Crimes contra o sistema financeiro nacional*. São Paulo: Tirant lo Blanch, no prelo.

ALLEN, Franklin; GALE, Douglas. Stock-price manipulativa. The Review of Financial Studies, v. 5, 1992.

ALMEIDA DUARTE, Maria Carolina. *Crimes contra o sistema financeiro nacional*: uma abordagem interdisciplinar. Rio de Janeiro: Lumen Juris, 2003.

ARAÚJO JÚNIOR, João Marcello de. Os crimes contra o sistema financeiro no esboço de nova Parte Especial do Código Penal de 1994. *Revista Brasileira de Ciências Criminais*, São Paulo: Revista dos Tribunais, jul.-set./1995. v. 11.

_____. *Dos crimes contra a ordem econômica*. São Paulo: Revista dos Tribunais, 1995.

ARAÚJO, Marina Pinhão Coelho. Crimes contra o sistema financeiro nacional. *In*: SOUZA, Luciano Anderson de; ARAÚJO, Marina Pinhão Coelho 3(Coord.). *Direito penal econômico*: leis penais especiais. São Paulo: Ed. Revista dos Tribunais, 2019. v. 1.

ASÚA, Luís Jiménez de. *Principios de derecho penal – la ley y el delito*. Buenos Aires: Abeledo-Perrot, 1990.

AZZALI, Giampiero. Aspetti Generali. *Mercato finanziario e disciplina penale*. Milano: Guiffrè, 1993.

BASTOS, Celso Ribeiro; MARTINS, Ives Gandra da Silva. *Comentários à Constituição do Brasil*. São Paulo: Saraiva, 1990. v. 4.

BATISTA, Nilo. Empréstimos ilícitos na Lei 7.492/86, In: PODVAL, Roberto (org.). *Temas de direito penal econômico*. São Paulo: Revista dos Tribunais, 2001.

_____. O conceito jurídico-penal de gerente na Lei n. 7.492, de 16-6-86. *Fascículos de Ciências Penais*. Ano 3, v. 3, Porto Alegre: Sergio Antonio Fabris Editor, 1990.

BECK, Ulrich. *La sociedad del riesgo*: hacia una nueva modernidad. Trad. Jorge Navarro, Daniel Jiménez, Maria Rosa Borrás. Barcelona/Buenos Aires/México: Paidós, 1998.

BITENCOURT, Cezar Roberto. *Tratado de direito penal*: parte geral. 28. ed. São Paulo: Saraiva Jur, 2022. v. 1.

_____. *Tratado de direito penal*: parte especial. 22. ed. São Paulo: Saraiva Jur, 2022. v. 2.

_____. *Tratado de direito penal*: parte especial. 18. ed. São Paulo: Saraiva Jur, 2022. v. 3.

_____. *Tratado de direito penal*: parte especial. 16. ed. São Paulo: Saraiva Jur, 2022. v. 4.

_____. *Tratado de direito penal*: parte especial. 16. ed. São Paulo: Saraiva Jur, 2022. v. 5.

_____. *Código Penal comentado*. 10. ed. São Paulo: Saraiva Jur, 2019.

_____. *Erro de Tipo e Erro de Proibição*. 4. ed. São Paulo: Saraiva, 2007.

_____. *Novas penas alternativas*. 3. ed. São Paulo: Saraiva, 2006.

BITENCOURT, Cezar Roberto; BREDA, Juliano. *Crimes contra o sistema financeiro nacional e contra o mercado de capitais*. Rio de Janeiro: Lumen Juris, 2010.

BOBBIO, Norberto. *A era dos direitos*, Rio de Janeiro: Campus, 1992.

BONAVIDES, Paulo. *Curso de direito constitucional*. 6. ed. São Paulo: Malheiros, 1994.

BREDA, Juliano. *Gestão fraudulenta de instituição financeira e dispositivos processuais da Lei 7.492/86*. Rio de Janeiro: Renovar, 2002.

_____. Crimes contra o mercado de capitais. *In*: BITENCOURT, Cezar Roberto; BREDA, Juliano. *Crimes contra o Sistema Financeiro Nacional e contra o mercado de capitais*. 3. ed. 2. tir. São Paulo: Saraiva, 2014.

BRUNO, Aníbal. *Direito penal*: parte geral. Rio de Janeiro: Forense, 1967. t. 1.

BULGARELLI, Waldirio. *Manual das sociedades anônimas*. 13 ed. São Paulo: Atlas, 2001.

BUSTOS RAMÍREZ, Juan J.; HORMAZÁBAL MALARÉE, Hernán. *Lecciones de derecho penal*, Madrid: Trotta, 1997. v. I.

CARVALHOSA, Modesto; EIZIRIK, Nelson. *A nova Lei das S.A.* São Paulo: Saraiva, 2002.

CASTELLAR, José Carlos. *"Insider trading" e os novos crimes corporativos (uso indevido de informação privilegiada, manipulação de mercado e exercício irregular de carga, profissão, atividade ou função)*. Rio de Janeiro: Lumen Juris, 2008.

CASTILHO, Ela Wiecko Volkmer de. *O controle penal nos crimes contra o sistema financeiro nacional*. Belo Horizonte: Del Rey, 1998.

CERVINI, Raul. Macrocriminalidad económica – apuntes para una aproximación metodológica, *Revista Brasileira de Ciências Criminais*, n. 11, 1995.

CORDEIRO FILHO, Ari. Responsabilidade quanto a informações e fraudes no mercado de valores: o novo regime jurídico da lei americana (Sarbanes-Oxley Act, de julho de 2002. *Carta Mensal*. Confederação Nacional do Comércio, n. 574, v. 48, Rio de Janeiro, 2003.

COSTA JR., Paulo José da; QUEIJO, Maria Elizabeth; MACHADO, Charles Marcildes. *Crimes do colarinho branco*, São Paulo: Saraiva, 2000.

COSTA PINTO, Frederico de Lacerda. *O novo regime dos crimes e contra-ordenações no Código dos Valores Mobiliários*. Coimbra: Almedina, 2000.

D'ÁVILA, Fábio Roberto. *Ofensividade e crimes omissivos próprios. Contributo à compreensão do crime como ofensa a bens jurídicos*, Coimbra: Coimbra Ed., 2006.

DELMANTO, Celso. *Código Penal comentado*. 3. ed. Rio de Janeiro: Renovar, 1991.

DELMANTO, Roberto; DELMANTO JUNIOR, Roberto; DELMANTO, Fábio M. de Almeida. *Leis penais especiais comentadas*. Rio de Janeiro: Renovar, 2006.

DONINI, Antônio Carlos. Crimes contra o sistema financeiro nacional. *Factoring*. Rio de Janeiro: Forense, 2003.

DOTTI, René Ariel. O direito penal econômico e a proteção do consumidor. *Revista de Direito Penal e Criminologia*, Rio de Janeiro: Forense, jan.-jun./1982, v. 33.

_____. A incapacidade criminal da pessoa jurídica. *Revista Brasileira de Ciências Criminais*, n. 11, 1995.

_____. *Curso de direito penal*: parte geral. Rio de Janeiro: Forense, 2001.

EIZIRIK, Nelson. Regulação e autorregulação do mercado de valores mobiliários. *Revista de Direito Mercantil, Industrial, Econômico e Financeiro*. Nova Série, Ano XXI, n. 48, São Paulo, 1982.

FARIA COSTA, José Francisco de. O direito penal econômico e as causas implícitas de exclusão da ilicitude. In: PODVAL, Roberto (org.). *Temas de direito penal econômico*, São Paulo: Revista dos Tribunais, 2001.

_____. *Teoria do injusto penal*. Belo Horizonte: Del Rey, 2000.

_____. *O perigo em direito penal*. Coimbra: Coimbra Ed., 1992.

_____. *O crime de abuso de informação privilegiada (insider trading)*. A informação enquanto problema jurídico-penal. Coimbra: Coimbra Ed., 2006.

_____. O fenômeno da globalização e o direito penal econômico. *Revista Brasileira de Ciências Criminais*, São Paulo: Revista dos Tribunais, abr.-jun./ 2001, v. 34.

FARIA COSTA, José Francisco de; COSTA ANDRADE, Manuel da. Sobre a concepção e os princípios do direito penal econômico. In: PODVAL, Roberto (org.). *Temas de direito penal econômico*, São Paulo: Revista dos Tribunais, 2001.

FARIA COSTA, José Francisco de; RAMOS, Maria Elisabete. *O crime de abuso de informação privilegiada (*insider trading*). A informação enquanto problema jurídico-penal*. Coimbra: Coimbra Ed., 2006.

FELDENS, Luciano. *A Constituição penal*: a dupla face da proporcionalidade no controle de normas penais, Porto Alegre: Livr. do Advogado, 2005.

_____. *Tutela penal de interesses difusos e crimes do colarinho branco*. Porto Alegre: Livr. do Advogado, 2002.

FERRAJOLI, Luigi. *Los fundamentos de los derechos fundamentales*. Madrid: Trotta, 2001.

FIGUEIREDO DIAS, Jorge de. *Direito penal – Parte Geral. Tomo I. Questões Fundamentais. A doutrina geral do crime*. Coimbra: Coimbra Ed., 2004, p. 13.

_____. Direito Penal e Estado-de-Direito Material, *Revista de Direito Penal e Criminologia*, Rio de Janeiro: Forense, v. 31, 1981.

_____. *Temas Básicos da Doutrina Penal*, Coimbra: Coimbra, 2001.

_____. Para uma dogmática do direito penal secundário. um contributo para a reforma do direito penal econômico e social português. In: PODVAL, Roberto (org). *Temas de direito penal econômico*. São Paulo: Revista dos Tribunais, 2001.

FIGUEIREDO DIAS, Jorge de; COSTA ANDRADE, Manuel da. Problemática geral das infrações contra a economia nacional. In: PODVAL, Roberto (org.). *Temas de direito penal econômico*, São Paulo: Revista dos Tribunais, 2001.

FISCHER, Douglas. *Delinquência econômica – e Estado social e democrático de direito*, Porto Alegre: Verbo Jurídico, 2006.

FRAGOSO, Fernando. Crimes contra o sistema financeiro nacional. In: FRAGOSO, Heleno Cláudio. *Lições de direito penal*: parte especial, 10. ed. Rio de Janeiro: Forense, 1988, v. 1.

FRAGOSO, Heleno Cláudio. *Lições de direito penal*: parte especial. 10. ed., Rio de Janeiro: Forense, 1988, v. 1; 11. ed. 1995.

_____. *Lições de direito penal*: parte geral, Rio de Janeiro: Forense, 1985.

_____. *Conduta punível*. São Paulo: Bushatsky, 1961.

_____. Direito penal econômico e direito penal dos negócios. *Revista de Direito Penal e Criminologia*, Rio de Janeiro: Forense, jan-jun./1982, v. 33.

FRANCO, Alberto Silva. *Crimes hediondos*. 4. ed. São Paulo: Revista dos Tribunais, 2000.

_____. Globalização e criminalidade dos poderosos. In: PODVAL, Roberto (org.). *Temas de direito penal econômico*. São Paulo: Revista dos Tribunais, 2001.

GODINHO, Jorge Alexandre Fernandes. *Do crime de branqueamento de capitais*: introdução e tipicidade. Coimbra: Almedina, 2001.

GOMES, Luiz Flávio. Notas distintivas do crime de gestão fraudulenta: art. 4º da Lei 7.492/86. In: PODVAL Roberto (org.). *Temas de direito penal econômico*. São Paulo: Revista dos Tribunais, 2001.

_____. *Erro de tipo e erro de proibição*. 2. ed. São Paulo: Revista dos Tribunais, 1994.

GRAU, Eros Roberto. *A ordem econômica na Constituição de 1988*. São Paulo: Malheiros, 1997.

HASSEMER, Winfried. *Fundamentos de derecho penal*. Trad. Francisco Muñoz Conde e Luiz Arroyo Sapatero. Barcelona: Bosch, 1984.

HUNGRIA, Nelson. *Comentários ao Código Penal*. 2. ed. Rio de Janeiro: Forense, 1959. v. IX.

_____. *Comentários ao Código Penal*, 5. ed. Rio de Janeiro: Forense, 1980. v. 7.

JESCHECK, H. H. *Tratado de derecho penal*. Trad. Santiago Mir Puig e Francisco Muñoz Conde. Barcelona: Bosch, 1981.

JESUS, Damásio de. *Direito penal*: parte especial. São Paulo: Saraiva, 1988. v. 4.

_____. *Direito penal*. 12. ed., São Paulo: Saraiva, 2002. v. 4.

JIMÉNEZ DE ASÚA, Luís. *Principios de derecho penal*: la ley y el delito, Buenos Aires: Abeledo-Perrot, 1990.

KINDHAUSER, Urs. *Derecho penal de la culpabilidad y conducta peligrosa*. Trad. Cláudia Lopez Díaz. Universidad Externado de Colombia, 1996.

LARENZ, Karl. Metodologia da ciência do direito. 3. ed. Trad. José Lamego (da 6. ed. reformulada em 1991). Lisboa: Fundação Calouste Gulbenkian, 1997.

_____. *Metodología de la ciencia del derecho*. Trad. Enrique Gimbernat Ordeig. Espanha, 1966.

Bibliografia • 483

LIMA, Sebastião Oliveira; LIMA, Carlos Augusto Tosta de. *Crimes contra o sistema financeiro nacional*. São Paulo: Atlas, 2003.

MACHADO, Agapito. *Crimes do colarinho branco*. São Paulo: Malheiros, 1998.

MACHADO, Hugo de Brito. *Curso de direito tributário*. 11. ed. São Paulo: Malheiros, 1996.

MACHADO, Luiz Alberto. *Direito criminal*: parte geral. São Paulo: Revista dos Tribunais, 1987.

MAGALHÃES NORONHA, Edgard. *Direito penal*. 15. ed. São Paulo: Saraiva, 1979, v. 2.

MAIA, Rodolfo Tigre. *Dos crimes contra o Sistema Financeiro Nacional*. São Paulo: Malheiros, 1996.

_____. *Dos crimes contra o Sistema Financeiro Nacional*: anotações à Lei Federal n. 7.492/86. 1. ed., 2. tir., São Paulo: Malheiros, 1999.

MANTECCA, Pascoal. *Crimes contra a economia popular e sua repressão*. 2. ed. São Paulo: Revista dos Tribunais, 1989.

MANZINI, Vincenzo. *Istituzioni di Diritto Penale italiano*. 9. ed. Padova: CEDAM, 1958, v. 1.

_____. *Trattato di Diritto Penale*. Torino, 1948. v. 1.

MARINUCCI, Giorgio; Dolcini, Emilio. Derecho penal "mínimo" y nuevas formas de criminalidad. *Revista de Derecho Penal y Criminología*, 2ª época, n. 9, ano 2000.

_____. *Corso di diritto penale*. 3. ed. Milano: Giuffrè, 2001.

MARQUES, José Frederico. Estelionato, ilicitude civil e ilicitude penal, *Revista dos Tribunais* n. 560, jun. 1982.

MAZLOUM, Ali. *Crimes do colarinho branco. Objeto jurídico, provas ilícitas*. Porto Alegre: Síntese, 1999.

MEIRELLES, Hely Lopes. *Direito administrativo brasileiro*. 16. ed. São Paulo: Revista dos Tribunais, 1991.

MENDES, Gilmar. *Direitos fundamentais e controle de constitucionalidade*. 3. ed. São Paulo: Saraiva, 2004.

MESTIERI, João. *Manual de direito penal*. Rio de Janeiro: Forense, 1999, v. I.

MINENNA, Marcelo. L'individuazione di fenomeni di abuso di mercato nei mercati finanziari: um approccio quantitativo. *Quaderni di Finanzi – Studi e Richerche*. Consob, n. 54, maio 2003.

MIR PUIG, Santiago. *El derecho penal en el Estado Social y Democratico de Derecho*. Barcelona: Ariel, 1994.

_____. *Derecho penal*: parte general. 7. ed. reimpr. Buenos Aires: B de F, 2005.

MONREAL, Eduardo Novoa. Reflexões para a determinação e delimitação do delito econômico, *Revista de Direito Penal e Criminologia*, v. 33, 1982.

MUÑOZ CONDE, Francisco. *Derecho penal*: parte especial. 15. ed. Valencia: Tirant lo Blanch, 2004.

_____. *El error en derecho penal*, Valencia: Tirant lo Blanch, 1989.

MUÑOZ CONDE, Francisco; GARCÍA ARÁN, Mercedes. *Derecho penal*. 3. ed. Valencia, 1996.

MUSSNICH, Francisco. A utilização desleal de informações privilegiadas – *insider trading* – no Brasil e nos Estados Unidos. *Revista de Direito Mercantil, Industrial, Econômico e Financeiro*. São Paulo, Ano XVIII, n. 34, abr./jun. 1979.

NUCCI, Guilherme de Souza. *Leis penais e processuais penais comentadas*, 3. ed. São Paulo: Revista dos Tribunais, 2008; 6. ed. São Paulo: Revista dos Tribunais, 2012.

_____. *Código penal comentado*. 4. ed. São Paulo: Revista dos Tribunais, 2004.

OLIVEIRA, Elias. *Crimes contra a economia popular*, Rio de Janeiro: Freitas Bastos, 1952.

OLIVEIRA, William Terra de. CTB – controvertido, natimorto e tumultuado. *Boletim IBCCRIM*. São Paulo, n. 61, dez. 1997.

PADOVANI, Tulio. Diritto penale della prevenzione e mercato finanziario. *Rivista Italiana di Diritto e Procedura Penale*. Milano: Guiffrè, fasc. 3.

PALLAZO, Francesco C. *Valores constitucionais e direito penal*. Porto Alegre: Sergio Antonio Fabris Editor, 1989.

PAULA, Áureo Natal de. *Crimes contra o sistema financeiro nacional e o mercado de capitais*. 4. ed. Curitiba: Juruá, 2009.

PEDRAZZI, Cesare. *Diritto penale*: scritti di diritto penale dell'economia. Milano: Guiffrè, 2003. v. IV.

PEDRAZZI, Cesare; COSTA JR., Paulo José da. *Tratado de direito penal econômico*: direito penal das sociedades anônimas. São Paulo: Revista dos Tribunais, 1973.

PEREIRA, Caio Mário da Silva. *Instituições de direito civil*. 3. ed. Rio de Janeiro: Borsoi, 1970.

PIMENTEL, Manoel Pedro. *Crimes contra o sistema financeiro nacional*. São Paulo: Revista dos Tribunais, 1987.

_____. *Direito penal econômico*. São Paulo: Revista dos Tribunais, 1973.

_____. *Legislação penal especial*. São Paulo: Revista dos Tribunais, 1972.

PINHEIRO, Juliano. *Mercado de capitais*: fundamentos e técnicas. 2. ed. São Paulo: Atlas, 2002.

POLAINO NAVARRETE, Miguel. *Derecho penal*: fundamentos científicos del derecho penal, Barcelona: Bosch, 1996. v. 1.

PONTES DE MIRANDA, Francisco Cavalcanti. *Tratado de direito privado*: parte geral. 3. ed. Rio de Janeiro: Borsoi, 1970.

PRADO, Luiz Regis. *Direito penal econômico*. São Paulo: Revista dos Tribunais, 2004.

PROCACCIANTI, Teresa. *Dizionario dei reati contra l'economia*: a cura di Giuliano Marini e Carlo Paterniti. Milano: Giuffrè, 2000.

PROENÇA, José Marcelo Martins. *"Insider tranding"*: regime jurídico do uso de informações privilegiadas no mercado de capitais. São Paulo: Quartier Latin, 2005.

REALE JUNIOR, Miguel. *Problemas penais concretos*. São Paulo: Malheiros, 1997.

_____. *Direito penal aplicado*. São Paulo: Revista dos Tribunais, 1994.

ROXIN, Claus. *Derecho penal*: parte general. Trad. Diego-Manuel Luzón Peña, Miguel Díaz y García Conlledo e Javier de Vicente Remesal. 2. ed. Madrid: Civitas, 1997. t. I.

_____. *Teoría del tipo penal*. Buenos Aires: Depalma, 1979.

_____. Reflexões sobre a problemática da imputação objetiva em Direito Penal. *Problemas fundamentais de direito penal*. Lisboa: Vega, 1986.

SANTORIELLO, Ciro. La notizia oggeto di diffusione deve essere falsa, nel senso di non conforme agli elementi oggettivi del fatto. In: *Il nuovo diritto penale delle società*, Torino: UTET, 2003.

SANTOS, Juarez Cirino dos. *Direito penal*. Rio de Janeiro: Forense, 1985.

SCHMIDT, Andrei Zenkner. *O princípo da legalidade no Estado Democrático de Direito*. Porto Alegre: Livr. do Advogado, 2001.

_____. Concurso aparente de normas penais. *Revista Brasileira de Ciências Criminais*, São Paulo: Revista dos Tribunais, v. 33, 2001.

SCHMIDT, Andrei Zenkner; FELDENS, Luciano. Manutenção de depósitos no exterior e necessidade de sua declaração: considerações acerca do art. 22, parágrafo único, *in fine*, da Lei n. 7.492/86. *Boletim IBCCRIM*. São Paulo, v. 13, n. 159, p. 15-17, fev. 2006.

_____. *O crime de evasão de divisas*. Rio de Janeiro: Lumen Juris, 2006.

SILVA, Antônio Carlos Rodrigues da. *Crimes do colarinho branco*. Brasília: Brasília Jurídica, 1999.

SILVA, César Antônio da. *Lavagem de dinheiro*: uma nova perspectiva penal. Porto Alegre: Livr. do Advogado, 2002.

SILVA, José Afonso da. Curso de direito constitucional positivo. São Paulo: Malheiros, 1993.

SILVA, Pablo Rodrigo Alflen da. *Leis penais em branco e o direito penal do risco*. Rio de Janeiro: Lumen Juris, 2004.

WELZEL, Hans. *Derecho penal alemán*. Trad. Juan Bustos Ramírez e Sergio Pérez Yáñez. Santiago: Ed. Jurídica, 1970.

ZAFFARONI, Eugénio Raúl. *Manual de derecho penal*: parte general. 6. ed. Buenos Aires: Ediar, 1991.

ZAFFARONI, Eugénio Raúl; ALACIA, Alejandro; SLOKAR, Alejandro. *Derecho penal*: parte general, Buenos Aires: Ediar, 2000.

ZAFFARONI, Eugénio Raúl; PIERANGELLI, José Henrique. *Manual de direito penal brasileiro*. São Paulo: Revista dos Tribunais, 1997.

ZAFARONI, Eugénio Raúl; BATISTA, Nilo et al. *Direito penal brasileiro*. Rio de Janeiro: Revan, 2003.

SILVA, Paulo Cezar da. *Crimes contra o sistema financeiro nacional*. São Paulo: Quartier Latin, 2006.

SILVA NETO, Lauro de Araújo. *Opções*: do tradicional ao exótico. 2. ed. São Paulo: Atlas, 2000.

_____. *Derivativos*. 2. ed. São Paulo: Atlas, 1998.

SILVA SÁNCHEZ, Jesús María. *Aproximación al derecho penal contemporáneo*. Barcelona: Bosch, 1992 (2. reimpr., 2002).

_____. *La expansión del derecho penal*: aspectos de la política criminal en las sociedades postindustriales. 2. ed., Madrid: Civitas, 2001.

SILVEIRA, Renato de Mello Jorge. *Direito penal supraindividual*: interesses difusos. São Paulo: Revista dos Tribunais, 2003.

SOUZA NETTO, José Laurindo de. *Lavagem de dinheiro*: comentários à Lei 9.613/98. Curitiba: Juruá, 1999.

STIGLITZ, Joseph. *Os exuberantes anos 90*: uma nova interpretação da década mais próspera da história. Trad. Sylvia Maria S. Cristóvão dos Santos e outros. São Paulo: Companhia das Letras, 2003.

SUTHERLAND, Edwin E. *White Collar Crime*. New York: The Dryden, 1949.

TAVARES, Juarez. *Teoria do injusto penal*. Belo Horizonte: Del Rey, 2000.

TIEDEMANN, Klaus. *Lecciones de derecho penal económico*. Barcelona: PPU, 1992.

_____. El concepto de delito económico y de derecho penal económico. *Nuevo pensamiento penal*. Buenos Aires: Depalma, 1975, v. 4.

TOLEDO, Francisco de Assis. *Princípios de direito penal*. 5. ed. São Paulo: Saraiva, 1994.

TÓRTIMA, José Carlos. *Crimes contra o Sistema Financeiro Nacional*. 2. ed. Rio de Janeiro: Lumen Juris, 2002.

_____. *Crimes contra o sistema financeiro nacional (uma contribuição ao estudo da Lei n. 7.492/86)*. 3. ed. Rio de Janeiro: Lumen Juris, 2011.

_____; TÓRTIMA, Fernanda Lara. *Evasão de divisas*. 3. ed. Rio de Janeiro: Lumen Juris, 2009.

VEIGA, Alexandre Brandão da. *Crime de Manipulação, defesa e criação de mercado*. Coimbra: Almedina, 2001.

VON LISZT, Franz. *Tratado de derecho penal*. 4. ed. Madrid: Reus S.A, 1999. t. II.

_____. *La idea de fin en el derecho penal*. [s.t.] México: Universidad Nacional Autónoma de México y de Valparaíso de Chile, 1994.

WALD, Arnoldo. *Curso de direito civil brasileiro*: parte geral. 2. ed., São Paulo: Sugestões Literárias, 1969.